教育部人文社会科学重点研究基地项目成果

（项目名称：百年清史研究学术史，项目批准号：11JJD770002）

国家出版基金项目
NATIONAL PUBLICATION FOUNDATION

黄兴涛　夏明方　杨念群　主编

海外研究卷

胡祥雨　主编

百年清史研究史

中国人民大学出版社
·北京·

总　序

　　清史研究早在清王朝存在之时就已经开始。即便从清朝灭亡算起，以整个朝代为时间范围的清史研究也已有一百多年。2012 年上半年，为纪念辛亥革命推翻清朝统治、结束帝制一百周年，中国人民大学清史研究所精心筹划主办了"清帝逊位与民国肇建"国际学术研讨会，自觉从"清史"与"民国史"的转换视角着眼，聚焦和探究那一特定时期的复杂历史内容。这次国际学术会议取得了圆满成功，达到了预期效果。会议期间，学者们纷纷表示，清史研究已然进入一个新的时间节点，应该对百年以来的既有研究进行系统的梳理和深度的总结，在此基础上再开始新的航程、扬帆远行。对此，专职人员较多的清史研究所自当责无旁贷。

　　思考并确立这一学术史课题，还得到了国家清史纂修工程的推动。2002 年，经国家批准，戴逸先生领衔主持的国家清史纂修工程正式启动，至 2012 年已开展十年。展望未来，也需要对以往的清史研究进行一番整体的回顾。于是，2012 年年底，在戴逸、李文海两位先生的指导下，清史研究所特别在京郊召开了一次全所会议，专门研讨这一问题，确定将"百年清史研究史"作为教育部人文社会科学重点研究基地下一阶段的重大项目来展开集体攻关，并按领域筹划分工，分别安排各领域的学术骨干来承担编撰任务。

　　大家商定，"百年清史研究史"的撰述，旨在较为系统地勾勒、梳理百年以来清史研究的基本线索，揭示其突出的问题意识和主要关切，总结其研究成绩，尽量有别于以往那些通行的研究"综述"，避免单纯罗列和一般性概述清史研究成果，力图归纳和提炼出政治、经济、社会、思想文化等清史研究领域中的若干重要进展、关注焦点和特色问题，围绕这些进展、焦点和问题对以往研究的特点及得失展开分析，并尝试寻找出某些具有共识的研究范式来进行反思，从而为今后清史研究的开展提供有益的借鉴。经过多年的努力，如今总算有了结果。

本书共分十卷，包括导论卷、政治史卷、经济史卷、思想文化史卷、社会史卷、中外关系史卷、边疆民族卷、历史地理卷、文献档案卷、海外研究卷。各卷因内容有别，故在掌握和运用体例方面会有所不同。特别值得一提的是海外研究卷的设置，我们特别邀请了国外清史研究名家森正夫、岸本美绪、狭间直树、岩井茂树、罗威廉、巴斯蒂、钟鸣旦、萨莫伊洛夫、杉山清彦、金成修、巴德妮、何娜来专门撰写，体现出真正的国际性交流与研究视野。在这里，我们要郑重地对他们，以及各卷的编撰者，表示由衷的感谢。此外，本书的出版还得到了国家出版基金的资助，这也是应该表示感谢的。

清史研究向为显学，学术成果异常丰富，对其百年历程进行全面系统的总结存在相当难度。我们秉承对前辈学者的崇敬之心和对学术的虔敬态度，努力进行此种学术史的探索，实在深感忐忑。限于视野、学力和时间的不足，分析、总结难免存在疏漏、缺失和不当之处，敬请同道学人不吝指正。

中国人民大学清史研究所

2020 年 4 月

目　录

导论　海外清史研究：历史、趋势与问题[*]

胡祥雨　著

　　自 1644 年清军入关伊始，清朝以及清史研究就一直吸引着世界的眼光。清朝灭亡百年之后，中国人民大学清史研究所启动"百年清史研究史"项目，对百余年来清史研究予以回顾、反思和展望。鉴于海外清史研究的重要性，清史研究所特邀请日本、韩国、美国、英国、法国、意大利、俄罗斯、比利时等国学者撰写相关国家或地区百余年来的清史研究史。虽然接受邀请的清史学者没有覆盖所有域外国家，但海外研究清史的重镇，如日本、美国、法国等，全部在列。如此大规模地由各自国家的专家撰写本国（地区）百年来的清史研究史，尚属首次。各位作者和译者费时六年，历经无数推敲，终于将海外主要国家百年来的清史研究史呈现给读者。各位作者基本按照时间先后顺序论述每个国家或地区的清史研究，但并未按照时间顺序机械式地将不同主题进行拼盘，而是凭借各位学者对学术发展脉络的充分理解，归纳出每个时期清史研究的时代特征，分析清史研究与学术发展的内在机理。不同时代、不同国别之间虽然存在学术思路和研究选题上的不同，但各国清史学者相互影响，其学术思潮也经常跨越国界。可以说，百年来海外和中国的清史研究始终是一个整体。

第一节　清朝时期海外的清史研究：异与同的交织

　　尽管"百年清史研究史"指代的是 1912 年清朝灭亡以来的清史研究，

---

　　*　胡祥雨（1977—），男，中国人民大学清史研究所副教授。

但不管是东方的朝鲜、日本，还是西方的英、法等国，都在 1912 年之前对清朝有所了解和研究。许多作者均不约而同地叙述这些研究，将其视作本国清史研究的底色。由于不同国家与清朝的关系不同，受中华文化的影响也截然不同，他们了解和研究清朝的动机、方式大不相同。

对东邻朝鲜来说，作为中国的藩属国，了解清朝始终是至关紧要的任务。中朝之间一直存在频繁的交流。时至今日，朝贡使臣和随行人员留下的"燕行录"，依然是中、韩两国学者大量使用的文献。参加过朝贡使团的洪大容（1731—1783）、朴趾源（1737—1805）等学者，向朝鲜介绍清朝的新学风以及西学，甚至形成了"北学派"。为了培养翻译人员，朝鲜朝廷出版了不少满语教材。不过，金成修认为，尽管朝鲜对清朝的关注和知识的积累，是"韩国清史研究中不能遗漏的底色"，但朝鲜并没有形成专门的研究领域——"清学"。而且，在金成修看来，与朝中两国频繁的交流相比，除了官方外交文书外，朝鲜留下的有关清朝的资料或记录，相对有限。①

东邻日本的情况则大不相同。与清朝大体处于同一时期的德川幕府（1603—1868）虽然深受中国文化影响，却非清朝的属国。1644 年之前，德川幕府就制定了锁国政策，但日本依然积极搜集海外情报。中国的明清易代很快就吸引了日本社会的关注。18 世纪上半期，日本的清史研究已经正式起步。在幕府的鼓励下，"寄合儒者"（属于幕府的儒者）开始翻译康熙《大清会典》等清朝官政书，并留下了《明朝清朝异同》等研究成果。日本人对中国的关注，远不止于政治方面，他们将很多从中国输入的书籍加以翻刻（"和刻本"）。日本今日依然存有许多有关中国的古籍。日本学界重视田野调查的传统在这一时期也已经显露端倪。18 世纪末期至 19 世纪初，因为俄国南下，日本关注北方问题。幕府官员间宫林藏（1780—1844）前往东北亚调查，写出调查报告《东鞑纪行》。在明治维新之前，日本的清史研究都是基于对时局的关心，但学术水准很高。江户时代汉学、儒学和国学的深厚传统都深刻影响了近代日本学术。

明治维新以来，中日两国交往频繁。这一时期，日本出于侵略中国的需要，全面研究中国政府和社会。晚清时期大量的调查报告在今天依

---

① 金成修. 清史研究在韩国——以东洋史学会与明清史学会为中心. 清史研究，2015（2）。

然有重要的学术价值。① 清朝灭亡前夕，被视作近代学术一部分的日本清史研究也开始起步，京都大学与东京大学分别于 1907 年和 1910 年成立东洋史学讲座，其代表人物分别为内藤湖南（1866—1934）和白鸟库吉（1865—1942）。后来被誉为日本清朝政治、社会之研究始祖的内藤湖南在1911 年辛亥革命爆发后不久，就通过《清朝的过去及现在》这一演讲阐述了他的清史观。内藤认为，清朝的崩溃并非突发事件，而是清中期以来一系列变化的结果。② 内藤重视中国传统文化，对清代的考证学尤为推崇。东京大学的白鸟库吉曾经在欧洲留学两年，高度评价西方历史研究方法，并以赶上和超越欧洲东洋学为目标。不难看出，日本近代清史研究从一起步就糅合了东、西学术传统。日本德川幕府时代的汉学、清代考证学、近代欧洲史学方法等不同传统交织在一起，构成了日本中国研究的特色，也奠定了后来日本清史研究在海外学界的领先地位。

与朝鲜、日本截然不同，西方国家了解、研究清朝的急先锋和主将是传教士。毋庸置疑，他们最主要的目标是传教，但也向欧洲和美国传递有关中国的知识，同时很多传教士也是清朝（清史）研究者。巴德妮（Paola Paderni）、钟鸣旦（Nicolas Standaert）和巴斯蒂（Marianne Bastid-Bruguierre）不约而同地提到意大利（其时，意大利只是地理名词）耶稣会士卫匡国（Martino Martini），其用拉丁文撰写的《鞑靼战纪》（De bello Tartarico）是欧洲第一部讲述满洲征服中国的著作，被翻译成法、德、英、意大利语等多种文字，是当时的畅销书。在欧洲汉学中心法国，政府还专门资助传教士前往中国。从 1685 年法国国王决定资助开始，到 1755 年罗马教廷解散耶稣会为止，有 114 名耶稣会士得到资助来到中国。专门保存在华法国耶稣会士的官方或私人报告、信件、教会文档的克莱蒙学院（即现在索邦大学旁边的路易大帝中学）成为法国研究清朝的重镇之一。1735 年，耶稣会神父杜赫德（Jean-Baptiste Du Halde）利用来自北京的文献出版了《中华帝国全志》③，在欧

---

① 一个例子是，织田万主持撰写的《清国行政法》，很快就被翻译为中文（上海：广智书局，1906）。今日，该书依然被中国学界广泛征引，并有中文新版（北京：中国政法大学出版社，2003）。

② 该演讲后以《清朝衰亡论》出版。可参见内藤湖南. 清朝衰亡论//中国史通论：下册. 夏应元，等译. 北京：九州出版社，2019：721 - 775。

③ 其全称为《中华帝国及鞑靼地理、历史、编年、政治和风物志》（Description géographique，historique，chronologique，politique et physique de l'empire de la Chine et de la Tartarie chinoise，又译为《中华帝国及鞑靼地区地理、历史、编年、政治和博物/自然之描述》）。

洲引发巨大反响。步入近代，西方传教士大量涌入中国，甚至引发大量教案。他们在中国研究领域依然举足轻重。比如在英国，大部分中国学的岗位由回国后的传教士占据。流行一时的《中国总论》作者卫三畏也是一名来自美国的传教士。①

除了传教士外，不少政府官员对清朝研究起到重要作用。英国汉学家小斯当东（Sir George Thomas Staunton，1781—1859）曾作为马戛尔尼的侍从一同出访中国。他将《大清律例》的部分内容翻译成英文，并且是英国皇家亚洲协会（Royal Asiatic Society）的创始会员。清末对美国人认识中国影响最大的历史学家马士（1855—1934）长期在中国海关任职，曾任海关税务司。他的《中华帝国对外关系史》使用了东印度公司的档案等一手资料，至今依然被学界广泛征引。② 他在《中朝制度考》中如此描述清朝皇帝：清朝有"伟大的康熙""全能的乾隆"，嘉庆朝开始衰败，道光虽然不懈努力但回天乏力，到他在清朝任职的时候，清朝的失败已经无可挽回。③ 这一描述在英语学术界奠定了清朝失败的叙事基调。

在诸多西方国家中，法国的汉学和清史研究独树一帜。早在19世纪初，清史研究就开始进入法国大学体系。1814年，复辟的波旁王朝在法兰西学院创设了汉语、鞑靼语-满语语言文学教席，雷慕沙（Abel Rémusat，1788—1832）成为首位教授。雷慕沙的继任者们也多为国际汉学界的优秀学者。后来，东方语言学院（l'École des langues orientales）设立"通俗汉语"教席。鸦片战争之后，法国的清史研究涉及清朝对外关系、政治、军事、法律和经济等方方面面。法国学者对清朝统治区域里人种（民族）的多样性极为关注。19世纪晚期法国在华的学术考察有很多都针对中国少数民族，尤其

---

① 卫三畏. 中国总论（S. Wells Williams. *The Middle Kingdom*：*A Survey of the Geography*，*Government*，*Education*，*Social Life*，*Religion*，*etc. of the Chinese Empire and its Inhabitants*. 2 volumes. New York：Wiley and Putnam，1848）（可参见陈俱的中译本，上海：上海古籍出版社，2014）。

② 马士. 中华帝国对外关系史（Hosea Ballou Morse. *The International Relations of the Chinese Empire*，3 vols，London：Longmans，Green & Co. 1910—1918）（可参见张汇文等的中译本，上海：上海书店出版社，2006）。

③ 马士. 中朝制度考（Hosea Ballou Morse. *The Trade and Administration of China*. London and New York：Longmans，Green，revised edition，1913：12-31）。

是西南地区的少数民族。巴斯蒂坦言，这种学术思路同法国对东南亚的殖民统治有关——中国西南地区很多少数民族与法国印度支那地区的民族类型相同，了解中国这些民族的具体情况，有利于法国进行殖民统治。

为现实服务恐怕是晚清时期日本和西方列强（欧洲和美国）清史研究的共性。对于当时的各个国家和地区来说，关注和了解清朝本身就是外交政策的一部分。巴斯蒂和日本学者都提及晚清时期各自国家对清朝时事的研究。从研究内容来看，清朝制度和对外关系是多国清史研究的重要关注点。从研究方式来看，各国均重视现场考察。在清朝藩属国越南、朝鲜相继陷入西方或日本控制之后，清朝时期的海外清史研究专家很多就是政府官员或者传教士，他们的研究很多带有强烈的政治或者宗教动机，有些研究甚至直接为侵略中国服务。尽管如此，不应忽视他们的学术水平和贡献。

清朝时期的各国家和地区的清史研究存在着广泛的联系。在西方民族国家尚未完全成型的时候，很多欧洲传教士受罗马教廷的派遣来到中国。他们传递的有关中国的知识在欧洲并无明显的国界限制。意大利传教士卫匡国在低地国家（今比利时和荷兰）招募了柏应理（Philippe Couplet，1622—1693）、鲁日满（François de Rougemont，1624—1676）和南怀仁（Ferdinand Verbiest，1623—1688）等传教士前往中国。美国人马士退休后在英国居住。欧洲汉学的喉舌《通报》（*T'oung-pao*）就由法国的高第（Henri Cordier，1849—1925，又译作考迪埃）与荷兰学者施古德（Gustave Schlegel，1840—1903，又译作施列格/施古达）于1890年共同创立。

从学术传承来看，清朝时期东（朝鲜、日本）西（欧洲和美国）方对清朝的研究了解就已经出现了很大不同。朝鲜和日本因为处于汉字文化圈，中国本土的学术已经是它们学术传统根基的一部分；对欧洲和后来的美国来说，中国始终是异域，尽管它们都和中国有文化交往，但受到的影响无法同朝鲜和日本相比。这种不同传统下的清史研究，到今天依然有着深刻的影响。一个简单事实是，在日本和韩国都历经无数"欧风美雨"之后，两国学者此次都直接用中文撰写本国的清史研究，而其他章节的西方作者均用母语写作。

第二节　断裂、传承、联系与范式称雄的 20 世纪

　　1912 年清朝的灭亡对很多国家来说，意味着清史研究不再是对"时事"的关注。巧合的是，清朝灭亡前后，海外很多国家的清史研究经历了断裂。有些国家和地区的清史研究，甚至在 20 世纪上半期直接中断。由于政权更替等方面的影响，各国清史研究的横向联系也出现过断裂。当然，海外清史研究依然充满跨越国界的关联。在整个 20 世纪，清史研究在不同国家和地区经历起伏，研究中心不停地转换，研究范式和主题也不断转换，但各个国家的学术从来都不是孤立的，在某国兴起的潮流，经常很快就扩散到他国。源自欧洲的各种思想的渗入，恐怕是 20 世纪清史研究最大的特征。不管是中国的近邻日本，还是欧洲的亲戚美国，清史研究无不受欧洲思想的影响。

　　很多国家的清史研究在 20 世纪出现了断裂。东邻朝鲜，在甲午中日战争之后，很快失去独立国家的地位。一同失去的是朝鲜王朝对清朝的关注这一历史传统。在日占时期，朝鲜学术丧失了独立。金成修指出，在日本学者的主导下，朝鲜境内的东洋史专业逐渐形成中国史和满（洲）（朝）鲜史两大研究方向，而且，朝鲜东洋史的目的在于建立和中国史分离的东洋史，即满鲜史。[①] 这种学术完全服从并服务于日本的东亚政策，同朝鲜王朝对清朝的关注迥然有异。钟鸣旦在论述了清晚期低地国家对清朝历史和时事的研究之后，立即跳到了 20 世纪末至 21 世纪初。[②] 在这几乎横跨 20 世纪的数十年，低地国家的清史研究即便不是完全空白，在回顾者钟鸣旦看来，也至少是乏善可陈。类似地，巴斯蒂指出，一战结束到 20 世纪 60 年代，很少有法国学者在法国本土从事清史研究。有的断裂可能是局部的。在苏联，由于意识形态的缘故，在华俄罗斯传教团的历史作用很长时间得不到客观评价。直到 1990 年代初，俄罗斯学界才能全面客观地研究俄罗斯在北京的传教团。

[①]　金成修. 清史研究在韩国——以东洋史学会与明清史学会为中心. 清史研究，2015（2）。
[②]　钟鸣旦. 低地国家的清史研究. 王学深，译. 清史研究，2019（2）。

　　清史研究在各国之间的横向关联也在 20 世纪出现了断裂。二战后不久，朝鲜半岛分裂为朝鲜和韩国两个独立国家。两国的清史研究，也因为政治上的分裂而各走各路。中华人民共和国成立后，很快加入社会主义阵营并遭到西方国家的封锁，中西学术交流也随之中断。这种中断直接终止了诸多西方国家在中国的田野调查和档案查阅，进而影响了这些国家清史研究的史料、内容和旨趣。由于无法前往北京查阅档案，孔飞力（Philip A. Kuhn，1933—2016）撰写《中华帝国晚期的叛乱及其敌人》① 时不得不依靠地方志等史料。在罗威廉（William T. Rowe）的笔下，冷战和越南战争使得清史研究者们分化为"左"和"右"两派，他们要么同中华人民共和国亲近，要么同失去大陆的国民党政权亲近。② 反之，中国同西方国家关系正常化之后，中国大陆新开放的清朝档案直接影响甚至决定了诸多海外清史学者的选题。

　　尽管遭遇到了种种断裂和中断，但 20 世纪海外清史研究依然是一个充满联系的整体。中国和世界历史上的大事深刻影响了诸多国家的清史研究，由此导致各国学者在回顾过去百年来的清史研究时采用的分期节点展示出高度的近似。1912 年清帝退位、中华民国建立，这一年自然成为清史研究的新开端。岸本美绪（日本）、H. A. 萨莫伊洛夫（H. A. Самойлов，苏联）、何娜（Hannah Theaker，英国）和巴斯蒂（法国）均将二战结束和 1949 年中华人民共和国的成立视作本国清史研究的一个转折点。20 世纪 80 年代以来，中国的改革开放、冷战的结束和苏联的解体，均与史学研究的转变息息相关。与此一致，日本、美国、俄罗斯等国学者均将 20 世纪末期视作各自国家清史研究转向的关键节点。

　　在不同国家之间，既有清史学者的跨国研究，也有学术潮流的跨国传播。就前者而言，欧洲和美国的传教士学者或许可以视作典范。在民国时期，传教士依然不远万里来到中国，不少人在传教的同时从事清史研究。由于历史原因，英美两国的清史研究有着千丝万缕的关系。包括费正清（John King Fairbank，1907—1991）在内的诸多美国学者曾经

---

　　①　孔飞力. 中华帝国晚期的叛乱及其敌人（Philip A. Kuhn. *Rebellion and its Enemies in Late Imperial China：Militarization and Structure，1796 - 1864.* Cambridge MA：Harvard University Press，1970）（可参见谢亮生等的中译本，北京：中国社会科学出版社，1990）。

　　②　罗威廉. 在美国书写清史. 林展，译. 清史研究，2015（2）。

在英国求学，英国出身的著名清史学者史景迁（Jonathan D. Spence）长期在美国任教，而英国清史研究的专业化又可归结到一个美国人拉铁摩尔（Owen Lattimore，1900—1989）身上。巴斯蒂指出，20世纪前半期，法国清史研究最优秀的作品都出自在华法国学者之手。

费正清的成长经历，可以视作国际学界密切联系的最佳例证。费正清出生在美国，主要在美国接受教育，但研究生期间曾在英国牛津大学学习中国历史。他花了很长时间陪同退休后在英国居住的马士——一个长期在中国海关任职的美国人，也是一名出色的清史研究者。马士深深影响了费正清的治学，成为费正清的"精神之父"。正是在英国，费正清通过英国人的视角了解近代中国。1932年，费正清来到中国，在清华大学历史系主任蒋廷黻（1895—1965）的指导下阅读清朝档案。蒋廷黻来自湖南，中学以后主要在美国接受教育，从哥伦比亚大学获得博士学位。蒋廷黻不仅为费正清训练语言和文献基础，还以其"现代化"（亦作"近代化"。本书尊重各位作者或译者的表述，未做统一）史观深深影响了费正清对中国历史的理解。

除了学者之间有着跨越国界的联系外，学术思潮的流动也是跨国界的。20世纪50年代以前，在欧洲汉学中心法国，清史研究题材很丰富，不少选题具有开创性和前瞻性。法国学者这一时期对清朝医学、法律、宗教、艺术等进行了研究，很多课题即便在今天也依然是学界热点。尤其引人注目的是，传教士、数学家和哲学家裴化行（Henri Bernard-Maître，1889—1975）在民国时期就认为，近代中国思想转变的源头可以追溯到17世纪基督教人文主义和欧洲科学对中国学者的影响，而不是发端于戊戌变法或者19世纪中国对西学的引进，更不是1910年代的新文化运动。换言之，中国的决定性转变不是发生在鸦片战争之后，而是与欧洲近代思想的形成在同一时期。巴斯蒂高度评价了裴化行的研究。仔细审阅20世纪后半期产生的将清朝前期视作"近代早期"（Early Modern）等视角，裴化行的研究给人一种似曾相识而又未卜先知的感觉。

日本的清史研究学术影响力巨大。且不说朝鲜曾是其殖民地，韩国的清史研究就带有深厚的日本烙印，对美国等国的清史研究来说，日本学者的影响也是巨大的。自1920年代以来，日本的满鲜史研究，影响了韩国史学家对东亚的认知。韩国学界起步于20世纪50—60年代的社会经济史研究，可以说紧跟日本学界的步伐。日本清史研究不仅研究选题广泛，在深度和精细度方面也首屈一指。以八旗研究为例，日本学者非常注重使用满文文献，在视野上或许出于政治原因，强调满蒙等边疆地区的历史。日本的八旗（或满洲）研究直接影响了美国"新清史"，也对韩国等国的满蒙研究产生巨大影响。

二战后，日本学者严厉批判了日本学界过去将中国传统社会视作停滞的观点。与之相反，他们将清代视作中国内部解体的时代。1948 年，北村敬直（1919—1990）发文指出，鸦片战争之前的中国社会并非停滞的，而是自晚明实施一条鞭法就开始变化，从内部解体。① 日本学者的这一视角极具前瞻性，到 1970 年代，美国学界才出现柯文概括的"在中国发现历史"的社会史革命转向：美国清史学界不再坚守费正清的"冲击—反应"模式，不再认为清朝历史在西方入侵之前是停滞的，进而强调中国内部自身的变化。罗威廉指出，日本学者尤其是马克思主义东京学派的研究，是美国社会史革命产生的重要因素之一。②

整个 20 世纪的史学研究多笼罩在欧洲人创造的各种范式之下，而马克思主义的巨大影响力也是 20 世纪史学研究中范式称雄的表征之一。除实证研究外，马克思主义史学或者说受到马克思主义影响的历史研究，是 20 世纪海外清史学界中影响力最大的史学流派。虽然马克思主义的发源地在西欧，但苏联和新中国因为共产党革命的胜利，在清史研究中大量运用马克思主义的观点和分析方法。在 1949 年以前，苏联历史学界因为过于关注中国的革命，清史研究可以说处于无足轻重的地位。少量的有关清史的研究也多注重太平天国运动、义和团运动和辛亥革命等事件。③ 新中国成立后，苏联的清史研究开始深入。就研究主题而言，主要是农民起义、革命、改良、清代社会结构和对外关系等。马克思主义的阶级分析法和社会发展论可以说贯穿整个苏联时期的清史研究。由于苏联在社会主义阵营的影响，不少马克思主义的历史著作对中国和东欧等社会主义国家产生深刻影响。例如，列宁格勒国立大学叶菲

---

① 北村敬直. 清代的历史地位——对于中国近代史的展望. 思想，292。
② 罗威廉. 在美国书写清史. 林展，译. 清史研究，2015（2）。
③ H. A. 萨姆伊洛夫. 苏联和俄罗斯联邦时期的清史研究. 荆宇航，译. 清史研究，2018（1）。

莫夫（Г. В. Ефимов）教授所著《中国近现代史纲要》一书被翻译成了波兰语等东欧文字并部分节译为汉语。[1] 此书甚至被翻译成日文，对日本的马克思主义史学产生一定影响。

运用马克思主义研究清史也是 20 世纪日本清史研究的显著特征。虽然是资本主义国家，但日本在 20 世纪，尤其是 1980 年代以前，以其开放的学习态度和多年来对中国尤其是清朝历史知识的积累，运用马克思主义产生了大批高质量的成果，是潮流的主要引领者之一。二战之前，日本学界就将马克思主义的方法运用到宗族和村落等共同体的研究上。1930 年代，森谷克己（1904—1964）运用马克思主义，认为中国的社会性质为"亚细亚生产方式"的社会。[2] 日本的马克思主义史学家同中国的同行郭沫若、吕振羽等人有着非常密切的互动。同时，日本学者还将马克思主义的社会发展理论应用到满洲研究中，开始探索满洲社会的发展历程。自二战结束到 1970 年代，日本的社会经济史研究进入高潮。虽然自二战起，尤其是 1949 年以后，日本同中苏两国的学术交流一度受到影响，但在日本的明清社会经济史研究中，学者关注的内容（如经济、赋役、社会阶层、土地制度、农民起义）以及使用的研究方法（阶级分析、社会发展阶段论等），均同苏联、中国展示出高度的近似。总的看来，日本和中国、苏联等马克思主义占据统治地位的国家的清史研究有异曲同工之妙。而且在日本学者的回顾中，其社会经济史研究并没有苏联式刻板的说教。日本的马克思主义史学，尤其是社会经济史研究，又深刻地影响了韩国清史学界——其影响一直延续至今。

第三节 新趋势：20 世纪末至 21 世纪的清史研究

很多国家的清史研究在 20 世纪的最后一二十年产生巨大转变，这

---

① 叶菲莫夫. 中国近现代史纲要（第二版）. 莫斯科：国家政治书籍出版社，1951（Ефимов Г. В. Очерки по новой и новейшей истории Китая. Изд. 2-е. М.：Госполитиздат，1951）；转引自 Н. А. 萨姆伊洛夫. 苏联和俄罗斯联邦时期的清史研究. 荆宇航，译. 清史研究，2018（1）. 萨姆伊洛夫也译萨莫伊洛夫.

② 森谷克己. 亚细亚生产方式论. 东京：育生社，1937。

些转变一直延续至今。有些变化，对清史研究而言，已经在一定程度上成为问题。例如，在俄罗斯，由于苏联解体的缘故，汉学家的数量大为减少，清史研究的成果与之前相比出现下降。何时可以再次复兴俄罗斯的清史研究，恐怕在可以预见的未来，情况都难以乐观。二战后，由于国力的上升，美国清史研究在国际学界的地位迅速提高。到 20 世纪晚期，美国已经同日本一样，成为海外清史研究的领跑者。然而进入新世纪后，美国学者关注的重点明显转向民国研究。尽管有"新清史"等引人注目的清史研究潮流，但美国中国史研究的重心还是无可避免地后移了。这一趋势不仅没有停止，甚至还有加速的迹象。

当然，这些变化并没有影响海外清史研究进一步走向深入。日、美两国这一时期的清史研究都对过去源自欧洲的普遍经验进行了批判。自1980 年代起，日本的清史研究不再以围绕社会结构等几个重点问题展开，研究选题趋向分散化。与之一致的是，日本学界对用欧洲标准来评价中国历史的做法进行根本性的批判，源自欧洲经验的各种"基本规律"，也不再被认为是绝对真理。类似的趋势也发生在美国。1990 年代初，美国清史学界也开始受到"文化史革命"的影响。1993 年，冯珠娣（Judith Farquhar）和何伟亚（James M. Hevia）不仅批评哈佛学派的"冲击—反应"模式，还批评"从中国发现历史"的社会史学者，认为两者均将西方社会科学的理论强加于中国历史。① 此文成为中国新文化史研究的宣言书。罗威廉认为，文化史研究的视角至少受到三种思想的影响。一是"后现代主义"，这一思想动摇了"现代主义者"建立在档案等历史学文献基础以及价值中立认识上的自信。二是与文化史研究密切相关的观点认为，历史学家从史料中发现的不是历史"事实"，而是"表述"方式。三是"文化马克思主义"。这一思想认为，除了经济和军事武器外，还存在文化武器，占据统治地位的阶级或民族可以利用文化武器维持或复制其主导地位。文化史研究对美国清史研究最大的影响有两个方面，一为女性和性别，二为民族和种族。两者均产生了大量有影响力的成果。②

---

① 冯珠娣，何伟亚. 文化与战后美国的中国历史学［Judith Farquhar and James M. Hevia. "The Concept of Culture in Post-war American Historiography of China." *Positions：East Asian Cultures Critique*，1993，1（2）］［中文版见《文史哲》，1996（6）］。

② 罗威廉. 在美国书写清史. 林展，译. 清史研究，2015（2）。

　　日美两国在 20 世纪末和 21 世纪的转变均导致清史研究的深化。无论是日本还是美国，清史研究都不再有定于一尊的范式，研究选题多样化，分析视角也出现显著变化。不过，选题多样化的背后，日美两国的研究热点却存在很多近似之处。首先，日美两国学者以清代满洲研究为起点，对清朝国家的结构和特征进行了深入探讨。两国学者都深入探讨了清朝核心制度——八旗制，都将清朝置于"北亚国家"（或者"内陆亚洲"）的源流中，都不再将清朝视作"最后的中国王朝"，都不再同意"满族汉化"的历史叙述，都不再简单地将蒙古等藩部视作被统治者，而是作为统治中枢的构成者。对于清朝的国家特征，日本学者超越了清朝作为"最后的中国王朝"和"满族征服王朝"这一二元论。石桥崇雄就认为清朝是一个"统一（复合）多民族国家"，统治机构包括"旗、汉、藩"三重结构。类似地，美国清史学者柯娇燕（Pamela Kyle Crossley）认为，清朝是一个多民族帝国，统治者采用了多样化的方式统治不同区域（如中原地区的天子和东北地区的可汗）。①

　　在全球视野下研究清史是这一时期日美两国的共同趋势。1980 年代起，日本学界开始反思甚至批判以中国为中心的"东亚世界"论，从周边（尤其是西藏、蒙古等地区）的视角来重新认识中国以及东亚其他国家、地区。海域史研究的兴起，虽然仍以东亚、东南亚为中心，但也将明清中国置于世界史的视野下，关注白银流入等与全球史密切相关的现象。20 世纪末开始，美国清史研究的一个主导趋势是全球化。这首先表现为比较政治经济研究的复兴。加州学派的代表人物彭慕兰（Kenneth Pomeranz）和黄宗智（Philip C. C. Huang）等人将中国同欧洲尤其是西欧进行对比时，不再片面地以欧洲为中心，追问中国为何没有发展出资本主义，而是将中国和欧洲同等对待，分析两者为何在近代出现不同走向。美国清史研究全球化的另一表现是"欧亚转向"。濮德培（Peter C. Perdue）等学者认为清朝与明朝共性较少，与奥斯曼帝国和俄罗斯罗曼诺夫王朝则存在很多类似。②

---

　　① 柯娇燕. 中国皇权的多维性［Pamela Kyle Crossley. "Review Article：The Rulerships of China." *American Historical Review*，1992，97（5）］（中文版可参见刘凤云，刘文鹏，主编. 清朝的国家认同——"新清史"研究与争鸣. 北京：中国人民大学出版社，2010：53 - 70）。

　　② 罗威廉. 在美国书写清史. 林展，译. 清史研究，2015（2）。

这一时期清史研究全球化的另外一个特征就是各国学者的联系加强和研究主题与思路的同质化。尽管欧洲经验已经遭到史学界的质疑，日美等国的研究主题出现多样化，但罗威廉在回顾美国的清史研究的结尾依然写道："在研究者培养和研究主题方面，清史研究已极大地全球化了。"① 罗威廉指的是有更多的中国学者去海外留学，研究清史；同时，清史研究选题和研究思路也全球化了。在这一全球化进程中，美国和日本扮演了领导者的角色。英国、韩国等国的满族研究均受到美国"新清史"的影响。日美两国自 1980 年代兴起的清代法律史研究，对中国、韩国等国的研究产生巨大影响。

第四节　问题与思考

在海外清史研究史的成果付梓之际，很多问题依然摆在众多清史学者面前。首先是清史研究能否作为独立研究领域。与中国其他朝代不同，清朝因为西方的入侵而使得中国进入近代社会，这使得清史研究在全球范围内都存在这样一种割裂：清前期属于传统中国（古代史），清后期属于近代史。这种割裂使得有些国家或地区并不存在一个独立的"清史"研究领域。② 在马克思主义等欧洲思想的视野下，中国王朝的更替同社会发展的进程未必一致。在深受马克思主义史学影响的日本，尽管清朝统治的独特性一直是"清史固有的问题"，但这一问题在战后并非日本清史研究的中心。岸本美绪等学者认为，从时代特征来看，明末清初更为接近；鸦片战争之后，晚清民国构成了近代，故清朝并不能展示中国历史的时代特征。她在回顾日本清史研究学术史时，开篇即言"清史研究未必可称为一个独立的研究领域"。在传统—现代对立的思想框架下，"清朝"作为一个历史时期在费正清的研究中也没有多少比重。稍后在美国流行的"帝制中国晚期"（Late Imperial China）以及"近代

---

① 罗威廉. 在美国书写清史. 林展，译. 清史研究，2015（2）。

② 作为联络人，笔者曾邀请某国著名学者撰写该国百年来的清史研究，得到的答复是该国不存在清史研究这一研究领域。

早期"的时段概括都不将清朝视作独立的历史单元。

其次是如何正确对待学术与政治的关联。海外清史研究一开始就与政治密不可分。众所周知,西方很多清史研究成果出自传教士之手,二战之前日本学者的研究很多都受到日本侵华政策的影响。同样,冷战不仅影响了美国的清史研究,也让苏联的清史研究出现思路上的停滞。很多受到政治左右的学术研究,一样具有很高的学术水准,但也有一些成果因为政治偏见而失去客观性。如何正确评价这些受到政治影响的研究成果,如何在研究中保持学术的客观公正,恐怕是学者们一直需要考量的问题。

再次是话语权势问题。由于历史传承和现实国力等多种原因,不同语言写作的清史研究成果在世界的地位并不相同。显而易见,这种不同地位的差异不完全是学术质量导致的。就海外学术成果发表来看,二战之后,尤其是近几十年来,用英文发表的成果地位显著上升。日美两国学者几乎同时对八旗制度和清代国家的性质开展了深入研究,都取得了不俗的成绩,但近年来不仅在中国,在全世界范围内美国"新清史"的影响都更大。反之,有些语言写就的清史研究成果,可能因为影响力有限而低估其研究水平。时至今日,用朝鲜语、越南语等语言写就的清史研究成果,在国际上依然影响甚微。即便法国曾经是海外汉学的中心,今日法文研究成果的影响力也已经不如从前。

最后是如何看待清史研究的全球化问题。不同国家之间的清史学者相互学习,取长补短,当然是一件值得称赞的事。但是,清史研究全球化带来的一个后果就是,研究主题和问题意识的同质化。占有话语优势的国家,很快将其问题意识和选题转化为世界潮流,在一定程度上侵蚀话语弱势国家在清史研究方面的主体性。这种状况并非近年来所独有,但最近由于互联网革命和交通的便捷,强势话语国家的研究潮流比过去传播得更快,影响也更大。日美等国的清史研究成果和潮流很快就传到其他国家。近些年,有些国家的清史研究,在问题意识和选题等方面都深受日本和美国清史研究的影响。

海外清史研究的问题,对中国的清史研究来说,亦是挑战。对多数中国学者而言,清史可以视作一个独立的研究领域,但依然有人以鸦片战争为界将清朝分为前后两段,人为割裂清史的整体性。自近代以来,中国学术研究也深受西方的影响。时至今日，中国史甚至被视作最具国际性的研究领域，清史亦不例外。坦率地说，目前国内的清史研究，在一些领域还不能称之为领跑者。从近几年"新清史"在中国引发的激烈争论来看，中国清史学界的话语权还有待提升。近年来学界开展的中国学术外译工程，固然有助于提升中国学术的影响力，但也一定程度上表明中文话语权的相对弱势。而近年来海外清史论著中译稿在国内受到的热捧，尤其值得我们深思。海外清史研究的优点和长处，当然值得我们借鉴和吸收，但如何在吸收他人长处的基础上构建具有中国特色的话语体系，进而提高研究水平，让中国的清史研究成为世界潮流的引领者，是中国清史学者面临的艰巨任务。

第一章　日本的清史研究[*]

森正夫　狭间直树　岩井茂树　杉山清彦　岸本美绪　著

　　在日本的中国史研究中，清史未必可称为一个独立的研究领域。第二次世界大战以前，日本学者在研究清代历史时所关注的，与其说是清代所特有的时代特征，不如说是偏重于在清史中所能看到的中国传统社会的一般特征。战后的研究者，对那种把中国传统社会理解为固定不变的看法进行了严厉的批判，越来越集中关注中国历史的发展与各时代的历史特征。当此之际，与其说"清代"，不如说"明末清初"作为一个具有特征的时代而成为分析的对象。与此同时，鸦片战争以后的晚清时期，作为"近代"的一部分，和民国初期结合在一起。当然，不拘泥于政治性的断代，而按社会经济上大的变动来区分时代，意义更为深远。但是，人们似乎认为，如何理解以满族统治为首的清朝统治的独特性质与社会经济变动的关联性，这一清史固有的问题，在战后一直未能成为日本明清史学者研究兴趣的中心。因此本章所涉及的论著范围未必严格限于清代，而是上起明末清初，下至民国初年，对这一百年来日本学者如何在研究中致力于探讨清代诸问题，试做一简单的介绍。

　　本章分为三个部分：从1912年到1940年代前半期；从1940年代后半期到1970年代；从1980年代到21世纪初。第一部分和第二部分

　　* 森正夫（1935—），男，名古屋大学名誉教授/爱知县立大学名誉教授，研究专长为明清社会经济史；狭间直树（1937—），男，京都大学名誉教授/日本孙文纪念馆名誉馆长（旧称日本孙中山纪念馆），财团法人孙中山纪念会副理事长，研究专长为中国近代史；岩井茂树（1955—），男，京都大学人文科学研究所教授，研究专长为明清社会经济史；杉山清彦（1972—），男，东京大学大学院综合文化研究科准教授（与副教授相同），研究专长为清史、满族史；岸本美绪（1952—），女，御茶水女子大学名誉教授，研究专长为明清社会经济史。

的分界在于日本战败，而第二部分和第三部分的分界在于中国的改革开放与日本历史学的潮流变化。

第一节　从 1912 年到 1940 年代前半期

一、前史

1. 江户时代日本的清朝研究

清代从时间上说，大体相当于日本的江户时代（1603—1867）。清朝政权和德川幕府都是在 16 世纪至 17 世纪整个东亚的社会大变动中诞生的，又都是在 19 世纪中叶以后，由于欧美列强侵略扩张而在动荡之中终结的。众所周知，德川幕府采取了严厉的"锁国"政策。但是，当时的日本绝不是对世界的动向毫不关心、与世隔绝的。尽管禁止日本人航行海外，幕府却积极搜集海外情报，渴求有关国际形势及技术方面的知识。最近的研究已着重指出了这一点。

日本对清朝的关心亦非常强烈。日本的清史研究[①]始于对明清鼎革的关注。作为邻国，希望了解发生在眼前的大陆局势。起初在 1644 年遭遇海难，经盛京、北京而被送还日本的越前三国凑的商人在《鞑靼漂流记》中，生动地描述了满洲入关前后的国家与社会面貌。[②] 另外，在日本面向海外的窗口——长崎，收集了大量海外信息。这些信息汇集成"唐船风说书"，其中至 1717 年以前的内容被编为《华夷变态》。[③] 这些信息传达了 1644 年以后的中国局势。这些记录能弥补中国史料上的空白，颇为珍贵。通过这些信息，日本人认识到清朝是"鞑靼人"即满洲

[①]　内藤湖南. 以往的满洲研究（首次发表于 1936 年，收入《内藤湖南全集》第 8 卷，东京：筑摩书房，1969）；和田清. 我国满蒙史研究的发展（首次发表于 1932 年，收入《东亚史论薮》，东京：生活社，1942）。

[②]　园田一龟. 鞑靼漂流记研究. 奉天（沈阳）：南满洲铁道株式会社，1939（再刊：东京：原书房，1980；改题再刊：鞑靼漂流记. 东京：平凡社，1991）. 详见：杉山清彦. 寻访《鞑靼漂流记》的故乡——越前三国凑访问记. 满族史研究，2004，3。

[③]　林鹅峰，林凤冈. 华夷变态：全 3 册. 东京：财团法人东洋文库，1958—1959（再刊：东京：东方书店，1981）。

人的王朝。不过这些都未超出史料的畛域，尚无法称之为研究。

江户时代的清朝研究正式起步于 18 世纪前半期，尤其是江户幕府第八代将军德川吉宗（1684—1751，1716—1745 年在任）统治时期。吉宗采取政策，鼓励收集、研究各种来自海外的信息——从国际局势到科学技术。1720 年，幕府下令，除了与基督教教义相关的内容之外，其余书籍的禁令一律放宽。为了解清朝的制度与法律，吉宗不但大量引进了以康熙《大清会典》为首的清朝法规、法律书籍与地方志等，而且让“寄合儒者”（属于幕府的儒者）等人翻译与研究。① 寄合儒者荻生北溪（1673—1754）与书物奉行深见有邻（1691—1773）是其中的核心人物。他们将对清朝初兴的研究被编为《建州始末记》，将对华商的询问笔录编为《清朝探事》，还翻译并研究《大清会典》等书，留下了《明朝清朝异同》等研究成果。② 尽管无法直接读懂满文，但是他们准确地把握了满汉关系、王公制度、八旗、外藩等清朝统治结构的特征，其研究可以说达到了相当高的水准。另外，北溪的胞兄是著名儒学家荻生徂徕（1666—1728），他独自研习满文，写了《满文考》一文，可谓日本满文研究的开拓者。③ 在史料方面，在中国也作为宫中秘籍而难得一见的实录，即太祖、太宗、世祖三朝实录的康熙汉文本通过长崎贸易传到了日本。这些实录在日本被抄录并流通，还被编印为《大清三朝事略》。永根（北条）铉（1765—1838）和邨山纬（芝坞，1758—1820）还依据实录刊印了《三朝实录采要》。④

第三阶段的研究源于 18 世纪后半期以后对北方问题的关注。随着

---

① 关于江户时代进口汉籍的情况，大庭脩（1927—2002）做过详细研究。大庭脩. 江户时代唐船持渡书研究. 吹田：关西大学东西学术研究所，1967；大庭脩. 江户时代对中国文化的接受情况之研究. 京都：同朋舍，1984；大庭脩. 汉籍进口的文化史——从圣德太子到吉宗. 东京：研文出版，1997。

② 楠木贤道. 从江户时代到近代的清初史研究之潮流——以荻生北溪撰，荻生徂徕增补订正《建州始末记》为中心//神田信夫先生古稀纪念论集——清朝与东亚. 东京：山川出版社，1992；楠木贤道. 江户时代知识人所理解的清朝//冈田英弘，编. 清朝是什么?. 东京：藤原书店，2009。

③ 内藤湖南. 以往的满洲研究；神田信夫. 荻生徂徕的《满文考》与《清书千字文》//清朝史论考. 东京：山川出版社，2005（首次发表于《第六届中国域外汉籍国际学术会议论文集》，台北：联合报文化基金会国学文献馆，1993）。

④ 神田信夫. 关于传至日本的“清三朝实录”之来历//日本所藏清代档案史料的面貌. 东京：财团法人东洋文库清代史研究室，1993。后收入《清朝史论考》。

俄国南下，日本与俄接触增多，使得日本不得不了解北方情形。幕府官员间宫林藏（1780—1844）为调查库页（日本称"桦太"）而北上，并渡海到大陆一侧，走访了特林的交易所。他写下的调查记录《东鞑纪行》是一份广为人知的出色的调查报告书兼田野笔记。[①] 另一位幕府官员近藤重藏（1771—1829）曾在千岛、择捉探险，著有《边要分界图考》，他还以《清俗纪闻》的实际作者而闻名。另外，大田南亩（蜀山人，1749—1823）、以造出"锁国"一词闻名的志筑忠雄（1760—1806）也在长崎收集并研究清朝的政书、史书。通过这些材料，大田南亩等人极其准确地理解了《尼布楚条约》和清俄关系。[②] 另外，1804 年，俄国人列扎诺夫（Nicolai Rezanov，1764—1807）为求通商而航海来到日本长崎，并带来了满文文书。为弄懂这些文书，日本学者开始研究满文。书物奉行兼天文方的高桥景保（1785—1829）是其中的杰出者，他写了《满文辑韵》等研究著作。[③] 上述"清三朝实录"之所以在日本广泛流通，也是缘于上述时代背景。

　　由上可见，日本在江户时期的清史研究都是基于对同时代局势的关心而展开的，并且在研究内容、史料收集方面也都不逊色于近代学术研究，值得高度评价。出身于旧仙台藩学者世家的在野学者大槻如电（1845—1931），曾在辛亥革命的数年前，将家藏的《建州始末记》转让给内藤虎次郎（号湖南，1866—1934）。如电的祖父玄泽（1757—1827）是一位兰学家，编辑过列扎诺夫航海来日本时送还的漂流民的口述记《环海异闻》（1807）。这一小插曲，可说是从江户时代的清史研究向近代日本的东洋史研究过渡之象征。另外，内藤本人也出自盛冈藩汉学世家。这些事实告诫我们不能忘记，在近代日本人文学的背后，有着江户时代孕育出的汉学、儒学、国学的深厚传统，以及从兰学中磨炼出的向

---

① 间宫林藏. 东鞑纪行. 东京：平凡社，1988；松浦茂. 间宫林藏在特林遇到的中国人//日本所藏清代档案史料的面貌. 东京：财团法人东洋文库清代史研究室，1993。后收入氏著《清朝的阿穆尔政策与少数民族》（京都：京都大学学术出版会，2006）。

② 楠木贤道. 大田南亩抄录的《平定准噶尔方略》——江户时代知识人获取海外信息的一个侧面. 历史人类，2005，33；楠木贤道. 从《二国会盟录》看志筑忠雄、安部龙平对清朝、北亚的理解——江户时代知识人的 New Qing History?. 社会文化史学，2009，52。

③ 新村出. 高桥景保的满洲语学（首次发表于 1914 年，收入《新村出全集》第 1 卷，东京：筑摩书房，1971）。

西洋诸学积极进取的姿态。

日本人对中国的关心，范围甚广，而不仅仅局限在政治方面。日本将输入的书籍加以翻刻，这种"和刻本"也出版很多。小畑行简（1793—1875）对黄六鸿《福惠全书》所附的日文注释在今天亦很有用。① 此外，在中国已成为珍本的小说类书籍，亦有以和刻本的形式保存下来的。《清俗纪闻》（1799）一书，根据在长崎的中国商人的传述，配以画图，详细地记载了江苏、浙江、福建等地方风俗，使人们了解到清代的日常生活，并成为饶有兴味的史料。②

毋庸置疑，江户时代人们对中国的关心，当然不是"历史"研究，措意亦不在做学问的方法上，这与近代日本的清史研究是不同的。但是，一般认为，江户时代人们对清代社会的兴趣和亲近感，似乎在近代日本的清史研究中亦作为一个研究流派而被继承下来。

2. 从明治维新到辛亥革命

明治维新以降，日本开始新的清代中国研究，可以说主要在两个方面。一方面，因需要掌握当时中国国情而产生的，对中国行政制度和社会情况的全面研究。这种分析现状的初期研究，有井上（楢原）陈政（1862—1900）的《禹域通纂》和服部宇之吉（1867—1939）的《清国通考》等。③ 日清战争（即甲午中日战争）后，日本占领台湾，组织了临时台湾旧惯调查会，在台湾进行实地调查，在 1909 年至 1911 年出版了《台湾私法》。与此同时，日本亦调查清朝的行政制度，并于 1905 年至 1915 年出版了《清国行政法》。④ 这些调查费时十年以上，固然是为当时统治台湾而准备的，但其中所搜集的大量原始资料，以及有关行政的详细记述，有许多在今天亦很有用。

另一方面，随着大学里东洋史学科的设立，史学研究中清史的研究

---

① 黄六鸿. 山根幸夫解题. 福惠全书. 东京：汲古书院，1973。

② 中川忠英. 清俗纪闻：全2册. 东京：平凡社，1966。本书名义上的著者是长崎奉行（长崎长官）的中川忠英，但实际上的著者则是上述的近藤重藏。（可参见方克、孙玄龄的中译本，北京：中华书局，2006。）

③ 井上陈政. 禹域通纂. 东京：大藏省，1888；服部宇之吉. 清国通考：第1编，第2编，东京：三省堂，1905。

④ 临时台湾旧惯调查会. 台湾私法. 台北：临时台湾旧惯调查会，1909—1911；临时台湾旧惯调查会. 清国行政法. 台北：临时台湾旧惯调查会，1905—1913。

和探讨亦开始起步。① 京都帝国大学和东京帝国大学的东洋史学（即亚洲史学）讲座分别成立于 1907 年和 1910 年。当时新闻界有名的中国事务评论家内藤湖南受聘于京大，为新成立的东洋史学第一讲座的讲师（1909 年任教授）。内藤不仅从事考证性历史研究，而且对眼前发生的政治变动也积极发表评论。1911 年辛亥革命爆发后不久，他就发表了《清朝的过去及现在》的讲演（后以《清朝衰亡论》出版），提出了他的清朝史观，强调清朝的崩溃并非突发性事件，而是自清朝中期开始发生的一系列变化的结果——如八旗的衰弱、财政的破产、民族观念的成长等。其后他甚至把辛亥革命理解为宋代以后平民主义潮流发展的结果。内藤的特点是，比起政治事件，他更重视社会经济和文化等方面的宏观变化。他对中国文化评价很高，认为并不次于欧美文化。内藤虽然重视在少数民族统治下的清朝，中国文化得到繁荣发展，却对中国反抗日本和欧美列强的反帝民族运动持冷淡态度。关于内藤的中国社会观及其问题，一直到现在仍为许多学者所热烈讨论。② 内藤还从中国带回了《满文老档》等文献的摄影版，对清初历史的研究亦起了很大作用。受到内藤指导的稻叶岩吉（1876—1940），在推进初期满洲民族研究的同时，写出了大部头的清朝通史著作《清朝全史》。③

内藤湖南重视中国的文化传统，特别赞许清朝考证学的方法。与此形成对照的是，东京帝国大学东洋史学科的奠基人白鸟库吉（1865—1942）凭借他在欧洲两年半的留学经验，高度评价西方学界的历史研究方法，并以赶上、超过欧洲东洋学为目标。为了和欧洲东洋学竞争，他选择的研究领域是中国的满洲，以及周边地区朝鲜、蒙古等。虽然白鸟

① 关于日本"东洋学"的成立与变迁，参看岸本美绪编《岩波讲座"帝国"日本的学知》第 3 卷《东洋学的磁场》（东京：岩波书店，2006）所收入的诸论文。

② 有关内藤湖南的研究为数不少，比如：增渊龙夫. 关于历史家对同时代史的考察. 东京：岩波书店，1983；内藤湖南研究会，编. 内藤湖南的世界. 名古屋：河合文化教育研究所，2001；山田智，等编. 内藤湖南和对亚细亚的认识. 东京：勉诚出版，2013。日本国外的主要研究有：傅佛果. 内藤湖南：政治与汉学（1866—1934）[Joshua Fogel. *Politics and Sinology：The Case of Naito Konan*（*1866—1934*）. Cambridge, Mass. Council on East Asian Studies, Harvard University, 1984]；钱婉约. 内藤湖南研究. 北京：中华书局，2004。内藤湖南的著作被汇集于《内藤湖南全集》全 14 卷（东京：筑摩书房，1970—1976）。

③ 稻叶岩吉. 清朝全史. 东京：早稻田大学出版部，1914。这本书出版后不久被翻译成汉文，受到中国读者的欢迎，对中国的历史学界也产生了很大影响。

重视严谨的学术性研究，但这些地区是 20 世纪初期日本侵略大陆的重点对象，因此"客观"的学术研究也无法同日本的大陆政策决然分开。与内藤一样，白鸟创始的"满蒙史"研究也促使后代学者深思学问和政治之间的关系。①

在世纪之交出发的日本的中国史研究中，可以看到几种学问潮流，比如，江户时代日本的"汉学"、清代考证学、近代欧洲实证史学、刚刚发展起来的社会科学等。这些潮流复杂地交织在一起，形成了近代日本中国史研究的独有特色。

二、初创时期的清史研究

1. 分期问题

20 世纪前半期日本研究中国史的学者涵盖的时期范围比较广，自命为清朝史专家者为数不多。下面概略地介绍其中有关清史的代表性研究，但首先需要略论分期问题。因为按朝代区分历史的传统方法在这个时期发生变化，不少学者开始采用西方历史学的三分法来宏观地把握社会变迁。在中国史方面最早采用这一分期法的是那珂通世（1851—1908）的《支那通史》（1888—1890）和桑原骘藏（1870—1931）的《中等东洋史》（1898）等著作。那珂将中国历史上的主要王朝按照三个一组分期，以夏商周为"古三代"，汉唐宋为"后三代"，元明清为"近世三代"，可见那珂基本上还是按照朝代来划分历史时期的。桑原骘藏则把东洋史（即以中国为中心且包括南亚、中亚等周边地区的亚洲史）分为以下四个时期：（i）上古期：汉族膨胀时期（到公元前 221 年为止）；（ii）中古期：汉族优势时期（公元前 221—公元 907）；（iii）近古期：蒙古族最盛时期（公元 907—1644）；（iv）近世期：欧人东渐时期（1644—）。在这里，清朝时期被认为是以"欧人东渐"为特色的"近世"。桑原《中等东洋史》的中文译本《东洋史要》（上海：上海东文学社，1899）多次再版，在中国也拥有众多读者。②

---

① 有关以白鸟库吉为中心的东大东洋史学科的研究有：五井直弘. 近代日本与东洋史学. 东京：青木书店，1976；斯特凡·田中（Stefan Tanaka）. *Japan's Orient：Rendering Pasts into History*. Berkeley：University of California Press，1993。白鸟的著作被汇集于《白鸟库吉全集》10 卷（东京：岩波书店，1969—1971）。

② 桑原骘藏. 中等东洋史//桑原骘藏全集：第 4 卷. 东京：岩波书店，1968。

与重视民族力量对比的桑原之分期方法不同，内藤湖南提出的以宋代为近世起点的学说（形成于 1909 年前后）①，采用了着重国内因素的分期标准：在政治制度方面是贵族政治的衰退和君主独裁的出现；在社会经济方面是货币经济和城市的发达；在文化学术方面是打破陈规旧套的新儒学、新美术以及庶民文化。据他说，这些变化与欧洲文艺复兴相媲美，是平民主义发展的表现。清代则是宋代以来的这种"近世"式社会性质全面发展的时代。

日本学者关于中国历史分期的讨论不止这些，而在二战之后再展开一场热烈的分期论战。但在此可见，早在清史研究刚刚开始的时期，日本学者对清史的视角已经比较复杂，不仅注目到清朝作为满洲政权的民族特色，而且"欧人东渐""平民主义"等有关世界史的宏观问题也吸引着他们的注意。

2. 清朝政治、制度史研究的开始

日本清朝政治、社会之研究奉内藤湖南为始祖。内藤在 1910—1920 年代发表了"清朝衰亡论""清朝史通论"等演讲，以及下文所述的《清朝姓氏考》《清朝初期的继嗣问题》等探讨个别主题的论文，较早提出了通史构架，同时也提出了政治史、制度史上的各种问题。另外，稻叶岩吉也撰写了《清朝全史》（1914）等。随着清王朝覆灭，许多学者开始尝试对其通史进行俯瞰。②

这一时期恰逢从导入西欧史起步的日本近代历史学将研究对象扩展到亚洲——日本"东洋史学"成立期。③ 清王朝覆灭不久，研究上的禁锢被解除，它成了最佳的研究对象之一。因此，除了同时代的清末以后的近代史以外，王朝起源及初期历史更引人关注。

关注点之一便是"清（大清）"之前的国号问题。一般认为，清朝起初国号为"满洲"，1636 年皇太极将其改为"大清"，但东京帝大教

---

① 关于内藤提出的宋代以后为近世的学说，一般认为最早见于内藤的《支那论》（1914）或《概括的唐宋时代观》（1922）。根据《内藤湖南全集》第 10 卷所载的内藤乾吉的跋文（东京：筑摩书房，1969），这一学说在 1909 年内藤在京都大学首次讲授"支那近世史"时已经形成了。

② 稻叶岩吉. 清朝全史. 东京：早稻田大学出版部，1914.

③ 中见立夫. 日本"东洋学"的形成与构图//岸本美绪，编. 岩波讲座"帝国"日本的学知：第 3 卷　东洋学的磁场. 东京：岩波书店，2006.

授市村瓒次郎（1864—1947）早在 1909 年就写了《清朝国号考》一文，弄清"大清"以前的国号为"金""后金"，并指出这一事实被掩盖起来，因此提倡"满洲"国号伪作说。① 之后，努尔哈赤政权的国号问题在日本及两岸的清史学界成了一个研究重点。另一问题是清帝室起源及帝位继承过程。清室的姓氏，众所周知，是爱新觉罗，但这在女真姓氏中属于特殊的姓氏，并且正式的宗谱被认为是明代建州左卫的借用，因此该姓氏之来历及真赝备受学者关注。《太祖实录》开头记载的开国传说太富神话色彩，令人难以置信，当时又处于力图贬低清室的革命时代大气候中，因此甚至有人提出了国姓是伪造的，其实出身卑贱的看法。在此状况下，内藤写有《清朝姓氏考》一文，探讨了觉罗姓与明代女真著姓董姓、佟姓的关系。② 他指出，富有神话色彩的开国传说是东北亚各民族间常见的感生帝说之一种。③ 内藤在另一篇《清朝初期的继嗣问题》中，追溯了作为清朝独特的继嗣制度而闻名的储位密建制度之前史。他指出，清朝开国之初并无皇太子制度，因此，清初政治史是围绕挑选继承人的争斗而展开的。④

内藤的一系列研究可以说囊括了清室起源、开国初期贝勒的地位及成员、帝位继承与政治斗争、确定旗王的领旗及其变迁、八旗官制与包衣等主要论题，之后的研究则可以说是长期追随该框架及论点展开的。值得关注的是，内藤开拓的清史研究从其起步之时，就立足于多种语言的史料，把目光投向多民族国家这一侧面。提到内藤，由于其后的卓越成就，在中国史与文化史方面影响较深，但上述这一点也相当重要。可以说，这一点与在东京帝大奠定了东洋史学之基础的白鸟库吉的内陆亚洲史研究一样，代表了日本东洋史学之一股大潮流。这一点也与文献史料之探求、介绍有密切关系。

---

① 市村瓒次郎. 清朝国号考（首次发表于 1909 年，收入《支那史研究》，东京：春秋社松柏馆，1939）。

② 内藤湖南. 清朝姓氏考（首次发表于 1912 年，收入《内藤湖南全集》第 7 卷，东京：筑摩书房，1970）。

③ 内藤湖南. 东北亚细亚诸国的感生帝说（首次发表于 1919 年，收入《内藤湖南全集》第 8 卷）。

④ 内藤湖南. 清朝初期的继嗣问题（首次发表于 1922 年，收入《内藤湖南全集》第 7 卷）。

3. 对文献史料之探求

日本清史研究的另一特征是，自初创期起就极为重视对文献史料的探求。① 这也是内藤湖南开启先河的。他在 1902 年曾有一次调查满文蒙文大藏经的经历，其后掌握了满文、蒙文。在 1905 年 7 月至 11 月的调查中，他在沈阳的盛京宫殿"发现"了《满文老档》，立刻认识到了其史料价值。② 他在赴京都帝大就任后的 1912 年，跟羽田亨（1882—1955）一起重返沈阳，翻拍了《满文老档》与《五体清文鉴》，将影印本带回日本。现在也在使用的《满文老档》这一中文书名就是由内藤命名的（原书仅有满文书名）。

《满文老档》被带回日本后，内藤本人的研究转向了中国古代史。不过在 1930 年代后，由别的学者进行了日译。除了一些节译外，还有 1939 年语言学者藤冈胜二（1872—1935）的《满文老档》全译本作为遗稿得到出版。③ 尽管藤冈是一位语言学家，翻译历史内容有些力不从心，但这次全译的意义重大，直到二战后出定译本为止，此译著为众多研究者所使用。同样在 1930 年代，在北京（北平）的故宫博物院文献馆发现了《满文老档》的草稿"满文原档"，得以进一步追溯原始史料来研究。日本学者也立刻做出反应，纷纷关心起来。但由于日中战争（即中国的抗日战争）和二战等造成的时局紧迫与动荡，"满文原档"的调查、利用变得困难，一时被迫中断。

此外，对清史研究的基础史料——《实录》的利用与探求也热烈开展起来。早在 1905 年，内藤在查看清实录时，便发现了因满文、蒙文、汉文三者荟萃体裁新颖而闻名的《满洲实录》。朝鲜史学大家今西龙（1875—1932）之子今西春秋（1908—1979）从羽田亨处获得了复制本，开始对《满洲实录》施以译注，对满文做罗马字转写，并逐词翻译，然

---

① 中见立夫. 日本的东洋史学黎明期对史料的探求//神田信夫先生古稀纪念论集. 东京：山川出版社，1992。

② 关于《满文老档》，参见内藤湖南. 清朝开国期的史料（首次发表于 1912 年，收入《内藤湖南全集》第 7 卷）；神田信夫. 从"满文老档"到"旧满洲档"（首次发表于 1979 年，收入氏著《满学五十年》，东京：刀水书房，1992）；中见立夫. 日本的东洋史学黎明期对史料的探求。

③ 藤冈胜二，译. 满文老档：全 3 卷. 东京：岩波书店，1939. 另外，鸳渊一、户田茂喜、今西春秋、三田村泰助等学者发表了节译、与满文实录的对校本等。

后刊印了译注本《满和对译满洲实录》（1938）。① 1937 年在"满洲国"，作为《大清历朝实录》1220 卷出版了沈阳崇谟阁收藏的大红绫本清实录，更加便于使用。② 清实录的特征在于制作了满文本、汉文本、蒙文本三种，并对初期数代曾多次改订。日本学者重视这些，积极展开了对满文本的研究、译注，以及对各种《太祖实录》的探求、比较探讨等。③ 然而与《满文老档》、"满文原档"的研究一样，由于时局恶化，1940 年代一时被迫中断。另外，我们不该忘记，除了这些主要的官撰史料外，稻叶岩吉还发现了极其珍贵的满文随笔《百二老人语录》。④

在日本学界，除了对史料的探求外，还重视史料的整理与出版。这一点也相当重要。内藤很早就筹备刊印清史、满族史、蒙古史方面的重要史料，以"满蒙丛书"为题刊印了《筹辽硕画》《沈阳日记》《盛京通鉴》等铅印本。⑤ 1930 年代在"满洲国"，影印了清实录。此外，在日本，作为外务省文化事业部开展的"满蒙文化研究事业"之一环，也进行了史料编纂。战后，其成果以《明代满蒙史料：明实录抄》（京都大学）、《明代满蒙史料：李朝实录抄》（东京大学）为题出版。⑥ 在私人研究方面，今西不仅发表了上述的《满和对译满洲实录》，还在战后出

① 今西春秋，译注. 满和对译满洲实录. 新京（长春）：日满文化协会，1938。其后，与未公开的蒙日对译稿合在一起，增订重版：菅野裕臣，编. 满和蒙和对译满洲实录. 东京：刀水书房，1992。

② 自太祖努尔哈赤至德宗光绪帝的 11 代皇帝实录（关于太祖，有《满洲实录》《太祖实录》两种）与《宣统政纪》影印本。仅《德宗实录》为小红绫本。关于日本人对实录的关心，参见中见立夫的《日本人与"实录"》（可参见中译本：中国第一历史档案馆，编. 明清档案与历史研究论文集——庆祝中国第一历史档案馆成立 70 周年：上册. 北京：中国友谊出版公司，2000）。

③ 关于《满洲实录》、《太祖实录》及《太宗实录》等文本，及其传至日本经过，参见松村润. 清太祖实录研究. 东京：东北亚文献研究会，2001；松村润. 明清史论考. 东京：山川出版社，2008。

④ 稻叶岩吉. 钞本百二老人语录及其作者//服部先生古稀祝贺纪念论文集. 东京：富山房，1936；中见立夫.《百二老人语录》中的诸问题——以稻叶岩吉博士旧藏本的再出现与乌兰巴托国立图书馆本为中心. 满族史研究通信，2000，9。

⑤ 内藤湖南，纂订. 满蒙丛书. 东京：满蒙丛书刊行会，1919—1922。刊印 7 册后停刊。

⑥ 京都大学文学部. 明代满蒙史料：明实录抄. 18 册. 京都：京都大学文学部，1943—1959；东京大学文学部. 明代满蒙史料：李朝实录抄. 15 册. 东京：东京大学文学部，1954—1959。

版了对各种太祖实录进行校勘的《对校清太祖实录》，并影印了满文太祖实录。① 此外，值得一提的是，在开展影印清实录工作的同时，在羽田亨的指导下编撰出《满和辞典》（1937）。至今它仍是基本的词典。②

如上所述，清史研究、满族研究之初创与 20 世纪前半期的国际局势及日中两国的政治情况密不可分，但是史料收集、历史考证的着眼点以及研究成果在学术上都是相当严肃的。可以说，这为至今为止的学术研究奠定了基础。③

三、作为实证史学的清史研究

1. 历史地理

作为历史研究的清史研究始于上述清初史、历史地理领域。在此，先驱者仍是内藤湖南。他早在 1900 年左右担任新闻记者时，就对东北地区的历史地理抱有兴趣，以《明东北疆域辨误》《日本满洲交通略说》《都尔鼻考》等论文开启了先河。④ 日俄战争之后，南满洲铁道株式会社（满铁）设置了满鲜历史地理调查部（历史调查室，1908—1914），白鸟库吉任主任，箭内亘（1875—1926）、稻叶岩吉、松井等（1877—1937）、池内宏（1878—1952）、津田左右吉（1873—1961）等人从事研究。⑤ 其后，该工作与藏书均由东京帝大承接，和田清（1890—1963）、三上次男（1907—1987）等继承并发展之，出版了《满洲历史地理》（1913）、《满鲜地理历史研究报告》（1915—1941）等成果。其中收集的

---

① 今西春秋，编. 对校清太祖实录. 东京：国书刊行会，1974；今西春秋，编. 影印〔满文〕大清太祖武皇帝实录. 东方学纪要，1967，2。

② 羽田亨，编著. 满和辞典. 京都：京都帝国大学满蒙调查会，1937。内藤晚年的门生三田村与今西从事了编纂工作。

③ 其中关于大战前很有特色的"满鲜史"中的问题，参见旗田巍. "满鲜史"的虚像——日本的东洋史家的朝鲜观（首次发表于 1964 年，收入氏著《日本人的朝鲜观》，东京：劲草书房，1969）；寺内威太郎. "满鲜史"研究与稻叶岩吉//寺内威太郎，等. 殖民地主义与历史学——其视野中留下了什么?. 东京：刀水书房，2004；井上直树. 帝国日本与"满鲜史"大陆政策与对朝鲜、满洲的认识. 东京：塙书房，2013。

④ 内藤湖南的论文有：《明东北疆域辨误》、《都尔鼻考》（首次发表于 1900 年、1920 年，收入《内藤湖南全集》第 7 卷），《日本满洲交通略说》（首次发表于 1907 年，收入《内藤湖南全集》第 8 卷）。

⑤ 关于满铁的历史地理调查事业与组织的名称、沿革，参见中见立夫《日本"东洋学"的形成与构图》以及井上直树《帝国日本与"满鲜史"》。

研究多数针对明代以前，但稻叶与和田对从明初到清初时期进行了考证。和田的研究多数收入其著作《东亚史研究（满洲篇）》（1955）之中。[①]

另外，在朝鲜及东北地区（"满洲"），尤其是在 1930 年代，实地调查与史料调查都有了进展。稻叶调查了在赫图阿拉（老城）以前的，努尔哈赤最初的首府——佛阿拉城，将其命名为"二道河子旧老城"，发表了《兴京二道河子旧老城》（1939）。[②] 稻叶得到了 1596 年走访佛阿拉城的朝鲜人申忠一的见闻录——《建州纪程图记》，不仅将它用于当时的佛阿拉城调查，还将它载于该书中，供研究者利用。由此，清初的历史地理研究有了飞跃性进展。1935 年，乾隆年间的满文地图《盛京吉林黑龙江等处标注战迹舆图》被复制出版，附上和田的解说，为历史地理研究提供了极大的方便。[③] 日本的这些历史地理研究成果，为至今为止的地理考证奠定了基础。

2. 清初满族的政治与社会

清史、满族史的研究于 1930 年代正式发展起来。在这一时期，以往主要研究古代、中世历史地理的日本学界，在研究时段方面，扩展到以努尔哈赤时代为中心的清入关之前，在研究领域方面，也扩展到政治、制度、社会组织各方面。在此构成焦点的有以下几点：第一是女真诸部势力经努尔哈赤政权发展到清朝的政治史、制度史研究；第二是有关女真人的社会集团、亲缘组织、社会身份的研究；第三是以旗地为中心的社会经济史研究。其中作为共同研究对象呈现的正是八旗制度。恰巧在中国，孟森首次发表了专论八旗制的《八旗制度考实》（1936）一文。八旗制研究可以说始于那一时期。

在政治史方面，早在内藤时代就提出的论题由他门下的学者予以了发展。内藤的女婿鸳渊一（1896—1983）发表了《舒尔哈赤之死》（1932）、《关于褚英之死》（1933）等文，内藤晚年门生今西春秋发表了

① 和田清. 东亚史研究（满洲篇）. 东京：财团法人东洋文库，1955.

② 稻叶岩吉. 兴京二道河子旧老城（建国大学研究院历史报告 1）. 新京（长春）：建国大学，1939. 另外，稻叶也试图构筑"满洲"通史，参见氏著《增订满洲发达史》，东京：日本评论社，1935（初版 1915 年）。

③ 和田清，解说. 盛京吉林黑龙江等处标注战迹舆图. 东京：满洲文化协会，1935. 其后，和田清的解说再次收入前述《东亚史论数》。

《清太宗的立太子问题》（1935）等文，同为门生的三田村泰助（1909—
1989）在《关于天命建元的年份》（1935—1936）一文中提及了建元年
份问题，在《清太宗即位背景及其君主权之确立》（1941）、《再论清太
宗即位背景》（1942）中探讨了继嗣问题。① 正如这些论文都加上"满
文老档研究之一幕"等副题所示，它们都是将内藤带回日本的《满文老
档》用于实证研究而写成的。关于中国与朝鲜的关系，稻叶写了《光海
君时代的满鲜关系》（1933），田川孝三（1909—1988）写了《毛文龙与
朝鲜的关系》（1932）。② 并且，初期的都城及迁都过程也深受关注，除
稻叶的《兴京二道河子旧老城》外，鸳渊门下的户田茂喜（1910—
1957）发表了《赫图阿拉城结构简述》（1938）、《清太祖的迁都问题》
（1937—1938）等文。③ 在制度史方面，鸳渊写了《关于清初的八固山
额真》、《清初摆牙喇考》（1938）等文，考察了初期的都统与护军；浦
廉一（1895—1957）在《关于汉军（乌真超哈）》（1931）一文中就汉军
进行了专论。④ 浦廉一的《关于清朝的木兰行围》（1938）是专论木兰
围场的长篇论文。⑤ 此外，以主要著作《明代建州女真史研究》
（1948—1953）闻名的园田一龟（1894—1962）写了《清朝皇帝东巡研
究》（1944）等，并在《清太祖勃兴初期的行迹》（1936）一文中否定了
王杲是努尔哈赤外祖父之说，在《清太祖努尔哈赤崩殂考》（1933）一
文中否定了努尔哈赤在战场上负伤死亡之说。⑥

---

　　① 鸳渊一. 舒尔哈赤之死——清初内讧之一幕. 史林, 1932, 17 (3)；鸳渊一. 关于褚
英之死——满文老档研究之一幕. 史林, 1933, 18 (2)；今西春秋. 清太宗的立太子问题. 史
学研究, 1935, 7 (1)；三田村泰助. 关于天命建元的年份——太祖满文老档的考察. 东洋史
研究, 1935, 1 (2), 1936, 1 (3)；三田村泰助. 清太宗即位背景及其君主权之确立. 东洋史
研究, 1941, 6 (4)；三田村泰助. 再论清太宗即位背景. 东洋史研究, 1942, 7 (1)。
　　② 稻叶岩吉. 光海君时代的满鲜关系. 大阪：大阪屋号书店, 1933；稻叶岩吉. 兴京二道河
子旧老城. 新京（长春）：建国大学, 1939；田川孝三. 毛文龙与朝鲜的关系. 青丘学丛, 1932, 3。
　　③ 户田茂喜. 赫图阿拉城结构简述//山下博士还历纪念东洋史论文集. 东京：六盟馆,
1938；户田茂喜. 清太祖的迁都问题. 史学研究, 1937—1938, 8 (3), 9 (2), 10 (1), 10 (2)。
　　④ 鸳渊一. 关于清初的八固山额真——清初八旗研究之一幕//山下博士还历纪念东洋史
论文集. 东京：六盟馆, 1938；鸳渊一. 清初摆牙喇考//稻叶博士还历纪念满鲜史论丛. 京城
（首尔）：稻叶博士还历纪念会, 1938；浦廉一. 关于汉军（乌真超哈）//桑原博士还历纪念东
洋史论丛. 东京：弘文堂, 1931。
　　⑤ 浦廉一. 关于清朝的木兰行围//山下博士还历纪念东洋史论文集. 东京：六盟馆, 1938。
　　⑥ 园田一龟. 清朝皇帝东巡研究. 大阪：大和书院, 1944；园田一龟. 清太祖努尔哈赤
崩殂考. 满洲学报, 1933, 2；园田一龟. 清太祖勃兴初期的行迹. 满洲学报, 1936, 4。

　　东京帝大出身的中山八郎（1907—2000）、旗田巍（1908—1994）等人从社会结构的层面论述了形成期的八旗与努尔哈赤政权。[①] 在这些研究中，牛录成员的身份问题受到关注。关于"诸申"（在女真语意味着隶民、隶下）的意义，鸳渊、户田写有《试探诸申》（1939）一文。安部健夫（1903—1959）在《八旗满洲牛录之研究》（1942—1951）一文中，基于其独特的身份阶层理解，提出了将努尔哈赤政权视为官僚制集权国家之说，但因其早逝而未竟其业。[②]

　　此外，在社会经济史方面，江嶋寿雄（1910—2005）研究了为理解清初史不可或缺的有关女真的贸易与马市问题。江嶋的研究多数收入其著作《明代清初女直史研究》（1999）。[③] 并且，其后在中国社会经济史方面很著名的周藤吉之（1907—1990）等人也推动了对旗地的研究。周藤的研究总结在《清代满洲土地政策研究》（1944）、《清代东亚史研究》（1972）之中。[④]

　　该时期研究活跃，可认为存在若干理由。第一，当然是由于日本通过建立"满洲国"等来推行其大陆政策这一政治局势。在接触史料、获得当地协助等方面都有了飞跃性好转，并且不光学术界，全社会的关心都高涨起来，各种研究教育机构与相关团体，再加上各种委托研究项目等纷纷提供职位与业务。有赖于此，许多学者得以从事"满洲史"研究。不过研究的内容与意义是独立于国家政策的，其成果无须否定。第二，由于史料状况显著好转。如前所述，能够使用《满文老档》与清实录，促使研究进展迅速。实地调查也踊跃开展，出了一批至今仍不失其价值的调查报告，以及在此基础上形成的研究成果。[⑤] 第三，由于受到了来自社会科学等相邻学术领域的成果、方法的影响。一方面是发展阶段论、社会结构论等来自马克思主义历史学的影响。在该时期普及起来的历史

　　① 中山八郎. 明末女真与八旗统制简述. 历史学研究，1935，5（2）；旗田巍. 试论满洲八旗的形成过程——特别关于牛录之形成. 东亚论丛，1940，2。

　　② 安部健夫. 清代史研究. 东京：创文社，1971。

　　③ 江嶋寿雄. 明代清初女直史研究. 福冈：中国书店，1999。

　　④ 周藤吉之. 清代满洲土地政策研究. 东京：河出书房，1944；周藤吉之. 清代东亚史研究. 东京：日本学术振兴会，1972。

　　⑤ 八木奘三郎. 满洲旧迹志. 东京：座右宝刊行会，1944；村田治郎. 满洲的史迹. 东京：座右宝刊行会，1944；关野贞，竹岛卓一. 热河. 东京：座右宝刊行会，1937。

唯物论的影响下，批判旧学说，重构模式的热情高涨，特别是旗田在社会形态论的影响下，将"发展"的概念明确引入了以往容易以停滞、还原性来看的女真/满族社会中，极大地推动了研究的进展。《历史学研究》1935 年 12 月号的满洲史专辑收集了这些研究成果，具有里程碑的意义。另一方面是来自民族学的方法与田野调查的成果之刺激。尤其是在该时期出版了原著、译著的史禄国（1889—1939）的《满洲族的社会组织》与符拉基米尔佐夫（1884—1931）的《蒙古社会制度史》①，超出了历史地理考证，为弄清女真/满族的社会结构以及社会制度、政治组织开拓了新路。三田村把满文史料的充分利用和对社会构造的分析结合起来，一举提高了研究水平。他的《满珠国成立过程考察》（1936）正是在这些潮流中写成的划时代的论著。② 同时期凌纯声的民族调查《松花江的赫哲族》（1934）也影响了清初历史的研究。民族学者布村一夫（1912—1993）等人则发表了有关明末清初满族的研究成果等，盛况空前。③

　　而对于入关后的研究，在制度方面仅沿用《大清会典》《清国行政法》来解释，在政治史方面仅对权力抗衡之演变做了概述性说明，两者在实证研究水平上几乎没有进展。不过值得留意的是，1938 年后国家政策性机构东亚研究所启动的诸如"异民族统治支那的事例""清朝官制与官吏登用制度"等研究，影响到战后的研究成果。宫崎市定（1901—1995）的名著《清朝国语问题的一个侧面》（1945 年定稿）一文就是代表性成果之一，另外，《异民族的支那统治史》、《清朝的边疆统治政策》（1944）中的内容至今仍不失其价值。④ 在史料方面，鸳渊

---

① 史禄国. 满洲族的社会组织. 大间知笃三，户田茂喜，译. 东京：刀江书院，1967（S. M. Shirokogoroff. *Social Organization of the Manchus*：*A Study of the Manchu Clan Organization*. Shanghai，1924）（可参见高丙中的中译本，北京：商务印书馆，1997）；符拉基米尔佐夫. 蒙古社会制度史. 外务省调查部，译. 东京：日本国际协会，1937；东京：生活社，1941（Б. Я. Владимирцов. *Общественный Строй Монголовэ*：*Монгольский Кочевей Феодализм*. Ленинград，1934）（可参见刘荣焌的中译本，北京：中国社会科学出版社，1980）。

② 三田村泰助. 满珠国成立过程考察. 东洋史研究，1936，2（2）。后收入氏著《清朝前史研究》（京都：东洋史研究会，1965）。

③ 布村一夫. 明末清初的满洲族社会——关于通说"崩溃过程中的氏族社会说". 书香，1941，134。

④ 宫崎市定. 清朝国语问题的一个侧面（首次发表于 1947 年，收入《宫崎市定全集》第 14 卷《雍正帝》，东京：岩波书店，1991）；东亚研究所，编. 异民族的支那统治史. 东京：大日本雄辩会讲谈社，1944；东亚研究所，编. 清朝的边疆统治政策. 东京：至文堂，1944。

翻译了三藩之乱时期的满文史料,他的《关于贝勒尚善写给吴三桂的书信》(1933)值得瞩目。① 另外,对西洋史料造诣颇深的后藤末雄(1886—1967)利用耶稣会士的报告书写了《乾隆帝传》(1942),同时还将白晋的《康熙帝传》译为日文。②

3. 社会经济史与制度史

在社会经济史研究领域,也出现了依据文献资料而进行的充实研究。日本的中国经济史研究开拓者——加藤繁(1880—1946),对清代的商品流通和货币、行会等也进行了先驱性的研究。③ 他在编纂《清国行政法》时,编辑过土地、货币制度等有关经济的部分,因此他在清代经济史料方面的知识非常丰富。《清国行政法》编纂事业的中心人物是行政法学专家织田万(1868—1945),编辑人员除了加藤以外还有狩野直喜(1868—1947)、浅井虎夫(1877—1928)、东川德治(1878—1930)等。浅井的《中国法典编撰沿革史》(1911)和东川的《典海》(1930,后改题为《支那法制大辞典》)等是日本的中国法制史研究初创时期的代表著作。狩野虽然是文学研究者,但他也在《清国行政法》编撰过程中深入地研究教育和科举等问题。在京都大学上过狩野课的宫崎市定(1901—1995)曾说,他关于清朝科举制度的著作《科举》(1946)之主旨几乎都是从狩野教授的讲课中借来的。④ 从这些事例来说,《清国行政法》的编纂事业对日本清朝制度史研究发挥的作用可谓是相当大。

中国的历史研究者早在 1930 年代就已使用故宫档案研究清朝经济史⑤,但在日本的学者没有机会直接利用清朝档案。日本学者研究清代经济史时比较重视的新史料是欧文文献,比如马士(Hosea Ballou Morse,

---

① 鸳渊一. 关于贝勒尚善写给吴三桂的书信. 史学研究,1933,4(3)。

② 后藤末雄. 乾隆帝传. 东京:生活社,1942,其后校注重刊(新居洋子校注,东京:国书刊行会,2016);白晋. 康熙帝传. 后藤末雄,译注. 东京:生活社,1941,其后校注重刊(矢泽利彦,校注,东京:平凡社,1970)(可参见马绪祥的中译本,见《清史资料》第 1 辑,北京:中华书局,1980)。

③ 加藤繁有关清代经济史的主要研究收入《支那经济史考证》(上)(下),东京:东洋文库,1952(可参见吴杰的中译本《中国经济史考证》,北京:商务印书馆,1959)。

④ 宫崎市定. 作为历史家的狩野博士//宫崎市定全集:第 24 卷. 东京:岩波书店,1994。

⑤ 社会调查所(后来合并于中央研究院社会科学研究所)的汤象龙、罗玉东等年轻学者利用档案进行翔实的研究,把其成果登载于《中国近代经济史研究集刊》等刊物。

1855—1934)《东印度公司对华贸易编年史 1635—1834 年》等。[①] 在这方面，小竹文夫（1900—1962）率先从事货币史研究[②]，并由百濑弘（1908—1976）发展下去。百濑很注意海外贸易对明清经济的影响。由此，百濑利用欧文资料，详细研究了明清时代海外白银的流入。[③] 另外，村上直次郎（1868—1966）、岩生成一（1900—1988）等日欧关系史研究者利用荷兰文等欧文史料进行的研究，虽然重点在日欧关系上，但有不少部分涉及明末清初时期东亚贸易和文化交流。[④] 关于清代的对外关系，矢野仁一（1872—1970）发表了《支那近代外国关系研究》（东京：弘文堂，1928）等著作，讨论明末到清末时期的外交问题。

除了在"历史学"领域的上述研究成果之外，这一时期还有以欧美社会科学理论为背景的中国社会研究。这是指，吸收明治时期以来中国情况研究潮流成果的中国研究者，致力于将其对中国的认识加以社会科学体系化；同时，受过欧美社会科学训练的学者，亦欲尝试将其理论应用于中国这一具有悠久历史与独特个性的庞大社会中。这些与其说是旨在发掘清代史实的历史研究，不如说是一种意欲探明中国传统社会构造的社会性质研究。它对二战后的清史研究，特别是对社会构造研究产生很大影响。对这方面的研究，将在下面进行详细的比较研讨。

四、社会科学和实地调查

二战之前参加中国研究的日本社会科学家中有社会学家、经济学家、法学家等。他们在采用社会科学理论的同时，还往往基于实地调查。[⑤] 当

---

① 马士. 东印度公司对华贸易编年史 1635—1834 年（H. B. Morse. *The Chronicles of the East India Company Trading to China*, 1635—1834. 5 vols. Oxford：Clarendon Press, 1926—1929）（可参见区宗华的中译本，广州：广东人民出版社，2016）。

② 小竹的货币史研究收入《近世支那经济史研究》（东京：弘文堂书房，1942）。本书还包括有关清代赋税、耕地、人口等论文。

③ 百濑弘. 清代西班牙币的流通. 1936。后收入氏著《明清社会经济史研究》（东京：研文出版，1982）。

④ 村上直次郎，译注. 巴达维亚城日志. 东京：日兰交通史料研究会，1937；岩生成一. 南洋日本町的研究. 东京：南亚文化研究所，1940。

⑤ 关于 20 世纪前半期日本人在中国进行的实地调查，一向有很多研究。末广昭编《岩波讲座"帝国"日本的学知》第 6 卷《作为地域研究对象的亚洲》（东京：岩波书店，2006）涵盖的范围较广，可说是方便的入门书。

时有大规模的调查机关比如满铁（南满洲铁道株式会社）调查部等。此外，还有不少研究者个别地进行实地考察。不仅在大学等教研机关工作的教授们从事对中国社会的调查研究，而且在野的研究者也通过他们的亲身观察来发表文章，受到知识人的广泛注目。① 下面举几个代表性事例来研讨其特点。

1. 社会学家关于宗族的研究

1920 年代，任职于中国大学的欧美学者们开始发表基于实地调查的中国社会研究，比如，上海浸会大学社会学教授库尔普（D. Kulp）关于广东省潮州附近农村的研究（1925）、燕京大学社会学教授伯吉斯（J. S. Burgess）对北京行会的研究（1928），等等。与此同时，西方的共同体理论也在中国开始普及，其中特别有影响力的是马克思主义共同体论，比如从 1920 年代末到 1930 年代初，"亚细亚生产方式论战"围绕马克思《政治经济学批判》中"亚细亚生产方式"一词的意义而展开。马扎亚尔（Liudvig Madiar，1891—1940）是中心人物之一，他在1931 年的著作里，讨论中国宗族的性质时指出，中国南方诸省到现在还残存着氏族式土地所有制，但在这些旧有的土地所有之上，已经产生了新的社会关系，地主、绅士、土豪、商人等封建、半封建支配阶级实际上控制这些共同财产，因此其剥削方式已经带有封建式、半封建式的性质了。② 日本的中国社会团体研究虽然在很大程度上受到这些国外理论的影响，但是仍存有不少独特观点。

1930 年，任东大社会学研究室副手的牧野巽（1905—1974）通过族谱等文献资料和实地调查，奠定了实证性的中国宗族研究的基础。牧野主张，从汉代以来，同居同财家族的规模是五人左右，和现代没有太大的差异。如马扎亚尔指出，广东方面的确有宗族共有的土地，但这些族产在宋代以后才出现于文献上，所以不能认为是远古以来氏族共产制的残余。宗族结合之强大不能归之于道德、传统，而是因为大族比小族有利，所以人民努力结成大宗族。在这个意义上，宗族跟行会等一样，

---

① 当时活跃的在野研究者中最有名的是橘朴（1881—1945），主要著作被汇集于《橘朴著作集》全 3 卷（东京：劲草书房，1966）。他的官僚阶级论、农民运动论等有基于现场感觉的独特风格。

② 马扎亚尔. 支那农业经济论. 井上照丸，译. 东京：学艺社，1935：183 - 201. 原著是《中国农业经济》（1928）的 1931 年改订版。

是宋元以后发达起来的自治结社之一。广东合族祠中的虚拟性宗族结合，就是体现宗族"结社"性质的很好例子。①

牧野的宗族论并不是当时日本学界的共同看法。比如毕业于九州帝国大学社会学科的社会学者清水盛光（1904—1999）的看法与牧野完全相反。清水主要依据汉籍史料和西方理论来进行研究，其有关宗族的主要论点如下。第一，中国的家族也按照"家族发展的一般原则"而演进，即从古代氏族经由大家族缩小到近代小家族。行会等不基于血缘的团体也有浓厚的家族主义特色。伴随着个人自由活动余地的扩大，这些团体趋于分解。第二，他援用法国社会学家迪尔凯姆（E. Durkheim）的"环节社会"这一概念，论证了中国社会乃是以宗族或村落等"共同体"的集合而构成的社会。在这些"环节社会"中，个人的人格为共同体所吸收，民众的政治意识没法发展，政治上的暴风雨都在与民众生活无关的上层圈发生，国家和社会的脱离很明显。②

2. 围绕华北村落性质的论战

在有关中国社会团体的论战中，最有名的是基于"中国农村惯行调查"而展开的围绕"共同体"性质的争论。这一调查于1940年至1944年在日军占领的华北农村进行。东亚研究所率先提议，以东京大学法学部有关人员为中心进行规划，由满铁调查部进行实地调查。与日本曾在台湾和东北地方所进行的惯行调查不同，该调查并非以获得立法和行政上的参考资料为直接目的，其目标在于依据当时正引人注目的"法律社会学"的方法来进行一种新式的学术研究。其欲探明的，不是记在文书上的法的条文或正在死亡的传统惯例，而是"在活着人们的脑子里的并体现在他们生活中的现在的法律意识"［该规划中心人物末弘严太郎（1888—1951）语］。③ 该调查涵盖的范围相当广泛，比如家族、村落、土地制度、水利、赋税、金融、交易等，但其中最吸引学界注目的是村落性质问题。

参加这个研究计划的平野义太郎（1897—1980）和戒能通孝

---

① 牧野巽. 牧野巽著作集：第6卷. 东京：御茶之水书房，1985：210-217。

② 清水盛光. 支那社会的研究. 东京：岩波书店，1939：137，314-316。

③ 这一调查的记录在战后出版。满铁调查部. 中国农村惯行调查：全6卷. 东京：岩波书店，1952—1958. 本段引文见该书第1卷第22页。

（1908—1970）都毕业于东京帝国大学法学部，在当时被认为是第一流社会科学者。但尽管基于同一种调查资料，他们所描写的华北农村形象却完全相反。平野认为华北农村的"会"（村公会、公会）是自然村落的自治机关，强调在农耕、治安、防卫、祭祀等集体活动中所表现的村民的协同意识。他指出，与以个人主义和竞争为特色的西洋社会相比，中国的村落内部具有一种互助合作的亲和性。他主张无论中国和日本，亚洲社会的共同特色是乡土社会的这种家族主义和协同意识，这也是西洋社会所没有的亚洲特有的价值。①

戒能批评平野的看法。大略讨论如下：在中国农村，作为惯行的土地所有权非常近似于西洋近代的所谓无限制的所有权。在西洋或日本前近代社会中很容易发现的家族、宗族乃至村落习惯法严格限制个人土地所有权的现象，在中国似乎不存在。这是因为一般农民对自己村落里的公共事务漠不关心，缺少共同归属于某个集体的认同意识。乍看之下，中国社会在个人经营的自由度上好像比西欧、日本前近代社会更为先进，但实际上缺少现代社会成立的最基本要素，即由相互认同的结合意识所支撑的规范秩序。在近代西洋形成的国民国家和市民社会的秩序，正萌芽于能够对抗封建领主权力的农村共同体中。这些共同体一方面限制个人的自由活动，另一方面成为现代社会不可缺少的规范秩序的摇篮。②

"与日本或西欧等不同，中国社会之中没有共同体"，戒能通孝的这一争辩，对以往的共同体论发起了冲击。正如旗田巍在战后撰写的论文中尖锐地指出的那样，这一时期围绕中国共同体的争论，并非只是学问上的争论，而是处于战争旋涡中的日本所面临的现实课题，即日本是亚洲型的社会还是西欧型的社会？日本应以什么样的社会为理想目标而前进？③通过这一争论，以往的共同体论受到了冲击，然而，若是像戒能所说的那样在中国没有共同体，那么中国传统社会仅是由力量支配的弱肉强食的社会吗？使中国传统社会秩序得以形成的又是什么呢？对这类

---

① 平野义太郎的《会、会首、村长》，首次发表于1941年，后收入平野. 大亚细亚主义的历史基础. 东京：河出书房，1945。

② 戒能通孝. 支那土地法惯行序说. 1942. 后收入戒能. 法律社会学的诸问题. 东京：日本评论社，1943。

③ 旗田巍. 中国村落与共同体理论. 东京：岩波书店，1973。

问题的关心，亦被战后日本的中国研究继承下来。①

3. 城市与行会的研究

日本学者不仅关注农村，而且在城市也进行了调查。经济学者根岸佶（1874—1971）作为东亚同文书院教授〔后来任东京商科大学（现在的一桥大学）教授〕从事中国各城市经济状况的调查工作。他通过对行会的研究②，积极地评价了社会团体领导阶层的作用。关于城市行会，法律史学者仁井田陞（1904—1966）、历史学者今堀诚二（1914—1992）的调查研究在战后具有很大的影响力。仁井田与今堀合作调查了北京的行会，基于许多碑刻资料和口述资料在战后刊行了《中国的社会和行会》等著作。③ 又，今堀根据对内蒙古等城市的调查，战后出版了《中国封建社会的构造》等三部著作。④ 仁井田、今堀与根岸不同，其着眼点在于，行会等社会团体为封建社会的支柱，认为它是在革命的过程中被消灭之物。《清代地方城市（县城）的构造》（《中国封建社会的构造》第3部第2编）一文，即阐述了今堀的"城市共同体"论。

4. 对中国社会性质的看法

20世纪前半期的日本学界，虽然没有如中国那样展开"中国社会性质论战"这样大规模的争论，但是对中国社会性质的意见分歧相当明显。有一群学者把历史上继承下来的中国社会性质等同于西方历史理论中的"封建社会"乃至"亚细亚生产方式"的社会⑤，认为专制国家或

---

① 除了满铁调查以外，还有些社会学者比如福武直（1917—1989）、林惠海（1895—1985）等在江南农村进行调查，至今仍提供了令人很感兴趣的论点。他们的研究到战后才出版，如：福武直. 中国农村社会的构造. 京都：大雅堂，1946；林惠海. 中支江南农村社会制度研究. 东京：有斐阁，1953。

② 根岸佶有关行会的著作有《上海的基尔特》（东京：日本评论社，1951）、《中国的基尔特》（东京：日本评论社，1953）。

③ 仁井田陞收集的有关北京行会的资料被汇集于佐伯有一等编《仁井田陞博士辑北京工商基尔特资料集》全6册，东京：东京大学东洋文化研究所附属东洋学文献中心，1975—1983。

④ 今堀诚二. 中国封建社会的机构. 东京：日本学术振兴会，1955；今堀诚二. 中国封建社会的构造. 东京：日本学术振兴会，1978；今堀诚二. 中国封建社会的构成. 东京：劲草书房，1991。

⑤ 主张"亚细亚生产方式"论的代表性学者是森谷克己（1904—1964，京城帝国大学教授），主要著作有《亚细亚生产方式论》（东京：育生社，1937）。他亦跟平野义太郎一起把魏复古（Karl Wittfogel，1896—1988）的理论介绍到日本。

者社会集团拥有很强控制力会阻碍社会现代化。另一类学者强调中国社会跟西洋、日本的前近代社会不同，是一种流动性颇高、竞争激烈的社会。正因为如此，人们不得不结成各式各样的集团来保护自己。阻碍现代化的主要因素与其说是专制国家或者社会集团的巩固，不如说是竞争的过度激烈以及社会秩序的不稳定。柏祐贤（1907—2007）的《经济秩序个性论》（1947—1948）、村松祐次（1911—1974）的《中国经济的社会态制》（1949）等是从后者的观点来讨论中国经济独特性质的代表著作。

第二节　从 1940 年代后期到 1970 年代

战后的日本学者严厉地批评了战前、战中日本中国学研究中的停滞论。[①] 的确，战前的研究与战后的研究不同，与其说是验证与欧洲共同的"基本规律"性的社会发展，毋宁说是更为关注与欧洲不同的中国社会的特殊性质。但是战前研究中对原始资料的重视和对社会集团的关心，亦被战后的研究所继承，一直成为日本中国史研究的特色。

一、从 1940 年代后期到 1950 年代的社会经济史研究

1. 作为内部解体时代的清史

（1）明代中期以后赋役纳银的展开

日本战后的中国清史研究，源于 1945 年日本在战败后对清代中国产生的强烈兴趣。这种兴趣与以下推测息息相关，即长期处于集权王朝国家支配下的中国社会，早在鸦片战争之前，其内部已崩坏。原本土地所有者是以缴交谷物的方式向国家纳税，并以徭役的方式提供劳动力，但到了明代中期，却转变为缴纳银两。明末，随着一条鞭法的实施，纳

---

　　① 从 1940 年代后半期到 1970 年代，日本的大部分中国史研究者可说或多或少都存在对战前研究的批评性态度。在此只举若干例子：松本善海. 对旧中国社会特质论的反省. 东洋文化研究，1948，9；旧中国国家特质论的反省. 东洋文化研究，1949，10；旗田巍. 日本东洋史学的传统. 历史研究，1962，270。

银化的现象日渐普及。于是，在清朝最为兴盛的乾隆三十一年（1766），地丁银占国家财政收入的百分之七十二，高达三千二百九十一万两。1946 年，鼇宫谷英夫指出这个现象。① 鼇宫谷注意到国家权力集中和统一的基础在于农业生产性较高且运输便利、能够提供较多农业作物的地域——长江三角洲。鼇宫谷借用中国学者冀朝鼎（1903—1963）的书名②之一部分——基本经济区（Key Economic Areas），对上述赋役改革进行讨论。

（2）鸦片战争前解体的开始

1948 年，北村敬直（1919—1990）发表论文《清代的历史地位——对于中国近代史的展望》（载《思想》第 292 期)③，一方面指出，"近代以前的中国社会，因'外国'产业资本导致解体的过程"开始于鸦片战争后；另一方面认定，鸦片战争以前的中国社会长期陷入停滞的想法，并非正确。事实上"近代以前的中国社会并非因为近代外国资本的强大力量而走向解体"，"从明末有名的赋役改革一条鞭法开始，到鸦片战争为止的这个时代早已发生变化"。因此，必须就社会经济层面，将清代理解为长期停滞的中国社会逐渐解体的时代。换句话说，这是一个不受外力影响的内部解体时代。而作为北村的根据之一正是鼇宫谷英夫的上述论文。

根据鼇宫谷英夫和北村敬直的看法，鸦片战争作为中国近代史的起点，在这之前早已面临"内部崩毁"和"内部解体"，而这个时代正是清代。

2. 对明末清初中国经济变动的评价

对于中国社会内部解体的具体检讨，主要开始于学者们对于明末清初显著经济变动的关心。

（1）作为商品生产的棉纺织业

1949 年，西嶋定生（1919—1998）结合自己发表于 1947 年、1948

---

① 鼇宫谷英夫. 近世中国的赋役改革. 历史评论，1946，1（2，3）。

② 冀朝鼎. 支那基本经济与灌溉. 佐渡爱三，译. 东京：白杨社，1939。原书为 Ch'ao-Ting Chi. *Key Economic Areas in Chinese History as Revealed in the Development of Public Works for Water-Control*. London：Allen and Unwin，1936（可参见朱诗鳌的中译本《中国历史上的基本经济区与水利事业的发展》，北京：中国社会科学出版社，1981）。

③ 后收入北村敬直著《清代社会经济史研究》（京都：朋友书店，1978）。

年，以位于长江三角洲的松江府为中心，针对作为商品生产的棉纺织业所进行的研究①，发表了《以十六、十七世纪为中心的中国农村工业考察》。西嶋的一连串研究，被收入《中国经济史研究》（1966）第三部"商品生产的开展及其构造——中国初期棉业史的研究"之中。② 西嶋的这些实证研究在日中两国都是具备首创性的划时代成果，中文版由冯佐哲等人翻译（农业出版社，1984），备受关注。不过，西嶋认为在以松江府为首的长江三角洲中，作为农村工业的棉纺织业，只是"由于过重田赋所形成的沉重佃租负担"导致零碎化的农家为了补足生活的一种手段，而未能形成商品生产的进一步发展。其后，佐伯有一（1932—1996）1957 年在《关于日本明清史研究中商品生产的评价》中③，详细论述了作为中国社会资本主义起点的小商品生产得以成立的条件。相较于过重田赋，佐伯更为重视佃户在佃租方面的负担，但是对于西嶋的商品生产的评价，并无改变。

（2）由乡居地主到城居地主

1949 年，北村敬直在《论明末清初地主》一文中④，更进一步提出明清时期为中国近代前期社会内部解体的时代。基于商品经济发达，他分析了地主土地所有方式之变化，主张明末清初为过渡期；亦确认这个过渡期的特质在于由乡居地主到城居地主的转化。

3. 明末清初的中国经济变动——变动的意义及从明到清的连续性侧面之相关理解

（1）在地地主阶层的作用

1950 年，古岛和雄（1922—2004）在《明末长江三角洲的地主经

---

① 西嶋定生. 关于松江府棉业形成的过程. 社会经济史学，1944，13（11，12）；西嶋定生. 中国初期棉业市场的考察. 东洋学报，1947，31（2）；西嶋定生. 关于明代木棉的普及. 史学杂志，1948，57（4，5）；西嶋定生. 中国初期棉业的成立与结构. オリエンタリカ，1949，2。后三者收入氏著《中国经济史研究》（东京：东京大学出版会，1966）。

② 西嶋定生. 以十六、十七世纪为中心的中国农村工业考察. 历史学研究，1949，137。后收入氏著《中国经济史研究》（东京：东京大学出版会，1966）。

③ 佐伯有一. 关于日本明清史研究中商品生产的评价//铃木俊，西嶋定生，编. 中国史的时代区分. 东京：东京大学出版会，1957。

④ 北村敬直. 论明末清初地主. 历史学研究，1949，140。后收入氏著《清代社会经济史研究》（增补版）（京都：朋友书店，1978）。

营——沈氏农书的一种考察》一文中[1]，指出明初以来，国家的"官田、赐田"，亦是一种"不在地主"的大面积土地所有形态，与明代中期以后商人地主的土地所有亦包含在城居地主的土地所有里面一样。问题在于"不在地主"对于大面积土地的收租权是奠基于何种基础？换句话说，这些"不在地主的大土地所有"是如何维持佃农阶层的再生产的？古岛认为，在地地主阶层，即北村所谓的乡居地主阶层，向国家提供以水利维持为中心的徭役劳动，借此保障佃农阶层的再生产。北村由乡居地主转换为城居地主的说法被认为是较为偏颇的。尽管如此，由乡居地主到城居地主的转换本身，尚未厘清。

（2）作为在地地主劳动力的奴仆的评价

从 1957 年到 1958 年，小山正明（1928—1996）在《明末清初的大土地所有——以江南三角洲为中心》一文中[2]，将古岛的"在地地主阶层"及北村的"乡居地主阶层"定义为"在地手作地主"，以庞大的资料为基础，探讨明代特别是明代前半期的"在地手作地主"，与其下被称为奴仆、家丁、僮奴、义男等这些从事农业经营的农民之间的关系，指出奴仆等人并非自立的经营主体，而是属于社会科学上所谓的"奴隶"范畴。关于明末清初佃农的抗租运动，小山的研究同时展示了多种资料，是日本学者中最先探讨相关课题的研究者。小山指出明代在"在地手作地主"的土地上耕作的佃农，虽然自身并非自立的经营主体，仅是"奴隶"，但是在明末清初，他们以商品生产为媒介展开抗租运动，作为一种单纯再生产者，成了具备自立性的封建自营农者。然而，小山的这种理论性判断，在 1970 年代的日本饱受各种异议，至今仍无明确的定论。

（3）关于清代地主制继承明代地主制的理解

有趣的是，从 1940 年代后半期到 1950 年代初，率先探讨明末清初到鸦片战争期间中国社会变化的北村敬直，在 1957 年和 1958 年，以明末清初位于远离江南三角洲的福建江西交界处的宁都县为对象，分析了其中

---

① 古岛和雄. 明末长江三角洲的地主经营——沈氏农书的一种考察. 历史学研究，1950，148。后收入氏著《中国近代社会史研究》（东京：研文出版，1982）。

② 小山正明. 明末清初的大土地所有——以江南三角洲为中心：（一），（二）. 史学杂志，1957，66（12）；1958，67（1）。后收入氏著《明清社会经济史研究》（东京：东京大学出版会，1992）。

作为抗租主体的"田贼"的活动，结论与本人以前的见解有所不同。① 北村对于"田贼"的抗租，提出了两种看法：一种是"依循发展史观，视佃户发言权有所提高"的诠释；另一种则是认定"此现象存在于任何时代"的评价，借此避免过于武断，同时亦着眼于"既是地主，又是乡绅"的宁都魏氏的立场，指出"清朝将明代的地主制当作自身的社会基础，予以继承"，强调清代地主制继承自明代地主制的这个连续性侧面。

4. 1950 年代以前日本的中国明清史研究的多样侧面

（1）《东洋史料集成》（平凡社）及《经济学研究指南》（一桥大学新闻部）的刊行

如上所述，自 1945 年至 1950 年代的日本，在社会科学中经济学的影响下，首先将清代或明末清初，视为鸦片战争以前的中国社会发生自生性内部转变的时代或解体的时代，而引起注目。这时的日本，以明清中国为对象的研究亦在多个领域蓬勃开展。其成果收录于 1956 年刊行的《东洋史料集成》（平凡社）中明代研究与清代研究的部分。② 另外，一桥大学新闻部主编的《经济学研究指南》（1953）东洋经济史编六——《中国近代经济史》（村松祐次执笔）③，虽以鸦片战争以后的研究为主，不过村松本身认为"不单是所谓近代中国社会经济史的研究，尚须参考清朝中期以前的各种研究"。两书不仅是战后十年日本中国明清史研究的总括，而且有助于认识战败及中国革命（1949）以前日本的"中国明清史·近代史研究"的问题意识与方法论。以下将按领域回顾两书所介绍的各种研究。

（2）赋役制度史研究

和田清编撰的《中国地方自治发达史》刊行于战时，以广大地方社会为对象，着眼于国家支配及社会自生组织之间的接合点④，在战后仍

---

① 北村敬直. 宁都魏氏——清初地主的一例. 大阪市立大学经济学年报，1957，7；1958，8. 后收入氏著《清代社会经济史研究》。

② 东洋史料集成，全一卷：第 4 篇 中国. 东京：平凡社，1956. 有关明清史的部分是"第 4 篇 中国"中"9 明代（藤井宏执笔）"以及"10 清代（山根幸夫，1921—2005，执笔）"。

③ 一桥大学新闻部. 经济学研究指南：东洋经济史编六——中国近代经济史（村松祐次执笔）. 东京：春秋社，1953。

④ 和田清，编. 中国地方自治发达史. 东京：汲古书院，1975. 其先则为《支那地方自治发达史》，由中华民国法制研究会刊行于 1939 年。

广被使用。其第四章"明代"[松本善海（1912—1974）执笔]，以明朝在14世纪后半期创设的里甲制这种赋役制度作为黄册、鱼鳞图册及户口、田土的研究前提，促进了16世纪明中期以后赋役制度改革和纳银化的研究，带动清代地丁并征相关研究的热潮。岩见宏《明嘉靖前后的赋役改革》① 和山根幸夫《十五、六世纪赋役劳动制的改革》②，则是以明代中国为中心的战后研究代表作。不过，清代赋役制度的研究，除了北村敬直《清代租税改革——地丁并征》以外③，大体上并无太大进展。

（3）农民及都市劳动者的运动

《东洋史料集成》等书所涵盖的作品，主要目的在于追求旧中国内在解体及自生性近代化的可能性。同时，其中亦有从农民和都市劳动者的角度来探讨斗争的一系列研究，及商业、货币经济的相关研究。这些研究，皆具备了与北村敬直、古岛和雄、西嶋定生等人的共同特性。

宫崎市定（1901—1995）在1947年的《中国近世的农民暴动》中④，将正统十三年（1448）福建的邓茂七之乱，视为基于明确的农民意识而爆发的叛乱。田中正俊（1922—2002）在1952年到1953年的《战时的福建乡土史的研究》中，详细介绍了傅衣凌（1911—1988）论及此乱的研究《福建佃农经济史丛考》（福建协和大学，1944）。⑤ 宫崎市定接着在1951年发表的《明清时代的苏州与轻工业的发达》⑥，首次在日本介绍了万历二十九年（1601）苏州的"织佣之变"——纺织工人的叛乱。这场叛乱是由聚集于商品生产和市场较为发达的都市的工人所发动的，并且就其直接冲击位居王朝权力中心的政策执行者这点

---

① 岩见宏. 明嘉靖前后的赋役改革. 东洋史研究，1949，10（5）。后收入氏著《明代徭役制度的研究》（京都：同朋舍，1986）。

② 山根幸夫. 十五、六世纪中国的赋役劳动制的改革. 史学杂志，1951，60（11）。后收入氏著《明代徭役制度的开展》（东京：东京女子大学学会，1966）。

③ 北村敬直. 清代租税改革——地丁并征. 社会经济史学，1949，15（3，4）。后收入氏著《清代社会经济史研究》。

④ 宫崎市定. 中国近世的农民暴动. 东洋史研究，1947，10（1）。后收入《宫崎市定全集》第13卷《明清》（东京：岩波书店，1992）。

⑤ 田中正俊. 战时的福建乡土史的研究. 历史学研究，1952，158；1953，161。后收入《田中正俊历史论集》（东京：汲古书院，2004）。

⑥ 宫崎市定. 明清时代的苏州与轻工业的发达. 东方学，1951，2。后收入《宫崎市定全集》第13卷《明清》。

来说，具备了政治斗争的意义。其后，横山英（1924—2006）在 1952 年①，佐伯有一在 1954 年、1962 年、1968 年②，田中正俊在 1961 年③，分别发表相关研究。横山的先驱性研究以《中国商工业劳动者的发展与角色》为题，而田中的总括性研究则是论文——《民变、抗租奴变》，佐伯自身的最新研究是以《关于 1601 年"织佣之变"的诸问题——其一》为题。横山讨论了万历二十七年（1599）发生于山东临清州城的运送业劳动者的叛乱——临清民变，田中则着眼于天启六年（1626）同样发生于苏州、由绢纺织业课征等因素引发的民众暴动——开读之变。这一系列研究的共同之处，在于将明末发生的事件联系到清代，关注鸦片战争前的中国社会是否有过渡到资本制近代的可能性。关于"民众叛乱"，在本章第三节会再次提及。

（4）新安商人的研究

新安商人以安徽南部徽州府六县为地盘，为了从事国家专卖的盐业，足迹踏遍华中、华南，并在明代后期和清代前期达到巅峰。藤井宏在 1953 年、1954 年正是以新安商人的活动为对象，将当时的商品流通、商业活动及其与国家、官僚的关系纳入研究视野，以地方志为中心、利用庞大的资料加以详论。④藤井的研究，不仅直接显示了对于新的历史认识的展望，并且大大加深了研究者对由明至清中国社会经济活动及社会构造的理解和认识。

（5）对乡绅一词的关心

其他应注意的还有，酒井忠夫（1912—2010）在 1952 年发表的《论乡绅》（载《史潮》第 47 期）。酒井指出在明代后期的万历年间，乡绅作为对官僚阶层的一种称呼，日渐盛行；又官僚阶层不论现职、退休，对地方的"民间社会"仍具影响力。该论在 1960 年酒井忠夫著

---

① 横山英. 中国商工业劳动者的发展与角色——以明末苏州为中心. 历史学研究，1952，160。

② 佐伯有一. 织佣之变. 历史学研究，1954，171；佐伯有一. 明末织工暴动史料类辑//清水博士追悼纪念明代史论丛. 东京：大安，1962；佐伯有一. 关于 1601 年"织佣之变"的诸问题——其一. 东洋文化研究所纪要，1968，45。

③ 田中正俊. 民变、抗租奴变//筑摩世界的历史：11 摇荡的中华帝国. 东京：筑摩书房，1961。后收入《田中正俊历史论集》（东京：汲古书院，2004）。

④ 藤井宏. 新安商人研究. 东洋学报，1953—1954，36（1，2，3，4）。

《中国善书研究》中再次论述。① 早在 1947 年，根岸佶在《中国社会的指导层——耆老绅士研究》中②，就已经将"乡绅"定义为"指导民众的阶层"。另外，1954 年，宫崎市定发表《明代苏松地方的士大夫和民众》③，明确指出在乡里这样的地域社会中士大夫和民众的关系。

（6）从思想史的角度来理解明末清初

关于思想史家岛田虔次（1917—2000）刊行于 1949 年的《中国近代思维的挫折》④，藤井宏在《东洋史料集成》"第 4 编　中国"的"9. 明代"里，认为从王阳明到李卓吾之间的思想潮流，是对儒教权威主义的一种否定，同时也是自我意识的展开，可说是近代思维的萌芽，不过这并非反映新兴阶级的自觉意识，而是从思想史的角度强化了西嵨定生、北村敬直、古岛和雄的见解。如岛田一书的标题所示，其见解着重于"近代思维"方面。然而，岛田所重视的李卓吾思想，具备了以下特征：由人出发、确立作为主体的自我、对于自身利害的率直肯定、客观认识和合理主义、以人们的日常生活为基础的秩序观，因此不能仅用近代化这个单一尺度，来衡量李卓吾在明末清初的思想及其在清代的展开。⑤

二、1960 年代的社会经济史研究——将发展论理寄托于乡绅土地所有的形成

1. 明初以来以里甲制为基础的赋役制度改革

（1）确认里甲制的户数编成原则

1960、1970 年代，日本研究者大致认为，从明代后半期至明末清初的这期间，作为明代赋役制度基础的里甲制难以发挥作用，因此制度

---

① 酒井忠夫. 论乡绅. 史潮，1952，47。后收入氏著《中国善书研究》（东京：弘文堂，1960）。并参见酒井忠夫. 增补中国善书研究//酒井忠夫著作集：第 1 卷. 东京：国书刊行会，2012。

② 根岸佶. 中国社会的指导层——耆老绅士研究. 东京：平和书房，1947。

③ 宫崎市定. 明代苏松地方的士大夫和民众. 史林，1954，37（2）。后收入《宫崎市定全集》第 13 卷《明清》（可参见栾成显的中译本：刘俊文，主编. 日本学者研究中国论著选译：明清卷. 北京：中华书局，1993）。

④ 岛田虔次. 中国近代思维的挫折. 东京：筑摩书房，1949（可参见甘万萍的中译本，南京：江苏人民出版社，2008）。

⑤ 森正夫. 有价值的"异端". 周刊朝日百科：世界的文学，2001，103。

本身迫切需要根本改革。

1964 年，鹤见尚弘再度确认：明代里甲制度基于甲首户，所谓甲首户是所有土地在一定规模以上的农民家族，以一里百一十户、一甲十一户这样的户数单位编成里甲。同时，鹤见亦从论理上明确提出，里甲是以现实的村落共同体机能为前提所成立的。① 而在日后的研究中，他也认识到所谓里甲的户数单位编成原则在明代后半期至清代，由于乡绅阶层所有土地日益增加之故，而无法维持下去了。

（2）十段法的导入

从 1967 年、1968 年到 1971 年，小山正明注意到乡绅阶级被赋予了免除里甲制徭役赋课的特权。他指出从明代后半期的嘉靖年间开始，乡绅拥有的土地日益增加，由十一户的农家编成的各甲壮丁人数和田土额之间变得不均衡。为改善这种情况，自嘉靖年间至明末清初为止，继续在华中、华南实施"十段法"，这是透过账簿操作，企图将各甲壮丁人数和田土额之间实现均等化的改革。② 其间，正如下文"丈量、鱼鳞图册、苏松重赋"的部分即将提到的森正夫的研究所示，实际上在江南三角洲，税粮的多种名目因一条鞭法而逐渐一条化、纳银化，徭役亦转为一条化、纳银化，被编入里甲制的农户，即使仍有部分保留了缴纳米谷等实物的习惯，但是大体而言，税粮方面使用一亩当银若干的方法，徭役方面则是一丁当银若干、一亩当银若干的方法，显示田和丁各自成了直接一律征银的对象。这形成了鼍宫谷英夫所推想的清代地丁银征收体制的前提。

（3）均田均役法与水利改革的实施

然而，一条鞭法以后仍有部分徭役尚未纳银化，即税粮的督促、征收和移送官仓、水利事业、维持治安等方面，仍然残存着劳役的习惯。这些造成了明末的"役困"现象。而在江南三角洲征收税粮方面，亦有

---

① 鹤见尚弘. 关于明代的畸零户. 东洋学报，1964，47（3）。后收入《中国明清社会经济研究》（可参见姜镇庆等的中译本，北京：学苑出版社，1989：第一章"里甲制与对农民的统治"第一节）。

② 小山正明. 明代的十段法（一），（二）//前近代亚洲的法与社会——仁井田陞博士追悼论文集：第一卷. 东京：岩波书店，1967（后载于《千叶大学文理学部文化科学纪要》，1968，10；收入氏著《明清社会经济史研究》，东京：东京大学出版会，1982）；小山正明. 赋役制度的改革//岩波讲座世界历史 12：中世 6. 1971（后收入《明清社会经济史研究》）。

向国家指定仓库缴纳优质米谷的义务。1969 年以来，滨岛敦俊进行了以改正明末清初江南三角洲徭役残存部分的赋课方式为对象的一系列研究。

滨岛对于均田均役法的研究正是其中一环。[①] 关于除了从事水利事业以外之徭役的残存部分：其一，各县限制作为免役对象——乡绅的田土面积总额；其二，赋课方式基本上为纳银化，而纳银化的税粮和徭役则自行缴纳（自封投柜），实物缴纳的优质米谷等则由国家征收运输（官收官解）。

滨岛还阐明，大部分乡绅移住都市（县城、州城、府城）带来了水利荒废的现象，身为地方官的知县、知州和在他们之上的知府为了改善这种情况，行使王朝国家的强制力采取以下措施：其一，概不承认乡绅免于从事水利事业的特权；其二，令地主提供出工食米（为维持劳力的粮食费用），至于佃户则是命令其提供出力役（劳动），对贫穷的自耕农则由国家提供出工食米。

（4）丈量、鱼鳞图册、苏松重赋

关于赋役制度方面，除了上述与乡绅所有土地相关的研究以外，关于明代后半期各个领域的研究亦有进展，不仅仅是明末清初时期，直接以清代为对象的研究亦有增加。

川胜守[②]和西村元照[③]在 1970 年代分别发表了一系列关于丈量——将作为国家田赋征收对象的土地，再次进行测量，并且更新其登记记录——的研究。西村清楚地介绍了 16 世纪 20 年代到 60 年代，即嘉靖、隆庆年间的地方丈量。他和川胜都有相关研究，即 1580 年（万历八年）在内阁首辅张居正的强力指导下所进行的全国规模丈量工作，以及西村对清初丈量的考察这些都是庞大的实证工作。两者对于是否由国家实施丈量的这个问题，持相左意见，然而两人的研究，包括发掘了国家向佃户直接征收税粮的实例在内，均有重大意义。

鹤见尚弘从 1967 年至 1981 年着实考察了载有苏州府长洲县内清初

---

①　滨岛敦俊. 明末浙江嘉湖两府的均田均役法. 东洋文化研究所纪要，1970，52。后收入氏著《明代江南农村社会的研究》（东京：东京大学出版会，1982）。

②　川胜守. 张居正丈量策的开展（一），（二）. 史学杂志，1971，80（3，4）。后收入氏著《中国封建国家的统治构造》（东京：东京大学出版会，1980）。

③　西村元照. 论明后期的丈量. 史林，1971，54（5）；西村元照. 论清初的土地丈量——以国家和乡绅围绕土地台账及隐田之对抗关系为中心. 东洋史研究，1971，33（3）。

即康熙十五年（1676）丈量结果的鱼鳞图册。① 1982 年，足立启二亦发表了基于鱼鳞图册分析的论文《清代苏州府下地主土地所有的发展》。② 又，1976 年，西村元照除了研究明代里甲制以来的王朝国家正规征税制度以外，也涉及清初生员、监生阶层包揽征税的课题。③ 另外，小林幸夫、夏井春喜、臼井佐知子开始了有关鸦片战争以后，特别是太平天国前后实施于江浙两省的赋税（田赋）负担及征收制度改革的研究。④ 早在1961 年，村松祐次对 19 世纪中叶的清末就已经有所关注，发表了《清代的所谓"苏松重赋"》一文。⑤ 1960、1961 年以后，森正夫与村松同样重视清代的"苏松重赋"问题，进行了由明初洪武年间到万历中期以明代江南官田为中心、为问题起源的明代江南土地制度的研究。⑥

2. 乡绅土地所有论的提出

1967、1968 年，小山正明关注华中、华南地区依据在账簿上操作来人为调节各甲壮丁人数与田土额之间之不均等的改革——"十段法"的实施⑦，同时将乡绅土地所有的扩大视为引发这种不均等现象的背

---

① 鹤见尚弘. 关于国立国会图书馆所藏康熙十五年丈量的长洲县鱼鳞图册//山崎宏先生退官纪念东洋史论丛. 1967（后收入氏著《中国明清社会经济研究》第二章"明清时代的鱼鳞册"第一节）；鹤见尚弘. 清初苏州府鱼鳞图册的一种考察——以长洲县下二十五都正扇十九图鱼鳞图册为中心. 社会经济史学，1967，34（5）（后收入《中国明清社会经济研究》第二章第二节）；鹤见尚弘. 康熙十五年丈量中苏州府鱼鳞图册的田土统计的考察. 木村正雄博士退官纪念东洋史论丛，1970（后收入《中国明清社会经济研究》第二章第三节）；鹤见尚弘. 康熙十五年丈量的苏州府长洲县鱼鳞图册的田土统计的再次考察//中嶋敏先生古稀纪念论集：下. 1982（后收入《中国明清社会经济研究》第二章第四节）（以上可参见姜镇庆等的中译本，北京：学苑出版社，1989）。

② 足立启二. 清代苏州府下地主土地所有的发展. 熊本大学文学部论丛：9 史学篇. 1982。后收入氏著《明清中国的经济构造》（东京：汲古书院，2012）。

③ 西村元照. 清代的包揽——私征体制的确立、解禁到担保征税制. 东洋史研究，1976，35（3）。

④ 小林幸夫. 清初浙江的赋役改革与折钱纳税. 东洋学报，1976，58（1），（2）；夏井春喜. "大户""小户"问题与均赋、减赋政策. 中国近代史研究会通信，1982，8。臼井佐知子. 太平天国前苏州府松江府的赋税问题. 社会经济史学，1981，47（2）；臼井佐知子. 同治四年（1865 年）江苏的赋税改革. 东洋史研究，1986，45（2）。

⑤ 村松祐次. 清代的所谓"苏松重赋". 一桥论丛，1961，45（6）。

⑥ 森正夫. 论明初江南的官田——苏州、松江二府的具体情况（上）（下）. 东洋史研究，1960，19（3）；1961，19（4）。并参见其他八篇论文，都收入氏著《明代江南土地制度研究》（京都：同朋舍，1988）。

⑦ 参见小山正明的《明代的十段法》（一）、（二），及《赋役制度的改革》。

景，首次将其称为"乡绅的土地所有"。

在此之前，佐伯有一于 1957 年将小山的"乡绅的土地所有"称为"官绅的土地所有"。[①] 安野省三（1933—）于 1961 年称明末广大土地的城居地主为"乡绅地主"。[②] 田中正俊于 1961 年将明末清初与里甲制解体同时成立的寄生式封建支配者称为"乡绅阶层"。[③] 另外，1969 年，滨岛敦俊以改正明末清初江南三角洲徭役的残存部分为对象，进行了一系列研究，亦强调这时拥有免役特权的乡绅开始拥有大面积的土地，出现了"土地所有结构的变化"。[④]

小山至滨岛等人关注的从明末到清一代的"乡绅的土地所有"，就实际存在形态来说，并非只有"乡绅的土地所有"，而是由"乡绅的土地所有"和"非乡绅的土地所有"所构成的二重构造。"非乡绅的土地所有"包括了所有土地的面积和所有者的人口，其中存在着比重不容小觑的自耕农所有土地。这种二重构造包含了特权的有无。直到近代，甚至到中国革命时期的土地改革为止，这种尖锐的矛盾关系都一直持续存在着。日后，在 1980 年代，森正夫在总括"苏松重赋"的研究中重新整理了相关研究。[⑤]

三、1970 年代的社会经济史研究

1. "乡绅支配"概念的设定与作为集权国家的清朝

（1）重田德《乡绅支配的成立和构造》

1971 年，重田德（1930—1973）发表论文《乡绅支配的成立和构造》，认为"乡绅的土地所有"发展于 16、17 世纪，即明末清初，并将"乡绅"视为属于"政治社会范畴"的概念，主张有必要从两种角度去定义"乡绅支配"。

---

① 佐伯有一. 明末的董氏之变——关于所谓"奴变"的性格. 东洋史研究，1957，16（1）。

② 安野省三. 关于明末清初长江中流大土地所有的一种考察——以湖北汉川县萧尧采一例为中心. 东洋学报，1961，44（3）。

③ 田中正俊. 民变、抗租奴变//筑摩世界的历史：11 摇荡的中华帝国. 东京：筑摩书房，1961。后收入《田中正俊历史论集》（东京：汲古书院，2004）。

④ 参见小山正明的《明代的十段法》（一）、（二），及《赋役制度的改革》；滨岛敦俊的《明末浙江嘉湖两府的均田均役法》。

⑤ 森正夫. 明代江南土地制度研究. 京都：同朋舍，1988（可参见伍跃、张学锋等的中译本，南京：江苏人民出版社，2014）。

其一，乡绅的支配，为"超越单纯的地主支配（统治），通过经济及经济外的关系，特别是以与国家权力若即若离的关系为媒介，不只是支配佃户，同样也和以自耕农为中心的其他阶层发生关联，亦实施'不基于土地所有而形成的支配（统治）'的一个社会基础单位"。重田主张不只从经济史角度，把握以土地所有作为主体的乡绅，也必须从政治、社会史的脉络去理解乡绅。

其二，为了"将中国前近代史从同样意向源源不绝地再生产的印象中解放出来，并且将其理解为社会构成的不可逆发展"，我们必须注意到乡绅乃是处于皇帝"与理念上被齐一支配的人民之间，能够显示历史性格之明显变化的中间支配层"之一，并且在"明末以后特别为人所认知"。

重田明确认识到"中间支配层"的乡绅和传统集权国家权力主体的皇帝之间的若即若离的关系，并从这一观点出发，强调经历明末之后形成的清朝，在乡绅作为新的中间阶层确立其支配这个意义上具有一个时代的固有特性。[①]

（2）乡绅概念与对清史的新关心

重田的论文《乡绅支配的成立和构造》从理论上唤起了透过政治社会史的角度来研究乡绅的必要性，并引起热烈回响。该文与刊行于约20年前的1950年、在日本首次真正注意到近世中国王朝和皇帝存在形态的宫崎市定的岩波新书《雍正帝》[②]，同样大大吸引了日本研究者对清史的关心。宫崎和重田不约而同地提出了与战后日本明清史研究者的问题意识相左的意见。战后日本大部分明清史研究者，如上面的说明，多从中国史上内部解体时代的经济史角度，及以明末清初为中心的观点去掌握清史。

然而，重田不仅仅对"乡绅的土地所有"的发展有所认识。1971年，他还整理了战前以来日本中国史研究中论及乡绅观发展的部分，发表论

---

① 重田德. 乡绅支配的成立和构造//岩波讲座世界历史：12 中世 6.1971. 后收入《清代社会经济史研究》（东京：岩波书店，1975）。上述原文引自《清代社会经济史研究》，第173-176 页。

② 宫崎市定. 雍正帝. 东京：岩波书店，1950. 后收入《宫崎市定全集》第14卷《雍正帝》（东京：岩波书店，1991）。（可参见孙晓莹的中译本，北京：社会科学文献出版社，2016。）

文《论乡绅的历史性格——乡绅观的系谱》①，介绍在这方面已有研究的酒井忠夫等人关于乡绅的讨论，另外对根岸佶等人的研究亦有所批判。

2. 民众叛乱与国家的关系

（1）田中正俊对抗租奴变与李自成之乱的评价

1960 年代及 1970 年代，在日本社会政治社会运动蓬勃发展的背景之下，日本学界对民众叛乱亦有各种总括性见解。1961 年，田中正俊发表上述《民变、抗租奴变》。② 1973 年，小林一美发表《抗租抗粮斗争的彼方——下层人民的想法和政治、宗教自立之路》。③

田中指出明中期以后持续展开的抗租斗争，正是"通过生产力发展而持续成长的佃户阶层在地主阶层的收夺下，双方之间紧张关系的激化所导致的斗争"。田中认为持续至太平天国为止的"抗租斗争的具体事实反映了中国各种封建关系正在面临解体的过程"；另外将发生于明末清初华中、华南的民变——都市民众暴动和奴变（奴仆叛乱），当作和抗租一样，皆是"随着生产力的发展成为拥有共同历史性格的民众斗争"。然而，田中认为 1644 年春"直接促使明朝灭亡的"，不是满族，而是"发生于中国内部的农民叛乱"，即李自成的农民军，并提出了两个问题，即农民军推翻明朝专制统治的力量从何而来，以及农民军最后是如何接受异族征服和专制支配的。

不过，田中虽然提到满族和李自成农民军之间的问题，却无足够的实证性说明。相较于田中本身从生产力发展的角度来赋予"民变、抗租奴变"的高度评价，上述说法给予读者不甚协调的感觉。

另一方面，在田中提起上述说法的六年前，即 1955 年，横山英除了上述讨论都市民变的论文《中国商工业者的发展及角色》之外，亦在《中国农民运动的一种形态——太平天国前的"抗粮"运动》一文中④，

---

① 重田德. 论乡绅的历史性格——乡绅观的系谱. 人文研究（大阪市立大学文学部），1971，22（4）. 后收入氏著《清代社会经济史研究》。

② 田中正俊. 民变、抗租奴变//筑摩世界的历史：11 摇荡的中华帝国. 东京：筑摩书房，1961）. 后收入《田中正俊历史论集》（东京：汲古书院，2004）。

③ 小林一美. 抗租抗粮斗争的彼方——下层人民的想法和政治、宗教自立之路. 思想，1973，574。

④ 横山英. 中国农民运动的一种形态——太平天国前的"抗粮"运动. 广岛大学文学部纪要，1955，7。

认为抗粮运动是在华中、华南酝酿出"作为一种政治斗争、明确举起反清口号的太平天国革命运动"的"土壤",可说是农民运动之先驱。然而,横山对抗粮运动,亦有如下批判,即"客观上该运动虽然动摇了清朝统治的根基,扮演了作为太平天国革命运动基础的重要角色,但是未能提升成为将经济斗争转化为政治斗争,并以反清口号打破共同体制约的广泛运动"。

(2)小林一美对于抗租、抗粮研究的批判

小林一美在前述 1973 年的论文之前,曾在 1967 年发表论文《太平天国前夕长江三角洲的农民斗争》①,以道光二十六年(1846)商品作物棉花生产地区的苏州府昭文县东部农村为对象,分析了因增收货币形态的地租所引起的抗租斗争。其目的在于"统一地掌握农民斗争的发展和商品生产的展开"。小林在 1973 年的论文中认为,包含这篇 1967 年的论文在内,目前的抗租、抗粮斗争研究尚属于"战后中国史研究所开拓的新领域",其论述本质上可说是基于社会科学的问题意识,认为中国革命继承了包含于抗租行动中"佃农阶层对获得土地的要求"以及如抗粮所示"拥有小型土地的农民对地税的反对",才得以成功。然而,该研究仍停留于"经济利害状况的水平"。小林严厉批评在这些抗租、抗粮斗争的研究中,对探究斗争当时是否具有"政治性、宗教性叛乱的意义"的这个问题意识是相当薄弱的。小林认为抗租、抗粮斗争在"太平天国革命、辛亥革命等革命情势下",根据"会党、太平天国、白莲教这些宗教、政治性教派和党派,从外部带来世界观、组织和纲领,在领导抗租和抗粮的农民时,方具有作为革命运动的特质"。

然而,小林这篇 1973 年的论文,对于抗租、抗粮方面的实证研究成果,却未提出任何问题点。从这个侧面来说,小林极其正统地继承了战后日本的研究传统。也就是说,不管是田中正俊,抑或横山英,甚至是批判他们的小林一美,他们都处于二元性立场,从经济方面肯定抗租、抗粮斗争的同时,亦从政治的角度对其进行严厉批判。

另外,我们不能忘记这点:虽然小林在 1973 年的论文中述及抗租

① 小林一美. 太平天国前夕长江三角洲的农民斗争//东京教育大学亚洲史研究会,编. 东洋史学论集:8:近代中国农村社会史研究. 东京:大安,1967。

农民的思想和意识状况，但是这些问题早在 1950 年代就被提出。1954 年，田中与佐伯联名发表《十五世纪福建的农民叛乱》①；同年，田中单独发表论文《起来的农民们——十五世纪中国的农民暴动》。② 在这两篇文章中，他们分析了明朝国家权力的构造，特别剖析了地主对以佃户为主体的农民实施带有"儒家式""温情式"特征的思想统治，或是"匍匐在农田"，冀望"这社会（秩序）可以带来更为幸福的生活"的农民心情，或是无力"批判与地主勾结的官僚制度的本质，或是其背后的专制权力"的农民认识等。这些分析可以说是小林 1973 年论文中的抗租农民论之前奏。

对小林 1973 年的见解，相田洋③及滨岛敦俊④给予很高的评价，极表同意。借此之机，再次介绍从 1945 年至 1970 年代战后日本的民众运动研究及其动向。

（3）抗租、抗粮研究与太平天国研究

与小林一美的问题意识相关，并具系统性的抗租、抗粮方面的研究，除了田中正俊、横山英外，小岛晋治的研究亦很重要。小岛晋治在研究中提到从清代到近代的转变期。自 1961 年的论文《太平天国》发表以来⑤，他持续探讨鸦片战争之后到太平天国期间的华中、华南地区的农民斗争。十年后，即 1971 年，他发表论文《太平天国革命》。⑥在文中，他将发生在为太平天国定都南京奠定基础的湖南、湖北和太平天国后期的主要基地江浙，并且具有"暴动破坏形态"的农民斗争，分为抗粮、抗租、阻米、抢米暴动及其他。小岛认为这是"明末清初以来，日常化的农民斗争的突出形态"，而"无数个人或是小规模的日常性斗争"，则是这三种形态的基础。据小岛的说法，"太平天国"是"当时全国革命潮流的中心，对清朝、乡绅的统治予以决定性

①　田中正俊，佐伯有一. 十五世纪福建的农民叛乱：一. 历史学研究，1954，167。

②　田中正俊. 起来的农民们——十五世纪中国的农民暴动//民主主义科学者协会历史部会，编. 世界史讲座：2. 东京：三一书房，1954。后收入《田中正俊历史论集》。

③　相田洋. 白莲教的成立及其发展——中国民众的变革思想的形成//青年中国研究者会议，编. 中国民众叛乱的世界. 东京：汲古书院，1976。

④　滨岛敦俊. 明末江南的叶朗生之乱//海南史学，1975，12、13 合并号。

⑤　小岛晋治. 太平天国//筑摩世界的历史：11　摇荡的中华帝国. 东京：筑摩书房，1961。

⑥　小岛晋治. 太平天国革命//岩波讲座历史：21　近代. 东京：岩波书店，1971。

打击，引发各地农民的反封建斗争。故得以在华中、华南的广大地域树立对抗清朝的权力，并维持十数年之久"。小岛指出太平天国得以扮演这一角色，是因为作为其核心结社的上帝会，因"禁欲主义"之故，而具有"其他革命结社及会党所缺乏的强固内向凝聚力和视死如归的战斗性"。

另外，小岛指出太平天国"最后不能满足农民对土地和自由的渴望，故在末期亦出现与农民敌对的情况"。小岛指出 19 世纪前半期的抗粮暴动本身的潜在契机有三种：其一，嘉庆白莲教之乱及鸦片战争以来清朝为筹措军费、财用而进行的定额外增税；其二，乡绅地主——"绅"与"民"在租税负担上的不均衡；其三，16、17 世纪以来单纯商品生产的发展导致再生产构造遭受破坏和相关银价高涨。小岛还指出 16、17 世纪以来，以佃农为主轴的单纯商品生产的发展，以及如同佃农自身结成地缘上共同组织一事所示，阶级力量向上的现象日益显著，促使佃农得以奋起，引爆了 19 世纪前半期的抗租暴动。

小岛关于这时期的抗粮暴动亦涉及如下部分。在道光二十二年（1842）的湖北东南部，及咸丰二年（1852）的浙江宁波府及江苏松江府青浦县，皆存在着形成于 17 世纪以后的华中华南、来自非白莲教系结社"天地会"系谱中的"会党"的指导，其中有向"革命斗争"发展的趋势。另外，在抗租暴动中，咸丰六年（1856）湖北松滋、石门两县及湖南澧州，都可见由白莲教一派的结社领导发展出自立权力的动向。在湖南宝庆府、新宁府，由道光十二年（1832）到二十九年（1849）的阻米（阻止客商、牙行、地主将米运出县外）、抢米暴动，都可见与禁欲主义伦理相辅相成的白莲教系结社——"青莲教"互相结合的现象。

（4）白莲教研究的派系

佐野学（1892—1953）、铃木中正（1913—1983）两人在 1945 年至 1970 年代，安野省三则是在 1971 年，分别对民众运动进行了总括性研究。

佐野学在《清朝社会史》第三部"农民暴动"的第一辑"清代民乱的本质及发展、白莲教之乱"中，网罗性且绵密地揭示了农民暴动以及他本人定义下的清代"民乱"的相关史实，认为嘉庆白莲教之乱是"民乱"的归结之一。佐野的结论是，白莲教具有四种特质：秘密结社，民众组织，宗教色彩，政治性。他从"宗教性秘密结社（白莲教）与政治性秘密结社（三合会、哥老会）这两大范畴"详细记述会党的活动。他以会党活动为前提，首次展示"元代以来持续存在于中国农民之间的最大宗教性秘密结社"的白莲教徒在嘉庆元年（1796）引起叛乱之基本史实，并做出系统性分析。特别值得注目的是，其论述中"清代民乱的社会心理"一节，指出"白莲教在创立以后，其系统下无数的宗教秘密结社标榜劫运将至和弥勒转生等思想，预告了由严酷榨取农民的官僚所统治的国家即将结束，而宛如弥勒佛一般的君主统治时代将会来临。这种乌托邦思想，受到农民欢迎"①。

1952 年刊行的铃木中正的《清朝中期史研究》，主要依据佐野尚未使用的《钦定剿平三省邪匪方略》、《三省边防备览》、《戡靖教匪述篇》以及四川基督教传教士的书信等基本资料，可谓有关嘉庆白莲教之乱最为基础的研究。其书首章"清朝中期的社会问题"，将"康熙二十二年（1683 年）平定台湾郑氏，至乾隆六十年（1795 年）之间的一百一十三年间"定义为"清朝中期"，认为嘉庆白莲教之乱是"因人口增加导致人口过剩"所产生的"社会矛盾的蓄积及集中的表现"。在其第二章"四川陕西湖北三省交界地方的人口密集及移民的社会环境"中，有如下论述：在 18 世纪后半期，即乾隆中期以后，出身于四川、陕西、山西、河南、湖南、湖北、江西、安徽、江苏等省的"无业贫民"移居当地，移居人数甚至愈来愈多，由于州县管辖范围极大，课税、户籍登记、保甲制等制度皆未实施。移民作为土著以及先到移民地主的"佃户"，在"缺乏自然恩惠"的山间狭小贫瘠土地中，以种植玉米和其他杂粮为生，但"因不能定居而四处移居，故多继续其贫穷的生活"。或是在"拥有巨资的大商人"之下，成为木材、制纸、制铁业的工人。随着谷价的变动导致产业不时倒闭，他们的生活亦不安定。第三章"白莲教及其特性"论及白莲教结社的构成、指导者的性格及其教义的特质。例如，指出教义中的"弥勒降生信仰"，与"欧洲多数的农民战争"中"成为叛徒的精神基础"的"无上的幸福千年说"有共同点，即叛徒内

---

① 佐野学. 清朝社会史：第三部农民暴动 第一辑清代民乱的本质及发展、白莲教之乱. 东京：文求堂，1947：14。

心可能有千年王国的幻想。①

1971 年安野省三的《清代的农民叛乱》②，立足于铃木书中第二章的见解，结合方志的新材料，指出移居这种行为本身是移民在故乡展开抗租、抗粮斗争的一种转化形态，引入了农民对于国家和地主的"反动体制产生抗拒反应"的新观点。此外，取材自 1964 年中国学者熊德基（1913—1987）的论文《中国农民战争与宗教及其相关各问题》（见《历史论丛》第一辑），根据与嘉庆白莲教同时代的四川省的一位知县纪大奎（1756—1825）的《邪教十术告示》等文献，检讨作为白莲教"真言"的"真空家乡，无生父母"以及白莲教所煽动的"无父无君"的思想内容。其中可见白莲教向"以儒教伦理为基础、作为共同体的地域社会和实践专制君主政治的中央集权国家，进行对决的严峻态势"。安野的研究对小林一美 1973 年的论文发挥了基础性作用。

（5）奴仆、奴变研究

1970 年代，亦有除抗租、抗粮，白莲教之乱，太平天国运动以外的民众运动的研究。

自崇祯十七年（1644）明朝灭亡前后至清康熙元年（1662），主要在华中、华南等地，中国史上首次发生了奴仆用暴力威迫主人，以求解除身份上束缚的事件，其后部分地区甚至持续至康熙年代（1681—1690）。在战后的日本，明末清初的民众叛乱不时与抗租奴变相提并论，但是扎根于人与人的社会关系的奴变和奴仆的存在形态，尚无系统性研究。小山正明在 1957 年、1958 年③，佐伯有一在 1957 年④及细野浩二在 1967 年⑤研究了奴仆各种存在形态的特定侧面，田中正俊在 1961 年则尝试整理相关问题的理论⑥，这些仅增长了些微认识。1978 年，西村

---

① 铃木中正. 清朝中期史研究. 东京：燎原书房，1971（初印于爱知大学国际问题研究所，1952）；铃木中正. 中国史上的革命与宗教. 东京：东京大学出版会，1974。本段引文见《清朝中期史研究》，第 1—14 页。

② 安野省三. 清代的农民叛乱//岩波讲座世界历史：12 中世 6. 东京：岩波书店，1971。

③ 小山正明. 明末清初的大土地所有——以江南三角洲为中心：（一），（二）. 史学杂志，1957，66（12）；1958，67（1）。

④ 佐伯有一. 明末的董氏之变——有关所谓"奴变"的性格. 东洋史研究，1957，16（11）。

⑤ 细野浩二. 明末清初江南的地主奴仆关系——以家训所见的新发现为中心. 东洋学报，1967，50（3）。

⑥ 田中正俊. 民变、抗租奴变//筑摩世界的历史：11 摇荡的中华帝国. 东京：筑摩书房，1961。后收入《田中正俊历史论集》（东京：汲古书院，2004）。

和代在《明清时代的奴仆》中首次发表相关方面的概括性专论，并在其《明代的奴仆》（1979）及《论明末清初的奴仆》（1983）两文中，扩大了对于奴仆的认识。① 例如，根据西村的研究，在家庭杂事，农业及手工业生产，主人的随从，代行国家的徭役，家产的管理和运用，作为其中一环的商业、高利贷的实务，管理佃农租种的土地和佃农等一系列方面，加深了奴仆的存在意义及其地位的多样性和对奴变背景的认识。另外，佐藤文俊的《光山县、麻城县奴变考》②，井上彻的《明末清初广东珠江右岸三角洲社贼、土贼的蜂起》等③，都是以奴变本身为对象的研究。1978 年日本高桥芳郎（1949—2009）的《论宋元时代的奴仆、雇佣人、佃仆——法律身份的形成和特质》④，及 1981 年中国学者经君健的《论清代社会的等级结构》⑤ 等，亦整理了清代与奴仆相关的法律身份特征，并厘清奴婢、奴仆、义男妇、家人等与主人之间缔结的关系，及其社会理念与现实之间的关系。

（6）民众叛乱和社会秩序、秩序意识

森正夫的《论 1645 年太仓州沙溪镇乌龙会之乱》，指出发起这场奴变的主体多为都市的无赖，及此乱对当地社会秩序、秩序意识的重大影响。⑥ 其后，上田信也注意到明末清初都市社会的无赖。⑦ 另外，森正夫的《明末社会关系中的秩序变动》⑧，揭示了明末清初发生于全国的

---

① 西村和代. 明清时代的奴仆. 东洋史研究，1978，26（4）；西村和代. 明代的奴仆. 东洋史研究，1979，38（1）；西村和代. 论明末清初的奴仆//小野和子，编. 明清时代的政治和社会. 京都：京都大学人文科学研究所，1983。

② 佐藤文俊. 光山县、麻城县奴变考//中山八郎教授花甲纪念明清史论丛. 东京：燎原书店，1977。

③ 井上彻. 明末清初广东珠江右岸三角洲的社贼、土贼的蜂起. 史林，1982，65（5）。

④ 高桥芳郎. 论宋元时代的奴仆、雇佣人、佃仆——法律身份的形成和特质. 北海道大学文学部纪要，1978，26（2）。

⑤ 经君健. 论清代社会的等级结构. 中国社会科学院经济研究所集刊，1981，3。

⑥ 森正夫. 论 1645 年太仓州沙溪镇乌龙会之乱//中山八郎教授花甲纪念明清史论丛. 东京：燎原书店，1977。后收入《森正夫明清史论集》（东京：汲古书院，2006）第二卷《民众叛乱、学术交流》。

⑦ 上田信. 明末清初江南都市的"无赖"之社会关系：打行与脚夫. 史学杂志，1981，90（11）。

⑧ 森正夫. 明末社会关系中的秩序变动//名古屋大学文学部三十周年纪念论集. 名古屋：名古屋大学文学部，1979。后收入《森正夫明清史论集》（东京：汲古书院，2006）第三卷《地域社会、研究方法》。

民众叛乱中出现的前所未有的秩序颠倒现象，以及透过各地地方志风俗项目中的相关记载，注意到社会秩序及秩序意识大有改变。

关于 1970 年代为止的民众叛乱的研究，吉田穗积在《清代农民叛乱史研究的总括及课题——变革主体的形成》一文中有所整理。[①] 又，森正夫在《中国民众叛乱史》第 4 部"明末～清Ⅱ"（平凡社、东洋文库）所收的"奴变""抗租"部分中，整理了至 1970 年代末为止日本及中国关于抗租及奴变的研究成果，致力于将中国各地抗租及奴变的原始材料进行日译，使日本学界的认识更为具体。[②]

四、清朝国家研究的发展

以上所述社会经济史研究潮流，在理论方面一直领导着战后日本的明清史研究，这恐怕是谁都承认的。但是，当然不能仅以这些研究来代表战后日本的明清史研究。日本学界曾存在来自实证研究方面的对社会经济史研究理论方向的强烈批判。例如，安野省三曾称赞北村敬直关于宁都魏氏的详细的事例研究，与此相反，对小山正明等人的地主制研究则持批评态度，认为这些研究致力于阐述抽象性的概念，在勾画具体的社会面貌上并不成功。[③] 一般认为，这种议论尽管没有采取明确的批判形式，却是相当多的研究者和一般读者的共同看法。

明清社会经济史学研究——特别是在 1960 年代以后——虽然亦把国家的研究纳入其中，且很活跃，但是其研究的基本态势，始终欲从地方的阶级关系方面来阐明社会构造。在史料方面，自西嶋定生的明代棉纺织业研究以来，也是利用地方志和文集等。而从满洲民族的政治活动和统治形态，乃至皇帝政治的实态来阐明清朝的时代性质的潮流，成为战后清史研究的另一个中心。也许可以说上述社会经济史学研究是从"下面的视角"出发的，而这些研究则是从"上面的视角"出发的。

---

① 吉田穗积. 清代农民叛乱史研究的总括及课题——变革主体的形成. 东洋史研究，1973，32（2）。

② 森正夫. 奴变、抗租//谷川道雄，森正夫，编. 中国民众叛乱史 4：明末～清Ⅱ. 东京：平凡社，1983. 后收入《森正夫明清史论集》第二卷《民众叛乱、学术交流》。

③ 安野省三. 地主的实际状态与地主制研究之间. 东洋史研究，1974，33（3）。

1."清朝史"研究动向

一直与东北、华北地区的史迹、史料密切相关的日本 20 世纪前半期的清史、满族史研究，于 1945 年二战战败后一举变化。撤离中国后，政策上对"满洲史"的支援与国民的关心都不复存在，当地也不可能再去了。不仅如此，与其他地域相比，"满洲史"更被视为与"侵略"密不可分的学问，成为一个禁区。因此战后清史研究的主流转向了专门依据汉文史料的汉地社会经济史研究。

然而，建立在二战前的学术积累之上的清朝政治史、制度史研究，尽管研究人员剧减，但在 1940 年代后半期就出现了新趋向。"清朝史"研究大致可分为两大支柱。其一，以东洋文库清代史研究室为据点的清初史研究，该研究室以译注了至今仍在日本的满洲学（满族研究）、东洋史学中引以为荣的金字塔似的《满文老档》而闻名。其二，在战后不久的动荡时期，始于东京大学（其后移到东洋文库）的满文学习会发展为满文老档研究会，其成果是共 7 册的《满文老档》译注（1955—1963）。① 参与了这些工作的和田清门下的神田信夫（1921—2003）、松村润（1924—）、冈田英弘（1931—2017）等人，其后在研究组织和学说两方面都牵引着学术界。②

曾任台北帝大教授、京都国立博物馆馆长等职的东洋学学者神田喜一郎（1897—1984）之子，亦为和田之婿的神田信夫发表了众多论文，考证了清的国号与国姓，以及贝勒、议政大臣、文馆等诸项制度，并开拓了有关吴三桂等藩王与汉军旗人等参与了清朝政治的汉人的研究。他还撰写了《满文老档》《八旗通志》《明清史料》等史料解题与书志研究、书评，令学术界深受裨益。涉及清初史的主要研究成果收入于《清朝史论考》（2005）。与神田一起主持了众多译注工作与研究会的松村，针对开国传说与实录开展了众多考证，其成果收入《明清史论考》（2008）中。冈田主要研究蒙古史，尽管数量不多，但是也发表了《清太宗继位考实》（1972）等重要的清史论文，同时以

---

① 满文老档研究会，译注. 满文老档. 全 7 册. 东京：财团法人东洋文库，1955—1963。1957 年，以翻译第 1、2 册的业绩（神田信夫、冈本敬二、石桥秀雄、松村润、冈田英弘）被授予第 47 届日本学士院奖。

② 主要著作分别为：神田. 清朝史论考；松村. 明清史论考；冈田. 从蒙古到大清. 东京：藤原书店，2010（可参见陈心慧等的中译本，台北：台湾商务印书馆，2016）。

《康熙帝的书信》（1979）为首，发表了众多概述性著作，明确地展示了俯瞰时代的图景。① 冈田、神田、松村共著的概述性书籍《紫禁城的荣光》（1968）是一本熔各人特色于一炉的出色的概述性著作，至今仍是必读的基础文献。② 1960 年代"满文原档"在台湾被重新发现，在1969 年以《旧满洲档》为题影印出版后，冈田、神田、松村立刻译注了收有《满文老档》中所缺的天聪九年（1635）纪事的档册。③

另一大支柱是因宫崎市定《雍正帝》（1950）一书而在社会上广为人知的，归入《雍正时代的研究》（1968）中的京都大学的雍正时代史研究领域。④ 因此项研究，入关后的政治、制度研究的水平一举提高——也可以说，由此才正式起步。不过，虽说这是京都大学谱系的研究，但并不属于由内藤传承到三田村、今西等人的清初史、满族史研究流派，而是处在同样始于内藤，由宫崎推动的宋以降近世说、君主独裁制论等中国史的文脉之中。在其研究中，满族要素并未构成主题，倒被视为逐步被融合、被消除者。与此相对，属于前者（清初史、满族史）流派的研究——作为京都大学从大战前开始的传统领域的北亚史研究之一环——则以入关前乃至兴起前史为中心不断发展。三田村、河内良弘（1928—）等人撰文的《明代满蒙史研究》（1963）为其成果。⑤

这样一来，重新起步的清史、满族史研究在 1960 年代有了巨大进展。在这一时期，在东京，《满文老档》译注工作竣工；在京都，从大战前就牵引着该领域的三田村集成了《清朝前史研究》（1965），

---

① 冈田英弘. 康熙帝的书信. 东京：中公新书，1979。2013 年同名论文集（东京：藤原书店）将未收入论文集中的论文再次收录后出版，2016 年改名为《大清帝国隆盛期的实像》（东京：藤原书店），内容与 2013 年版本相同。冈田的论文收入《冈田英弘著作集》全 8 卷，东京：藤原书店，2013—2016。

② 冈田英弘，神田信夫，松村润. 紫禁城的荣光. 东京：讲谈社学术文库，2006（初版1968）（可参见王帅的中译本，北京：社会科学文献出版社，2017）。

③ 东洋文库清代史研究室，译注. 旧满洲档天聪九年：共 2 册. 东京：财团法人东洋文库，1972—1975。关于其经过，参见神田信夫. 关于"旧满洲档"与"天聪九年档". 东洋文库书报，1972，3；神田信夫. 从"满文老档"到"旧满洲档"；神田信夫. 寻访满语文献——对"旧满洲档"的探求（首次发表于 1992—1994 年，收入《东大毕业五十年：我们的足迹——东洋史同期生的记录》，东京：山川出版社，1996）。

④ 宫崎市定. 雍正帝. 东京：岩波书店，1950（后收入《宫崎市定全集》第 14 卷）；东洋史研究会，编. 雍正时代史研究. 京都：同朋舍，1986（所收入的诸论文首次发表于 1957—1963 年）。

⑤ 田村实造，编. 明代满蒙史研究. 京都：京都大学文学部，1963。

以其重要的《穆昆塔坦制之研究》一文为首，其中所收的各篇论文的价值丝毫不因时代而逊色，如今仍是可作为研究起点的名篇。三田村的研究特征在于，一方面，重视氏族社会、狩猎社会方面的特征，强调从明代至入关后的连续性。而另一方面，正如该书名中的"清朝前史"所强调的，与其说是清朝本身，倒不如说是以作为其前史的女真史及其连续性为中心的，对于清成立后的八旗制之发展及其结构的研究则有赖于后人。

战后在该领域几乎没有学者开拓新的研究方向，其中研讨八旗制问题的是从 1960 年代开始活动的阿南惟敬（1921—1975）与细谷良夫（1935—）。细谷以雍正期为中心发表了大量论文，弄清了旗和佐领的组织与编成，以及旗人的身份与生计问题、佐领下的身份与法制的具体状况。其代表作《清朝八旗制度的演变》（1968）一文不单着手研究了入关后的八旗制，而且包括了入关前史、雍正改革前后的状况，是一篇划时代的论文。[①] 另外，陆军预科士官学校出身的阿南战后毕业于东大东洋史专业，他彻底地从军制这一侧面来研究八旗制，发表了大量论文。阿南的研究大致可分为甲士等的身份、固山额真与总兵官等的官制、八旗各旗的人员构成及其改组过程，以及黑龙江地区的当地居民与俄、清的关系。阿南英年早逝，他的成果收入《清初军事史论考》（1980）中。[②] 尤其是在创建期至顺治时期，由于旗的改组与旗王移封、旗人移旗等频繁发生，传记史料中的旗属与实际的旗属有较多不同，阿南通过研究，弄清了其概况，意义重大。或许令人感到意外的是，从大战前起正面探讨八旗制的研究就相当薄弱[③]，1960 年代后两位学者的积极研究意义重大。细谷至今仍牵引着八旗制研究。

对于三田村、阿南论及的满族社会结构与身份问题，曾作为满文老档研究会一员的石桥秀雄（1923—2002）进行了积极研究，专门论述了诸申、阿哈等。石桥关于社会身份、旗地等的研究收入《清代史研究》（1989）中。[④] 通过战后的这些研究，安部健夫关于身份阶层的学说以

---

①　细谷良夫. 清朝八旗制度的演变. 东洋学报，1968，51（1）。

②　阿南惟敬. 清初军事史论考. 东京：甲阳书房，1980。

③　关于至 1970 年前后的概况，参见大谷敏夫. 清代的军制（首次发表于 1974 年，收入氏著《清代的政治与文化》，京都：朋友书店，2002）。

④　石桥秀雄. 清代史研究. 东京：绿荫书房，1989。

及安部、鸳渊关于《满文老档》"穆昆塔坦表"（族籍表）的学说得到了修正。① 此外，有关八旗制的研究，还有中山八郎《对清初兵制的若干考察》（1951）、田中克己（1911—1992）《对国姓爷合战中汉军的作用》（1961）等文。北山康夫（1911—1990）的《关于驻防八旗》（1950）一文在日本至今仍几乎是唯一的有关驻防八旗的研究。② 作为萨尔浒之战的军事史研究，《明与清的决战》（1968）一文甚为宝贵。③ 关于绿营，有楢木野宣的《清代绿旗兵制研究》④ 一文。另外，大战前的一些论点也得到了继承。鸳渊继续考察了称号、爵位与继嗣问题，以及政治斗争的问题，还在从来研究不多的法制史方面也发表了《清太祖时代刑政考》等论文。今西在战后被扣留在北京，1954 年归国后再次发表大量研究成果。《女真国域考》（1967）一文是有关明末清初女真历史地理的集大成作品。⑤

如上所述，战后日本的清朝史研究，以时间上重视清初，研究领域上重视政治、制度、历史地理，史料上重视满文与汉文并用这三点为特征，与以马克思主义历史学式视点、方法开展的汉族社会的社会经济史，以及研究作为其上层建筑的皇帝独裁、乡绅等的政治史、制度史相区别，在不同领域中发展了起来。在马克思主义历史学势力强盛的时期，甚至北亚研究等也谈论游牧封建制，却与其保持一定距离，始终坚持踏实的史料探求与笃实的实证研究，从长远来看是有效的。然而无法否认，其中也存在着始终埋头考证，未能深入探讨其历史定位及意义的一面，并且对于氏族与奴隶等概念也未能深究。

2. 清朝的民族关系

清朝实现了远远超出明朝疆域的版图整合，为延续至今的疆域、居

---

① 关于概要，参见松浦茂. 围绕女真社会史研究的诸问题. 东洋史研究，1977，35（4）。关于对"穆昆塔坦表"的解释，参见增井宽也."满洲国""四旗制"初建年代考. 立命馆东洋史学，2009，32。

② 中山八郎. 对清初兵制的若干考察（首次发表于 1951 年，收入《中山八郎明清史论集》. 东京：汲古书院，1995）；田中克己. 对国姓爷合战中汉军的作用//和田博士古稀纪念东洋史论丛. 东京：讲谈社，1961；北山康夫. 关于驻防八旗//羽田博士颂寿纪念东洋史论丛. 京都：东洋史研究会，1950。

③ 陆战史研究普及会，编. 明与清的决战. 东京：原书房，1968。

④ 楢木野宣对绿营的研究收入《清代重要职官研究》（东京：风间书房，1975）。

⑤ 今西春秋. 女真国域考. 东方学纪要，1967，2。

民结构打下了基础。关于其统治经过与统治政策，早在二战前就有矢野仁一（1872—1970）的《近代蒙古史研究》（1925）、《清朝的边疆统治政策》（1944）等研究。在驻防将军军政管辖下的盛京、吉林、黑龙江与直辖统治下的旧明领、台湾以外的地区被称为藩部、外藩。其中，在疆域上，在政治与军事的重要性上都别具一格的是蒙古。关于蒙古史的研究有和田清《东亚史研究（蒙古篇）》（1959）、田山茂（1912—1971）《清代蒙古的社会制度》（1954）等著作。① 田山的著作尽管在如今看来有些陈旧，但仍可长期被视作清代蒙古史的基础性文献。和田所开拓的北元至清初的蒙古史由他的门生冈田英弘加以继承、发展，他运用蒙文年代记与满文档案澄清了喀尔喀、准噶尔的历史。在法制史方面，田山著有《蒙古法典研究》（1967），曾任明治大学校长的法制史专家岛田正郎（1915—2009）发表了一系列研究成果，其后收入《清朝蒙古例的研究》（1982）等作品中。② 关于清朝、喀尔喀蒙古的对手卫拉特、准噶尔，除了冈田的研究外，还有羽田亨之子羽田明（1910—1989）的研究，收集于该作者的《中亚史研究》（1982）中。③ 该书还收入了有关曾为准噶尔领地的新疆的论述。关于新疆各绿洲与维吾尔族的历史，有佐口透（1916—2006）的《十八—十九世纪新疆社会史研究》（1963）、《新疆民族史研究》（1986）、《新疆穆斯林研究》（1995）。④

关于西藏的达赖喇嘛政权以及支撑其统治的青海和硕特政权，山口瑞凤（1926—）在《至顾实汗统治西藏的经过》（1963）中弄清了其形成过程，佐藤长（1913—2008）在《近世青海诸部落的起源》（1973）一文中弄清了青海和硕特的各集团。⑤ 关于以廓尔喀战争为中心的西藏

---

① 和田清. 东亚史研究（蒙古篇）. 东京：财团法人东洋文库，1959；田山茂. 清代蒙古的社会制度. 东京：文京书院，1954。

② 田山茂. 蒙古法典研究. 东京：日本学术振兴会，1967；岛田正郎. 清朝蒙古例的研究. 东京：创文社，1982；岛田正郎. 明末清初蒙古法的研究. 东京：创文社，1986。

③ 羽田明. 中亚史研究. 京都：临川书店，1982。

④ 佐口透. 十八—十九世纪新疆社会史研究. 东京：吉川弘文馆，1963（此书可参见凌颂纯的中译本，乌鲁木齐：新疆人民出版社，1984）；佐口透. 新疆民族史研究. 东京：吉川弘文馆，1986；佐口透. 新疆穆斯林研究. 东京：吉川弘文馆，1995。

⑤ 山口瑞凤. 至顾实汗统治西藏的经过//岩井博士古稀纪念事业会出版委员会. 岩井博士古稀纪念典籍论集. 东京：岩井博士古稀纪念事业会，1963；佐藤长. 近世青海诸部落的起源（首次发表于1973年，收入氏著《中世西藏史研究》，京都：同朋舍，1986）。

的国际局势，铃木中正写了《围绕西藏的中印关系史》（1962），佐藤长也就廓尔喀战争展开了详尽的论述。①

关于与蒙古史、东北史密切相关的对俄关系，阿南惟敬与吉田金一（1909—2001）进行了开拓，吉田的《近代俄清关系史》（1974）是近些年长期被参照的基础性文献。②

3. 雍正朱批谕旨研究会

在日本史学界，研究者自发地组织起各种各样的"研究会"，对研究的推进起了很大的推动作用。京都大学人文科学研究所自1944年以来，以安部健夫、宫崎市定为中心历经20余年，举办"雍正朱批谕旨研究会"。这是战后清史研究最重要的研究会，当无异议。据宫崎言，该研究会每周举行一次，"亦有既无暑假也无寒假全年持续不断的年份"，可见当时的研究热情。该研究会集结了佐伯富、岩见宏、荒木敏一、寺田隆信、小野和子等以京都大学出身为中心的众多中国史研究者，通过集体讲读史料这种研究形式所产生的颇有分量的研究，经过《东洋史研究》杂志四次特集的刊载，于今汇集为《雍正时代的研究》一书。《日本学者研究中国史论著选译》明清卷所收录的安部健夫、宫崎市定、寺田隆信的论文，即均为《东洋史研究》的《雍正朱批谕旨特辑号》所登载之论说。

当时能够利用的档案有限，《雍正朱批谕旨》不仅是对清朝的中央政治，也是通过地方官的数量庞大的奏折而能对当时整个社会经济的实态进行详细阐明的稀有资料。上文述及的社会经济史研究，虽亦欲阐明清代的社会经济与国家之间的关系，但其所描述的清朝国家形象，一方面在理论上所赋予的性质是十分明确的，而另一方面其具体形象却十分欠缺，不免有抽象国家形象之嫌。与此不同，"雍正史研究"则是通过以雍正帝为首的富有个性的政治家们活生生的群像，阐明了当时社会问题的各个侧面。宫崎描述雍正帝这一天下无比的"独裁君主"时，对他的素朴与好胜、辛辣与人情味，欲竭尽全力实施善政，以及在康

---

① 铃木中正. 围绕西藏的中印关系史. 东京：一桥书房，1962；佐藤. 中世西藏史研究. 京都：同朋舍，1986；第12章，第13章。

② 阿南惟敬. 俄清对立的源流. 东京：甲阳书房，1979；吉田金一. 近代俄清关系史. 东京：近藤出版社，1974。

熙、乾隆两皇帝的盛名之下而被埋没了的命运，并不想隐瞒自己的满腔同情。宫崎在论述清朝的"独裁君主制"时，与其说它是国家制度上的概念，莫如说他们心中所描述的乃是活生生的"独裁君主们"。该研究会在经济史方面也有丰硕的成就，比如安部健夫、佐伯富、岩见宏等关于雍正时期养廉银和公费制度的研究。[①] 将这些研究当作政治史来读亦十分有趣。

当然，这一研究会所集结的研究者，未必都是对清代的时代性质，例如"近世论"，持有共同的见解。例如，像寺田隆信那样的研究者，从时代划分来说毋宁说是赞成封建论的。另外，各人本来的研究课题亦是多种多样的。但是，人们觉得这一研究团体似乎持有一种共同的学风。一方面这与缜密地论证关于社会构造的理论性假说相比，他们更关心当时的社会问题、国家政策、各个皇帝和官僚及知识分子的动向等这类具体问题；另一方面不限于单纯的事实考证，也重视对时代气氛的直观性感受。上述明清社会经济史学研究由于依靠运用抽象概念进行阐述，所以很容易给人一种难解的印象。与此不同，"雍正史研究"团体的研究，对一般读者来说也是容易理解的。特别是宫崎面向一般读者所著的《雍正帝》一书，以豁达流畅的笔调，描绘出了那之前一直被康熙、乾隆两皇帝的巨大形象所隐没了的雍正帝的人物形象。该书与宫崎的《科举》《鹿洲公案》等启蒙读物一起，对一般读者的清代史形象的形成做出了很大贡献。对这种启蒙方面的功绩，亦有必要加以注意。

五、近代中国的社会变革

1. 西方冲击与中国社会

在本章"第二节第五小节"和后述"第三节第四小节"中所论中国的"近代"，是指以鸦片战争和《南京条约》划线的清末，大约 70 年。也就是说，中国的"近代"是纵向的清史晚期的同时，也是横向的世界

---

①　安部健夫. 清代史研究. 东京：创文社，1971；佐伯富. 清代雍正朝的养廉银之研究——关于地方财政的成立. 东洋史研究，1970—1972，29（1），29（2/3），30（4）；岩见宏. 关于雍正时期的公费之一个考察. 东洋史研究，1957，15（4）；岩见宏. 关于养廉银制度的创设. 东洋史研究，1963，22（3）。

近代史在东亚的展开时期。长久以来，东方和西方几乎作为独立的文明圈而存在，但面对来自西方的"冲击"（Western Impact），东方进入了做出"反应"的历史时代。尽管如此，东方的历史也并没被以西方为中心的历史所遮蔽。"冲击"和"反应"是互相作用的关系，必会给双方带来各自的变化，而世界近代的形成，便包含着如此的多样性。

1912年至1940年代为中国近代史研究的第一阶段。由于那些研究在某种意义上都关乎日本对中国（对亚洲）的侵略，所以随着日本战败，不是被忽视，就是被否定。

虽然为侵略辩护的研究并不很多，但是由于支撑研究的框架崩溃，体制转换，加之缺乏预见中国（亚洲）发展的史眼，便不得不如此。关于第一阶段研究的评价，譬如对于矢野仁一、福武直等人的研究和对《华北农村惯行调查》等调查报告的重新评价，基本上不得不等到第三阶段的到来。

在击退日本侵略者后，中国共产党领导的革命于1949年取得成功。以社会主义、共产主义为目标的中华人民共和国诞生，取代了中华民国。其结果是一种观念的产生，即认为中国在社会体制方面亦先行于日本。对此，竹内好（1910—1977）在《作为方法的亚洲》① 中，提出了为超越出自欧洲的近代，亚洲应发挥什么作用的问题，也对中国研究产生了极大的影响。

关于中国在世界所处的地位，首先还是要从国际关系领域来看。坂野正高（1916—1985）首先提出了"中华"世界如何被编入全球规模的国际政治关系当中的问题。坂野在《鸦片战争后的最惠国待遇问题》② 一文里，结合制度和机构的变化，阐明了这一外交过程。在这一过程中，值得注意的是那时的对外认识的转换成为关键，中国方面理解了"条约"作为契约所具有的约束力。佐藤慎一（1945—）在《文明与万国公法》③ 当中，阐明了中华有识之士通过结合自然法对万国公法公理性

① 竹内好. 作为方法的亚洲//武田清子. 思想史的方法与对象. 东京：创文社，1961。后收入《竹内好全集》5（东京：筑摩书房，1981）。
② 坂野正高. 鸦片战争后的最惠国待遇问题. 东洋文化研究，1947，6。后收入氏著《近代中国外交史研究》（东京：岩波书店，1970）。
③ 佐藤慎一. 文明与万国公法//祖川武夫. 国际政治思想与对外认识. 东京：创文社，1977。后收入氏著《近代中国的知识分子与文明》（东京：东京大学出版会，1996）。

的理解，容纳了各国平等的观念。这意味着思维构造的原理性转换。

尽管条约规定开放市场，但是机械产品的市场化在中国的进展却并没预期那样顺利。卫藤沈吉（1923—2007）介绍了《关于米歇尔报告书》①，以作为其原因的说明之一。森时彦（1947—）在《五四时期的民族纺织业》②里又下了一番功夫，以相关定量分析的方法实证了在清末民初之间，机制棉纱在国内市场占压倒性优势。除此之外，田中正俊的《西欧资本主义与旧中国社会的解体》③，在《关于米歇尔报告书》的基础上指出，中国社会自生的发展成果，形成了可对抗列强侵入的变革主体。

在工业化问题上，关于民族资本主义的发展，中井英基（1942—）对作为"企业家"的张謇进行了周密的研究④——张謇既是科举状元，又是致力于产业发展的民族资产阶级的代表。关于与帝国主义的关系，波多野善大（1908—1998）尤其关注了甲午战争和约（《马关条约》）之第六条第四项的内容并就此阐明，尽管日本在工业化和资本积累方面尚未成熟，但是在中国的开放港口和开放市场的工厂建设方面，却以自己的企图夺取了欧美以上的特权。事实上，日本扮演了帝国主义侵略的重要角色。⑤

中国当然是农业国。豪族（贵族）的支配体制早已消失。土地所有与耕种，一直由地主和"佃户（佃农）"的关系维系下来。关于太平天国以后的江南租佃关系，铃木智夫发掘了陶煦的《租覈》，认为设定合理的"租额"是为了维持地主制。他发表的研究报告，确立了其在该方面的地位。⑥ 小岛淑男则致力于阐明辛亥革命时期的"浙江嘉兴的农村

---

① 卫藤沈吉. 关于米歇尔报告书. 东洋文化，1956，20。后收入《卫藤沈吉著作集》1（东京：东方书店，2004）。

② 森时彦. 五四时期的民族纺织业//五四运动研究. 第 2 函 4. 京都：同朋舍，1983。后收入氏著《中国近代棉业史研究》（京都：京都大学学术出版会，2001）。

③ 田中正俊. 西欧资本主义与旧中国社会的解体//仁井田陞博士追悼论文集编辑委员会. 前近代亚洲的法与社会. 东京：劲草书房，1967。后收入氏著《中国近代经济史研究序说》（东京：东京大学出版会，1973）。

④ 中井英基. 中国近代企业者研究. 东京：亚细亚政经学会，1976；中井英基. 张謇与中国近代企业. 札幌：北海道大学图书刊行会，1996。

⑤ 波多野善大. 中国近代工业史研究. 京都：东洋史研究会，1961。

⑥ 铃木智夫. 近代中国的地主制. 东京：汲古书院，1977。

社会"的地主制，就"一田两主"这种中国所特有的土地所有制提出了自己的见解。①

　　清末各地出现的"一田两主"制，引发很多讨论。铃木对陶煦"减租论"的评价，其基轴在于从法律的权利侧面来评价佃农所获得"田面"权。岸本美绪（1952—）在《〈租覈〉之土地所有论》② 一文中对当时苏州等地"土地所有"的社会意识加以历史性整理，提出了自己的解释，即伴随着依从投资家原理形成"田底"价值的这一趋势，佃农之间基于生存原理所展开的激烈竞争，并行性地实现了"田面"价值。这是在了解中国史特色的基础之上所指出的极为重要的一点。

　　岛田虔次（1917—2000）阐明了随着近代的转移而出现的空前巨变对构成"中华"文明脊梁的儒学思想史所具有的意义。《关于中国近世的主观唯心论》③ 在宏观把握"清末是经过西方冲击的明末（从嘉靖万历以后至清初），明末是未经由此路径的清末"的视角下，认为贯穿明末和清末的基轴在于"万物一体之仁"，指出谭嗣同对名教的"冲决"是西洋冲击所激发再现的"明末名教批判的扩大再生产"，从而将谭嗣同置于儒学思想史的殿军位置上。

　　提出近代变革主体问题的是西顺藏（1914—1984）。西的《中国近代思想中的人民概念》④，定义了中国近代的人民，即从旧天下之民变成了新的阶级性人民，并指出清末思想史是人民的历史。

　　另外，中国女性从缠足的奇习下解放出来，也是近代极为重要的变化之一。从妇女解放的视角率先展开中国近代女性史研究的是小野和子（1932—）。其《中国女性史》（东京：平凡社，1978）历时性地考察了从以"大足"从事战斗的太平天国，到1950年通过实施《婚姻法》而

---

① 小岛淑男．清末民国初期浙江省嘉兴府周边的农村社会//山崎先生退官纪念东洋史学论集．东京：大安，1967。后收入氏著《近代中国的农村经济和地主制》（东京：汲古书院，2005）。

② 岸本美绪．《租覈》之土地所有论．中国——社会与文化，1986，1。后收入氏著《清代中国的物价与经济波动》（东京：研文出版，1997）。（可参见刘迪瑞的中译本，北京：社会科学文献出版社，2010。）

③ 岛田虔次．关于中国近世的主观唯心论．东方学报（京都），1958，28。后收入氏著《中国思想史研究》（京都：京都大学学术出版会，2001）。

④ 西顺藏．中国近代思想中的人民概念//讲座：近代亚洲思想史：1．东京：弘文堂，1960。后收入《西顺藏著作集》2（东京：内山书店，1995）。

使妇女从夫权下获得法律上的解放的历史。

2. 政治思想与民众运动

当然，政治思想也在近代发生了极大变化。小野川秀美（1909—1980）的研究自"清末洋务派运动"始，进而转到康有为和章炳麟。其《清末政治思想研究》（京都：东洋史研究会，1960；增补版，东京：美铃书房，1969；再增版，东京：平凡社，2009）一书展示了一幅从洋务论到变法论再到革命论的示意图。虽然这是一部以变法论关系为中心的个别研究的归纳，但是由于其对背景和关联事项叙述的严谨周密，几乎起到了近代思想通史那样的作用。几乎没有出现以片假名标注的外来语和社会科学概念，也是该研究极为显著的特色。另外，小野川还花费13年的时间制作完成了《民报索引》（京都大学人文科学研究所，1970、1972）。这是他为研究革命论所做的一项准备。

野村浩一（1930—2020）在《近代中国的政治和思想》（东京：筑摩书房，1964）一书中，考察了公羊学和康有为的变革思想，以政治学立场出发的"一君万民体制"的等级制为线索，追踪了与封建思维崩溃密切相关的近代思维的形成，指出戊戌变法中政治主体的提示，构成了儒教思想的结构转换。近藤邦康（1934—）的章炳麟研究有着独特的视角。他指出章思想的性质是佛教的排满革命思想，具有"人民性"。[1]坂元弘子（1950—）对谭嗣同思想给予了关注，并阐明谭嗣同思想是容纳三者的产物，其既有基于西方医学"心力"之感应媒体的光以太说，又有儒教的"万物一体"，还兼有佛学的如来藏说、唯识说。[2]

作为近代展开的结果，辛亥革命推翻了清朝，建立了中华民国。约40年后，中国共产党通过新民主主义革命建立了中华人民共和国。中华民国是一般所认为的最为进步的国民国家之共和国，中华人民共和国则是旨在消除阶级剥削的社会主义（人民民主主义）国家。而在帝国主义压迫下的半殖民地中国，使此社会变革成为可能的力量是民众（人

---

① 近藤邦康. 章炳麟革命思想的形成——从戊戌变法到辛亥革命. 东洋文化研究所纪要，1968，28。后收入氏著《中国近代思想史研究》（东京：劲草书房，1981）。

② 坂元弘子. 中国近代思想的一个断面——谭嗣同的以太论. 思想，1983，706。后收入氏著《近代中国的"知识"链》（东京：研文出版，2009）。

民）。这就使民众（人民）的历史作用获得关注，民众运动研究呈现出极为活跃的局面。

关于鸦片战争之后未满 10 年所爆发的大规模的叛乱——太平天国的研究，小岛晋治（1928—2017）以农民革命立说，领先于学界。① 宫崎市定对此予以否定。他在《关于太平天国的性质》② 一文里，多方面考察了伴随五口通商的经济波动、秘密结社和天国领导层的问题，明确否定了农民革命说。

反对帝国主义侵略的民众运动在各地不断发生。在研究所谓"仇教（反基督教）"运动方面，有里井彦七郎（1917—1974）的《十九世纪中国仇教运动的一个侧面》。③ 义和团运动是"仇教"的高潮。小林一美（1937—）追踪了民众的叛乱精神及其内在契机，进一步阐明了帝国主义，特别是日本帝国主义的侵略与民众叛乱交锋之节点状态。④

推翻专制皇帝统治，建立了共和国的辛亥革命是中国近代史研究第二阶段的一个焦点。因为成立的是主权在民的共和国，所以革命的性质也就被视为资产阶级革命。倘若如此，那么作为革命旗手的资产阶级又在哪里？岩村三千夫（1908—1977）的《民国革命》（《社会构成史大系》8，东京：日本评论社，1950）认为是海外华侨，国内找不到资产阶级。野泽丰（1922—2010）的《辛亥革命的阶级构成》（《历史学研究》150 号，1951）则是在国内的"商绅"阶级中去寻找。中村义（1929—）则是到作为立宪派立脚基础的乡绅那里去寻找。⑤ 狭间直树（1937—）的《山东莱阳暴动小论》（《东洋史研究》22 卷 2 号，1963）、山下（后改姓石田）米子（1935—）的《辛亥革命时期的民众运动》（《东洋文化研究所纪要》37 号，1965）认为，在世界史的帝国主义阶段，与帝国主义处在对立关系当中的半殖民地中国的农民和城市贫民等

① 相关论文收入小岛晋治. 太平天国革命的历史和思想. 东京：研文出版，1978。
② 宫崎市定. 关于太平天国的性质. 史林，1965，48（2）。后收入《宫崎市定全集》第 16 卷（东京：岩波书店，1993）。
③ 里井彦七郎. 十九世纪中国仇教运动的一个侧面（上），（中）. 东洋史研究，1954，13（1/2），13（4）。后收入氏著《近代中国的民众运动与其思想》（东京：东京大学出版会，1972）。
④ 小林一美. 义和团战争与明治国家. 东京：汲古书院，1986。
⑤ 中村义. 立宪派的经济基础. 史潮，1959，67。后收入氏著《辛亥革命史研究》（东京：未来社，1979）。

民众（人民）解决了资产阶级所负责的课题。横山英（1924—2006）主张中华民国的成立就是半殖民地绝对主义体制的完成[1]，市古宙三（1913—2014）也提出了乡绅革命说，即乡绅本身完成了革命。[2]

第三节　从 20 世纪 80 年代到 21 世纪初

一、新方法与新史料

1. 方法上的摸索

进入 20 世纪 80 年代以后，日本的明清史研究发生了很大变化。与以社会构造研究为首、几个重点为中心而展开的以往研究相比，80 年代以后的研究趋势是所关注的问题的分散化，向心性减弱化。从宏观上看，整个日本历史学界对近代化和社会发展等紧迫问题的关心，越来越淡薄。"战后历史学走向没落。"近代社会是由独立的个人而构成的这种理想形象被取代。事实上，在现实的欧洲近代社会中，自古以来的社会团体及精神依然存在，并具有生命力。所谓"近代化"，与其说是人人获得自由，毋宁说是有形无形地被强化管理的人们，作为国民而被驯化了的过程。欧洲的近代社会形象也伴随"后现代"思潮发生了很大变化。关于从资本主义向社会主义转变这一历史发展必然性的信念，也因现实世界形势的变化而动摇起来。一直以来，把从欧洲历史中抽象出来的"世界史的基本规律"原封不动地套到其他领域的做法，就受到很多批判；而现在，不仅对"基本规律"而且对"发展史观"一般也存在怀疑的倾向。

随着西方模式的社会发展阶段论的退潮，代之而起的是增强了对中国社会富有个性的特殊性质的关心。战后中国史学所要克服的难题是，与发展的西方社会相对，把停滞性的形象放到了它的对立面，即中国社会停滞论。因此，其主要课题是论证在中国也能看到与西方基本上相同

---

① 横山英. 辛亥革命研究序说. 广岛：平和书房，1977。
② 市古宙三. 近代中国的政治与社会. 东京：东京大学出版会，1971。

的发展过程。当然，此时并非不注意中国社会与西方不同的特殊性质。不过这种"特殊性质"，也被认为是与西欧历史上所代表的"本来的"社会发展模式不一致的偏斜或脱离之处，而不是立足于中国社会本身的内在理解。① 与此不同，20世纪80年代以后中国史学中的中国社会个性论，则包含着对以西欧为基准来评价中国历史的做法的根本性批判。

当然，这股新潮流内部也有互相对立的多种看法。举例来说，思想史研究者沟口雄三（1932—2010）可说是代表当时新潮流的学者之一。他在20世纪80年代发表的一系列的论文②中，以对洋务派的评价为例，严厉批判了日本史学界欲以欧洲近代为基准来评价中国近代的做法。按沟口的说法，西欧也好，中国也好，日本也好，它们的近代，都是以各自的前近代历史为母胎而成长起来的，都包含着各自的优点和缺点，而具有独特的个性。支撑中国近代的自由、民主、平等思想，也与西方以个人权利为基础的近代思想不同。作为"总体"的权利观念是在中国的历史中产生、发展起来的。他认为，日本的研究者过去对与欧洲不同的中国近代的特殊性质，有时认为是落后的东西而给予否定性评价，有时又认为是超越欧洲近代的而加以理想化，这种与欧洲相对比的急急忙忙的先进与落后、优与劣的价值评判，一直阻碍着客观地把握中国以及日本的历史进程。

除了考证上的问题以外，沟口的这些论文还受到了其他批评。一些学者认为，尽管沟口强调"自由、平等"等观念的"中国式"性质，但是这些概念本身还是在近代欧洲价值观的框架之内。③ 另一些学者提出

---

① 日本学界的这种新动向与柯文（Paul Cohen，1934—）所指出的美国学界"以中国为中心的研究方法"（China-centered approach）几乎是同时代出现的现象，但两者研究的方向未必相同。美国新方法的目标在于克服停滞论，而在中国发现和西方类似的历史发展。与此不同，日本新动向所重视的是，脱离西方模式而发现中国历史变迁的内在理路。因此，从美国新方法的立场来看，近年日本学界有影响力的研究似乎往往被认为是过时的"韦伯式"停滞论。滋贺秀三和黄宗智之间有关民事审判的争论可说是一个例子（后述）。关于柯文对新方法的讨论，参见柯文. 在中国发现历史——中国中心观在美国的兴起（Paul A. Cohen. *Discovering History in China：American Historical Writing on the Recent Chinese Past*. New York：Columbia University Press，1984）。（可参见林同奇的中译本，北京：中华书局，2002。）

② 这些论文被收入于沟口雄三《作为方法的中国》（东京：东京大学出版会，1989）。可参见孙军悦的中译本，北京：生活·读书·新知三联书店，2011。

③ 小岛毅. 从地域出发的思想史//沟口雄三，等编. 在亚洲思考1：交错的亚洲. 东京：东京大学出版会，1993。

质疑，沟口的主张似乎是禁止人们用外来的标准来评论中国的现状，这不是太封闭的态度吗？"中国"到底是否像沟口所说那样，是具有独特性质的统一体？[①] 这些评论提醒我们，完全摆脱外在性标准而从彻底内在性观点来研究中国，这样的尝试实际上非常困难，可能是历史学者面临的永久难题。

2. 新史料和实地调查

在对战后历史学所共有的理论前提、伦理信念发生动摇的同时，可获得的清代史料开始丰富起来。这也是促使其对问题关心分散化的一个重要因素。在宫中档案原件不能利用的时期，《雍正朱批谕旨》作为详细研究清代政治实态的稀有史料，在其周围集结了众多的研究者。但是现在，大量档案资料被出版，以台北和北京的朱批奏折为代表。此外，研究者在中国档案馆利用原件进行研究也变得容易多了。可以说，这种情况也成为研究者对问题关心多样化的一个背景。

日本清史学界重视史料探求、满文史料，以及实地调查的特征在20世纪80年代后也得到继承和发展。20世纪70年代后，两岸对史料的整理与出版有了发展。奏折、上谕档、起居注册与史料集的影印本和铅印本陆续刊印。20世纪80年代后，在中国档案馆调查与实地调查成为可能后，日本学者开始积极造访当地。

首先受到瞩目的是北京的中国第一历史档案馆收藏的满文《内国史院档》。这是包括《满文老档》欠缺年份在内的天聪至顺治时期的满文档册群，被认为是编纂实录时的稿本，欠缺年份自不待言，在相同年份的档册中也有与"满文原档"内容不同者，因此有必要相互参照。其中天聪五年档、天聪七年档、天聪八年档，以及崇德二、三年档分别由东洋文库清代史研究会和河内良弘刊印了全文的罗马字转写与日文译注。[②] 另外，在《内国史院档》中，发现了被视为国初部分草稿的满文

---

① 子安宣邦. 日本人是如何谈论中国的：第十五章. 东京：青土社，2012。
② 东洋文库东北亚研究班，编. 内国史院档：天聪五年，全2册. 东京：财团法人东洋文库，2011；东洋文库清代史研究室，译注. 内国史院档：天聪七年. 东京：财团法人东洋文库，2003；东洋文库东北亚研究班，编. 内国史院档：天聪八年，全2册. 东京：财团法人东洋文库，2009；河内良弘，译注，编著. 中国第一历史档案馆藏内国史院满文档案译注：崇德二、三年部分. 东京：松香堂书店，2010。

档册。石桥崇雄（1951—）、松村分别进行了罗马字转写、日文译注。①
1607 年以前的部分，由于《满文老档》、"满文原档"中都欠缺，所以
极为珍贵。同样在中国第一历史档案馆，还发现了《太宗实录》的顺治
初纂满文本②等，基础性史料不断得到更新。此外，他们还热心地探
求、使用新的档案史料。在《清内阁蒙古堂档》《黑龙江将军衙门档案》
等外藩与外交方面的档案，《历朝八旗杂档》《清代世袭谱档》等有关八
旗方面的档案在被出版、复制之前，日本学者就曾大量使用③（《历朝
八旗杂档》未刊印）。另外，对于日本所藏的档案史料群——东洋文库
藏《镶红旗档》的整理、译注也有所进展。④ 特别值得一提的是，河内
良弘几乎独自刊印了译注书、语法书、辞典。除了上文介绍的《崇德二、
三年档》（2010）译注外，语法书《满洲语文语文典》、《满洲语文语入门》
（1996、2002）、满和辞典《满洲语辞典》（2014）也相继问世。⑤

　　另外，二战后日本学者无法进行的实地调查也重新开展。1986 年以
后，神田、松村带领的研究小组开始对清初史迹进行持续性调查。细谷
编的《中国东北地区的清朝史迹》（1991）既是 20 世纪 80 年代调查的记
录，同时在当下遗迹状况急剧变化的情况下，也成了对当时的珍贵记
录。⑥ 在不久以前，由三上次男任会长的满族史研究会于 1986 年成立。⑦

---

　　① 石桥崇雄. 无圈点满洲文档案《先英明汗贤行典例，全十七条》. 国土馆史学，2000，
8；松村润. 中国第一历史档案馆所藏《满文国史院档 卷号 001，册号 2》译注//清太祖实录研
究. 石桥称"先英明汗贤行典例"，松村称"太祖纪"。

　　② 石桥崇雄. 关于顺治初纂《大清太宗文皇帝实录》满文本//松村润先生古稀纪念清代
史论丛. 东京：汲古书院，1994。

　　③ 关于《清内阁蒙古堂档》，早在涩谷浩一《关于中国第一历史档案馆所藏〈蒙古堂
档〉及〈满文奏敕〉》（《满族史研究通信》，1997，6）中有介绍。关于《历朝八旗杂档》，参
见杉山清彦《中国第一历史档案馆藏〈历朝八旗杂档〉简介》（《满族史研究通信》，1999，8）。
关于《清代世袭谱档》，参见楠木贤道《关于〈清代谱牒档案内阁〉》（《清史研究》，1987，3）；
绵贯哲郎《关于所谓〈八旗世袭谱档〉》（《满族史研究通信》，2000，9）。

　　④ 镶红旗档：雍正朝 1 册，乾隆朝 2 册，英文 1 册. 东京：财团法人东洋文库，1972—
2001。

　　⑤ 河内良弘，清濑义三郎则府，编. 满洲语文语文典. 京都：京都大学学术出版会，
1996，2002. 河内良弘，清濑义三郎则府，编. 满洲语文语入门. 京都：京都大学学术出版会，
1996，2002；河内良弘，清濑义三郎则府，编. 满洲语辞典. 京都：松香堂书店，2014（增订
版：2018）。

　　⑥ 细谷良夫，编. 中国东北地区的清朝史迹——1986～1990 年：科研费成果报告书第 3
册. 仙台：梅村坦，1991（非卖品）。

　　⑦ 历届会长是三上次男、神田信夫、松村润、河内良弘、细谷良夫、加藤直人（现任）。

在会刊《满族史研究通信》（1991—2001）、《满族史研究》（2002—）上每期刊载史料信息与实地调查报告。

除了满文档案以外，蒙文、藏文等史料也为日本学者所重视。近年出版的清代边疆地区的著作几乎都注意到原始史料与其性质，比如，石滨裕美子（1962—）《藏传佛教世界的历史性研究》（东京：东方书店，2001）、萩原守（1957—）《清代蒙古的审判与审判文书》（东京：创文社，2006）、冈洋树（1959—）《清代蒙古盟旗制度研究》（东京：东方书店，2007）、小沼孝博（1977—）《清朝和中亚草原》（东京：东京大学出版会，2014）等。他们之所以讲究当地语言史料，大概是因为他们重视当地住民的视点。不仅从汉人或者满洲人的立场，而且从周边民族的立场来多方面考察清朝，这可说是清史研究中不可缺少的观点。另外，多年致力于新疆史研究的片冈一忠（1946—）近年出版的《中国官印制度研究》（东京：东方书店，2008）也是对清朝档案研究有用的著作。

关于中琉、中日关系，明清两代琉球的外交史料《历代宝案》的校对、翻译工作在 20 世纪 90 年代开始。校对本和译注本由冲绳县教育委员会出版。有关清琉关系的清朝档案史料集也陆续出版，对这方面的研究裨益良多。[①] 永积洋子（1930—）主编的《唐船输出入品数量一览1637—1833 年》（东京：创文社，1988）用荷兰史料来整理赴日中国船只装载商品的数量。

在民间文献方面，契约文书史料的整理出版引人注目。虽然日本研究机关所藏的清代契约文书为数不多，但日本学者较早就对契约文书进行整理出版。在 20 世纪 80 年代以后，日本编辑出版的契约文书资料集有：滨下武志（1943—）等编《东洋文化研究所所藏中国土地文书目录、解说》上、下（东京：东京大学东洋文化研究所附属东洋学文献中心，1983、1986）；科大卫（David Faure，1947—）等编《许舒博士所辑广东宗族契据汇录》上、下（东京：东京大学东洋文化研究所附属东洋学文献中心，1987—1988）；唐立（Christian Daniels，1953—）、杨有赓、武内房司（1956—）编《贵州苗族林业契约文书汇编（1736—1950）》全 3 册（东京：东京外语大学亚非言语文化研究所，2001—2003）；唐立

---

① 中国第一历史档案馆. 清代中琉关系档案. 全 8 册. 北京：中华书局，黄山书社，中国档案出版社，1993—2009。

编《云南西部少数民族古文书集》（东京：东京外语大学亚非言语文化研究所，2011）等。除此之外，唐立还编辑两本碑刻资料集，即《中国云南少数民族生态关联碑文集》（京都：综合地球环境学研究所，2008）和《明清滇西蒙化碑刻》（东京：东京外语大学亚非言语文化研究所，2015）。

收集民间文献的工作与实地调查密不可分。除了唐立等在云贵地区进行的调查以外，以明清史研究者为中心的调查有如下几例：滨岛敦俊（1937—）与大阪大学、复旦大学、广东省社会科学院等研究者一起进行的长江、珠江三角洲的调查（1987—1991）；以森正夫（1935—）为中心的历史学者和地理学者合作进行的朱家角镇的调查（1991）。调查的报告书分别为：滨岛敦俊等《华中、华南三角洲农村实地调查报告书》（大阪：大阪大学文学部纪要，第4卷，1994）；森正夫编《江南三角洲市镇研究》（名古屋：名古屋大学出版会，1992。中译本，南京：江苏人民出版社，2018）。此外，个别学者进行的调查也很多。20世纪80年代以后，随着中日学术交流的发展，日本学者有机会亲眼观察中国社会，这也带动了日本清史研究的新潮流。

二、世界视野中的明清交替

1. "东亚世界"论的新动向

日本的东洋史学界对"东亚"这个概念进行了系统讨论。其所确立的以"东亚"为单位的研究方法，无疑是源于西嶋定生在20世纪60年代提倡的"东亚世界"论。[①] 西嶋"东亚世界"论的特征可以归纳为以下几点。第一，"东亚世界"即历史上形成的"以中国为中心，包括周边的朝鲜、日本、越南与西北回廊地带东部等诸地域"在内的，以汉字文化、儒教、律令制、佛教为共同特点的比较封闭的文化圈。之所以不包括蒙古高原与西藏高原，是因为这些地区在文化上属于不同的世界。第二，"东亚世界"的共同性不仅是依据文化的传播而形成的，而且是由中国王朝和周边诸国之间的朝贡、册封等政治关系而实现的。第三，从"东亚世界"的推移上来看，它的形成是魏晋南北朝时期的分裂期，即中国诸王朝与东亚新兴国家之间频频缔结册封关系并进行文化传播的

---

① 西嶋有关"东亚世界"的主要论文，由韩国史研究者李成市对此进行整理与出版，即《古代东亚细亚世界与日本》，东京：岩波书店，2000。

时期。虽然在隋唐统一王朝之下，"东亚世界"的联结关系更加紧密，但是在宋代，这种以中国为中心的册封关系业已解体，作为国际政治关系的"东亚世界"也趋于崩坏，而作为经济交易圈的"东亚世界"逐渐形成。在明朝积极进行册封政策之下，作为政治关系的"东亚世界"重新复活。不过，在 19 世纪欧美资本主义进入东亚以后，拥有独立性的"东亚世界"终告解体。

西嶋的"东亚世界"论对此后日本的东亚史研究产生了巨大的影响，同时与此不同的新的"东亚世界"论，乃至对西嶋的批评也在 20 世纪 80 年代以后逐渐出现。代表性的观点大致如下：

第一种是对西嶋所讲的"东亚世界"偏重于汉字文化圈的这一点所提出的批判。蒙古高原或西藏高原等北方、西方地区被排除于"东亚世界"之外。客观地来看，在构建以中国为中心的世界秩序方面，北亚或西域、西藏等非汉字文化圈所担当的重要作用不可否认。在这一点上，费正清（J. K. Fairbank）和曼考尔（M. Mancall）等美国学者的"中华世界秩序"（the Chinese world order）的模型比西嶋模式更为完整。因为他们早已注意到非汉字文化圈在中华世界秩序中的重要地位。① 不过，"中华世界秩序"论仍然是以中国为中心的模型。近年日本学界有不少学者提出这种模型是对中国自我文化中心主义的无意识的同化，而缺乏"立足于周边地区的观点"。这种批判在使用非汉字资料的北亚、中亚的研究领域中表现得尤为明显。比如蒙古史研究者杉山正明主张：往往被视为"边疆"的"中央欧亚大陆"的干燥地带才是 16 世纪以前世界动态的中心。因而，他提倡把"中央欧亚大陆"看作跨越诸文明圈的一个历史世界。②

就清代而言，批判中国中心主义最为有趣的例子应该说是以石滨裕美子为代表的关于藏传佛教世界的研究。③ 根据石滨的观点，清朝皇帝

---

① 费正清，主编. 中国的世界秩序：传统中国的外交关系（J. K. Fairbank, ed. *The Chinese World Order: Traditional China's Foreign Relations*. Cambridge MA: Harvard University Press，1958）（可参见杜继东的中译本，北京：中国社会科学出版社，2010）；马克·曼考尔. 以中国为中心：三百年来的外交政策（Mark Mancall. *China at the Center: 300 Years of Foreign Policy*. New York: The Free Press，1984）。

② 杉山正明. 中央欧亚的历史构图//岩波讲座世界历史：11. 东京：岩波书店，1997。

③ 石滨裕美子. 藏传佛教世界的历史性研究. 东京：东方书店，2001。

用转轮圣王等名称来定位处于西藏的佛教世界，因此时人用以上达赖喇嘛为中心的佛教世界的原理来了解清朝与西藏、蒙古之间的关系。此外，不少学者以论文集或学术讨论会的形式从"周边"的视点重新描写了世界的面貌。① 用非汉字的当地语言史料而展开的新研究迫使我们改变以往的"东亚世界"观。"东亚世界"与其说是以中国为中心的一元世界，倒不如认为是从不同角度上观察的多数世界观的重叠。在此，所谓的"中心"与"周边"的对比，可以说正在被相对化。

第二种是批判作为"国家"关系的"东亚世界"论，而在民众的交流中追求"跨越国境的历史学"的主张。在西嶋的理论中，"东亚世界"的统合是借由国家间的册封、朝贡关系而维持的，即以国家的存在为前提来探讨"东亚世界"的结构。与此不同，这二三十年来，有不少日本史学者试图摆脱"国家"的框架来讨论东亚海域世界的历史。村井章介提出"环中国海地域""环日本海地域"等概念，指出在 13 世纪之后，以海洋为媒介形成的"边境人"建立的"地域"统合，与以首都为中心的"国家"统合之间有着某种紧张的关系，两者之间的矛盾与冲突是决定历史动向的一个重要因素。② 从网野善彦和田中健夫等先驱性研究开始，村井章介和荒野泰典等日本史学者确立的这种观点影响了日本的韩国史研究和中国史研究，因而形成了"从社会底层来看东亚世界"的潮流。

第三种是以近代史为中心的"亚洲交易圈"论。中国近代经济史研究者滨下武志与村井章介一样，着眼于超越国家界限的移民或商人等在亚洲诸海域的活动。滨下以"朝贡体系"来形容这种东亚广域秩序的特征。③ 他所关注的交易并不局限于伴随国家礼仪的朝贡贸易，也包括广泛的民间交易。因此，他所使用的"朝贡体系"这一用语引起了许多学者的质疑。但是滨下采取的"朝贡体系"这一用语与他对西洋中心史观的批判有关。滨下的"朝贡体系"指的是，没有明确的国境而多民族可以混杂活动的亚洲这一开放性的广域秩序。用词旨在强调不同于近代欧

---

① 沟口雄三，等编. 在亚洲思考 3：从周边来看的历史. 东京：东京大学出版会，1994；中国社会文化学会. 从周边来看的中国世界. 中国——社会与文化，1994，9。

② 村井章介. 中世日本在亚洲. 东京：校仓书房，1988；村井章介. 中世倭人传. 东京：岩波书店，1993。

③ 滨下武志. 朝贡体系与近代亚洲. 东京：岩波书店，1997。

洲型主权国家体系的亚洲型秩序的独特意义。与西嶋"册封体制"的着眼点不同，滨下"朝贡体系"的用意在于指出亚洲广域秩序的开放性、自由性以及民间交易网络的灵活性等；与西嶋所讲的"东亚世界"在19世纪解体的观点不同，滨下认为依据"朝贡体系"而维持的亚洲交易圈的活力，直至19世纪中叶西洋势力进入东亚以后仍未衰退并且继续存在。对于滨下的看法也有反对意见，围绕着19世纪东亚传统体系的断绝或存续而展开的论辩还没有结束。[①] 无论如何，滨下的观点十数年来对日本学界的影响相当巨大，同时在批判欧洲中心主义而追求新的全球化历史的欧美研究潮流中[②]，也得到颇高的评价。

以上是对至今"东亚世界论"的研究动向的简单介绍。他们的共同点是超越一国史的界限，以更大的或更有弹性的地域范围为单位来讨论历史。不过，其中也存在各种不同的着眼点和互相对立的观点。以下论述的关于清朝的研究动向，与上述东亚论的各种潮流也是无法分开的。

2. 海域史研究的兴盛

20世纪80年代以后，日本东亚史研究的突出特点之一是跨越一国史范围的海域史研究的兴盛。越南史研究者桃木至朗主编的《海域亚细亚史研究入门》（东京：岩波书店，2008）涵盖的范围虽以东亚、东南亚为中心，但中国也是其中的重要部分。小岛毅主持的所谓"宁波工程"（正式名称是"东亚海域交流与日本传统文化的形成——以宁波为焦点的跨学科的研究"），是代表这个潮流的大型科研项目（2005—2009），陆续出版了《东亚海域丛书》（13卷）等研究成果。

明末以来，海外白银大量流入中国，对中国商品经济的发展造成了极大的影响。这一点在数十年前已经为梁方仲、百濑弘、彭信威、全汉升等学者所研究。与中国大陆的研究一样，战后日本的明清史研究也十分关注明清时期的商品经济发展。不过，其研究重点在于生产力的发展与生产方式的变化，而货币、贸易问题可说是冷门。以1980年前后为起点，受伊曼纽尔·沃勒斯坦（Immanuel Wallerstein，1930—2019）

---

① 滨下武志，等编. 亚洲交易圈和日本工业化：1500—1900（新版）. 东京：藤原书店，2001。

② 其略微极端的例子是，贡德·弗兰克. 白银资本：重视经济全球化中的东方（A. G. Frank. *ReOrient：The Silver Age in Asia and the World Economy*. Berkeley：University of California Press，1998）（可参见刘北成的中译本，北京：中央编译出版社，2000）。

等学者的世界体系论的影响，日本明清史学界关于货币、物价、市场等研究也趋于隆盛。① 与此同时，以世界或东亚规模的广域经济动态为背景的明清经济的研究潮流也逐渐明朗。但是，关于白银对中国国内经济有着怎样的影响并没有得到确切的解释。②

以清代为中心的海域史研究涉及的范围颇广。在此略举若干有特色的研究。在海外交易、航运方面，松浦章使用汉文、日文史料，做了大量的实证性研究。③ 21 世纪以来，岩井茂树等对费正清、滨下等的"朝贡"体制论，提出相当严厉的批评。他们主张在 16 世纪后半叶以后，"互市"逐渐取代"朝贡"。清代的对外贸易方式已经不能说是"朝贡"体制。④ 许多学者承认 16 世纪后半叶的确发生了贸易方式的变化，但是在思考框架方面"朝贡"观念到底有什么变化，则是另一个问题。因此"朝贡""互市"问题目前还是不少学者热烈讨论的焦点之一。

关于伴随着朝贡关系的交流，夫马进发表了许多涵盖清朝、朝鲜、琉球、日本的研究，如《朝鲜燕行使与朝鲜通信使》（名古屋：名古屋大学出版会，2015）、《增订 使琉球录解题及研究》（宜野湾：榕树书林，1999）等。与朝贡使节不同，漂流民不过是普通庶民，但待遇如何、漂流民的送还等问题却是当时重要的外交课题。近年不少研究者认为漂流民问题是海域史的重要主题之一。⑤ 渡边美季（1975—）的《近世琉球与中日关系》（东京：吉川弘文馆，2012）便是通过漂流民问题探讨当时琉球国际地位的著作。

3. 明清交替与东亚历史

讨论世界经济对明末清初中国带来的影响时，学者们很自然地关注

① 此一动向参照岸本美绪. 清代中国的物价与经济变动. 东京：研文出版，1997。

② 作为简单的整理，参见岸本美绪. 明末清初的市场构造. 古田和子，编. 中国的市场秩序——以 17 世纪到 20 世纪前半为中心. 东京：庆应义塾大学出版会，2013。

③ 松浦章. 清代海外贸易史研究. 京都：朋友书店，2002。

④ 岩井茂树. 十六世纪中国对交易秩序的摸索——互市的现实与其认识//岩井茂树，编. 中国近世社会的秩序形成. 京都：京都大学人文科学研究所，2004；岩井茂树. 清代的互市与"沉默外交"//夫马进，编. 中国东亚外交交流史研究. 京都：京都大学学术出版会，2007。

⑤ 刘序枫. 漂流、漂流记、海难//桃木至朗，编. 海域亚细亚史研究入门. 东京：岩波书店，2008。

东南沿海地区。因为这是新大陆与日本白银流入中国的主要门户。在海外白银带来的贸易热潮之下，华人、日本人、欧洲人等混杂交错，进行走私贸易。荒野泰典把 16 世纪中叶以后，中国东南沿海的这种情况称作"倭寇的状况"。① 在这种"状况"之中，"民族"的界限变得模糊。村井章介称在东亚海域活动的这一群人为"边境人"。

但是，"边境人"的诞生不仅仅是东南沿海地区的现象。在 16 世纪后半叶以后，环绕着中国北部与东部、东南部的腰带似的周边地区都呈现出国际贸易热潮。白银通过交易与财政管道集中于这个地带。不论"华人"，还是"夷人"，都为高额的国际贸易利益所吸引而投身于竞争激烈的商场中。三田村泰助所讲的北方边境的人参、毛皮热潮也是这种情况的体现。明末的"边境"不是落后的贫困地带，反而是财富集中的地方。从围绕这些财富而展开的军事抗争中产生了强有力的军阀，北方有李成梁、毛文龙和努尔哈赤等，南方有王直到郑芝龙的大小海上军事势力。清朝的兴起并不是孤立的现象。岩井茂树指出，多种民族相混合的 16、17 世纪的边境社会才是清朝等新兴国家成长的摇篮。我们应该把清朝的兴起与东南沿海军阀的成长综合起来，在较广域的视野中重新考察其历史意义。②

在日本的清史学界，从"中国史"的角度以汉文史料来研究的学者群与从"满洲史"的角度用满文史料来研究的学者群，一直形成着不易融合的两类研究潮流。但根据满洲史研究者杉山清彦的论述，通过关注 16—17 世纪的宏观情况，现在渐渐出现了克服这种分离的动向。③ 清朝统治机构的特色，与中国历史上北方民族王朝的统治机构具有共通点。从这一点来说，把辽、金、元等王朝和清朝进行比较是十分重要的。与此同时，"东亚近世国家"之间的共时性比较也可能为我们开辟新的眼界。④

---

① 荒野泰典. 日本式华夷秩序的形成//朝尾直弘，等编. 日本社会史：1 列岛内外的交通与国家. 东京：岩波书店，1987.

② 岩井茂树. 十六、十七世纪的中国边境社会//小野和子，编. 明末清初的社会与文化. 京都：京都大学人文科学研究所，1996。

③ 杉山清彦. 大清帝国的形成与八旗制：第 6 章. 名古屋：名古屋大学出版会，2015。

④ 美国的"新清史"论战对日本学界似乎没有发挥太大的影响力，这大概是因为日本清史学界长期以来已经存在着满洲史和中国史的并存状态，目前日本的研究者正努力把满洲史和中国史这两个研究领域结合起来，以描绘出新的清朝史图像。

三、清代国家、社会的特色

1. 清朝国家论

日本的清史、满族史研究，在 20 世纪 80 年代以后，尤其是在 20 世纪 90 年代后半期以后，在质与量方面都有了飞跃发展。在内容方面，八旗制、帝国统治、世界观等大主题能够与微细的实证研究紧密地结合起来。在史料、研究环境方面，以满文史料为首的非汉语史料与文书史料得到更多使用，实地调查与留学成果也得到反映。冈田英弘编的《清朝是什么？》（2009）、细谷良夫编的《清朝史研究的新天地》（2008）总结了近年来的成果。现将体现在这两部著作中的研究概况归纳如下。[①]

第一，构成帝国核心的八旗制研究得到了深化。这一研究从多方面开展。近年来，越来越多的研究不将八旗视为一个组织，而将其作为入关前的国家本身，以及入关后的统治阶层、统治组织本身来看，具体地了解其内部结构。杉山清彦（1972—）与铃木真（1974—）在详尽地复原各时期八旗内部结构的基础上，通过其内部的诸关系对八旗的组织原理与运用原则，乃至政治史进行了考察。[②] 另外，增井宽也（1953—）从人类学观点出发，通过细致的史料考证重新探讨了明末清初的女真氏族以及清初政权的形成史，发表了大量成果，弄清了以古出（朋友）、包衣为核心的权力形成过程，以及四旗制、八旗制的形成过程。[③] 这些研究鲜明地呈现出一种双重结构，即不仅有表面上也可视为官僚制式的、近代军队式的阶层组织体系，还有旗王对旗下的旗人、牛录进行的分有统治。从中可窥视到，在如"一君万民"所描述的成文法世界背后，俨然存在着类似于日本的"主人与家来""栋梁与郎党"关系的习

---

① 冈田英弘，编. 清朝是什么?. 东京：藤原书店，2009；细谷良夫，编. 清朝史研究的新天地——田野调查与文书资料. 东京：山川出版社，2008。至于北方民族王朝相关的研究概况，在小松久男、荒川正晴、冈洋树编《中央欧亚史研究入门》（东京：山川出版社，2018）里有介绍。

② 杉山清彦. 大清帝国的形成与八旗制. 名古屋：名古屋大学出版会，2015；铃木真. 清朝入关后旗王统治牛录的结构. 历史学研究，2007，830。

③ 增井宽也. 古出 gucu 考——以努尔哈赤时代为中心. 立命馆文学，2001，572；增井宽也. 建州统一时期的努尔哈赤政权与包衣人. 立命馆文学，2004，587；杉山. 大清帝国的形成与八旗制：第3章. 名古屋：名古屋大学出版会，2015。

惯法世界。这一状态与一般被视为被统治阶层的外藩蒙古的统治体制，之前或同时代的蒙古等中亚诸帝国是共通的。

对于众所周知而研究不足的八旗蒙古、八旗汉军等八旗制的内部各种范畴的研究也有了进展。细谷长年对汉军做了大量研究。[①] 此外，对于长期仅限于考证成立年份的八旗蒙古，近年来村上信明（1975—）主要从人事这一侧面开展了研究。[②] 通过这些研究，弄清了旧三藩、郑氏势力与归顺的蒙古人，既未受到处罚，也不是被封在原地，而是被编为旗人，化为战斗力使用的过程。[③] 与上述八旗满洲本身的研究结合起来，从中呈现出的恰恰是一种类似于为帝国提供统治人才之基地的八旗印象，而不是军队、"按民族区分的"组织这一印象。

并且，活跃在帝国全疆域的多样化的外围"八旗"也逐步被弄清。康熙至乾隆时期，在东北地区，当地的索伦、锡伯、达斡尔、巴尔虎等各个集团被编为驻防八旗，一部分还在遥远的新疆构成伊犁驻防八旗。[④] 从松浦茂（1950—）、楠木贤道（1961—）、柳泽明（1961—）、承志（1968—）等人理清的编组过程中可见到的是，在尽量保留各种地域性集团的统属关系、社会组织的同时，有效地组织化，化为战斗力的机制，以及使之成为可能的八旗组织的灵活性。表面上划一的八旗制，实际上是以满洲旗为核心，同时拥有蒙古、汉军、各种驻防军等具有一定宽泛性的组织。上述研究在具体描绘出八旗的多面性的同时，也显示出这是对于从中央遍布到周围的帝国统治所不可或缺的机制。因此，八旗性质这一问题与下述帝国统治秩序问题有密切的关系。

第二，针对广域秩序的新的研究方式。所谓的广域秩序包括与疆域

---

① 细谷良夫. 归顺金国、清朝的汉人之状况. 中国——社会与文化，1986，2；细谷良夫. 清朝中期八旗汉军的重组//石桥秀雄，编. 清代中国的诸问题. 东京：山川出版社，1995。

② 研究的要点归纳在村上信明的著作《清朝的蒙古旗人——其实际状况与在帝国统治中的作用》（东京：风响社，2007）中。

③ 关于外来势力的编入、化为战斗力的具体层面，以及从中看出的编组法，参见杉山清彦. 汉军旗人　李成梁一族//岩井茂树，编. 中国近世社会的秩序形成. 京都：京都大学人文科学研究所，2004。

④ 松浦茂. 清朝的阿穆尔政策与少数民族. 京都：京都大学学术出版会，2006；楠木贤道. 清初对蒙古政策史研究. 东京：汲古书院，2009；柳泽明. 清代黑龙江的八旗制之发展与民族重组. 历史学研究，1997，698；承志. 大清国与其时代——帝国的形成与八旗社会. 名古屋：名古屋大学出版会，2009；小沼孝博. 清朝与中亚草原——从游牧民世界到帝国边境. 东京：东京大学出版会，2014。

外地区的国际关系和对疆域内藩部的统治。以往谈论帝国统治的方式包含一种矛盾，即考虑到汉地时，便作为"满族对中国的统治"；从汉族的立场出发时，将之视为"异民族的统治""征服王朝"；而考虑到蒙古、西藏等所谓藩部（外藩）时，又会视为"中国对边境的统治"，此时清等同于中华王朝。这可说是用一种奇妙的自相矛盾的图式来把握帝国的统治。相对于这一理解方式，近年来的倾向可概括为：不是单方面强调清作为满族王朝的独特性，而是将这一模式本身相对化，描绘出通过各类主体，以不同价值观看到的帝国形象。冈洋树批判了以"中国"为中心的同心圆模式，指出蒙古王公与八旗的宗室王公一同构成了帝国身份秩序的顶点。他将清置于"北亚国家"的源流之中。① 另外，楠木贤道提出的看法是：以皇帝为中心，而其周围被宗室旗王率领的八旗与外藩王公的扎萨克旗所环绕的"汗体制"才是帝国之根干。片冈一忠则以这种"汗体制"与"中华王朝体制"的双重结构来描述整体秩序。② 另外，石滨裕美子弄清了满、蒙、藏共有"藏传佛教世界"观。在此逻辑中，大清皇帝是作为文殊菩萨皇帝、转轮圣王君临中央欧亚世界之东方的。③

上述观点的一致性在于，不将外藩视为相对于中央的被统治者，相反作为组成统治中枢者来构想帝国的统治结构。藩部研究比较容易被视为边疆史，或被放在蒙古史、西藏史等民族史范畴中，其实不应局限于此。因为在中国史与东亚世界的观点来说国际秩序应该被视为国内统治之延伸，所以这些成果也不单属于"边疆统治"问题，而且促使我们重新构筑一个贯穿帝国内外的整体秩序景象。也就是说，我们有必要不区

① 冈洋树. 清朝国家的特征与蒙古王公. 史滴，1994，16；冈洋树. 蒙古与清朝：清朝对蒙古统治的北亚特色［"The Mongols and the Qing Dynasty：The North Asian Feature of Qing Rule over the Mongolia." In T. Yoshida and H. Oka eds. *Facets of Transformation of the Northeast Asian Countries*（*Northeast Asian Study Series* 1）. Sendai：Tohoku University，1998：129 - 151］。

② 楠木贤道. 清初对蒙古政策史研究：第 4 章，第 5 章（首次分别发表于 2000 年、2002 年）；片冈一忠. 从朝贺规定看清朝与外藩、朝贡国的关系（首次发表于 1998 年，收入氏著《中国官印制度研究》. 东京：东方书店，2008）。

③ 石滨裕美子. 藏传佛教世界的历史性研究. 东京：东方书店，2001；石滨裕美子. 清朝与藏传佛教——成为菩萨王的乾隆帝. 东京：早稻田大学出版部，2011. 另外，关于清朝的藏传佛教政策、制度以及在其下的佛僧、教团的活动，参见池尻阳子. 清朝前期的藏传佛教政策——扎萨克喇嘛制度之形成与发展. 东京：汲古书院，2013。

分"八旗制""外交史""藩部统治""宗教政策"等领域，而将这些置于帝国整体秩序中进行综合探讨。因此这与下述第三点相关。

第三，如何把握清朝国家的结构及特征，如何给予定位。以往将它既作为"最后的中国王朝"，又作为"满族的征服王朝"，通过"两面性"与"满族汉化"的说明方式把两者结合起来，或者对入关前用"满、蒙、汉三民族的联合国家"，对入关后用"五族＝满、蒙、藏、回、汉"等来说明。这些做法与其说是基于实证进行分析，并在此之上构筑模式的结果，倒不如说是更近于一种形容，几乎不存在能够整合说明具体内容及不同侧面的逻辑。对此，近年来正在努力地既不把清朝定义为基于华夷思想的中华王朝，也不将说不清的部分用"两面性"割去，而是使用既不偏于中华，也不偏于满族的独特的秩序方式来进行综合性说明。

在此首先应举出的是，石桥崇雄的清朝国家论。① 石桥提倡，为进一步整合把握清朝的两面性，应将其定义为"统一（复合）多民族国家"，以"旗、汉、藩"三重结构来说明其统治结构。在缺少国家论模式的情况下，石桥提出这一观点相当重要。不过，他在核心概念的梳理，以及用实证研究来支撑等方面还不够充分。"三重结构论"也很难说是图式化的模式。它不过是抽象性的表述而已。具体的国家结构模式，倒如上文所述，从蒙古史等"藩部"研究方面体现了出来。除上文提及的片冈的"汗体制、中华王朝体制"双重结构论外，冈洋树也提出了一个既有阶层性结构，各个单位又高度自立的"北亚式"分节性国家、社会结构模式。此外，楠木也指出，容易被作为个别性问题分别考虑的八旗制下的秩序、统御外藩的秩序，乃至帝国整体的秩序是通过军事组织、军事行动衔接起来的。② 在此基础上，杉山清彦提出了一个将率领各自家臣、领民的王公们与不通过领主层而直接臣属于皇帝的汉人作为一个复合体来统一描述的模式。因为构成其核心的八旗制特征是与

---

① 石桥崇雄. 满洲（Manju）王朝论——清朝国家论序说//森正夫，等编. 明清时代史的基本问题. 东京：汲古书院，1997；石桥崇雄. 清朝国家论//岩波讲座世界历史13：东亚、东南亚传统社会的形成. 东京：岩波书店，1998。

② 冈洋树. 东北亚游牧民在地域论中的定位//冈洋树，高仓浩树，编. 东北亚地域论的可能性. 仙台：东北大学东北亚研究中心，2002；楠木贤道. 清初对蒙古政策史研究：第3章（首次发表于1999年）。

以蒙古帝国为代表的中央欧亚国家的核心结构共通的，所以尽管清朝不是游牧民族，也可定位为中央欧亚国家。①

上述倾向体现出一种新的研究方向。具体而言，不依赖于"中华王朝""征服王朝"等既有模式与形容方式，而依照清朝国家本身的状况，从"八旗""外藩"等特定的切入点来剖析并构筑整体景象。这些还在探讨之中。正如第二点中体现出的那样，帝国秩序本身应是多元的，根本上无须归纳于单一逻辑。

对于这种强调北亚性结构、满族特征的见解，近年来有些学者提出不同的看法，从正面展开论争。谷井俊仁（1960—2007）主张将清朝政权的特征定义为超越了满汉之别，基于君臣一体性关系的专制体制。②谷井阳子（1962—）发表了《八旗制度研究》（2015），将八旗定义为汗的一元性统治下的集权组织。谷井阳子对女真传统、中央欧亚特征都予以否定，主张八旗是在汗的统治下，被集中管理的官僚制式制度。清朝倒是一个取代了中央欧亚国家的新形态国家。关于清朝国家性质问题，谷井与杜家骥、杉山清彦之间有一些交锋，此后的议论值得关注。③

关于外藩及外交，20 世纪 80 年代后的研究也有了很大进展。关于蒙古，森川哲雄（1944—）、宫胁淳子（1952—）使用蒙文史料开展研究，还有萩原守、冈洋树用满文、蒙文的文书史料，分别写了《清代蒙古的审判与审判文书》（东京：创文社，2006）、《清代蒙古盟旗制度研究》（东京：东方书店，2007）。宫胁研究了与清、俄鼎立的准噶尔，写了几乎是日本唯一的有关准噶尔的专著——《最后的游牧帝国》（东京：讲谈社，1995）。关于准噶尔的统治体制，小沼孝博近年来运用档案史料开展了新的研究，归纳在《清朝与中亚草原》（东京：东京大学出版会，2014）一书中。关于涉及满、蒙、藏的藏传佛教信仰圈，石滨裕美子认为，其中存在着超越宗教性皈依的共有的理念、世界观，以及由此带来的交流。她在《藏传佛教世界的历史性研究》（东京：东方书店，2001）中提出应将这些作为"藏传佛教世界"

---

① 杉山清彦. 大清帝国的形成与八旗制：第 5 章. 名古屋：名古屋大学出版会，2015。

② 谷井俊仁. 一心一德——清朝政治正当性的逻辑. 东洋史研究，2005，63（4）。

③ 谷井阳子. 八旗制度研究. 京都：京都大学学术出版会，2015（所收入的诸论文均首次发表于 2005—2013）。

来把握。石滨还出版了《清朝与藏传佛教》一书（东京：早稻田大学出版部，2011）。

另外，堀直（1946—2020）、新免康（1958—）等人研究了众多穆斯林居住的新疆，如堀直《有关清朝的回疆统治的若干问题》（《史学杂志》88-3，1979）、新免康《"边境"住民和中国》（沟口雄三等编：《在亚洲思考》3《从周边来看的历史》，东京：东京大学出版会，1994）。野田仁（1974—）对于作为外围的穆斯林游牧民的哈萨克开展了大量研究，写了《俄、清帝国与哈萨克汗国》（东京：东京大学出版会，2011）。在对外关系方面，清俄关系长期仅有吉田金一独自进行研究。如今柳泽明、涩谷浩一（1964—）使用俄文、蒙文、满文、汉文材料开展了新的研究，如柳泽《到恰克图条约的路程》（《东洋学报》69-1、2，1988）、涩谷《恰克图条约签订过程的研究》（《人文学科论集》40，茨城大学，2003）。

2. 货币与市场

20 世纪 50 年代至 70 年代，日本清代经济史研究的重点为地主制度、商品生产以及赋役制度等问题。但 80 年代以后，货币、市场等流通方面的问题开始吸引不少学者。这里所谓的"流通"不仅意味着商业活动本身，而且指各种产业和地区通过流通而互相结合起来的产业结构——换言之，包括生产、流通这两方面的经济体系。这一观点经由关于流通政策的问题研究，与国家结构的研究也息息相关。"流通"一词一般表示通过市场的商品流通，但在帝政时期的中国，通过征税的国家性物资流通也十分重要。关于国家性物资流通的研究，在下一项有所讨论，而在本项着重于介绍民间流通。①

以往的清代货币经济研究注重于白银流通问题，但 1980 年代以后的研究侧重于铜钱和白银的双重货币制度。这一研究潮流的中心人物黑田明伸（1958—）在 1994 年出版的《中华帝国的结构与世界经济》（名古屋：名古屋大学出版会）中，论述了"银钱二货制"的意义，引起了学界的关心。之后他发表的《货币体系的世界史——解读〈非对称性〉》（东京：岩波书店，2003），从全球性比较的视点来讨论清代货币制度的

---

① 关于包括民间流通和国家性物质流通的广义的研究，田口宏二朗有一篇文章评述日文的主要研究成果，即《前近代中国史研究与流通》（中国史学，1999，9）。

特点。足立启二（1948—）有关明清铜钱问题的一系列论文①，基于
"从国家中心的物资流通到民间市场经济"这一问题意识，讨论了明代
铜钱体系的瓦解和白银经济的成长，以及清代中期铜钱经济的复兴等问
题。上田裕之（1978—）《清朝统治与货币政策》（东京：汲古书院，
2009）、党武彦（1963—）《清代经济政策史研究》（东京：汲古书院，
2011）等利用大量的原始档案来研讨清朝的铜钱政策。② 市古尚三
（1917—2014）《清代货币史考》（东京：凤书房，2004）是有关清代货
币史的论文集。关于与货币密切联系的物价问题，有岸本美绪的论文集
《清代中国的物价与经济变动》（东京：研文出版，1997）。放款利率的
问题向来很少有人关注，日山美纪《清代典当业利率的一个考察》（《东
方学》第 91 辑）恐怕是唯一的研究。

　　有关市场的研究可分为几个领域：市集的研究、市场秩序的研究、
商品流通的研究、市场整合和市场圈的研究等。关于农村市集，有山根
幸夫（1921—2005）的《明清华北定期市研究》（东京：汲古书院，
1995）。有关广东墟市方面，有林和生的研究（《明清时代广东的墟与市
场》，载《史林》第 63 卷 1 号，1980），以及采用人文地理学方法的石
原润（1939—）的研究（《关于明、清、民国时期华中东部的传统市
场》，载《人文地理》第 32 卷 3 号，1980）等。关于市镇，川胜守
（1940—）的《明清江南市镇社会史研究》（东京：汲古书院，1999），
以市镇的空间结构为中心，汇集了有关市镇的多方面的研究。上面所涉
及的森正夫主编的《江南三角洲市镇研究》是历史学者和地理学者共同
进行的田野调查之成果。关于城市，川胜守在《中国城郭都市社会史研
究》（东京：汲古书院，2004）中讨论了城墙等设施以及城市社会的多
样面相。如则松彰文《清代中期社会的奢侈、流行、消费》（《东洋学
报》第 80 卷 2 号，1998）、井上充幸《徽州商人与明末清初美术市场》
（《史林》第 87 卷 4 号）等论文所示，城市的奢侈消费也是经济史上有
趣的课题。

　　关于行会，新宫（佐藤）学（1955—）有一系列的研究，集中在

---

① 足立启二. 明清中国的经济结构：第三部. 东京：汲古书院，2012.

② 上田使用的史料包括中国第一历史档案馆所藏的《户科史书》《议覆档》等从来很少
人采用的档案。

《明清城市商业史研究》（东京：汲古书院，2017）一书中。山本进
（1959—）的《明清时代的商人与国家》（东京：研文出版，2002）聚焦
于牙行而讨论了其与公权力的关系。以往的行会研究倾向于指出其不同
于欧洲基尔特的落后性，即自治权力的欠缺等。近年的研究之焦点与其
说在于中国市场的落后性，毋宁说在于中国传统市场秩序的个性如何这
一问题。借古田和子（1952—）的说法，"在西欧世界由国家权力建设
了［有关交易的法律与令人遵守其法律的机关等］公共性市场设施，因
此能够减少交易费用，中国则缺少这种公共设施。虽然如此，为什么能
够维持这么竞争激烈且不稳定的市场？——研究中国市场秩序的妙趣正
在于这个问题之中"①。三浦彻（1953—）等编的《比较史的亚细
亚——所有、契约、市场、公正》（东京：东京大学出版会，2004）正
是与这个问题相关的论文集，包括有关中国的 4 篇论文。这本论文集的
特色在于对亚洲诸地域（中国、西亚、东南亚等）的比较。而这种多方
面的比较也可说是近年研究的一个新特色。

　　市场研究的一个重要领域是对市场整合的研究，亦即，市场机制发
挥作用的空间范围的问题。一般认为，市场整合的程度可作为商品经济
发展的一个指标。日本清代市场研究的一个特色是，不仅对市场整合问
题，而且对市场结构的多层性以及市场圈之间的对抗关系等多样问题进
行探讨。上述黑田明伸的货币研究也可说是其中一个例子。山本进在
《清代的市场结构与经济政策》（名古屋：名古屋大学出版会，2002）中
提出了清代中期"省级市场圈的自立化"这一论点。据他的研究，在清
代中期，伴随着中国各地手工业生产的发展，在一省乃至数省之内，粮
食和主要手工业产品之间的交换关系逐渐发达，取代以往全国性的长距
离流通。这就是"省级市场圈的自立化"，可比作同时代欧洲的国民经
济之成立。清代的长距离流通虽然一方面有助于解决粮食问题，但是另
一方面则引起地域间的对立抗争。三木聪（1951—）的抗租研究（收入
《明清福建农村社会研究》，札幌：北海道大学图书刊行会，2002）、则
松彰文的粮食问题研究（《清代的"境"和流通》，见《九州大学东洋史
论集》第 20 号，1985）、堀地明（1964—）的粮食暴动研究（《明清食

_____

① 古田和子，编. 中国的市场秩序——以 17 世纪到 20 世纪前半为中心. 东京：庆应义
塾大学出版会，2013：3。

粮骚扰研究》，东京：汲古书院，2011）等，表示围绕粮食所进行的对立抗争与市场圈的性质之间有着密切的关系。

3. 财政与租税

关注财政与租税，正是与考察集权的行政组织和巨大的流动社会，及在这种关系之下如何实现经济循环的问题有关。1980 年代以后的明清赋役制度研究，站在以乡村阶级关系为焦点的 1960—1970 年代的实证研究的基础上，开拓了赋役制度研究的新方向。岩井茂树讨论到正规财政的僵硬，及其与附加税和差役等正额外的征收为资本的正额外财政的关系，以及以之为中心的财政结构的重叠和分散的性质。[1] 山本进论述了 19 世纪后半期地方征税的改革与商人及流通过程中所出现的收入增加，构成省以下的地方财政。[2] 谷井阳子从上级地方官的自传，讨论 19 世纪中叶外省的财政动向。[3] 高铭铃进行有关"省"的财政结构的个别研究。[4] 山本英史（1950—）从与征税相关的书役、自封投柜、士绅的黠免等多角度出发，论述在地支配的结构问题，多有启发意义。[5] 山本用"在地势力"的概念，说明胥吏和衙役的机能。高嶋航有有关被称为苏州经造的征税承包的专论。[6] 高嶋航还研究以赋役全书的数值作为基准这一问题，而指出这些赋役全书的整合性带有只在征税业务的内部了结的性质。[7] 岩井指出，在江苏根据版图法（按照地界编制册籍）去把握课税对象和承包征税的制度普及起来，随之以村落（人的居住地）为单位的课税方法减少其重要性。[8]

---

① 岩井茂树. 中国近世财政史研究. 京都：京都大学学术出版会，2004。

② 山本进. 明清时代的商人与国家. 东京：研文出版，2002；山本进. 清代财政史研究. 东京：汲古书院，2002。

③ 谷井阳子. 道光、咸丰时期外省的财务基调之变化——以张集馨的生涯为中心. 东洋史研究，1989，47（4）。

④ 高铭玲. 有关清代台湾财政构造的一个考察. 九州大学东洋史论集，2002，30。

⑤ 山本英史. 清代中国的地域支配. 东京：庆应义塾大学出版会，2007。

⑥ 高嶋航. 吴县、太湖厅的经造//夫马进，编. 中国明清时代地方档案研究. 京都：京都大学大学院文学研究科东洋史研究室，2000。

⑦ 高嶋航. 清代的赋役全书. 东方学报（京都），2000，72。

⑧ 岩井茂树. 清代的版图顺庄法与其周边. 东方学报（京都），2000，72；岩井茂树. 武进县"实征堂簿"与田赋征收机构//夫马进，编. 中国明清时代地方档案研究. 京都：京都大学大学院文学研究科东洋史研究室，2000；岩井茂树. 武进县的田赋推收与城乡关系//森时彦，编. 中国近代的城市与农村. 京都：京都大学人文科学研究所，2001。

有关常关税，香坂昌纪和泷野正二郎提到关税收入在财政上的重要性和承包制度。① 有关盐税，佐伯富的两大本著作具有起始性的研究。② 近年冈本隆司则提出"票法"的改革，这种改革有着令贩卖私盐者得到承认的性质。③

4. 法律与秩序

法律史领域是 1980 年代以后日本清史研究中受到较大注目的领域。其关心的主要问题与上述 80 年代清史研究的潮流相呼应，在于内在理解中国特有的法意识。在这个意义上，滋贺秀三（1921—2008）的《清代中国的法与审判》（东京：创文社，1984）可说是代表这一时期日本清代法制史研究的著作。该书前半部分和后半部分分别讨论了"刑事审判"和"民事审判"。④ 按滋贺所言，两者的共同特色是具有皆为"行政的一个环节"，亦即司法与行政并不分开。关于民事审判，滋贺指出，清代的民事审判与其说是严格意义的审判，不如说是"教谕式调停"。⑤ 围绕这一论点，美国学者黄宗智（Philip C. C. Huang，1940—）和滋贺之间展开的争论吸引了日本国内外学者的注意。⑥ 之后，寺田浩明（1953—）深入分析传统中国法意识的基本特色，其主要的中文版论文被汇集于《权利与冤抑：寺田浩明中国法史论集》（北京：清华大学出版社，2012）之中。

民事法研究处于法律史、社会史、经济史的交接面，近年有不少成果。⑦ 在土地法方面，围绕"一田两主"习惯的讨论相当激烈，为中国

① 香坂昌纪. 清朝中期的国家财政与关税收入//明清时代的法与社会：和田博德教授古稀纪念. 东京：汲古书院，1993；泷野正二郎. 关于清代常关的包揽. 山口大学文学会志，1988，39；泷野正二郎. 关于清代乾隆年间常关征税额的一个考察. 九州大学东洋史论集，2001，29。

② 佐伯富. 清代盐政研究. 京都：东洋史研究会，1956；佐伯富. 中国盐政史研究. 京都：法律文化社，1987。

③ 冈本隆司. 清末票法的成立——再论道光时期两淮盐政改革. 史学杂志，2001，110（12）。

④ 众所周知，传统中国司法没有刑事和民事的区别。在此姑且把所谓的"户婚田土"的州县自理审判称为民事审判。

⑤ 该书还没有翻译成中文，但中文版的有关民事司法的部分被收入王亚新等编《明清时期的民事审判与民间契约》（北京：法律出版社，1998）。

⑥ 1996 年在日本镰仓召开的会议上，黄宗智和滋贺秀三直接讨论。该会议的论文集登载于《中国——社会与文化》第 12、13 号，分别是 1997 年、1998 年。滋贺秀三《续清代中国的法与审判》（东京：创文社，2009）也收录了相关论文。

⑦ 大岛立子编《前近代中国的法与社会：成果和课题》（东京：财团法人东洋文库，2009）收录小川快之制作的《宋—清代法秩序民事法文献目录》，该目录网罗整理了近三十年出版的日文、中文、欧文、韩文的文献，其数量多达 1900 篇。

土地法秩序研究的新发展发挥了重要作用。1980 年代以后有关土地法的代表性研究有：寺田浩明《田面田底惯行的法的性质》（《东洋文化研究所纪要》第 93 册，1983）、草野靖（1932—）《中国近世的寄生地主制——田面惯行》（东京：汲古书院，1989）、森田成满（1945—）《清代土地所有权法研究》（东京：劲草出版服务中心，1984）等。东洋文库民事法研究班〔主任：大岛立子（1945—）、山本英史〕在 2003 年开始共同研究，到现在为止出版了 3 本论文集：大岛立子编《宋—清代的法与地域社会》（东京：财团法人东洋文库，2006）、大岛立子编《前近代中国的法与社会：成果和课题》（东京：财团法人东洋文库，2009）、山本英史编《中国近世的规范与秩序》（东京：财团法人东洋文库，2014）。

法律文献的研究也有了进展。1993 年出版的滋贺秀三编《中国法制史：基本资料的研究》（东京：东京大学出版会）是汇集法律文献研究的论文集，其中有关清代的有 8 编（会典、入关前法制史料、清律、蒙古例、省例、刑案、判语、契约文书）。谷井阳子发表了有关则例、省例的十分翔实的研究〔《户部与户部则例》，载《史林》第 73 卷第 6 号，1990；《清代则例省例考》，载《东方学报》（京都）第 67 册，1995〕。夫马进（1948—）《讼师秘本的世界》（小野和子编《明末清初的社会与文化》，京都：京都大学人文科学研究所，1996）等几篇有关讼师的研究，通过对讼师秘本的分析，提出了讼师的新形象。三木聪、山本英史、高桥芳郎（1949—2009）编辑的《传统中国判牍资料目录》（东京：汲古书院，2010）是 189 种明清判牍资料的解题。

不仅国家的法律和审判，而且地方精英的思想和社会活动，也是维持社会秩序的关键。夫马进《中国善会善堂史研究》（京都：同朋舍，1997）是基于丰富史料的极为翔实的研究，对善会善堂的"公共"性提出了许多新颖的论点。星斌夫（1912—1989）《中国社会福祉政策史研究》主要依据《实录》等官方史料来探讨清代常平仓、社仓、义仓的盛衰。

关于社会思想的研究有很多，在这里只举若干有代表性的著作。关于从明末到清代的思想潮流的变化，有多种看法。沟口雄三在《中国前近代思想的曲折和展开》（东京：东京大学出版会，1980）中主张，明末思想和清初思想之间有某种连续性，即明末清初思想家在肯定人欲的思想基础上形成了新的天理观念。伊东贵之（1962—）《作为思想的中国近世》（东京：东京大学出版会，2005）从"秩序化"的视角讨论了清初学者的社会思想。井上进（1955—）《明清学术变迁史》（东京：平凡社，2011）主张明末思想在清朝的弹压下趋于"伏流化"。关于清代的政治思想，有大谷敏夫（1932—）《清代政治思想史研究》（东京：汲古书院，1991）、《清代政治思想和鸦片战争》（京都：同朋舍，1995）等著作，论述了从清初到清末的经世思想家对君主独裁政治的看法之变迁。

5. 地域社会的动态

20 世纪 80 年代是中国社会集团研究，尤其是有关宗族的研究急速活跃起来的时期。新的社会集团研究的特色在于，其瞩目点与其说是在于团体本身的客观结构和其内部的阶级关系，不如说是在于围绕这些团体在地方社会上的情况，以及人们组织这些团体的意图和动机。

与以江南为中心的 1960—1970 年代的农村共同体研究不同，1980 年代以后的宗族研究的对象地区以新开发的山区为主，比如，上田信（1957—）关于浙江山区的研究（《传统中国》，东京：讲谈社，1995），山田贤（1960—）关于四川移民社会的研究（《移民的秩序》，名古屋：名古屋大学出版会，1995），菊池秀明（1961—）关于广西移民社会的研究（《广西移民社会与太平天国》，东京：风响社，1998；《清代中国南部的社会变容与太平天国》，东京：汲古书院，2008），等等。移民和开发受到瞩目，是因为研究聚焦于宗族形成的动态过程。由移民构成的新开发地区的社会，恰似实验室，向我们生动地展示了宗族的形成过程——人们怎样研究策略、怎样抉择、怎样谋求安全和上进等。社会流动性的增加和宗族的形成并不是相矛盾的现象。这些研究论证了在流动性高、竞争激烈、生活不稳定的地区和时期，宗族形成等团体活动却十分活跃。除了新开发的山区以外，对广东、徽州、福建、江南等宗族，也有不少研究从新的角度来探讨宗族形成、变迁的动态过程。[1]

这些宗族研究与 1980 年代以来明清社会经济史学界中所谓的"地域社会论"潮流有密切的关系。1981 年，在名古屋大学召开的题为"地域社会论的视角——地域社会与领导者"的中国史专题讨论会上，

---

[1]　井上彻. 中国的宗族与国家的礼制. 东京：研文出版，2000；熊远报. 清代徽州地域社会史研究. 东京：汲古书院，2003。

森正夫在主题报告中提出了"地域社会"这一方法论概念。地域社会的秩序在日常生活中规定我们的同时，亦由我们支撑而保持下去。这样的秩序或秩序原理到底是什么？——在这一问题意识下，他给"地域社会"下了一个定义，即"尽管彼此之间的关系包含着阶级的矛盾或差异，但是为了从事广义上的再生产而面临共同现实问题的人们，置身于共同的社会秩序下，并在共同的领导者（领导者个人或领导集团）的指导下结合起来而形成的地域性场境"①。这个"地域社会"概念，是与村落或州县等实体范围分离开来而提出的一种方法论框架，内容相当模糊，令人很难想象其具体内容。不过，聚焦地方住民意识的"地域社会"论，给社会集团研究提供了一些新的视点。

第一，地域社会内存在的多数选择项和其间的抉择。宗族也好，宗教结社也罢，都不是孤立地存在，而是在地域社会这个"场境"中同时存在而不断伸缩。比如，山田贤在他的研究中指出，混沌的四川移民社会在走向社会整合和秩序构建的过程中，富裕起来的移民能够组织宗族来维持或提高自己的社会地位，但在激烈的生存竞争中被排挤的移民由于没有力量形成宗族，所以依靠宗教结社的互助机能来谋求自己的生存。白莲教反叛不是单纯的阶级斗争，只有通过对在这样"场境"中个人选择的分析，才能够更内在地、动态地阐明其意义。

第二，怎样解释中间团体的地区性、时间性差异。中国中间团体的地区性、时间性差异已在战前为不少研究者所注意，但战前研究者所讨论的主要是华北、华东、华南，或者宋代以前和以后等比较笼统的区别。与此不同，1980 年代以后的研究，几乎都选择比较小的地区，从当时当地的自然环境、社会环境来具体分析社会集团的变迁过程。这种地点感和时间感十分浓厚的个案研究，其成果当然不能直接推及其他地区，但这些研究的目的却在于理解社会集团在具体条件之下形成的内在理路。

下面将介绍与此相关的几个分野式的成果。在民众运动的领域，民众运动和地域社会的关系为许多学者所瞩目。除了上述山田贤的白莲教的研究、菊池秀明的太平天国研究之外，有岸本美绪的明末清初民变研究（《明清交替与江南社会》，东京：东京大学出版会，1999），并木赖

---

① 森正夫. 中国前近代史研究中的地域社会的视点. 名古屋大学文学部研究论集，1982，83。后收入《森正夫明清史论集》第 3 卷。

寿（1948—2009）的捻军研究（《捻军与华北社会》，东京：研文出版，2010），安藤润一郎、黑岩高关于回民叛乱的研究①，等等。山本英史《清代中国的地方支配》（庆应义塾大学出版会，2007）强调"衙蠹""土豪"等在地势力对国家支配的抵抗。

　　地域社会的具体情况与农业技术、水利建设、生态、自然灾害、山区商品生产、移民等问题也密切相关。1979 年京都大学东南亚研究中心召开有关江南开发史的研讨会，邀请历史研究者和农学研究者会于一堂讨论，给学界很大刺激（渡部忠世等编《中国江南种稻文化——跨学科研究》，东京：日本放送出版协会，1984）。关于水利，森田明（1929—）有很多研究，如《清代水利社会史研究》（东京：国书刊行会，1990）、《清代的水利和地域社会》（福冈：中国书店，2002）等。生态史和灾害史到现在为止，研究者不太多，但上田信的若干著作，受到读者的广泛欢迎，比如《老虎讲述的中国史》（东京：山川出版社，2002），宫崎洋一也有几篇论文，如《清代 18 世纪的水灾与其对策》（《史渊》138，1997）等。关于山区的商品生产及其技术，有田尻利（1935—）的蓝和烟草研究、唐立的制纸技术研究②、森纪子（1945—）的四川井盐业研究③等。关于棚民，安野省三、涩谷裕子等有所研究。④荒武达朗《近代满洲的开发与移民》（东京：汲古书院，2011）、片山刚《"广东人"诞生、成立之谜》（《大阪大学大学院文学研究科纪要》第44 号）、松田吉郎《明清时代华南地域史研究》（东京：汲古书院，2002）分别研讨了东北、广东、华南以及台湾的移民社会的问题。

四、中国近代史像的重新构筑

1. 政治思想与政治过程

　　第三阶段（1980 年代以后）的中国近代史研究发生了很大变化。

---

　　①　安藤润一郎. 清代嘉庆、道光年间云南省西部的汉回对立. 史学杂志，2002，111（8）；黑岩高. 械斗与谣言. 史学杂志，2002，111（9）。
　　②　唐立. 16—17 世纪福建的竹纸制造技术. 亚非言语文化研究，1995，48/49。
　　③　森纪子. 清代四川的盐业资本//小野和子，编. 明清时代的政治与社会. 京都：京都大学人文科学研究所，1983。
　　④　安野省三. 明清史散论. 东京：汲古书院，2013；涩谷裕子. 清代徽州休宁县的棚民像//山本英史，编. 传统中国的地域像. 东京：庆应义塾大学出版会，2000。

其背景是中国本身的变化，从"文化大革命"失败向改革开放政策的转换；世界的时代状况亦有激变，苏联崩溃，社会主义圈消亡。作为历史研究本身所发生的变化，使很多研究者所依据的思考框架、发展阶段论框架发生动摇，与此互为表里的显著动态是人们力图超越囿于一国史的国族史研究视野。也就是说，摆脱图解式的认识，走向力图恢复历史本来面目的所谓"历史主义"的研究。此外，作为研究的物质条件，改革开放政策的一个重要结果是第一手材料的大幅度开放和公开出版，而在制度条件方面的变化也使留学和调查成为可能，这些都大大促进了研究者与研究对象本身接触的紧密度。作为其结果，中国近代史像的重新构筑有了大幅度的进展。

近代是东亚史的新时代。滨下武志（1943—）在《东亚国际体系》中，整理了各地区间的交易关系，指出由"中华"世界的朝贡册封体制所呈现的秩序关系，因西方各国进入而实现了条约体制。[①]　其中，对共属于中国和日本的琉球王国因所谓"废琉置县"而被明治日本合并的问题展开细致研究的是西里喜行（1940—）。西里在《册封体制崩溃时期的诸问题》当中，不仅具体阐明了中、琉、日三国互相缠绕的东亚国际关系重新编制的政治过程，且无损于琉球（冲绳）的主体性。[②]

冈本隆司（1965—）还进一步提出了朝鲜问题。对于清朝来说，朝鲜是最重要的朝贡国。冈本在《马建忠的朝鲜纪行》一文中，研讨了朝鲜在列强环视中，趁壬午军乱之机，确立起既是中国的"附属国"又具有"自主"的新的"宗属"关系的过程，实证性地分析了既往的朝贡册封体制本身在近代被重组并体现为新的关系的过程。[③]　此外，冈本隆司、箱田惠子（1975—）、青山治世（1976—　）的《出使日记的时代》（名古屋：名古屋大学出版会，2014）为作为清朝外交过渡时期的"洋务时期"（总理衙门时期）的中国知识分子与外国有着怎样的接触提

---

①　滨下武志. 东亚国际体系//有贺贞等，编. 讲座国际政治：1. 东京：东京大学出版会，1989。后收入氏著《朝贡系统和近代亚洲》（东京：岩波书店，1997）。

②　西里喜行. 册封体制崩溃时期的诸问题//复归20周年纪念冲绳研究国际研讨会执行委员会. 探索冲绳文化的源流. 1994。后收入氏著《清末中琉日关系史研究》（京都：京都大学学术出版会，2005）。

③　冈本隆司. 马建忠的朝鲜纪行. 史林，1999，82（6）。后收入氏著《在属国与自主之间》（名古屋：名古屋大学出版会，2004）。

供了一幅鸟瞰图。冈本还著有《中国之诞生——东亚的近代外交与国家形成》（名古屋：名古屋大学出版会，2017）一书，明确了所谓朝贡册封体制的实态，从外交史层面对清朝附属国和域内"属地（蒙古·西藏·新疆）"的"领土"化，即"中国之诞生"做出了不可动摇的实证。佐佐木扬（1948—2019）的《清末中国的日本观和西洋观》（东京：东京大学出版会，2000）对以郭嵩焘为首的清朝官员展开了广泛的考察和研究。

把儒学史的内部展开扩展到东亚规模的是岛田虔次的《黄宗羲·横井小楠·孙文》。[①] 岛田认为，孙文的共和思想源自黄宗羲，而横井小楠又在与黄宗羲时间、地点相隔的情况下完全独立地达到了同样的认识，这就说明儒教本来具有"民主主义性格"，因而具有近代意义。野村浩一《近代中国的政治文化》（东京：岩波书店，2007）对由"农民世界－皇帝＝官僚世界－乡绅世界"所构成的中国政治文化特性进行了政治学考察。对近代思想史上有特色的人物的研究代表，有高田淳（1925—2010）的庄子哲学与章炳麟关系的分析和竹内弘行（1944—）对康有为大同思想特征的研究。[②] 在康有为的个别研究方面尤其要提到的是王宝平（1957—　）的《康有为〈日本书目志〉出典考》（《汲古》57，2010）。该项研究依据1893年出版的《东京书籍出版营业者组合员书籍总目录》，破解了多年来的一个谜，即收录7000余种书籍的康有为《日本书目志》的来源问题。

这里还要顺便提到几种有关孙文的研究。孙文活跃于清末，缔造了民国，又和日本有着很深的关系，也正因为如此，这方面的研究日本也就更有优势。关于孙文打算割让满洲以换取日本援助的问题，有在孙文研究上留下业绩的藤井升三（1928—）的论文。藤井在《二十一条谈判时期的孙文与〈中日盟约〉》[市古（宙三）教授退官纪念论丛编辑委员会编《论集近代中国研究》，东京：山川出版社，1981]一文里公布了关于《中日盟约》的文件——1915年2月，孙文与山田纯三郎等人签

---

　　① 岛田虔次. 黄宗羲·横井小楠·孙文//孙文研究，1997，22。后收入氏著《中国思想史研究》（京都：京都大学学术出版会，2001）。

　　② 高田淳. 辛亥革命与章炳麟齐物哲学. 东京：研文出版，1984；竹内弘行. 康有为与近代大同思想之研究. 东京：汲古书院，2008。

署了类似于"二十一条"的在外交、军事、政治、经济上提携合作的《中日盟约》。在发表的当时，出现了相当多的来自相关方面的反对意见，但如今已经都作为事实来看待了。还有小野信尔（1930—）的《策电舰袭击事件》①，实证性地呈现了在第三次革命之际，孙文利用日本雇佣兵袭击政府军"策电"舰而后在围绕支付违约金问题上与日本所发生的纠纷。这两项研究都有助于呈现等身大的孙文形象，那些苦斗的足迹，给孙文的历史功绩进一步增添了光彩。另外，武上真理子（1961—2017）的《科学的人孙文——思想史的考察》（东京：劲草书房，2014），阐明了围绕孙文的清末的西洋医学状况和《实业计划》中的工学、技术的相位，在与科学相关的层面上考察了孙文思想。可以说打开了孙文研究的新局面。

上村希美雄（1928—2006）的《宫崎兄弟传》全6册②，是彻底忠实于自己信念的宫崎四兄弟（八郎、民藏、弥藏、寅藏）的传记。众所周知，弥藏以实现日本革命为己志，鼓吹"支那革命主义"，寅藏（滔天）继承前者的遗志，以孙文的"共和革命"为同调，是孙文终生的同志。八郎再一次投身于明治维新，败死于西南战争；民藏认为近代资本主义社会的根本问题在于土地私有制，倡导"土地均享人类大权"说。从书中简单的叙述里可以轻易看到四兄弟的生命历程与孙文的思想和行动有着很大的重叠，正因为如此，这部传记同时也就成了出自日本人之手的最为翔实而可信赖的孙文传。

近代当中的思想研究，也与世界史的展开相呼应而扩展到东亚范围。其基础是新的共通词汇的形成。众所周知，作为东亚中心语言的汉语曾在佛教传来时发生过很大的变化。在接受西方文明的近代，伴随"近代汉语"（和制汉语）的创出，东亚文明的变化超过既往。战后铃木修次（1923—1989）首先从事这方面研究。③除此之外，还有沈国威（1954—）的《近代日中词汇交流史》（东京：笠间书院，1994）、陈力卫（1959—）的《和制汉语的形成及其展开》（东京：汲古书院，2001）

---

① 小野信尔. 策电舰袭击事件//花园大学文学部研究纪要，2002，34。后收入氏著《青春群像》（东京：汲古书院，2012）。

② 上村希美雄. 宫崎兄弟传. 全6册（日本篇2册，福冈：苇书房，1974；亚洲篇3册，福冈：苇书房，1987—1999；完结篇1册，熊本：宫崎兄弟传完结刊行会，2004）。

③ 铃木修次. 汉语与日本人. 东京：美铃书房，1978。

等，值得一读的东西很多。"近代汉语"的形成与固化，意味着东亚进入了新时代。在"近代汉语"的语言学研究方面，日语学研究者有着相当丰富的积淀。若仅从文明史的视角来看，那么梁启超将明治日本文明史的成果固定在此前的中华世界，从而对确立起"近代东亚文明圈"发挥了决定性作用。狭间直树的《梁启超——东亚文明史的转换》（东京：岩波书店，2016）揭示了梁启超所发挥的这一历史作用。

在政治思想领域，研究中江兆民的宫村治雄（1947—）明确指出，梁启超介绍的西方思想家的大部分袭用兆民翻译的《理学沿革史》一书。① 京都大学人文科学研究所的梁启超研究也是在此影响下开展起来的。将此进一步推进的是石川祯浩（1963—）。石川的《梁启超与文明的视点》（狭间直树编：《共同研究——梁启超》，东京：美铃书房，1999）实证性地阐明了当时日本所接受的地理决定文明的思想，亦即作为所谓"普遍的法则"而涂抹了一个时代的"知"的层次关系。山室信一（1951—）在《作为思想课题的亚洲》（东京：岩波书店，2001）一书里，广泛讨论了在一个思想链条里，日本作为其中的一个环节对中国、朝鲜、越南的国民国家形成所发挥的作用。讨论日本、中国、朝鲜、越南的"言语与国家"问题的有村田雄二郎（1957—）、拉马尔·克里斯蒂（Christine Lamarre，1955—）合编的《汉字圈的近代》（东京：东京大学出版会，2005）。除四国语词之外，该书还把客家话置于视野之内进行了考察。

狭间直树（1937—）也探讨了那些具有规模性的东亚思想的发展。他在论文《中江兆民〈民约译解〉的历史意义》（石川祯浩等编：《翻译概念在近代东亚的扩展》，京都：京都大学人文科学研究所，2013）中，阐明了社会契约论如何成为近代东亚文明圈思想内容的一部分的过程，即梁启超将翻译《民约译解》的中江兆民称为"东洋的卢梭"，而且在介绍兆民翻译的过程中，他发现了"中国的卢梭"黄宗羲。

近代教育史的研究积淀深厚，阿部洋（1931—）的《中国的近代教育与明治日本》（东京：福村出版，1990）从异文化接触的角度明确指出明治日本取得的成果构成了清末民初中国学制的基础。该书广泛涉及

① 宫村治雄. 梁启超的西洋思想家论. 中国——社会与文化，1990，5。后收入氏著《开国经验的思想史》（东京：东京大学出版会，1996）。

了中国的留学日本活动和日本教习在中国的活动。作为个别研究，还有像孙安石（1965—）的《关于战前外务省向中国的留学生派遣》（大里浩秋、孙安石编：《从留学生的派遣看近代日中关系史》，东京：御茶之水书房，2009）那样的专项领域的研究。进入 21 世纪以后，研究经由日本容纳西方近代思想成为一种热潮，黄东兰的《近代中国的地方自治与明治日本》（东京：汲古书院，2005）讨论的则是构成国家行政基础的地方自治的问题。

女性史研究的兴盛，也可以说是这一时期的特色。"社会性别"的视点被带入并深化了这方面的研究。譬如，须藤瑞代（1973—）的《中国"女权"概念的变化——清末民初的人权与社会性别》（东京：研文出版，2007）结合词语的翻译史，阐明以男性的"民权（人权）"为视点展开的讨论产生了解决女性自己问题的"女权"的这一过程。另外，女性史研究的深化，还关系到对"男性性"的重新评估，产生了高嶋航（1970—）的《辫子与军服——清末的军人与男性性的重新构筑》（小滨正子编：《社会性别的中国史》，东京：勉诚出版，2015）。中国宋代以后的文明是一种鄙视"武"的奇怪文明，这曾让伯特兰·罗素（Bertrand Russell）感到大为震惊，但在甲午战争后这一文明迈出了新的一步。

2. 从地域社会看到的近代

谈到地域社会，首先会想到这是一个与国家相对的概念，后者通常拥有统一的国土。正像与近代国民国家相对的前近代王朝"国家"那样，两者大体上具有几乎相同的对应性，其几乎与"国家←→社会"这对概念相对应。

"地域"有多种含意。地域的第一要义是地理概念，但其通常伴随着政治的规定性而呈现在历史当中。中见立夫（1952—）在《地域概念的政治性》[①]一文里，对"满洲"，进而是"满蒙""蒙疆""东亚"等地域概念做了实证研究，指出这些地域概念都是为日本侵略、掠夺的需要而设定的。就连乍看上去很稳定的"华北"这个词，经久保亨（1953—）在《华北地区概念的形成与日本》（本庄比佐子、内山雅生、

[①] 中见立夫. 地域概念的政治性//沟口雄三，等编. 在亚洲思考 1：交错的亚洲. 东京：东京大学出版会，1993。后收入氏著《"满蒙问题"的历史构图》（东京：东京大学出版会，2013）。

久保亨编：《华北的发现》，东京：东洋文库，2013）一文中阐明而可知，这也是个对应日本的商业进入和军事侵略政策而伸缩的概念。

总之，过去的中国近代史研究基本上是基于发展阶段理论而作为国族史展开的，在对此做出重新评估之际，着眼于地域社会，必然会带来研究内容的多样化。这并不是说以前没有地域研究，而只是强调把视点设定在地域社会之上，由此去观察中国的历史而展现出一种新的研究姿态。横山英编的《中国的近代化与地方自治》（东京：劲草书房，1985）指出，伴随着"光绪新政"的开始实施，地域社会的领导层也着手近代改革，即开始实施"地方自治"，其着眼于"地方自治"值得注意。

这里还要提到沟口雄三（1932—2010）的《近代中国像没走形吗?》①。这篇文章在倡导第三阶段近代史研究的变化上发挥了很大的作用。沟口主张的一个核心就是，否定近代思想史当中"洋务—变法—革命"这一图式。由于是把中国与欧洲并列，把中国看作具有独自性格的多元世界当中的一种构成要素，所以沟口对新一代研究者产生了极大的影响。但同时也不能不指出，沟口提供的资料方式不一定正确，其批判方法也未必妥当。

选择某一地域展开研究，是为了指出该地域的特色，因此在地域研究当中，当地特有的历史性也被考虑进来。从这个意义上说，由地域社会之所见，意味着历史的多样性发现。在地域当中，小到村落，大到"华北"，广义、狭义，多样并存。社会便是与此相对应的、具有多种多样内涵的、极为一般意义上的"共同体"。

地域社会有时也被称作"中间团体"。地域是平面的，相对全国而言的部分，而与此相对，"中间"是假定有多重结构的概念设置。也就是把个人（家庭）置于基础位置，把统括性的国家放在最上层，而把有血缘、地缘和业缘的各个团体、宗族、村落、结社等作为摆在中间位置的团体（共同体）来看待。在那里，与交友、合作、生意、信仰等各方面相关的道德伦理和情操习俗都保持着各自的特性并发挥作用。

中国的近代，在社会生活的各个方面都伴随着与西方异文化的接触和摩擦。对于民众来说，最为典型的异文化是基督教。蒲丰彦（1957—）

---

① 沟口雄三. 近代中国像没走形吗?. 历史与社会，1983，2。后收入氏著《作为方法的中国》（东京：东京大学出版会，1989）。

的《中国的市场体系与基督教传教》（森时彦编：《中国近代的城市和农村》，京都：京都大学人文科学研究所，2001）对广东省东部地域社会的市场组织结构与传教关系做出了明晰的阐释。另一方面，佐藤公彦（1949—）的《1895 年福建古田教案》① 对发生在古田县一个小村庄的 11 个英国传教士被杀事件进行了调查，弄清了这起事件的原委。这是一个因底层民众的加入而发生变质的宗教结社团体，事件因其成员的排外感情和反官情绪的复杂纠结而爆发。与义和团相连之根，以各种各样的形态伏蔓于地下。关于国内矛盾爆发的研究有很多，藤谷浩悦（1958—）的《1910 年长沙抢米风潮与乡绅》② 指出，民众暴动基于地方规范和习俗而发生，乡绅们的动态与前者密切相关。作为地域领导层，最值得关注的是乡绅。

近代当中的最为典型的地域社会，是伴随产业化而出现的城市。小滨正子（1958—）的《近代上海的公共性与国家》（东京：研文出版，2000），就清末在政治上和经济上有了极大发展的上海，重点描述了以社团为基础的地方自治机构确立的过程。关于上海的研究有很多，木之内诚（1954—）、野泽俊敬（1949—）的《上海历史导游图》（东京：大修馆书店，1999）做得简洁实用。

众所周知，华侨对日本的开国起了很大的作用，其活动中心是横滨和神户。关于前者，伊藤泉美（1962— ）的《横滨中华街——从开港到震灾》（横滨：横滨开港资料馆，1994），全面呈现了到 1923 年大震灾为止的横滨华侨社会的状况。关于后者，有总结神户华侨百年史的中华会馆编辑，安井三吉（1941—）、陈来幸（1956—）、过放等人执笔的《落地生根》（东京：研文出版，2000）。陈来幸在神户、大阪华商研究的基础上，又以《中华民国成立与中华总商会秩序重组》［孙文研究会编：《辛亥革命的多元构造》（孙中山纪念会研究丛书 4），东京：汲古书院，2003］进一步探讨了国内总商会的发展，同时还着眼于海外总商会与该国行政制度的关系结构展开研究。还有《近代中国的总商会制

---

① 佐藤公彦. 1895 年福建古田教案. 亚非言语文化研究，2006，72。后收入氏著《清末的基督教和国际关系》（东京：汲古书院，2010）。

② 藤谷浩悦. 1910 年长沙抢米风潮与乡绅. 社会文化史学，1993，31。后收入氏著《湖南省近代政治史研究》（东京：汲古书院，2013）。

度》（京都：京都大学学术出版会，2016）。关于华侨史的研究成果有很多，最近以"海域"为对象的研究开始活跃起来。这方面值得注意的有广泛探讨福建人活动的村上卫（1973—）的《海洋之近代中国》（名古屋：名古屋大学出版会，2013）。

国内城市的发展大抵仍依存于既往的领导层。吉泽诚一郎（1968—）的《天津的近代》（名古屋：名古屋大学出版会，2002）以北方大城市天津为例，讨论了"清末城市的政治文化与社会合并"，指出清末的城市化正如在巡警的创办上所看到的那样，带来的是官方权力的增大。城市的发展也伴随着农村的变化。西川正夫（1930—）的《四川的乡村社会》（私家版，金泽：2008）详查地方志和宗谱族谱，追踪了辛亥革命前后的乡绅像。还有，太田出（1965—）、佐藤仁史（1971—）编的《太湖流域社会的历史研究》（东京：汲古书院，2007）也是基于地方文献和当地调查所获得的成果。

采取所谓地域社会的视点，几乎必然将历史活动的舞台求诸地域社会，并在其中探讨发展动因。在这种情况下，日本的绝大多数论者所依据的是内藤湖南《支那论》（1914）的立论，即认为中国与其说是一国，倒不如说"乡党、宗族"等地方自治团体才是"有生命，有体统的团体"。《支那论》出版发行已经过了一个多世纪，其影响力仍相当大。当然，研究地域社会，研究者并非没有考虑到将各个地域与国家的关系纳入视野，但论点往往避免不了重视社会重于重视国家的倾向。给这种倾向投下一石的是夫马进。他的《中国诉讼社会史概论》（夫马进编：《中国诉讼社会史的研究》，京都：京都大学学术出版会，2011）指出中国是一个由国家权力控制的诉讼社会。夫马和他的研究小组，精密地分析了包括庞大的《巴县档案》等在内的作为基础资料的地方档案，阐明国家权力在征税之际，不仅波及乡村，甚至延伸至每家每户；地域发生纠纷最终不是由乡村、宗族等"自治"来处理，而是由官府来进行最后裁决。虽然以某一时期和某一地域的探讨结果作为整个中国的特征，其主张有抑制的必要，但根据基层社会的根本资料（档案）归纳结论，其意义重大。这一新动向值得注意。

最后，作为与外国合作的研究成果，还要提到《清末中国与日本》（东京：研文出版，2011）一书。这是村田雄二郎教授招聘孔祥吉研员（1943—）来东京大学所获得的共同研究成果。对于近代史的研究者来说，这是一项以熟识的日本《外务省记录》等为基础资料，与中国在该方面研究的第一人开展合作，共同开创新领域的举措。笔者强烈希望这种尝试，不仅跟中国，也能在跟韩国和其他国家之间广泛展开。

第四节　结　语

以上按三个时期，介绍了近一百年日本的清史研究的概况。随着20世纪东亚历史的大变动，日本清史学者的问题意识也有所变化。日本的研究者虽然一直强调立足史料的实证研究，但同时也通过清史研究而致力探讨自己所面临的现实课题。相信这既是日本清史研究的短处，同时也是其长处。中国读者在阅读日本的研究之际，若能不仅对其所论证的事实表示关心，同时对日本的研究者为何研究这样的问题持有兴趣的话，则十分幸甚。

参考书目

日本的清史研究涵盖的分野较大，相关著作为数颇多，在本章的篇幅内没法做网罗性整理。因此在这里想介绍一些入门书、目录书以及主要杂志，为读者更为详细的调查提供线索。

[入门书]

目前日本没有以清史为范围的入门书，但是下面有关中国史或者亚细亚史的入门书详细介绍了日本清史研究的动向。

山根幸夫编：《中国史研究入门》上、下（东京：山川出版社，1983）

岛田虔次等编：《亚细亚历史研究入门》Ⅰ、Ⅱ、Ⅲ（京都：同朋

舍，1983)

辛亥革命研究会编：《中国近代史研究入门》（东京：汲古书院，1992)

砺波护等编：《中国历史研究入门》（名古屋：名古屋大学出版会，2006)

桃木至朗编：《海域亚细亚史研究入门》（东京：岩波书店，2008)

小松久男、荒川正晴、冈洋树编：《中央欧亚史研究入门》（东京：山川出版社，2018)

此外，《岩波讲座"帝国"日本的学知》全 8 卷中与战前日本的中国研究相关的内容较多，各卷包括文献解题。

[目录书]

《东洋学文献类目》（京都大学人文科学研究所东亚人文情报学研究中心）

1935 年以来，每年把世界有关东洋学的著作（书籍、论文）分类整理而由京都大学人文科学研究所东亚人文情报学研究中心出版。现在进行电子化工作，在网上可以检索：http://ruimoku.zinbun.kyoto-u.ac.jp/。

[主要杂志]

《史学杂志》（东京：公益财团法人史学会）

每月刊行。每年 2 月号、6 月号、10 月号收录有关亚洲史的论文目录。每年 5 月号是"回顾与展望"特辑，按分野总结日本史学界前一年的研究成果。

《东洋史研究》（京都：东洋史研究会）

每年四次刊行。各号收录有关亚洲史的论文目录。

《东洋学报》（东京：东洋文库）

每年四次刊行。

《东方学》（东京：东方学会）

每年两次刊行。

第二章　清学传统的继承
与韩国清史研究的展望[*]

金成修　著

第一节　绪论：如何定义韩国清史研究之开端

　　19世纪末，随着帝国主义势力的扩张，朝鲜朝廷没有把握好改革机会。1910年，大韩帝国在政治上丧失了独立地位。从19世纪末到20世纪中后期，韩国社会经历了约一个世纪的风波激浪。尤其是在20世纪50年代以前，韩国几乎没有建立起有水准的研究机构。这意味着韩国学术界经历了严重的断层。在经历20世纪50年代至60年代的过渡期后，韩国慢慢出现了包括大学、研究会在内的各种国立或民立研究机构。这在清史研究方面也不例外。

　　目前，在韩国的大学学科（系）中，史学系、国史学系、东洋史学系、西洋史学系、历史文化系、历史教育系（属于师范、教育类大学）、基础教育或教养教育系等单位担当着历史研究与教育的使命。除本国史以外，在外国历史研究中，专门探究中国历史的研究者及相关研究成果所占比率相当高。这也许是由儒学研究传统、悠久的韩中关系等韩国历史的特殊情况所引起的。在韩国历史上各朝代都与中国古代国家有着密切关系，以上现象是很自然的，其中更为突出的是明清史研究的成果众多。这些现象也许由朝鲜时代历史研究的重要性反映到当前国内世界史

　　* 金成修（1969—），女，韩国首尔科技大学人文社会学院教授。

研究而造成的。

作为清史研究一百年的纪念活动，本章主要介绍韩国清史研究的历史进程。从中国历史以及历史学发展的角度看，清史研究一百年的开端应该与辛亥革命以后民国政府新建官方以及民间教育、研究机构的活动有关，即现代教育机构以及学科建立以后研究清史的历史。如此一来，本章也许不大适合展示朝鲜时代古人对清朝的关注。这样本章的叙述只能从 20 世纪 60 年代开始。

可从另一角度看，我们不能忽略韩国传统时代对清朝的关注、情报与知识的积累，这是韩国清史研究中不能遗漏的底色。从这一问题意识出发，笔者提议开拓"朝鲜清学"的新领域。目前国内将"清学"这一词汇偶尔使用在朝鲜时期有关满语的学问或"司译院"之官名。笔者建议这一狭窄的概念，重新建立"朝鲜清学"的概念，包括朝鲜对清朝多方面的知识与研究。过去所谓"北学"或"实学"的部分内容也可以形成"朝鲜清学"。17 世纪以来，对朝鲜官僚、士大夫（两班）来说，了解中国是至关紧要的现实。明清交替，国内外的混乱逐步安稳下来，朝贡使臣、商贾频繁交往，建立了两国之间信息与物产流通的网络。这是"北学派"或"北学"出现的时代背景。

同清朝一样，朝鲜盛于 18 世纪。洪大容（1731—1783）、朴趾源（1737—1805）、朴齐家（1750—1805）等参加过朝贡使团。以他们为中心有燕行经验的几位学者被称为"北学派"。虽然在《湛轩书》《燕岩集》《北学议》等文集中，他们介绍了清朝的新学风以及西学，但是由于朝鲜国内保守的政治气氛，北学没有形成主流思想。[①] 事实上，与清朝交流的频繁程度相比，当时朝鲜除了官方外交文书以外，有关清朝的资料或记录，留下的数量与范围确实有限。不过对清外交文书之总汇《同文汇考》[②] 以及朝贡使臣与随行人员留下的多种"燕行录"，是在史学界受重视的代表性著作。

"燕行录"最近在清史研究界备受关注，大家都能够据此了解到朝

---

① 洪大容. 湛轩书. 首尔：一潮阁，2001；朴趾源. 燕岩集. 首尔：民族文化推进会，2004；朴齐家. 北学议. 首尔：乙酉文化社，2011。以上文集在韩国古典翻译院网站（www.itkc. or. kr）上可以查到。

② 同文汇考. 首尔：国史编纂委员会，1978。

贡关系比较细致的地方，将来可以进行微观角度的分析。可是如上所述，北学派没有成为当时主导政治势力，"燕行录"的内容也反反复复，互相模仿，重复的地方也不少。这也许表明使臣对记录燕行的态度，或者说明使臣对留下记录的犹豫态度。反而为了教育译官，国家出版了不少满语教科书，比如《清语老乞大》《三译总解》等所谓"清学四书"、《同文类解》、《方言集释》等等。① "清学训导"是礼曹附属"司译院"的满语教师，可是其他部门没有使用过"清学"这一词汇，再说没有正式形成过专门研究领域——"清学"。

整理朝鲜时代有关清朝的记录是清朝灭亡之后，朝鲜或者其继承政权与本国历史学界一起要进行的一项重要工作。可是众所周知，清朝灭亡之前朝鲜政府就已经失去了主权。1919 年流亡政府在中国开始活动，可是它没有考虑历史编纂。一瞬间断绝了历史与传统，没能预料到要恢复需要多长时间。为了重新了解朝鲜清学，下面第三部分"朝贡与燕行录：探索朝鲜'清学'的可能性"将探讨这段历史与文献研究。

接着我们谈论现代研究机构的清史研究状况。如上所述，韩国学术界不能从 20 世纪初开始叙述本国研究清史的历史。1910—1945 年，韩国经历了 36 年的日本殖民统治，国内把它叫作"日帝强占期"。一开始朝鲜总督府取消了各种社会团体，包括各种学会，不允许朝鲜民众进行学术活动。1919 年三一运动之后，朝鲜总督府开始强调"文化政治"，但隐瞒了殖民政策破坏朝鲜社会的方方面面，只是表面上允许研究朝鲜文化、语文等活动。在这种情况下，出现了朝鲜语学会（1921 年成立）等机构。在如此黑暗时期出现的研究机构主要研究领域限于朝鲜语文、文化等方面。当时朝鲜的历史研究是非常敏感的问题，因此朴殷植（1859—1925）、申采浩（1880—1936）、郑寅普（1893—1950）等韩国史学家在中国进行学术活动，出版了标志性著作。② 这些活动基本上围绕爱国主义活动以及独立运动进行。因此，此时外国历史没有引起大家的关注，同时国内学界力量也远远不够研究外国史，包括清史。

---

① 清语老乞大. 首尔：博文社，2012；三译总解. 首尔：弘文阁，1995；同文类解. 首尔：弘文阁，1995；方言集释. 奎章阁韩国研究院奎章阁书库所藏本。

② 朴殷植. 韩国痛史. 李章熙，译. 首尔：博英社，1996；朴殷植. 韩国独立运动之血史. 南晚星，译. 首尔：瑞文堂，1999；申采浩. 朝鲜上古史. 首尔：萤雪出版社，1983；郑寅普. 朝鲜史研究. 首尔：延世大学出版部，1983。

　　20 世纪 20 年代以后，在殖民地朝鲜出现了一些变化。其一，朝鲜总督府设立了朝鲜史编修会，其前身为 1916 年的朝鲜半岛史编撰委员会。其二，1926 年 5 月 1 日，京城帝国大学开校。其三，1930 年，学术界组织了青丘学会。为了新修属于日本史的殖民地朝鲜的历史，朝鲜史编修会主要担任收集资料以及编撰与国史（即日本史）不冲突的朝鲜历史的工作。其编修官中有稻叶岩吉（1876—1940）和濑野马熊（1874—1934）。他们是在满铁历史地理调查室工作过的满洲专家。尤其是稻叶岩吉于 1900—1901 年赴中国留学之后，在 1905 年参军，从事翻译工作。后来他在 1908—1914 年又参加满铁历史地理调查室工作。在内藤湖南（1866—1934）的推荐下，他加入了朝鲜史编修会。当时他强调满鲜之间历史不能分割的观点，比如他主张朝鲜半岛的地理环境引起了满洲与朝鲜之间悠久的关系，因此形成朝鲜历史的主要王统都来自满洲的观点。满鲜一直存在一个经济圈，在历史上物流、人流交往很频繁，所以满鲜是一体的。① 当然，上述主张直接联系到当时日帝的东亚政策，能够说明朝鲜的历史地位。从此可以看到帝国主义日本的满鲜史研究很可能影响到 1920 年代以来韩国历史学界对东亚的看法。

　　1926 年，京城帝国大学开校，建立了法文学部。法文学部下面开设了法学科、哲学科、史学科、文学科等四种专业。其中史学科有国史学（即日本史）、朝鲜史学、东洋史学三种专业。虽然 1928 年金子光介开设西洋史学课程，可是没有西方历史专业。为了发展东洋史学专业，学校邀请了玉井是博（唐代制度史）、大谷胜真（西域史、渤海国史、东洋史学概说，朝鲜史编修会出身）、鸟山喜一（中国中世史、金代文化史）、市村瓒次郎（东洋史）、田中丰藏（东洋美术史）、藤塚邻（中国哲学）、秋叶隆（社会学）、奥平武彦（外交史、满洲国际关系史）等教授。在他们的努力下，东洋史学专业慢慢形成了中国史和满鲜史两大研究课题。②

---

　　①　金宣旻. 满鲜史、满学、满洲学. 明清史研究，2012，38：89-126。
　　②　朴光贤. 东洋史学在京城帝国大学. 韩国思想与文化，2005，30（1）：283-313；白永瑞. 东亚之归还. 首尔：创作与批评社，2000：133-134。最近出版了一本有关日帝强占期殖民史学如何定位朝鲜历史与东洋史的专著，其中介绍了 20 世纪初在韩国进行过研究活动的日本学者. 尹海东，张信，等编. 帝国日本的历史学与"朝鲜". 首尔：昭明出版，2018。

据统计，在 1929—1942 年，东洋史学专业 34 名毕业生中有 15 名是朝鲜人。文科毕业生野崎氏治在回忆中也提到 1943 年 12 月以后，京城帝国大学几乎没有学生读书而都被征募到战场。[①] 所以我们只能利用 1942 年以前的统计。其中郑在觉（主攻明代兵制，就职于高丽大学）、蔡义顺（主攻北宋乡兵，就职于东国大学）、金声均（主攻清太宗时期与朝鲜关系，就职于庆熙大学）等继续从事东洋史学研究，而一部分学者参加了朝鲜人民政府，后来踪迹不详。如此看来，当时东洋史学专业的特色不是很明晰，可是从青丘学会的成立可以看出，朝鲜东洋史的目的在于"建立与中国史（支那史）分离的东洋史"，也就是满鲜史。

青丘学会基本上是以京城帝国大学法文学部、朝鲜史编修会的主要人员以及日本留学派学者为主体而成立的研究机构。1930—1939 年，学会发行了《青丘学丛》。它的研究方向主要包括满鲜等远东地区的历史与文化。此外，在参加青丘学会的学者中，李丙焘（1896—1989）等发起了另一个学会，即震檀学会（1934 年 11 月）。它主要研究朝鲜历史、语言、文学、艺术，以及东亚地区文化与历史，这实际上是包括东洋史研究在内的第一个民间研究机构。1934—1941 年，震檀学会一共发行了 14 期《震檀学报》杂志。孙晋泰（1900—1950）和都宥浩（1905—1982）等人在《震檀学报》发表文章，介绍国外社会史和民俗学等新学问。[②] 不过，这时还没有出现专门研究清史的队伍。

第二节　研究机构的成立与清史研究的起步

一、"东洋史学会"的活动与清史研究在韩国

二战以后，韩国社会尚未恢复稳定，又陷入内战状态。1953 年休

---

① 丁仙伊. 京城帝国大学创立 50 周年纪念《遥远清空》殖民地朝鲜帝国大学日本人教授、学生的观点. 韩国教育史学，2008，30（1）：151 - 159。

② 孙晋泰从事民俗学研究，曾留学日本，发表有关中国民间信仰的文章。都宥浩从事考古学研究，曾在德国、奥地利留学。当时有关中国社会史和都市史方面的文章，主要在《震檀学报》、《新民》（月刊，1925—1930）、《三千里》（1929—1942）等杂志上发表。

战之后，又过了 10 余年，东洋史学界开始活动，于 1965 年成立了东洋
史学会。其中闵泳珪（1915—2005）、全海宗（1919—2018）、李龙范
（1921—1989）、尹南汉（1922—1979）、高柄翊（1924—2004）、黄元九
（1929—2004）、闵斗基（1932—2000）等学者开始进行了与清史有关的
工作。因为他们是在汉学的基础上从韩国国学研究开始投身于东洋史或
者中国历史，所以研究范围不限于清史，包括了不少与朝鲜史有关的内
容。从与清史有关的研究成果来讲，韩中关系、儒学和清末改革思潮等
问题成为当时研究主流。各项研究内容与意义详述在第三节到第六节。

学会成立第二年，即 1966 年 10 月，东洋史学会发行了《东洋史学
研究》，到 2007 年 9 月发行了第一百辑特辑号。① 1984 年以前，杂志每
年发行一次，从 1984 年开始一年发行两次，到 1992 年开始一年发行四
次。此后，该杂志一直保持每年四次的刊发频率。除了定期发行《东洋
史学研究》以外，学者们还一起出版了不少有关东洋史的史料集、通史
性研究丛书等，奠基了韩国东洋史的发展基础。

随着研究队伍规模扩大、研究方向多元化，从 1983 年开始，东洋
史学会分为几个分组学会进行活动。从 1990 年代开始，这些分组学会
正式成立独立学会，比如中国古中世史学会（1984 年）、宋辽金元史研
究会（1995 年）、明清史研究会（1983 年，1995 年改名为"明清史学
会"）、中国现代史学会（1992 年）等。② 后来分组学会在运作中遇到
了断代问题，比如明清史学会与中国近现代史学会之间以辛亥革命为
界，所以中国近现代史也被称为"民国以来"的中国历史。不过，清末
与近代中国研究之间存在交叉性问题。类似现象也发生在其他领域，譬
如唐宋元明时期的历史研究等。因此，随着研究环境的变化，将来这些
分组学会的名称或者断代方式也会有所改变。

下面的表格介绍了 1966—2014 年在《东洋史学研究》上发表的中国
历史研究的论文数量、每个分组领域的论文数量以及明清史研究论文所

---

① 丘凡真. 从统计看《东洋史学研究》. 东洋史学研究，2007，100：217 - 247。
② 中国古中世史学会的沿革如下：1984 年成立了魏晋隋唐史学会，2004 年与先秦秦汉
史学会合并为中国古代史学会，发行了《中国古代史研究》，2005 年重新改名中国古中世史学
会，目前发行《中国古中世史研究》。中国近现代史学会的沿革如下：1992 年 1 月中国现代史
学会成立，与后来 1998 年 4 月成立的中国近代史学会合并于 2002 年 3 月，出现了中国近现代
史学会，发行的刊物也更名为《中国近现代史研究》，截止到 2014 年 12 月发行 64 辑。

占的比率。目前韩国研究清史的活动基本上与明史研究连在一起，因此没有做出清史研究单独的统计。①

表 2 - 1　　　　1996—2014 年在《东洋史学研究》上发表的论文统计

分期	中国历史论文总数	古中世	宋辽金元	明清	民国以来	明清史比率
第一期：1 ～ 10 辑 （1966.10～1976.05）	23	5	8	9	1	39%
第二期：11 ～ 20 辑 （1977.02～1984.12）	23	4	6	9	4	39%
第三期：21 ～ 30 辑 （1986.06～1989.05）	29	12	0	14	3	48%
第四期：31 ～ 40 辑 （1989.09～1992.07）	28	9	4	7	8	25%
第五期：41 ～ 50 辑 （1992.10～1995.04）	29	7	2	13	7	45%
第六期：51 ～ 60 辑 （1995.07～1997.10）	44	9	4	18	13	41%
第七期：61 ～ 70 辑 （1998.01～2000.04）	43	10	5	16	12	37%
第八期：71 ～ 80 辑 （2000.07～2002.10）	48	17	5	14	12	29%
第九期：81 ～ 90 辑 （2003.01～2005.03）	44	10	6	13	15	29%
第十期：91 ～ 100 辑 （2005.06～2007.09）	53	24	4	11	14	21%
第十一期：101～110 辑 （2007.12～2010.03）	61	17	13	16	15	26%
第十二期：111～120 辑 （2010.06～2012.09）	64	18	18	16	12	25%
第十三期：121～130 辑 （2012.12～2014.03）	64	25	14	16	9	25%
总计	553	167	89	172	125	31%

① 本表从第一期到第十期的统计来自：丘凡真. 从统计看《东洋史学研究》. 东洋史学研究，2007，100：233。

　　从以上统计看，与明清史有关的文章在整个《东洋史学研究》发表的论文中所占比率相当高，在第五期、第六期（1990 年代中叶）达到41%～45%，到 2014 年总计也达到了 31%。从上面表格可以分析出如下几点：

　　第一，中国明清时代相当于韩国的朝鲜时代。这一时期资料比其他时代更丰富，朝鲜与明清两朝的关系也非常密切，本国史研究者对明清史有浓厚兴趣。因此，朝鲜史与明清史研究者之间交流频繁。其实不仅是交流，有时研究者自身也担当两种角色。例如，1950—1960 年代有几位学者，比如黄元九从朝鲜史转到明清史领域，这在韩国并不罕见。最近做明清史的年轻学者继续写关于燕行、朝鲜政治、朝鲜学术史等方面的文章。可以说，韩中关系史在韩国明清史学界有着特殊位置。

　　第二，1992 年，韩中两国建交引起的政治环境变化对学术界影响非常大。从《东洋史学研究》创刊到第五期（1992—1995），每十辑发表 20 多篇关于中国历史的文章，到了第六期（1995—1997）之后，每期中国史的文章多达 40 多篇甚至是 60 多篇。当然，规模的膨胀不一定代表质量的优秀，可是与中国学术界直接的交流、考察的机会以及留学、接近档案资料等研究环境的改善对推进韩国的中国历史研究起了积极作用。

　　第三，第七期，即 1998 年以来明清史的研究成果在《东洋史学研究》中所占的比率为什么下降了呢？可以说最大的原因在于表面上研究成果数量增加，而新的研究队伍却尚未充分形成。从 1997 年开始发行一年两次的《明清史研究》，而且研究清末的学者开始参与 1998 年成立的中国近代史学会，该学会从 2000 年开始发行《中国近代史研究》。如此，1990 年代后期以来定期发行刊物的增加影响到《东洋史学研究》上发表的有关明清史研究成果的数量和比率。

　　当然，《东洋史学研究》不能说是唯一研究东亚、中国历史的杂志。震檀学会（1934 年，发行《震檀学报》）、韩国中国学会（1962 年，发行《中国学报》）、历史学会（1966 年，发行《历史学报》）、中国史学会（1986 年，发行《中国史研究》）等也发行自己的杂志。但是，不能否认，东洋史学会在亚洲历史研究中所占据的代表性地位以及它的学术担当，清史研究也是它的重要组成部分。

二、"明清史学会"的活动与清史研究在韩国

1983 年 11 月 26 日，在吴金成（首尔大学东洋史学系）、崔韶子（梨花女子大学史学系）、崔甲洵（韩国外国语大学史学系）等几位教授的发起下成立了明清史研究会（1995 年改名为"明清史学会"）。到 1988 年，当时国内研究明清史的领先学者，比如曹永禄、申龙澈、权重达、金钟博、朴元熇、全淳东、郑台燮、尹贞粉、宋正洙、金弘吉、朴基水、郑哲雄、元廷植等都陆续参加了该学会并出任会长。因此明清史学会开始正式成为有代表性、全国性的明清史学研究机构，目前有 200 多会员参加学会的活动。因为明清时期正吻合朝鲜时代，所以学会中有不少研究朝鲜史的韩国史学者。学会于 1992 年开始发行《明清史研究会会报》，到 1994 年 12 月从第三集开始改名为《明清史研究》。

明清史学会一开始每月举行两次研讨会，发表论文或者研读史料，会员之间共同交流研究课题或国外研究成果、史学界的信息等。这对研究水平的提高起到不可忽视的作用。目前明清史学会大约一个月举行一次研讨会。其阅读会选过以下明清时代资料与国外代表性著作，譬如何炳棣、瞿同祖、郑天挺、丁易等的著作，以及《明夷待访录》、《日知录》、《皇明经世文编》和《皇朝经世文编》等。[1] 其中，何炳棣的著作被翻译为《从社会史观点看中国科举制度之研究》[2]，张仲礼的研究被翻译为《中国绅士》。[3] 近几年，学会继续组织阅读《贵

① 何炳棣. 明初以降的人口及相关问题，1368—1953（Ho Ping-Ti. *The Ladder of Success in Imperial China*：*Aspects of Social Mobility*，*1368—1911*. New York：Columbia University Press，1962）（可参见葛剑雄的中译本，北京：生活·读书·新知三联书店，2000）；瞿同祖. 清代地方政府（Ch'u T'ung-Tsu. *Local Government in China under the Ch'ing*. Cambridge：Harvard University Press 1962）（可参见范忠信的中译本，北京：法律出版社，2003）；郑天挺，主编. 明清史资料. 天津：天津人民出版社，1980；黄宗羲. 明夷待访录. 标点本. 北京：中华书局，1985；丁易. 明代特务政治. 香港：波文书局，1950.

② 何柄棣. 从社会史观点看中国科举制度之研究. 曹永禄，等译. 首尔：东国大学出版部，1987.

③ 张仲礼. 中国绅士——关于其在 19 世纪中国社会中作用的研究（Chung-Li Chang. *The Chinese Gentry*：*studies and Their Role Nineteenth Century Chinese Society*. Washington：University of Washington Press，1955）；张仲礼. 中国绅士. 金汉植，郑诚一，金钟健，译. 首尔：新书苑，1993.

州苗族林业契约文书汇编》。可以说，学会引领了 1980 年代后期开始的介绍国外研究成果的热潮。

明清史学会出版了集体研究成果《明末清初社会研究》。这是关于明末清初时期的综合性研究，同时也是韩国明清史学界集体研究的重要成果之一。其中一些论文反映了当时学界关注明末清初社会变动的情况。①

首尔大学东洋史学研究室编辑的《讲座中国史》7 卷中第四卷、第五卷包括明清史方面的文章。计划本系列的最重要的目标是以此作为研究入门书，介绍目前有关部门的研究动向、热门领域等，促进明清史学界的参与和发展。不少明清史学会会员参与其中，如曹永禄、吴金成、崔甲洵、崔晶妍、金斗铉等。他们在第四卷《帝国秩序之完成》中探讨了明末清初社会变化，明清政权的统治体系，国家权力与绅士、思想、阶级斗争等问题，接着在第五卷《帝国秩序的动摇》中，载入了第一、第二次鸦片战争以及太平天国、洋务运动等方面的文章。上述活动成果是该学会与韩国明清史学研究逐渐开始成熟的标志。②

为纪念明清史研究会成立 10 年，从 1992 年起，该研究会成立夏季研讨会。为了整理发表夏季研讨会的成果，该研究会开始发行《明清史研究会会报》（1992 年 12 月）。到 1994 年改名为《明清史研究》，至今未变。它不仅收录研讨会的成果，而且登载有关明清史、朝鲜史、韩中交流史等方面的论文。《明清史研究》一开始每年 12 月份发行一次，而到 1997 年开始一年发行两次，分别在 4、10 月份，目前发行到了 42 辑（2014 年 10 月）。另外明清史学会作为东洋史学会的分组学会，也继续参加"全国历史学大会"，每年 10 月（2010 年以前每年 5 月开会）在两天的大会上组织明清史研讨会，参加全国性历史研究者的盛会，而且每年 4 月—5 月中也组织明清史研讨会参加东洋史学会的春季研讨会（2010 年以前开"秋季研讨会"）。为了初步了解该学会的活动内容，以

① 这些论文包括，曹永禄《明末清初东林、复社运动》、吴金成《明末清初商品经济的发展与资本主义萌芽论》、权重达《明末清初经世思想》、朴元熇《明末清初民众叛乱》、崔韶子《明末中国世界秩序之变化：壬辰、丁酉倭寇祸》等。详见：吴金成，等. 明末清初社会研究. 首尔：한울아카데미（Han-Ul Academy），1990。

② 首尔大学东洋史学研究室，编. 讲座中国史：1—7 卷. 首尔：知识产业社，1989。

下简单介绍明清史学会的夏季研讨会。①

表 2 - 2　　　　　　　　1992—2014 年明清史学会夏季研讨会主题

次数	时间	研讨会主题	国内学者论文主题	国外学者论文主题
1	1992.7	明清社会经济	赋役制度、保甲制	无
2	1993.7	明末清初思想与文化	阳明学、清初经世思想	无
3	1994.7	明清时代学术与宗教	山东、辽东等地域史、李卓吾研究、考证学派等思想史	无
4	1995.7	明清区域史研究的诸问题	李俊甲（成都府商业）、郑哲熊（扬子江中流商品经济）、朴基水（广西客民）	无
5	1996.7	明清政治与对外关系	韩中关系史、福建区域史、思想史（李鸿章）	无
6	1997.7	清代教育、科举制度	台湾义学、近代科举（2篇）、江苏灾害、两广移民	无
7	1998.7	明清社会变动与商人	徽商、江西商人、广东商人、湖南商品流通、江南纺织业	无
8	1999.7	入关前满洲史的诸问题	满蒙关系、赫图阿拉城、江南水利、思想史、太平天国史	无
9	2000.7	明清时代商品流通与市场	广东经济作物、福建商人、四川米粮市场、山东商业、萨尔浒战斗	无
10	2001.7	明清时代宗教与社会	民间思想、民间宗教（3篇）	无
11	2002.7	明清时代城市在东亚	江南文庙在城市的功能、新县与市镇、朝鲜城市	无

① 1992 年韩中建交以后，韩国学者参加过不少在中国举行的有关清史的国际研讨会。《明清史研究》也介绍了不少活动，在杂志上发表了有关活动的参观记。这些研讨会包括明史国际学术讨论会、第十届中国社会史学会年会暨"礼仪、习俗与社会失序"国际学术研讨会（2004 年）、第二届国际秘密社会史国际学术研讨会等。

续前表

次数	时间	研讨会主题	国内学者论文主题	国外学者论文主题
12	2004.2	创立二十周年纪念国际学术大会，21世纪明清史研究方向之新探索：（1）明清政治与国家，（2）明清时期东北亚形势与国家认识，（3）明清时期物流与风俗	曹秉汉（戴震与国家理念）、卢基植（满蒙交替在辽东）、尹贞粉（儒家政治与《大学衍义补》）、朴基水（广东定期市）、李俊甲（太平天国时期四川食盐在湖南、湖北市场的作用）	南炳文（明代国家祭祀）、郑振满（乡族与国家）、岩井茂树（清、朝鲜、对马）、岸本美绪（"后16世纪问题"与清朝）、林丽月（晚明消费文化）
13	2004.7	16—17世纪东亚国际环境的变化	卢基植（满蒙朝关系中东亚情势）、金成修（满蒙与藩部体制）、闵德基（17世纪日本外交）、韩明基（明清交替与朝鲜）	高艳林（明代韩中关系）
14	2005.7	东亚国际关系中朝鲜与中国	宋美玲（康熙东巡）、车琼爱（义和团活动前后朝鲜国际环境的变化）、尹贞粉（《大学衍义补》与正祖改革政治）	荷见守义（明代档案研究：辽东档）、张杰（关于《燕行录》的"未详"作者及其他）
15	2006.6	明清时代环境与社会	郑哲熊（19世纪社会秩序与环境）、金文基（17世纪江南小冰期气候）、姜判权（清代安徽森林与生态环境）	上田信（福建风水与森林保护）、宫嵜洋一（长江中流水灾发生状况）、邱仲麟（明代烧荒考）、则松彰文（清代中期生活环境与奢侈）
16	2007.7	无	申龙澈（李卓吾研究）、车惠媛（名臣孙嘉淦与乾隆盛世）、李和承（清代经元善与商人的社会活动）	王宪明（严复译《群学肄言》的语境和跨语际文本考察）

续前表

次数	时间	研讨会主题	国内学者论文主题	国外学者论文主题
17	2008.7	燕行学与韩中关系	崔韶子（燕行录研究）、徐仁范（燕行录的史料价值）、李庆龙（16 世纪末韩中学术论辩）、金暻绿（朝鲜对中国使行）、宋美玲（入关前沈阳馆）、郑恩主（燕行使者的西洋画认识与写真术）	无
18	2009.7	如何看清史	徐正钦（入关前清史断代）、俞长根（汉毛主义之近代像与清朝之近代像）	冯尔康（清史的历史特征）、石桥崇雄、平野聪、李宪堂（明清社会经济中白银）
19	2010.7	利玛窦与 16—19 世纪东西文化交流	林宗台（西方物质文化对朝鲜衣冠的影响）、宋美玲（耶稣教传教士认识的明清交替）、金相根（利玛窦研究）、安大玉（利玛窦普遍主义）	无
20	2011.7	银流通与消费文化于 16—18 世纪东亚贸易	李宪昶（银流通与消费文化在朝鲜）、洪性和（18 世纪江南地区货币使用与物价）	相原佳之（清代贵州林业与银流通）、何平（明清货币制度中白银供求）、巫仁恕（明清士商消费文化与男性特质）
21	2012.7	明清与朝鲜在东亚：21 世纪与韩中关系史	崔韶子（韩中建交 20 年之际：明清与朝鲜）、李永玉（实录中朝鲜与清朝的称呼）、金宣旻（满鲜史、满学与满洲学）、南义铉（柳条边）、桂胜范（朝鲜之长久性与韩中关系）、白玉敬（18 世纪燕行使臣之活动）	无

续前表

次数	时间	研讨会主题	国内学者论文主题	国外学者论文主题
22	2013.7	创立三十周年纪念国际学术大会：从周边看的明清	金洪吉（明代苗乱与苗疆）、尹恩淑（兀良罕三卫与明蒙关系）、郑东勋（明朝外国使臣识别法）、韩知璇（荷兰东印度公司在台湾）	麦哲维（Steven B. Miles，流散、帝国与边疆）、祝平一（《御制天主堂碑记》研究）、杨雨蕾（朝鲜燕行录中夷齐庙）、岩井茂树（自由和控制：早近世东亚贸易）
23	2014.7	明清时期东亚出版文化	李美贞（明末江南士大夫的佛学流行与嘉兴大藏经）、朴桂花（明末余象斗之商业出版）、安允儿（章嘉国师与满文大藏经）、卢京姬（17—18世纪汉诗出版在韩日两国）、金时德（近世日本的善本收集）	无

　　除上述活动以外，明清史学会与国外学界的交流更活跃。1995—1996 年陈振江、张洪祥、宋旭、徐凯、陈尚胜、葛荣晋、周维铮、小野和子等参加了与明清史学会相关的研讨会。

　　从以上表格看，韩国明清史学界在 1990 年代之后主要课题集中于制度史、思想史、经济史、韩中关系史等方面，刚开始的五年夏季研讨会没有选定主题，而且 2003 年以前没有邀请国外学者一起进行过研讨会等活动。1992 年韩中建交以后，韩国学者到中国访问以及参加学术活动的机会慢慢增加。2004 年，学会召开创立二十周年纪念大会时，首次邀请了中国、日本学者参加活动。这与 1981 年在韩国政府支持下成立的韩国学术振兴财团（现在名为"韩国研究财团"）有关。① 此机构从 1999 年开始直接支持人文学科各种研究机构以及研究项目，其中包括支持召开国际研讨会、邀请国外学者等活动。

---

　　① 1981 年，韩国学术振兴财团（The Korea Research Foundation）成立。2009 年，与韩国科学财团、国际科学技术协力财团一起合并为韩国研究财团（National Research Foundation of Korea）。

从 1997 年开始，每年活动选定一个主题，邀请国内外学者参加研讨会。近年来，制度史论文的比率慢慢下降。学者们共同认识到社会经济史的重要性，比如商人、市场、商品流通、消费、区域研究（广东、四川、湖广、福建、安徽等）以及城市、环境、宗族、社会变动等问题一直是社会经济史的热门话题。在明清史学会夏季研讨会上最受欢迎的其他热点包括韩中关系史以及明清时期围绕朝鲜的国际环境。这些话题在 2004、2005、2008、2012、2013 年一共 5 次被选为夏季研讨会活动的主题。虽然各种《燕行录》的内容互相有不少相似之处，可它们的存在很有吸引力，也许将来《燕行录》研究还有继续发展的余地。尽管学会会员都研究明清时代的中国，但是大部分会员也非常重视说明当时韩国周边的国际环境——大家认为这是学会对韩国社会的一种责任。

以上叙述初步介绍了韩国明清史学会的活动内容。从中我们不得不承认，学会活动基本上不包括对清末历史的研究。在 1998 年中国近代史学会成立之后，不少清代研究者从明清史学会转移到中国近代史学会（目前的中国近现代史学会）。不仅是研究辛亥革命以后时期的学者，甚至是研究 18 世纪末—19 世纪嘉庆以降的研究者也参加中国近代史学会。[①]如此看来，为了全面了解韩国的清史研究状况，我们还得专门谈到中国近代史学会以及其研究方向。本人在这次研究中没有完成这一点，希望在将来继续探索韩国的中国近现代史学会的活动中近代史研究方面的成果。

第三节　朝贡与燕行录：探索朝鲜"清学"的可能性

一、"实学"研究之气氛与早期韩中关系研究

17—19 世纪朝中关系研究是韩国清史界的老话题。大韩民国建国

---

① 　如此现象与闵斗基先生对中国近代的研究有关。他出版的《中国近代史研究——绅士的思想与活动》（首尔：一志社，1973），论述了清朝对绅士的统治秩序、传统理念的变化（地方自治、绅士意识的变化）、近代中国的绅士（梁启超思想、辛亥革命前后的绅士、五四运动）等问题。中国近代与清代晚期交叉，也许中国近代包括清史。由此可以看出，我们不能避免断代问题。

以来，韩国人如何面对清代历史？为了韩国学术界的成熟发展如何进行清代历史研究呢？1960—1980 年代韩国学术界总是围绕以上问题探索韩国清史研究的出路。虽然目前清史研究界的课题和关注的领域都已经相当多元化了，可是朝鲜与清朝之间的交流一直是重要的研究领域，目前依然是韩国清史界的重点之一。

全海宗在研究韩中关系史方面做了开创性工作。他从 1960 年代以来利用《同文汇考》写了多篇文章。① 他还以金正喜（1786—1856）为例，关注了清代学术对朝鲜学人的影响以及朝鲜实学与清代学术界的关联性。② 在全海宗之前，金圣七（1913—1951）利用《通文馆志》、《增补文献备考》、《经国大典》、《钦定大清会典》和各种《燕行录》等朝鲜后期以及同时期清朝的资料，考察了朝中关系史。③ 由此，在当时韩国历史学界热门话题"实学"研究的潮流之下，黄元九分析了《与犹堂全书》一书中提到的清学记事。④ 后来他在一系列文献中，观察到了朝鲜与清朝之间书籍交流的痕迹，其中不仅包括清朝对朝鲜的影响，也包括朝鲜对清朝的影响。他又举《大明会典》、《皇纪辑略》和《廿一史约编》等例子，研究了明清两朝在史书辨正工作中同朝鲜的交流。⑤

17—19 世纪韩中关系史研究逐步侧重于 19 世纪后期两国关系的变化，其要点是重新认识清朝如何试图把朝贡关系转变为属国体制。高柄翊的研究说明了朝贡秩序走向近代的转变过程及其对韩国历史的影响。⑥

---

① 全海宗. 清代韩中朝贡关系综考. 震檀学报，1966，29；全海宗. 韩中关系史研究. 首尔：一潮阁，1970。

② 全海宗. 清代学术与阮堂：阮堂的经学试论. 大东文化研究，1964，1；黄宗羲. 明夷待访录（三星文化文库第一卷）. 全海宗，译. 首尔：三星文化财团，1971；全海宗. 韩国与东洋. 首尔：一潮阁，1973；全海宗. 实学概念的历史演变——比较清代实学与朝鲜后期实学. 学术院论文集（人文社会科学编），1978，17。

③ 金圣七. 燕行小考：朝中交涉史之一折. 历史学报，1960，12。

④ 黄元九.《与犹堂全书》所引清学关系记事考. 东方学志，1968，9。

⑤ 黄元九. 实学私议：东亚实学之异同//东亚史研究. 首尔：一潮阁，1976；黄元九. 清代七种书所载朝鲜记事辨正. 东方学志，1982，30；黄元九. 18、19 世纪韩中学缘考略. 亚细亚文化研究，1999，3. 关于书籍流通，黄智暎出版了《明清出版业的发展与对朝鲜的传播》（首尔：时间的纺车出版社，2012）一书，集中阐述了明清时期出版业的发展。书籍流通的结果是，目前韩国各个单位藏有不少明清地方志。吴金成的《国内所藏中国地方志目录》（《东亚文化》1987 年第 25 辑），介绍了韩国所藏明清地方志 1064 种，其中有孤本崇祯《祁州志》。

⑥ 高柄翊. 清国海关制度对朝鲜海关的影响. 东亚文化，1965，4。

在上述问题意识之下，辛胜夏的文章探讨了 1876 年朝鲜开港在经济和外交上给朝鲜带来的变化，以及清朝由于开港而实施政治和经济上的属国化政策。① 研究早期中韩关系的学者还有金钟圆和李阳子等。②

二、17—19 世纪朝鲜古文献研究对清史研究的影响

在 17—19 世纪韩国古文献中，与清史有关的有《朝鲜王朝实录》、《承政院日记》、《日省录》、外交文书等官纂资料以及包括经世性文章在内的个人文集和《燕行录》等。这些资料分散在若干单位，如奎章阁、国家图书馆、国立中央博物馆、各大学图书馆、各地书院等。有的资料所藏单位直接成为研究机构，奎章阁就是其中之一。1776 年，奎章阁成立，其雏形是朝鲜宫廷图书馆及研究机构。1928—1930 年，时值日本强占期，当局把奎章阁的图书迁到京城帝国大学图书馆。因此，1948年建国以后，奎章阁附属于首尔大学。2006 年，首尔大学奎章阁韩国学研究院正式成立，成为专门的韩国学研究机构，发行《奎章阁》、《韩国文化》、《韩国首尔研究杂志》（Seoul Journal of Korean Studies）等三种杂志。除奎章阁外，还有国史编纂委员会、韩国古典翻译院、东北亚历史财团（2006 年成立）等韩国古文献研究机构。国史编纂委员会（前身是 1946 年建立的国史馆）正式成立于 1949 年，它从事国史编纂与古典整理、普及工作。韩国古典翻译院（2007 年成立）继承民族文化推进会（1970 年成立）的活动，比如 1986 年以来进行的"韩国文集丛刊"工程等。该工程目前翻译了 151 种 802 册古文献，在韩国古典综合数据库公开了相关成果。③

除了上述政府出资的研究机构的活动外，政府基金也支持了不少个人或集体的翻译工程，其中包括外交文书的整理与翻译。在朝鲜政府中掌管外交文书的机构是"承文院"，也叫作"槐院"。承文院的文件被整

① 辛胜夏. 清季中国朝野之朝鲜认识：以对外开放问题为中心. 史学志，1973，7；辛胜夏. 清季中国朝野之朝鲜经济问题的认识. 史丛，1973，17；辛胜夏. 清咸丰年间英法联军的侵略与对外认识的变化. 东洋学，1984，14。

② 金钟圆. 朝中商民水陆贸易章程考. 历史学报，1966，32；李阳子. 清朝的对朝鲜政策与袁世凯. 历史与世界，1981，5；李阳子. 袁世凯在朝鲜. 釜山：新知书院，2002。

③ 国史编纂委员会.《朝鲜王朝实录》，《承政院日记》，http://db.history.go.kr/；韩国古典翻译院.《朝鲜王朝实录》，《承政院日记》，http://db.itkc.or.kr/。

理为《吏文辑览》《槐院謄录》《同文汇考》等。裴祐晟、丘凡真等将
《同文汇考》的内容按照疆界、敕谕、犯禁、刷还、犯越史料等条目分
类，进行了标点与翻译；丘凡真进行过《吏文》的译注。① 金暻绿介绍
了《同文汇考》等外交文书的结构、研究方法以及利用它的研究个案
等。② 金暻绿和丘凡真还撰文介绍了外交文书的概况、形式、结构。③

　　清末朝鲜与清朝之间的外交文书也得到整理。金衡钟等人翻译出版
了有关清季中日韩关系史料集，这是台湾"中央"研究院近代史研究所
档案馆所藏的资料，由 1864—1912 年总理各国事务衙门、外务部（1901
年以后）发送接纳的 4300 余文件构成的。第一卷的内容有越境伐木、韩
民越界、吉林遣回越界韩人、俄人招引韩人开垦、查拿及禁阻韩人越界、
中俄交涉逐回越界韩人等；第二卷有商议勘界、考察边界、韩民越境开
垦与被遣送还、垦民编籍与丈量垦地、日人请照游历东北的资料；第三
卷包括了有关清日战争（即甲午中日战争）资料。接着金衡钟又出版了
1880 年代朝清国境会谈资料。④ 这些研究成果直接关系到韩中国边界研究、
朝鲜人民移民东北史、清末东北区域史等多个研究领域。任桂淳、裴祐晟、
金宣旼也研究过韩中边界。他们描述了两国国界谈判的进程，分析了谈判
中提到的历史地理上的争论以及近代国境线概念的形成过程等。⑤

---

　　① 丘凡真，裴祐晟. 国译承文院编《同文汇考》疆界史料. 首尔：东北亚历史财团，
2008；丘凡真，裴祐晟. 国译承文院编《同文汇考》犯越史料（1—4 卷）. 首尔：东北亚历史
财团，2008—2012；裴祐晟，等. 国译承文院编《同文汇考》敕谕、犯禁、刷还史料. 首尔：
东北亚历史财团，2013；丘凡真. 吏文译注（上）（中）（下）. 首尔：世昌出版社，2012。

　　② 金暻绿. 利用《同文汇考》研究朝鲜后期外交案件：以原编"封典"案件为中心. 明
清史研究，2009，32；金暻绿. 17 世纪朝鲜—清朝关系与"倭情". 军史，2015，94。

　　③ 金暻绿. 朝鲜的使行与使行记录. 韩国文化，2006，38；金暻绿. 利用《同文汇考》
研究朝鲜后期外交案件：以原编"封典"案件为中心. 明清史研究，2009，32；丘凡真. 朝鲜
时期外交文书研究：分析朝鲜与明清两朝之间交换过的文书形式. 首尔：韩国古典翻译院，
2013；金暻绿. 17 世纪朝鲜—清朝关系与"倭情". 军史，2015，94。

　　④ 郭廷以，李育澍，主编. 清季中日韩关系史料（1—3 卷）. 金衡钟，等译. 首尔：东
北亚历史财团，2012—2016；金衡钟. 1880 年代朝清国境会谈资料选译. 首尔：首尔大学出版
文化院，2014。

　　⑤ 任桂淳. 白头山定界碑与朝鲜、清朝之间乙酉、乙亥过境会谈. 首尔：白山资料院，
1998；任桂淳. 韩国北方领土. 首尔：白山资料院，1998；裴祐晟. 18 世纪清地理志、地图与
白头山水系. 历史与疆界，2007，65；金宣旼. 雍正—乾隆年间莽牛哨事件与清—朝鲜国境地
带. 中国史研究，2011，71；金宣旼. 从国境地带到国境线：19 世纪末朝清关系. 中国史研
究，2013，82。

三、燕行录、燕行学与清史

在清代朝中关系研究中，"燕行录"或"朝天录"一直是备受关注的资料。① 它们是除了使臣的正式报告"誊录"以外，以日记形式记录的个人使行录。大部分参加使行的官僚或者随行员留下了"燕行录"或"朝天录"。因此不仅在史学研究方面，而且在韩国文学研究方面，"燕行录"都成为令人瞩目的研究课题。② 韩国文学研究者林基中主编的《燕行录丛刊》与《燕行录研究》即为代表性例证，不过本文不准备仔细讨论韩国文学方面的成果。③ 在林基中的《燕行录丛刊》出版以前，韩国学术界一直进行资料整理，《国译燕行录选集》是其成果之一。黄元九介绍了"燕行录"的史料意义。④ 另外有关《漂海录》的研究比较活跃。徐仁范和朴元熇都译注并分析了《漂海录》。⑤ 虽然《漂海录》不属于正式使行录，可崔溥（1454—1504）记录了漂海到宁波、周游江南的经验，描述了 15 世纪中国商业的发展，比较南北风俗等，也是研究朝鲜时期韩中关系中可贵的资料。

随着燕行录研究的成熟，清史研究界纷纷发表了"燕行录研究史"以及与燕行录相关联的文章。韩中关系史、东西文化交流史方面的专家

---

① 《燕行录丛刊》的出版可划分为 6 个阶段。1976—1982 年最初出版，民族文化文库出版委员会的《国译燕行录选集》，首尔：民族文化推进会。后来在 2001 年出版《燕行录全集》（100 卷），2008 年出版《燕行录续集》（50 卷），2013 年出版了《燕行录丛刊增补版》，最后 2016 年出版的是第六次增补版。资料公开在韩国知识数据库：www. krpia. co. kr。也参见林基中，主编. 燕行录丛刊. 首尔：东国大学出版部，2001—2016。

② 比较仔细介绍韩国燕行录以及朝贡关系研究的文章有：崔韶子. 燕行录的史料意义. 首尔：景仁文化社，2015；崔韶子. 燕行录的世界. 首尔：景仁文化社，2015；洪性鸠. 韩国明清史学界的回顾与展望：燕行学与清史研究探索. 历史学报，2010，207。

③ 其综合性研究为林基中. 燕行录研究. 首尔：一志社，2006；林基中，主编. 燕行录的世界. 首尔：景仁文化社，2015。另外从文学、文化方面研究燕行录的有：林基中. 燕行歌词研究. 韩国文学研究，1987，10：45 - 95；林基中. 韩中外交文学研究. 东岳语文学，1996，31：171 - 213；林基中. 水路燕行录与水路燕行图. 韩国语文学研究，2004，43：255 - 293；夫马进. 燕行录与日本学研究. 韩国文学研究，2001，24：123 - 136；李廷宰. 从外国使臣记载看清代宫廷戏剧. 中国文化研究，2015，27：363 - 390。

④ 黄元九. 燕行录选集解题. 首尔：民族文化推进会，1976。

⑤ 崔溥. 漂海录. 徐仁范，等译. 首尔：Han-Gil-Sa 한길사，2004；朴元熇. 崔溥《漂海录》译注. 首尔：高丽大学出版部，2005；徐仁范. 朝鲜官人看到的中国江南：以崔溥《漂海录》为中心. 东国史学，2002，37；徐仁范. 崔溥《漂海录》研究：崔溥描述的中国江北与辽东. 国史馆论丛，2003，102。

崔韶子提到了中国东北研究中燕行录的重要性、来朝明清使臣的记录与燕行录的比较、李鸿章等清末人士在燕行录中的记载、追求燕行录包容的时代精神等多方面问题。同时为了"燕行学"的下一个阶段性发展，她主张一定要利用燕行录以外的文集、外交文书等资料，进行综合性研究。①

2012 年 8 月，东国大学燕行学研究所（现为"东国历史文化研究所"）以"东亚的沟通与交流"为主题召开了国际研讨会。林基中、崔韶子、荷见守义、赫晓琳等学者参加会议，发表了有关燕行录的记录特征、研究史、明末清初两国边界、东北商业史等文章。会后，出版了相关论文集。② 其中崔韶子仔细讲述了目前有关燕行录的研究成果。③ 她与曹圭益等学者将有关燕行录的论文按照文学、历史、政治、经济、外交、思想、礼仪、服饰、建筑、绘画、地理等条目分类，出版了《燕行录研究丛书》一书，这是国内"燕行学"发展的一个标志性成果。④

目前把燕行录与清史研究相结合的现象比较活跃。1987 年崔韶子关注了东西文化交流史上的明清西学。十年后（即 1997 年），在韩中关系活跃的国际环境下，她又出版了韩中关系的综合性研究书。⑤ 她重视燕行使臣在 18 世纪东西文化交流中的作用，从各种燕行录中发掘证据。⑥ 她还撰文比较了英国与朝鲜人士的来华活动对中国以及各自国家知识分子的影响。⑦ 她继续深入研究燕行录描述的中国社会，尤其关注了 18 世纪朝鲜士人对中国的认识，深刻分析了燕行使臣看到的清朝行政、皇室、清士人的朝鲜认识、使行贸易、市场经济、情报传递、人文地理等问题。⑧

---

① 崔韶子. 燕行录研究试论. 明清史研究，2008，30。

② 林基中，主编. 燕行录的世界. 首尔：景仁文化社，2015。

③ 崔韶子. 燕行录的史料意义：研究现状//林基中，主编. 燕行录的世界. 首尔：景仁文化社，2015：42-86。

④ 曹圭益，等. 燕行录研究丛书：10 册. 首尔：学古房，2006。

⑤ 崔韶子. 东西文化交流史：明清时代西学在中国的影响. 首尔：三英社，1987；崔韶子. 明清时代中韩关系史. 首尔：梨花女子大学出版部，1997。

⑥ 崔韶子. 17、18 世纪中国的西洋认识. 东洋史学研究，1974，7。

⑦ 崔韶子. 18 世纪东西方知识分子对中国认识的比较：以朴趾源《热河日记》与乔治·马戛尔尼《中国访问使节日记》为中心. 东洋史学研究，1997，59。

⑧ 崔韶子. 清朝对朝鲜政策：以康熙年间为中心. 明清史研究，1996，5；崔韶子. 清朝与朝鲜：近世东亚世界的互相认识. 首尔：慧眼，2005；崔韶子，郑惠仲，宋美玲. 18 世纪燕行录与中国社会. 首尔：慧眼，2007；崔韶子. 燕行录研究试论. 明清史研究，2008，30；崔韶子. 18 世纪金昌业、洪大容、朴趾源的中国认识. 明清史研究，2009，32。

郑恩主也重视 18 世纪使行记录、使行图。他介绍了朝鲜使臣接触的西方文化如西洋画、地图、天主教教义，以及宫廷礼仪等。[①] 河政植和金暻绿的文章分析了燕行与情报传递。[②]

宋美玲在燕行研究中从清史研究的角度，重视金昌业、洪大容、李德懋、朴齐家、朴趾源等 18 世纪参加燕行的非正式使行人员的记载。因为他们是非正式人员，所以他们的活动范围相对自由一些，能够表达自己的观察内容以及感想等，其史料价值比正式人员留下的还要高。作者在这些人的燕行录中发现了对明清两朝的不同看法及其变化。[③]

车惠媛和丘凡真从清帝国秩序、外交礼仪的角度重新思考了在燕行录中最受关注的朴趾源《热河日记》和热河使行的意义。车惠媛论及朴趾源《热河日记》所描述的国际关系时注意到，在朴趾源以前，朝贡使行一般没有到过热河。按照常规，热河进贺兼谢恩使臣之活动是非常特殊的。她试图以此说明 18 世纪国际秩序的变动。[④] 丘凡真也在文章中提到，朝鲜使臣到热河参加万寿节的意义以及万寿节代表的清帝国秩序。[⑤] 这些清史研究者从自己的视角出发，重新解释了燕行录描述，分析了朝鲜士人眼中 18 世纪的清朝，突出了清史研究中"燕行录"的史料价值。对清研究而言，除朝鲜外交文书以及燕行录以外，另一重要资料是"使行记录画"。郑恩主对使行记录画和西洋画的传播、《皇清职贡图》、《李信园写生帖》的研究值得关注。在这些研究中，郑恩主介绍了明清两代朝鲜使臣的使行记录画的情况，同时谈及了清朝宫廷绘画中的朝鲜使臣、记录画的描画过程以及在燕行中画员的角色等。作者还探究了清朝

---

① 郑恩主. 18 世纪燕行录的多面性：18 世纪燕行使臣接触的清朝文化. 大同文化研究，2014，85。

② 河政植. 19 世纪中叶中国兵乱情报与朝鲜. 崇实史学，1998，12；河政植. 欧美列强中国侵略与朝鲜的反应. 东洋学，1998，28；金暻绿. 17 世纪朝鲜—清朝关系与"倭情". 军史，2015，94。

③ 宋美玲. 18 世纪朝鲜学人眼中的清朝统治. 明清史研究，2005，23；宋美玲. 18 世纪后期朝鲜学人朴趾源对清帝国的看法. 中国史学会，2015，99。

④ 车惠媛. 热河使团体验的 18 世纪末的国际秩序：朝贡册封关系的变动. 历史评论，2010，93。

⑤ 丘凡真. 1780 年热河七旬万寿节与乾隆的帝国. 明清史研究，2013，40；奎章阁韩国学研究院. 朝鲜对清皇帝的祝寿活动与乾隆七旬"进贺外交". 韩国文化，2014，68。

书画在朝鲜的流通过程，分析了《李信园写生贴》中描述的 1805 年至 1812 年在北京召开的重华宫燕、蒙古包燕、紫光阁燕的情景。[①]

第四节 从"绅士"到"区域史"研究： 社会经济史的轨迹

一、摸索"近代中国"与绅士研究的起步

20 世纪 50—60 年代，国际明清学术界关于乡绅、绅士的讨论相当活跃。韩国学术界也受其影响，闵斗基开始使用"绅士"一词。1960 年代初闵斗基发表了有关清代幕友与生监研究[②]，当时他一方面接触了美国清史界的"绅士"研究，另一方面结合国内关于明清士人、科举、学校等研究传统，开始关注下层绅士"监生"在明清社会中的角色。在此背景下，他试图通过"绅士"概念来探索"中国近代社会的源流"，韩国绅士研究也由此开始。后来他的研究扩展到清末改革、革命中绅士的角色与作用，尤其重视绅士在戊戌变法、清末地方自治和辛亥革命中的活动。后来他出版了两部专著，归纳了他在清末政治和社会思想研究方面的成果。[③]

在西欧政治思想的传播之下，儒家传统的政治改革思想如何作用于中国近代国家建设进程？其中有没有中国自身的内在发展因素？有的

---

① 郑恩主. 燕行使节对西洋画的认识与写真术的传播：以北京天主堂为中心. 明清史研究，2008，30；郑恩主.《皇清职贡图》编纂过程与流入朝鲜. 明清史研究，2015，43；郑恩主. 19 世纪初对清使行与燕行图：以《李信园写生贴》为中心. 明清史研究，2015，43；郑恩主. 朝鲜时代使行记录画. 首尔：社会评论出版社，2012。

② 闵斗基. 清代幕友研究：以乾隆年间为中心. 历史学报，1962，17—18（合辑）；闵斗基. 清代生监研究：以其阶级特征为中心. 亚细亚研究，1965，20。

③ 闵斗基. 关于《大义觉迷录》. 震檀学报，1964，25—26（合辑）；闵斗基. 中国近代史研究：绅士阶层之思想与行为. 首尔：一潮阁，1973；闵斗基. 中国近代改革运动研究：以康有为为中心的 1898 年改革运动. 首尔：一潮阁，1985（《中国近代史研究：绅士阶层之思想与行动》的英文版于 1989 年在哈佛大学出版社出版）；闵斗基. 孔飞力，等编. 国家政体与地方权势：帝制中国晚期的变迁（Min, Tu-Ki. *National Polity and Local Power：The Transformation of Late Imperial China*. eds. by Philip Kuhn，Thomas Brook，Cambridge：Harvard University Press，1989）。

话，如何分析？闵斗基从以上问题意识出发，进行了研究，而且他的问题意识直接影响到韩国清史界下一代学者，形成了围绕绅士的研究流派。第一，为了说明绅士在地方社会的政治、经济地位，尤其是为了解释绅士阶层的物质基础以及明清经济发展的背景，学术界自然将重点转移到明清绅士的社会经济角色上。一开始这方面研究集中在江南，后来慢慢扩展到全国，开始说明区域性特征、发展方向的异同等，形成了区域研究的领域。第二，清政府利用绅士在地方社会中的角色，统治明朝故地。绅士和政府之间的合作与矛盾成为清代政治史的重点之一。尤其到了清末，绅士的政治活动直接影响到了近代国家改革与革命的道路。中央与地方之间的矛盾与合作贯穿着整个中国历史。闵斗基提到，中国政治变动的核心是中央与地方的紧张关系，这往往被体现为封建论与郡县论之间的讨论。[①] 我想先在第四节论述第一流派，谈论韩国社会经济史研究中清代部分，然后在第五、第六继续谈论第二流派的研究成果。

在闵斗基的影响下，吴金成开始研究明清士大夫。后来他扩大研究领域，在研究时间上溯源到明代，区域上包括了江南以及江西周围。1975 年到日本之后，他了解到重田德的"乡绅支配论"。[②] 可是他认为，乡绅概念不足以概括明清绅士的历史意义，同时他还认为不能忽视举人、监生、生员等未入仕但有功名的人对地方政治、经济的影响。因此，他采纳闵斗基先生主张的"绅士"概念。[③] 在 1970 年代以江南为中心的研究环境之下，吴金成开始重视江西以及周围地区，并且关注未入仕的绅士和士大夫成为控制地方社会的主要阶层，他认为从明中期开始，两者开始明显地结合起来。[④]

关于韩国绅士研究，可以参考朴元熇与徐茂明的文章。朴元熇谈论过韩国绅士研究在国际学界上的意义。他认为 1960—1970 年代国际学

---

① 闵斗基. 从封建与郡县论的角度看中国传统政治模式. 震檀学报，1966，29 - 30。

② 吴金成. 在日本学界对明清绅士研究情况. 东亚文化，1978，15. 该文介绍了当时日本学术界的研究情况，即绅士在区域政治、经济、文化等方面的历史作用及其在明清史研究中的重要性和特殊地位等。

③ 吴金成. 明代绅士阶层之形成过程. 震檀学报，1979，48；吴金成. 关于明代绅士之社会移动. 省谷论丛，1982，13。

④ 吴金成. 明代扬子江中流三省地区之社会变化与绅士. 大丘史学，1986，30；吴金成. 明清时代社会变动与山区城市的命运：以江西江口镇为中心. 明清史研究，2000，12；吴金成. 明清时代河口镇居民的形成过程与其生活状态. 东洋史学研究，2001，74 等。

界基本认同的所谓"广义的乡绅"几乎等同于"绅士"的概念，不过日本与美国学界在使用"乡绅"与"绅士"两个词时有所不同。他分析其原因是，"日本学界从大土地所有制的角度看明清地方社会，所以研究力量集中在乡绅"①。徐茂明指出"从中日学者与美国学者衡量绅士的标准来看，也有差别，中日学者偏重于绅士的身份（主要指官职、功名），美国学者则看重绅士的实际影响。再从中外学者研究绅士的时段看，日本学者偏重于明代，尤其是明末清初的长江下游地区，美国和中国学者则偏重于晚清至民国"②。如此看来，韩国绅士研究确实一开始受到美国清史界的影响，后来受到日本学界的影响，强调社会经济史的研究方法与角度。在学术界，交流与互补是应当的，可是韩国社会为什么关注绅士，还是反映研究传统与时代精神？如何克服韩国近代史的歪曲？如何回到正常的轨道？韩国清史界想找答案。资本主义萌芽、公共领域以及市民社会等概念都与自身的问题意识有巧合之处。这些话题构成了最活跃的研究领域，一直延续至今。

　　从 1970 年代后半期开始，社会经济史方面的研究成果慢慢多起来。此后大约 30 多年，明清社会经济史成为韩国清史研究的主流课题。崔甲洵认为康熙、雍正朝国家干涉地主同佃户的关系，通过劝诱或强制减租保持到主七佃三的比率。可从乾隆年间开始，清廷积极支持地主利益，把地主看作国家财政的支持者，采取保护地主的政策。③ 这一观点与重田德的"清朝地主政权化"的说法有相同的一面。④ 不过，1970—1980 年代，韩国学术界比较重视明史，清史方面的研究还在初步阶段。因此，有关社会经济方面的研究也比较集中于明朝以及明末清初时期。

　　吴金成在研究洞庭湖周边的水利与农业时认为，垸堤等水利设施的发展引起了湖广地区米谷生产的增加，而经济上的变化引发了社会阶层的分化。当时日本学界强调，明末清初绅士地主与佃户之间的经济差距

　　① 朴元熇. 明清绅士研究的成果与课题. 历史学报，2008，198：292。

　　② 徐茂明. 明清以来乡绅、绅士与士绅诸概念辨析. 苏州大学学报（哲学社会科学版），2003（1）：100。

　　③ 崔甲洵. 清朝前期对农民政策的一面：以地主—佃户关系对策为主. 东洋史学研究，1976，10。

　　④ 重田德. 清朝农民支配的历史特征——地丁银制度成立的意义//仁井田陞博士追悼论文集编集委员会，编. 前近代亚洲法与社会. 东京：劲草书房，1967。

越来越大，佃户的身份很难上升，可吴金成认为，在一定程度上，有一部分小农通过参加水利开发得到了身份上升的机会，这加强了明清社会的活力。① 吴金成后来在著作中再次强调，绅士是中央政府控制地方的有效手段，是地方舆论的代表、文化名流、公共意识的主体、明清地方社会的引领者。②

二、清代社会经济史研究牵引着韩国清史界的成熟

1990 年代以来，清代社会经济史的研究领域扩大，研究课题多样化，其背景有韩中建交、韩国社会自身的多样化、学术气氛的成熟等。国外清史界的研究成果被广泛地介绍给韩国学界。③ 吴金成在他的回顾性文章中谈过 1990 年代清史界研究的新趋向。④ 第一，农业方面，由于土地利用方式、水利开发、农地开垦引起的农业生产力的发展导致商

---

① 吴金成. 明末洞庭湖周边垸堤的发展. 历史教育，1977，21；吴金成. 明末洞庭湖周边水利开发与农村社会. 历史学报，1978，77。

② 吴金成. 中国近世社会经济史研究：绅士阶层之形成与其历史作用. 首尔：一潮阁，1986. 其日译本为《明代社会经济史研究：绅士阶层之形成以及其社会经济上作用》，度昌弘译，东京：汲古书院，1990 年影印本；首尔：法仁文化社，1992。

③ 魏斐德. 中华帝制的衰落. 金义卿，译. 首尔：艺典社，1987（Frederic E. Wakeman. *Fall of Imperial China*，可参见邓军的中译本，合肥：黄山书社，2010）；伊懋可. 中国历史之范式. 李春植，金贞姬，任仲爀，译. 首尔：新书苑，1989（Mark Elvin. *The Pattern of the Chinese Past*）；莫里斯·弗里德曼. 中国东南宗族组织. 金光億，译. 首尔：大光文化社，1989（Maurice Freedman. *Lineage Organization in Southeastern China*）；宫崎市定. 科举：中国的试验地狱. 朴根七，李勤明，译. 首尔：青年社，1993；克罗宁. 西方圣人. 李基班，译. 漆谷：芬道出版社，1994（Vincent Cronin. *The Wise Man from the West：Matteo Ricci and His Mission to China*）；魏丕信. 十八世纪中国的官僚制度与荒政. 郑哲雄，译. 首尔：民音社，1995（Pierre-Etienne Will. *Bureaucratie et Famine en Chine au 18e siècle*，可参见徐建青的中译本，南京：江苏人民出版社，2003）；谷川道雄，森正夫. 中国民众反乱史. 宋正洙，译. 首尔：慧眼，1996；韩书瑞. 十八世纪中国社会. 郑哲雄，译. 首尔：新书苑，1998（Susan Naquin. *Chinese Society in the Eighteenth Century*）；易劳逸. 家族、土地与祖先：近世中国四百年社会经济的常与变. 李升辉，译，首尔：Dol-Bae-Gae，1999（Lloyd E. Eastman. *Family，Fields，and Ancestors：Constancy and Change in China's Social and Economic History，1550—1949*，可参见苑杰的中译本，重庆：重庆出版社，2019）；施坚雅. 中国农村的市场和社会结构. 梁必承，译. 首尔：新书苑，2000（William G. Skinner. *Marketing and Social Structure in Rural China*）；黄逊宇. 赫逊河畔谈中国历史. 权重达，译. 首尔：青史，2001；郝延平. 中国近代商业革命. 李和承，译. 首尔：播种人，2003（Yen-ping Hao. *The Commercial Revolution Nineteenth-Century China*，可参见陈潮、陈任的中译本，上海：上海人民出版社，1991）；史景迁. 王氏之死：大历史背后的小人物命运. 李载贞，译. 首尔：移山，2002（Jonathan D. Spence. *Death of Woman Wang*）；黄仁宇. 近代中国的出路. 李永玉，译. 首尔：Chaek-Gwa-Ham-Kkae，2005. 后来国内学界对国外研究成果的介绍非常活跃，不能一一展开说明，在此仅介绍了一些在 1990 年代前后有影响力的著作。

④ 吴金成. 明清时代社会经济史的成果与课题. 明清史研究，2003，19。

品经济的发展，生产关系出现变化。第二，手工业方面，在棉织物、绢织物、麻织物生产发展过程中，农具以及纺织技术得到发展，出现地域性分工。第三，赋税方面，银纳化以及地丁银制度等改革对社会产生人口增加、生产力发展的影响。第四，商业方面，从研究徽州、山西、广东、福建、江西等地商人与商品流通继续探讨资本主义萌芽论。第五，社会活动方面，都市、市镇（定期市）的发展与庶民意识的高扬，引发了抗租、抗粮、民变、罢市等社会变动现象。第六，宗族方面，通过研究宗族结合与宗族械斗，深入了解宗族对基层社会的作用。第七，宗教方面，探索了民间信仰的扩散与宗教结社的历史意义。第八，社会构成方面，关注绅士、势豪、无赖、牙行、胥吏等群体在明清社会中的角色。从吴金成的分析中可以看到 20 世纪 90 年代的研究主要关注以下问题：农业生产力及生产方式、地主与佃户的关系、商人与商业资本、商品流通、民间社会组织与国家的关系等。

从以上研究成果可以看出，有些经济史方面的文章重视对资本主义萌芽与明清经济发展阶段的分析，并谈到了地主与佃户的关系、契约条件、商品生产中分业化、高利贷以及商人资本等问题。[①] 在对商人与商人资本的分析中，虽然学者们将重点放在了江南一带[②]，但是也对湖广、两广的商人进行了研究。[③] 因此，这些地区的区域经济史研究也随之发展起来。比如，朴基水探索了太平天国运动前夜广西地区的社会经济情况。他谈到了广西地主制的矛盾，尤其是壮族与汉人地主之间的矛盾。[④] 另外，他又谈到了广西商业在广东高利贷的影响下没有得到正常

---

① 吴金成. 中国近世农业与社会变化. 东洋史学研究, 1992, 41；金弘吉. 清代撤县考. 江陵大学人文学报, 1993, 15；田炯权. 屈氏有关义田、租田契约文书与苏州地主、佃户关系. 昌原史学, 1993, 1；田炯权. 清后期湖北义田与租佃关系. 釜大史学, 1994, 18。

② 元廷植. 乾嘉年间北京石炭需求、供给与政策. 东洋史学研究, 1990, 32；闵成基. 明清商品农业考. 震檀学报, 1994, 78；闵耕俊. 清代江南蚕丝业的专业化：以嘉兴、湖州为例. 釜大史学, 1994, 18；洪成和. 关于清代前期江南区域农村棉纺织业的先贷制生产. 明清史研究, 1998, 9；闵耕俊. 明清江南棉布业市镇的客商与商路. 历史与世界, 1999, 23。

③ 河世凤. 清中期三省交界地区手工业与商人资本. 庆星大学中国问题研究, 1990, 2；千圣林. 明清时代新安商人的活动与其资本的性质. 梨大学院研究论集, 1990, 18；郑哲雄. 清末扬子江中游地区的商业活动. 东洋史学研究, 1992, 39。

④ 朴基水. 19 世纪前半中国广西地主制与抗租. 成大史林, 1991, 7；朴基水. 清中叶广西商业与广东商人. 京畿大学论文集, 1993, 33。

发展，并将以上情况作为广西太平天国运动的背景。① 通过清末民国期间湖南汝城县物价的变动，田炯权考察了当地农民的生活水平。②

另外一个研究方向是在经济史的基础上观察社会变动，探索社会关系的变化。比如吴金成和李允硕谈到了无赖和牙行与各种社会阶层的关系。③ 金弘吉则通过对罢市、撤县的研究，在经济环境、社会组织变化的基础上，说明了国家财政政策的变化等问题。④ 除了论文以外，相关专著也开始陆续出版。田炯权出版了有关清末民初湖南地区社会经济史的专著，其中谈到了地主与佃户的关系、农业生产、粮食流通与市场等问题。⑤ 姜判权也出版了关于清代农书和扩散农业技术的专著，其中谈到了桑蚕业在清代农书中的重要性以及清代农业技术发展的区域性特征。⑥ 2007 年，吴金成连续出版了关于明清社会经济史的三部专著。《明清时代社会经济史》（吴金成与他人合著）收录了有关社会经济史各方面研究的历史性与概要性文章，介绍了目前韩国清代社会经济史的研究现状。《国法与社会习惯：明清时代社会经济史研究》是有关绅士研究的综合性著作，该书分析了社会多个阶层，比如无赖在明清社会中的作用等。《矛盾之共存：明清江西社会研究》是作者多年来对江西区域研究的集大成之作。吴金成把江西作为主要分析对象，展开了围绕江西的贸易、市镇、人口流动、书院系统等多方面论述。⑦

韩国学界虽然关于中国社会近代性渊源的研究成果并不多，但是在20 世纪 80 年代进行过相关尝试，或探索资本主义萌芽在清代的发展，

---

① 朴基水. 清中叶广西商业与广东商人. 京畿大学论文集，1993。

② 田炯权. 清末民国期间湖南汝城县的商品流通与物价变动. 明清史研究，1998，9。

③ 吴金成. 明清无赖研究：其现状与课题. 东洋史学研究，1995，50。此文介绍了国外研究无赖的情况和有关史料等并重视无赖出现的社会背景以及无赖与同乡、宗教、秘密结社等地方组织之间的关系。李允硕. 明清江南商品流通与牙行. 首尔大学东洋史学系论文集，1995，19。

④ 金弘吉. 清代前期罢市试论：以乾隆二十九年湖南新宁县为中心. 历史教育，1991，49。

⑤ 田炯权. 中国近代社会经济史研究. 北京：中国社会科学出版社，1997；田炯权. 中国近现代湖南社会：中国近现代社会经济史研究. 首尔：慧眼，2009。

⑥ 姜判权. 清代江南农业经济. 首尔：慧眼，2004；姜判权. 清代蚕桑技术与农业变化. 大邱：启明大学出版部，2012。

⑦ 吴金成，等. 明清时代社会经济史. 首尔：移山，2007；吴金成. 国法与社会习惯：明清时代社会经济史研究. 首尔：知识产业社，2007；吴金成. 矛盾之共存：明清江西社会研究. 首尔：知识产业社，2007。

或将其作为研究的背景。可是当时的研究仅仅是把中国的情况与欧洲资本主义的模式进行单纯的比较。[①] 到了 1990 年代，虽然学界仍受过去研究方式的影响，但是也对其进行了反思。郑哲雄在《清初人口变化与洪亮吉之人口论》和《明清经济发展与资本主义萌芽论》中提到，学界对明清时代经济规模、经济关系的变化以及社会变动的探索不等于对资本主义萌芽的研究。除了探索经济上的发展以外，学人也需要探索社会制度、政治特性、消费水平、人际关系、大众社会意识的成长以及下层知识分子的成长等问题。[②] 总而言之，郑哲雄主张资本主义萌芽研究不能限于经济问题。紧接着，他还强调了历史理论不能完全容纳历史现实。因为资本主义萌芽论本身是以西欧资本主义发展模式而出现的，所以为了说明中国自身的发展模式，我们首先应该要说清楚传统时代中国区域之间经济成长或者变化的特点。以如上问题意识为基础，清史界不仅对区域史进行深入的研究，而且更重视分析组成社会的各种因素以及社会网络。

三、区域研究的深化：宗族、商人、环境与社会网络的探索

清代社会变动与明中期以来人口移动、流散紧密相连，进而导致了地方社会中"宗族结合、聚族而居"的现象。流散的人口流入到都市，增加了非农民人口，比如游手、无赖等。同时，都市化、商业发展减少了绅士与商人在社会地位上的差距，而慢慢形成了清末绅商，实现了绅士与商人的一体化。在下面的研究中，研究主题与研究空间发生变化。从研究空间上看，除了江南以外，四川、福建、山东、广东、湖广等地的区域史研究得以进一步发展；从研究主题上看，关于人口移动、宗族、

---

① 研究农业技术、农书有：崔德卿. 清代冶铁技术与江南社会. 庆尚史学，1987，3。作者追求探索中国资本主义萌芽以及内在发展过程，与同时代英国冶铁生产力的比较，主张中国江南冶铁生产力减少。

② 郑哲雄. 明清经济发展与资本主义萌芽论. 中国研究（季刊），1995，4（3）；郑哲雄. 清初人口变化与洪亮吉之人口论. 明知史论，1994，6。其收录的黄宗智的《中国研究的规范认识危机——社会经济史的悖论现象》［Philip Huang. "The Paradigmatic Crisis in Chinese Studies：Paradoxes in Social and Economic History." *Modern China*，1991，17（3）］即从内卷化概念说明了中国经济发展的特性。另外见：朴基水. 明清生产力的发展与商品流通：评论《中国资本主义的萌芽》. 成大史林，1994，10。朴基水将许涤新、吴承明主编的《中国资本主义发展史》（第一卷）（北京：人民出版社，1985）进行了翻译和评论。

商人、秘密结社以及环境史方面的研究开始形成独特的研究领域。①

首先，人口移动与都市的发展是有密切关系的。过去国际清史界的研究聚焦于长江下游的江苏、浙江一带，可随着人口的移动，经济中心地的多元化，位于长江中上游的湖北、陕西、四川交界等地受到关注。有关人口流动与其影响的研究有吴金成的《中国近世社会经济史研究：绅士阶层的形成与其历史作用》。作者在对江西鄱阳湖、湖北汉水、湖南洞庭湖周边农村的分析中，也谈到人口的流动问题。② 此外，郑哲雄和元廷植也论及人口问题。其中，郑哲雄介绍了西方研究状况，同时分析了长江中游，即湖北、湖南、江西三省的人口变化与清朝政策之间的关联性。③ 关于都市研究有田寅甲和吴金成等文章。④

区域研究中，江西省的研究是一个极好的例子。吴金成在文章中探讨了李玛诺教案与南昌绅士社会、广东体制的解体对江西经济的影响等问题。⑤ 华北区域研究的专家有郑炳喆。他探讨了清朝控制中原的过程，以山东、北直隶等华北地区为中心分析了动乱期间绅士的自卫活动，从此出发论述了绅士对乡村的控制方式以及清军入关之后华北地区的情况。郑炳喆的研究虽然不属于区域史研究，但也谈到了绅士在地方社会的角色。明末以来，随着货币经济、商业化的进展，绅士代表民意，主张公议，影响舆论。虽然清政府严禁绅士结社，但是这一现象一直持续到 18 世纪中叶，绅士仍然牵引着清代地方社会的舆论。郑炳喆总结了过去的研究成果，出版了《天崩地裂的时代：明末清初华北社

---

① 20 世纪 90 年代中国历史学界社会史研究的发展对韩国学界有着不少影响。在《中国社会史研究概况》(《中国史研究》2003 年第 22 期) 一文中，吴一焕不仅介绍了社会史的定义、研究范围、研究方法，还描述了严复、梁启超以来的西方社会科学方法论、马克思主义对中国历史学的影响，即中国社会史研究领域的形成过程。

② 吴金成. 中国近世社会经济史研究：绅士阶层之形成与其历史作用. 首尔：一潮阁，1986。

③ 郑哲雄. 清初人口变化与洪亮吉之人口论. 明知史论，1994，6；元廷植. 明清福建人口移动与其影响. 首尔大学东洋史学课论集，1993，17。

④ 吴金成. 明末清初江南的都市发达和无赖//陈怀仁，编. 明史论文集. 合肥：黄山书社，1997；田寅甲. 近代都市上海的发展与同乡、同业组织. 外大史学，1999，9；吴金成. 明末清初社会变化与都市：以景德镇与其周边为中心. 东亚文化，1999，37。

⑤ 吴金成. 明清社会变动与江西商人. 明清史研究，1998，9；吴金成. 1607 年南昌教案与绅士. 东洋史学研究，2002，80；吴金成. 广东贸易体制下江西社会的变化. 历史教育，2003，86。前面介绍过江西区域研究，见吴金成 (2007)。

会》一书。① 金弘吉通过分析明清商业界短价问题的政治、经济上的背景，论述了明清北京地区商业发展及其挫折。②

在长江流域区域史研究中，有趣的是一些学者越过行政区域，把分享共同经济、文化因素的历史空间作为一个整体分析的对象。就郑哲雄发表的三篇文章而言，前两篇文章主要关注了两个问题，一是扬子江中游地区对全国米市场所起的作用，二是除了市场因素以外，中央、地方政府对米市场的干涉，对米价与米粮流动造成的影响。③ 最后一篇文章主要探讨了人口移动、山区文化的变化以及国家开发山区的各项措施及其效果等问题。④ 接着，郑哲雄、张建民、李俊甲等韩中学者合作进行过清代川、湖、陕交界社会经济的综合性研究。⑤

韩国史学界围绕宗族问题对徽州、福建等地进行了研究。在徽州宗族研究方面，朴元熇利用族谱、地方志等资料，探索了宗族制度与商人资本的相关性。⑥ 吴金成和元廷植关注了福建宗族与社会变动。尤其是，元廷植关注了福建宗族中大宗形成过程、宗族与新县的关系、国家礼仪与宗族文化等多方面的研究，深入分析了福建社会结构。⑦

---

① 郑炳喆. 明末清初华北地区自卫活动与绅士. 东洋史学研究, 1993, 43；郑炳喆. 明末清初舆论与公议. 全南史学, 2002, 19；郑炳喆. 天崩地裂的时代：明末清初华北社会. 首尔：全南大学校出版部, 2008。

② 金弘吉. 明代北京买办与短价. 明清史研究, 1996, 5；金弘吉. 清初直隶三河县的谷物采买与短价. 历史教育, 1997, 62。

③ 郑哲雄. 清代扬子江中游地区的人口变化. 崇实史学, 1992, 7；郑哲雄. 清初扬子江三省交界的米粮流通与米价结构. 历史学报, 1994, 143。

④ 郑哲雄. 清代湖北西南山区开发与社会变化. 明清史研究, 2003, 18。

⑤ 李俊甲. 太平天国时期四川食盐在湖南、湖北市场的进出与银流通. 明清史研究, 2004, 20；郑哲雄, 张建民, 李俊甲. 清代川、湖、陕交界经济开发与民间风俗 (I). 清史研究, 2004 (3)；郑哲雄, 张建民, 李俊甲. 清代川、湖、陕交界经济开发与民间风俗 (II). 东洋史学研究, 2004, 87；郑哲雄, 李俊甲. 清代川、湖、陕交界山区经济开发与其意义. 中国史研究, 2006, 41。

⑥ 朴元熇. 明清徽州商人与宗族组织：以歙县柳山方氏为例. 明清史研究, 1998, 9；朴元熇仙翁庙考：以淳安县方储庙转为宗祠为例. 历史学报, 1998, 157；朴元熇. 明清徽州市镇与宗族：歙县岩镇与柳山方氏环岩派. 明清史研究, 2000, 12；朴元熇. 明清徽州宗族史研究. 首尔：知识产业社, 2002。

⑦ 元廷植. 清中期闽南械斗的盛行及其背景. 东洋史学研究, 1996, 56；元廷植. 明清闽南社会与宗族的发展：以永春县桃源刘氏为例//首尔大学东洋史学研究室, 编. 近世东亚国家与社会. 首尔：知识产业社, 1998；吴金成. 王朝交替期间区域社会的统治阶级：以明末清初福建社会为例//首尔大学东洋史学研究室, 编. 近世东亚国家与社会. 首尔：知识产业社, 1998；元廷植. 宗族形成的空间与文化：以15—16世纪福建新县为中心. 首尔：与德是出版社, 2012。

在区域研究中，有几篇文章探讨了有关客民流入广西、四川等地所引起的社会现象，包括土客矛盾、客民定居、民间与国家在建设新秩序中的作用等。为了解明末清初社会变动，移民问题提供了不少研究课题。李俊甲发表了有关巴县"八省客长公议"和成都府"客民商人"的文章。作者探讨了福建、广东、湖广出身的客商在四川利用自己宗族、同乡组织进行发展，进而融入四川社会，成为当地绅士阶层这一问题。作者还观察到明末清初动乱之后，随着移民的增加与商业、手工业的发展，巴县的都市化进一步加快。①

此后，李俊甲继续关注四川以及长江中上流域社会变动。他在1998年发表两篇论文证明了张献忠屠蜀不完全是因为外来人，内部矛盾也起一定作用。他同时探索了明末清初屠蜀以来恢复四川经济、稳定社会的过程。②《迁移、定居、同化：17—20世纪四川客家的轨迹》一文谈到了四川客家的历史变迁。③ 为了分析明末清初动乱之后清社会的恢复过程，李俊甲分析了清朝控制湖广云梦泽地区的措施，其内容如下：顺治十年任命洪承畴为五省经略，修筑水利设施，开垦农田，恢复农业生产，改善各省之间兵饷补给方式。其结果是清朝逐渐控制湖广、云贵等地。④ 李俊甲将1990年代四川研究的成果编辑成书（《中国四川社会研究1644—1911》）。该书分析了四川社会的变动与清朝恢复四川社会秩序的过程。⑤

安秉驲关注了巴县"八省客长公议"。他认为西方清史界比如罗威廉、曼素恩等的研究成果关注了国家与社会领域的对比。具体而言，通过太平天国、辛亥革命等事件，清政府（即国家）与地方绅士、商人等（即社会）的关系发生变化，前者逐渐弱化，而后者日渐成长，并渐渐取代了前者。可是作者紧接着又提出问题，就是在清代中国能不能彻底

① 李俊甲. 清中期四川省巴县的都市化与"八省客长公议". 首尔大学东洋史学系论文集，1994，18；李俊甲. 清代四川省成都府一带的商业与"客民商人". 明清史研究，1995，4。

② 李俊甲. 明清四川社会的连续性：从屠蜀到清中期土著的活动与存在. 东洋史学研究，1998，62；李俊甲. 雍正年间四川土地丈量与其意义. 东洋文化，1998，36。

③ 李俊甲. 迁移、定居、同化：17—20世纪四川客家的轨迹. 东洋史学研究，2007，101。

④ 李俊甲. 顺治年间清朝湖广剿抚与兵饷补给. 东洋史学研究，1994，48。

⑤ 李俊甲. 中国四川社会研究1644—1911. 首尔：首尔大学出版部，2002。

分开国家与社会领域呢？清后期民间社会不能等同于欧洲市民社会。通过研究巴县商人组织对地方行政的参与方式、范围，以及与地方政府或者与中小商人的关系等问题，作者主张，巴县八省客长的例子表明地方商人组织实际上是在地方政府的管制之下，帮助处理地方行政、警察事务。① 洪成和也发表了有关巴县地区如何管理度量衡的文章，对比观察了"八省客长公议"与地方政府在巴县管理度量衡的方式和作用。②

关于贵州、云南的区域研究，金弘吉发表了有关西南木材市场与少数民族区域的文章。以明代皇木采办研究为基础，作者利用地方志等资料探索了木材交易对苗、侗族经济的内地化所起到的作用。③ 关于台湾的区域性研究有孙准植、李和承、洪成和等人的研究。④

有关江南区域史研究无法用一两段文字概括全部研究成果，下面就简单介绍一下市镇与地方社会研究。随着江南商品经济的发展、人口增加以及都市化，学界关注了设县、县政与地方社会之间的关系。曹永宪探讨了新县设置对地方市镇与县政的影响。⑤ 李允硕关注了江南城市寺庙结构与区域社会的关系、公馆与寺庙的关系等问题。他以苏州盛泽镇和作浦镇为例，分析了江南会馆、公所在初期发展过程中与祠庙的关系。作者认为，从名称、建筑结构看，会馆以及公所是由同乡祠庙或同业祠庙发展而来。⑥

随着明清经济史研究的深化与关注自然环境的社会舆论，学界自然

① 安秉驷. 清后期商人组织的地方行政参与：以巴县八省客长经营团练保家总局为中心. 明清史研究，2001，14。

② 洪成和. 清后期巴县地区度量衡使用情况与解决纠纷. 明清史研究，2009，31。

③ 金弘吉. 清代西南地区木材交易与少数民族商人：以贵州锦屏县为中心. 明清史研究，2009，32。

④ 孙准植. 清代台湾义学研究. 明清史研究，1997，7；孙准植. 清朝对台湾的认识与政策. 近代中国研究，2000，1；李和承，洪成和. 战争与交流：台湾与中国东南. 首尔：东北亚历史财团，2012。

⑤ 曹永宪. 明清时期新县设置与市镇：以江南为例. 明清史研究，2002，17。

⑥ 李允硕. 明清江南文庙与城隍庙：作为都市祭祀、信仰中心的结构与变迁. 明清史研究，2002，17；李允硕. 明清江南都市寺观之结构变化与区域社会：以玄妙观、云翔寺的殿阁与碑刻为中心. 明清史研究，2003，18；李允硕. 会馆、公所的出现与寺庙：以江南城市为例. 明清史研究，2004，21；李允硕. 明末清初集会与寺庙：以江南城市为例. 中国史研究，2005，37。

要求将经济史与地球环境史相结合，国内也形成了明清环境史的研究方向。虽然环境史属于社会经济史领域，但是与过去相比，其在研究史料、研究方法上都有所突破。从 20 世纪 90 年代开始，有些国外著作被引进，带动了关注环境史的学术氛围。① 学界一开始从自然灾害与国家措施的角度出发进行研究。姜判权以江苏为例，说明了清代不同时期灾害的规模以及背景，同时分析了国家对自然灾害的对策与效果等。② 早期研究虽然谈到了环境与灾害的相关性，可主要考虑国家行政效率。

环境史研究的独立展开始于郑哲雄。他发表数篇论文集中论述长江中游的湖北与陕西南部的森林破坏对环境的影响。③ 他出版了两部著作。在书中，他谈到了环境史的定义与范围、中国传统时代的环境意识、国家对环境保护的措施，同时探索了明清两代山区与平原地区的环境破坏过程、清中期以来边疆区域人口的增加、改土归流对环境的影响、木材与矿物质开发对环境的影响等问题。④

另外，金文基也谈到了明清江南环境。这是有关小冰期对江南社会以及明清交替的影响的一系列研究论著之一。作者谈论小冰期对气候、灾害的具体影响，同时探讨了 17 世纪江南绅士的救荒对策。⑤ 除此之外，他还发表过有关江南气候变动与农作物种类之间的相关性，同时作者分析了姚廷遴的《历年记》和《续历年记》中大约从顺治十八年（1661）到康熙三十六年（1697）的记载，尤其重视每年农业生产收获

---

① 魏丕信. 十八世纪中国的官僚制度与荒政. 郑哲雄，译. 首尔：民音社，1995 ［Pierre-Etienne Will. *Bureaucratie et Famine en Chine au 18e（i. e. dix-huitième）siècle*］；伊懋可. 大象的退却：一部中国环境史. 郑哲雄，译. 坡州：四季节，2011（Mark Elvin. *The Retreat of the Elephants：An Environmental History of China*）（可参见梅雪芹的中译本，南京：江苏人民出版社，2014）；刘昭民. 中国历史上气候之变迁. 朴基水，车琼爱，译. 首尔：成均馆大学出版部，2005. 介绍中国环境史研究近况的有：崔德卿. 中国环境史研究的情况与课题. 农业史研究，2009，8（3）。

② 姜判权. 清顺治、雍正年间（1644—1735）江苏省自然灾害与国家措施. 明清史研究，1997，7；姜判权. 乾隆—道光时期江苏省的自然灾害与清朝的荒政. 中国史研究，1997，2。

③ 郑哲雄. 清代湖北省西部与陕西省南部环境变化比较研究. 东洋史学研究，2001，75；郑哲雄. 清代三省交界森林与森林资源保护措施. 明清史研究，2002，16；郑哲雄. 从环境变化的角度看中国明清时期长江中游区域社会. 大邱史学，2007，89。

④ 郑哲雄. 历史与环境：以明清时代为例. 首尔：书世界，2002；郑哲雄. 自然的诅咒：明清长江中游地区开发与环境. 首尔：书世界，2012。

⑤ 金文基. 17 世纪江南的灾害与救荒论. 历史与境界，2009，73。

程度、物价、灾害、气候等记录。由此，他观察到了 17 世纪小冰期对中国江南地区社会、经济、文化的影响。① 郑炳喆指出，明清时期北京周围由于人口增加，森林遭到破坏，出现水灾、河工等一系列环境问题。他进而分析了清朝的环境政策。②

20 世纪 90 年代后期，有关社会经济史研究范围内的商人研究的比率有所增加。这是由在过去绅士研究传统之下，强调绅士在清代尤其是清末到民国这一转折时期在经济史方面所扮演的角色所引发的。1998年，明清史学会召开第七届夏季研讨会，其主题为"明清社会变动与商人"。会后，吴金成、朴元熇以及朴基水发表了论文。③ 这些文章主要探索了中国商人资本的特点。比如，吴金成在文章中讲述了从明代以来江西商人的发展过程。他尤其着眼于位于江南与广州之间交通干线上的赣江，分析了广州开港对江西商人的影响。朴基水集中研究了广东商人在对外贸易中的角色，尤其关注广州开港对广州商人、经济的影响以及广州商人所建立的资本网络等。④

韩国学界一开始比较注重江南与广东地区的商人研究，这应当是由明清商业中心——"江南"与在开港之后成为对外贸易的中心——"广东"吸引了学界的关注而引发的现象。朴基水继续探索了广东商人走向近代的途径。他说明了广东商人通过积极参与社会公共事业，塑造了中国近代的商人形象。⑤ 李和承、曹永宪、郑惠仲等研究者也展开对徽商、晋商等各地区的商人研究。

朴元熇的研究注重徽商对宗族制度发展的作用，而曹永宪则侧重研究徽商的商业活动与其历史作用。曹永宪描绘了徽商的发展过程，同时探讨了康熙帝南巡与大运河河工如何提高了包括岑山渡程氏在内的徽商的社会、经济地位。⑥ 为总结过去的徽商研究，曹永宪出版了《大运河

---

① 金文基. 明清江南气候变动与洞庭柑橘. 明清史研究，2001，14；金文基. 17 世纪江南地区的气候与农业：分析《历年记》. 东洋史学研究，2007，99。

② 郑炳喆. 明清华北森林问题与永定河治水. 历史学研究，2007，29。

③ 吴金成. 明清社会变动与江西商人. 明清史研究，1998，9；朴元熇. 明清徽州商人与宗族组织. 明清史研究，1998，9。

④ 朴基水. 清代广东对外贸易与广东商人. 明清史研究，1998，9。

⑤ 朴基水. 清代行商的绅商化过程：以潘氏家族为例. 大东文化研究，2012，80；朴基水. 清中叶牛痘法的传播与广东行商. 明清史研究，2013，40。

⑥ 曹永宪. 从十七世纪小说看徽商的对外交涉与困境. 明清史研究，2006，26；曹永宪. 康熙帝与徽商的遭遇：以歙县岑山渡程氏为中心. 东洋史学研究，2006，97。

与中国商人》一书，该书既对京杭大运河做了通史性论述，又叙述了徽商的成长史。[①] 朴基水和李和承等人利用《客商一览醒迷》等商业书，探讨了徽商的商业意识，同时通过商业惯例分析了近现代商人意识的变化。[②] 另外，朴桂花论述了徽商对文艺出版事业的参与和徽州出版业的发展因素。[③]

除了江南以外，学界对华北商业也进行了研究。郑炳喆关注山东、河北区域的研究。有关山东商业的文章中，他谈到了漕运与山东海运的发展对山东商业网络的形成所起的作用。[④] 另外，郑惠仲关注清末山西以及华北的晋商，发表了几篇有关山西票号与近代中国金融业发展进程的文章。其中她分析了山西商人转化为票号商人的过程以及背景等问题，同时考察了清政府与山西票号的关系及其在清末时的变化。[⑤] 2012年朴基水、李和承也出版有关商业惯例的书，该书涉及明清江南都市中商店经营与其广告、清代后期商事诉讼、清末民初金融机构（尤其山西票号、宁波钱庄）的发展、广东对外贸易中行商与东印度会社的关系、韩国华侨考等内容。除此之外也探讨了明中期以来东南沿海的海上世界、清代广东行商——怡和行、近代归化城汉商、汪辉祖的商业意识等问题。[⑥]

李和承发表文章研究过东北地区的商人。他分析了东北地区的移民和农业发展等问题与商业环境的变化，同时讨论了商店组织、连锁网络的形成过程以及字号、连号的变化等问题。[⑦] 朴敬石研究过奉天商人以及东北地区近代商会的出现过程。他论述了清末东北商人组织的变化过程，同时分

① 曹永宪. 大运河与中国商人：淮扬地区徽州商人成长史 1415—1784. 首尔：民音社，2011。

② 朴基水，李和承，等. 中国传统商业惯例与近现代商人意识的变迁. 坡州：韩国学术情报，2016。

③ 朴桂花. 关于明清代徽商对文艺出版的赞助活动. 中国语文论译丛刊，2007，21。

④ 郑炳喆. 明清山东商业考：以流通与市场圈为中心. 明清史研究，2000，13。

⑤ 郑惠仲. 清末山西商人的变化. 梨花史学研究，2002，29；郑惠仲. 从山西票号的账簿中发现的其经营特点：以 1906 年日升昌分店账簿分析为中心. 东洋史学研究，2002，77；郑惠仲. 清末民初金融机构的出现与信用结算的发展：以山西票号和宁波钱庄的比较为中心. 史丛，2012，75。

⑥ 朴基水，李和承，等. 中国传统商业惯例在东亚. 坡州：韩国学术情报，2012。

⑦ 李和承. 清代东北区域商店组织研究. 明清史研究，2000，12；李和承. 明清中国传统商人的区域化现象. 中国史研究，2000，8；李和承. 中国高利贷研究. 首尔：书世界，2000。

析了传统时代行会与近代商会以及过渡性组织——公议会的特点。①

　　清末商人的跨国活动也非常活跃，故韩国清史界比较重视清末华侨在韩国的活动。金希信研究了清末华侨在首尔的活动。在 2010 年的论文中，他介绍了仁川华侨社会的成立背景、商人组织（北帮、南帮、广帮）以及设立会馆等过程。② 在其后发表的论文中，金希信介绍了台湾"中央"研究院所藏的《清季驻韩使馆档》等有关外交以及华侨保护措施的史料，同时讲述了清日战争（即甲午中日战争）之后清政府对朝鲜华商的保护措施与华商组织在朝鲜的活动内容。③ 姜抮亚发表了一系列文章论述来自广东的华商"同顺泰号"在韩国的组织和营业活动。④ 值得关注的是，有些文章虽然不属于商人研究，但是可从商业法的角度看两国关系。比如，李恩子谈到了 19 世纪末 20 世纪初在韩中国商人的法律地位以及商人诉讼的处理过程等。⑤

　　若是学界单在区域史研究的框架下，仅按区域对商人进行研究，容易走向极端。可是为了从总体上把握研究商人的历史意义，还是得溯源绅士研究的目的，即探究绅士包括绅商在内在中国近代社会中所起的作用。早在 20 世纪 70 年代，闵斗基就谈到了绅士在近代改革中所起的作用。⑥ 这样的问题意识一直影响着研究清末社会的研究者，产生了与绅士研究相关的多样课题。学界一直重视清末传统社会理念为适应近代社会发生转变的过程。比如，朴敬石探索了在清末绅商的著作中出现的近

────────────

　　① 朴敬石. 清末民国时期奉天商人团体的概况与"复合构造". 中国近现代史研究，2013，58；朴敬石. 从中国东北地区传统行会到近代商会：以"公议会"的组织与活动为中心. 中国近现代史研究，2013，60。

　　② 金希信. 清末（1882—1894）汉城华商组织与其地位，中国近现代史研究，2010，46。

　　③ 金希信. 近代韩中关系之变化与外交档案的出现：以《清季驻韩使馆保存档》为中心. 中国近现代史研究，2011，50；金希信. 清末驻汉城商务公署与华商组织. 东北亚历史论丛，2012，35。

　　④ 姜抮亚. 同顺泰号：东亚华侨资本与近代朝鲜. 大邱：庆北大学出版部，2011；姜抮亚. 近代转换时期东亚洲砂糖之流通结构和其变动：以朝鲜华商同顺泰号为中心. 中国近现代史研究，2011，52；姜抮亚. 甲午战争时期在韩华商同顺泰号的营业活动. 中国近现代史研究，2014，64。

　　⑤ 李恩子. 从"诉讼"案件看清日战争以后（1895—1899）韩中关系. 中国近现代史研究，2008，38；李恩子. 韩清通商条约时期（1900—1905）中国在韩治外法权研究. 明清史研究，2006，26。

　　⑥ 闵斗基. 十九世纪末中国改革运动与上海商人. 东洋史学研究，1977，11。

代性，尤其绅商对国民与国家的意识。他仔细讲述了在救灾活动中出现的传统性与近代性的转移过程以及绅商的意识变化。①

第五节　探究"多民族国家"清朝的国家建设：理念与现实

韩国历史每个角落与北方游牧民族国家有着密切关系。无论是在三国时代，还是在距今最近的高丽、朝鲜时代，契丹、女真与蒙古等都出现在韩国历史的重要阶段。在这一方面，韩国与中国的历史发展轨迹有相似之处。不仅韩国历史学界，而大多数韩国国民都认为本民族的形成与古代草原民族有着密切关系。如此，本来韩国社会就普遍关注北方草原历史与文化，而加之朝鲜时代的清学传统，影响到韩国现代历史学。

在20世纪70年代，李龙范、曹永禄等学者就已经发表了不少有关女真和早期满洲的文章。② 另外，金声均和金钟圆等人则关注朝鲜与满洲关系。③

利用满文资料的研究成果也陆续出版，尽管这些研究不完全是从历史学的角度出发。在语言学家金芳汉于1965年发表介绍蒙文三田渡碑的文章之后，崔鹤根、成百仁等也关注了三田渡碑文，并发表了三田渡碑之满文部分的研究成果。④ 后来，崔鹤根、成百仁等人继续发表了有关满文资料以及朝鲜清学研究的文章。其中成百仁译注了台湾"故宫博

---

　　① 朴敬石. 清末"义赈活动家"与救灾的近代性：以李金与经元善为例. 中国近现代史研究，2006，32。

　　② 李龙范. 古代满洲关系. 首尔：韩国日报社，1975；李龙范. 中世满洲、蒙古史研究. 首尔：同和出版公社，1988；李龙范. 韩满交流史研究. 首尔：同和出版公社，1989；曹永禄. 入关前满洲女真史. 白山学报，1977，22。

　　③ 金声均. 朝鲜中期满洲—朝鲜关系. 白山学报，1978，24；金钟圆. 早期朝清关系研究——以丙子胡乱期间被掳人问题为中心. 历史学报，1976，71；金钟圆. 朝鲜后期对清贸易中潜商的活动. 震檀学报，1977，43；金钟圆. 从后金社会经济发展的角度来分析丁卯胡乱期间后金出兵的原因. 东洋史学研究，1978，13。

　　④ 金芳汉. 关于蒙文三田渡碑. 东亚文化，1965，4；崔鹤根. 所谓《三田渡碑》满文碑文注译. 国语国文学，1970，49（50）；成百仁.《三田渡碑》满洲文. 东亚文化，1970，9。

物院"所藏的康熙年间 16 份圣旨、奏折，以及盛京将军、直隶总兵与皇帝之间来往的文书。①

　　另外，研究佛学、古文献的大家闵泳珪于 1964 年发表了关于《老乞大》的文章。他在文中说明了《老乞大》的语义、成书年代、作者等问题。虽然该文并不完全属于清史研究方面的文章，但是文中提到的从元明交替到朝鲜后期《老乞大》的流传过程，《老乞大》（汉文版、满文版、蒙文版）的成书背景以及满文本（清语）与汉文本之间的比较等，都是值得注意的地方。②

　　到了 20 世纪 80、90 年代，国际清史学界开始重视满洲固有传统制度以及满汉关系等问题，韩国学界也不例外。徐正钦、金钟圆、金斗铉、白玉敬、卢基植、金贵达、赵载德、任桂淳等人围绕上述主题发表了一系列文章。③ 卢基植的论文不仅论述了天命五年（1620）武官制与财物分配方式之间的相关性以及努尔哈赤时期满汉官僚制度的过渡形态，而且在"计丁授田""编丁立庄"的基础上，分析了女真社会的结构、阶级分化以及八旗制度的起源等满洲政权初期发展阶段的一系列问题。④

　　20 世纪 90 年代末，学界对满洲的关注大大增加。1998 年 2 月，满洲史研究会成立，2001 年，满洲学会正式成立。此学会一开始与清史研究有一段距离，主要从事近现代历史研究。从 2004 年起，学会开始

---

　　① 崔鹤根. 清太宗朝领行满文金史研究. 首尔大学教养课程部论文集，1971，3；成百仁.《满文档案》：康熙、雍正朝奏折与皇旨. 东方学志，1973，14；成百仁. 现存司译院清学书研究. 阿勒泰学报，1994，4；成百仁，等. 御制清文鉴版本研究. 阿勒泰学报，2008，18。

　　② 闵泳珪. 老乞大辩疑. 人文科学，1964，12。

　　③ 徐正钦. 明末建州女真与八旗制度的起源. 历史教育论集，1981，2；徐正钦. 清初国号问题. 大邱史学，1985，28；徐正钦. 明末清初努尔哈赤对明政策. 历史教育论集，1993，18；徐正钦. 明末清初建州女真社会的奴隶经济. 安东大学论文集，1993，15；金钟圆. 八旗制度成立过程. 东亚研究，1985，6；金斗铉. 辽东控制期间努尔哈赤对汉人政策. 东洋史学研究，1987，25；金斗铉. 八旗制度初探. 蔚山史学，1992，5；白玉敬. 朝鲜仁祖时期清译郑命寿. 梨大大学院研究论集，1992，22；白玉敬. 朝鲜前期译官研究. 梨大大学院研究论集，1992，22；金贵达. 清朝保持女真传统与其政策//九谷黄钟东教授停年纪念史学论丛. 大邱：正完文艺社，1994；赵载德. 清初满洲佐领考. 庆熙史学，1996，20；任桂淳. 清末满汉关系考察：1899 年荆州驻防满洲八旗兵殴打汉人官员事件. 明清史研究，1999，10；任桂淳. 18世纪承德避暑山庄考. 明清史研究，2004，21。

　　④ 卢基植. 努尔哈赤时期武官制度与财物分配//宋甲镐教授停年退任纪念论文集. 龟尾：永昌书林，1993。

发行《满洲研究》(*Journal of Manchurian Studies*)，一年出版两次。截止到 2016 年 12 月，它共发行了 22 辑（2004、2008、2009、2010 年发行一辑）。古代满洲地区研究者也陆续参加该学会的活动。2005—2006 年学会主办了关于"利用满文资料"的研究会。2014 年，学会以"10—18 世纪东亚历史中满洲"为主题举行了满洲学会春季研讨会。可以说，目前除了明清史学会以外，满洲学会成为国内研究清史的重要研究团体之一。

明清史学会也开始进行与满族统治阶级及其政治和文化相关的研究课题。1999 年，明清史学会专门召开了有关"入关前满洲史"的研讨会。2004 年在明清史学会创立二十周年活动上，它也提出类似的主题，即"东北亚区域史中满洲与蒙古"等。如此，在 20 世纪 90 年代末，韩国清史界尤其关注入关前后满族统治阶级或清朝与蒙古等内陆亚洲政权之间的关系等问题。这一现象确实与美国清史界有关系。柯娇燕、欧立德、罗友枝等所谓"新清史"学派的研究成果迅速地被介绍给国内清史界。基于韩国清学传统的内在因素，再加上美国清史界的外来因素，韩国清史界于近年开展了活泼的清史学术活动。金宣旻和尹煜介绍了美国"新清史"研究，探讨了韩中日等东亚各国关于满洲研究的学术史。①

为了未来清史研究的发展，国内学界格外重视培养年轻学者对满文资料的阅读能力，普及有关信息。2004 年，卢基植在高句丽研究财团（2006 年以来改为"东北亚历史财团"）的支持下，组织了阅读《满文老档》的小组。在 2012 年 5 月成立了"高丽大学民族文化研究院满洲学研究中心"之后，其活动转移到高丽大学，继续举办满文阅读补习班。到了 2016 年年底，完成了《满文老档》韩文翻译本，并于近期即将出版。同时在高丽大学民族文化研究院辞典编纂室的支持下，李勋也出版了《满韩辞典》，这是继金得榥（1915—2011）的《基础满韩辞典》以来真正意义上从事清史的研究人员出版的第一部满语辞典。

---

① 金宣旻. 满洲帝国还是清帝国：谈最近美国清史学界的研究方向. 史丛，2011，74；金宣旻. 满鲜史、满学与满洲学. 明清研究，2012，38；金宣旻. 新清史与满洲学. 满洲研究，2013，16；尹煜. 新清史与未来清史研究. 历史与世界，2015，47。

在此背景下，学者们从清史研究的角度整理了国内所藏满文资料的情况。洪性鸠介绍了国内满文资料的概况。① 金斗铉和金宣旻分别发表了有关《满文原档》和《旧满洲档》、《满洲实录》等文章，研究了清初满文官修史料。他们不仅介绍了清初满文档案的成立过程及其研究的历史，而且还仔细分析了从天聪到乾隆年间清太祖实录的编纂及流传过程。② 尹煜也发表过有关清末奏折传递方式以及满文月折包之史料价值的文章。他介绍了清末奏折传递方式与传递速度的变化，尤其重视近代邮政系统对传递速度的影响。同时作者也比较了雍正到道光年间满文月折包中所发现的清代韩中关系史资料与朝鲜外交文书等内容，论述了其满文资料的价值。③

除了满文教育活动外，满洲学研究中心也进行过不少研究活动。这一机构有文学、语言学、历史学研究室等。其中，金宣旻负责历史学研究室。该研究室的主要活动内容有发行满洲学丛书、翻译满文史料、收集满文档案、与国际满学界交流。比如，历史学研究室曾邀请过刘小萌、金由美、刘迎胜、濮培德等学者，举行了讲演、交谈会等学术活动，同时召开过两次国际会议，主题分别为"近世东亚与满洲文化"（2013 年 5 月）、"清代满洲文化与满洲学"（2014 年 5 月）等。如此，目前民族文化研究院满洲学研究中心正在充当韩国清学的中心研究机构，将来这机构对清史研究会有一定的作用。

在上述研究环境下，不少专家从多元性的角度研究清史。宋美玲发表了有关军机处的一系列成果，探索了军机处的建立时间及其成立过程，尤其说明了雍正帝通过军机处强化文书行政，有效地控制中央行政机构诸方面的情况。同时作者仔细探索了乾隆帝即位之后，如何削弱前朝军机处及其成员对中央政府的控制力。通过军机处的人选、军机大臣的兼职、内阁与军机处的势力均衡等，作者分析了乾隆帝控制官僚组织

---

① 金得榥. 基础满韩辞典. 首尔：大地出版社，1997；洪性鸠. 国内所藏的满文文书概况. 古文书研究，2015，47；洪性鸠. 关于国立中央图书馆所藏《清太宗诏谕》. 大邱史学，2016，123。

② 金斗铉.《满文原档》与入关前清史研究. 明清史研究，2008，30；金宣旻. 从《旧满洲档》到《满洲实录》：清太祖实录的编纂与修改. 史丛，2012，77。

③ 尹煜. 清末奏折传递方式的变迁. 历史学报，2011，209；尹煜. 满文月折包中朝清关系史资料的史料价值. 历史学报，2013，218。

的具体方式。① 在这些研究成果的基础上，作者出版了专著《清代中央政府决策机构与政治势力》。②

除了上述研究以外，宋美玲还发表过有关清初政治史、制度史方面的一系列研究成果。③ 作者谈到了康熙、雍正、乾隆巩固皇权、团结满洲统治阶级的各项措施。在关于"总理事务王大臣"的文章中，作者论述了雍正、乾隆即位之后，在大丧期间任命总理事务王大臣的政治意义。作者认为这一制度与清初摄政、辅政制度不同。为了稳定君主交替时期的局势，雍正与乾隆帝强调先帝的遗诏，而施行总理事务王大臣的制度，避免了政局的不稳。④ 另外，作者根据传教士的记载，分析了康熙帝的旗人政策、北京内外城以及畅春园等统治空间的改造、提高满语地位等各项政策以及打猎等集体活动对形成满族认同的影响等问题。⑤

关于巩固皇权与保持满洲优势的各项政策，李勋分析了清朝塑造东北"根本之地"或"根本重地"的范例以及巩固满洲统治地位的过程。⑥ 值得一提的是，关于考察长白山的文章中，他利用了《长白山记》(Golmin šanyan alin-i ejetun)、《旧满洲档》等满文资料，深入分析了清政府对长白山以及朝鲜与清朝之间国境的认识。金宣旻发表过一系列文章论述朝鲜与清朝的关系。她谈到了朝鲜、清朝双方使臣来往以及在贸易过程中所出现过的事件及其处理过程。⑦

① 宋美玲. 清代军机处成立过程研究（1726—1737）. 东洋史学研究，1998，62；宋美玲. 清乾隆后期皇权与军机处. 东洋史学研究，2003，84；宋美玲. 清乾隆帝如何经营中央行政机构：以军机处的事例为中心. 中国史研究，2005，34。

② 宋美玲. 清代中央政府决策机构与政治势力. 首尔：慧眼，2005。

③ 宋美玲. 清康熙帝东巡的目的与其意义. 明清史研究，2005，24；宋美玲. 康熙帝决定皇太子的背景与其教育. 明清史研究，2010，33；宋美玲. 清初中央决策机构中的满洲人. 满洲研究，2012，4。

④ 宋美玲. 清中期总理事务王大臣体制考. 东洋史学研究，2013，124。

⑤ 宋美玲. 康熙帝之清帝国构思与满洲认同：以耶稣会传教士记录为中心. 历史学报，2007，196；宋美玲. 耶稣会传教士对明清交替的认识变化与寻找传教途径. 明清史研究，2011，35。

⑥ 李勋. 清乾隆年间构造满洲根本之地：以京师旗人的迁移与满洲封禁为中心. 史丛，2011，72；李勋. 清初长白山考察与巩固皇帝权. 东洋史学研究，2014，126。

⑦ 金宣旻. 栏头：从边境的视角看朝清朝贡关系. 大邱史学，2009，96；金宣旻. 雍正帝的盛京统治. 明清史研究，2010，34；金宣旻. 乾隆年间朝鲜使行的失银事件. 明清史研究，2010，33；金宣旻. 雍正—乾隆年间荞牛哨事件与朝清国境地带. 中国史研究，2011，71；金宣旻. 从国境地带到国境线：19 世纪末朝清关系. 中国史研究，2013，82；金宣旻. 朝鲜通事古儿马红（Gulmahūn）. 清译郑命寿. 明清史研究，2014，41；金宣旻. 清初八旗与朝鲜贸易. 史丛，2014，82。

　　过去韩国清史界比较注重于康、雍、乾盛世，随着研究主题的多元化，最近出现了关于清末旗人研究。尹煜仔细观察了从中央皇族内阁成员到地方旗人，譬如珲春驻防旗人等清末旗人社会的政治与生产关系的变化等问题。在分析奴婢阶层的规模以及成分时，作者不仅谈到了珲春驻防社会生产方式的变化，而且分析了珲春旗人中旗官的角色以及新政前后珲春旗人适应新政治环境的过程。①

　　通过以上研究成果，我们不仅可以了解到韩国清史界如何探究清朝巩固满洲地位的各项方针以及满洲社会的变迁，也看到了清史研究的多元性。这种多元性来自不同视角的多种文字资料。清史研究者不得不注意满、汉、蒙、藏、回等多民族国家"清帝国"造成的时代特征"多元性"。清朝将汉地与内陆亚洲农牧地区相结合，在欧亚东部建立了一个地域辽阔的国家。满蒙之间形成了竞争与合作的关系格局。17世纪以来满蒙关系成为研究清初政治史的一个特殊领域。随着清朝统治范围扩张到新疆、西藏等广阔内陆亚洲，所谓"清代边疆史"的研究领域也开始形成。

　　关于满蒙关系以及清朝西征研究，李俊甲、赵炳学、金成修、李善爱等学者的成果较为突出。他们积极利用《清内阁蒙古堂档》等1990年代以来为清史界所关注的第一历史档案馆所藏的蒙文档案，从内陆亚洲的视角解释有关满蒙、蒙藏关系的细节。② 李善爱在追索理藩院历史变迁的同时，通过分析其组织、人选探索了理藩院在中央机构中的位置。③

　　除了满蒙关系之外，金浩东、崔韶子、金成修、金汉雄、安允儿等

---

　　① 尹煜. 年轻满洲贵族的政治趋向与其挫折，1900—1911. 东洋史学研究，2012，118；尹煜. 清末民初珲春地区旗人知识分子在地方政治上角色的变迁. 历史学报，2012，214；尹煜. 从买卖奴婢到家生奴婢：珲春驻防奴婢阶层的构成与变化，1736—1849. 东洋史学研究，2014，129。

　　② 李俊甲. 乾隆年间清朝对外战争与帝国体制：以第一次攻打准噶尔事例（1755）为中心. 韩国学研究，2009，19；赵炳学. 18世纪初清朝与准噶尔蒙古关系研究：以《清内阁蒙古堂档》中策旺拉布坦记事为中心. 明清史研究，2011，36；赵炳学. 清代满蒙档案与蒙古史研究. 蒙古学，2011，31；金成修. 十七世纪满蒙关系与内陆亚洲：以满洲与科尔沁关系为中心. 中国史研究，2013，82；李善爱. 从外国（tulergi gurun）到外藩（tulergi golo）：17世纪清—喀尔喀关系研究. 明清史研究，2015，43。

　　③ 李善爱. 清初理藩院的定位与其人选. 明清史研究，2015，43。

人研究过新疆问题或蒙藏关系对清朝控制内陆亚洲的影响。① 除了内陆亚洲历史的视角以外，韩国也有些学者关注清朝与东南亚，尤其与越南的关系研究。曹秉汉和刘仁善分别发表了关于清代中越关系的文章。② 丘凡真出版的《清国：喀迈拉的帝国》是一部清代通史著作。该书既充分展现了朝清关系的发展过程，又从多元性的角度重新解释了在清帝国秩序中朝鲜的外交地位。③

虽然最近韩国学界逐渐关注清史研究的多元性，并试图以多种语言资料探索东欧亚帝国"清朝"的面目，但作为中原末代王朝以及通往近代的桥梁，清朝的历史意义仍然是清史学者探索的核心主题。制度与实际运作是了解清代的一条重要途径，尤其研究中原地区注意"清承明制"是理所当然的。甚至因为近代中华民族意识的发起，民国时期清史研究更注意"清承明制"，把它作为清史研究的出发点。至今在历史研究的每个阶段，延续与革新是不可避免的话题，清史研究也不例外。

在早期制度史研究中，学界对清朝乡村支配方式进行探究。宋正洙从明清保甲制的延续性出发，发表了有关乡约、保甲制度的一系列文章，分析了保甲制度从明末到清代的变化过程。他分析了总甲制、《新保甲条令》、《新保甲条例》以及乡约等政策，说明清朝如何控制明朝故地及其周围少数民族区域。④ 另外，洪性鸠也谈过保甲制度与宗族的关

---

① 金浩东. 1864 年新疆穆斯林叛乱始末. 东洋史学研究，1986，24；崔韶子. 行省设置以前清朝对新疆的政策. 梨大史苑，1995，28；金成修. 清朝藩部体制与藏传佛教. 明清史研究，2004，22；金汉雄.《清实录》中有关颇罗鼐的记载与史料批评. 明清史研究，2006，25；金成修. 五世达赖喇嘛之北京行的背景与十七世纪内陆亚洲网络. 明清史研究，2008，29；安允儿. 乾隆时期译《大藏经》的满文翻译与三世章嘉呼图克图. 明清史研究，2014，42。

② 曹秉汉. 清末海防体制与中越朝贡关系的变化. 历史学报，2010，205；刘仁善. 1720 年代围绕云南边境清朝与越南黎朝之间发生的纠纷. 东洋史学研究，2013，124。

③ 丘凡真. 清国：喀迈拉的帝国. 首尔：民音社，2012。关于书评参见金衡钟. 近期明清韩中关系史研究与"新清史"：分析研究趋向与展望. 东北亚历史论丛，2016，53；121。

④ 宋正洙. 明末清初乡村支配制度的变迁：以保甲制度的成立为中心. 学林，1983，5；宋正洙. 清人关初乡村社会与乡约、保甲制的形成. 东洋史学研究，1994，49；宋正洙. 康熙年间乡村社会与乡村支配：以乡约、保甲制度确立过程为中心. 首尔：慧眼，1996；宋正洙. 中国近世乡村社会史研究：明清乡约、保甲制的形成与发展. 首尔：慧眼，1997；宋正洙. 清雍正年间保甲制的出现与其特点. 中国史研究，2002，19；宋正洙. 清乾隆年间社会与乡约、保甲制的发展. 明清史研究，2003，18。

系、赋役制度的变化对保甲制度的影响等问题。①

　　车惠媛也在明清制度延续性的基础上探讨官僚制。作者探索了"清承明制"的一面，同时谈到了清朝统治者与汉官之间合作与对抗以及控制官僚的方式等。通过阅读车惠媛的文章可以发现，清代政治制度有独特之处。第一，车惠媛1989年的论文谈到了顺治年间优待言官，可开放言路的政策从康熙年间发生变化。因为不信任言官，清廷逐渐用奏折制度，后来成立军机处，代替了过去言官的功能。② 第二，车惠媛认为清朝统治者只是表面上继承了明代考课制度，施行朝觐考察、京察等，满洲大臣实际上并不接受巡按御史的监察，其结果是督抚掌握了对地方官员的考课权。③ 第三，车惠媛分析了康熙年间施行的考成法，发现地方权力集中于总督、巡抚，如此的行政改革引起了主张优待清吏的"清官论"。从中可以看到汉人内部形成舆论，保护清吏以对抗旗人出身的督抚与考成法的过程。④ 第四，车惠媛论及乾隆为了解决举人积滞问题，施行了大挑法以及题补。这表面是对未入仕的汉人的一种仁政，可实际上这扩大了督抚在地方政治中的权力，大挑候补逐渐陷于政治、经济上的困境。⑤

　　韩承贤也发表过有关清代官僚制度的文章。他在2014年发表的论文中调查了从顺治到乾隆年间担任中央要职官僚的出身省区分布状况。从此，他发现了顺治、雍正、乾隆年间，政府一直重视保持官僚出身省区分布的均衡。在以官僚出身省区分布的均衡即"荡平"的原则下，朝廷规定了南北以及边疆省区出身的中央官僚的人数比率。考虑到发生三藩之乱后江南的安定以及南人高文化水平等因素，雍正年间南人担任中央要职的比率增加。这影响到清史研究，引起了不少研究者格外重视清中期以来南人在中央政界的作用。不过，作者的结论是南人比率的增加不是不变的趋势，尤其是在乾隆帝更重视荡平原则的情况下。⑥

---

　　① 洪性鸠. 清代徽州宗族与保甲制. 中国史研究，2003，27。
　　② 车惠媛. 清初言官的政治角色的变化：分析六科归属于督察院的过程. 东洋史学研究，1989，30。
　　③ 车惠媛. 清代考课制度的变化：废止巡按御史前后. 东洋史学研究，1999，66。
　　④ 车惠媛. 清代行政改革与清官论：以康熙年间为中心. 历史学报，2001，172。
　　⑤ 车惠媛. 18世纪清政府地方官的当地任用与候补制. 东洋史学研究，2005，90。
　　⑥ 韩承贤. 乾隆—嘉庆年间未决诉讼积滞现象与其对策. 精神文化研究，2014，38 (1)；韩承贤. 清朝南北人士的官僚任命政策（1644—1795）. 历史学报，2014，221。

　　上述官僚制度主要针对汉人官僚，清廷在继承明制的同时为了减少明末清初以来社会矛盾和满汉民族矛盾，又采取了控制或抚慰等管理措施。另外，这些措施不仅针对官僚，而且关注未入仕的地方绅士。韩承贤利用《清史录》、《四库全书》与地方志，以及相关地方文献和第一历史档案馆所藏《礼科史书》《吏科题本》中的"考绩奖叙类"等资料，谈到了中央政府关注地方绅民在区域政治、文化等多方面的活动。文中，作者论述了雍正、乾隆年间国家对地方绅士的旌表、议叙等制度，进而分析了绅士乐善好施的背景。作者由此认为，为了控制绅士在公共领域的活动，清朝建立了有关管理措施，尤其禁止绅士从中获取私人利益。到了19世纪，因为国家财政危机、民变暴增等问题，国家容忍绅士在地方政治上的活动。作者从乐善好施的增加趋势中观察到这种现象，而且这种现象从嘉庆、道光年间就已经开始兴盛起来。与以往研究不同，作者认为绅士势力的扩张不是从太平天国时期开始的。①

　　对官僚、未入仕者的管理并不局限于法律条文。为提高满人在汉文化中的地位，清朝试图依据中原历史传统来巩固皇权。中央政府着眼于国家祭祀活动、控制绅士在地方文化事业上的地位等，从此清朝既能够得到继承中原的国家认可，又可以主导以中原、内陆亚洲为核心的东欧亚之"大一统"。

　　李允硕的文章探究了改善文庙、地方祀典等国家祭祀制度的过程。他认为，雍正期间祭祀制度的变化表明，中央权力控制了从中央到地方的官方祭祀活动，这极大提高了中央政府对地方绅士的控制力。② 另外，韩承贤也提到了18世纪清朝的文化控制是由满汉民族矛盾以及中央与地方之间的紧张关系共同引起的。清朝皇帝尤其是乾隆帝非常重视控制绅士在地方政治、文化事业上的权力。为了巩固皇帝对地方的控制力，以取得兼具道德与学问的"圣人"地位，皇权要控制道统与治统。因此，中央政府重视地方文化事业的发展，同时也积极干涉地方志与地方文献的编修与出版，以控制绅士在地方文化、政治界的影响力。③

---

　　① 韩承贤. 清代"乐善好施"旌表、议叙制度的成立：以乾隆年间为中心. 明清史研究，2006，26；韩承贤. 19世纪初"乐善好施"奖励制度的变化与其意义. 东洋史学研究，2006，95。

　　② 李允硕. 雍正帝与清代国家祭祀：从礼制的角度分析雍正统治. 明清史研究，2006，25。

　　③ 韩承贤. 18世纪清朝对地方志、地方文献的控制以及章学诚之方志论. 历史学报，2006，192。

除了关注资本主义萌芽、明末清初的社会变动、绅士的社会经济角色等之外，为了探索中国社会的近代性质，韩国清史界也注重贯穿明清两朝的通史性研究。在 20 世纪 80—90 年代明末清初研究的基础上，学界慢慢出现了关于清社会变动的研究成果。另外，韩国清史界在研究时间上逐渐向清末靠拢。在与近现代历史研究的呼应之下，它继续关注了明末清初社会变动如何反映到 18 世纪以来中国社会上。除了地方基层社会的变动之外，它也非常关注清中央政府的政策如何牵引了清社会。清朝的国家建设、清朝为解决因社会变动而引起的矛盾所采取的措施以及缓解满汉民族矛盾的方式，都为清史研究者在明清两代延续性研究的基础上探索清代特殊性提供了新的途径。

第六节　追索清社会之近代趋向

一、清末中央政府与地方绅士：改革与革命之间

在前文中，笔者以社会经济史、韩中关系史、政治与制度史等主题为中心谈到了韩国清史研究的干流。由此，我们也看到了绅士、燕行、清学传统等因素形成的具体研究题材。其中，围绕绅士的社会经济史研究直接影响到近现代中国历史研究。为了分析清朝灭亡的原因，同时为了观察其后近代中国的变迁与新中国诞生的过程，韩国历史学界一直关注"绅士"这一群体，并从此探索"中国近代社会的源流"。在 20 世纪 60—70 年代初，即清史研究的开端，在闵斗基提倡的"中国近代社会的源流"话题之后，学界的研究课题便朝两个方向发展。其一，从明清两朝的延续性中发现绅士的社会经济角色（已讲述于第四节"从'绅士'到'区域史'研究"中）；其二，从清末到近代的变革中观察绅士的历史作用。这里要继续讲述第二部分，即与清末绅士有关的研究史。

一开始，韩国清史界比较重视清末韩中关系、近代改革思想的传播（即将讲述于下面第二部分"儒学思想史研究的传统与其近代转型"）、清末国体危机、秘密结社等。有关清末韩中关系、军制改革的早期研究

者有洪珹太、金钟圆、辛胜夏、朴钟玄等人。① 其中，朴钟玄论述了在强学会活动中围绕"保皇""满清政权"出现的异议，并以章炳麟等为例，分析了改革派与革命派之间的交流。

学界从此试图观察清末社会的变革，分析清朝灭亡的原因。其中关于国体危机的一些研究成果关注了清末河工、盐政、漕运方面矛盾的深化。表教烈发表了一系列文章探讨漕运改革，讲述了因长运弊端所引起的漕运危机。朝廷官员为了防止"中耗"提出了各种改革方案，表教烈分析了漕运总督蔡士英、直隶总督李绂、给事中徐惺等提出的"转般法"以及陆陇其等提出的"西北开垦"、蓝鼎元提出的"海运论"等措施。② 作者近期发表的论文也谈到了在第二次鸦片战争中英法联军与俄国对漕运的干涉。③

丘凡真是清末盐政与币制改革等财政史研究的专家。他谈到了清代行盐制度的多种形式及其矛盾与清末盐政改革。他尤其重视新政期间天津长芦盐区，观察了清末国家权力的膨胀及其遭受的挫折。比如为了给北洋新政供应资金，直隶总督袁世凯等注意到津武口岸，试图进行官办改革，但最终失败。作者从此看到了清朝财政政策的变化引起了盐商与国家权力之间的紧张关系。④ 同时作者以币制改革分析了清末经济改革的失败与地方政府的关系。为了以金（换）本位制度为基础进行币制改革，清朝考虑实施精琪的币制改革案，建立银钱总厂。可是地方政府已

① 洪珹太. 清末支配体制与军制改革：以武卫军形成的背景与其成立过程为中心. 首尔大学历史系博士学位论文，1965；金钟圆. 朝清通商章程考. 首尔大学历史系博士学位论文，1966；辛胜夏. 清季中国朝野之朝鲜问题的认识：以门户开放为中心. 史学志，1973，7；朴钟玄. 关于变法派与革命派之间的交流：孙文、杨伟云、康有为各派的合作运动之背景与其展开. 庆尚史学，1987，3；朴钟玄. 章炳麟，在改革与革命之间. 历史教育，1989，45。

② 表教烈. 清代前期漕运的弊端. 省谷论丛，1995，25；表教烈. 清代前期漕运改革论. 东洋史学研究，1995，50；表教烈. 清中期漕运改革论：以包世臣与林则徐的畿辅开垦论为中心. 人文学研究，1996，2—3（合集）；表教烈. 嘉道年间漕运改革论：以魏源海运论为中心. 东洋史学研究，1996，54。

③ 表教烈. 清代漕运与列强. 中国近现代史研究，2012，53。

④ 丘凡真. 天津行盐制度与清末新政改革. 中国近现代史研究，2003，20；丘凡真. 清末直隶永平府盐务改革与其意义. 明清史研究，2004，21；丘凡真. 清末盐税的结构与规模：以长芦盐区为中心. 东洋史学研究，2004，88；丘凡真. 嘉道盐政的危机与清朝对策：以长芦盐区为中心. 明清史研究，2006，26；丘凡真. 嘉庆、道光初期两淮盐商衰落的原因. 东洋史学研究，2009，107。

经运营造币厂，发行银圆，征收火耗，张之洞等东南地区总督反对中央控制造币。①

关于清代财政结构研究，成果突出的有金衡钟。他论述了中国国家财政部门的近代化进程及其挫折。在论述中，他尤其重视了清代财政部门的"农业社会性"结构。晚清政府遇到太平天国等大规模内乱与帝国主义国家的侵略，国家定额财政收入减少，进而引发了不完全财政。作者认为中央户部对地方省政府的财政控制力大大减退。在这样的情况下，国家体制应该迅速转换为国民国家体制，可是政治理念跟不上实际情况，财政部门的老思想"量入为出""永不加赋"等一直影响到民国初年。②

随着中央政府对地方政府、地方绅士阶级的控制力减弱，地方社会的离心力暴增，新政失去了推动力。以江苏省为例，金衡钟发表了一系列有关清末江苏绅士的文章。与过去以自治理念为中心的研究不同，作者关注了地方自治运动的实际成长过程。在科举制被废除之后，地方绅士寻找出路，同时政府准备赋予绅士在公共领域的合法性权力，试图使其制度化。作者以江苏为例分析了在新政期间政治、经济、教育等三大部门改革的过程，从此注意到了各个地方自治的进展程度不同，而且各地绅士的活动内容大大影响了自治的进展程度。紧接着，金衡钟论述了谘议院、各州县的教育会和勤学所等新设教育机构的活动，以及保护绅士权力的各项草案章程。他将以上研究成果结集出版了专著《清末新政期江苏绅士》。后来，金衡钟也谈到了筹备新政期间出现的从乡镇到州县等各级地方绅士的地方主义及其体现。③

因为在传统时代，中韩两国的教育制度、官僚选拔方式有相似之

①　丘凡真. 1904 年精琪之币制改革案与清末币制问题. 东洋史学研究，1998，64。

②　金衡钟. 从财政史的角度看清代国家权力的性质. 东亚文化，2007，45。

③　金衡钟. 清末新政期江苏省财政与绅士：以"征银解银"问题为中心. 东亚文化，1997，35；金衡钟. 清末江苏省教育改革与绅士：教育会成立与其活动. 东洋史学研究，1997，60；金衡钟. 清末厘金问题和商人：以江苏省"裁厘认损"与"统损"为中心. 历史学报，1998，158；金衡钟. 清末地方自治的成立与地方绅士：江苏省自治准备过程. 东洋史学研究，1998，63；金衡钟. 江苏教育总会小论//全海宗博士八旬纪念论丛刊行委员会，编. 东亚历史的还流. 首尔：知识产业社，2000；金衡钟. 清末新政期江苏绅士. 首尔：首尔大学出版部，2002；金衡钟. 清代后期江北社会：张謇与江淮行省的设置问题. 东亚文化，2009，47。

处，韩国东洋史学界格外关注中国教育史以及近代教育改革。地方社会的离心力往往表现于教育事业，地方绅士积极参与教育改革。曹秉汉在2003 年东洋史学会冬季学术研讨会上发表论文讨论传统时代书院与中国近代教育机构之间的联系，分析了除清朝官学以外，以地方士大夫为中心的民间教育机构"书院"对清代民间学术活动所起的重要影响。同时文章也涉及普及全国的书院转型为近代教育机构的过程。① 张义植关注清末学校制度的改革，发表了有关清末科举、清末各种学堂的文章。② 后来张义植继续研究学堂，论述了清末水师学堂、陆军学堂、京师大学堂等教育机构的设立、教育课程、毕业生的出路等。③ 由于自身的经验，韩国学术界关注关于清代教育的各种措施时，集中分析中国传统教育机构的近代转型及其结果。孙准植、金裕利等人的文章也都谈到了近代学制改革与国民教育之萌芽。④ 国家改革不够充分，自然扩大了绅士在地方社会上的活动领域，教育部门也是其中之一。

展望中国近代，清代阶级矛盾与斗争是重要研究课题之一。韩国清史界从 1980 年代开始重视清代民间宗教、秘密结社，如白莲教、天地会、上帝教等。崔韶子说明了邪教是明清社会对天主教与白莲教的共同认识。⑤ 另外崔震奎谈到了白莲教的救济观，分析了其宗教性。⑥ 河世凤关注了国家、地方社会对白莲教的回应。他不仅分析了嘉庆年间白莲教叛乱中乡勇组织的结构，也描述了下层绅士与商人阶层的积极参与的过程及其背景。⑦

① 曹秉汉. 明末以来书院教育和近代教育的摸索//东洋史学会冬季学术研讨会论文集. 2003。

② 张义植. 清末科举废止过程研究：新学校制度与科举的结合. 历史学报，1984，103；张义植. 清末对学堂出身者的奖励制度与学生社会. 东洋史学研究，1993，45。

③ 张义植. 清末水师学堂的近代海军教育. 历史教育，1997，61；张义植. 清末中国近代陆军军事学堂及其教育. 明清史研究，1997，7；张义植. 清末陆军学堂教育：新军教育的基础研究. 历史教育，2000，74；张义植. 戊戌政变之后京师大学堂. 中国史研究，2011，70；张义植. 清末京师大学堂进士馆第 2 期进士们接触的新教育. 中国史研究，2016，101。

④ 孙准植. 清末教育改革与国民教育. 中央史论，1999，12—13（合辑）；金裕利. 清日战争之后中国近代学制的形成过程. 历史教育，2001，78；金裕利. 清末书院改编为学堂的过程：近代学制设立研究. 东洋史学研究，2001，75。

⑤ 崔韶子. 明清天主教与白莲教. 梨大史苑，1988，22—23（合集）。

⑥ 崔震奎. 从宗教角度看清中期五省白莲教叛乱之口号与仪式. 东洋史学研究，1988，27。

⑦ 河世凤. 清代白莲教叛乱期间组织乡勇的过程. 庆大史论，1986，2。

俞长根以惠州叛乱为例，探索了天地会活动，比如组织结构、理念与纲领、与区域社会的联系、天地会成立的社会背景等。崔甲洵从"还源与收元"的概念出发，说明了明清民间宗教中救世救济论。在千圣林、许惠润的文章中也谈到了秘密结社，他们通过林清结社与李文成之间的关系，分析了白莲教之一派——八卦教的发展过程。① 在如上研究成果的基础上，俞长根出版了两部专著，考察了天地会、金兰会等广东民间社会的成长过程。② 太平天国研究的专家崔震奎发表了一系列文章，论述了太平天国的科举制度与地方绅士的关系，同时分析了上帝教的教义、其教义对太平天国建国理念的影响。③ 金培喆研究了太平天国对湖南社会的影响。④

二、儒学思想史研究的传统与其近代转型：考证、经世与变法

因为韩国的儒学传统，所以早期清史界明显注重思想史尤其儒学思想史研究。一直到 1990 年代，思想史研究成果的数量仅次于社会经济史研究，远远超过清代政治、制度史研究。当然这只是数量上的单纯比较，并不能反映质量上的评价。不过参考如下表格（"1995—2013 年明清史研究主题发表论文统计"）⑤，起码可以了解到数量上的大幅变化。近几年虽然有所恢复，可是没有恢复到 90 年代的水准。从外观上看，哲学思想史在韩国清史界的影响力确实有所下降。可是为了深入了解社会、经济或政治变迁的背景，追索清代思想的趋向仍然是非常重要的研

① 俞长根. 19 世纪初中国东南天地会的动向——以 1802 年惠州叛乱为例. 庆大史论，1986，2；崔甲洵. 还源与收元：明清民间信仰中救济观. 东洋史学研究，1987，26；千圣林. 乾隆时期山东清水教叛乱的背景. 梨大史苑，1988，22—23（合集）；许惠润. 嘉庆年间八卦教一考. 学林，1991，12—13（合集）。

② 俞长根. 近代中国秘密结社：以广东天地会为例. 首尔：高丽苑，1996；俞长根. 近代中国的区域社会与国家权力. 首尔：新书苑，2004。

③ 崔震奎. 太平天国与上帝教：建国过程与其理念. 东洋史学研究，1996，55；崔震奎. 太平天国的科举制度. 明清史研究，1997，7；崔震奎. 上帝教与太平天国的外交关系. 明清史研究，1999，11。

④ 金培喆. 太平天国期间湖南湘军势力的兴起与湖南社会的军事化. 东洋史学研究，1996，54。

⑤ 表格来自：郑哲雄. 1995—2015 年明清史研究成果与展望. 东洋史学研究（东洋史学会 50 周年纪念特辑号），2015，133：245。

究课题之一。

表 2 - 3 　　　　　　　1995—2013 年明清史研究主题发表论文统计

时间 ＼ 主题	政治·制度	社会·经济	思想	宗教	对外关系	边境	少数民族	环境	美术	其他	分期总计
1995—1999	28	65	45	3	24	1	0	6	2	7	181
2000—2004	40	77	18	9	26	0	0	3	5	13	191
小计	68	142	63	12	50	1	0	9	7	20	372
2005—2009	28	66	8	7	47	4	2	4	3	7	176
2010—2013	29	30	25	6	50	13	2	2	10	12	179
小计	57	96	33	13	97	17	4	6	13	19	355
总计	125	238	96	25	147	18	4	15	20	39	727

早期研究比较重视儒学思想的传承与其历史作用，因此学界关注了朝鲜儒学与明清儒学之间的交流。有关这方面黄元九写了不少文章，其中作者挖掘了中国儒学思想史及其现代的研究意义。[①] 后来，政治史研究者裴永东出版了《明末清初思想》一书。裴永东在书中探讨了阳明学成立的背景以及心即理论、格物致知论、知行合一论、良知论等，之后又继续谈论了阳明去世之后成立的几个派别，即现成派、归寂派、修证派等。此外，他还关注了东林学派和阳明左派罗近溪、李卓吾等，并在最后谈到了明末思想与考证学的联系和基督教对明清社会的影响等。虽然此书关于时代背景的分析不够充分，可是它具有重大意义，是国内在明末清初思想史方面的第一部综合性专著。[②]

实际上清初思想史研究没法与明末阳明学分开。在 20 世纪 60—70 年代早期思想史研究中，阳明学研究非常流行。李能和（1869—1943）、郑寅普（1892—1950）、高柄翊、尹南汉等早期中国学研究者都关注过

---

① 黄元九. 儒家思想中"复古". 东方学志，1967，8；黄元九. 正统与异端：中国思想的底流. 首尔：延世大学出版部，1976；黄元九. 韩国思想的传统. 首尔：博英社，1976；黄元九. 中国文化史略. 首尔：延世大学出版部，1979；黄元九. 中国思想的源流. 首尔：延世大学出版部，1988.

② 裴永东. 明末清初思想. 首尔：民音社，1992.

阳明学。①

到了 1990 年代在曹永禄的研究中分析了围绕无善无恶、本体顿悟论展开的阳明学左右分派的过程。此外，作者既从三教合一论的角度观察了阳明学与佛教的交流，也关注了阳明学在发展过程中所出现的讲学活动以及形成人际关系的历史意义。为概括以上研究，作者出版了有关近世思想史的一部专著。② 尹贞粉也以《大学衍义补》为中心分析了明末清初经世思想。③ 除了以上研究以外，还有不少有关阳明学的研究成果，可纳入清史研究的范围，在这里就不多谈了。

阳明学以后，韩国清史界关注的思想史研究领域是考证学。过去韩国学界关于考证学有多种叫法，如清学、实学、汉学等。从众多称呼中，我们可以发现韩国学界是如何认识清初考证学的。金忠烈和全海宗分别发表文章探索朝鲜实学与清代思想界的联系。他们在文中谈到了顾炎武、黄宗羲、颜元、王夫之等清初四大遗老的学问以及与朝鲜实学的关系。④ 在如此考证学与朝鲜实学的相关性研究之下，学界又出现了有关清初考证学与礼学的关系，以及考证学与清末经世思想的关系的研究。郑台燮在关于礼学的文章中谈到了考证学与经世思想的联系。郑台燮分析了大礼仪论争，主张礼学不仅是考证学的一种研究题材，而且礼学也存在于经世思潮的发展过程中。作者强调了礼学与经世思想的关联性。金培喆和曹秉汉也谈到了湖南经世派思想与王夫之思想的关系，同时主张批评专制君主及其体制的精神直接影响了经世思想的发展。⑤

---

① 李能和. 朝鲜儒学界之阳明学派. 青丘学丛，1936，25；郑寅普. 阳明学演论. 首尔：三星文化财团，1972；高柄翊. 儒学异端. 首尔：首尔大学出版部，1969；高柄翊. 黄宗羲之新时代待望论. 东洋史学研究，1970，4；尹南汉. 李朝阳明学的传来与受用. 中央史论，1972，1；尹南汉. 朝鲜时代阳明学研究. 首尔：集文堂，1982。

② 曹永禄. 阳明学与明末佛教. 东洋史学研究，1993，44；曹永禄. 16、17 世纪中国讲学运动与师友论. 明清史研究会报，1993，2；曹永禄. 中国近世知识分子的理念与社会运动. 首尔：知识产业社，2002。

③ 尹贞粉. 中国近世经世思想研究——以丘濬之经世书为中心. 首尔：慧眼，2002。

④ 金忠烈. 清初实学精神和理论. 亚细亚研究，1973，16（2）；全海宗. 实学概念的历史演变——比较清代实学与朝鲜后期实学. 学术院论文集，1978，17。

⑤ 郑台燮. 清初土地公有制论. 明清史研究会报，1993，2；郑台燮. 清初礼学考. 东洋史学研究，1995，52；曹秉汉. 明末清初经世学派对专制帝国体制的批判：以黄宗羲、顾炎武为中心. 明清史研究，2011，36。

关于考证学与清末经世思想的研究，曹秉汉发表了多篇有关常州公羊学的文章。他以洪亮吉、张惠言、李兆洛等思想为例，探讨了在江苏常州兴盛的考证学派的思想中有关经世思潮的内容。① 曹秉汉的研究一贯关注中国近代改革思想的起源，精心探索了清初经世思想与国家权力、考证学形成的文化现象及其对政治的影响、鸦片战争期间经世与洋务思想等问题。他反对过去关于考证学的一种说法，即为了生存，清初经世思想变质为考证学，主张考证学与清代经世思想之间存在内在联系。

围绕洋务、变法的改革思想，曹秉汉也发表了有关章学诚、林则徐、戴震、李鸿章、康有为、梁启超等清末政治思想家的一系列研究成果。② 1984 年，曹秉汉从章学诚的古今变通论中发现了清末变法的思想背景。③ 2007 年，曹秉汉又发文探索了从变法运动时期（1895—1898）到渡日（1902—1903）之间，梁启超新史学理论的形成过程。他特别指出，梁启超渡日之后重视国民启蒙。为了中国社会进步，梁启超模仿西方文艺复兴中"复兴古学与接受外来思想"的模式，强调复兴国学的同时吸纳新学问。④ 通过以上研究，曹秉汉认为梁启超重新发现考证学的历史意义，即引申出了近代中国国史与国民（国族）的概念。

如上，曹秉汉追索了从曾国藩的儒学经世思想与考证学到洋务变法的思想背景，探索了在中国清末、近现代历史进程中儒学传统的持续性，即清代儒学在近代的转型。在如此的问题意识下，曹秉汉又发表了

---

① 曹秉汉. 曾国藩之经世礼学与其历史作用. 东亚文化，1978，15；金培喆. 清末民国初王夫之思想在湖南. 历史学报，1987，114；曹秉汉. 清后期常州考证学界的经世思潮. 东义史学，1993，7—8（合集）；曹秉汉. 乾嘉考证学派的国家团结理念与汉宋折衷思潮：阮元、焦循、凌廷堪之古学与实学. 明清史研究，1994，3；曹秉汉. 清乾嘉以来经世思潮的复兴：考证学发展期桐城古文派和常州公羊学. 明清史研究，1997，6。

② 崔秉洙. 章学诚之良史论. 人文学志，1994，11；曹秉汉. 鸦片战争中林则徐之改革思想与清议. 东亚历史研究，1996，1；曹秉汉. 康有为变法思想与近代法治官僚制. 东亚研究，1999，37；曹秉汉. 早期洋务论的形成与上海. 中国近现代史研究，2002，16；曹秉汉. 变法与改革在亚洲：清末法治观念的普及与改革. 法哲学研究，2004，7（2）；曹秉汉. 海防体制与1870年代李鸿章的洋务运动. 东洋史学研究，2004，88；曹秉汉. 戴震的考证义理学和清代国家理念. 明清史研究，2004，20。

③ 曹秉汉. 章学诚儒教史学的基本概念以及其政治意义：分析"专家"与"史". 历史学报，1984，103。

④ 曹秉汉. 梁启超的启蒙主义历史观与国学. 韩国史学史学报，2007，16。

不少有关近代中国世界观、国体认识的文章。在文中，他分析了传统大同观念在近代的改造过程，同时又谈到了春秋公羊学派的帝国中兴理念以及西北开发论的理论背景。经过洋务时期近代国权观念的成长，他说明了国权、世界大同的观念成为清末主流思想的过程，同时证明了大民族主义的形成过程。①

在体制转型的过程中，国家、帝国、国民、民族、共和等政治概念出现于清末社会。韩国清史界经常以梁启超的思想轨迹为中心分析以上提到的政治概念。关于梁启超研究，有辛胜夏、白永瑞、郑址镐等文章。其中白永瑞、郑址镐都重视梁启超的新民、国民、国民运动等概念及其历史作用，郑址镐更深入分析了梁启超的"帝国论"与国民团结的主张。不过，白永瑞也批评了梁启超等清末民初知识分子的"自大自弃""崇洋"风潮。他认为，这样的风潮妨碍了近代中国的历史使命，相反容易导致近代改革的危机，而出现回归以中华为中心思想的危险。②

继承近代中国世界观的研究气氛，后来近代史研究者继续探索了近代世界观如何反映到中国近现代国内政策中。金衡钟、李俊甲、柳镛泰、田寅甲等人分析了清末民国时期民族与国民概念的形成过程。其中，柳镛泰以"文化民族"与"国家民族"两种概念说明了近代中国的民族认识与国民形成的过程。从此观察到大一统、帝国、中西认识等形成近代中国世界观的主要概念慢慢转变融入于现代国家、国民概念之中。③

---

①　曹秉汉. 鸦片战争时期清代中国"大一统"中华思想与对外认识的变动. 亚洲文化，1994，10；曹秉汉. 19世纪中国改革运动中"中体西用". 东亚历史研究，1997，2；曹秉汉. 康有为初期理想国观念与中西文化认识：探索近代改革思想. 东洋史学研究，1999，65；曹秉汉. 近代中国民族主义的形成与中华帝国的传统：从大同到大民族主义. 东北亚历史论丛，2009，23。

②　辛胜夏. 旧韩末爱国启蒙运动时期梁启超文章的流传与朝鲜的反应. 亚细亚研究，1998，41（2）；白永瑞. 梁启超之近代认识与东亚. 亚洲文化，1998，14；郑址镐. 清末梁启超的经济改革方案与国民国家. 明清史研究，2011，36；郑址镐. 梁启超的帝国论与大清帝国的国体. 东洋史学研究，2015，132。

③　金衡钟. 清末革命派之"反满"革命论与"五族共和"论. 中国近现代史研究，2001，12；金衡钟. 近代中国的传统与近代：清末民初西学收容试论. 人文论丛，2003，50；李俊甲. 近代中国之国祖认识与民族问题. 东北亚历史论丛，2008，20；柳镛泰. 近代中国民族帝国主义与单一民族论. 东北亚历史论丛，2009，23；田寅甲. 从"帝国"到"帝国性国民国家"：帝国之结构与理念. 中国学报，2012，65。

第七节 结 语

在论述韩国清史界一百年的研究历程中，笔者谈到了与韩国清史研究有关的几项内容。

其一，20世纪中后期韩国清史界的形成过程，其中介绍了东洋史学会与明清史学会的成立过程和主要活动。

其二，在韩国清史研究成果中，韩中关系史的文章较多。如今，在韩中各方面交流活跃的气氛下，清代韩中关系史、外交史等研究领域自然备受重视。"朝贡与燕行录"的研究也是其中之一。为了深入研究，我们需要重新分析朝鲜时代士大夫（两班）对清朝的关注，以及他们积累的与清朝相关的知识。过去我们笼统地把它叫作"实学"研究，而随着韩国清史学界的成熟，我们慢慢接近于朝鲜清学的传统。将来如何连接韩国清史研究与朝鲜清学的脉络，是当今韩国清史界的主要任务之一。

其三，韩国战争以后，韩国清史界一直重视绅士与社会经济史研究。这方面的研究确实主导了当今韩国清史界的发展，目前区域史、商人、宗族等各方面的研究都离不开20世纪80年代以来的明清社会经济史研究。我们不能否认这种现象受到了美国、欧洲、日本等国外清史界的影响。可战后韩国知识分子自己也有理由研究清代社会经济史。为了探索近现代韩国社会自身的发展战略，清代社会经济史是必不可少的研究领域。

其四，为了分析大韩帝国失败的原因，同时为了探索韩国近代的源流，韩国清史界非常关注"追溯近代中国的源流"。这与韩国清代社会经济史研究的发展有密切关系。为了说明近代中国国家体制、社会现象，学者们都重视了前封建时代——清朝。无论是研究明末清初的绅士，还是研究清末民初的知识分子，都是为了"追溯近代中国的源流"。这是韩国清史界比较重视清代社会经济史、思想史研究的原因之一。

这些国内气氛影响到韩国清史研究，使得学界有时不知不觉忽略了清代自身的历史意义。实际上，关注清朝独特的制度与政治史方面的研究到了20世纪90年代才进入正常轨道。① 目前学界研究清代领土的扩张，在研究时间、方法、课题上也有巨大的变化，已经准备克服先前研究的局限。不过，为了了解国家制度及其实际运作情况，目前的研究成果还没有达到成熟阶段。

最近韩承贤撰文仔细观察了清代诉讼事务的处理过程，同时分析了乾隆以来未决诉讼激增的原因，比如讼师的挑唆、地方官的腐败、京控的增加等。不过，作者更重视中央政府仍然坚持着对未决诉讼处理的管理措施，并保持了一定的效果。19世纪清中央政府为了惩治地方官的腐败行为，依然鼓励百姓依法提出诉讼。虽然与讼师关联的诬告案件的增加直接导致了国家诉讼事务的低效率，引起了行政方面的负担。不过，我们必须重视一直到乾隆末年、嘉庆年间国家体制基本保持着健康状态。② 除了韩承贤的研究以外，最近韩国清史研究者慢慢关注清代文书行政、司法制度、行政管理的具体运行方式等，研究时代也不限于清初，而扩展到清中期乾隆年间，甚至直到清末。

为了探索"中国近代社会的源流"，韩国清史界重视明末清初或者清末民初，都注意到了国家交替期间。这种视角没有充分反映嘉庆以来清代中后期的活力，多数研究者往往直接飞跃到清末民初。为了强调民国的变化或革新，相对讲述了清末国家秩序的混乱、官僚贪污、制度弊病等。相反，有关地方绅士研究描绘了在地方社会，绅士如何在地方政治、公共领域中代替了国家的功能。

韩国清史界一直重视清承明制的看法。研究清初历史时，注意明清之间的延续。而研究清末时，则更倾向分析清朝作为末代封建王朝的矛盾与失败。虽然学界也经常谈论康乾盛世，但是实际上未充分分析清中期以来制度、国家机构的具体运行方式及其效率等。这也是韩国清史学界将来更应该集中精力的研究领域。

到了1990年代后期，新清史进入韩国学界。此时国内学界也正在变化，认识到满文资料的重要性。不过，归根到底，这一变化同朝鲜清

---

① 1990年代以前发表过的关于带着满洲特征的清代制度史研究有：崔晶妍. 理藩院考（上）（下）. 东亚文化，1982，20；1983，21。

② 韩承贤. 清代乾隆—嘉庆年间未决诉讼的积累与其措施. 精神文化研究，2014，37（1）。

学的传统有关。随着韩中关系的恢复、韩国学本身的成熟，韩国各方面发掘出朝鲜时期关于清朝的记忆。不过，这样的变化不仅仅意味着满洲学的恢复，也意味着韩国清史界与朝鲜历史研究者之间正在合作寻找新研究领域的出路。对清史编撰的关注也是其努力方向之一。①

　　作为一名研究者，笔者不敢担当概述"百年韩国的清史研究"如此庞大的工作，为了避免忽略任何研究成果，于一段时间集中精力，搜集各方面的研究成果。不过，纸面有限，有不少重要研究成果可能被遗漏，望请谅解。笔至结尾，自己深感惭愧，对自己所写不甚满意，面对先学、同辈研究者，心甚惶恐。遗憾良多，乞求读者指教。

---

　　①　目前韩国历史研究者普遍关心中国的历史研究情况。为了介绍国外研究清史的现状，尤其中国清史研究的现状与方向，金衡钟、郑惠仲、刘章根等出版了《中国清史编撰与清史研究》（首尔：东北亚历史财团，2010）。

第三章　1949 年以前法国的清史研究[*]

巴斯蒂　著　王文婧　译

　　本章关于"法国的清史研究"指的是在法国出版的法文著作，以及法国籍作者通常用外文在外国出版的著作。这里不讨论在其他国家以法语进行的研究，比如比利时、瑞士或加拿大研究者在各自国家出版的著作。

　　中国人民大学清史研究所正在进行的海外清史研究出版工作主要集中在 1912 年清朝灭亡后的研究作品。然而，如果不参考自清王朝建立以来法国人着意搜集积累的清代文献和研究，就很难理解 1912 年以后出版的有关这一主题的法语论著。正因为目前并没有 1644 年至 1912 年法国在清朝知识方面的总体研究，我认为有必要在这里回顾一下法国从 17 世纪到 20 世纪初关于清朝研究的主要体制框架和发展方向。

　　法国的清朝研究最初源于 17 世纪中期法国知识界、受教育民众和国家上层人士普遍的好奇心和对知识的渴求。不过，清朝统治下的中国并非他们唯一关注的对象，非洲、伊斯兰世界、印度和美洲也在他们的兴趣范围当中。这种探索异国的热情也并不仅仅限于法国，整个欧洲都是如此。它较早开始于意大利和伊比利亚半岛，但在法国和英国更为盛行。到了 17 世纪末，这种热情更是将包括俄罗斯在内的欧洲大陆所有国家都囊括其中，并推进了这些国家间的文艺和学术交流。

　　17、18 世纪，法国的清史研究已凸显优势。这一方面是由于研究者们系统搜集了一手的汉文甚至满文文献资料，另一方面则要归功于得到法国王室政府资助维持并由一些学者——尤其是有中国文人帮助的耶

---

　　* 巴斯蒂（Marianne Bastid-Bruguière，1940—），女，法兰西科学院院士；王文婧（1983—），女，中国人民大学历史学院讲师。

稣会传教士——推动的研究中心在巴黎和中国的活动。这一时期积累的涉及清朝历史的文本、翻译资料、实地观察报告和论著,直至19世纪末仍在法国乃至欧洲的学术研究中发挥着重要的作用。然而,18世纪末至19世纪前半期,法国与中国的学术来往中断,欧洲学者很难得到新的史料。

在法国,清朝研究从19世纪初开始进入大学体系。1814年,法兰西公学院(Collège de France)就设立了汉语、鞑靼语—满语语言和文学教席。法国清朝研究的独特性可见一斑。因为政府的支持,尤其是在巴黎,职业汉学研究发展起来;而与此同时,由于外交关系建立而出现的研究者向中国本土的回归也引发了重要的革新。传教士一直是中国研究的信息来源,但与上个世纪相比,他们的优越性日减,学术抱负也不复远大。继传教士之后,政府官员、军官、商人、记者、政论家被当时清帝国的政治和社会状况吸引,在中国本土形成了新的实践型专家群体。1885年,法国对越南东京(Tonkin,又译作北圻,指的是越南北部区域)的征服有力地推动了这场运动的发展。与中国接壤的印度支那归属法国也使得对清帝国感兴趣的公众和社会活动者有了快速增长。与之相关的岗位、刊物和专门机构增多,越来越多的中国学者和学生也来到法国,参与到知识的传播中。人们的认识同样出现了变化。清帝国的对外关系史成为学术热点,对清朝制度、文学和艺术发展的考证与批判性研究也开始进行。不过,当时学者的首要关注点却在于这个帝国的多样性以及它从另一个时代承袭的政治结构的脆弱和缺陷。

从1912年清朝覆灭到1949年,法国涉及清朝历史研究的体制框架几乎没有什么改变。虽然1920年索邦大学创立了汉学研究所(Institut des hautes études chinoises),1936年北京(北平)设立了中法汉学研究所(Centre franco-chinois d'études sinologiques),但这两项重要的创制主要惠及的是古代中国的研究。1912年帝制的废除催生了许多充斥着大量新讯息的著作,以帝国最后几年的发展演变和革命运动的形成、发动及认知为主题的分析评论也相继出现。这些出版物的作者大部分是内行且熟知情况的记者,不过从1914年8月第一次世界大战占据时事焦点后,他们也转向了其他主题。在法国,本地清史研究主要由留法的中国学生接续,1912年到1949年有一百多篇论文都涉及这一主题。这些论文虽然质量参差不齐，但有些已经开始探索新的领域，如研究著名的小说、探讨地方管理和机构运行等问题。其中最好的成果要归功于汉学研究所爱德华·梅斯特（Edouard Mestre）的帮助。而法国本土的研究者——除了高第（Henri Cordier，1849—1925）最后几部作品外——都放弃了对清朝政治史的研究，转而关注这个王朝宗教人类学方面的问题，深入探究那里的艺术发展演变，试图从技术层面理解某些法律和医学问题。不过，1914 年到 1949 年，在法国甚至中国出版的关于清代数量最多也最具原创性的法语著作其实都出自身居海外的法国人之手。它们是研究所需的一些基础工具书：文本的译注合集、传记汇编、书目索引和词典。此外，还有对艺术和文学遗产、城市和地方历史、各少数族群、对外交往和天主教福音传教历史的学术调查研究。

从 20 世纪 50 年代初开始，由于中国政府不再允许学者到中国进行科学研究，法国学界对中国尤其对清史的研究又变得非常困难。但尽管有这重障碍存在，各项调查研究并未就此停止，反而重新启航。一些汉学家和历史学家主要利用法国、日本和美国图书馆及档案馆积累的丰富文献，借鉴法国历史研究的新方法和新路径对清朝进行了更加专门而深入的研究。此后，随着时间的推移，有赖于国家科学院和各大学机构开放的职位，以及能够在台湾——1980 年后主要在中国大陆——补充资料和完成他们的培养，这批专业研究者的数量逐渐增加，能力得到了肯定，研究主题也愈发细化。在法国汉学界，清代研究成为一个无论在学术还是技术层面都十分独特的领域，其强项在于对国家建构及国家治理的研究，对中国与欧洲交往的研究，对中国社会与宗教运动的研究，以及对知识、思想及其传承和方式的研究：教育、书籍和视觉文化。不仅如此，这些法国研究者的著作也十分国际化，其中的很大部分都是在法国境外直接以其他语言出版的。

第一节　17、18 世纪的著作：学者的兴趣

从 1644 年清军入关开始，对于这个当时仍被称为鞑靼的新兴王朝

以及中华世界在其统治下发生的转变的研究已经在法国引起了学者、官方和广大文人的极大兴趣。出于这样的兴趣，官方和私人都在搜集能够提供有关清帝国人物和事件信息的所有文献。1647 年，向公众开放的马扎然首相图书馆有 4 套中文书籍，共计 19 册。同时，该图书馆还购得了欧洲所有关于中国的出版物。[1]该馆第一任管理员诺德（Naudé）订立了一条为全法学术图书馆沿用的规则：同时要搜集原文文献和这些文献的最好译本。[2]

第一本记载满人征服战争的欧洲著作出自意大利耶稣会士卫匡国（Martino Martini）之手，它的法文译版于 1654 年在巴黎出现，同一时间安特卫普也出现了这本书的拉丁语第一版。[3]这本书后来历经多次修订再版。与之情况相同的，还有这位作者的中国地图集[4]以及帕莱福（Palafox y Mendoza）与聂仲迁（Greslon）分别在 1670 年和 1671 年出版的关于鞑靼征服史的论著。[5]自 1650 年开始，法国作者所著或从其他文字翻译过来的与清帝国相关的游记、回忆录以及描述性和分析性的著作大受欢迎，填满了私人和研究机构的图书馆。

一、巴黎的研究中心：国王图书馆与克莱蒙学院

对清朝的研究首先是以国王图书馆（Bibliothèque du Roi，当时的图书馆坐落于维埃纳大街，后迁至马扎然旧宫，即目前的所在地）为中心开展的。1668 年，图书馆接收了马扎然收集的中文书籍，1692 年开始向公众开放。此时的图书馆已经配备了带薪馆员以便进行学术活动。1684 年，来自中国的天主教年轻学者沈福宗与柏应理（P. Couplet）一道觐见了国王路易十四（Louis XIV）并成为其座上宾。他协助柏应理和图书馆员泰弗诺（Thévenot）编写了汉文读写课本《汉语初步》（*Clavis sinica*），对解读皇家图书馆（即国王图书馆）悉心搜集的中文书籍助益良多。从 1687 年开始，北京的法国耶稣会传教士寄回国的文献越来越多，极大促进了资料的积累。到 1722 年，皇家图书馆已经收集了数百套汉语书籍，近 6000 册，其中文收藏已经是欧洲之最。[6]除此之外，图书馆还保存着派驻中国的天主教传教士的著作和报告，尤其是耶稣会士定期向法国科学院（l'Académie des sciences）寄送的记录文档（mémoires）。不过，皇家图书馆在清代研究方面的促进作用更多在于

它搜集到大量以欧洲各种语言撰写的与中华帝国相关的作品和译著的印刷版或手稿，而较少在于搜集中文资料，因为那个时期能读中文的法国学者极少。

巴黎另一个研究清帝国的重镇是克莱蒙学院（Collège de Clermont，即现在索邦大学旁边的路易大帝中学）。这座属于耶稣会的大型建筑在那时不仅容纳了一座非常著名的中学，还是北京法国耶稣会传教团隶属的耶稣会法国修会省的驻地。在华法国耶稣会士的官方或私人报告、信件、教会文档都会寄送并保存到这里的图书馆，其文献非常丰富，且向学者开放。另一部分来往信件——一般以年为单位，有时也不定期汇总——会被送到圣安托万街的修院（即如今的查理曼中学），由那里的耶稣会神父（通常是曾经在中国传教的耶稣会士）择选整理，并定期在《教化奇事信札》（Lettres édifiantes et curieuses）上发表以飨广大民众。这里的另一些耶稣会神父则致力于使用来自北京的著作和汉语文献编著具有普及性质的博学之作，比如杜赫德（Jean-Baptiste Du Halde）1735 年在巴黎出版的四卷本《中华帝国及鞑靼地理、历史、编年、政治和风物志》（Description géographique, historique, chronologique, politique et physique de l'empire de la Chine et de la Tartarie chinoise，又译为《中华帝国及鞑靼地区地理、历史、编年、政治和自然之描述》，或简译为《中华帝国全志》）。这本书在整个欧洲引发了极大反响。然而，随着 1764 年耶稣会在法国被取缔，所有财产均遭没收，克莱蒙学院图书馆的书籍和手稿也被查封，甚至经过拍卖而散失，使得法国学人痛失这一宝贵资源。保存在圣安托万街的大量手稿先是被转移到圣莫尔（Saint-Maur）的本笃会，放置在向学者开放的圣日耳曼德佩修道院（l'Abbaye de Saint-Germain-des-Prés）图书馆。1794 年，部分手稿被大火焚毁，剩余部分则于 1795 年由刚刚从皇家图书馆更名而来的国家图书馆收藏，并保存至今。[7]

1764 年耶稣会在法国被镇压以后，所有来自中国的讯息开始由国务秘书贝尔坦（Bertin）接收。而格鲁贤（l'abbé Grosier，1743—1823）修道院院长正是在圣日耳曼德佩图书馆、皇家图书馆和贝尔坦府邸进行他的研究。这位前耶稣会士在主持冯秉正（De Mailla）神父于北京编译、从 1737 年开始陆续寄回法国的《中国通史或帝国年鉴》（His-

toire générale de la Chine ou annales de cet empire）的出版工作。1777
年至 1783 年，这套从汉文或满文翻译而来的书籍在巴黎出版了十二卷
四开本，并附有许多地图和插图。[8]它的前十卷译自《通鉴纲目》，第十
一卷则根据《通鉴纲目》续著和其他材料叙述清朝历史。为使用最新的
信息增补冯秉正的著述，格鲁贤亲自撰写并于 1785 年出版了这套书的
第十三卷（798 页），题为《根据北京传道团记录编写的中国或中华帝
国通史全志，内容包含：1. 中华帝国、鞑靼地区和其他附属国共 15 个
行省地志，城市数量等等；2. 欧洲得到的关于中国政制、宗教、法律、
风俗、科学以及艺术所有情况的报告》（*De la Chine，ou description
générale de cet empire，rédigée d'après les Mémoires de la mission de
Pékin，ouvrage qui contient：1° la Description topographique des
quinze provinces qui composent cet empire，celle de la Tartarie，des
lieux et des États tributaires qui en dépendent；le nombre de villes，
etc.；2° l'exposé de toutes les connaissances acquises et parvenues
jusqu'en Europe sur le gouvernement，la religion，les lois，les
mœurs，les sciences et les arts des Chinois*）。这本书获得了极大的成功，
很快就被译为英语、德语和意大利语，分别重新修订发售。1818 年至
1820 年，格鲁贤又重新对这本书做了审阅和增补，形成七卷八开本出
版（3450 页）。正是因为格鲁贤所做的这些工作，欧洲民众在此之后才
得以直接接触到众多涉及清帝国历史、政治思想、管理模式和社会状况
的中文文献。

二、北京的法国耶稣会传教团和广州领事馆

法国第三个关于清帝国研究的中心在北京，由路易十四创立的法国
耶稣会传教团主导。1685 年，路易十四在巴黎接见柏应理，并采纳了
他的建议，出资向中国派遣六名法国耶稣会士，成为法国科学院的通讯
人。其中五名于 1688 年 2 月到达北京。康熙皇帝为答谢他们在各项工
作中为宫廷提供的出色服务，尤其在他们用金鸡纳霜（即奎宁）救了自
己之后，将皇城中的一块土地赏赐给了他们。1693 年，耶稣会士开始
在此修建教会驻地，其中包括一座占地极广的图书馆，此后又兴建了被

称为"北堂"的教堂，于 1703 年开放。1699 年，其他的法国耶稣会士应康熙帝的邀请陆续到达中国。[①] 至 1775 年耶稣会在世界各地被罗马教廷解散的消息传入中国为止[②]，来到中国的耶稣会士共计 114 人，他们的旅行费用由法国王室财政支付，此外每人还能获得一份年金（每年约 470 两白银）和各类津贴。早在 1700 年，教皇已认可中国的法国耶稣会传教团独立于葡萄牙传教团，并同意其完全隶属于上一级的法国修会省。为了服务朝廷，传教团开展了大量多样的科学活动，且一直与法国甚至是整个欧洲的学术界保持联系。教团不仅搜集传递了各国进行清朝研究所用的大部分资料，还编著了许多重要作品，比如前面提及的冯秉正所著的《中国通史或帝国年鉴》。

虽然 1764 年耶稣会在法国遭到了查禁，但法王对在华法国耶稣会士的资助却并未中断。不过自此之后，向他们询问中国各方面情况并接收他们传回的资料、信息、相关著作和信件等事务就被纳入国务秘书贝尔坦的工作范围。作为法国科学院院士的贝尔坦对中国颇为着迷，也尽力使他所知情况能够在欧洲得以广泛传播。这不仅有赖于他个人在欧洲极为广阔的学术关系网络，还得益于 1776 年至 1789 年陆续出版的十五卷《北京传教士关于中国历史、科学、艺术、风俗习惯见闻录》[*Mémoires concernant l'histoire, les sciences, les arts, les mœurs et les usages des Chinois（par les missionnaires de Pékin）*]。

1773 年，教皇决定取缔耶稣会之后，法王路易十六（Louis XVI）虽继续对留在北京的耶稣会传教士提供支持，但法国在京传教团却由他派遣的遣使会会士（les Lazaristes）接手主持。不仅如此，1776 年，路易十六在广州设立领事馆，由此，中国南部出现了一个新的研究中心。广州领事馆的领事往往常驻澳门，但他仍需要学习中文，传递讯息。从 1783 年开始，定期向贝尔坦汇报中国情况的是年轻的领事德基涅（de Guignes）。

---

① 康熙帝派遣一位神父回法国召唤更多的同伴专家，1699 年共有八人随这位神父到达中国，此后有更多的耶稣会士到来。——译者注

② 1773 年 7 月 21 日，教皇克莱芒十四世（Clément XIV）颁布敕书（*Dominus ac redemptor*）在世界范围内查禁耶稣会，但在华天主教主教们直到 1775 年才收到敕令通告。因此，1773—1774 年仍有耶稣会传教士到达中国，直到 1775 年查禁耶稣会的命令才在中国实施。——译者注

然而，法国大革命、1792 年共和国的建立以及对抗整个欧洲的战争将法国人在中国开创的学术事业毁于一旦，巴黎和北京的珍贵收藏或被销毁或遭散失。而在法国，君主制的中国也不再为开明之士关注。1789 年以后，在中国的传教士和领事再也得不到任何来自法国的钱款。英国切断了法国和中国的海上联系。1811 年，最后一位在华耶稣会士在北京去世。1827 年，清政府收回并拆除北堂。德基涅于 1801 年回到巴黎，1813 年在拿破仑的资助下出版了他的《汉法拉丁辞典》(*Dictionnaire chinois，français et latin*)。这位皇帝也曾萌生重新恢复中法联系的想法，却被战争阻住了脚步。

第二节　1814 年以降法国国家和学院层面中国研究的新体系以及第一次世界大战前清史研究以实地与时事考察为先取得的进展

对中国的重新关注和研究始自波旁王朝复辟，由法王路易十八(Louis XVIII) 开启。这位国王将关于满汉的研究纳入大学体系中，于 1814 年在法兰西公学院为雷慕沙 (Abel Rémusat，1788—1832) 创设了汉语、鞑靼语—满语语言和文学教席。之所以选择雷慕沙，一方面是基于法兰西公学院阿拉伯语教授西尔维斯特·德·沙西 (Silvestre de Sacy) 的推荐，另一方面则是因为雷慕沙的父亲曾忠心耿耿为路易十六服务。

一、法国的职业汉学

整个 19 世纪，中国研究——包括清朝研究——在法国的发展主要是在公共教育的范围内进行的。这种情况的出现，首先有赖于一些教授中国知识的专门教席的设立，其次则归功于一些学术团体和杂志对相关研究的定期发表、传播。

《亚洲学报》(*Journal Asiatique*) 和法国亚洲学会 (Société asiatique）于 1822 年成立，由西尔维斯特·德·沙西任主席，雷慕沙担任秘书。1829 年，它们的创立得到国王法令的确认。从 1824 年开始，雷慕沙还担任了皇家图书馆东方善本书室①的管理者。他对这里的文献资料进行了整理，将古代历史文献翻译成法文，出版了涉及诸多领域的著作，如汉语语言、古典文学，以及清代中国的行政设置、地理和经济等。除此之外，他还培养了一批专业学生。七月王朝继续为汉学研究的发展提供坚实的体制基础。1839 年，为满足与中国人交流的需求，法国政府建议东方语言学院（l'École des langues orientales）设立"通用汉语"教席，培养翻译和口语人才。但被学院教授拒绝。1841 年，雷慕沙的学生安托万·巴赞（Antoine Bazin，1799—1863）首开这一课程，"通用汉语"教席继而于 1843 年得以设立。然而，学院的课程旨在书面的学术，而不在于为学生能够直接接触中国或中国人做相关准备。

1832 年，斯塔尼斯拉斯·儒莲（Stanislas Julien，1799—1873）接替雷慕沙在法兰西公学院的职位。此人坚决反对教授他终其一生也未能掌握的汉语口语。虽然儒莲在古代中国研究领域学识渊博，令人敬佩，但他性格糟糕，妒忌心重，虚荣自负，爱施手段，且为人贪婪专横。他设法垄断了所有职位，并在学术团体中排挤所有潜在的竞争者。为了招募汉语翻译，外交部只能绕过这一障碍，任用一些欧洲的传教士或马尼拉混血儿，从 1860 年开始他们甚至派遣极为年轻的法国人到中国本土来学习。直到 1871 年 12 月，法兰西铭文与文学学院（Académie des Inscriptions et Belles-Lettres）才与公共教育部和外交部采取强硬措施，扶持在中国生活过二十多年的外交部翻译哥士耆（Kleczkowski，又译作哥士奇）接替八年前上任的儒莲，成为东方语言学院通用汉语讲席教授。而事实上，直到 1873 年儒莲去世，东方语言学院才得以开设关于远东国家地理、历史和法律的课程，由颇节（Guillaume Pauthier，1801—1873，又译作鲍吉耶）讲授。1881 年，高第接手这一课程，1888 年这一独立教席最终得以设立。可以说，巴黎直到 1872 年才出现了能够为研究古代和当时中国提供所有必需的语言和科学技能的完整的专业汉学研究培养体系。

---

① 这是图书馆手抄本部门的一个分部，收藏了许多罕见的印刷书籍。——译者注

二、中国本土的法国研究者

自 1844 年起，因为外交关系的建立，中国本土重新成为法国汉学研究的中心，但这个过程非常缓慢且与之前的形式有所不同。其中的积极参与者仍然是传教士，主要是耶稣会士（先是在上海，1860 年后在献县），还有北京的一些遣使会会士。然而与 18 世纪相比，这些传教士无论在物质条件、时间还是学术联系方面都较为欠缺，因此学术研究无以为继。不过他们开办的学校却在向年轻的中国人教授法语，后者不久就参与到了法国汉学家的研究当中。此外，传教士们的信件——内容多是他们在中国见证的人们的生活和一些事件——会定期发表在传播甚广的天主教刊物上，例如季刊《传信年鉴》（*Annales de la propagation de la foi*）或月刊《圣婴善会年鉴》（*Annales de l'oeuvre de la Sainte-Enfance*）。这些著述使得清后期的中国为更多法国民众所熟知。其中一些以书籍形式出版的记述直到今天仍是重要的历史证据，如翁毅阁（Broullion）关于太平军到达江南的记载。[9]

此外，法国派驻中国的外交、军事、行政甚至商务人员也参与到研究当中，并得到法国文化和学术群体的高度关注，这是法国人在中国本土研究的一个新现象。不少法国常驻人员汉语很好，对中国和中国人感兴趣。他们搜集、传递信息和文献档案，与中国不同领域的人士有私交，有些人还将所见所闻记录了下来。一些见识广博的旅行者也对此做出了贡献。法国"广大民众"对清末时期中国社会文化的普遍了解以及知识界对这些问题的学术认知均由此而来。尤其到了 1860 年以后，法国的日报、图文报纸及文学、文化和政治刊物都会定期发表文章传递关于中国过去和当时的各类信息，登载一些汉语诗歌、故事、新闻的翻译。1873 年 9 月，第一届国际东方学者大会（Congrès international des orientalistes）在巴黎召开，法国学者在其中占据了重要的位置。此后，这样的盛事每两年举办一次，为组织和增强欧洲汉学界的沟通交流提供了助益和便利。

三、法属印度支那的重要作用

1885 年东京征服事件打破了法国汉学的现状，加快了汉学界的研究步伐。征服东京使法国的殖民统治扩展到整个越南及柬埔寨、老挝等周边国家。法属印度支那从此与中国毗邻。殖民体制在越南常常需要倚赖的文人文化和越南过去的行政架构，都与中国有着千丝万缕的联系。法国政府希望能够赢得新殖民地不同地区重要且活跃的中国群体的支持，因此就需要有懂得汉语、了解华人世界，且能清晰准确把握中国现实状况的人员提供服务。这些对理论和实践专业技能的新需求在议会和媒体上被广泛讨论，催生了新的志愿和主动性。

在这样的情况下，1886 年，刚刚进入高等师范学院的沙畹（Edouard Chavannes，1865—1918）就在院长①的建议下开始学习汉语。1889 年，他成为第一个得到公共教育部资助到中国进行长期研究的学者。作为法国驻北京公使团随员，他每月寄回一封通讯，发表在主流报纸《时报》（Le Temps）上。1893 年，沙畹击败对手——著名学者、日本问题专家莱昂·德·罗斯尼（Léon de Rosny，1837—1914）——成功入选法兰西公学院，担任汉语、鞑靼语—满语语言和文学讲席教授。罗斯尼在东方语言学院任教，是国际东方学者大会创始人。他在 1886 年创办的以培养殖民地官员为宗旨的殖民学院教授"书信汉语"，同时还负责高等研究实践学院（École pratique des hautes études，EPHE）宗教科学分部 1886 年开设的新科目"远东和印第安美洲宗教"。这是该著名学府开设的第一门东亚研究课程，不过罗斯尼在这里主要讲授日本佛教思想。1908 年，罗斯尼退休，沙畹接替他成为远东宗教（印第安美洲领域此时已不再包含在内）讲席教授。他一边继续在法兰西公学院教授课程，一边还在高等研究实践学院教授古代中国宗教、中国佛教起源和道教等内容。1912 年，沙畹辞去了高等研究实践学院的职位，以确保他刚从北京回国的学生葛兰言（Marcel Granet）能够在第二年接替他的位置。然而，葛兰言于 1914 年应召入伍，直到1919 年才开始以其独特的方式——将古代和当代文本放在一起以社会学和人类学的方式进行解读——训练年轻学者。

一份重要的专业学术期刊和新机构的出现进一步增强、拓宽了东亚研究科学培养与活动的范围。高第与他的荷兰同事施古德（Gustave

---

① 即当时高师的院长、著名考古学家乔治·佩罗（Georges Perrot，1832—1914）。——译者注

Schlegel）于 1890 年共同创立了《通报》（*T'oung-pao*），或称《东亚（中国、日本、朝鲜、印度支那、中亚和马来西亚）历史、语言、地理和民族学研究档案》［*Archives pour servir à l'étude de l'histoire，des langues，la géographie et l'ethnographie de l'Asie orientale（Chine，Japon，Corée，Indo-Chine，Asie Centrale et Malaisie）*］，成为欧洲汉学主要的科学研究刊物。1898 年，根据法兰西铭文与文学学院的计划，法国远东学院（l'Ecole française d'Extrême-Orient）成立。其章程于 1900 年制定，总部设在河内。它的使命主要是进行考古勘察、手抄本搜集、文物保护以及对当时法属印度支那各地区的语言遗产研究，但它也十分广泛地参与到从印度到日本所有亚洲文明历史的研究当中。学院的成员都是一些定居当地、游历甚广、精通多种语言的年轻学者，伯希和（Paul Pelliot，1878—1945）就是其中之一。他们经常去中国，与中国知识界来往密切，能够搜集到大量资料。每个季度的《法国远东学院学报》（*Bulletin de l'Ecole française d'Extrême-Orient*）都会刊登他们关于当代或古代中国问题的深入研究。不仅如此，法国殖民政府还在河内开办了各种学院［1886 年设立翻译学院，1904 年建立巴维学校（Ecole Pavie），1907 年建立河内大学］，为年轻的越南人和中国人提供欧洲教育或让殖民地官员接受中国语言与文化培训。这些学院真正成了思想交流的场所，师生之间在中国社会和政治现况研究领域建立了持久且富有成效的联系。而在法国本土，进行汉学研究的大学机构也在发展壮大。1900 年，里昂商会（la Chambre de Commerce）为古恒（Maurice Courant，1865—1935）在里昂大学设立汉语教席。1911 年，法兰西公学院为伯希和设立了中亚语言、历史和考古学教席。

四、法国在清帝国进行的重要科学考察

法国在清帝国进行的第一轮长期科学考察跨越了新疆和西藏，首批考察队员于 1889 年至 1890 年成行，由邦瓦洛（Gabriel Bonvalot）和奥尔良家族的亨利（Henri d'Orléans）带领，1891 年到 1894 年的探险则由迪特勒伊·德·兰斯（Dutreuil de Rhins）主持进行。此轮考察为当时风靡欧洲知识界的中亚研究提供了许多新资料。[10] 1895 年到 1897 年，由里昂商会发起，14 名专家组成的代表团访问了中国的大多数省份，

并发布了一份详细的考察报告，以大量的数据信息详述了中国地方的经济和社会状况。[11]直到今天，这份报告一直是外国学者研究清末中国经济的参考文献。

1902 年到 1914 年是重要的学术考察遍及中国的时期，主要代表人物及考察年份如下：沙畹（1907）、勒让德（Legendre，1902—1912）、多洛纳（d'Ollone，1906—1909）、伯希和（1906—1908）、巴科（Jacques Bacot，1906—1908，1909—1910）、葛兰言（1911—1913）、谢阁兰（Segalen，1909—1910，1914，1917）。这些考察均涉及不同地区的多个省份[12]，带回了各种出版物上发布的大量文献、考察报告、资料、拓本和照片，也使得法国研究者能够与中国学者实地接触交流。当时，清政府的新政吸引了众多法国工程师、技师、军士、医生和教师，他们被各类企业或公司及各省建立起来的新式学校聘请。海上和陆地运输的增多，特别是能够到达北京的西伯利亚大铁路于 1907 年通车，使得记者、政论家（publicistes）和各类旅行者可以更容易到达中国。在中国短期或长期居留的法国人也急剧增加。这些都是受过教育的中产阶层，但与外交人士和学院派的汉学家小群体没什么关联。他们中的许多人都懂汉语或有中国朋友协助。这些人与中国各界来往密切，在法国出版相关著作，尤其在法国的期刊、日报上发表了大量关于中国各方面发展的文章。

五、与巴黎的中国年轻学人的合作

在巴黎，汉学家们的合作者是一些训练有素的中国年轻学人。与沙畹一起工作的是张翼枢（字骧先，1885—1947）和唐在复（1878—1962）。1869 年东方语言学院出现了第一位汉语辅导教师，但此时这里的中国文人均学识庸常，对法语一知半解。1862 年与翻译卡勒里（Callery）一同到达的丁敦龄，以及此后不久和一位外交官一起来到法国的李少白，这两人的法语很好，但只有一些文学功底，缺乏真正的专业学识。[13]1878 年开设的中国公使馆在中国知识的传播方面几乎毫无建树，除了陈季同 1884 年至 1891 年任公使馆武官那段时间。陈季同的法语极好，因此朋友很多，与法国有影响力的阶层往来频繁，出版了许多介绍中国的法语作品。从 1900 年开始，大量中国学生到法国学习，与大学学术界和上流社会人士有了交流。虽然各人情况不同，但他们都为法国民众了解中国做出了贡献。[14]

六、出版物：对清帝国民族多样性的兴趣

总的来说，从 1832 年雷慕沙去世到 1911 年，涉及清朝的法语出版物中，记载 1644 年到 1840 年清朝内部历史的著作极少。那些关于雍正皇帝和乾隆皇帝的论著[15]，以及中国通史里对清朝早期统治者的记述，均由一些并非汉学家的大学教授撰写，它们只是对之前著作的简单删节，没有增加什么新的东西。[16]沙畹在 1894 年到 1902 年出版的《大百科全书》（la Grande encyclopédie）中所写的清朝各位皇帝的传记起到了重要的知识普及作用。但最具创见的工作是由法国公使团的两位年轻翻译于雅乐（Camille Imbault-Huart）和莫里斯·冉默德（Maurice Jametel）完成的，他们翻译评注了魏源的《大清圣武记》（les Saintes guerres des Qing）。1878 年到 1890 年，这本书的各个章节被发表在一些期刊（尤其是《亚洲学报》）或文集里。对这本书的翻译表明法国 19 世纪的清朝研究与其对之前的时代和对其他国家的研究是不同的：此时在法国，人们更为关注的是清帝国的民族多样性。

事实上，这一时期有一大部分学术考察都是针对非汉族民众和各民族聚居地区的。当时的欧洲学术界正在进行一场整体性、理论性和评论性的运动，要在全面准确了解世界范围内所有社会及它们各自演变过程的基础上建立起人文科学，而这些法国学者的研究就是此次运动的一部分。不仅如此，由于殖民地，特别是印度支那的存在，法国的管理就需要面对这些地区众多不同的种族和文化，因此研究清朝及之前各朝代对异族民众的治理方法，了解这些民众——通常与印度支那的族群类型相同——的具体情况，对法国而言是非常有用的。这是法国学者研究中国的另一思想原因。这些研究者通常是长期在当地进行调查，搜集最新文献，并向当地文人和士绅显贵请教的领事、翻译官、传教士、武官。他们尤其关注穆斯林民众以及南方省份和西藏边界的各民族。继杜达尔·德·拉格雷（Doudart de Lagrée）和安邺（Francis Garnier，又译作晃西士加尼、安业或嘎业）溯湄公河而上的第一次探险后，出现了德格定神父（l'abbé Desgodins）、埃米尔·罗舍（Émile Rocher，又译作弥乐石）、德韦里亚（Devéria）和邓明德（Paul Vial）的大量研究著作。[17]

前翻译阿诺德·微席叶（Arnold Vissière）在回到法国后任职东方语言学院，成为汉语教授，并于 1908 年到 1914 年出版了专深的《汉学—伊斯兰研究》（Études sino-mahométanes）论丛。其合作者是管理昆明法语学校且著书研究云南伊斯兰教的乔治·科尔迪埃（Georges Cordier）。[18]这些研究的优点在于，它们注重从深刻的历史角度观察理解当前事实，并尽可能深入地进行文献、碑铭和考古研究的搜寻工作。

七、清帝国对外关系、人口及政治、法律和经济体制研究

法国学者偏爱的另一个主题是清朝的对外关系。高第仔细梳理欧洲档案后，详细描述了清朝中法关系各个阶段发生的事件、当时的环境和相关人物。此外，他还探讨了中国与其他外国势力的关系以及各国在华关系情况。[19]德韦里亚描绘了中越关系。[20]这些研究中最出色的要数精通汉语、俄语的加斯东·加恩（Gaston Cahen，1877—1944）1911 年在巴黎答辩通过的国家博士论文①，其主题是彼得大帝时期的中俄关系。这篇论文是加恩搜集大量文献，进行广泛研究和实地调查的结果，是长期以来研究这一问题最重要的参考著作。[21]

为了满足法国在中国外交和贸易活动的需要，一些以汉学为业的作者研究了中国的人口数据，以及政治、法律和商业制度。毕瓯（Édouard Biot，1803—1850）从 1836 年开始陆续发表了第一批关于中国人口和货币体系的重要成果。此外，他还出版了一本论著，深入探讨中国教育和科举制度，书中毕瓯从评论的角度审视了中国式教育在政治和社会层面的成就及其在思想层面的缺陷。[22]1841 年，颇节为补全欧洲现有关于清朝的统计数据，对 1812 年版《大清会典》（Recueil des statuts administratifs de l'empire Qing）第十一卷（户部）——包含赋税体制和收入的说明——进行了考证翻译。[23]传教士罗类思（Louis de

---

① 近代法国曾出现过三种类型的博士学位：1. 国家博士（doctorat d'Etat）；2. 第三阶段博士（doctorat du 3e cycle）；3. 大学博士（doctorat de l'Université）。法国大革命后，博士阶段成为法国高等教育最高及最后阶段，通过答辩者获得国家统一颁发的博士学位。1897 年，受德国影响，法国创建大学博士学位，主要面向外国学生颁发。从 1954 年开始，各学院为加强专业研究，又相继设立第三阶段专业博士学位。三种学位（其中以国家博士学位的获得最为艰难）并行存在的情况一直到 1984 年才有所改变。此后，法国只设单一博士（doctorat）学位。——译者注

Besy）则为相关研究增添了译自 1843 年《大清缙绅全书》（*Annuaire des fonctionnaires de l'empire Qing*）的信息。[24] 1854 年，安托万·巴赞在外交官哥士耆带至巴黎的一位中国文人的帮助下，在《亚洲学报》上发表了细致探讨中国行政体制的最新研究成果。自 1839 年，他还开启了针对学校教育的全新研究。[25]

以上研究都是在法国有限的文字资料基础上完成的，但很快，它们就被在中国进行的研究所替代，外交官汉学家、耶稣会或遣使会传教士所做的实地考察和更为全面的文献搜集是第一步。顾随（De Courcy，1827—1908）于 1867 年出版了一部资料丰富的大部头书籍。[26] 1885 年，领事欧仁·西蒙（Eugène Simon，1829—1896）向读者描绘了一幅田园诗般的中国政治和社会图景。[27] 古恒和微席叶分析了宫廷运转和帝王周围的宠臣显贵，德韦里亚探讨的则是皇帝的婚礼仪式和接见礼仪。[28] 除此之外，还有些研究分别关注律法和军事。[29] 对中国研究最多也最深入的是中法耶稣会士，他们的成果都发表在上海的《汉学文集》（*Variétés sinologiques*）以及法语报纸《中法新汇报》（*Écho de Chine*）"东方系列（论丛）"（*Série d'Orient*）。这些研究涉及财产法、家庭法、政治与行政组织形式、盐政、科举制度和宗教活动。传教士们对戊戌变法诏书等当时重要的政治文本进行翻译和解析，还编写了一些大省会和省份的学术方志。1893—1911 年，《汉学文集》共有 34 期出版。[30] 遣使会传教士樊国梁（Alphonse Favier）于 1897 年出版了一本关于北京历史的巨著，包含许多清朝的图片和文献。[31] 在外方传教会中，档案管理者、神父陆南（Adrien Launay）在巴黎完成的历史研究是独一无二的。这位作者以巴黎的档案和他在罗马与中国一年（1898 年）游历期间收集的文献为基础，撰写并出版了众多内容丰富的杰出著作，讲述外方传教会在华传教工作，尤其是区域传教史和传教士传记。[32]

八、对清代文学和艺术作品的翻译与研究

从 1832 年雷慕沙去世到清朝覆灭，法国学者对清代纯文学作品的关注极少。只有儒莲和莱昂·德·罗斯尼翻译出版过一些小说故事。[33] 巴黎的图书馆藏有许多其他的清朝文学作品，但这两位学者主

要选择的是被称为"才子书"的著作，他们认为此类作品能够更好地反映中国人的文学偏好。[34]不过，与前人更关注风俗习惯稍有不同，他们在评注翻译作品的同时，还注意从纯文学、美学层面分析其叙事艺术和写作风格。也因此，这些译作才能在法国文学界引发重要反响。此外，儒莲在法兰西公学院的继任者德里文（D'Hervey de Saint‐Denys）和中国驻巴黎公使馆随员陈季同翻译的《聊斋志异》选段也大获成功。

法国领事、翻译于雅乐发表了关于袁枚的全新研究，并附对袁枚所作诗歌的精美翻译。他还编著了一本诗集来介绍和赏评最新的诗歌。在书中，作者不仅解释了诗歌的风格，翻译了曾国藩的诗词，甚至还有一首反对法国侵犯东京的挽歌翻译。[35]以德韦里亚为代表的其他外交官译员，也通过论著和在重要文化期刊上发表的文章描述他们在北京和中国其他地方满怀热情不懈观察到的戏院生活，以及文学、音乐作品的创作情形。[36]这些报道受到巴黎文学、艺术界的欣赏和追捧，引发了新的创作潮流。

从 18 世纪开始，巴黎和法国各大城市的收藏家、业余爱好者及艺术品商人就一直对中国艺术品抱持热情。他们甚至已经可以在重要的销售目录里为这些艺术品提供鉴定。[37]1856 年，一心希望普及物质文明有用知识的儒莲将 1815 年版的《景德镇陶录》翻译为法文，以《中国瓷器制造及历史》（Histoire et fabrication de la porcelaine chinoise）为名出版。[38]这本译著对 1843 年到 1846 年拉萼尼（Lagrené）陪同出访中国的科学贸易考察团所做的细致的中国艺术科技报告是一个重要的补充。[39]

1861 年 3 月，法国军队从圆明园劫掠并呈献给拿破仑三世及皇后的 300 件中国艺术品在杜伊勒里宫（Palais des Tuileries）公开展览。汉学家颇节悲叹圆明园遭到英法联军的洗劫，尤其为那里的图书馆被烧毁感到惋惜。在他看来，这些收藏的唯一价值就是展示了当时中国艺术品"令人惊叹"的技艺，且让法国人看到了迄今为止流传到欧洲的最大规模的中国艺术作品展。但同时，他也指出，根据这些艺术品的铭文或它们的汉语标记来看，这些都是 18 世纪的作品，甚至有些制成不过 20 年，因此品质不高，从中"远不能完全了解中国艺术"。而成群的观展者在欣赏这些艺术品时也是"好奇大过赞叹钦佩"。[40]颇节做这样的判断所依据的，是他自己存有以及委托格罗男爵（baron Gros）的翻译从北京买到的有关艺术的汉语书籍。[41]这些新资料使得他能在之后发表相关研究，准确勾勒出下至清朝的中国艺术沿革史。[42]

与颇节一样，那时的很多收藏家都希望能够收集到代表真正中国艺术的物品。其先锋是探险家欧内斯特·格朗迪迪耶（Ernest Grandidier，1833—1912）。1870 年，他在亚洲游历时迷上了中国的制瓷术。在艺术品商人和专家的帮助下，他将一生及所有财产都用在了此类收藏上。但充斥着欧洲各博物馆和私人收藏的"出口"瓷器（专门为外国市场制作）很快就已不再是他购买的目标。他的甄选过程采纳了中国行家遵行的普遍标准。在挑选时，他会首先寻找在材料纯度、形制完善程度、图样活力、色彩强度或一些微妙的差别方面符合这些标准的器物。故此，他的6000 多件艺术品展示了中国，尤其是清代中国制瓷术的水平，构成了欧洲独一无二的收藏。1894 年，格朗迪迪耶把他的收藏献给国家。它们在卢浮宫的水边画廊形成了新的远东艺术展。[43]成为展区主管的格朗迪迪耶继续以个人购买和接受朋友捐赠的方式丰富着展区的藏品。以这些个人藏品为基础，他出版的《中国制瓷术》（*La céramique chinoise*）更新了外国人在这个问题上的认识，开创了一种能够被西方艺术专家和艺术史家使用的真正的科学方法。[44]卢浮宫还保存着伯希和与沙畹到中国考察（1900、1907、1908 年）带回的包括七幅清代画卷在内的绘画作品及一些小雕像。这些画作 1904 年在一次特别展览中展出，反响极大。[45]1907 年，卢浮宫艺术品部（由米戎创立的远东艺术品展区就由这个部门管辖）主管加斯通·米戎（Gaston Migeon，1861—1930）在他任教的卢浮宫学院（l'Ecole du Louvre）开始教授中国艺术。

1876 年，里昂痴迷艺术的工业家埃米尔·集美（Emile Guimet，1836—1918）与画家菲利克斯·雷加梅（Félix Régamey）一起进行了一场为期两年的环球旅行。不过他在中国只停留了几个星期，而且带回的多是日本艺术作品。这些作品收藏在集美于 1879 年在里昂建立的以宗教艺术为主题的博物馆里。1884 年，由于不受关注，失望的他将这些藏品捐给了国家。它们被安置于集美自费在巴黎建造的新博物馆里，1889 年开始对外开放。这座博物馆有一个专门的图书馆，1880 年，集美还为它创立了一份远东艺术专门杂志，即《集美博物馆年鉴》（*Les annales du musée Guimet*）。1896 年，银行家亨利·塞努奇（Henri Cernuschi）去世，他把自己的府邸和异常丰富的远东艺术收藏——包括他自 1871 年第一次在中国游历以来收集到的大量中国绘画作品——都赠给了巴黎市，由此形成了塞努奇东方艺术博物馆（Musée Cernuschi des arts de l'Asie）。

收藏家们不再只是将手中代表中国艺术的藏品和信息留给学术圈，而是与社会大众分享它们。这一创举大获成功，并激发了一些新的文学艺术潮流及实践，比如那比派（les Nabis）。1887 年，驻北京的年轻外交官莫里斯·帕雷奥洛格（Maurice Paléologue）在他的同事、翻译官德韦里亚和微席叶的帮助下出版了一本解释中国艺术美学理论和现存形式的综合性书籍。这本书写得极好，图文并茂，读者众多。[46]从 1885 年起，由于法国对印度支那的殖民征服，中国文化在法国人的想象中就显得更为亲近，也更有意思。于是佩初兹（Raphaël Petrucci）在世纪之交出版的关于中国绘画和审美观的书籍——在书中，作者拒绝以所谓衰落的名义贬低清朝的绘画——受到了热烈追捧。[47]在他翻译的《芥子园画传》里，这位作者甚至直言，这幅画作所表现出来的哲学态度和技术水平丝毫不逊于欧洲最好的绘画作品。[48]

九、对时事的评论与探究

1835 年到 1911 年关于清帝国的大部分法语出版物都不属于学术研究，而是时事调查和评论讯息的报告。[49]它们均是法国人对他们所见或亲身参与的大事件的见证和记述。由是，鸦片战争、拉萼尼使团和他之前的法国海军使团、太平天国起义、第二次鸦片战争、天津教案、中法战争、中日甲午战争、义和团起义、日俄战争等所有这些事件，特别是 1899 年至 1901 年发生的事情，吸引目击者发表了许多论著和文章。这些通常比较完整的法语作品文献价值丰富，有时甚至超过其他外国文献和中文记录。[50]一些在中国居住或单纯游历的法国人也写了很多关于中国的回忆录，但信息量通常不大且互相抄袭严重，不过其中也不乏一些准确而有价值的观察。[51]义和团起义之后，许多人真正开始在中国游历。为此，克罗迪于斯·马德罗勒（Claudius Madrolle）从 1904 年开始出版了两本旅游指南：《中国北方》（*Chine du Nord*）和《中国南方》（*Chine du Sud*）。它们是关于清帝国的小百科全书，书中还附有中国最好的研究者沙畹、古恒或微席叶对中国地理、历史、考古及社会所做的简要介绍。

　　自 1895 年开始，尤其是 1900 年以后，一种新的写作形式——与国际形势相关联的对中国时事的常规调查、分析和评论——愈加普遍。包括沙畹、伯希和在内的新一代汉学家和法国远东学院的带薪学者，以及研究东亚的记者和政论家，都在实践这类写作。他们中的一些人，会定期从巴黎来到中国，如让·罗德（Jean Rodes）。另一些人，如费尔南·法尔热内尔（Fernand Farjenel）只是偶尔才来，但却与在巴黎的中国人保持着密切的联系。还有一些人，则索性在研究地长居，如埃德蒙·罗达什（Edmond Rottach）在中国[52]，查理·迈邦（Charles Maybon）在印度支那，查理·迈邦的兄弟阿尔贝·迈邦（Albert Maybon）在日本。[53]他们与立场各异的中国报界和政界人士关系紧密，而他们的文章也会定期出现在各类刊物上，如巴黎和法国各省的主要报纸，以《蓝皮杂志》（*Revue Bleue*）为典型的信息类期刊，《法属亚洲委员会通报》（*Bulletin du Comité de l'Asie française*）之类东亚专业领域的期刊，以及查理·迈邦在 1907—1925 年主持的《印度支那杂志》（*Revue indochinoise*）或《中法友好协会通报》（*Bulletin de l'Association amicale franco-chinoise*）等。不仅如此，这些刊物还会刊登中国最新的重要政治文本的法语翻译。[54]

第三节　1912—1949 年：对文化和地方社会发展演变的研究

一、变化不大的研究体制

　　从 1912 年中华民国成立一直到 1949 年，法国的中国研究的体制设置几乎没有什么变化。1920 年 4 月 13 日，在叶恭绰的倡议下，巴黎大学设立汉学研究所，中国政府为其提供资助并捐赠了一些书籍。[55] 葛兰言定期在这里授课，并为此邀请多位讲座学者。汉学研究就这样进入了索邦大学，不过相关大学学位却还没有出现，而且此时的课程、讲座和出版物的关注点都在古代中国或中华民国，几乎不涉及清代。1928—1948 年，汉学研究所的八名中国学生在爱德华·梅斯特——这位学者原是越南牢该省（Lao-Kay）的海关稽查，后成为研究该地区山区民众的杰出社会学家——的帮助下，完成了他们关于清代中国的论文。其中的两篇研究法律，一篇以 1842—1911 年清朝海关为主题，一篇讨论《儒林外史》，剩余的则分别研究新疆的开发、1881—1924 年的中俄关系、清朝对蒙古和西藏的政策以及直到 1842 年中国在对西方关系问题上的思索与实践。不过，汉学研究所最重要的贡献是搜集了极为丰富的汉语著作，尤其是各种丛书、方志、奏议、文集、文存、传记、纪略、笔记和年谱，还有伯希和在北京为图书馆买回的各类刊物及工具书，这些都为 20 世纪 60 年代法国的清史研究奠定了基础。

高等研究实践学院文献与历史科学分部也在进行汉学研究。雅克·巴科从 1919 开始在这里讲授藏语文本，1936 年成为藏语文献讲席教授。1927 年，伯希和在法兰西公学院担任讲席之外还兼任这里的汉语文献教授，但并没有课程安排，只是担任学术委员会成员。1945 年伯希和去世，戴密微（Paul Demiéville）接替他成为"佛学文献"教授，开设清代之前的研究课程。培养博物馆负责人的卢浮宫学院 1907 年设置远东艺术课程，1955 年设立远东艺术史讲席。1936 年，中法汉学研究所（全称为"北平中法汉学研究所"）在北京（时称北平）成立，吸引了一些法国年轻汉学家来此学习，1953 年被中国政府下令关闭。[56] 研究所刊物《法国研究》（*Etudes françaises*）自 1939 年 11 月在北京发行，直到 1943 年 11 月停刊，几乎从未登载过关于清朝的文章。1942年，研究所组织了第一届中国民俗肖像绘画展览，其中的许多仪式画像都是清朝作品，然而无论是展览的规划还是发布的目录，都是从宗教人类学和民族学——而非历史或历史人类学——维度出发设计的。[57] 除了所长安德烈·铎尔孟（André d'Hormon）从事的《红楼梦》翻译工作外，中法汉学研究所的活动都与清朝无关。但是在研究所关闭后，其图书馆藏的大量汉语著作和刊物——其中的很大部分都体现了清朝的渊博学术——都被运回巴黎，极大地丰富了汉学研究所的收藏。

被誉为"帝国明珠"的法属殖民地印度支那在法国的中国研究发展过程中发挥着重要的作用。那些探讨过去三个世纪中国历史的主要杰出研究者均出自这个地区或移居中国的法国人当中。他们中有军官、海员、传教士、外交人士、行政人员、法官、记者以及中国政府雇用的专家学者，这些人要么居住在中国，要么经常到中国来。在中国和印度支那，其著作的读者多是外国人；而在法国，读者则主要是需要处理中法关系的行政人员，政界和商界人士，上层社会和有学问的人士。在某些情况下，普通民众也会关注这些书籍，但学院派汉学界却极少关注这类著作。

二、辛亥革命后对帝国崩溃的反思

1912 年清朝覆灭使得学者们重新审视清朝末年的历史，以此来分析革命运动的形成、革命的迅速胜利、革命者对这个国家未来的规划以及他们成功的可能性。记者让·罗德[58]不仅对他十余年间来往密切并多次访问的重要人物有着精辟的见解，还详细描绘了他在中国多地游历时所见所闻的民众对革命的各种反应。他的记述更为公平客观，让读者看到了清王朝在最后十年进行改革的真实深度，以及当时被称为"少年中国"（la«Jeune Chine»）运动的活力。他以同情的态度将这场运动描绘为"反满"的民族主义运动，指出革命者渴望的是以日本为榜样在各个领域实现现代化。不过，这场运动的成员差别很大，既有新式学校培养的学生和青年军官，也有关注在华外国人活动和外部世界演变的旧式学者和文武官员。致力于前沿社会学科理论和实践的自由社会科学学院（Collège libre des sciences sociales）教授法尔热内尔能够读讲汉语，他在发表或出版的文章论著中讨论的是当代中国的社会和道德。[59]从 1911年 9 月到 1912 年 12 月，他应一些议员的要求进行了一次学术之旅，从云南历经上海、武汉，最后到达北京。回到法国后，法尔热内尔出版的专著不仅对中国过去 20 年的政治演变进行了概述，而且还凭借他的实地考察、与中国众多政治领袖（孙中山、黄兴、陈其美、袁世凯）及各界知名人士的访谈所获得的丰富信息和一手材料，分析了中华民国共和体制的基础和开端。[60]这本书要比阿尔贝·迈邦处理同一主题的论著出色很多[61]，后者直到皇帝退位后的 1912 年 3 月才来到中国。实际上，法尔热内尔以许多具体准确的细节讲述了中国各个省区各领域中国人和外国人的行为表现和精神状态。此外，他还清醒客观地揭示了各国使团和给中国贷款的四国银行国际金融财团所施加的压力导致新成立的中国议会体制几乎马上崩溃及其向军事独裁迈进的过程。而这一点，迈邦则完全没有提及。不仅如此，法尔热内尔坚持认为，是新的崇高的信念激励着革命者，并在广大民众中得到了广泛的拥护；而在迈邦看来，摧毁这个帝国的不是共和思想，而是各种特殊利益因情势所需结成的联盟。与迈邦相似，罗达什在他的著作中描述的是一场发生在极少数重要人物之间的权力斗争，普通民众并没有参与其中，他们或冷漠以对，或只是趁着公共秩序的混乱松弛烧杀劫掠。[62]他强调外国，尤其是法国外交和金融势力应为中国由于帝制垮台而引发的政权软弱无力负责，但中国革命在他眼中仍只是"一场可鄙的革命，缺乏激情且并不高尚"[63]。在他看来，"新萌芽"存在于南方知名人士和富裕商人领导的以经济为基础的地方政治运动中，然而"活力不足"。[64]年轻的藏学家雅克·巴科对藏人的精神状态给出了有创见性的分析，并讲述了 1908 年陪他到巴黎且在两年后与他一起回到西藏的一位受过教育的藏人对中国各种事件的反应。此外，1909 年到 1910 年在中国游历期间，他还花费了几个月时间对从未得到关注的摩梭族（如今被称为纳西族）进行了实地的细致研究，并发表了摩梭族民族志。[65]

1912 年初到 1914 年 8 月世界大战爆发这段时间出现了大量探讨清朝覆灭的公开讲座，其内容随后被发表在期刊上。参与讨论的有汉学家和普通学者，有新闻记者，也有政界或商界游历者。他们观点各异，有些人强调辛亥革命带来了日益严重的混乱无序，另一些人则对新的社会力量摆脱束缚、日益显现信心十足。[66]

三、在法中国学生的学业论文对法国清史研究的新贡献

在涉及清朝的法语出版物中，还应加入逐渐增多的以法语写作的中国学生的博士论文。在这其中，有些人关注的只是中国的内政[67]，但许多论文的中心议题则是帝国主义和外国在中国的利益问题。[68]这些中国年轻人以法语写作并在法国或上海（如果研究是在震旦大学进行的

话）发表的学术成果，直到 20 世纪 50 年代初，都是法国体制框架内清朝研究的一个重要组成部分。[69]不过这些论文所体现的学术水平却并不均衡，其中的大多数都出自大学博士之手（而相比之下，国家博士的要求要更严格些）。但也有一些中国学生的论文使用了从未用过的文献且提出了新颖的解释，如李雄飞关于督察院的研究，萧金芳关于开明专制，陈宗鎏和何昌炽关于新疆，以及魏英邦关于蒙古和西藏的论文。[70]此外，有学生描述新闻业的发展等新的文化现象[71]，也有人根据最新的人种学方法进行少数民族研究。[72]还有几篇论文讨论的是法国人对清朝的看法。[73]而在文学方面，王叔瑛关于纳兰性德，贺师俊关于《儒林外史》，郭麟阁和李辰冬研究《红楼梦》的论文，是以法语进行清代小说和诗歌名著研究的第一批成果。[74]陈绵探讨的则是清朝戏剧并给出了一份曲目的分析目录。[75]此外，郑毓秀和盛成的自传体著作——盛成的著作甚至由著名作家、诗人保罗·瓦莱里（Paul Valéry）作序——在法国知识界真正取得了成功，对法国人理解清朝从君主制走向革命的转变极有助益。[76]

四、1914 年后在法国进行的研究：政治史的衰退 以及文化和制度史研究

第一次世界大战之后直到 20 世纪 60 年代，法国人在法国进行清朝研究的情况十分罕见。法国出版了一些关于中国的普及性著作，其中有对清朝的概述，不过其关注点均在清朝的对外关系上。[77]1893—1897 年任法国驻华公使的施阿兰（Auguste Gérard）出版了他的回忆录。这部回忆录很有意思，因为施阿兰不仅见证了危机期间的清朝宫廷状况，还对此做出了一些评断。[78]高第将他的文章收入到数册论文合集中[79]，并出版了巨著《中国通史及其从最早直到满族王朝崩溃的对外关系》（*Histoire générale de la Chine et de ses relations avec les pays étrangers depuis les temps les plus anciens jusqu'à la chute de la dynastie mandchoue*）。[80]这部著作主要是对各个事件的描述，只在少数问题上提供了深入的历史解释，其重要价值在于全文引用了大量常人很难接触到的原始文献。经常到中国旅行的哲学家、共产党员费利西安·沙莱耶（Félicien Challaye）的著作其实是新闻报道。[81]其他如关于慈禧的论著，则是使用二手材料，且错漏百出的通俗作品。[82]1925 年高第去世

后，法国唯一真正重要的清史研究是毕诺（Virgile Pinot）关于中国在启蒙思想形成中的作用的国家博士论文。[83]伯希和出版了一本很薄的专著，讨论 18 世纪初第一艘法国商船到达中国的情况。[84]此外，还需提到的是稍晚出版的一些关于 19 世纪法国对中国军事远征的珍贵文献证据，比如蒙托邦将军回忆录。[85]

新的研究也在向着传统历史主题之外的其他领域发展。学者们深入研究了科学、法律、宗教和艺术，但对文学的关注较少。1915 年，欧仁·樊尚（Eugène Vincent）医生出版了一本关于中国医学状况的综合性著作，使用文献极为丰富，内容包括医学实践、治疗、保健和中国的卫生情况。[86]驻华副领事博代（Baudez）考察了外国人在华司法制度。[87]马塞尔·特鲁什（Marcel Trouche）在他于巴黎答辩的论文里研究了北京使馆区的历史与司法制度。[88]1928 年，马伯乐（Henri Maspero，又译作亨利·马斯佩罗）出版了极具创新性的宗教社会学著作《近代中国神话》（*Mythologie de la Chine moderne*），实际涉及的是清朝的民间信仰。[89]在这本书中，马伯乐考察了那些依然存在的神话传说，讲述了当时信仰中的诸神，探讨了这些信仰的历史源流、崇拜仪式以及各神庙地理分布和面貌。

另一些新研究出现在艺术史领域，其中也有对清朝艺术的探讨。这是汉学大家沙畹、伯希和对清朝唯一加以关注的领域，不过他们在这方面的研究极少，且选择的都是不太重要的主题。[90]关于清朝艺术的著作主要研究的是个人或博物馆的艺术品收藏、展览的名录，以及针对某些类型艺术品——雕塑、绘画、瓷器、漆器和地毯——的专著，注重的是技术、风格及其象征意义的演变。作者大多是专注于亚洲艺术的塞努奇和集美博物馆的负责人或下属，或是 1945 年成为集美博物馆前的卢浮宫亚洲艺术展区的负责人或下属。[91]那些中国艺术通史的普及读物都在解释中国艺术的独特美学原则及其价值，比如最畅销的是摩伦（Georges Soulié de Morant，1878—1955，又译作苏理耶·德·摩朗）的著作。[92]这位先前的翻译和领事曾身处著名女性文人朱迪特·戈蒂埃（Judith Gautier）的交往圈并由此开始学习汉语，但从其作品来看，摩伦是个多面手。他从法律的角度撰写过关于治外法权的重要综述，也研究过在华耶稣会士的事业。他翻译过古代文学作品；1929 年后还翻译了一些科学著作，得益于这些翻译，中国的针灸术才能自 1932 年被引入到法国常规的医疗和医院实践中。[93]

第一位对清代文学进行整体概述的学者是汉学家、东方语言学院教授马古礼（Georges Margouliès），他在晚些时候出版了研究中国文学通史的专著。[94]

五、1912 年至 1949 年在华法国人研究的丰富性和独特性

伴随着中华民国的建立，中国社会自由度的相对提高有利于在华外国人士或游历者与中国知识界之间更为广泛便利的交流。在所有的大城市，尤其是北京、天津、上海和广州，中外知识界成立了协会，定期在各种聚会中碰面，互邀至家中做客，在工作中频繁接触，相互交流信息和意见看法。知识分子间建立起来的友谊使一些从未见之于世的资料得以被了解和使用。外国人与中国人这种新的交往方式极为深刻地改变了懂汉语的法国人的研究环境。在中国，这样的人仍然相对较少，但即使这样，其数量也比在法国本土要多。所以，1912 年到 1949 年，法国关于清朝最优秀的研究都出自移居中国的法国人之手，且多数在中国出版。事实上，在中国出现的法语报刊也在出版论著和丛书。有些致力于为当地懂法文的读者服务的法国出版社和书店甚至拥有数千潜在客户。[95] 与之相似，在河内的法国知识精英和讲法语的越南及外国文人学者也会经常与在华法国知识界联系，尤其是通过查理·迈邦的《印度支那杂志》（*Revue indochinoise*）。

在中国居住和游历的法国人也发表了一些涉及古迹、清朝建筑以及艺术品的研究。[96] 他们翻译了清代文人的出游札记。[97] 其中最出色的要数铁路工程师普意雅（Georges Bouillard，1862—1930）关于历史建筑的系列论著《北京及其周边》（*Péking et ses environs*）。书中介绍了各建筑物的建造及其用途沿革，详细描绘了它们的当前状态，辅以相关文献的翻译、照片、插图、地图、平面图和测绘地形图。[98] 驻扎在中国二十年之久的殖民军步兵上尉莫里斯·法布尔（Maurice Fabre）1937 年在天津出版的《北京及其皇宫、寺庙与周边》（*Pékin，ses palais，ses temples et ses environs*）则是完整的北京历史和情况指南，且附有大量插图。

1921 年到 1924 年，一个中法委员会在北京成立，并编订出版了期刊《中国》（*La Chine*）。这份杂志主要翻译评介清代的文学著作，尤其是蒲松龄的故事集以及一些戏剧作品。《北京政闻报》也在丛书合集中出版蒲松龄的作品。[99]与此同时，对中国文学体裁的评析研究也相继发表。[100]

迪博斯克和法夫尔（Favre）等在华学者大胆勾勒了清朝社会史。[101]乔治·科尔迪埃在云南生活了二十年。他在离滇赴任印度支那司法服务翻译部门的负责人之际，发表了对云南穆斯林的原创性考察和综合研究。[102]法国驻天津领事馆主事西居雷（Siguret）出版了清朝不同学者对云南北部边地问题研究报告汇编的法语译本，并附有注解、索引和地图，从而为法国学者细致研究过的这个省份增添了历史人类学维度的考察。[103]

查理·迈邦和让·弗雷代（Jean Fredet）撰写了上海法租界至 1875 年的历史（预定出版的第二卷未问世），掺杂众多细节和轶事，但主要是行政事务和事件描述，最有用的还是其中转录的当地文献。[104]身在中国的其他学者或致力于出版涉及中欧关系史的未刊法文文献[105]，或是进行中国本国史和反映当时中国人思想的文本的翻译，如《石达开日记》的翻译[106]，及中国政府的法国顾问让·埃斯卡拉（又译作让·爱斯嘉拉）（Jean Escarra）和乔治·巴杜（Georges Padoux）出版的梁启超关于法家思想的专论。[107]这两位专家长期在华为历届中国政府服务，帮助其进行法律和财政改革。他们在北京和法国都发表了许多研究成果，不仅向历史学家和法学家揭示了清朝法律演变和实践的重要原则，以及它们与欧洲法律史相比所展现出的一致性和差异，还指出了清朝律法在许多领域丰富法学普遍理论的潜在可能性。[108]这些著作很快就有了英文和中文译本。

法国耶稣会士、遣使会传教士和外方传教会的神父们以他们的期刊和印书馆为支撑，继续在北京、上海、献县和香港出版关于清代的学术型历史著作。[109]其中一些研究探讨的是城市，特别是清朝城市的历史和地形地貌。[110]另外一些则是清帝国历史地理工具书。[111]有些作者将他们长期以来对少数民族的实际观察和研究汇集成书，比如萨维纳（Savina）对苗族的探讨。[112]还有一些作品则是思想史——清代研究的新领域——方面的文献翻译和注释汇编[113]，或是对新近思想演变的新颖综述。[114]在这当中，布莱斯神父（P. Guy Boulais）翻译并解释清朝法典和判例的《大清律例便览》（*Manuel du code chinois*）贡献极大。[115]耶稣会士禄是遒（Henri Doré）的《中国民间信仰研究》（直译为《中国迷信研究》，*Recherches sur les superstitions en Chine*）系列基于作者长期的实地考察，配以插图和大量文献资料（包括原始文本及其翻译），从民族志和历史角度详细描述了中国各地宗教和民间信仰。[116]这部书一直都是清朝宗教实践和民间信仰研究的主要资料来源之一。此外，管宜穆神父也对中国对外宗教事务的文献进行了翻译和评述。[117]

得益于在中国定居的细心学者和杰出汉学家的论著，在华天主教传教史成为极受欢迎的研究主题。这种研究的成果多是意在以皈依人数突出传教事业成效的编年史，但其贡献在于对大量地方保存档案和文献的援引使用。原始资料往往很快消失不见，只剩下这些研究中引用的片段向后人述说着当地丰富多样却缺乏记载的民众生活。它们涉及的不仅有早期耶稣会传教团，如在江南、献县的耶稣会群体，还包括广西、广东和四川的外方传教会以及镇江、正定、宣化和北京的遣使会传教团。[118]

其中，布鲁（Brou）以文集的形式发表了关于传教团重组的研究以及 19 世纪以来到过中国的耶稣会士的传记。费赖之（Pfister）则撰写了一部记录 19 世纪之前来华耶稣会士生活和传教成果的工具书。不过这部著作有一部分在 1891 年芜湖传教团遭遇火灾时被焚毁，直到作者去世很久之后才在孔道明神父（de Lapparent）和徐家汇传教团汉学部的支持下得以增补出版。[119]

遣使会所做的是为其传教士及在华出版物建立索引目录[120]，一同被收入的还有 1870 年到 1900 年各个大事件的相关记载和文献资料。[121]这一时期最重要的遣使会史家包世杰（Jean-Marie Planchet，1870—1948，又译作包士杰、包世傑）连同方立中（van den Brandt）、于纯璧和迪维尼奥（Duvigneau）一道，以笔名 A. 托马斯（A. Thomas）出版了两本北京传教史，使用丰富详尽的文献对耶稣会进行了猛烈抨击。[122]1939 年，于纯璧的著作对其进行了补充。[123]

外方传教会在档案管理员陆南（Adrien Launay）的倾力推动下出版了 1658 年以来教团传教士传略及著作目录汇编。[124]一些杰出传教士的传记也得以发表，这些类似于圣徒传记的写作使用了大量文献，比如由光若翰（de Guébriant，1860—1935）的亲信传教士撰写的这位主教的传记就属于此种类型。[125]天主教女修会也在做同样的工作。不过，外方传教会最令人瞩目的成就是《李安德日记》（*Journal d'André Ly*）的再版。[126]这部以拉丁文撰写、长达 831 页的手稿保存在巴黎外方传教会的档案馆，作者是一位曾在暹罗传教士神学院接受过教育，后在四川工作近四十年的中国神父。陆南发现了这部手稿，认为它语言生动，内容异常丰富，趣味十足。书稿最终于 1906 年在巴黎出版，陆南还用当时传教士的书信为其做了注解，且加入了注释和索引。这部书的再版引起外方传教会主教阿尔芒·奥利琼（Armand Olichon）的注意。他出版了一本通俗历史书籍，引发了公众对这位中国神父的关注，奥利琼主教以此参与到天主教内部的激烈争论中，倡导在中国建立教会等级体系来代替外国传教士。李安德这位中国神父在当时知识背景下所接受的信仰教育和神学思想也成为学者的研究主题。[127]

在 1912 年到 1949 年所有与清代相关的传教士著作中，最具创新性的要数耶稣会士、数学家与哲学家裴化行（Henri Bernard-Maître，1889—1975）的研究，其主题是 17 世纪中国人与耶稣会士在文化和科学领域的交流。这位作者在中国和欧洲发现了许多不为人知的文献，并将之翻译、加注和出版。他试图借此说明，中国近代时期的思想批判运动并非如当时中国知识分子认定的那样始于 1915 年的新文化运动，也不会发端于戊戌变法或 19 世纪改革的失败尝试，它的源头应该可以追溯至更早，人们能够从 17 世纪开始基督教人文主义和欧洲科学对中国学者的影响中发现端倪。中国的决定性转变与欧洲近代思想的形成是在同一时期发生的。裴化行的众多著作和文章都在竭力论证这一重要的基础，但并不触及中国批判思想直到 20 世纪的发展演变问题。[128]

注释

[1]亚纳·索尔代. 1650 年马扎然图书馆"向公众捐赠"的第一份文书（Yann Sordet. «Le premier acte de "donation au public" de la bibliothèque de Mazarin (1650)». *Histoire et civilisation du livre-Revue internationale*，Genève：Droz，2014，10：93 - 111）；亚纳·索尔代. 惹人垂涎的书籍：马扎然图书馆的希伯来语和犹太文化文献收藏（Yann Sordet. «Des livre fort convoités：les hebraica et

judaica de la bibliothèque de Mazarin». Paris，2017：7）。

[2]加布里埃尔·诺德. 关于建立图书馆的建议（Gabriel Naudé. *Advis pour dresser une bibliothèque*. Paris：Targa，1627：38‐39）。诺德在谈到这一问题时说："应该把古今所有值得研究的作者都囊括其中，且文献应以这些作者原本所使用的母语或方言的形式呈现……（比如）阿维森纳的阿拉伯语典籍……但丁的意大利语作品。"

[3]卫匡国. 鞑靼对华战史（鞑靼战纪）（Martino Martini. *Histoire de la guerre des Tartares contre la Chine. Contenant les révolutions étranges qui sont arrivées dans ce grand royaume depuis quarante ans. Traduite du latin du P. Martini*，de la Compagnie de Jésus，Paris：J. Henault，1654）［可参见戴寅的中译本：清史译文（内部资料，中国人民大学清史研究所资料室编）1980 年第 1 期］。

[4]卫匡国. 中国新图志（Martino Martini. *Novus atlas sinensis*. Amsterdam，1655）。这本书中包含了中国各省的地图，还附注了对于各省的详细说明。1655 年开始，泰弗诺（Thévenot）以《中华帝国地理志》（*Description géographique de l'empire de Chine*）为名出版了这本书的法文版。

[5]帕莱福. 鞑靼征服中国史（Juan de Palafox y Mendoza. *Histoire de la con-queste de la Chine par les Tartares. Contenant plusieurs choses remarquables touchant la religion*，les mœurs et les coutumes de ces deux nations，et principalement de la dernière. Écrite en espagnol et traduite en français par le Sieur Collé. Paris：Antoine Bertier，1670）；聂仲迁. 鞑靼统治下的中国历史（Adrien Greslon. *Histoire de la Chine sous la domination des Tartares*，Paris：J. Henault，1671）。

[6]娜塔莉·莫奈. 从马扎然到贝尔坦：1668—1793 年皇家图书馆中文藏书的飞速发展（Nathalie Monnet. «De Mazarin à Bertin，l'essor de la collection chinoise de la Bibliothèque royale entre 1668 et 1793»，in Marie-Laure de Rochebrune，comp. *La Chine à Versailles. Art et diplomatie au XVIIIe siècle*. Paris：Somogy，2014：140‐145）。

[7]关于源自圣安托万街的手稿收藏，参见蓝莉. 中国的证言：1735 年耶稣会士杜赫德的志书（Isabelle Landry-Deron. *La preuve par la Chine. La «Description» de J.-B. Du Halde*，jésuite，1735. Paris：Éditions de l'École des hautes études en sciences sociales，2002：30‐35）。

[8]1775 年，当保存冯秉正手稿的里昂耶稣会被驱逐时，格鲁贤购买了这些手稿使之免于散失或被毁坏。它们如今被收藏在巴黎的国家图书馆，与之一同被收藏的还有格鲁贤留下的关于冯秉正新译本的手稿。新版本采用了新的风格，在事件的选择和表述上也做了改动，以使这部中国史更具现代形式。

[9]翁毅阁. 江南教会现状录（直译为《中国传教会：江南传教团 1842—1855

年关于当时状况的记录，随附有关 1851—1855 年起义的信件》）（Nicolas Broul-lion. *Missions de Chine. Mémoire sur l'état actuel de la mission du Kiangnan*，1842 - 1855，*suivi de lettres relatives à l'insurrection 1851 - 1855*. Paris，1855）。

　　[10]邦瓦洛的考察得到了同伴亨利亲王的父亲沙特尔公爵（le duc de Chartres）的资助，他们带回了许多珍贵的植物标本和照片，后来被保存在自然历史博物馆（Muséum d'histoire naturelle）。其中一部分照片被收入邦瓦洛的著作《从巴黎到东京：穿越陌生的西藏》（*De Paris au Tonkin à travers le Tibet inconnu*）中，于 1892 年在巴黎出版。1894 年 6 月，迪特勒伊·德·兰斯被藏民杀死。但他的地理、民族学和考古笔记以及他收集的罕见的资料文献——尤其是桦树皮上的抄本、新疆晚近的文学作品、一些拓本以及能够填补中亚制图学大量空白的地图集——却留存下来，由他的助手，死里逃生的费尔南·格勒纳尔（Fernand Grenard，又译作李默德）整理并在巴黎出版，即四卷本的《亚洲高地科学考察报告（1890—1895）》（Fernand Grenard. *Mission scientifique dans la Haute-Asie 1890 - 1895*. Paris，1897 - 1898）。

　　[11]里昂商会. 里昂在华商业考察团报告：1895—1897（Chambre de commerce de Lyon. *La mission lyonnaise d'exploration commerciale en Chine*，1895 - 1897. Lyon，1898）。这份报告附有大量图纸、地图和照片。

　　[12]1907 年，沙畹进行了一次穿越中国东北部的考古考察，从沈阳行至朝鲜，然后跨过直隶、山东、河南、陕西和山西。艾梅-弗朗索瓦·勒让德（Aimé-François Legendre，1867—1951）大夫在成都建立了医学院，并在这里主持法国医疗救济团。他在四川、云南和西藏边缘地区进行了多次医学、民族学和地理勘查。1906—1909 年，由公共教育部提供资金，亨利·多洛纳（Henri D'Ollone，1868—1945）少校主持了旨在研究中国的非汉族民众及其文化的考察，范围涉及四川、云南、西藏、甘肃和蒙古。1906—1908 年，伯希和的考古考察从新疆进入中国，经过甘肃、陕西至北京结束。同一时间，年轻的藏学家雅克·巴科（Jacques Bacot，1877—1965）对一条古老的朝圣线路——从印度支那经过扬子江上游到达西藏——进行了勘察；1909—1910 年，他回到了云南、四川和西藏交界地区。维克多·谢阁兰（Victor Segalen，1878—1919）的考古考察同样在 1909—1910 年进行，他从北京经过山西到达西安，然后横穿甘肃到达成都和重庆，又经由贵州、湖南折回上海。1914 年，他又从北京经直隶、河南到达西安，之后穿过四川进入大理、昆明和河内。1917 年，他在检查法国招募的中国工人体格的同时，对南京和江苏也进行了考古考察。

　　[13]关于这些人物的生平，参见安必诺. 1869—1870 年的三位本土辅导教师：李洪芳、李少白和丁敦龄（A. Pino. «Trois répétiteurs indigènes：Ly Hong-fang，Ly Chao-pée et Ting Tun-ling 1869 - 1870»，in *Un siècle d'enseignement du chinois à*

l'École des langues orientales，1840－1945. Paris：Asiathèque，1995：275－282）；李声凤. 儒莲及同时代法国汉学家与旅法华人交往考. 国际汉学，2019，21（4）：25－32.

[14]关于巴黎中国公使馆的人员情况和陈季同的作用，参见马骥. 清末法国的中国外交官，1878—1911（Ma Ji. *Les diplomates chinoise en France à la fin des Qing，1878－1911.* thèse de doctorat，Université de Paris 7，2012）；李华川. 晚清一个外交官的文化历程. 北京：北京大学出版社，2004. 关于1912年之前留法中国学生的情况，参见巴斯蒂. 出国留学与中国近代世界观的形成——略探清末中国留法学生//李喜所，周棉，主编. 留学生与中外文化，天津：南开大学出版社，2005：522－541.

[15]例如福狄亚·于尔班. 论乾隆皇帝，附中华帝国出版资料节选六卷（Fortia d'Urban. *Discours sur l'empereur Kien-Long，suivi des extraits de six volumes publiés sur l'Empire de la Chine.* Paris，1841）.

[16]福狄亚·于尔班. 中国及其皇帝属国史志，附地图（Fortia d'Urban. *Description de la Chine et des états tributaires de l'empereur，avec une carte.* Paris，1839，2 volumes）；奥古斯特·萨瓦涅. 中国史概论，以最杰出的文献为基础（Auguste Savagner. *Abrégé de l'histoire de la Chine d'après les meilleurs documents.* Paris，1844，2 volumes）；颇节. 中国图识（Guillaume Pauthier. *Chine ou Description historique，géographique et littéraire de ce vaste empire，d'après des documents chinois. Première partie，comprenant un résumé de l'histoire et de la civilisation chinoises depuis les temps les plus anciens jusqu'à nos jours.* Paris，1837）. 最后这位作者能够阅读汉语，但他除了对嘉庆和道光统治时期有一个简单介绍外，几乎完全照搬了冯秉正和格鲁贤的著作。

[17]杜达尔·德·拉格雷，安邺. 1866、1867年与1868年印度支那探险记（Doudart de Lagrée，Francis Garnier. *Voyage d'exploration en Indo-Chine effectué pendant les années 1866，1867 et 1868.* Paris，1873，2 volumes et un atlas）. 1875年左右，大概是在日意格（Giquel）的建议下，丁日昌将这本书翻译成了中文用于个人收藏，将之命名为《柬埔治以北探路记》。[柬埔治即柬埔寨。——译者注] 1884年李文田出版了这一译本的抄本（译本见：https://www. wdl. org/zh/item/18715/，2017年8月21日）。高第. 中国书目（H. Cordier. *Bibliotheca sinica：Dictionnaire bibliographique des ouvrages relatifs à l'empire chinois.* 5 volumes，Paris，1904－1924：329－330）。德格定. 1855—1870年西藏传教，包含西藏的各种文献及宗教事务的报告，并附西藏地图（Auguste Desgodins. *La Mission du Thibet de 1855 à 1870，comprenant l'exposé des affaires religieuses et divers documents sur ce pays，accompagnés d'une carte du Tibet*，Verdun，1872）。埃米尔·

罗舍. 中国云南省志（Émile Rocher. *La province chinoise du Yunnan*. Paris，1879）。罗舍在这本书中详细探讨了回民的情况及他们的暴动起义。加布里埃尔·德韦里亚. 中国与安南边境（Gabriel Devéria. *La frontière sino-annamite*. Paris，1886）。邓明德. 倮倮的历史、宗教、语言、风俗和文字（Paul Vial. *Les Lolos，histoire，religion，langue，mœurs，écriture*. Shanghai，1898）。从 1868 年开始，以德格定和邓明德为代表的传教士们在《天主教传教团》（*Les Missions catholiques*）周刊上发表了许多关于藏人、苗人（Miaozi）、客家人和彝族的信件与文章。

[18]这些研究发表在《伊斯兰世界杂志》（*Revue du monde musulman*）上。高第也将之编入了他的《中国书目》中，参见高第. 中国书目（Henri Cordier. *Bibliotheca sinica*：*Dictionnaire bibliographique des ouvrages relatifs à l'empire chinois*. 5 volumes，Paris，1904 – 1924：3783 – 3785）。

[19]关于这些主题，高第发表了一百多篇文章。他的论著主要包括《18 世纪法国在中国》（*La France en Chine au XVIIIe siècle*. Paris，1883）、《1860 年对中国的远征》（*L'Expédition de Chine de 1860*. Paris，1906）、《18 世纪中国在法国》（*La Chine en France au XVIIIe siècle*. Paris，1910），特别是三卷本《中国与西方列强关系史：1860—1900》[*Histoire des relations de la Chine avec les puissances occidentales（1860 -1900）. Paris，1901 - 1902*]。

[20]加布里埃尔·德韦里亚. 16—19 世纪中越关系史（Gabriel Devéria. *Histoire des relations de la Chine avec l'Annam-Vietnam du XVIe au XIXe siècle d'après des documents chinois traduits pour la première fois et annotés*. Paris，1880）。

[21]加斯东·加恩. 彼得大帝时期俄中交流史（1689—1730）[Gaston Cahen. *Histoire des relations de la Russie avec la Chine sous Pierre le Grand（1689 – 1730）*. Paris，1912]（可参见江载华、郑永泰的中译本，北京：商务印书馆，1980）；加斯东·加恩. 1727—1728 年俄国在京商队账簿（Gaston Cahen. *Le li des comptes de la caravane russe à Pékin en 1727 -1728*. Paris，1912）；加斯东·加恩. 18 世纪西伯利亚图集（Gaston Cahen. *Les cartes de la Sibérie au XV siècle*. Paris，1911）。

[22]毕瓯. 公元前 2400 年至今中国人口及其变动研究（Édouard Biot. «Mémoire sur la population de la Chine et ses variations depuis l'an 2400 avant J.-C. ». *Journal asiatique*，1836，série 3，tome 1，369 - 394，448 - 474；tome 2，74 - 78）；毕瓯. 中国历史上的土地清查及其被用于估算中国总人口的做法研究（Édouard Biot. «Mémoire sur les recensements des terres consignés dans l'histoire chinoise et l'usage qu'on en peut faire pour évaluer la population totale de la Chine». *Journal asiatique*，1838，série 3，tome 5，305 - 331）；毕瓯. 中国货币体系研究（Édouard Biot. «Mémoire

sur le système monétaire des Chinois». *Journal asiatique*，1837，série 3，tome 3，422 - 464；tome 4，97 - 141，209 - 252，441 - 467）；毕瓯. 论中国公共教育及绅士群体史（Édouard Biot. *Essai sur l'histoire de l'instruction publique en Chine et de la corporation des lettrés*. Paris，1845 - 1847，2 volumes）。

［23］颇节. 中华帝国官方统计文献集（Guillaume Pauthier. *Documents statistiques officiels de l'empire de la Chine*. Paris，1841）。

［24］罗类思. 一本 1843 年缙绅全书中关于中国的统计数据（Louis de Besy. «Statistiques de la Chine, d'après l'un des Livres rouges de 1843». *Annales de la Propagande*，1845，tome 16，n°2，437 - 442）。

［25］安托万·巴赞. 中国城镇行政体制研究（Antoine Bazin. «Recherches sur les institutions administratives et municipales de la Chine». *Journal asiatique*，5ᵉ série, t. 3，1854，1 - 66；t. 4，1854，249 - 348，445 - 481）；安托万·巴赞. 论中国学校教育的内部组织（Antoine Bazin. «Mémoire sur l'organisation intérieure des écoles chinoises». *Journal asiatique*. janvier 1839：32 - 80）。

［26］顾随. 中华帝国（Marie-René Roussel de Courcy. *L'Empire du milieu*. Paris，1867）。

［27］欧仁·西蒙. 中国城邦（Eugène Simon. *La Cité chinoise*. Paris，1885）。

［28］古恒. 北京王宫：宫廷的组成、生活及其运转纪略（Maurice Courant. *La cour de Péking. Notes sur la constitution，la vie et le fonctionnement de cette cour*. Paris，1891）；德韦里亚. 中国皇室婚礼（Gabriel Devéria. *Un mariage impérial chinois*. Paris，1887）。

［29］师克勤. 中国的父权（F. Scherzer. *La puissance paternelle en Chine*. Paris，1878）. 有关医学的律法，参见恩斯特·马丁.《洗冤录》主要章节简介（Dr Ernest Martin. «Exposé des principaux passages du *Si-yuen-lu*». *Revue de l'Extrême-Orient*，1882，3：333 - 380；4：596 - 625）. 与军事有关的研究，参见一位驻北京武官的著作，乔治·布里索-德斯玛耶. 1910 年 3 月 1 日中国军队的状况（Georges Brissaud-Desmaillet. *Situation de l'armée chinoise au 1ᵉʳ mars* 1910. Paris，1910）。

［30］《汉学文集》的完整目录，参见 http://www. lib. cam. ac. uk/mulu/fb5796. html，2020 年 2 月 12 日。网络上可以找到这些文章的电子版，http://biblioweb. hypotheses. org/7085，2017 年 8 月 25 日。

［31］樊国梁. 北京：历史和记述（Alphonse Favier. *Peking：Histoire et description*. Pékin，1897）。

［32］陆南. 中国传教史：广西传教（Adrien Launay. *Histoire des missions de Chine. Mission du Kouang-Si*. Paris，1903）；陆南. 西藏传教史（Adrien Launay. *Histoire de la Mission du Thibet*. Paris，1902，2 volumes）；陆南. 满洲传教事业

（Adrien Launay. *La Mission de Mandchourie*. Paris，1905）；陆南. 中国传教史：贵州 传 教 （Adrien Launay. *Histoire des missions de Chine. Mission du Kouy-Tcheou*. Paris，1907‐1908，3 volumes）；陆南. 李安德日记：中国神父、传教士和教廷公证人（1746—1763）（Adrien Launay. *Journal d'André Ly，prêtre chinois，missionnaire et notaire apostolique，1746‐1763*. Paris，1906）。之后我们还会谈到这部重要书稿的出版。

[33]尤其是儒莲 1845 年在巴黎翻译出版的两卷本《平山冷燕》（Stanislas Julien. *Les deux jeunes filles lettrées*. Paris，1845. 1860 年修订版出版）和 1864 年出版的《玉娇梨》（Stanislas Julien. *Les deux cousines*. Paris，1864）。莱昂·德·罗斯尼的翻译，参见莱昂·德·罗斯尼. 花笺 "情书"，广东近代第八才子诗法文选段（Léon de Rosny. "*Fa‐tsien* «les Billets doux». poème cantonais du VIIIe des *Tsaï‐tsze* modernes. Fragments traduits en français". *Annuaire de la Société des études japonaises*，1877：173‐182）。

[34]例如，巴黎皇家图书馆保存的《平山冷燕》被命名为《四才子：平山冷燕》。"才子书"之名源于学者金圣叹（1608—1661）及友人从文学价值的角度拣选出版的一套丛书，包含从元到清十部小说。这套丛书于 1644 年首次出版，之后以《十大才子书》为名多次修订再版。古恒为法国国家图书馆收藏的汉语文学作品进行了编目。从他的整理中可以看出，自查理十世和路易-菲利普统治时期（1824—1848）起，清代大量风格多样的作品，甚至是刚刚出现的著作（如 1832 年出版的《镜花缘》），都会被收入国家图书馆。不过它们并没有引起巴黎汉学家的注意，对这些人而言，更早期时代的著名作品才应该受到关注。古恒. 中日韩等国图书目录（第一卷）（Maurice Courant. *Catalogue des livres chinois，Coréens，japonais etc.* tome 1. Paris，1902；1910）。

[35]于雅乐. 18 世纪中国诗人袁子才，他的生平及作品（Camille Imbault-Huart. «Un poète chinois du XVIIIe siècle，Yuan Tseu‐ts'aï，sa vie et ses œuvres». *Journal of the China Branch of the Royal Asiatic Society for the Year 1884*，New Series，Vol. XIX，Part II，Shanghai，1886：1‐42）；于雅乐. 14—19 世纪中国诗歌（Camille Imbault-Huart. *La poésie chinoise du XIVe au XIXe siècle*. Paris，1886）。

[36]关于这个主题，参见 T. 朱茨（即德韦里亚）. 北京和中国北方（T. Choutzé [Gabriel Devéria] . «Pékin et le Nord de la Chine»，*Le Tour du monde*，1876，tome 31，305‐368；et tome 32，193‐256）。他的妻子，作曲家昂布瓦兹·托马斯（Ambroise Thomas）的侄女，也发表了一篇极出色的论文探讨音乐问题，参见夏洛特-德韦里亚-托马斯. 中国音乐新论（Charlotte-Devéria-Thomas. «Essai nouveau sur la musique chez les Chinois»，*Le Magasin Pittoresque*，2ème série，tome

3，Août-Décembre 1885，234 - 238，287 - 288，327 - 328，390 - 392）。还应注意的是，不久之后，德彪西（Debussy）和拉维尔（Ravel）的朋友，音乐学家、汉学家路易・拉罗依（Louis Laloy）也出版了一本关于中国音乐的论著，即《中国音乐》（Louis Laloy. *La musique chinoise*. Paris，1903）。这本著作的价值在于，它通过很多插图展示了中国音乐体系，它的缘起、各种乐器、记谱方式及音乐的不同类别，如宗教音乐、室内乐、通俗音乐和戏剧音乐。

[37]参见 1860 年 5 月 1 日《美术报》的一份报告（*La Gazette des beaux-arts*，1ᵉʳ mai 1860，177）。报告讲述了一些品质特别精良的中国艺术品由于罕见的目录说明不足，导致在拍卖中低价卖出的情况。

[38]这本书在路易-菲利普统治时期（1830—1848）由皇家图书馆收录。参见古恒. 中日韩等国图书目录（第二卷）（Maurice Courant. *Catalogue des livres chinois*，*Coréens*，*japonais etc*. tome 2，Paris，1910，176，n° 5568）。

[39]这份数千页的笔记报告包含大量图纸、插图和照片（第一代银版摄影照片），由伊西多尔・埃德（Isidore Hedde）、儒勒・伊缇耶（Jules Itier）、娜塔莉・隆多（Natalis Rondot）和奥古斯特・欧斯曼（Auguste Haussmann）执笔，以书籍、文章和大型展览——展览在圣艾蒂安（Saint-Etienne）和里昂举行，主要展出的是此次考察的成果和考察中收集的物品——目录的形式出版。比如 1849 年出版的《中国出口贸易实践研究》（*Étude pratique du commerce d'exportation de la Chine*. Paris，1849）就详细介绍了中国装饰艺术品的工艺流程。此次考察发表的著作一览表，参见高第. 中国书目（H. Cordier. *Bibliotheca sinica*. colonnes 2489 - 2493）。

[40]颇节. 杜伊勒里宫展出的中国奇珍（G. Pauthier. «Des curiosités chinoises exposées aux Tuileries». *Gazette des beaux-arts*，15 mars 1861，363 - 369）。这 300 件艺术品随后被移入枫丹白露宫，放置在欧仁尼皇后 1863 年 6 月设立的沙龙博物馆中，不过公众仍可以欣赏。

[41]颇节. 杜伊勒里宫展出的中国奇珍（G. Pauthier. «Des curiosités chinoises exposées aux Tuileries». *Gazette des beaux-arts*，1861，365）。颇节曾自述只收到了他询问的在欧洲找不到的五本重要著作中的两本，北京的书商用三本涉及其他主题的书籍代替了他要的书。在他要求下买到的两本书，一本是 1708 年出版的 64 卷书法和绘画史，另一本是 1825 年版 32 卷的中国画家传记缩略本。

[42]尤其见颇节. 中国文明及其古代历史研究，以当地文字记录和遗迹为基础（G. Pauthier. *Mémoires sur l'antiquité de l'histoire et de la civilisation chinoises d'après les écrivains et les monuments indigènes*. Paris，1868）。

[43]1945 年，这些藏品被移入集美博物馆（Musée Guimet，当时是隶属于国家博物馆的亚洲艺术馆），直至今天。

[44]欧内斯特·格朗迪迪耶. 中国制瓷术（Ernest Grandidier. *La céramique chinoise*. Paris，1894）。书中包含 42 幅插图。

[45]沙畹. 卢浮宫的中国绘画［Édouard Chavannes. «La peinture chinoise au Musée du Louvre». *T'oung-pao*，1904，5（3）：310 - 331］。

[46]莫里斯·帕雷奥洛格. 中国艺术（Maurice Paléologue. *L'art chinois*. Paris，1887）。作者 1885 年至 1886 年在北京任职。

[47]佩初兹. 远东艺术中的自然哲学：以 8 世纪至 18 世纪风景名家的原作为例（Raphaël Petrucci. *La philosophie de la nature dans l'art d'Extrême-Orient：illustré d'après les originaux des maîtres du paysage des VIII au XVIIIe*. Paris，1910）；佩初兹. 中国画家评议（Raphaël Petrucci. *Les peintres chinois，étude critique*. Paris，1912）；沙畹，佩初兹. 塞努奇博物馆的中国绘画（Édouard Chavannes. Raphaël Petrucci，*La Peinture chinoise au musée Cernuschi*. Bruxelles，1914）。

[48]佩初兹. 如芥子般大小花园的绘画技法：《芥子园画传》，中国绘画百科全书（Raphaël Petrucci. *«Kiai-tseu-yuan houa tchouan»，les enseignements de la peinture du jardin grand comme un grain de moutarde，Encyclopédie de la peinture chinoise*. Paris，1912）。

[49]1912 年之前在法国答辩的博士论文中只有两篇是关于清朝的。

[50]这些作品都被完整编目收集在高第的《中国书目》（*Bibliotheca sinica*）中。

[51]这些作品中的许多——或整本或摘录——都发表在颇受欢迎的插画周刊《环游世界之旅行新刊》（*Le Tour du monde，nouveau journal des voyages*. Paris，1860—1914）上。

[52]他的论著《近代中国》（Edmond Rottach. *La Chine moderne*. Paris，1911）凭借其在两湖大学堂（Université du Lianghu）的教学经验，描述了自 1900 年以来中国的政治事件和政治潮流。

[53]阿尔贝·迈邦撰写了两部信息量极大的著作，分别是《中国的政治：中国政党学说研究，1888—1908》（Albert Maybon. *La politique chinoise：étude sur les doctrines des partis en Chine，1888 - 1908*. Paris，1908）和《中国宫廷秘史》（Albert Maybon. *La Vie secrète de la cour de Chine*. Paris，1910）。

[54]上海的耶稣会士管宜穆（Jérôme Tobar）从 1898 年就开始将张之洞的《劝学篇》和百日维新（戊戌变法）的相关文本翻译成法语，在法国被各种杂志转载。《中法新汇报》和其他中国法语报纸上也刊登了大量立宪改革的文本翻译，被法国出版物和杂志争相引用。河内巴维学校教授皮埃尔·奥古（Pierre Aucourt）翻译了孙中山和其他革命者的文章（1907 年 1 月《民报》的创刊纪念日文章和《革命方略》），发表在 1907 年的《法国远东学院学报》（*Bulletin de l'École française*

d'Extrême-Orient，tome 7，n°3 - 4，juillet-décembre 1907，449 - 453）上。1908年，迈邦在自己的书中（上个注释提到过）对这些翻译进行修正，并补充翻译了其他文本。1911 年 10 月，《革命方略》重新在一些杂志上发表。新文学著作，比如陈天华的作品也被翻译登载在《中法友好协会通报》上。《法国远东学院学报》和《通报》的每一期都会有一个专栏特别详细地介绍中国的政治和文化事件，且附有大量文献的翻译。

[55]1919 年夏在巴黎停留期间，叶恭绰作为中国政府派驻巴黎和会讨论工业与金融问题的工业考察团团长，向保罗·潘勒韦（Paul Painlevé）建议在巴黎——或法兰西学院（Institut de France），或法兰西公学院，或巴黎大学——建立一个旨在向欧洲人传授中国文学、历史和文化的学院，中国政府将每年为其提供 20000 法郎的资助。在日本政府的支持下，索邦大学刚刚设立了日本学讲席教授的职位，叶恭绰如此建议的目的就是与之抗衡。尽管伯希和和他的汉学家同事们极力反对，认为学术绝不应该受中国政治干预影响，但潘勒韦却在他的科学家同事的支持下，于1920 年 3 月 24 日成功使这一提议在巴黎大学委员会投票通过。关于汉学研究所的建立及其开创时期，参见巴斯蒂. 民国在对外文化政策上的早期尝试//刘东，主编."中国学术"十年精选：融合与突破. 北京：商务印书馆，2014：403 - 416。葛夫平在其研究中讲述了这一机构之后的历史，参见葛夫平. 中法教育合作事业研究1912—1949. 上海：上海书店出版社，2011：217 - 269；葛夫平，魏丕信. 伯希和与汉学研究所（Ge Fuping et P. -E. Will. «Paul Pelliot et l'Institut des hautes études chinoises»，in Jean-Pierre Drège et Michel Zink éds. *Paul Pelliot：de l'histoire à la légende*. Paris，2013：261 - 301）。

[56]关于这个研究所，参见葛夫平. 中法教育合作事业研究 1912—1949：269 - 295。但作者所给出的研究所的创始时间是错误的，真正的时间应该是 1936 年而非1939 年。

[57]中法汉学研究所. 民俗肖像绘画展览：新年仪式年画（Centre franco-chinois d'études sinologiques. *Exposition d'iconographie populaire：images rituelles du nouvel an*. Pékin，1942）。

[58]让·罗德. 中国与 1910—1911 年立宪运动 [Jean Rodes. *La Chine et le mouvement constitutionnel*（1910 - 1911）. Paris，1913]；让·罗德. 中国政治十年：革命前的天朝（Jean Rodes. *Dix ans de politique chinoise - le Céleste Empire avant la Révolution*. Paris，1914）；让·罗德. 中国革命生活景象，1911—1914 [Jean Rodes. *Scènes de la vie révolutionnaire en Chine*（1911 - 1914）. Paris，1917]；让·罗德. 中国政治十年：满族的终结（Jean Rodes. *Dix ans de politique chinoise-La fin des Mandchous*. Paris，1919）。

[59]费尔南·法尔热内尔. 中国的伦理道德：远东社会的基石（Fernand Far-

jenel. *La morale chinoise：fondement des sociétés d'Extrême-Orient*. Paris，1906）。

［60］费尔南·法尔热内尔. 亲历中国革命（Fernand Farjenel. *À travers la Révolution chinoise*. Paris，1914）。

［61］阿尔贝·迈邦. 中华民国（Albert Maybon. *La République chinoise*. Paris，1914）。

［62］埃德蒙·罗达什. 革命中的中国（Edmond Rottach. *La Chine en révolution*. Paris，1914）。这本书汇集了发表在《巴黎杂志》（*La Revue de Paris*）上的文章。罗达什曾在 1912 年短暂访问过北京和广州。

［63］埃德蒙·罗达什. 革命中的中国（Edmond Rottach. *La Chine en révolution*. Paris，1914：268）。

［64］埃德蒙·罗达什. 革命中的中国（Edmond Rottach. *La Chine en révolution*. Paris，1914：266）。

［65］雅克·巴科. 反抗的西藏：走向西藏人的应许之地乃白玛科，附一位在法藏人的感想（Jacques Bacot. *Le Tibet révolté. Vers Népémakö，la Terre promise des Tibétains，suivi des impressions d'un Tibétain en France*. Paris，1912）。雅克·巴科. 摩梭人：摩梭人种、信仰、语言和文字研究（Jacques Bacot，*Les Mo-So：ethnographie des Mo-so，leurs religions，leur langue et leur écriture*. Leiden，1913）。这部著作使用了许多从未被使用的重要文献，其中沙畹翻译的摩梭国王传记谱系的汉语手稿是国王后人（即当时的土司）在丽江交给巴科的。

［66］高第. 中国书目（H. Cordier. *Bibliotheca sinica*. 3489－3501，4183－4192）。高第编目了其中一部分。

［67］例如后来的驻比利时大使钱泰（1888—1962）的论文，见钱泰. 中国的立法权（Tsien T'ai. *Le pouvoir législatif en Chine*. Paris，1914）。

［68］朱鹤翔（后来同样成为驻比利时大使）. 领事裁判权制度与中国的立宪改革（Louis Ngaosiang Tchou. *Le régime des capitulations et la réforme constitutionnelle en Chine*. Cambridge，1915）；陈继善. 中国门户开放政策（Tchen Ki Chan. *La politique de la porte ouverte en Chine*. Paris，1912）；胡世泽. 近代中俄关系的条约依据（Hoo Chi-tsai. *Les bases conventionnelles des relations modernes entre la Chine et la Russie*. Paris，1918）；陈和铣. 1871 年至今的中日外交关系（Hoshien Tchen. *Les relations diplomatiques entre la Chine et le Japon de 1871 à nos jours*. Paris，1921）；侯文平. 论中国的内债（Hou Wen Ping. *Essai sur les emprunts intérieurs de la Chine*. Shanghai，1920）。此后，许多中国学生的博士论文都开始关注治外法权和海关制度。

［69］1912 年到 1950 年，在法国答辩的关于清朝的博士论文中，有 101 篇是中国学生的研究，只有 6 篇是法国人或其他国家学生的论文。参见格扎维埃·纪尧

姆. 1884—1977 年在法答辩的关于亚洲的博士论文（Xavier Guillaume, *Thèses sur l'Asie soutenues en France*, *1884 - 1977*. Paris, 1978）所编制的目录。在这个问题上，还可参见伦纳德·高登（又译作高理宁），弗兰克·舒尔曼（又译作苏文）. 关于中国的博士论文，1945—1970（Leonard Gordon & Frank Shulman. *Doctoral dissertations on China*, *1945 - 1970*. Seattle/Londres, 1972），但这本书编目不全。

[70]李雄飞. 满王朝的御史，1616—1911 [Li Hsiung-fei. *Les censeurs sous la dynastie mandchoue（1616 - 1911）*. Paris, 1936]；萧金芳. 启发开明专制思潮的中国（Siao King-fang. *La Chine inspiratrice du despotisme éclairé*. Paris, 1939）；陈宗鋆. 清朝新疆开垦史（Chen Tsu Yuen. *Histoire du défrichement de la province du Sin-Kiang sous la dynastie Ts'ing*. Paris, 1932）；何昌炽. 中国在新疆的统治事业（D. Ho. *L'œuvre colonisatrice de la Chine dans le Turkestan chinois*. Paris, 1941）；魏英邦. 1871—1922 年中国的蒙古和西藏政策（Wei Ying Pang. *La politique chinoise en Mongolie et au Tibet de 1871 à 1922*. Paris, 1948）。

[71]林素珊. 中国报业史（Lin Shu-shen. *Histoire du journalisme en Chine*. Avesne-sur-Helpe, 1937）。

[72]凌纯声. 中国南方瑶族民族志研究（Ling Zeng Seng. *Recherches ethnographiques sur les Yao dans la Chine du Sud*. Paris, 1929）。

[73]丁肇青. 法国人对中国的描述（1650—1750）[Ting Tchao-tsing. *Les descriptions de la Chine par les Français（1650 - 1750）*. Paris, 1928]；陈翔冰. 法国新闻出版与中国问题（1894—1901）：关于外国势力在华竞争对抗的研究 [Chen Changbin. *La presse française et les questions chinoises（1894 - 1901）. Étude sur la rivalité des puissances étrangères en Chine*. Paris, 1941]；梁锡英. 明末以来在华基督教传教士与中国人思想的相遇与冲突（Liang Si-ing. *La rencontre et le conflit entre les idées des missionnaires chrétiens et les idées des Chinois en Chine depuis la fin de la dynastie des Ming*. Paris, 1940）。

[74]王瑃瑛. 纳兰性德：1655—1685（Wang Soo-Ying. *Na-lan Sing-tö*, *1655 - 1685*. Paris, 1937）；贺师俊. 文人小说《儒林外史》：中国讽刺小说研究（S. C. Ho. *Jou Lin wai che. Le Roman des Lettrés*, *étude sur un roman satirique chinois*. Paris, 1933）；郭麟阁. 论 18 世纪中国知名小说《红楼梦》[L. K. Kou. *Essai sur le Hong Leou Mong（Le rêve dans le Pavillon rouge）*, *célèbre roman chinois du XVIIIe siècle*, Lyon, 1935]；李辰冬. 《红楼梦》研究（C. T. Lee. *Étude sur le Songe du Pavillon rouge*. Paris, 1934）（可参见作者的中文改写本，重庆：正中书局，1942）。

[75]陈绵. 近代中国戏剧（Tcheng Mien. *Le théâtre chinois moderne*. Paris, 1929）；陈绵. 中国近代戏目注解（Tcheng Mien. *Répertoire analytique du théâtre*

chinois moderne. Paris，1929）。

[76]郑毓秀. 童年与革命回忆录（Tcheng Soumay. *Souvenirs d'enfance et de révolution*. Paris，1921）；盛成. 我的母亲（Cheng Tcheng. *Ma mère*. Préface de Paul Valéry，Paris. 1928）。1929 年，盛成发表了另一部更长的法语著作《经历了中国革命的我与我的母亲》（Cheng Tcheng. *Ma mère et moi à travers la révolution chinoise*. Paris，1929）。

[77]乔治·马斯佩罗. 中国（Georges Maspero. *La Chine*. Paris，1918）。这本书的增补两卷本于 1925 年出版。马斯佩罗的著作是此类论著中最为出色的。这位作者曾在印度支那担任高级公务员长达二十年，他学习了汉语，且对华人世界极有研究兴趣。埃米尔·奥弗拉克. 远东民族：中国（Émile Hovelaque. *Les peuples d'Extrême-Orient：la Chine*. Paris，1920）。奥弗拉克试图表明的是，从文明的角度来看，中国应该与西方国家一样得到同等对待，但几个世纪以来中国政治的软弱使这位作者无法为之描绘出一幅较为美好的图景。此后出版的普及性书籍在清朝问题上愈发简略，不过其写作却多能延续到民国时期，如乔治·迪巴比耶. 近代中国史（Georges Dubarbier. *Histoire de la Chine moderne*. Paris，1926）；让·爱斯嘉拉（又译作让·埃斯卡拉）. 中国：过去与现在（Jean Escarra. *La Chine：passé et présent*. Paris，1937）。勒内·格鲁塞的著作也很受欢迎，但其追溯的是更早期的时代，参见勒内·格鲁塞. 中国史（René Grousset. *Histoire de la Chine*. Paris，1947）。

[78]施阿兰. 1893—1897 年：我在中国的使命（A. Gérard. *Ma mission en Chine，1893-1897*. Paris，1918）。

[79]高第. 东方地理与历史杂论（Henri Cordier. *Mélanges d'histoire et de géographie orientales*，tome 1，Paris 1914；tome 2，Paris，1920）。这两册文集囊括了大量关于清朝中法关系和中法交流的文章。

[80]这部四卷本著作 1920 年在巴黎出版，其中第三卷起止时间为 1368—1820 年，第四卷则从道光统治时期讲到 1912 年。

[81]沙莱耶在其中一本书中以反殖民主义的观点集中表达了对于清朝覆亡的历史性反思，参见费利西安·沙莱耶. 中国与日本政治现状（Félicien Challaye. *La Chine et le Japon politiques*. Paris，1925）。

[82]费尔南德·卡巴内尔. 最后一位女帝：中国慈禧太后的一生（1835—1908）[Fernande Cabanel. *La dernière impératrice：vie de l'impératrice de Chine Tseu-hi（1835-1908）*. Paris，1936]。

[83]毕诺. 中国对法国哲学思想形成的影响，1640—1740（Virgile Pinot. *La Chine et la formation de l'esprit philosophique en France，1640-1740*. Paris，1932）；毕诺. 1685—1740 年法国对中国认识的未刊文献（Virgile Pinot. *Documents inédits relatifs à la connaissance de la Chine en France de 1685 à 1740*. Paris，1932）

（可参见耿昇的中译本，北京：商务印书馆，2000）。

[84]伯希和. 法国对华交流的开端：安菲特里式号第一次出航中国（Paul Pelliot. *L'origine des relations de la France avec la Chine*：*le premier voyage de «l'Amphitrite»en Chine*. Paris，1930）。

[85]夏尔·库赞·德·蒙托邦. 蒙托邦征战中国回忆录（Charles Cousin de Montauban. *L'Expédition de Chine de 1860*；*souvenirs du général Cousin de Montauban，comte de Palikao，publiés par son petit-fils*. Paris，1932）（可参见王大智、陈娟的中译本，上海：中西书局，2011）。此外还可参见埃利·朱利安. 中国远征回忆录，1900－1902（Élie Jullian. *Souvenirs de l'expédition de Chine，1900－1902*. Paris，1928）。

[86]欧仁·樊尚. 20 世纪中国医学（Eugène Vincent. *La médecine en Chine au XXe siècle*. Paris，1915）。

[87]马塞尔·博代. 外国人在华司法状况（Marcel Baudez. *La condition juridique des étrangers en Chine*. Paris，1913）。

[88]马塞尔·特鲁什. 北京使馆区历史与司法研究（Marcel Trouche. *Le quartier diplomatique de Pékin*：*étude historique et juridique*. Rodez，1935）。

[89]这本作品成为保罗-路易·古舒（Paul-Louis Couchoud）著作的一个章节，参见保罗-路易·古舒. 亚洲神话图示（Paul-Louis Couchoud. *Mythologie asiatique illustrée*. Paris，1928：227－362）。

[90]沙畹. 中国民俗艺术中愿望的表达（Édouard Chavannes. *De l'expression des vœux dans l'art populaire chinois*. Paris，1922）；伯希和. 欧洲对 17、18 世纪中国艺术的影响（Paul Pelliot. *Les influences européennes sur l'art chinois au XVIIe et au XVIIIe siècle*. Paris，1948）。

[91]亨利·达登·德·提萨克. 中国艺术中的动物（Henri d'Ardenne de Tizac. *Les animaux dans l'art chinois*. Paris，1922）；亨利·达登·德·提萨克. 塞努奇博物馆收藏中的中国装饰艺术（Henri d'Ardenne de Tizac. *L'art décoratif chinois d'après les collections du Musée Cernuschi*. Paris，1930）；让-约瑟夫·马尔凯·德·瓦瑟洛. 中国瓷器（Jean-Joseph Marquet de Vasselot. *La céramique chinoise*. Paris，1922，2 volumes），其第二卷从康熙统治时期开始讲起；亨利·里维耶. 远东艺术中的瓷器（Henri Rivière. *La céramique dans l'art d'Extrême-Orient*. Paris，1923，2 volumes）；奥迪朗·罗奇. 中国家具（Odilon Roche. *Les meubles de la Chine*，Paris. 1921）；莫里斯·杜邦. 中国家具［Maurice Dupont. *Les meubles de la Chine（deuxième série）*. Paris，1926］；戴西·利翁-戈德施密特. 中国艺术（Daisy Lion-Goldschmidt. *L'Art chinois*. Paris，1931）；戴西·利翁-戈德施密特. 中国的艺术：青铜器、玉器、雕刻与瓷器（Daisy Lion-Goldschmidt. *Les arts de la Chine*：

bronze，jade，sculpture，céramique. Paris，1937［5ème édition refondue，Paris，1980]）；戴西·利翁-戈德施密特. 中国瓷器（Daisy Lion-Goldschmidt. *Céramique chinoise*. Paris，1950）；玛德琳·保罗-大卫. 中国艺术及其风格（Madeleine Paul-David. *Arts et styles de la Chine*. Paris，1953）。

　　［92］摩伦. 古代迄今中国艺术史（Georges Soulié de Morant. *Histoire de l'art chinois de l'antiquité jusqu'à nos jours*. Paris，1928）。

　　［93］摩伦. 治外法权与外国在华利益（Georges Soulié de Morant. *Exterritoria-lité et intérêts étrangers en Chine*. Paris，1925）；摩伦. 法国在华耶稣会功绩史，1534—1928（Georges Soulié de Morant. *L'épopée des jésuites français en Chine［1534 - 1928］*. Paris，1928）；摩伦. 中国近代戏剧与音乐，兼论中国音乐的技术研究与钢琴改编（Georges Soulié de Morant. *Théâtre et musique modernes en Chine：avec une étude technique de la musique chinoise et transcription pour piano*. Paris，1926）；摩伦. 中国针灸术［Georges Soulié de Morant. *L'Acupuncture chinoise*. Paris，1939—1941，2 volumes（édition complétée en 5 volumes，Paris，1957）］。

　　［94］马古礼. 中国艺术散文的演变（Georges Margouliès. *Évolution de la prose artistique chinoise*. Vienne，1929）；马古礼. 中国文学选集（Georges Margou-liès. *Anthologie raisonnée de la littérature chinoise*. Paris，1948）；马古礼. 中国文学史：散文（Georges Margouliès. *Histoire de la littérature chinoise：prose*. Paris，1949）；马古礼. 中国文学史：诗歌（Georges Margouliès. *Histoire de la littérature chinoise：poésie*. Paris，1951）。

　　［95］这些报纸包括：北京的《北京政闻报》（*La politique de Pékin*，1914 年到1941 年出现的插画周刊）和《北京新闻》［*Journal de Pékin*，法语北京日报，1910年到 1940 年发行，创办人阿尔贝·纳什布尔（Albert Nachbaur）同时也担任该报编辑］；上海的《中法新汇报》（*L'Echo de Chine*，1897 年到 1927 年发行的日报和周报）和之后的《上海日报》（*Journal de Shanghai*，1927 年到 1940 年发行的法文报纸）。这些报纸的发行量基本都在 1000 份左右，同时也会以《北京政闻报》丛书和《中法新汇报》丛书为名出版一些著作及小册子。1919 年，弗朗西斯·魏智（Francis Vetch，1862—1944）在北京饭店开设了一间法文图书馆，1921 年在天津设立分馆，这个图书馆同时也出版与文学、艺术和历史相关的法文书籍。他的儿子亨利·魏智（Henri Vetch，1898—1978）于 1920 年来到中国，更为积极地推动这项事业的发展，直到 1951 年 3 月被监禁并最终于 1954 年 3 月被中国政府驱逐出境。关于这段历史，参见雷昂. 亨利·魏智及其北京法文图书馆∥图书资讯学刊，2013，11（2）：149 - 194. 天主教传教士的出版机构，如北京遣使会的北堂印书馆和耶稣会在献县和上海（土山湾印书馆）的出版机构，也出版了许多法语书籍和期刊。他们登载历史类文章和文献的主要刊物是《北京天主教通报》（*Le Bulletin* catholique de Pékin，北京发行，1913—1948)、《天主教通报》(Le Bulletin catholique，天津发行，1918—1923)、《日本和中国传教团》(Les Missions de Chine et du Japon，北京发行，1916—1942。从 1936 起改为在上海出版，1933—1934 年 第 11 期开始更名为《中国传教团》) 和《震旦大学通报》(Bulletin de l'Université l'Aurore，上海发行，1903—1952)。

[96]安德烈·迪博斯克（André Duboscq）就是其中一位作者。他的第一本书 《在北京的天空下》(Sous le ciel de Pékin) 1919 年在巴黎出版。此外还有查理·于 贝尔（Charles Hubert）的相关研究，如 1912 年发表在《东部地理学协会通报》上 的《清西陵》(Charles Hubert. «Les Si-ling ou tombeaux de l'Ouest»，Bulletin de la société de géographie de l'Est，1912：16 - 37) 以及 1912 年至 1914 年发表的系 列文章《1908 年的北京》(Charles Hubert. «Pékin en 1908». Bulletin de la société de géographie de l'Est，1912：107 - 136；1913：119 - 147，219 - 239；1914：5 - 27)。以图片和文献的丰富程度来看，参加过义和团战争的海军军官斯塔尼斯拉 斯·米约（Stanislas Millot）的《1901 年 4 月的北京和皇宫，附十六幅古迹和风光 图》(Stanislas Millot. Pékin et ses palais en avril 1901，avec 16 vues de sites et monuments. Paris，Leroux，1916) 与殖民部队军官路易·卡尔波（Louis Carpeaux， 其父为著名雕塑家）的著作《消逝的北京》(Louis Carpeaux，Pékin qui s'en va. Paris，Maloine，1913) 同样应纳入考量。印度支那地区的中国研究著作也不容 忽视，如奥古斯特·卜尼法西（Auguste Bonifacy）1931 年在河内出版的《论收藏 在法国远东学院反映 1884—1885 年中法战争各场景的中国绘画作品》(Auguste Bonifacy. A propos d'une collection de peintures chinoises représentant divers épisodes de la guerre franco-chinoise de 1884 - 1885 conservées à l'Ecole française d'Extrême-Orient. Hanoi，1931)。

[97]让·R. 贝兰. 北京庙宇游记，麟庆出游札记选段 [Jean R. Baylin. Visite aux temples de Pékin；extraits du carnet de voyage de Lin K'ing. Pékin，1921 (réédition augmentée，1929)]。作者翻译的就是满族作家麟庆（1791—1846）的 《鸿雪因缘图记》。

[98]普意雅. 北京及其周边（G. Bouillard. Péking et ses environs. Pékin，Albert Nachbaur éditeur，1921 - 1925，12 fascicules)。丛书研究的建筑包括天坛、清代皇 陵、雍和宫和静明园。

[99]潘敬，辜鸿铭，译. 中国故事 [Contes chinois，traduits par Panking et Kou Hong-ming，Pékin，1924 (collection «La Politique de Pékin»)]。1925 年，路易·拉 罗依（Louis Laloy）在巴黎出版的《蒲松龄中国古代文本中的神奇故事》(Louis-Laloy. Contes magiques d'après l'ancien texte chinois de P'ou Soung-Lin. Paris，1925)，应该是这本北京出版译作的再版。

[100]王 S. T. 清代中国轶闻史（Wang S. T. *L'histoire anecdotique chinoise sous les Tsing*. Pékin，1924），这本书被《北京政闻报》丛书收录；约瑟夫・许恩斯. 说部甄评（Joseph Schyns. *Romans à lire et romans à proscrire*. Tientsin，1946）。

[101]安德烈・迪博斯克. 中国精英：起源及其在帝国之后的转变（André Duboscq. *L'élite chinoise，ses origines，sa transformation après l'empire*. Paris，1945）；伯诺瓦・法夫尔. 中国秘密会社的起源、历史作用和现状（Benoît Favre. *Les sociétés secrètes en Chine：origine-rôle historique-situation actuelle*. Paris，1933），法夫尔是一名中国占领军军官。莫里斯・亚当. 从《日下旧闻考》看北京地区的风俗习惯（Maurice Adam. *Us et coutumes de la région de Pékin，d'après le Je sia kieou wen k'ao*. Pékin，1930）。这是偏重民族志角度的考察。

[102]乔治・科尔迪埃. 云南的穆斯林（Georges Cordier. *Les Musulmans au Yunnan*. Hanoi，1927）。

[103]J. 西居雷. 云南边境版图及居民（J. Siguret. *Territoires et populations des confins du Yunnan*. Pékin，1937 - 1940，2 volumes）。这部著作的中文版于 1933—1934 年在云南府（昆明）出版。

[104]查理・迈邦，让・弗雷代. 上海法租界的历史（Ch. B. Maybon et Jean Fredet. *Histoire de la concession française de Changhai*. Paris，1929）；让・弗雷代. 开启中国：法国领事查理・德・蒙蒂尼（Jean Fredet. *Quand la Chine s'ouvrait：Charles de Montigny，consul de France*. Shanghai，1943）。

[105]查理・萨缪尔・德・贡斯当. 三次游历中国记闻（1779—1793）（Charles Samuel de Constant. *Récit de trois voyages à la Chine［1779 - 1793］：passages choisis et annotés par Philippe de Vargas*. Pékin，1939）。

[106]石达开. 石达开日记：太平天国战争的一些片段（Shih Ta-k'ai. *«Le journal de Che Ta-k'ai» épisodes de la guerre des Tai-ping：traduit par Li Choen*. Pékin，1927）。这本书由李顺翻译，也被收录在《北京政闻报》丛书中。

[107]梁启超. 先秦政治思想史（Leang K'i-tch'ao. *La conception de la loi et les théories des légistes à la veille des Ts'in. Extrait de l'Histoire des théories politiques à la veille des Ts'in*. Traduction，introduction et notes par Jean Escarra et Robert Germain. Préface de Georges Padoux，Pékin，1926）。此书由让・埃斯卡拉与罗贝尔・热尔曼（Robert Germain）译注评介，乔治・巴杜作序。

[108]其中，主要有让・埃斯卡拉. 中国法：观念与演变，立法与司法机构，科学与教育（Jean Escarra. *Le droit chinois，conception et évolution，institutions législatives et judiciaires，science et enseignement*. Pékin/Paris，1936）；让・埃斯卡拉. 外国人在华租界制度（Jean Escarra. *Le régime des concessions étrangères en Chine*. Paris，1929）；让・埃斯卡拉. 中国与国际法（Jean Escarra. *La Chine et le*

droit international. Paris，1931）。

[109]参见本章注释95。

[110]尤其是于纯璧附有很多插图的巨著。于纯璧. 北京：王权的威严（Alphonse Hubrecht. *Grandeur et suprématie de Péking*. Pékin，Imprimerie des Lazaristes，1928）。

[111]顾赛芬. 中国地理：古代与近代（Séraphin Couvreur S. J. *Géographie ancienne et moderne de la Chine*. Xianxian，Imprimerie de la mission catholique. 1917）；马德赉. 1911 年中国各府天主教图（Joseph Tardif de Moidrey S. J. *Carte des préfectures de Chine et de leur population chrétienne en 1911*. Shanghai，Imprimerie Tou-sé-wé，1913）。

[112]弗朗索瓦·玛丽·萨维纳. 苗族史（François Marie Savina. *Histoire des Miao*. Hong Kong，1924）。作者在苗寨生活了四十年。1911 年到 1939 年，他出版了十二本苗语字典词典，多篇文章和一本文献质量上乘的著作。虽然作者在处理中文历史文献时已经进行了严格的批判考证，但他的解释却常常因其宗教信念而错漏百出。关于萨维纳和其他在中国南方的传教士与法国官员的民族学研究，参见让·米寿的《"偶然的"民族志学者：云南与东京边境的法国天主教传教团（1880—1930）》（Jean Michaud. 'Incidental' Ethnographers：French Catholic Missions on the Tonkin-Yunnan Frontier 1880 - 1930. Leiden，2007）。

[113]戴遂良（又译作戴遂量）. 中国宗教信仰与哲学观念通史［Léon Wieger，S. J. *Histoire des croyances religieuses et des opinions philosophiques en Chine depuis l'origine jusqu'à nos jours*. Xianxian，1917（2ᵉ édition augmentée 1922）］。

[114]毕保郊. 中国近 50 年哲学思潮（1898—1950）［Octave Brière，S. J. *Les courants philosophiques en Chine depuis 50 ans（1898 - 1950）*. Shanghai，1949］。

[115]布莱斯. 大清律例便览［Guy Boulais，S. J. *Manuel du code chinois*. Shanghai，1924（Variétés sinologiques n°55）］。

[116]这部十九卷本的著作被收录在《汉学文集》（*Variétés sinologiques*）中，从 1911 年到 1938 年陆续在天主教传教团印书馆印刷，于上海出版。

[117]管宜穆. 中国与外国宗教：教务纪略（Jérôme Tobar，S. J. *La Chine et les religions étrangères*：*Kiao-Ou Ki-lio*，«*Résumé des affaires religieuses*»，publié par ordre de S. Exc. Tcheou Fou，Traduction，commentaire et documents diplomatiques，Shanghai，Imprimerie de la mission catholique，1917）。

[118]史式徽. 耶稣会在华早期传教团，1552—1914（Joseph de La Servière，S. J. *Les anciennes missions de la compagnie de Jésus en Chine*，*1552 -1914*. Shanghai，1924）；史式徽. 江南传教史（Joseph de La Servière，S. J. *Histoire de la mission du Kiang-Nan*. Zika-wei，Imprimerie de l'Orphelinat，1914，2 volumes）；史式

徽. 江南新传教团（1840—1922）（Joseph de La Servière，S. J. *La nouvelle mission du Kiang-nan* ［1840 - 1922］. Shanghai，1925）；路易・埃尔芒. 江南（1842—1922）与南京（1922—1932）传教进程（Louis Hermand. *Les étapes de la mission du Kiangnan 1842 - 1922 et de la mission de Nanking 1922 - 1932*. Shanghai，1933）；徐家汇汉学部. 大清江南的中国教士（Zi-Ka-Wei. Bureau sinologique. *Clergé chinois au Kiang-nan sous les Ta-tsing*. Shanghai，1933）；皮埃尔・梅尔滕斯. 中国的金色传奇：东南直隶传教团生活场景（Pierre Mertens，S. J. *La Légende dorée en Chine：scènes de la vie de mission au Tche-li sud-est*. Lille，1920）；约瑟夫・屈埃诺. 在黑旗军的故乡：广西传教团（Joseph Cuenot. *Au pays des Pavillons-noirs：la mission du Kouangsi*. Hong Kong，1925）；陆南. 中国传教史：广东传教团（Adrien Launay. *Histoire des Missions de Chine. Mission du Kouang-*tong. Paris，1917）；陆南. 中国传教史：四川传教团（Adrien Launay. *Histoire des missions de Chine. Mission du Se-tchoan*. Paris，1920，2 volumes）；冯烈鸿. 传教生涯：回忆与记述（Cyprien Aroud. *La vie en mission：souvenirs-récits*. Vichy，1935）；A. 莫雷利. 正定府教区史录（1858—1933）（A. Morelli. *Notes d'histoire sur le vicariat de Tcheng-Ting-Fou 1858 - 1933*. P'ei-P'ing，1934）；包世杰. 宣化府的遣使会传教士（1783—1927）（Jean-Marie Planchet. *Les Lazaristes à Suanhuafou，1783—1927*. Pékin，1927）；包世杰. 栅栏天主教徒墓地及他们的功绩（1610—1927）（Jean-Marie Planchet. *Le cimetière et les œuvres catholiques de Chala，1610 - 1927*. Pékin，1928）。

［119］亚历山大・布鲁. 百年传教史（1815—1934）：19、20 世纪的耶稣会传教士（Alexandre Brou，S. J. *Cent ans de missions，1815—1934. Les jésuites mission-naires au XIXe et au XXe siècle*. Paris/Besançon，1935）；费赖之. 早期来华耶稣会士传略及书目提要（1552—1773）［Aloys Pfister，S. J. *Notices biographiques et bibliographiques sur les Jésuites de l'ancienne mission de Chine，1552 - 1773*. Shanghai，1932 - 1934，2 volumes（Variétés sinologiques，59 - 60）］。

［120］方立中. 1697—1935 年在华遣使会士列传（Joseph van den Brandt. *Les Lazaristes en Chine，1697 - 1935，notes biographiques recueillies et mises à jour*. Peiping，1936）；方立中. 1864—1930 年北京遣使会印书馆主要刊印书籍目录（Joseph van den Brandt. *Catalogue des principaux ouvrages sortis des presses des Lazaristes à Pékin de 1864 à 1930*. Pékin，1933）；方立中. 1900 年之前北京和北直隶教区中国教士传略（Joseph van den Brandt. *Le clergé chinois du diocèse de Pékin et du Tche-li Nord jusqu'à 1900：essai de notices biographiques*. Pékin，1942）。

［121］于纯璧. 惊人大屠杀中的天津殉难者（1870 年 6 月 21 日）［Alphonse Hubrecht. *Une effroyable hécatombe：les martyrs de Tientsin（21 juin 1870）*， *d'après des documents contemporains*. Pékin，1928］；莱昂·亨利. 1900 年北京北堂被困记：保罗·亨利舰长和他的 30 个船员（Léon Henry. *Le siège du Pé-T'ang dans Pékin en 1900*，*le commandant Paul Henry et ses trente marins*. Pékin，1921）；包世杰. 庚子北京殉难录（Jean Marie Planchet. *Documents sur les martyrs de Pékin pendant la persécution des Boxeurs*. Pékin，1922 - 1923，2 volumes）。

［122］A. 托马斯. 北京传教史：从最初到遣使会的到来（A. Thomas. *Histoire de la Mission de Pékin depuis les origines jusqu'à l'arrivée des Lazaristes*. Paris，1923）；A. 托马斯. 北京传教史：从遣使会到来至义和团起义（A. Thomas. *Histoire de la Mission de Pékin depuis l'arrivée des Lazaristes jusqu'à la révolte des Boxeurs*. Paris，1925）。

［123］于纯璧. 遣使会士与北京传教（Alphonse Hubrecht. *La Mission de Péking et les Lazaristes*. Pékin，1939）。

［124］陆南. 外方传教会回忆录（Adrien Launay. *Mémorial de la Société des Missions étrangères*. Paris，1912 - 1916，2 volumes）。这是 1660 年至 1912 年所有到中国、越南或其他国家的传教士的自传目录。

［125］奥古斯特·弗拉谢尔. 传教士光若翰主教传（Auguste Flachère. *Monseigneur de Guébriant：le missionnaire*. Paris，1946）。

［126］陆南. 李安德日记：中国神父、传教士和教廷公证人（1746—1763）（*Journal d'André Ly*，*prêtre chinois*，*missionnaire et notaire apostolique*，*1746 - 1763. Texte latin. Introduction par Adrien Launay*. Hong Kong，1924）。

［127］阿尔芒·奥利琼. 中国教士的缘起：四川传教士李安德神父（1692—1775）［Armand Olichon. *Aux origines du clergé chinois：Le Prêtre André Ly missionnaire au Se-Tchoan（1692 - 1775）*. Paris，1933］。这本书获得了 1934 年法兰西学术院大奖。让-玛丽·塞德斯. 一个司铎的灵魂：中国神父李安德（1672—1775）［Jean-Marie Sédès. *Une âme sacerdotale：le prêtre chinois André Ly（1672 - 1775）*. Paris，1943］。

［128］这位作者最初名为亨利·贝尔纳，从 1948 年开始被称呼为亨利·贝尔纳-迈特尔。这里只列举他的主要著作。关于他撰写的与中国相关的文献目录，参见 1976 年耶稣会士 J. 德埃尔涅（J. Dehergne）发表在《法国远东学院学报》上的文章，http://www. persee. fr/doc/befeo 0336-1519 1976 num 63 1 3897，2018 年 7 月 23 日. 其著作主要有裴化行. 利玛窦神父对中国科学的贡献（Henri Bernard，S. J. *L'apport scientifique du Père Mathieu Ricci à la Chine*. Tientsin，1935）；裴化行. 中国智慧与基督教哲学：论两者之间的历史联系（Henri Bernard. *Sagesse chinoise et philosophie chrétienne*，*essai sur leurs relations historiques*. Tientsin，1935）；裴化行. 利玛窦神父与其时的中国社会（Henri Bernard. *Le Père Mathieu*

Ricci et la Société chinoise de son temps. Tientsin，1937，2 volumes)；裴化行. 19
世纪前西方文化对满洲和朝鲜的影响（Henri Bernard. *En Mandchourie et en Corée：
influence culturelle de l'Occident avant le XIX siècle*. Tientsin，1940)；裴化行. 洪
若翰神父中国和暹罗游历记（1685—1687）（Henri Bernard. *Le voyage du Père de
Fontaney au Siam et à la Chine，1685‑1687*，d'après des lettres inédites. Tientsin，
1942)；汤若望. 裴化行，编. 中国历法修订时期大事纪略（Johann Adam Schall
von Bell. *Relation historique des événements qui se produisirent à l'occasion de la cor-
rection du calendrier chinois. Lettres et mémoires，édités par Henri Bernard. Texte
latin avec traduction française*. Tientsin，1942)；裴化行. 欧洲著作的中文编译目录
（以时间为序）：从葡萄牙人到广州至法国传教团到北京（1514—1688）（Henri Ber-
nard. *Les adaptations chinoises d'ouvrages européens. Bibliographie chronologique
depuis la venue des Portugais à Canton jusqu'à la mission française de Péking 1514‑
1688*. Pékin，1945)。

第四章　低地国家（比利时与荷兰）的清史研究[*]

钟鸣旦　著　王学深　译

　　低地国家（包括现在的比利时与荷兰）的清史研究可以划分为三个时期。第一个时期为清初到清中期，此时的研究由一些独一无二的观察报告组成；第二个时期即清晚期，研究内容主要是民族志学和礼仪；第三个时期是从 20 世纪末到 21 世纪初，以研究中欧交流史为主。

第一节　清初和清中期：观察报告

　　低地国家的清史研究最早可以上溯到清初和清中期，当时出版了一些有关清代的作品。如果把汉学理解为对中国的科学研究，那么这些作品从严格意义上来讲并非汉学著作。汉学实际上是一种学术训练。在欧洲，人们常常将汉学与 1814 年在法国巴黎创立的汉语、鞑靼语—满语语言和文学讲座联系起来。［第一任讲席教授是雷慕沙（Jean Pierre Abel Rémusat，1788—1832）。］不过，这些观察报告却为我们提供了独一无二的关于清初宫廷和各省生活状况的第一手观察资料与见解。这些"外来者"的观察至今依旧被当作历史研究的第一手资料来使用。另外，这些报告的视角与见解补充了相关领域内汉文和满文资料的不足。这些

---

　　* 钟鸣旦（Nicolas Standaert，1959—），男，比利时鲁汶大学文学院汉学系教授；王学深（1985—），男，中国政法大学人文学院历史研究所讲师，荷兰莱顿大学访问学者。

观察报告，由 17 和 18 世纪在低地国家已经出版的报告，以及在 20 世纪末和 21 世纪初重新发现、影印出版的手稿共同组成。[1]因为在 17 和 18 世纪，欧洲一些最发达和高产的出版中心位于低地国家，例如安特卫普（今属比利时）和阿姆斯特丹（今属荷兰），所以大量此类著作得以在这里出版。这些文本大致可以分为三种类型：第一，从中国返回欧洲的出访者所出版的书籍，这一类主要（但不限于）是由一些暂时从中国返回欧洲的传教士所撰写；第二，直接从中国传回的传教士的报告（出版物或手稿），这些传教士并未从中国返回欧洲；第三，来自出访清廷的荷兰使团的报告。[2]

一、返回欧洲的中国访客

中国和低地国家的直接联系可以追溯到晚明时期的文化交流，这奠定了双方在清初交流的基础。据档案记载，第一位前往欧洲的东亚访客，是一位叫作恩浦（Yppong）的中国商人。他乘坐荷兰东印度公司的船，途经爪哇到达荷兰，于 1600—1601 年在米德尔堡（今属荷兰）居住了几个月。这位商人近来成了受关注的焦点，因为在一位名叫尼克拉斯·德佛里斯（Nicolaas de Vrise）的荷兰人的友人簿中，藏有一张他的彩绘像。这张彩绘像是由彼得·保罗·鲁本斯（Peter Paul Rubens，1577—1640）在 1595—1609 年绘制的。这一发现为我们确定近来所知的鲁本斯画作——《身着韩式服装的人》（*Man in Korean Costume*）中人物的身份提供了新的视角，这幅画现在应该被重新命名为《中国商人恩浦的肖像》。[3]接下来一位前往中国的访问者是金尼阁（Nicolas Trigault，1577—1628）。他出生于现在法国佛兰德地区的杜埃，1610 年到达中国，1614 年为了寻求在中国传教的支持而返回欧洲。金尼阁在欧游历广泛，曾到过低地国家，鲁本斯还在安特卫普为他绘制了一幅画像。他为在欧洲传播有关中国的知识起到了关键作用。在他出版的众多著作中，有一本名为《基督教远征中国》（*De Christiana expeditione apud Sinas*）的著作。这是一部基于利玛窦（1552—1610）用意大利文写就的、关于基督教在中国发展历史的拉丁文译著。[4]他们都可以被视为清初访问中国的先驱。

在欧洲出版的第一本有关清代的著作是由意大利耶稣会士卫匡国

（Martino Martini，1614—1661）[5]编纂的。他于 1643 年抵达中国，此时正好处于明朝统治崩溃和满洲军队入侵的前夕。在接下来的数年中，他亲眼见证了满洲军队逐步平定关内以及建立新政权的过程。1650 年，他被选派回到欧洲汇报传教情况。1653 年，卫匡国在一位名为多米尼克（Dominic）的中国人的陪伴下到达卑尔根（今属挪威）。1654 年，他在低地国家逗留了一段时间，主要是在阿姆斯特丹和安特卫普。这些城市是 17 世纪欧洲重要的出版中心。在阿姆斯特丹著名的出版商布劳（Blaeu）那里，卫匡国出版了一部编印精美的中国地图集——《中国新图志》（1655）（*Novus Atlas Sinensis*）。[6]这部地图集（或多或少地）依据新校正的当地原始资料和作者本人的观察，第一次向欧洲读者介绍了中国的情况，包括各省的地图。这本地图集还附有 200 页的拉丁文本，信息丰富，不仅介绍了地形、地貌等地理要素，还记录了人类活动和经济地理分布等情况。在安特卫普的出版商普兰丁（Plantin）那里，卫匡国出版了《鞑靼战纪》（1654）（*De bello Tartarico*），这是一部讲述满洲人征服过程的著作。[7]这部著作在当时是绝对的畅销书，有超过 20 个版本，同时被翻译成法语、德语、荷兰语、意大利语、葡萄牙语、瑞典语和英语。[8]其英文版全名为 *Bellum Tartaricum，or the Conquest of the Great and Most Removed Empire of China，by the Invasion of the Tartars，Who in These Last Seven Years，Have Wholly Subdued That Vast Empire*（《讲述满洲占领中华帝国的故事》）（London：John Crook，1654），并附有中国各省及主要城市的地图，以便读者能够更好地理解书中所记叙的故事。这部根据作者亲身经历写成的观察报告[9]，不仅令低地国家，而且使整个欧洲都迅速地了解了当时中国的情况。卫匡国返回中国后，普兰丁出版社和清初在华耶稣会士一直保持着直接联系。[10]卫匡国返回欧洲的成果之一是，招募了新一代的来自低地国家的耶稣会传教士，他们后来也在向欧洲传播清朝知识上起到了重要作用。这些人包括柏应理（Philippe Couplet，1622—1693）、鲁日满（François de Rougemont，1624—1676）和南怀仁（Ferdinand Verbiest，1623—1688）。

第一个人是柏应理。他实际上也是下一位在中国居住后访问低地国家的传教士。柏应理来自今属比利时的城市——梅赫伦，1659 年抵达中国，1681 年作为在华耶稣会士的巡视员被派遣回欧洲。柏应理在中国人沈福宗（Michael Shen Fuzong，1658—1691）的陪伴下抵达荷兰，并游历欧洲各国——低地国家、英国、法国和意大利。他于 1692 年打算返回中国，却因所乘船只遭遇暴风雨，死于即将抵达印度果阿的途中。柏应理因编纂《中国贤哲孔子》（*Confucius Sinarum Philosophus*）一书而闻名，这是第一部将《论语》《大学》《中庸》翻译为拉丁文的注释性译作。这部著作于 1687 年在巴黎出版，并被进献给法王路易十四。这部作品同时也是其他几位耶稣会士一同努力的结果，这些耶稣会士包括殷铎泽（Prospero Intorcetta，1625—1696）、恩理格（Christian Wolfgang Herdtrich，1625—1684）和鲁日满（François de Rougemont，1624—1676）。这部著作包括一篇很长的导言和一个中华帝国年表。作者们试图利用这个年表证明《圣经》（旧约）纪年和中国纪年之间存在一致性。《中国贤哲孔子》之所以重要，是因为它极为有效地将中国思想介绍到了欧洲。一个早期欧洲接受中国思想的事例是，在 1687 年 12 月阿姆斯特丹以法语出版的月刊 *Bibliothèque Universelle et Historique* 上，有一篇来自加尔文派教徒杰恩·克里克（Jean Le Clerc，1657—1736）长达 68 页（第 387 - 455 页）的书评。该书评不仅对书籍的内容做了准确的概括，还将拉丁文精准地转换为法文。这些出版物为欧洲获知清代中国思想文化传统知识做出了重要贡献。然而应该注意的是，将部分儒家经典首次翻译成欧洲语言的，是由皮特·范胡伦（Pieter van Hoorn）所著的一部荷兰语著作。这本书的荷兰语全称为 *Eenige voorname eygen-schappen van de ware deugdt，voorsichtigheydt，wysheydt en vol-maecktheydt：Getrocken uyt den Chineschen Confucius，en op rym ge-bracht door den E：P．V．H．*，该著作于 1675 年在巴达维亚（Joannes Van den Eede）出版。[11] 此外，另一部被发现内容直接来自中文的翻译之作，出自另一位家乡属于今天比利时的传教士笔下，即卫方济（François Noël，1651—1729）的《中国六经：〈大学〉〈中庸〉〈论语〉〈孟子〉〈孝经〉〈小学〉》（*Sinensis Imperii Libri Classici Sex，Nimirum Adultorum Schola，immutabile medium，liber sententiarum，Memcius，Filialis Observantia，parvulorum Schola*）。该书于 1711 年在布拉格查理大学（译名全称为布拉格卡尔罗-斐迪南迪亚大学）出版（Universitatis

Carolo-Ferdinandae，in Collegio Soc. Jesu ad S. Clementum，1711）。[12]
该著作包括了被翻译成拉丁文的四书（《大学》《中庸》《论语》《孟子》）
以及《孝经》和朱熹的《小学》。卫方济的博学是值得留意的，因为这
部著作超越其他早期翻译作品之处在于，引用了清初对于这些中国经典
的评论。例如，他在书中引用了《四书日讲》（1677）的内容。《四书日
讲》是清廷高级官员向康熙皇帝讲解《四书》中不同主题的讲稿汇总，
同时也反映了康熙皇帝的观点。柏应理也因出版了徐光启（1562—
1633）的孙女许甘第的生平而为人所熟知。[13]这是一部非常珍贵的资
料，不仅描述了天主教在江南地区令人惊讶的发展状况（一位关键人物
就是鲁日满），而且更为精确地讲述了中国的女性基督徒，尤其是像许
甘第这样的寡妇在其中所扮演的角色。这部著作的另外一个重要之处在
于，它包括了中国地方礼仪实践的细节描述，这是对已知汉文礼仪著作
和清初小说的一个补充。该书有三个版本：法文版（1688）、西班牙文
版（1691）和荷兰文版（1694），而在这三者中当属最后一个版本的内
容最为丰富。因为荷兰文版本包含了康熙皇帝于 1692 年下达的，被称
为"宽容敕令"（Edict of Tolerance）的内容："Placcaet vanden teghenw-
oordighen Keyser van China Kam Hi"。这是该敕令第一次被译成欧洲语
言，而这正是基于卫方济传回欧洲的信息。[14]

二、直接来自中国传教士的报告

还有另外两位来自低地国家，受到卫匡国赴中国传教鼓舞的传教
士。虽然他们从未返回欧洲，但在向欧洲传递清代信息方面也发挥了
重要作用。第一位是鲁日满，他出生在马斯特里赫特（在今天的荷兰
南部）。鲁日满于 1658 年到达中国，职业生涯中大部分时间都住在江
南地区。他在常熟（位于江南）生活了一段时间。他作为《中国贤哲
孔子》一书的合著者，在前面提及过。鲁日满另一部在低地国家出版
的作品是《鞑靼中国史》（Historia Tartaro-Sinica nova，Louvain：
M. Hullegaerde，1673）（1672 年出版了葡语版：Relaçam do estado
politico e espiritual do Imperio da China）。[15]这部著作（记载了
1650—1668 年的历史）是卫匡国《鞑靼战纪》的延续。该书包括满洲
人征服中原过程的观察报告，尤其是在中国南方与郑成功交战的信息，

并描述了包括北京在内中国北方的军事与政治状况。在这部著作中，有两处出现了汉字，数量分别为 4 个和 20 个。这些汉字存在于佛兰德地区的一位印刷商最早出版的一批含有汉字的图书之中。[16]除了出版的著作之外，鲁日满身后还留下了一部非常特别的资料——一本私人账簿的手稿。这部手稿涵盖了 1674 年到 1676 年他在常熟传教的整个时期，其中账簿不仅细致地描绘了传教士在中国内陆传教的日常生活图景，而且给出了许多商品在地方上的价格，是研究清初经济史非常有价值的资料。[17]

　　第二位传教士可能也是最知名的一位：南怀仁。南怀仁来自今天比利时佛兰德地区的皮特姆镇。他于 1658 年抵达澳门，在北京度过了他的大半生（从 1660 年开始）。1669 年，南怀仁被任命为钦天监监副。因向康熙皇帝介绍西方科学技术与思想知识，南怀仁与皇帝建立了密切的关系，这令他广为人知。同时，他的记述也为我们提供了了解康熙朝早期宫廷生活的独特视角。当时他最重要的著述是 1687 年在迪林根出版的《欧洲天文学》（Astronomia Europaea）一书。[18]南怀仁在该书第一部分描述欧洲天文学时，将其定义为计算中国时历和预测月食与日食的欧洲方法，这使得欧洲天文学在遭受鳌拜辅政时期（1664—1669）的迫害之后，又成功地恢复了其原有的地位。在第二部分，南怀仁报告了耶稣会士在 1669 年到 1679 年这具有决定性的 10 年间，在数学和机械科学（日晷测量、弹道学、驱水法、机械学、光学、反射光学、透视学、统计学、流体力学、水力学、气体力学、音乐、医药技术和气象学）等领域所取得的成就，这为耶稣会的复兴与蓬勃发展奠定了基础。这一报告印证了南怀仁作为帝师与皇帝间的密切师生关系，康熙皇帝频繁要求他进讲。值得注意的是，这种特殊关系也在《清史稿》中有正式的表述，在《宾礼》中记载"南怀仁官钦天监，赠工部侍郎，凡内廷召见，并许侍立，不行跪拜礼"。[19]除了英文的注释性翻译外，目前还有两部与《欧洲天文学》相关的现代出版物。《欧洲天文学》的最早版本（手稿）最近在君士坦丁堡时期的耶路撒冷东正教图书馆中被发现，后以评述版本的形式出版。[20]《欧洲天文学》也是研究来自清代中国的知识如何在欧洲传播的绝佳个案。一项最新的研究描述了南怀仁所著的，总数超过 220 份的多种天文学出版物。它们或是从北京送回欧洲的木版印刷品（报告、仪器图纸、日食界限图、星历表和星象图），或是《欧洲天文学》的复制品。[21]通过研究这些文本的手写题词、所有者标注、材质状况和其他的文献记录，这些文献经海运抵达欧洲的历史便被架构起来。南怀仁去世以后，在北京的法国和德国耶稣会士继续了这一传播事业，尽管这些传教士与法国、普鲁士及圣彼得堡的关系已不如前。这是一个研究耶稣会士如何将清代中国的知识，以及他们与康熙帝的相处经历在欧洲传播并使其进一步扩散的绝好案例。除了影印出版的文献外，还有手稿档案，而其中书信是最为重要的一类。这些信件在描述传教活动和国际关系之外，还使我们得以一窥宫廷生活以及传教士与康熙皇帝的关系。南怀仁的 80 封书信最早于 1938 年出版[22]，此后又修订和扩充了另外的 54 封书信。这些书信档案共有 134 封，于 2017 年编辑出版。[23]

1688 年南怀仁去世后，另一位比利时人安多（Antoine Thomas，1644—1709）接替了南怀仁，成为耶稣会在华主要的数学家、地理学家和天文专家，以备康熙皇帝顾问。安多来自比利时的那慕尔，他于 1682 年抵达澳门，并在 1686 年应年迈的南怀仁的召唤前往北京。虽然安多的大部分手稿都得以留存，并且他的相关活动也给人们提供了解清代历史、社会和宫廷生活的独特视角，但是他并不像之前的耶稣会士那样有名。[24]例如，《1697 年对鞑靼皇帝的报告》（*De Bello Cam Hi Imperatoris Tartaro-Sinici contra Tartaros Erutanos，Feliciter confecto anno 1697*）就是一部鲜为人知的著作。它记述了清帝国与准噶尔汗噶尔丹（1644—1697）之间的战争。安多参与了 1696 年和 1697 年康熙皇帝在漠北亲征噶尔丹的军事行动。[25]作为在华耶稣会副省长（1701—1704），安多也卷入了中国的礼仪之争。例如，安多在整个中国的天主教社区内组织调查，以了解人们对于这一事件的看法。[26]作为调查结果，这些珍稀的中文资料被保存在耶稣会罗马档案馆内，为研究礼仪之争中的中国各方声音提供了新的证据。这些资料包括了一个由 60 封中文书信组成的合集（大约有 430 个不同的签名），它们被送到罗马，以便教皇与主教们听到这些人的声音。这些书信为我们了解中国 18 世纪初期地方天主教社区内的社会构成及网络，提供了独一无二的视角。为了让人们了解中国和欧洲特别是罗马的最高统治者的观点，安多也影印了表达中国皇帝许可天主教传教的文本（这是在 1700 年 11 月 30 日的一次召见中所说的话）。这一文本的全称为 *Brevis Relatio eorum，quæ spectant ad Declarationem Sinarum Imperatoris Kam Hi circa Cæli，Cumfucii，et Avorū cultū，datam anno 1700. Accedunt Primatum，Doctissimorumque virorum，et antiquissimæ Traditionis testimonia，Operâ Patrum Societatis Jesu Pekini pro Evangelij propagatione laborantium*（《1700 年那些为了让中国的康熙皇帝发布关于祭天、祭孔和祭拜祖先的上谕而努力奋斗的人的概述。另附一些知名的博学之士的声明以及对中国古代传统的阐发，并感谢那些在北京为传播真理而奉献的耶稣会神父们》）。该文本经常缩写为 *Brevis Relatio*。这个汇集多种语言的木刻文本（在 1701 年以不同的版本出版）包括了原始的满文（皇帝的批示）、汉文和拉丁文翻译，以及来自中央政府的十位学者的声明，他们一致称赞了耶稣会士对于中国礼仪的正确理解。[27]最后，欧洲文献以及汉文和满文文献描述了安多在最后时光里对宫廷医学实践的敏锐观察。[28]

三、出访清廷的荷兰使团

接下来的一批有关清代的出版物是含有精美插图的关于荷兰使团赴清廷的著作。[29]首先是为了促进荷兰东印度公司（V. O. C）和中国间的贸易，作为第一任荷兰访华使臣（1655—1657）的约翰·纽霍夫（Johan Nieuhof，1618—1672）的著作——《荷兰东印度公司派遣使节谒见鞑靼，中国的皇帝》（*Het Gezantschap der Neêrlandtsche Oost-Indische Companie，aan den Grooten Tartarischen Cham，den tegenwoordigen Keizer van China*，Amsterdam：J. van Meurs，1665）（英文译本为：*An Embassy from the East-India Company of the United Provinces，to the Grand Tartar Cham Emperor of China*，London：J. Ogilby，1669）。[30]纽霍夫以领队的身份参加了这次旅行。他的部分职责是撰写旅行报告和绘制所见图景。雅各布·范·莫伊尔斯（Jacob van Meurs）是一位雕刻工，他不仅影印出版了这些报告，而且他和他的助手基于这些图画制作了将近 150 块可用于印刷的铜版。这些铜版有将近一半都是描绘城市景观的，其他的主题则包括风景与建筑、使臣与中国官员的会面、典型的服饰、风俗与实践、日常生活场景，还有中国的动物和植物等。这些铜版属于最早不把中国当作想象中的国度，而是基于实地观察和绘图来呈现她的出版物。第二部有影响的书籍是由欧弗特·达波（Olfert Dapper，1639—1689）编辑的，其中包含了荷兰水师提督巴连·卫林（Balthasar Bort）1663—1664 年在福建沿海的军事行动和使臣范胡伦（Pieter van Hoorn）1666—1668 年出访北京的内容，该书名为《荷使第二次及第三次出访（大清）中国记》（*Gedenkwaerdig bedryf der Nederlandsche Oost-Indische Maetschappye，op de kuste en in het keizerrijk van Taising of Sina*，Amsterdam：Jacob van Meurs，1670）（英译本错误地将作品归属于阿诺尔多·蒙塔纳（Arnoldus Montanus，1625？—1683，《中国图集》（*Atlas Chinensis*，London：J. Ogilby，1671）。因为达波自己从未到访过中国，所以他的书混合了巴连·卫林军事行动的成员和出使中国的范胡伦的报告，以及其他描绘中国的资料。这些资料也由雅各布影印出版。这些著作以外来者的视角来看待朝贡使团，并对使团成员所经历与参与的各种仪式进行了独一无二的描述。

另一位荷兰使臣赴中国的报告发生在清中期。这份报告由范百澜（Andreas Everardus van Braam Houckgeest，1739—1801）编写，他是蒂进（Isaac Titsingh，1745—1812）使团（1794—1795）的成员，该使团在广为人知的英国马戛尔尼使团一年后赴华。[31]范百澜在这次旅途中做了许多记录，这些记录不仅增进了欧洲人对中国土地和百姓的认知，也是对马戛尔尼访华报告的有益增补。范百澜的报告于1797年在费城以法语首次出版，名为《北京之行：1794 年和 1795 年荷兰东印度公司驻中华帝国朝廷使节纪实》（*Voyage de l'ambassade de la Compagnie des Indes Orientales hollandaises vers l'empereur de la Chine，dans les années 1794 et 1795*）。一年之后，该报告被译为英文：*An Authentic Account of the Embassy of the Dutch East-India Company，to the Court of the Emperor of China，in the Years 1794 and 1795*（《荷兰东印公司于 1794 年和 1795 年赴华使团的真实报告》）。1804 年，荷兰文版出版。范百澜有时被认为是出使中国朝廷的第一位美国人。[32]

第二节　清晚期：民族志学和礼仪研究

汉学在低地国家作为一门专业学科，由施古德（Gustaaf Schlegel，1840—1903，又译作施列格/施古达）教授于 1877 年在荷兰莱顿创立。[33] 当时，莱顿汉学院为荷兰殖民政府服务，基本上是一个为政府培训中文翻译人员的教育机构。大部分在莱顿学习（汉学）的人，后来又去厦门学习中国的南方方言。这些人的主要职责就是将荷兰法律翻译成中文，同时向荷兰宫廷解释中国法律及核查中文账簿，之后他们也参与管理劳工的事务。莱顿汉学院的主要贡献在于为荷属东印度公司的海外华人社区提供了学习中文的机会，并保持了这些海外华人和他们的家乡（中国沿海的广东和福建）之间的联系。施古德的继任者高延（Jan Jacob Maria de Groot，1854—1921）是汉学领域中民族志学的奠基人之一，他关注中国宗教的社会学研究。[34] 为了更进一步地学习语言，他于 1877 年到达厦门，并在这一年之中遍行福建全省，走访祠堂与坛庙，以亲身感知的方式观察与了解佛寺生活，并为他关于厦门汉人过年宴饮与习俗的论文收集资料〔该著作于 1881—1883 年以荷兰文分两册出版；更为知名的版本是在巴黎出版的法文版，拉鲁斯（Ernest Leroux），1886〕。正如高延所说，他希望描绘"中国人日常实践的一系列礼节、仪式、行为准则与法律条规"，并"概括其中所蕴含的思想与原理"。换言之，他的目的就是描述中国的宗教，进而了解它对当地人和社会生活的影响。在高延于 1892 年接任莱顿大学教授和 1912 年赴柏林出任汉学系主任之前，他利用 1886—1890 年第二次访华的机会，继续收集资料。他的研究成果最终出版，一部著作名为《中国的宗教系统》（*The Religious System of China*，Leiden：E. J. Brill，1892—1910），分六卷出版；另一部著作是《中国的秘密宗教与宗教迫害：宗教史上的一页》（*Sectarianism and Religious Persecution in China：A Page in the History of Religions*，Amsterdam：Müller，1903—1904），这部著作提供了清代宗教实践的独特描述和清政府宗教政策的准确观察，它将参与者的观察与文本语言学、个人经历和图书馆资料相结合，给读者留下了深刻的印象。高延著作的重要意义超越了汉学这一专门领域：社会学奠基人如马克斯·韦伯（Max Weber，1864—1920）和马塞尔·莫斯（Marcel Mauss，1872—1950）均将高延的作品视作研究中国的主要参考文献。

与荷兰和其他欧洲国家相比，比利时在远东，尤其是在中国的殖民势力非常弱小。[35]这部分解释了比利时对中国研究兴趣的有限性。[36]然而，有一个名字值得我们记住，他就是何赖思（Charles de Harlez，1832—1899）。他是典型的自学成才的东方学家。起初，他研究法律，然后接受训练并被委任为神父，而后他对东方产生了兴趣，并被任命为鲁汶大学的东方学和梵文教授。他因翻译琐罗亚斯德教的圣书《阿维斯陀古经》（Zend-Avesta）而成名。在某种程度上，他也是比利时学者（学术谱系中）在 20 世纪后专注于佛教研究的开山之祖。[37]他创办了《东方学》（Le Muséon）期刊，并被委任为比利时皇家学院院士。直到1883 年，他才将关注视野移向中国，并学习了汉语和满语。他出版了两部与清代有直接关系的著作：一部著作名为《东方鞑靼人的民族宗教：满族和蒙古人，与古代中国人的宗教相比，根据本地文本，与乾隆皇帝的鞑靼仪式相比》（La religion nationale des Tartares orientaux：Mandchous et Mongols，comparée à la religion des anciens Chinois，d'après des textes indigènes，avec le rituel Tartare de l'empereur K'ien-long，Bruxelles：Hayez，Académie royale，1887）。这本书实际上是对 1747 年编纂完成的满文著作——Manjusa-i wecere metere doro-i bithe，就是 Hesei toktobuha Manjusai wecere metere kooli bithe（《钦定满洲祭神祭天典礼》）的翻译。这部著作叙述了清代统治阶层所观察到的萨满教仪式。另一部著作名为《现代中国的宗教和帝国仪式：根据仪式和官方法令》（La religion et les cérémonies impériales de la Chine moderne：d'après le cérémonial et les décrets officiels，Bruxelles：Académie royale，1893）。这本著作的扉页上标有《大清祭礼》的书名，但是从该著作的第 71 页开始，又将同一个书名译为《大通清礼》①。实际上，这本著作正是对《大清通礼》第 1—16 卷的翻译。这部关于宫廷如何

---

① 原文强调这个书名的文字顺序。——译者注

践行礼仪的手册在乾隆元年（1736）奉旨编纂，并于乾隆二十一年（1756）完成。这是一部以儒家传统为基础的礼仪著作，与上文提及的满洲传统礼仪著作类似。由于何赖思对清代汉人和满洲人礼仪的兴趣，他在某种程度上领先于他的时代，因为这些礼仪研究直到近些年才被学者们重新关注。

除了中国研究之外，还有一些比利时教会也活跃于 19 世纪的中国，如活跃于内蒙古的"斯格脱神父"（属圣母圣心会）或者湖北西南部的方济会。它们的档案不仅成为多项研究的对象，而且使得清代中国内陆的状况为今人所知。[38] 例如，有一部重要的著作是谭永亮（Patrick Taveirne）所著的《汉蒙相遇与传教努力：圣母圣心会鄂尔多斯（河套）传教史（1874—1911）》[*Han-Mongol Encounters and Missionary Endeavors: A History of Scheut in Ordos (Hetao), 1874‑1911* (Leuven: Leuven Univ. Press, 2004)]。[39] 该书结合晚清时期蒙汉边界地区的生态、地缘政治、社会经济以及族群文化等背景，追述了"斯格脱神父"的历史。[40]

第三节　20 世纪末至 21 世纪初：中欧交流

在 20 世纪，汉学在莱顿得到了进一步的发展，但是直到今日，莱顿的汉学也没有特别地关注清代。但这并不意味着清代在中国研究的课题中完全消失了。有一位值得注意的学者是许理和（Erik Zürcher，1928—2008），他以研究中国佛教著称，同时还极大地推进了对于中国基督教的研究。[41] 人们可能会发现，在许理和撰写的 60 余本学术出版物中，有近一半是关于基督教的，而另一半则主要是关于佛教的。他对于外来因素如何被中国环境所接受并从中受惠的问题很感兴趣，因此佛教和基督教就成了可进行对比的案例。他关于"中国文化的强制性"（Chinese Cultural Imperative）的文章，对于理解他如何看待这种融合机制是至为关键的。[42] 虽然他主要关注晚明的基督教，但也对清初的基督教做了一些研究。[43]

关于清代文化与宗教史的各种议题，明确地出现在许理和的学生，现任汉堡大学教授的田海（Barend ter Haar）的研究中，他曾任莱顿大学的中国史首席教授（2000—2013）和牛津大学教授（2013—2018）。[44]许多有关清代的研究出现在他所著的《中国历史上的白莲教》（The White Lotus Teachings in Chinese Religious History，Leiden：Brill，1992）一书中。[45]作者为我们理解白莲教的真正本质提供一种新的假说，他认为"白莲教"这一名称实际上涵盖了两个不同的现象：一是1130—1400 年，一个真正的由佛教信徒们发起的运动是存在的，可以被称为"白莲教运动"。这一运动受到当时士人和宗教精英们的尊敬。二是这一运动所使用的本名"白莲会"在明初被禁止，并最终被丢弃了。1525年后，"白莲教"的名称再次出现，但这只是一种被官员和士人（而不是信众自身）所使用的贬义标签。这个假说的结论是，白莲教的历史发生了改变：从法师与宗教群体变成到精英意识形态和宗教迫害。

近期，一个由荷兰发起的与清史有关的项目是"中国影响：荷兰黄金时期的中国形象与观念"（The Chinese Impact：Images and Ideas of China in the Dutch Golden Age）。该项目由乌特勒支大学教授魏斯金（Thijs Weststeijn）负责，他曾就职于阿姆斯特丹大学。[46]这个项目聚焦于 1602—1721 年在欧洲发源地——低地国家——的中国形象这一问题，因为欧洲对于中国历史、艺术和哲学最早的、最充分的研究著作是由荷兰人编写的，甚至第一部将故事背景设定为中国的悲剧，也是由荷兰人创作的。正如上文所示，在很大程度上，欧洲的清初中国形象源自17 世纪低地国家与中国在艺术和思想方面的互动。这一研究项目不仅具有开创性，而且广泛地研究了中国对荷兰高雅与通俗文化的影响，从画家伦勃朗（Rembrandt，1606—1669）画室里的中国陶瓷，到颇为流行的荷兰哲学家巴鲁克·斯宾诺莎（Baruch Spinoza，1632—1677）与孔子的比较。这个项目展现了荷兰共和国自我形象的雏形是如何在中国镜像下建立起来的，从"代尔夫特蓝"对中国瓷器的模仿到宗教宽容和共和主义理想。荷兰对中国的固有印象，也随着对"中国人如何看待荷兰人"这一问题的研究，使得欧洲观点与亚洲观点相辅相成，更加完善。[47]研究团队曾在哈勒姆的弗兰斯·哈尔斯博物馆（Frans Hals Museum）举办过一次主题为"野蛮人与哲学家：荷兰黄金时期的中国形象"（Barbarians and Philosophers：The Image of China in the Dutch Golden Age）的展览（2017 年 3 月 25 日—8 月 20 日）。[48] 这一展览揭示了 17 世纪中荷两国各自形象在对方国家的形成历程。荷兰人痴迷于"天国"的文化，而中国人则对被称为"红毛番"的荷兰人感到惊讶不已。一系列精选的油画、素描、瓷器和模型为我们展现了这种文化交流。

在 20 世纪下半叶，比利时的中国学依旧在东方研究范畴中处于边缘，而且主要关注的是佛教领域。然而，这种状况随着 20 世纪 70 年代末中国的改革开放，以及鲁汶大学首次建立起完整的汉学课程而发生了转变。这一转变也是伴随着对鲁汶大学的校友、上文提及的南怀仁的研究而完成的。许多初创筹备的工作是由创建了南怀仁研究项目的李倍始（Ulrich Libbrecht，1928—2017）和南怀仁基金会的韩德力（Jeroom Heyndrickx）负责。这一系列创始活动的高潮是 1988 年在鲁汶大学举办的纪念南怀仁逝世 300 周年的国际研讨会。[49] 随着对中国与欧洲一手资料的格外关注，1990 年代，这一研究扩展到了明末清初的中欧交流领域。该研究团队由杜鼎克（Ad Dudink）、高华士（Noël Golvers）、钟鸣旦（Nicolas Standaert）组成。高华士是拉丁文专家，对欧洲文献（手稿）十分精通。杜鼎克和钟鸣旦是许理和的学生。此外，何思柏（Nicole Halsberghe）还从事对南怀仁的天文仪器的研究。一些年轻的博士或博士后也加入到这一研究群组，如：白雅诗（Beatriz Puente-Ballesteros）在做博士后研究员期间，继续进行她关于法国耶稣会士在医药领域作为中国和欧洲对话人角色的研究；康言（Mario Cams）完成了他关于康熙时期中华帝国地图绘制项目的博士论文，证明这一项目是法国科学院、耶稣会士与康熙皇帝的共同兴趣所在；陈妍蓉的博士论文题目为《圣经的接受史：建构中华帝制晚期的基督教文本社会》（"The Reception of the Bible：Building a Christian Textual Community in Late Imperial China"）。还有一大批中国的年轻学者花费了大量时间为他们的博士论文开展相关研究。

这个研究群体关于晚明和清初的研究成果可以划分为以下几类。第一类是，研究群体内的成员出版了一些独一无二的中文原始文献，使人们凭借这些文献开展研究成为可能。例如来自徐家汇图书馆（台北和上海）、巴黎法国国家图书馆与耶稣会罗马档案的《明清天主教文献》，共包括 77 册，每册 600 页，一共 46382 页。[50]其中一些出版物在此之前曾被视为藏品的初步目录。[51]

对这些资源进行利用所取得的第二类成果是中文基督教文献数据（CCT—Database），这是一种关注中国与欧洲在 17、18 世纪（从 1582 年到 1840 年）文化交流的免费在线文献数据库（描述原始和第二手资料，一共 13000 多份）。[52]就其内容和搜索可能性来说，该数据库是一个研究型数据库。原始资料分为中文文献和欧洲文献两类，研究人员可以更广泛地使用这一数据库，以及打开多重链接。除了常规性的题名、作者、出版信息或再版与否等内容外，参考信息还包括内容描述、主要藏品所在图书馆的电话、翻译或者二手史料，以及各种关于作者或文本的历史记录。这是一个多语言的数据库，所涉及的档案和出版物囊括了多种古代和现代的亚洲、欧洲语言。原始和二手资料均按照主题分类，这也遵循了《中国的基督宗教手册：第一卷（635—1800）》[*Hand-book of Christianity in China：Volume One（635 - 1800）*，Leiden：Brill，2000]一书的分类原则。该手册也是由研究小组内的一些成员合力编纂完成的。同时，该数据库划分为原始资料和二手资料两大类。原始资料部分大约包含 1050 份中文资料和 4000 份欧洲文献，时间大致上溯到 17 世纪和 18 世纪。中文资料包含出版书籍、手稿、单行本和地图。欧洲文献目前为止只涵盖已出版的文献（已出版的书籍和书籍中的章节等）。此外还有超过 8000 份的二手资料，可以与原始资料相链接。这是一个正在进行的项目，今后还可能持续增加与更新文献档案，并修正和扩展已收录文献的描述。

这个研究群体的研究主题涵盖广泛，包括思想史、科技史、礼仪和知识传播。值得注意的是，一些在欧洲图书馆内发现的文献可能为我们了解清初中国社会提供独特的视角。除了在注释中提到的文献资料外，下面我依照几大类别列举一些研究成果，以便读者更好地了解这一研究群体所开展的清史研究。[53]

1. 礼仪研究

钟鸣旦：《礼仪的交织：明末清初中欧文化交流中的丧葬礼》（Nicolas Standaert. *The Interweaving of Rituals：Funerals in the Cultural Exchange between China and Europe*. Seattle：University of Washington

Press，2008）（可参见张佳的中译本，上海：上海古籍出版社，2009）。

钟鸣旦：《礼仪的交织——以抄本清初中国天主教葬礼仪式指南为例》[可参见张佳的中译文，《复旦学报（社会科学版）》2009 年第 1 期，第 26 - 39 页]。

钟鸣旦：《圣依纳爵神操在十七及十八世纪中国传教区：十七及十八世纪经验的反省》[Nicolas Standaert. "The Spiritual Exercises of Ignatius of Loyola in the China Mission of the 17th and 18th Centuries." *Archivum Historicum Societatis Iesu* 81，1（2012）：73 - 124]（可参见中译文，《神学论集》2009 年第 160 期，第 167 - 205 页）。

钟鸣旦，伊夫·勒诺阿：《阿米奥特（Joseph-Marie Amiot）之后的中国舞蹈仪式研究》（Nicolas Standaert & Yves Lenoir†. *Les Danses rituelles chinoises d'après Joseph-Marie Amiot.* Brussels/Namur：Éditions Lessius/Presses universitaires de Namur，2005）。

钟鸣旦：《明清时期的中国礼仪舞蹈图示》[Nicolas Standaert. "Ritual Dances and Their Visual Representations in the Ming and the Qing." *The East Asian Library Journal*（Princeton Univ.）XII，1（Spring 2006）：68 - 181]（可参见张佳的中译文，《明末清初的中国礼仪舞蹈图示》，《中国文哲研究通讯》，2008 年第 18 卷第 1 期，第 1 - 60 页）。

杜鼎克：《十七和十八世纪中国的神圣弥撒：〈与弥撒功程〉（1721）的翻译注释与介绍，参加弥撒的手册》[Ad Dudink. "The Holy Mass in Seventeenth and Eighteenth - Century China：Introduction to and Annotated Translation of '*Yu mi-sa gong-cheng*'（1721），Manual for Attending Mass." In *A Lifelong Dedication to the China Mission：Essays Presented in Honor of Father Jeroom Heyndrickx，CICM，on the Occasion of his 75th Birthday and the 25th Anniversary of the F. Verbiest Institute K. U. Leuven.* ed. by Sara Lievens & Noël Golvers. Leuven：Ferdinand Verbiest Institute，2007：207 - 326]。

钟鸣旦：《祭天仪式之"理论"》（Nicolas Standaert. "The 'Theory' of Rituals Related to Heaven." In *A Lifelong Dedication to the China Mission：Essays Presented in Honor of Father Jeroom Heyndrickx，CICM，on the Occasion of his 75th Birthday and the 25th Anniversary of the F. Verbiest Institute K. U. Leuven*，ed. by Sara Lievens & Noël Golvers. Leuven：Ferdinand Verbiest Institute，2007：521 - 543）（可参见陈贵明的中译本，上海：上海古籍出版社，2012，第416 - 428 页）。

2. 文本研究

钟鸣旦：《历史文本的跨文化编织：中国与欧洲故事中的帝喾与他的妻妾》[Nicolas Standaert. *The Intercultural Weaving of Historical Texts：Chinese and European Stories about Emperor Ku and His Concubines*（Leiden Series in Comparative Historiography 9）. Leiden：Brill，2016]（可参见代国庆译，陈妍蓉校：《明末清初的通史著述——纲鉴体史著谱系》，《世界汉学》第15 卷，北京：中国人民大学出版社，2015，第37 - 90 页）。

钟鸣旦著，郑彬彬、黄健译，赵倞、汪海、时霄校：《耶稣会士的中国史与纪年著作及其所参考的中国文献》，《世界汉学》第11 卷，北京：中国人民大学出版社，2013，第55 - 102 页。

钟鸣旦：《18 世纪进入全球公共领域的中国〈邸报〉》，《复旦学报（社会科学版）》2020 年第5 期。

高华士：《从新材料再思中国贤哲孔子的发展》[Noël Golvers. "The Development of the *Confucius Sinarum Philosophus* Reconsidered in the Light of New Material." In *Western Learning and Christianity in China：The Contribution and Impact of Johann Adam Schall von Bell*，*S. J.*（1592 - 1666），ed. by Roman Malek. Sankt Augustin：Institut Monumenta Serica，Vol. 2（1999）：1141 - 1164]。

3. 书籍与图书馆史

高华士：《研究中国的西方图书馆：耶稣会内部西方书籍在中欧之间的传播（1650—1750 年前后）》[Noël Golvers. *Libraries of Western Learning for China：Circulation of Western Books Between Europe and China in the Jesuit Mission*（ca. 1650 - ca. 1750)]。第一册《书籍购置与流通的逻辑》（Vol. 1. *Logistics of Book Acquisition and Circulation*. Leuven：Ferdinand Verbiest Institute，2012）；第二册《耶稣会图书馆的形成》（Vol. 2. *Formation of Jesuit Libraries*，Leuven：Ferdinand Verbiest Institute，2013）；第三册《书籍与读者》（Vol. 3.

Of Books and Readers，Leuven：Ferdinand Verbiest Institute，2015）。

高华士：《中国耶稣会（17—18 世纪）的葡萄牙语书籍及其读者》[Noël Golvers. *Portuguese Books and their Readers in the Jesuit Mission of China*（*17th - 18th Centuries*）. Lisboa：Centro Cientifico e Cultural de Macau，2012]。

高华士：《在中国帝制晚期建立的人文图书馆：17—18 世纪耶稣会架构下的中欧书籍的流通、出版与书信》[Noël Golvers. *Building Humanistic Libraries in Late Imperial China：Circulation of Books，Prints and Letters between Europe and China*（*XVII - XVIII Cent.*）*in the Framework of the Jesuit Mission*. Roma：Nuova cultura，2012]。

高华士：《图书馆内的藏品：傅圣泽在北京（北堂，1720）个人图书馆内的西方书籍与在华耶稣会士的互文状况》[Noël Golvers. "Bibliotheca in Cubiculo：The 'Personal' Library of Western Books of Jean-François Foucquet, SJ in Peking（Beitang，1720）and the Intertextual Situation of a Jesuit Scholar in China." *Monumenta Serica*，2010，58：249 - 280]。

钟鸣旦：《傅圣泽对欧洲图书馆建立中文图书收藏的贡献：中文图书的传播》[Nicolas Standaert. "Jean-François Foucquet's Contribution to the Establishment of Chinese Book Collections in European Libraries：Circulation of Chinese Books." *Monumenta Serica*，2016，62（2）：361 - 423]。

钟鸣旦、杜鼎克著，孙尚扬译：《简论明末清初耶稣会著作在中国的流传》，《史林》1999 年第 2 期，第 58 - 62 页。

4. 艺术与视觉研究

钟鸣旦：《向中国皇帝进呈基督画像：进呈书像史（1640）》[Nicolas Standaert, *An Illustrated Life of Christ Presented to the Chinese Emperor：The History of Jincheng Shuxiang*（*1640*）（Monumenta Serica Monograph Series LIX），Sankt Augustin Nettetal：Steyler Verlag，2007]。

钟鸣旦：《中国图画及其欧洲原型》[Nicolas Standaert. "Chinese Prints and their European Prototypes：Schall's *Jincheng Shuxiang*."

Print Quarterly，2006，23（3）：231 - 253]。

钟鸣旦：《进呈给康熙皇帝的荷兰语、佛兰德语和德语版画》（Nicolas Standaert. "Dutch，Flemish and German Engravings Presented to the Kangxi Emperor." *Sino-Western Cultural Relations Journal*，2016，38：1 - 27）。

5. 神学

钟鸣旦：《可亲的天主：一位 17 世纪中国神学学者撰写的关于神名的文本对中国现代神学的挑战》[Nicolas Standaert. *The Fascinating God：A Challenge to Modern Chinese Theology Presented by a Text on the Name of God Written by a 17th Century Chinese Student of Theology* (Inculturation：Working Papers on Living Faith and Cultures XVII). Roma：Pontificia Universita Gregoriana，1995]（可参见钟鸣旦著，何丽霞译：《可亲的天主：清初基督徒论"帝"谈"天"》，台北：光启文化事业，1998）。

钟鸣旦、杜鼎克编：《原谅我们的罪过：明末清初的忏悔》[Nicolas Standaert & Ad Dudink，eds. *Forgive Us Our Sins：Confession in Late Ming and Early Qing China* (Monumenta Serica Monograph Series LV). Sankt Augustin/Nettetal：Steyler Verlag，2006]。

6. 科技、医学与制图

两期专刊：《网络与知识的传播：在中华帝国晚期耶稣会士、满洲人与汉人的相遇》（"Networks and Circulation of Knowledge：Encounters between Jesuits，Manchus and Chinese in Late Imperial China." *East Asian Science，Technology and Medicine*，2011，34：1 - 193；2012，35：1 - 132）。

钟鸣旦：《客座编辑的介绍：网络与知识的传播：在中华帝国晚期耶稣会士、满洲人与汉人的相遇》（Nicolas Standaert. "Introduction from the Guest Editor：Networks and Circulation of Knowledge：Encounters between Jesuits，Manchus and Chinese in Late Imperial China." *East Asian Science，Technology and Medicine*，2011，34：12 - 14）。

高华士：《耶稣会和西方科学书籍的传播（17—18 世纪）：北京耶稣会图书馆内的医学和医药学部分》[Noël Golvers. "The Jesuits and

the Circulation of Western Books in the Sciences（17th - 18th cent.）：
The Medical and Pharmaceutical Sector in the Jesuit Libraries of
Peking." *East Asian Science*，*Technology and Medicine*，2011，34：
15 - 85]。

白雅诗：《康熙宫廷耶稣会士医学：皇帝的网络与赞助》[Beatriz
Puente-Ballesteros. "Jesuit Medicine at the Kangxi Court（r. 1662 -
1722）：Imperial Networks and Patronage." *East Asian Science*，*Tech-
nology and Medicine*，2011，34：86 - 162]（可参见董建中的中译文，
《清史研究》2014 年第 1 期，第 1 - 27 页）。

何思柏：《17 世纪中国螺丝的引入与发展：南怀仁对于理论的解释
与应用》（Nicole Halsberghe. "Introduction and Development of the
Screw in Seventeenth-Century China：Theoretical Explanations and
Practical Applications by Ferdinand Verbiest." *East Asian Science*，
Technology and Medicine，2011，34：163 - 193）。

钟鸣旦：《耶稣会中文资料中有关中国史及编年的目录》（Nicolas
Standaert. "Jesuit Accounts of Chinese History and Chronology and
their Chinese Sources." *East Asian Science*，*Technology and Medic-
ine*，2012，35：11 - 88）。

杜鼎克：《"圣经年表"与六个"世界时代"理论在中国的传播：
〈格致奥略〉（在 1723 年以前罗列并揭示了自然科学之谜)》（Ad Dudi-
nk. "Biblical Chronology and the Transmission of the Theory of Six
'World Ages' to China：*Gezhi aolüe* 格致奥略 [Outline of the mystery
（revealed through）natural science；before 1723]." *East Asian
Science*，*Technology and Medicine*，2012，35：89 - 138）。

钟鸣旦：《清初中国的欧洲星占学：薛凤祚与穆尼阁对卡尔达诺〈托
勒密《四书》评注的汉译〉》（Nicolas Standaert. "European Astrology
in Early Qing China：Xue Fengzuo's and Smogulecki's Translation of
Cardano's Commentaries on Ptolemy's *Tetrabiblos*." *Sino-Western Cultural
Relations Journal*，2011，23：50 - 79）（可参见吕晓钰的中译文，《自
然科学史研究》2010 年第 29 卷第 3 期，第 339 - 360 页）。

钟鸣旦：《昂布鲁瓦兹帕雷〈解剖学〉之中译本》（Nicolas Standaert.

"A Chinese Translation of Ambroise Paré's Anatomy." *Sino-Western Cultural Relations Journal*，1999，21：9－33）（可参见邓亮的中译文，《自然科学史研究》2002 年第 21 卷第 3 期，第 269－282 页）。

何思柏：《南怀仁新制仪象图：木版印刷的分析》（Nicole Halsberghe. "Ferdinand Verbiest：*Xin Zhi Yi Xiang Tu* 新制仪象图：Analysis of the Xylographical Prints." In *A Life long Dedication to the China Mission：Essays Presented in Honor of Father Jeroom Heyndrickx，CICM，on the Occasion of his 75th Birthday and the 25th Anniversary of the F. Verbiest Institute K. U. Leuven*，ed. by Sara Lievens & Noël Golvers. Leuven：Ferdinand Verbiest Institute，2007：405－445）。

高华士：《在华耶稣会的制图师：潘国光和松江府图》[Noël Golvers. "Jesuit Cartographers in China：Francesco Brancati，S. J. and the Map (1661?) of Sungchiang Prefecture (Shanghai)." *Imago mundi*，2000，52：30－42]。

康言：《耶稣会与康熙朝廷的合作案例——清初地理调查（1708—1716）》[Mario Cams. "The Early Qing Geographical Surveys (1708－1716) as a Case of Collaboration between the Jesuits and the Kangxi Court." *Sino-Western Cultural Relations Journal*，2012，34：1－20]。

康言：《地理上的同伴：东西方合作下的清代中国（1685—1735）地图绘制》[Mario Cams，*Companions in Geography：East-West Collaboration in the Mapping of Qing China* (c. 1685－1735)，Leiden/Boston：Brill，2017]。

第四节　结　语

低地国家清史研究的特色之一就是跨文化研究。虽然低地国家的清史研究从来没有得到广泛的发展，但是此篇综述希望展现出低地国家在跨文化研究方面所取得的成就，进而让我们更好地理解清代。17、18

世纪的影印和手稿资料为我们提供了从海外视角理解清代的观察报告。19 世纪晚期的研究促进了清代民族志学和礼仪学的发展。20 世纪末和 21 世纪初的各种研究项目，不仅使得利用原始资料成为可能，而且还使得研究人员可以从多个主题出发，利用多种语言和资料研究清代中国与欧洲的跨文化交流。总而言之，低地国家的清史研究不仅为汉文、满文资料与各类研究提供了独一无二的补充，而且为我们提供了理解清代的域外视角，因而应该受到学界关注。

注释

[1]本章只从非常广泛的存留文献中选取了一部分。更多的资料，参见免费的网上文献目录：CCT-Database：https://www. arts. kuleuven. be/sinologie/english/cct。

[2]荷兰早期的出版物概览，参见唐纳德·拉赫，埃德温·范·克雷. 发展的世纪//欧洲形成中的亚洲：第 3 卷（Donald F. Lach & Edwin J. Van Kley. *Asia in the Making of Europe*：Volume Ⅲ：*A Century of Advance*. Chicago：Univ. of Chicago Press，1993），第 1 册，第 6 章 "荷兰语文献"：461 - 508；第 4 册，第 21 章 "清早期"：1662 - 1753。也可参见埃德温·范·克雷. 在 17 世纪荷兰文献中的清代中国，1644—1700//范德望，高华士，编. 低地国家和清代中国的关系史，1644—1911 [Edwin J. Van Kley. "Qing Dynasty China in Seventeenth-Century Dutch Literature，1644 - 1700." In *The History of the Relations between the Low Countries and China in the Qing Era*（*1644 - 1911*），Willy F. Vande Walle & Noël Golvers，ed. Leuven：Leuven University Press，2003：217 - 234]。

[3]斯蒂芬妮·施拉德，编. 向东看：鲁本斯与东方的相遇（Stephanie Schrader，ed. *Looking East*：*Rubens's Encounter with Asia*. Los Angeles：The J. Paul Getty Museum，2013）。"中国影响：荷兰黄金时期中国的图像与思想" 研究项目的成员取得了新的发现。魏斯金，葛思康. 鲁本斯 "朝鲜人" 的新身份：中国商人恩浦的肖像 [Thijs Weststeijn & Lennert Gesterkamp. "A New Identity for Rubens's 'Korean Man'：Portrait of the Chinese Merchant Yppong." *Netherlands Yearbook for History of Art*，2016，66（1）：142 - 169]。

[4]保罗·拜恩，等编. 1540—1773 年低地国家的耶稣书简：来自莫里茨萨布图书馆的选集（Paul Begheyn，Bernard Deprez，Rob Faesen，& Leo Kenis，eds. *Jesuit Books in the Low Countries 1540 - 1773*：*A Selection from the Maurits Sabbe Library*. Leuven：Peeters，2009：26 - 29）（钟鸣旦的文章）；丹尼斯. 父亲金尼阁的一生（Chrétien Dehaisnes. *Vie du Père Nicolas Trigault*. Tournai：Casterman，1864）；埃德芒德·拉马勒. 神父金尼阁在中国传教的神圣使命（1616）[Edmond

Lamalle. "La propagande du P. N. Trigault en faveur des missions de Chine (1616)." *Archivum Historicum Societatis*, 1940, Iesu 9: 49 - 120];洛根，布里克. 金尼阁：一幅鲁本斯绘制的肖像（Anne-Marie Logan & Liam M. Brockey. "Nicolas Trigault，SJ：A Portrait by Peter Paul Rubens." *Metropolitan Museum Journal*, 2003, 38: 157 - 167）。

[5]卫匡国作品收入他的全集（5 卷本），德玛奇，白佐良，主编. 卫匡国全集（Franco Demarchi & Giuliano Bertuccioli. *Opera Omnia*. Trento: Università degli Studi di Trento，1998 - 2013）。

[6]保罗·拜恩，等编. 1540—1773 年低地国家的耶稣会士著作：来自莫里茨萨布图书馆的选集（Paul Begheyn, Bernard Deprez, Rob Faesen, & Leo Kenis, eds. *Jesuit Books in the Low Countries 1540 - 1773：A Selection from the Maurits Sabbe Library*. Leuven: Peeters，2009: 166 - 169）（高华士的文章）。现代版本：卫匡国. 中国新图志（两册）//卫匡国全集：第 3 卷［Martino Martini. *Opera omnia*：Vol. III：*Novus atlas sinensis*（2 vols. ），Trento: Università degli Studi di Trento，2002］。

[7]现代版本见卫匡国. 鞑靼征服史及著作//卫匡国全集：第 5 卷（Martino Martini. *Opera omnia*：Vol. V：*De bello Tartarico historia e altri scritti*. Trento: Università degli Studi di Trento，2013）。

[8]有关不同翻译与版本间差别的比较，参见卡特里恩·博尔格. 卫匡国的《鞑靼战纪》：拉丁文与其他翻译版本的比较研究（Katrien Berger. "Martino Martini's *De Bello Tartarico*：A Comparative Study of the Latin Text and its Translations." In Luisa M. Paternicò, Claudia von Collani, Riccardo Scartezzini, eds. *Martino Martini，Man of Dialogue*. Trento: Università degli studi di Trento，2016: 337 - 362）。

[9]此话题的讨论，参见埃德温·范·克雷. 来自中国的新闻：17 世纪欧洲对满洲人征服的关注［Edwin J. Van Kley. "News from China：Seventeenth-Century European Notices of the Manchu Conquest." *The Journal of Modern History*，1973, 45（4）: 561 - 582］。

[10]此问题，见高华士. 17 世纪中国的耶稣会士与安特卫普的联系（I）：莫瑞图思家族（1660—1700）［Noël Golvers. "The XVIIth-Century Jesuit Mission in China and its 'Antwerp Connections'：(I)：The Moretus family (1660 - 1700)." *De Gulden Passer：Jaarboek van de vereniging van Antwerpse bibliofielen*，1996, 74］: 157 - 188；高华士. 17 世纪中国的耶稣会士与安特卫普的联系（II）：普兰丁·莫瑞图思档案馆藏 25 封中国的来信［Noël Golvers. "The XVIIth-Century Jesuit Mission in China and its 'Antwerp Connections'：(II)：The Twenty-Five China letters from

the Original Plantin-Moretus Archives（MPM），1669 - 1690." *Lias*，2007，34
（2）：205 - 248］。

　　[11]伊维德. 荷兰的孔子：第一首基于中文的荷兰诗［Wilt L. Idema. "Confu-
cius Batavus：Het eerste Nederlandse dichtstuk naar het Chinees." *Literatuur*，
1999，16（2）：85 - 89］。

　　[12]卫方济和他的著作直到最近才成为研究课题，参见保罗·鲁尔（又译作鲁
保禄）. 卫方济和中国礼仪之争［Paul Rule. "François Noël，SJ，and the Chinese
Rites Controversy." In *The History of the Relations between the Low Countries and
China in the Qing Era*（1644 - 1911），Willy F. Vande Walle & Noël Golvers，
ed. Leuven：Leuven University Press，2003：138 - 165］。

　　[13]柏应理. 历史上的中国女基督徒（Philippe Couplet. *Histoire d'une Dame
chrétienne de la Chine*. Paris：Michallet，1688）；柏应理. 伟大女性基督徒许甘第的
故事（Philippe Couplet. *Historia di una gran señora*，*Christiana de la China*，
llamada Doña Candida Hiu. Madrid：Antonio Roman，1691）；柏应理. 历史上来
自中国的伟大女性基督徒许甘第（Philippe Couplet. *Historie van eene groote*，*chris-
tene mevrouwe van China met naeme mevrouw Candida Hiu*. Antwerpen：Knobba-
ert，1694）；保罗·拜恩，等编. 1540—1773 年低地国家的耶稣会士著作：来自莫
里茨萨布图书馆的选集（Paul Begheyn，Bernard Deprez，Rob Faesen，& Leo
Kenis，eds. *Jesuit Books in the Low Countries 1540 - 1773*. Leuven：Peeters，2009：
216 - 219）（高华士的文章）。

　　[14]钟鸣旦. 宽容敕令（1692）：文本历史与阅读［Nicolas Standaert. "The
'Edict of Tolerance'（1692）：A Textual History and Reading." In Artur K. Wardega，
SJ，and António Vasconcelos de Saldanha eds. *In the Light and Shadow of an Em-
peror*：*Tomás Pereira*，*SJ*（*1645 - 1708*），*the Kangxi Emperor and the Jesuit
Mission in China*. Newcastle upon Tyne（UK）：Cambridge Scholars Publishing，
2012：308 - 358］。

　　[15]保罗·拜恩，等编. 1540—1773 年低地国家的耶稣会士著作：来自莫里茨
萨布图书馆的选集（Paul Begheyn，Bernard Deprez，Rob Faesen，& Leo Kenis，
eds. *Jesuit Books in the Low Countries 1540 - 1773*：*A Selection from the Maurits
Sabbe Library*. Leuven：Peeters，2009：193 - 195）（高华士的文章）。

　　[16]高华士. 最早在南低地国家出版有汉字的例子（鲁汶，1672；安特卫普，
1683）［Noël Golvers. "The Earliest Examples of Chinese Characters Printed in the
Southern Low Countries（Leuven，1672；Antwerp，1683）." *De Gulden Passer*（*Ti-
jdschrift voor boekwetenschap/Journal of Book History*），2016，94：319 - 333］。

　　[17]高华士. 清初耶稣会士鲁日满常熟账本及灵修笔记研究［Noël Golvers，

François de Rougemont，*S. J. Missionary in Ch'ang-shu*（*Chiang-nan*）：*A Study of the Account Book*（*1674 - 1676*）*and the Elogium.* Leuven：Leuven University Press，1999]（可参见赵殿红等的中译本，郑州：大象出版社，2007）。

［18］文献的翻译和注释见高华士. 南怀仁的《欧洲天文学》[Noël Golvers. *The Astronomia europaea of Ferdinand Verbiest*，*S. J.*（Dillingen，1687），Nettetal：Steyler Verlag，1993]。

［19］赵尔巽. 清史稿：第 10 册第 91 卷. 北京：中华书局，1977：2679。原文转引自普理查德. 马戛尔尼访华记 [Earl H. Pritchard. "The Kotow in the Macartney Embassy to China in 1793." *The Far Eastern Quarterly*，1943，2（2）：181]。

［20］高华士，尼古拉依迪斯. 南怀仁与耶稣会的科学在 17 世纪的中国：君士坦丁堡手稿（1676）的注释和翻译版 [Noël Golvers & Efthymios Nicolaidis. *Ferdinand Verbiest and Jesuit Science in 17th Century China*：*An Annotated Edition and Translation of the Constantinople Manuscript*（*1676*）. Leuven：F. Verbiest Institute/Athens：Institute for Neohellenic research，2009]。

［21］高华士. 南怀仁（1623—1688）与中国天文：天文学文集汇编，它在欧洲文化圈中的传播与接受 [Noël Golvers. *Ferdinand Verbiest*，*S. J.*（*1623 - 1688*）*and the Chinese Heaven*：*The Composition of the Astronomical Corpus*，*its Diffusion and Reception in the European Republic of Letters.* Leuven：Leuven University Press，2003]。

［22］约索，维拉特，编. 北京的钦天监监正南怀仁（1623—1688）[Henri Josson & Léopold Willaert eds. *Correspondance de Ferdinand Verbiest de la Compagnie de Jésus*（*1623 - 1688*），*directeur de l'Observatoire de Pékin.* Bruxelles：Palais des Académies，1938]。

［23］高华士，编. 北京耶稣会士的书简：南怀仁（1623—1688）通信辑 [Noël Golvers ed. *Letters of a Peking Jesuit*：*The Correspondence of Ferdinand Verbiest*，*SJ*（*1623 - 1688*）. Leuven：F. Verbiest Institute，2017]。

［24］赫曼，帕门蒂尔，编. 安多（1644—1709）的旅程，在中国的那慕尔科学家与传教士 [Michel Hermans & Isabelle Parmentier eds. *Itinerary of Antoine Thomas S. J.*（*1644 - 1709*），*Scientist and Missionary from Namur in China/Itinéraire d'Antoine Thomas S. J.*（*1644 - 1709*），*scientifique et missionnaire namurois en Chine.* Leuven：Ferdinand Verbiest Institute，2017]。其他四篇关于安多的文章也被收录于《清代低地国家与中国关系史》[*The History of the Relations between the Low Countries and China in the Qing Era*（1644 - 1911）]。

［25］安托努奇. 安多：记述清帝国与准噶尔战争的历史学家 [Davor Antonucci. "Antoine Thomas：A Historian of the Qing-Zunghar War." In *The Itinerary of*

Antoine Thomas S. J. （1644 - 1709），*Scientist and Missionary from Namur in China / Itinéraire d'Antoine Thomas S. J.*（1644 - 1709），*scientifique et missionnaire namurois en Chine*，Leuven：Ferdinand Verbiest Institute，2017：219 - 252]。

[26]钟鸣旦. 中国礼仪之争中的"中国声音"：旅行的文本、社区网络与文化间论证（Nicolas Standaert. *Chinese Voices in the Rites Controversy*：*Travelling Books*，*Community Networks*，*Intercultural Arguments*. Rome：Institutum Historicum S. I. 2011）［可参见王丹丹的中译文：复旦学报（社会科学版），2016（1）：95 - 103]。

[27]参见钟鸣旦. 中国礼仪之争中的"中国声音"：旅行的文本、社区网络与文化间论证：15 - 16.《1700 年中国康熙皇帝的上谕概要》英文翻译版本已在 1703 年出版（*A Short Account of the Declaration Given by the Chinese Emperor Kam Hi In the Year* 1700. London，1703）。荷兰文翻译版本于 1711 年在阿姆斯特丹出版（Joannes Mauritius. *Afgoden-Dienst der Jesuiten in China waar over sy heden beschuldigt worden aan het Hof van Romen*. Amsterdam：Jacobus Borstius，1711）。

[28]白雅诗. 康熙帝的"病人"安多：对于清宫配用底野迦的个案研究［Beatriz Puente-Ballesteros. "Antoine Thomas，SJ as a 'Patient' of the Kangxi Emperor（r. 1662 - 1722）：A Case Study on The Appropriation of Theriac at the Imperial Court." *Asclepio*：*Revista de Historia de la Medicina y de la Ciencia*（*Journal for History of Medicine and Science*），2012，64（1）：213 - 250]（可参见董少新的中译文：新史学，2014，12：231 - 255）；白雅诗. 在康熙朝廷内比利时耶稣会士最后时光的观念变化：安多（1644—1709）在北京的病与亡［Beatriz Puente-Ballesteros. "Variations in Perceptions of the Last Days of a Belgium Jesuit at the Kangxi Court：The Illness and Death of Antoine Thomas（1644 - 1709）in Beijing." *The Itinerary of Antoine Thomas S. J. Scientist and Missionary from Namur in China / Itinéraire d'Antoine Thomas S. J.*（1644 - 1709），*scientifique et missionnaire namurois en Chine*. Leuven：Ferdinand Verbiest Institute，2017：271 - 301]。

[29]这些使团的背景，参见卫思韩. 使团与幻想：1666 年至 1687 年出访康熙帝的荷兰与葡萄牙使臣（John E. Wills Jr. *Embassies and Illusions*：*Dutch and Portuguese Envoys to K'ang-hsi*，*1666 - 1687*. Cambridge：Council on East Asian Studies，1984）。

[30]这本书和插图，参见包乐史，法肯堡. 约翰·纽霍夫的中国图像（Leonard Blussé & Reindert L. Falkenburg. *Johan Nieuhofs beelden van een Chinareis 1655 - 1657*. Middelburg：Stichting VOC publicaties，1987）；弗里德里克·乌尔利克斯. 约翰·纽霍夫的中国见闻（1655—1657）：他书籍中的插画及对出版商雅各布的影

响［Friederike Ulrichs，*Johan Nieuhofs Blick auf China*（1655－1657）：*Die Kupferstiche in seinem Chinabuch und ihre Wirkung auf den Verleger Jacob van Meurs*，Wiesbaden：Harrassowitz，2003］；河罗娜. 荷兰旅行者的图绘与中国翻译：荷兰东印度公司的第一任使臣（1655—1657）约翰·纽霍夫［Laura Hostetler. "Mapping Dutch Travels to and Translations of China：Jan Nieuhof's Account of the First East India Company Embassy，1655－57." *Horizons：Seoul Journal of Humanities*，2010，1（2）：147－173］；孙晶. 逼真的幻象：约翰·纽霍夫的中国图像（Jing Sun. "The Illusion of Verisimilitude：Johan Nieuhof's Images of China." Ph. D. diss. Leiden Univ.，2013）。

　　［31］戴闻达. 最后的荷兰访华使团（1794—1795）［Jan Julius Lodewijk Duyvendak. "The Last Dutch Embassy to the Chinese Court（1794－1795）." *T'oung Pao*，1938，34：1－137］。

　　［32］荷兰与中国关系史和清时期双方物质与收藏品交换的概述，参见包乐史，卢恩. 中荷交往史，1600—2007（Leonard Blussé & Floris-Jan van Luyn. *China en de Nederlanders：Geschiedenis van de Nederlands-Chinese betrekkingen 1600－2007*. Zutphen：Walburg pers，2008）；莫斯特，坎贝恩. 丝绸·思路：从1600年开始的中国与荷兰（Tristan Mostert & Jan van Campen. *Silk Thread：China and the Netherlands from* 1600. Amsterdam：Rijksmuseum/Nijmegen：Vantilt，2015）。

　　［33］包乐史. 砍柴工与汲水人：莱顿大学的早期汉学家（1854—1911）［Leonard Blussé. "Of Hewers of Wood and Drawers of Water：Leiden University's Early Sinologists（1854－1911）." In Wilt L. Idema，ed. *Chinese Studies in the Netherlands：Past，Present and Future*. Leiden：Brill，2014：27－68］。关于1900年之前，荷属东印度公司作为"翻译者"的24位荷兰人的细节研究，最近的经典之作参见高柏. 荷兰早期汉学家（1854—1900）：在中国与荷兰的训练，在荷属东印度的功用［Koos Kuiper. *The Early Dutch Sinologists（1854－1900）：Training in Holland and China，Functions in the Netherlands Indies*，2 vols. Leiden：Brill，2017］。

　　［34］韦尔博洛斯基，瓦尔拉芬斯，编. 科学的轨迹：高延的生平与著述（R. J. Zwi Werblowsky，Harmut Walravens. *The Beaten Track of Science：The Life and Work of J. J. M. de Groot*. Wiesbaden：Harrassowitz，2002）。

　　［35］对于中国物品与藏品作为清代中国与比利时交流互动的结果这一概述，参见华贝妮，范德蒙特，钟鸣旦. 中国之路：在比利时寻找中国踪迹［Benedicte Vaerman，Sara Vantournhout & Nicolas Standaert. *Chinese route：Op zoek naar China in Belgï*（*Europalia China*）. Brussel：Mercatorfonds，2009］。

　　［36］鲁汶大学的东方学研究，参见范德望，保罗·塞瓦，编. 东方学：在鲁汶的东方研究与图书馆（Willy Vande Walle & Paul Servais eds. *Orientalia：Oosterse studies en bibliotheken te Leuven en Louvain-la-Neuve*. Leuven：Universitaire Pers Leuven，2001）。

[37]例如，他的弟子布散（Louis de La Vallée-Poussin，1869—1938）和后来的拉默特（Étienne Lamotte，1903—1983）。虽然没有对于清代的特别关注，但是这一传统在根特大学得以成功的延续。参见佛教研究中心网站，http：//www. cbs. ugent. be/。

[38]有关这些档案资源的介绍，参见韩德力，编. 中国天主教史：19 和 20 世纪（Jeroom Heyndrickx, ed. *Historiography of the Chinese Catholic Church*：*Nineteenth and Twentieth Centuries*. Leuven：F. Verbiest Foundation，1994）。有关方济会的研究，参见卡琳·杜雅尔丹. 使命与现代：比利时在华的男修士，1872—1940（Carine Dujardin. *Missionering en moderniteit*：*de Belgische minderbroeders in China 1872 - 1940*. Leuven：Universitaire Pers Leuven，1996）。

[39]可参见古伟瀛、蔡耀伟的中译本，台北：光启文化事业，2012。

[40]其他关于"斯格脱神父"在中国的独立研究可以在南怀仁研究中心（Ferdinand Verbiest Institute）的出版物中找到：https：//www. kuleuven. be/ verbiest。参见《低地国家和清代中国的关系史，1644—1911》[*The History of the Relations between the Low Countries and China in the Qing Era*（1644 -1911）] 一书中的文章。

[41]钟鸣旦. 许理和对 17 世纪中国基督教的研究：学者肖像 [Nicolas Standaert. "Erik Zürcher's Study of Christianity in Seventeenth-Century China：An Intellectual Portrait." *China Review International*，2008（published in 2010），15（4）：476 - 502]（可参见宋刚译、樊桦校的中译本：世界汉学：第 7 卷. 北京：中国人民大学出版社，2011：63 - 85）。

[42]许理和. 耶稣会的融合与中国文化强制性//孟德卫，编. 中国礼仪之争 [Erik Zürcher. "Jesuit Accommodation and the Chinese Cultural Imperative." In *The Chinese Rites Controversy*（Monumenta Serica Monograph Series 33），edited by D. E. Mungello. Nettetal：Steyler Verlag，1994：31 - 64]；也参见许理和. 佛教和基督教：佛教、基督教和中国社会（会议，法兰西学院文集）[Erik Zürcher. "Bouddhisme et christianisme." In Erik Zürcher, *Bouddhisme*，*christianisme et société chinoise*（Conférences，essais et leçons du Collège de France）. Paris：Julliard，1990：11 - 42]；许理和. 佛教与基督教在中国的传播：自发扩散与引导性传播（Erik Zürcher. "The Spread of Buddhism and Christianity in Imperial China：Spontaneous Diffusion Versus Guided Propagation." In *China and the West：Proceedings of the International Colloquium*. Brussels：Paleis der Academiën，1993：9 - 18），此文由乔纳森·斯科（Thomas Cruijsen）英译，收录于乔纳森·斯科. 佛

教在中国：许理和文集（Jonathan A. Silk. *Buddhism in China：Collected Papers of Erik Zürcher*. Leiden：Brill，2013：377 - 391）。

[43]许理和. 康熙与礼仪之争：中国档案（Erik Zürcher. Keizer Kangxi en de ritenstrijd：Het Chinese dossier，*De Gids*，1996：509 - 522）；许理和. 在黄虎穴中——利类思和安文思在张献忠朝廷（1644—1647）（Erik Zürcher. "In the Yellow Tiger's Den：Buglio and Magalhães at the Court of Zhang Xianzhong，1644 - 1647." *Monumenta Serica*，2002，50：355 - 374）；许理和. 李九功与《慎思录》相遇与对话——明末清初中西文化交流国际学术研讨会文集［Erik Zürcher. "Li Jiugong and His Meditations (*Shensi lu*)." In *Encounters and Dialogues：Changing Perspectives on Chinese-Western Exchanges from the Sixteenth to Eighteenth Centuries* (Monumenta Serica Monograph Series 51]. Edited by Wu Xiaoxin，Nettetal：Steyler Verlag，2005：71 - 92）（可参见王绍祥、林金水的中译本，北京：文化出版社，2003：72 - 95）。

[44]清史文献也见于田海的另外两部著作：田海. 仪式与中国三合会：创建身份（Barend ter Haar. *Ritual and mythology of the Chinese Triads：Creating an Identity*. Leiden：Brill，1998）；田海. 讲故事：中国历史上的巫术与替罪（Barend ter Haar. *Telling Stories：Witchcraft and Scapegoating in Chinese History*. Leiden：Brill，2006）（可参见赵凌云等的中译本，上海：中西书局，2017）。

[45]可参见刘平、王蕊等的中译本，北京：商务印书馆，2017。有关清代论述，见第七章"迈向清朝迫害史"（"Towards a History of Qing Persecution"）：247 - 288。

[46]参见网址，http://www. chineseimpact. nl/。

[47]出版著作中包括了狄克斯特拉. 17 世纪荷兰报纸和期刊上的中国礼仪之争（Trude Dijkstra. "It is said that … The Chinese Rites Controversy in Dutch Newspapers and Periodicals in the Seventeenth Century." *Jaarboek voor Nederlandse Boekgeschiedenis*，2016，23：172 - 191）；狄克斯特拉，魏斯金. 建构低地国家的孔子形象［Trude Dijkstra & Thijs Weststeijn. "Constructing Confucius in the Low Countries." *De Zeventiende Eeuw*，2016，32（2）：137 - 164]。

[48]参见展览目录魏斯金，门诺·琼克. 野蛮人与哲学家：荷兰黄金时期的中国形象（*Barbaren & wijsgeren：Het beeld van China in de Gouden Eeuw*. Ed. by Thijs Weststeijn & Menno Jonker，Nijmegen：Vantilt，2017）。

[49]魏若望，编. 南怀仁（1623—1688）：耶稣会士、科学家、工程师和外交家［John W. Witek，ed. *Ferdinand Verbiest*（*1623 - 1688*），*Jesuit Missionary，Scientist，Engineer and Diplomat*（Monumenta Serica Monograph Series XXX). Nettetal：Steyler Verlag，1994]［可参见中译本：传教士·科学家·工程师·外交

家南怀仁（1623—1688）：鲁汶国际学术研讨会论文集. 北京：社会科学文献出版社，2001]。

[50]钟鸣旦，杜鼎克，王仁芳，编. 徐家汇藏书楼明清天主教文献续编（续编档案来自徐家汇图书馆）. 台北：利氏学社，2013（共 34 册）；钟鸣旦，杜鼎克，蒙曦（Nathalie Monnet），编. 法国国家图书馆明清天主教文献. 台北：利氏学社，2009（共 26 册）；钟鸣旦，杜鼎克，编. 耶稣会罗马档案馆明清天主教文献. 台北：利氏学社，2012（共 12 册）；钟鸣旦，杜鼎克，黄一农，祝平一，编. 徐家汇藏书楼明清天主教文献. 台北：辅仁大学，1996（共 5 册）。

[51]杜鼎克. 辅仁大学（台湾）图书馆内所藏徐家汇耶稣会士文集：背景与目录 [Ad Dudink. "The Zikawei Collection in the Jesuit Theologate Library at Fujen University (Taiwan)：Background and Draft Catalogue." *Sino-Western Cultural Relations Journal*，1996，18：1 - 40]；杜鼎克. 在耶稣会罗马档案中的"第一至第四章"：概述（Ad Dudink. "The Japonica-Sinica Collections I-IV in the Roman Archives of the Society of Jesus：An Overview." *Monumenta Serica*，2002，50：481 -536）；杜鼎克. 上海徐家汇所藏的中文基督教文献：初级目录与列表（Ad Dudink. "The Chinese Christian Texts in the Zikawei 徐家汇 Collection in Shanghai：A Preliminary and Partial List." *Sino-Western Cultural Relations Journal*，2011，33：1 - 41）；也参见杜鼎克. 原北堂图书馆的中文基督教书籍（Ad Dudink. "The Chinese Christian Books of the Former Beitang Library." *Sino-Western Cultural Relations Journal*，2004，26：46 - 59）；杜鼎克也对布鲁塞尔的皇家图书馆内的大部分清代档案进行了编目，见杜鼎克. 1900 年以前比利时皇家图书馆的中文书籍与档案 [Ad Dudink. *Chinese Books and Documents（pre-1900）in the Royal Library of Belgium at Brussels*. Brussel：Archief-en bibliotheekwezen in België，2006]；杜鼎克. 罗马传信部历史档案馆的中文书籍和文献（1831 年前）[Ad Dudink. *Chinese Books and Documents（pre-1831）Preserved in the Propaganda Fide Historical Archives at Rome*. Rome：Urbaniana Univ. Press，2020]。

[52]参见网址，https://www. arts. kuleuven. be/sinologie/english/cct。

[53]在此只选择了部分研究成果。更多文献书目，参见上文提及的 CCT 数据库。

第五章　清史研究在英国[*]

何娜　著　胡祥雨　译

英国学术界对中国的关注始于清朝。在牛津大学博德利图书馆收藏的最早中文文献中有博德利爵士（Sir Thomas Bodley，1545—1613）的手迹，其时间为 1604 年。[1]不过，尽管中英贸易不断发展，但"英国汉学"却进展缓慢。虽然汉语教育起步较迟，发展缓慢，但英国还是在鸦片战争之后成为中国与西方交往的"领路人"。英国在华的实质存在意味着清史研究、英国汉学的进展与英帝国的经历以及通商口岸和租借地的发展密不可分。随着帝国的衰落，区域研究的兴起以及清朝逐步成为一个单独的研究领域，英国也开始为清史研究做出卓越贡献。除了主流的清史研究外，在英帝国研究领域内，还有一个著名的学派研究中国的地位、通商口岸和香港。

在回顾英国的清史研究之前，我必须说明在中国史学研究中，并不存在一个鲜明的"英国学派"，或许只有一些略显怪癖的英国学术传统罢了。从 20 世纪早期退休后前往欧洲的美国学者，到近来在本国接受教育到其他地方工作的英国学者都表明英文学术界的中国研究一直都是跨越国界的。早期"中国通"多为冒险家，他们穿越中国内地，并将穿越时面临的困难视作荣耀。如今，这种早期"中国通"逍遥自在的特性已不复存在，取而代之的是相互联系并跨越国界的学术界。故此，虽然英国的史学研究趋势大体上同英文学术界的研究趋势一致，但这里并不是对某一连贯思想流派发展轨迹的追溯，而是对一系列个人成果进行

* 何娜（Hannah Theaker，1989—），女，牛津大学圣安学院东方学副研究员；胡祥雨（1977—），男，中国人民大学清史研究所副教授。

介绍。

本章所述英国的清史研究将考察英国学术在三个阶段的发展：第一阶段，从东印度贸易公司（East India Trading Company，简称"东印度公司"）抵达中国到二战开始；第二阶段，二战到 1970 年代；第三阶段，自 1970 年代至今，清史研究逐步走向专业化。显而易见的是，一篇短文要涵括这么长时间段的研究，难免挂一漏万。文后附有参考书目，足可作为起点供有兴趣的读者参考。

第一节　早期东印度贸易公司和传教士学者

尽管博德利图书馆很早就有中国文献，但东印度公司在动员雇员学习中国语言上却行动迟缓。18 世纪晚期，公司为了方便商业交易，采取了一些措施来教授中文，但精通中文者依然远远不能满足需求。因此，英国对中国的了解主要依赖欧洲大陆学界。[2] 马戛尔尼使团（1792—1794）曾在那不勒斯招聘翻译，正是这个使团促成了小斯当东（Sir George Thomas Staunton，1781—1859）的中文教育。其时，小斯当东年方 11 岁，作为马戛尔尼的侍从一同出访。他极具语言天赋，在使团抵达中国时，他的中文已经好到足够同中国官员交谈。他还收到了乾隆皇帝给他的礼物。[3] 作为早期真正汉学家中的一员，小斯当东或许称得上是英国第一代清史学者的典范。小斯当东投入中国研究在很大程度上只是出于偶然。由于他后来在东印度公司广州商行的经历可谓失败，他对中国的兴趣极为务实。他对中国的研究可分为两部分：一是将《大清律例》的部分内容翻译成英文，二是集中研究英国对华贸易和各种使华人员的记述。[4] 小斯当东在 19 世纪早期返回不列颠之后，成为皇家亚洲协会（Royal Asiatic Society）的创始会员。另外，他还编辑了门多萨（Juan Gonzalez de Mendoza）的《中华大帝国史》的英文本。[5]

随着 1842 年鸦片战争的结束以及通商口岸的建立，西方人开始到中国沿海通商城市定居，旅行者们也开始进入中国，英国与中国的交往从此进入一个新阶段。两国交往的内容也更加充实。由此，前往中国的途径以及有关中国的书籍与信息都急速扩张。然而，这一时期有关中国的作品在探究、理解英国人所遭遇到的中国的同时，又力图对其作者在新兴英国驻华机构中的角色进行包装和辩护，并特别在意英国政府政策和国内听众。最有可能将他们在华经历写成文字的是英国驻香港机构雇员、领事官员、通商口岸的翻译以及其他地方的商人和传教士。

一个恰当的例子的是，英国人在华创办报纸，并在报社担任记者和通讯员。《北华捷报》（*The North China Herald*）即由英国拍卖商亨利・奚安门（Henry Shearman，1813—1856）于1850年在上海创建。同其姊妹刊——《字林西报》（1864年创刊）一样，《北华捷报》既发布英国领事通告，也提供英文版的中国新闻和政府公告。它极少对时事采取整体、统一的立场，也并非站在英国立场上来传播中国新闻。然而，该杂志信息丰富——从文化散文、驻扎中国各地记者的来信到流言和商界人物——为研究晚清外国人与中国的接触提供了丰富而独特的资料。[6]

19世纪晚期，在大众传播兴起的同时，英国主要大学设置首批中文教职（professors of Chinese）。然而，这批学者将大量精力投入中国的古典研究——他们认为中国的过去值得学术探讨，与之相反，当时的中国则被认为是堕落的。[7]在整个19世纪，中国学的岗位主要被传教士们占据。在这些人当中，许多都是结束传教生涯返回英国后占据学界位置的。传教生涯导致他们的早期研究集中在如下三个方面：语言、宗教以及相关的中国古典研究。这些议题均和传教事业密切相关，并具有明显的工具性目的：充分了解中国，以便将中国人转化为基督徒。毋庸置疑的是，理雅各（James Legge，1815—1897，又译作理雅格）虽然谈不上是清史学家，却是这些人当中的佼佼者。他坚信，为了传教，必须准确翻译中国古典文献。理雅各为此奉献了大半生。1875年，他被任命为牛津大学中文系教授（Chair of Chinese）。时至今日，他对中国古典文献的翻译依然被学者视作参考；同时，他将孔子视作中国传统以及政府文化的心脏，这为英国汉学的争论定下了基调。[8]

同理雅各相似，在他之前比他更直接了解中国的是一位卫理公会传教士——苏慧廉（William Edward Soothill，1861—1935）。后来他成为牛津大学中文教授（Professor of Chinese）。他的《中国三宗教》同样是开创性的，这是因为"中国三宗教"作为一个学术概念，为确立中国真的存在三种主要宗教的这一观念做出了贡献。[9]理雅各和苏慧廉选择研究中国的动机都是为了理解那个时代的中国。他们的这种选择，尤其是他们对儒家经典的重视，为数代英语世界的汉学家提供了前进的道路，同时也为中国传统文字学（小学）在西方主要的大学的成长指明了道路。他们死后将个人收藏品捐献给教育机构的图书馆。图书馆由此创设了一类新的馆藏。这些藏品影响巨大：在牛津大学所藏中文善本中，汉语传教士的中文出版品依然是查阅量最高的。[10]

新起学者中的另一群体主要是英国驻当地官员，其中最引人注目的是外交官。他们主要在香港和中国海关从事行政工作。1863 年，在外国人"管理"中国海关后，罗伯特·赫德（Robert Hart，1835—1911）首次任总税务司。虽然赫德本人不是学者，但是他是那个时代——甚至任何时代——最有影响力的在华英国人之一。[11]他担任总税务司长达 45 年，为中国海关建立了良好的制度。到 19 世纪末，赫德管理的海关雇佣了大约 3500 名中国职员以及 700 多名外国人，为清政府提供了四分之一的财政收入。[12]此外，海关为清朝灯塔系统、邮递系统、贸易数据的收集以及各种地图的绘制等方面的发展起到了先锋作用，并且逐渐参与到反走私行动当中。除了海关档案外，赫德的通信以及杂志也是重要的原始史料。这些史料可以重构他的生平：从一个刚入门的翻译成长为受清廷信任的顾问。[13]

在英国驻当地官员中，马士（Hosea Ballou Morse，1855—1934）是在观察中国制度后，对中国制度史进行了严谨探究的第一人。马士是美国人，退休后在英国居住。作为与赫德同时代的人，他曾于 1874 年至 1908 年在中国海关工作。他的《中华帝国对外关系史》开创性地使用了东印度公司的档案。[14]就大英帝国及其制度的历史撰写而言，马士或许是英国学界中的领跑者。他领跑的学术存续至今。马士这样的学者在治学中力图扩展视野——而非局限于中国史或清史。

对赫德遗产阐述的演变，展示了英国史学界内部变化的趋势：早期学界对他生平的叙述，将其构建为帝国制度下的一个正面形象，后来者则逐步对这一形象进行重估。毕可思（Robert Bickers）指出，梅乐和

（Frederick Maze，1871—1959）因为担心中国民族主义史学家可能会把总税务司描绘成纯粹的帝国主义工具，所以他着意利用赫德为总税务司塑造一个良好形象。[15]后来魏尔特（Stanley Fowler Wright，1873—1953）的研究完全依赖英文材料，虽然不那么关注英国遗产，依然强调赫德作为管理者的真诚、高效与公正。[16]与之相反，最近在2003年举办的研讨会重新评价了赫德的遗产。有文章指出他的个人野心，他在义和团运动等事件中的关键作用，以及他在政治上的狡诈。[17]

这一时期其他有影响力的学者有翟理斯（Herbert Giles，1845—1935，又译作翟理思）。他以发明威妥玛—翟理斯式罗马拼音以及对中国教育的贡献而闻名。大致言之，他对当时中国的研究只是一个副业（aside）。1912年，他出版了《中国和满人》一书。该书对清朝做了井井有条的介绍，并解释了清朝的灭亡。尽管此书可概括为实用指南而非历经时日的学术分析，但是翟氏的这一著作反映了早期汉学的风格。作为一个新生领域，汉学受到当时中、英两国语境的深刻影响：满洲征服缘于明代的虚弱，而满洲的衰落则是因为精英的保守以及应对外来压力的失措。[18]

庄严龄（Edward Harper Parker，1849—1926，又译作庄延龄）的人生轨迹是早期英国汉学家中又一代表。他在入门从事茶叶贸易之后开始学习中文，刚来到中国时在蒙古①担任实习翻译，后来在多处英国驻华领事馆任职。1895年，他在领事馆任职期满后退休，随后进入学术界。1901年，他在曼彻斯特的欧文学院（Owen College）出任中文系主任。显而易见，庄氏不仅能流利地讲满语，还会一些中文地方方言。他写了好几篇论文研究满洲起源。另外，他还擅长翻译并分析中文学界对时事的研究——在他鸦片战争的研究中，有一卷参考了魏源的《圣武记》中的相关资料；他在其他作品中引用了《东华录》。[19]

庄氏的学问在同龄人中确实出类拔萃。由于他公开在《中国评论》（China Review）上激烈批判翟理斯，以致他后来被学界遗忘。庄氏天生话中带刺，公开批判翟理斯，二人由此反目成仇。翟理斯随即撤回了庄氏对他的字典所写的介绍并在以后的版本中不再承认他的贡献。[20]英国学界注重等级意识的特征使得庄氏的声誉进一步跌落。只受过一年的

———————

① 蒙古为清朝一部分。——译者注

正规中文教育，贸易出身，娶中国妻子，在曼彻斯特任职，这一切均使得庄严龄很容易被学界同行视作泛泛之辈。更糟糕的是，英国汉学界以中国古典为导向，而庄氏的研究则集中在当时。这意味着他着力关注的那些问题，在严肃的学者看来不值一提。

　　同时，以怪癖著称的埃德蒙·巴克斯爵士（Sir Edmund Backhouse，1873—1944，巴克斯又译作白克好司或巴恪思）未能从《景善日记》造假的丑闻中解脱。他与濮兰德（JP Bland，1863—1945）合著的《慈禧统治下的大清帝国》多依据《景善日记》。[21]巴克斯爵士与此时的中国紧密相连。休·特雷弗-罗珀（Hugh Trevor-Roper，1914—2003）将他当作一个狂热的同性恋而加以轻视，则简化了此人极为复杂的人生经历。不过，哪怕是日记造假所需要的技艺也表明，巴克斯爵士具有渊博的知识。尽管《慈禧统治下的大清帝国》在史料上遭到学界质疑，但此书是英国最早的有关中国的通俗历史著作之一。它极大地强化了英国人心中慈禧是堕落的独裁者的观念。此外，巴克斯爵士与濮兰德合著的《北京宫廷编年史和回忆录》依据宫廷档案，其可靠性从未遭到质疑。[22]巴克斯为追求学术理想，在 1913 年至 1922 年向博德利图书馆（Bodleian Library）捐赠了 650 多部图书，是该馆中文文献个人捐献者中最多的一位。虽然这批图书大部分来历不明，但内容丰富，既有非常珍稀的善本，也有大量的满文资料。

　　只有在当时的时代背景下，方可理解上述学者。他们对英国清史研究的成长有着开创性影响。传教士、外交官、商人和殖民者都沉浸于通商口岸的世界——延伸开来，即整个英帝国的世界。这些人塑造了英国对中国的态度。他们通过通商口岸透视中国，并在这一体系里解释、沟通他们的立场。正是在此语境下，巴克斯等人有关中国的对话才变得可以理喻。清朝的灭亡损害了通商口岸人们的利益，因为英国人将其同脑海中义和团式的排外民族主义联系在一起。他们的著作反映了这一立场。他们对英国的中文藏书以及博物馆馆藏影响深远：派往中国的英国人将新奇品寄回母国；1842 年鸦片战争的战利品当中的某些文件如今保存在大不列颠博物馆；传教士退休后将他们的私人图书馆捐献给伦敦亚非学院、牛津大学和剑桥大学。

　　值得一提的是，在当时的帝国语境下，英国在华文官职位的声望和竞争力均不能同在印度的文官相比。同时，通商口岸的文化坚定地守护着"英国"文化和特权。在帝国氛围中，语言技艺的价值依然被低估——这常常阻碍真正的学术探索。更糟糕的是，直至20世纪初，英国文化中对中国的负面刻板印象依然广泛存在。[23]1909年的雷伊报告（Reay Report）正确并严厉地批判了英国大学的中文教育：尽管教职（chairs）数量在缓慢增长，英国依然未能培养出受过充分训练的汉学家。该报告严厉地批评了英国中文教育的失败。翟理斯本人在报告的访谈中十分尖锐地强调中国研究乏善可陈。当他被问及是否愿意雇佣母语为汉语的助手时，翟氏回答："我确实应该有一位，不过剑桥大学恐怕不会让这么做。"[24]尽管报告提出不少批评，但直到1920年，报告提出的建议也没有得到很好的执行。中文系教授（Chair）依然从回国退休的外交官或传教士等特定群体中招揽。

第二节　地缘政治与学界：二战的影响与共产主义的登台

二战以及随后的共产党获得政权在学界引发巨大冲击。亚洲战火揭示出语言人才的严重缺乏，尤其是日语人才。汉语人才同样也很匮乏。在冷战以及美国麦卡锡主义兴起的背景下，历史学家有责任解释为什么共产主义会上台，而同时新成立的中华人民共和国却禁止研究者使用档案或进行田野调查。

尽管战后一些大学设置了本科教育——其中最显著的是亚非学院（SOAS），但那时的杰出学者不管是出于偶然还是为政府服务的目的，依然倾向从事东亚研究。此后英国连续数代汉学家很多都在战时语言培训项目里接受汉学的入门教育。霍克思（David Hawkes，1923—2009）即是其中一员。霍克思在布莱切利公园（Bletchley Park）接受日语训练，并进入牛津大学在新设的荣誉项目（honours programme）学习中文和日文。霍氏擅长文学研究并以其不朽译作《红楼梦》（英译为《石头记》，1979年出版）著称于世。[25]霍克思与其同时代学者一起扩展了英国中文文学领域，将明清时代的经典（classics）以及现代作家的作品纳入研究视野，而其余学者的研究领域依然限定在牛津和剑桥业已成熟的古典汉学传统体系内。

杜希德（Denis Twitchett，1925—2006）同霍克思一样，在布莱切利公园接受日语训练，但他于 1946—1947 年在亚非学院学习现代汉语。虽然杜氏主要以唐史学家著称，但是他对扩展欧洲汉学的研究领域以及确保帝制中国晚期历史研究的声誉做出了重要贡献。[26]杜氏还因为与费正清（John King Fairbank，1907—1991）的关系而闻名。费氏是 20 世纪西方汉学的旗帜性人物。他曾参加过二战，并和国民党一样在重庆工作。费正清的大部分职业生涯是在哈佛度过的。不过，二战前他借助罗德奖学金（Rhodes Scholarship），在牛津大学跟随苏慧廉学习。在英国期间，费正清由于同苏氏关系日益紧张，便在马士的指导下钻研档案。马士对费正清思想的发展以及费氏对中国的务实态度具有非同一般的影响。

尽管杜希德和费正清的生活经历有许多共同点，二人还一起主编了《剑桥中国史》，但他们对当时亚洲的不同体验导致二人选择了大不一样的研究方向。杜希德受过古典汉学的训练，坚决反对受马克思主义影响的史学研究。他目睹了 1960 年代中国的混乱，认为这只是中国辉煌历史中的例外。同时，费正清作为先驱者开创了"哈佛学派"。这一学派兴起的缘由部分是为了解释共产党上台引发的新的学术问题。费氏不再如早期汉学界那样注重语言文字学的研究取向，而是极力提倡用"当下"的视角去审视中国历史。他坚信鸦片战争之前都算是"古代中国"，跟当时的中国无关，并且远离"中文系"以及古典（classical）汉学。[27]从本质上看，费正清主张研究对象集中在中国的学者融入人文和社会科学的主流中去。1964 年出版的《亚洲研究杂志》（*Journal of Asian Studies*）刊载了费氏研究路径（approaches）引发的争论。费氏以学科为导向的研究路径旨在训练记者或其他具有能力应对现代中国现实的人——他们利用比较方法和其他学科产生的理论来阐明他们的学术观点，并开始寻求别样的解释框架，与更加广阔的学界进行对话。然而，杜希德却依然坚持语言学取向（philological approach）是汉学研究的主干，依然大力提倡全面的基础教育。这反映出早期学校课程设置的持续影响——在历史悠久的英国大学里，中文系本科教育都遵从这种课程设置。[28]

　　尽管如此，杜希德和费正清创造性对话的结果是他们联合担任《剑桥中国史》这一巨著的总主编。《剑桥中国史》力图全面研究中国历史的所有时期、所有主题，每一章均由该领域的专家撰写。《剑桥中国史》晚清卷为后来的学者提供了一个路标：现代化被描述为中国对西方多方位挑战的回应；相应地，该卷文章主要关注中国回应西方时的各种表现（incarnations）。[29]

第三节　清史研究的专业化与新清史

　　虽然看起来有违直觉，但英国汉学的专业化的确可以归结到一个连硕士学位都没有的美国人拉铁摩尔（Owen Lattimore，1900—1989）身上。他出任首位利兹大学（Leeds）中文终身教授（tenure），这在英国汉学历史上具有关键性意义。迫使拉铁摩尔离开美国的缘由让人遗憾：参议员麦肯锡亲自指控他是间谍后，他无法避开同情共产主义者的指责。1963 年，由于拉铁摩尔无法在美国获得终身教职，他被延揽到利兹大学，并出任汉学系首任主任（inaugural head）。他担任这一职务直至 1970 年。退休后，他依然时不时地在利兹和曼彻斯特等地演讲。

　　拉铁摩尔令人瞩目的地方在于其广泛的游历以及他对满洲、蒙古和中亚的终身关注。19 世纪的汉学研究主要由冒险者与另类（eccentrics）主宰——拉铁摩尔或许是最后一个此类型的学者。他强调汉语教学与文化研究相结合，同时强调"从中国内部看中国"，"从中国往外看世界"。他的这些看法改变了利兹大学的汉语教学。[30]拉铁摩尔对中亚的特别关注最终致使利兹大学开创了蒙古学研究。他关于满洲的思想则影响了后来新清史的满洲中心取向。他的研究不仅影响了后来诺德比·朱迪（Judith Nordby）这样的蒙古史专家，还影响了中世纪学者史怀梅（Naomi Standen）的研究——史怀梅将中国和蒙古置于更广阔的欧亚历史的框架中。此外，拉铁摩尔的边疆理论以及"草原—内陆模式"依然为学者提供灵感：在新清史运动以及环境史的兴起中均有学者对拉铁摩尔的思想做出回应。[31]

　　拉铁摩尔在利兹的教学生涯不仅预示了区域研究在英国的来临，也预示了费正清"西方冲击—中国回应"模式在晚清史研究中不再一统天下。中国在政治上再次打开国门以及 1970 年代部分档案的开放开启了社会经济史研究（广义的修正史学）的新时代。包括施坚雅（William Skinner，1925—2008）、韩书瑞（Susan Naquin）、罗友枝（Evelyn Rawski）等人在内的美国学者是这一时代的引领者。其后，保罗·柯文在 1980 年代对美国清史研究的批评将新近理论发展的洞见以及后殖民理论带入汉学研究中，从而导致学者们有一种冲动去批判发展模式（models of development）并致力于撰写"从下而上"的历史。正是从这一时期开始，清史书写渐渐成为一个被广泛探究的独特领域。尽管这一时期很少有英国的清史学者崭露头角，但是伊懋可（Mark Elvin）的经济史与环境史研究却脱颖而出。伊氏对中国宏观历史问题的全面探索缘于他在社会经济史方面的深厚背景：他早期曾与施坚雅合作并曾对上海的发展做过细致研究。当然，若将伊懋可归纳成纯粹的清史学者，恐怕会忽视他研究中国长时段历史的努力（commitment）。伊懋可在《中国历史的模式》和《大象的退却》两书中分别就中国经济史和环境史的整体发展做了引人深思的考察。[32]

　　英美学界的沟通让一位著名清史学家的大名进一步得到彰显。这位史家就是生于 1936 年的史景迁（Jonathan Spence）。史景迁生于英国，本科毕业于剑桥大学，在耶鲁大学获得博士学位，导师是芮玛丽（Mary Wright，1917—1970）。他后来在耶鲁任教长达 15 年之久。然而，在史景迁读博期间，正是房兆楹（Fang Chao-ying，1908—1985）对他的指导以及他对台北故宫博物院清代奏折的开创性利用才使得他站在时代前沿。史景迁以其生动的描写以及以人物刻画为中心的历史写作著称。他出版的作品不仅依据清宫史料深度刻画了帝王肖像，一部有影响力的西人在中国的历史，还细致重构了那些没有留下文字记载的人的生活。尽管史氏与众不同的写作风格招致过于自由的非议，但他的叙事天赋让其作品超越学术圈而进入普罗大众。时至今日，他的作品依然在本科生的阅读书单里。[33]2008 年，业已退休的史景迁做了一次隐喻式的"回国探亲"：在英国广播公司（BBC）发表里斯讲座 60 周年演讲。在一系列广泛的演讲里，史氏力图根据过去的历史描述中国的现在。[34]

1990 年代，美国领导的新清史学派以及一种鲜明的"以满洲为中心"的清帝国史的走向也在英国引起反响。将吴劳丽（Laura Newby）描述成确凿无疑的"新清史"学者或许并不准确，因为她使用满文资料的动机以及对边缘地区的再考证同时来自傅礼初（Joseph Fletcher，1934—1984）的泛欧亚史研究以及新清史著作。吴劳丽的知名度主要来自她对清朝与浩罕国关系的研究。她利用察合台文、波斯文以及中文资料出版了一部非常重要的专著。[35]作为一部详细研究地方的著作，此书仔细考察了地方语境并力图将发生在新疆的事件融入北京的政治环境中。故此，此书将新清史满洲帝国的概念复杂化、问题化。吴劳丽博士是英国为数不多的满文教师，他还指导了多名博士生，其中包括后来继续专门从事清代边疆政治史的林孝庭（Hsiao-ting Lin）。[36]

毕可思的著作灵感主要源自英帝国史学家而非清史学家。他对英国在华殖民地的研究再次将通商口岸社会的研究整合到更为广阔的英帝国史以及殖民社会与母邦之间的关系史的研究当中。[37]此外，他的作品培育了年轻一代学者。这些学者除了参与"中华帝国海关业务史"这一英国国家艺术人文研究会（AHRC）项目外，还研究英国认同以及对华态度、香港与茶叶贸易等。博思源（Felix Boecking）对国民党关税政策的研究以及杰逸（Isabella Jackson）对上海跨国殖民主义的研究均从此开始。[38]同时，伦敦大学伯贝克学院蓝诗玲（Julia Lovel）对晚清史研究中的国际维度表现出类似的欣赏。她对鸦片战争的研究结合了中、英两国的不同语境，是第一部如此专注鸦片战争的史书。该书因此获得2012 年度简·米哈尔斯基奖（Jan Michalski Prize）。[39]和史景迁的早期作品一样，蓝诗玲著作的魅力能够超越学界象牙塔并吸引大众读者。

第四节 结 语

或许这篇简短综述得出的唯一结论就是研究取向的多样性以及国际联系的复杂性共同建构了学术探索。尽管近年来这一领域增长迅速，尤其是新清史模式的兴起引发了重要争论，但随着新史料变得更加易得，新研究继续注重清朝与更广阔的世界的联系，清史研究的未知领域依然很多。如同英国第一代汉学家通过过去了解他们那个时代的中国一样，历史叙述构成了今天对中国的理解并且巩固了今日历史书写的风格。因此，在中国日益变化的环境下，学界依然有必要对清代遗产及其话语进行敏锐而细致的审视。此外，英国学界不断参与中文学术圈也是基本要求。就英语世界的互连性而言，如果用英文写作的学者对中文学界的发展缺少整体认知，就会损害清史研究这一领域的整体性。最近交流项目、国际会议以及研习工作坊的不断增加，即表明这一短板正在被补上。

参考书目①

Backhouse, Edmund. *Decadence Mandchoue: The China Memoirs of Sir Edmund Trelawny Backhouse*. Edited by Derek Sandhaus. Hong Kong: Earnshaw Books, 2011.

——. Annals & Memoirs of the Court of Peking, from the 16th to the 20th Century, by E. Backhouse and J.O.P. Bland. Lond, 1914.

Barrett, Timothy Hugh. *Singular Listlessness: A Short History of Chinese Books and British Scholars*. London: Wellsweep, 1989.

"BBC-Radio 4-Reith Lectures 2008: Chinese Vistas." Accessed March 14, 2016. http://www.bbc.co.uk/radio4/reith2008/.

Bickers, Robert A. *Britain in China: Community, Culture and Colonialism 1900 - 1949*. Studies in Imperialism (Manchester, England). Manchester: Manchester University Press, 1999.

——. *The Scramble for China: Foreign Devils in the Qing Empire, 1832 - 1914*. London: Allen Lane, 2011.

Bland, J. O. P. (John Otway Percy), and E. (Edmund) Backhouse.

---

① 本参考书目是作者原文的一部分。这些书目多数出现在注释中，故此处未做翻译。此处将原文附上，供有兴趣的读者参考。——译者注

China under the Empress Dowager: *Being the History of the Life and Times of Tzŭ Hsi*. London: W. Heinemann, 1912.

Boecking, Felix. "Unmaking the Chinese Nationalist State: Administrative Reform among Fiscal Collapse, *1937 – 1945.*" *Modern Asian Studies* 45, no. 2 (March 2011): 277 – 301.

Branner, David Prager. "The Linguistic Ideas of Edward Harper Parker." *Journal of the American Oriental Society* 119, no. 1 (1999): 12 – 34.

British Association for Chinese Studies. *A Guide to Chinese Studies in Britain*. London: British Association for Chinese Studies, 1991.

Brunero, Donna. *Britain's Imperial Cornerstone in China*: *the Chinese Imperial Maritime Customs Service*, *1854 – 1949*. London: Routledge, 2006.

Cao, Xueqin. *The Story of the Stone*: *A Chinese Novel*. Translated by David Hawkes, John Minford, and E. Gao. Penguin Classics. Harmondsworth: Penguin Books, 1973.

Eberhard-Bréard, Andrea. "Robert Hart and China's Statistical Revolution." *Modern Asian Studies* 40, no. 3 (2006): 605 – 29.

Elvin, Mark. *Mandarins and Millenarians*: *Reflections on the Boxer Uprising of 1899 – 1900*. Oxford: Journal of the Anthropological Society of Oxford, 1979.

——. *Retreat of the Elephants*: *An Environmental History of China*. New Haven, London: Yale University Press, 2004.

Elvin, Mark, and G. William Skinner, eds. *The Chinese City between Two Worlds*. Stanford, Calif.: Stanford University Press, 1974.

Fairbank, John King, and Denis Crispin Twitchett. *The Cambridge History of China*. Cambridge: Cambridge University Press, 1978.

Giles, Herbert Allen. *China and the Manchus*. Cambr. Manuals of Sci. and Lit. vol.49. Cambr, 1912.

Girardot, N. J. *The Victorian Translation of China*: *James Legge's Oriental Pilgrimage*. Berkeley, London: University of California Press,

2002.

González de Mendoza, Juan.*The History of the Great and Mighty Kingdom of China and the Situation Thereof*. Works Issued by the Hakluyt Society. London: Hakluyt Society, 1853.

Great Britain, Treasury Committee on the Organisation of Oriental Studies in London, and Donald James Mackay Reay.*Report of the Committee Appointed by the Lords Commissioners of His Majesty's Treasury to Consider the Organisation of Oriental Studies in London: With Copy of Minute and Letter Appointing the Committee, and Appendices: Presented to Both Houses of Parliament by Command of His Majesty*. London: Printed for H. M. S. O. by Eyre and Spottiswoode, 1909.

Hart, Robert.*Robert Hart and China's Early Modernization: His Journals, 1863 - 1866*. Edited by Katherine Frost Bruner, John King Fairbank, and Richard J. Smith. Harvard East Asian Monographs: 155. Cambridge, Mass: Council on East Asian Studies, Harvard University; London, 1991.

——.*The I. G. in Peking: Letters of Robert Hart, Chinese Maritime Customs, 1868 - 1907*. Edited by John King Fairbank, Katherine Frost Bruner, Elizabeth MacLeod Matheson, and James Duncan Campbell. Cambridge, Mass: Belknap Press of Harvard University Press, 1975.

Helliwell, David. "Two Collections of Nineteenth-Century Protestant Missionary Publications in the Bodleian Library." *Chinese Culture*, 31.4 (1990): 21 - 38.

——."Survey of the Chinese Special Collections in the Bodleian Library." University of Oxford, November 6, 2015, http://www.bodley.ox.ac.uk/users/djh/serica/forNLC/SericaSurvey.pdf.

Horowitz, Richard S. "Politics, Power and the Chinese Maritime Customs: The Qing Restoration and the Ascent of Robert Hart." *Modern Asian Studies* 40, no. 3 (2006): 549 - 81.

Jackson, Isabella. "The Raj on Nanjing Road: Sikh Policemen in

Treaty-Port Shanghai."*Modern Asian Studies* 46, no. 6 (November 2012): 1672 – 1704.

Jansen, Marius B. "Obituary: John King Fairbank (1907 – 1991)." *The Journal of Asian Studies* 51, no. 1 (February 1, 1992): 237 – 42.

Lattimore, Owen. *History and Revolution in China*. Scandinavian Institute of Asian Studies Monograph Series, No. 3. Lund: Studentlitteratur, 1970.

——.*Inner Asian Frontiers of China*. American Geographical Society Research Series, No. 21. New York: American Geographical Society, 1940.

——.*Studies in Frontier History*, *Collected Papers*, *1928 – 1958*. London, New York: Oxford University Press, 1962.

Legge, James. *The Life and Teachings of Confucius* [*containing the Confucian Analects*, *the Great Learning and the Doctrine of the Mean*] *with Explanatory Notes*, *by J. Legge*. Chin. Classics: Tr. into Engl. vol.1. Lond, 1867.

Legge, James, and Clae Waltham.*Shu Ching* = *Book of History*: *A Modernized Edition of the Translations of James Legge*. London: Allen & Unwin, 1972.

Lin, Hsiao-Ting. "The Tributary System in China's Historical Imagination: China and Hunza, Ca. 1760 – 1960."*Journal of the Royal Asiatic Society*, Third Series, 19, no. 4 (October 1, 2009): 489 – 507.

Lo, Huimin. "The Ching-Shan Diary: A Clue to Its Forgery."*East Asian History* 01 (1991): 98 – 124.

Lovell, Julia.*The Opium War*: *Drugs*, *Dreams and the Making of China*. London: Picador, 2012.

McMullen, David. "Denis Twitchett." In *Proceedings of the British Academy*, *Volume* 166, *Biographical Memoirs of Fellows*, *IX*, edited by Professor Ron Johnston FBA, 323 – 45. OUP/British Academy/Proceedings of the British Academy 166, 2011.

Morse, Hosea Ballou.*The Chronicles of the East India Company*,

Trading to China 1635 – 1834. Oxford: Clarendon Press, 1926.

——.*The International Relations of the Chinese Empire*. Lond &. c, 1910.

——.*The Trade and Administration of the Chinese Empire*. Revised ed. Lond &. c, 1913.

Newby, Laura.*The Empire and the Khanate: A Political History of Qing Relations with Khoqand, C. 1760 – 1860*. Brill's Inner Asian Library, v. 16. Leiden: Brill, 2005.

Newman, Robert P.*Owen Lattimore and the "Loss" of China*. Berkeley, Oxford: University of California Press, 1992.

O'Leary, Richard. "Robert Hart in China: The Significance of His Irish Roots."*Modern Asian Studies* 40, no. 3 (2006): 583 – 604.

Parker, Edward Harper. "A Simplified Account of the Progenitors of the Manchus," January 1, 1893. http://www. jstor. org/stable/60236104.

——.*China, Her History, Diplomacy and Commerce*. Lond, 1901.

——.*Chinese Account of the Opium War*. Pagoda Libr. 1. Shanghai, 1888.

Seshagiri, Urmila. "Modernity's (Yellow) Perils: Dr. Fu-Manchu and English Race Paranoia."*Cultural Critique*, no. 62 (2006): 162 – 94.

Simpson, Jade. "Founding Professor Owen Lattimore." Accessed November 9, 2015. http://www. leeds. ac. uk/arts/info/20052/east_asian_studies/2442/founding_professor_owen_lattimore.

Soothill, William Edward.*The Three Religions of China: Lectures Delivered at Oxford*. 3rd ed. London: Oxford University Press, 1929.

Spence, Jonathan D.*The China Helpers: Western Advisers in China, 1620 – 1960*. London: Bodley Head, 1969.

——.*Emperor of China: Self-Portrait of K'ang-Hsi*. London: Jonathan Cape, 1974.

——.*The Death of Woman Wang*. Harmondsworth: Penguin, 1978.

——.*The Search for Modern China*. London: Hutchinson, 1990.

Staunton, George Thomas. 'Corrected report of the speech of Sir George Staunton, on Lord Ashley's motion on the opium trade, in the House of Commons, April 4, 1843: with introductory remarks and an appendix.' *Hume Tracts*, 1843.

——.*Observations on Our Chinese Commerce; Including Remarks on the Proposed Reduction of the Tea Duties, Our New Settlement at Hong Kong, and the Opium Trade*. Lond, 1850.

——.*Memoirs of the Chief Incidents of the Public Life of Sir George Thomas Staunton, Bart*. London: L. Booth, 1856. Staunton, George Thomas, Cadell & Davies, and Strahan and Preston. *Ta Tsing Leu Lee: Being the Fundamental Laws, and a Selection from the Supplementary Statutes, of the Penal Code of China, Originally Printed and Published in Pekin, in Various Successive Editions, under the Sanction, and by the Authority, of the Several Emperors of the Ta Tsing, or Present Dynasty*. London: Printed for T. Cadell and W. Davies, in the Strand, 1810.

Staunton, George Thomas and Tulišen. *Narrative of the Chinese Embassy to the Khan of the Tourgouth Tartars, in the Years 1712, 13, 14, & 15*. China Studies. Studies in Chinese History and Civilization. Arlington, Va: University Publications of America, 1976. Stifler Susan Reid. "The Language Students of the East India Company's Canton Factory." *Journal of the North China Branch of the Royal Asiatic Society*, 69 (1938): 46 - 82.

Tiffen, Mary. Friends of Sir Robert Hart: Three Generations of Carrall Women in China. Crewkerne: Tiffania, 2012.

Trevor-Roper, Hugh.*Hermit of Peking: The Hidden Life of Sir Edmund Backhouse*. London: Papermac, 1986.

Twitchett, Denis. "A Lone Cheer for Sinology." *The Journal of Asian Studies* 24, no. 1 (1964): 109 - 12.

Van de Ven, Hans. "Robert Hart and the Chinese Maritime Customs Service."*Modern Asian Studies* 40:3（2006），545－547.

Wright，Stanley Fowler. *Hart and the Chinese Customs*. Belfast：
Published for the Queen's University by W. Mullan，1950.

注释

[1]何大伟. 为中国国家图书馆准备的博德利图书馆汉籍典藏调查报告（David
Helliwell，*Survey of the Chinese Special Collections in the Bodleian Library*，*Pre-
pared for the National Library of China*，14th July 2015. http://www. bodley.
ox. ac. uk/users/djh/serica/forNLC/SericaSurvey. pdf）。

[2]早期东印度公司语言类学生以及他们的背景，可参见苏珊·里德·斯蒂夫
勒. 英国东印度公司广州商馆的汉语学生（Susan Reed Stifler. "The Language
Students of the East India Company's Canton Factory." *Journal of the North China
Branch of the Royal Asiatic Society*，1938，69：46－82）［可参见刘美华、杨慧玲
的中译文：国际汉学，2016（1）：105－126］。

[3]关于小斯当东对自己人生的叙述，请参见斯当东. 小斯当东回忆录
（George Thomas Staunton. *Memoirs of the Chief Incidents of the Public Life of Sir
George Thomas Staunton. Bart*. London：L. Booth，1856）（可参见屈文生的中译
本，上海：上海人民出版社，2015）。

[4]参见蒂姆·巴雷特. 不思进取，不可思议：汉学书籍和英国学者往事综述
（Timothy Hugh Barrett. *Singular Listlessness：A Short History of Chinese Books
and British Scholars*. London：Wellsweep，1989）（部分内容可参见熊文华. 英国汉
学史. 北京：学苑出版社，2007：177－189）；斯当东，译. 大清律例（George
Thomas Staunton. *Ta Tsing Leu Lee：Being the Fundamental Laws，and a Selection
from the Supplementary Statutes，of the Penal Code of China，Originally Printed
and Published in Pekin，in Various Successive Editions，under the Sanction，and
by the Authority，of the Several Emperors of the Ta Tsing，or Present
Dynasty*. London：Cadell and Davies，1810）；图里琛. 斯当东，译. 异域录［George
Thomas Staunton and Tulišen. *Narrative of the Chinese Embassy to the Khan of the
Tourgouth Tartars，in the Years* 1712，13，14，& 15. Arlington，VA：University
Publications of America，1976（1821）］；斯当东. 对华商务观察报告（George
Thomas Staunton. *Observations on Our Chinese Commerce；Including Remarks on
the Proposed Reduction of the Tea Duties，Our New Settlement at Hong Kong，
and the Opium Trade*. London，1850）。与同时期很多英国权力机构（British estab-
lishment）里的人不同，小斯当东一直反对对华鸦片贸易，因为他完全承认鸦片贸

易违反中国法律这一事实。这或许是小斯当东引人注目之处。不过，出于一种逻辑扭曲的"公平"以及对国家的忠诚，他确实支持鸦片战争。请参见此时期的国会演讲。斯当东. 关于乔治·斯当东于 1843 年 4 月 4 日在下议院就阿什利勋爵对鸦片贸易的态度所作演讲的更正报告（George Thomas Staunton. "Corrected report of the speech of Sir George Staunton, on Lord Ashley's motion on the opium trade, in the House of Commons, April 4, 1843: with introductory remarks and an appendix." *Hume Tracts*, 1843, http://www.jstor.org/stable/60212203）。

[5]小斯当东决定重译门多萨 1585 年的著作，这既反映出欧洲早期旅居者和汉学家的作品所具有的价值，也反映出当时他们是沿着特定路径评估中国社会的。门多萨. 斯当东, 译. 中华大帝国史（Juan González de Mendoza. *The History of the Great and Mighty Kingdom of China and the Situation Thereof*. Trans. by George Thomas Staunton. London: Hakluyt Society, 1853）（可参见孙家堃的中译本，北京：中央编译出版社，2009）。

[6]1850 年至 1951 年的《北华捷报》均可在 Brill 网站浏览，网址：http://nch.primarysourceonline.nl/nch/。关于英国人在中国，中国与大英帝国的关系以及通商口岸的遗产，可参见毕可思（Robert Bickers）的著作。他的近著《瓜分中国》为此提供了非常好的介绍，见罗伯特·毕可思. 瓜分中国：外国列强在清朝，1832—1914（Robert A. Bickers. *The Scramble for China: Foreign Devils in the Qing Empire, 1832 - 1914*. London: Allen Lane, 2011）。

[7]蒂姆·巴雷特（T. H. Barrett）对英国大多数早期汉学家的努力不屑一顾，特别是同当时欧洲大陆的学者一对比的话，详情可参见蒂姆·巴雷特. 不思进取，不可思议：汉学书籍和英国学者往事综述（Timothy Hugh Barrett. *Singular Listlessness: A Short History of Chinese Books and British Scholars*. London: Wellsweep, 1989: 66 - 84）；英国主要大学中文系成长的个案研究，可参见英国汉学协会. 英国汉学研究指南（British Association for Chinese Studies. *A Guide to Chinese Studies in Britain*. London: British Association for Chinese Studies, 1991）。

[8]相关研究如下：理雅各，沃尔瑟姆. 书经：理雅各《尚书》译本的现代版（James Legge and Clae Waltham. *Shu Ching: the Book of History: A Modernized Edition of the Translations of James Legge*. London: Allen & Unwin, 1972）；理雅各. 孔子生平及其学说 [James Legge. *The Life and Teachings of Confucius (containing the Confucian Analects, the Great Learning and the Doctrine of the Mean) with Explanatory Notes, by J. Legge*. Chinese Classics: Translated into English. Vol. 1, London, N. Trübner & Co, 1867]。关于理雅各的生平以及功绩有许多研究。吉瑞德新近的著作将这些研究置于维多利亚时期的语境下——这一语境试图"翻译"并理解中国，特别是在宗教领域。吉瑞德. 朝觐东方：理雅各评传

（N. J. Girardot. *The Victorian Translation of China*：*James Legge's Oriental Pilgrimage*. Berkeley, London：University of California Press, 2002）（可参见段怀清、周俐玲的中译本, 桂林：广西师范大学出版社, 2011）。

[9]苏慧廉. 中国三大宗教：牛津讲座合辑（William Edward Soothill. *The Three Religions of China*：*Lectures Delivered at Oxford*. 3rd ed. London：Oxford University Press，1929）。

[10]何大伟. 博德利图书馆所藏两类 19 世纪新教传教士出版物［David Helliwell. "Two Collections of Nineteenth-Century Protestant Missionary Publications in the Bodleian Library." *Chinese Culture*, 1990, 31（4）：21 - 38］。

[11]英国人到底如何开始"管理"中国海关的完整图像可以洞察第一次鸦片战争后, 外国人干涉清廷政务运行的方式。由于地方叛乱, 上海县令匆忙离开。为了确保履行条约规定的义务以及在华通商特权, 英、法、美三国代表代表清廷征收应缴关税。

[12]方德万. 罗伯特·赫德与中国海关税务司［Hans Van de Ven. "Robert Hart and the Chinese Maritime Customs Service." *Modern Asian Studies*, 2006, 40（3）：546］。

[13]罗伯特·赫德. 凯瑟琳·F. 布鲁纳, 约翰·K. 费正清, 理查德·J. 司马富, 编. 赫德日记——赫德与中国早期现代化（Robert Hart. *Robert Hart and China's Early Modernization*：*His Journals*, 1863 - 1866. In Katherine Frost Bruner, John King Fairbank, and Richard J. Smith eds. Harvard East Asian Monographs：155, Cambridge, Mass：Council on East Asian Studies, Harvard University；London, 1991）（可参见陈绛的中译本, 北京：中国海关出版社, 2005）；罗伯特·赫德. 费正清, 等编. 总税务司在北京：中国海关总税务司赫德致金登干书简（1868—1907）（Robert Hart. *The I. G. in Peking*：*Letters of Robert Hart*, *Chinese Maritime Customs*, 1868 - 1907. Ed. John King Fairbank et al. Cambridge, Mass：Belknap Press of Harvard University Press, 1975）。

[14]马士. 中华帝国对外关系史（Hosea Ballou Morse. *The International Relations of the Chinese Empire*. 3 vols, London：Longmans, Green & Co. 1910 - 1918）（可参见张汇文等的中译本, 上海：上海书店出版社, 2006）；马士. 东印度公司对华贸易编年史 1635—1834 年（Hosea Ballou Morse. *The Chronicles of the East India Company*, *Trading to China 1635 - 1834*. 5 vols. Oxford：Clarendon Press, 1926—1929）（可参见区宗华的中译本, 广州：广东人民出版社, 2016）；马士. 中朝制度考（Hosea Ballou Morse. *The Trade and Administration of the Chinese Empire*. Revised edition, London：Longmans, Green & Co. 1913）。

[15]梅乐和从未出版他的作品。毕可思对梅乐和作品的政治背景和写作环境做

了充分说明，并明显带有咒骂梅氏的企图。对梅乐和更加正面的评价，可参见布鲁诺关于中国海关事务的专著。罗伯特·毕可思. 瓜分中国：外国列强在清朝，1832—1914（Robert Bickers. *The Scramble for China：Foreign Devils in the Qing Empire，1832‑1914*. London：Allen Lane，2011：375‑394）；布鲁诺. 英帝国在华利益之基石：近代中国海关（1854—1949）（Donna Brunero. *Britain's Imperial Cornerstone in China：the Chinese Imperial Maritime Customs Service，1854‑1949*. London：Routledge，2006）（可参见黄胜强等的中译本，北京：中国海关出版社，2012）。

[16]魏尔特的评价主要依据赫德的行政天赋，见魏尔特. 赫德与中国海关（上）（下）（Stanley Fowler Wright. *Hart and the Chinese Customs*. Belfast：Published for the Queen's University by W. Mullan，1950）（可参见陆琢成等的中译本，厦门：厦门大学出版社，1993）。

[17]霍洛维茨. 政治、权力和中国海关：同治中兴和赫德的冒升［Richard S. Horowitz. "Politics，Power and the Chinese Maritime Customs：The Qing Restoration and the Ascent of Robert Hart." *Modern Asian Studies*，2006，40（3）：549‑581］；玛丽·蒂芬. 中国岁月——赫德爵士和他的红颜知己（Mary Tiffen. *Friends of Sir Robert Hart：Three Generations of Carrall Women in China*. Crewkerne：Tiffania，2012）（可参见戴宁、潘一宁的中译本，桂林：广西师范大学出版社，2017）；布雷德. 赫德和中国统计改革［Andrea Eberhard-Bréard. "Robert Hart and China's Statistical Revolution." *Modern Asian Studies*，2006，40（3）：605‑629］；理查德. 赫德在中国——他的爱尔兰血统的意义［Richard O'Leary. "Robert Hart in China：The Significance of His Irish Roots." *Modern Asian Studies*，2006，40（3）：583‑604］。

[18]翟理斯. 中国和满人（Herbert Allen Giles. *China and the Manchus*. Cambridge. Manuals of Science. and Literature. Vol. 49，Cambridge：Cambridge University Press，1912）。

[19]庄严龄（又译作庄延龄）. 满洲先祖简述（Edward Harper Parker. *A Simplified Account of the Progenitors of the Manchus*. 1893. http：//www. jstor. org/stable/60236104.）；庄严龄. 关于鸦片战争的汉文记载：魏源《圣武记》卷十《道光洋艘征抚记》译文（Edward Harper Parker. *Chinese Account of the Opium War*，Pagoda Library. 1，Shanghai，1888）；庄严龄. 中国的历史、外交和商业（Edward Harper Parker. *China，Her History，Diplomacy and Commerce*，London：J. Murray，1901）。

[20]林德威. 庄严龄的语言观［David Prager Branner. "The Linguistic Ideas of Edward Harper Parker." *Journal of the American Oriental Society*，1999，119

(1)：12 - 34]。

[21]《慈禧统治下的大清帝国》是当时的畅销书，属于首批能够风靡普罗大众的中国史书籍。该书的魅力在很大程度上基于《景善日记》——生动描述义和团运动的第一手资料。景善是一名高官，但较为平庸。他身后没有留下多少遗迹，但他确实有机会直达宫禁，所以他的日记看起来似乎有据——足以蒙蔽当时一些显赫的史学家。直到 1936 年，该日记才被确证是伪造。濮兰德，贝克豪. 慈禧统治下的大清帝国（J. O. P. Bland and Edmund Backhouse. *China under the Empress Dowager：Being the History of the Life and Times of Tzǔ Hsi*. London：W. Heinemann，1912）（可参见牛秋实、杨中领的中译本，天津：天津人民出版社，2008）；骆惠敏. 景善日记：关于其伪造的线索（Lo Huimin. "The Ching-Shan Diary：A Clue to Its Forgery." *East Asian History*，1991，1：98 - 124）。

[22]1899 年至 1944 年，巴克斯的大部分时间是在北京度过的。围绕他的争论主要同他在北京的回忆录有关。这些回忆录有许多情色描写。这极有可能是巴克斯在开始写作时，已经无法区分现实与臆想所造成的。因此，他在回忆录中称他与慈禧太后有一段婚外情——这几乎不可能发生。然而，巴克斯的确打进了满洲高官的圈子。编辑巴克斯回忆录最近版本的德力（Derek Sandhaus）在回忆录"导论"中认为，朝廷习俗以及妓院礼仪的详细知识至少表明巴克斯回忆录中的部分内容可以在现实中找到。此外，他早期的学术真的很不一般，而且他还是一名极有天赋的语言学家。休·特雷费·罗珀. 北京的隐士：巴克斯爵士的隐蔽生活（Hugh Trevor-Roper. *Hermit of Peking：The Hidden Life of Sir Edmund Backhouse*. London：Papermac，1986）（可参见胡滨、吴乃华的中译本，济南：齐鲁书社，1986）；巴克斯（又译作白克好司），布兰德. 清室外纪（Edmund Backhouse and J. O. P. Bland. *Annals & Memoirs of the Court of Peking，from the 16th to the 20th Century*. London：W Heinemann 1914）（可参见陈冷汰等的中译本，北京：中华书局，1915）；巴克斯（又译作巴恪思）. 太后与我（Edmund Backhouse. *Decadence Mandchoue：The China Memoirs of Sir Edmund Trelawny Backhouse*. Ed. Derek Sandhaus，Hong Kong：Earnshaw Books，2011）（可参见王笑歌的中译本，昆明：云南人民出版社，2012）。

[23]对这些刻板印象重要性的清楚叙述以及萨克斯·罗默（Sax Rohmer）傅满洲系列小说的作用，请参见厄米拉·塞斯格里. 现代性的（黄色）危险：傅满洲博士与英国人的种族偏见 [Urmila Seshagiri. "Modernity's（Yellow）Perils：Dr. Fu-Manchu and English Race Paranoia." *Cultural Critique*，2006，62：162 - 194]。

[24]英国伦敦东方学研究中心财政委员会，雷伊勋爵. 雷伊报告（由英国财政部任命的委员会审议伦敦东方研究组织的报告：附任命此委员会的会议记录和信件的副本，以及附录"它在国王的命令下提交议会两院"）（Great Britain，Treasury

Committee on the Organisation of Oriental Studies in London，and Donald James Mackay Reay. *Report of the Committee Appointed by the Lords Commissioners of His Majesty's Treasury to Consider the Organisation of Oriental Studies in London*：*With Copy of Minute and Letter Appointing the Committee*，*and Appendices*：*Presented to Both Houses of Parliament by Command of His Majesty.* London：Eyre and Spottiswoode，1909，143）。

［25］曹雪芹，高鹗. 戴维·霍克思，约翰·闵福德，译. 红楼梦（Xueqin Cao and E. Gao. *The Story of the Stone*：*A Chinese Novel*. Trans. David Hawkes，John Minford. Harmondsworth：Penguin Classics，1973）。该书的后四十回由霍克思的学生兼女婿闵福德（Jon Minford）翻译。闵福德如今是澳大利亚国立大学的中文教授。

［26］杜希德后来说，他选择中古时期作为博士论文选题的决定降低了他在剑桥大学的导师夏伦(Gustav Haloun，又译作霍古达) 带来的耻辱感。受到当时英国汉学界极端古典主义趋势的影响，夏伦抱怨说唐研究"不是历史，而是新闻报道"。麦大伟. 杜希德（David McMullen. "Denis Twitchett." In *Proceedings of the British Academy*，*Volume* 166，*Biographical Memoirs of Fellows*，IX，ed. Ron Johnston，OUP/British Academy：Proceedings of the British Academy 166，2011：325）。

［27］马里厄斯·B. 詹森. 讣告：费正清（1907—1991）［Marius B. Jansen. "Obituary：John King Fairbank（1907‐1991)." *The Journal of Asian Studies*，1992，51（1）：237‐242］。

［28］杜希德. 为汉学孤独地喝彩［Denis Twitchett．"A Lone Cheer for Sinology." *The Journal of Asian Studies*，1964，24（1）：109‐112］。

［29］参见费正清，杜希德. 剑桥中国史（John King Fairbank and Denis Crispin Twitchett. *The Cambridge History of China*. Cambridge：Cambridge University Press，1978）（可参见杨品泉等的中译本，北京：中国社会科学出版社，2012）。

［30］参见杰德·辛普森. 创始教授欧文·拉铁摩尔（Jade Simpson. *Founding Professor Owen Lattimore*，accessed on November 9，2015，http：//www. leeds. ac. uk/arts/info/20052/east _ asian _ studies/2442/founding _ professor _ owen _ lattimore）。关于拉铁摩尔生平及其作品的更多信息，可参见罗伯特·纽曼. 欧文·拉铁摩尔与"失去"中国（Robert P. Newman. *Owen Lattimore and the "Loss" of China*. Berkeley，Oxford：University of California Press，1992）。

［31］参见欧文·拉铁摩尔. 中国的亚洲内陆边疆（Owen Lattimore. *Inner Asian Frontiers of China*. New York：American Geographical Society，1940）（可参见唐晓峰的中译本，南京：江苏人民出版社，2017）；欧文·拉铁摩尔. 历史中的

内亚边疆（Owen Lattimore. *Studies in Frontier History*, *Collected Papers*, 1928—1958. London，New York：Oxford University Press，1962）（该书中译本由袁剑翻译，即将在商务印书馆出版）；欧文·拉铁摩尔. 中国的历史和革命（Owen Lattimore. *History and Revolution in China*. Lund：Student litteratur，1970）。

[32]伊懋可，施坚雅. 两个世界间的中国城市（Mark Elvin and G. William Skinner，eds. *The Chinese City between Two Worlds*. Stanford：Stanford University Press，1974）；伊懋可. 中国官吏与千禧年信徒：关于 1899—1900 年义和团运动的思考［Mark Elvin. "Mandarins and Millenarians：Reflections on the Boxer Uprising of 1899‐1900." *Journal of the Anthropological Society of Oxford*，1979，10（3）］；伊懋可. 大象的退却：一部中国环境史（Mark Elvin. *Retreat of the Elephants*：*An Environmental History of China*. New Haven，London：Yale University Press，2004）（可参见梅雪芹、毛利霞等的中译本，南京：江苏人民出版社，2014）。

[33]史景迁. 改变中国：在中国的西方顾问（Jonathan D. Spence. *The China Helpers*：*Western Advisers in China*，*1620‐1960*. London：Bodley Head，1969）（可参见温洽溢的中译本，桂林：广西师范大学出版社，2014）；史景迁. 中国皇帝：康熙自画像（Jonathan D. Spence. *Emperor of China*：*Self-portrait of K'ang-hsi*. London：Jonathan Cape，1974）（可参见吴根友的中译本，上海：上海远东出版社，2005）；史景迁. 王氏之死：大历史背后的小人物命运（Jonathan D. Spence. *The Death of Woman Wang*. Harmondsworth：Penguin，1978）（可参见李孝恺的中译本，桂林：广西师范大学出版社，2011）；史景迁. 追寻现代中国（Jonathan D. Spence. *The Search for Modern China*. London：Hutchinson，1990）（可参见黄纯艳的中译本，上海：上海远东出版社，2005）。

[34]这一系列演讲可以在 BBC 网站上见到："BBC‐Radio4‐Reith Lectures 2008：Chinese Vistas," accessed on March 14，2016，http://www. bbc. co. uk/radio4/reith2008/。

[35]吴劳丽. 帝国与汗国：清朝与浩罕汗国的政治关系史，约 1760—1860 年（Laura Newby. *The Empire and the Khanate*：*A Political History of Qing Relations with Khoqand*，*C. 1760‐1860*. Leiden：Brill，2005）。

[36]林孝庭. 中国历史想象中的朝贡体制：中国与罕萨，约 1760—1960 年［Hsiao-ting Lin. "The Tributary System in China's Historical Imagination：China and Hunza，Ca. 1760‐1960." *Journal of the Royal Asiatic Society*，Third Series，2009，19（4）：489‐507］。

[37]毕可思. 英国人在中国：社区、文化和殖民主义，1900—1949（Robert Bickers. *Britain in China*：*Community*，*Culture and Colonialism*，*1900‐1949*.

Manchester：Manchester University Press，1999）。

[38]例如：杰逸. 南京路上的影印统治：条约口岸上海的锡克巡捕［Isabella Jackson.“The Raj on Nanjing Road：Sikh Policemen in Treaty-Port Shanghai.”*Modern Asian Studies*，2012，46（6）：1672－1704］（可参见中文版，熊月之，主编. 上海史国际论丛：第 2 辑. 北京：生活·读书·新知三联书店，2017：63－92）；博思源. 破坏国民党政权：抗战时期财政崩溃下的行政改革［Felix Boecking.“Unmaking the Chinese Nationalist State：Administrative Reform among Fiscal Collapse，1937－1945.”*Modern Asian Studies*，2011，45（2）：277－301］。

[39]蓝诗玲. 鸦片战争：毒品、梦想与中国的涅槃（Julia Lovell. *The Opium War：Drugs，Dreams and the Making of China*. London：Picador，2012）（可参见刘悦斌的中译本，北京：新星出版社，2015）。

第六章 意大利汉学对清朝的研究[*]

巴德妮 著 魏怡 译

众多周知，意中两国之间的交往源远流长，而非仅仅局限于马可·波罗与利玛窦两位名人。鉴于此章的主题是清朝（海外百年清史研究史）及其相关研究，遂于开篇之处提及两位意大利人，因为他们与中国的渊源，恰恰发生在这个时期。首先是卫匡国（1614—1661），他于1654 年发表的论文《鞑靼战纪》（De bello tartarico），几乎是间接地描述了满人如何征服中国。这是一篇出自细心观察者的，具有确凿历史价值的"新闻报道"。[1] 另外一位在名望上稍逊前者。他就是卫太尔男爵（Guido Vitale，1872—1918）。此人起先是外交官，而后成为大学教师。在京期间，他收集了一些民间歌曲，包括儿歌和摇篮曲，并将它们汇编成册，标题为《中国民谣：北京歌唱》（Chinese Floklore. Pekinese Rymes）。胡适就曾经对此作品大加赞赏。[2] 当然，我还要提到1732 年，由马国贤（Matteo Ripa，1682—1746）在那不勒斯创建的，欧洲首个致力于中国研究的机构。它的名称唤作中国学院，是那不勒斯东方大学的前身，也是我工作的地方。[3]

尽管在此前的几个世纪中，意大利与中国之间接触频繁，对于中国，以及它的语言、历史和文化的研究，作为一个学术门类确立起来，还是在意大利统一（1861）以及意大利人对东亚的兴趣得到巩固之后。

＊ 巴德妮（Paola Paderni，1953—），女，意大利那不勒斯东方大学地中海系副教授，意大利中国学研究协会主席（Italian Association of Chinese Studies），主要研究明清至近代中国社会、性别和政治史；魏怡（1970—），女，北京外国语大学欧洲语言文化学院意大利语专业副教授，主要研究意大利当代文学。

然而，与欧洲的其他国家，比如法国、英国和德国相比，从整个 20 世纪上半叶，一直到 1960 年代，意大利的汉学研究主要局限在两个中心：那不勒斯东方学院（如今的那不勒斯大学），以及罗马"智慧"大学东方学院。从 70 年代开始，尤其是在 90 年代以后，意大利迅速地创建了很多重要的研究中心。首先是在威尼斯大学，其次是米兰和都灵，也有一些开设在规模更小的城市。同时，也涌现出几代学者，以及研究学派。

意大利的汉学研究，主要针对中国古代与现代语言和文学、宗教，以及中欧关系史，但也不乏对于历史，尤其是清朝历史的兴趣。作为最负盛名汉学家之一的卢奇亚诺·贝特克（Luciano Peteck，1914—2010），正是一位清史专家。从 20 世纪 50 年代开始，他在罗马大学从事教学工作，而且是研究清史的专家。作为 1933 年创建了意大利中东与远东学院的，著名东方学和宗教史学家朱塞佩·杜齐（Giuseppe Tucci，1894—1984）的弟子，贝特克专攻西藏研究。在他为数众多的作品当中，《18 世纪早期的中国及西藏》（*China and Tibet in the Early XVIIIth Century*）在随后的几年内曾经多次再版。借助来自中国，特别是西藏地区和西方的资料，尤其是意大利传教士的旅行记录，贝特克在书中重建了 1706—1751 年西藏的政治与机构的历史。[4]

在多年的研究中，曾经分别在那不勒斯东方大学、马切拉塔大学和罗马"智慧"大学执教的皮耶罗·克拉蒂尼教授（Piero Corradini，1933—2006）[5]，遵循政治与机构的历史研究方法，以清朝行政体制及其变化作为研究对象。他的一些学生也加入了此项研究工作，特别是玛丽娜·米兰达（Marina Miranda），她主要关注清朝官僚体制及其权力内部，以及不同民族的组成部分。[6]

在对贸易合同研究的基础上，朱塞比娜·梅尔吉奥纳（Giuseppina Merchionne）重新构建起了清朝经济、社会，以及机构方面的框架。[7]

鉴于意大利是教皇国所在地，以及众多曾经到过中国的传教士所做的贡献，意大利针对中国历史的研究，始终将中国与欧洲的关系作为核心问题。意大利以及欧洲其他地区的传教士，将他们在中国旅行和逗留记录了下来。通过这些资料，两个世界之间的知识、科学以及文化方面的交流得以重现。假如我们查询意大利从 1899 年至 1999 年关于中国研究的"参考书目"，就会发现有整整一个部分专门针对"天主教、传教活动与传教士"[8]。我们甚至可以确切地说，尤其是截止到几年之前，几乎所有从事中国研究的意大利学者，都撰写过至少一篇涉及该题材的文章。不过，假如仅仅局限在清史这个题材，我则尤其要提到诸如达仁利（Francesco D'Arelli）、樊米凯（Michele Fatica）、贾科莫·迪·菲奥莱（Giacomo Di Fiore）[9]和梅欧金（Eugenio Menegon）。这其中的最后一位是美国波士顿大学的教授。与其他几位主要从事意大利传教士研究的学者不同，梅欧金的研究针对皈依天主教的中国人。他的研究阐明了在某些中国团体中，天主教如何成为当地生活的一部分。[10]奥古斯丁·乔瓦诺里（Agostino Giovagnoli）和艾丽莎·朱尼贝洛（Elisa Giunipero）[11]则是从事关于清朝末期中国与天主教教廷之间的关系。

关于几个世纪期间意大利和中国的关系，白佐良（Giuliano Bertuccioli，1923—2001）和马西尼（Federico Masini）做出了根本性的贡献。两位学者同为罗马大学教授，他们的著作也被翻译成中文出版。马西尼主要研究有关清朝的部分。[12]

特别值得一提的，还有威尼斯大学的退休教授乔瓦尼·斯达里（Giovanni Stary）。不仅在意大利，而且在整个欧洲，甚至包括美国，他都堪称最早开始从事满洲研究的学者之一。斯达里对满语作品所做的研究，囊括了很多的领域，从历史到文学，再到黄教。他所做出的贡献享誉国际。[13]在斯达里的弟子中间，我要提到狄宇宙（Nicola Di Cosmo）。在意大利完成学业之后，他又到美国继续从事研究。最近的几年，他的研究工作主要集中在军事方面。[14]

保罗·史华罗（Paolo Santangelo）发起了一个非常具有国际性的项目，而且吸引了众多来自意大利和外国的学者参加。史华罗是那不勒斯东方大学的中国史教授。在退休之前的几年，他还曾经在罗马"智慧"大学任教。在研究事业的初始阶段，史华罗对社会史产生了兴趣，随后转而研究帝国晚期（明清）的思想史，将注意力集中在中国以及其他亚洲国家"善"与"恶"的观念上，并将它们与西方的思想加以对比。从这些研究出发，史华罗对情感世界产生了浓厚的兴趣。他认为，情感世界对于探寻价值、行为，以及一种特定文明对事实的反映，具有极其重要的作用。在二十年里对精神状态，某些特定的情绪（爱、恨、愤怒，等等），以及想象中的现象所做的研究的基础上，他发表了很多作品。最近几年，其中的某些作品被翻译成中文。史华罗利用跨学科的研究方法，并且采纳来自语言学、心理学和人类学的标准，使得不同学科的学者对这些题材产生了兴趣。随后，他们又得以在史华罗本人倡议和组织的众多国际性讲座与研讨会上彼此交流。[15]

此外，在 1992 年，史华罗创建了《明清研究》（*Ming Qing yanjiu*）杂志，由当时的那不勒斯东方大学亚洲研究系（如今成了亚洲、非洲和地中海系）负责出版。在调到罗马大学之前，这个系由他负责。过去和现在，都有一些意大利和外国学者在《明清研究》杂志（ISSN 1724 - 8574）上发表有关清朝历史、思想史、情感史等方面的文章。如今，这本杂志由史华罗的一个学生负责，也就是多纳代拉·圭达（Donatella Guida），而史华罗本人则从 2010 年开始，负责主编另一本标题为《明清研究》（*Ming Qing Studies*）的年刊。

作为那不勒斯东方大学的教师，多纳代拉·圭达的研究主要集中在中国明清时期的社会与文化史，尤其关注历史和文学作品的文献学研究。具体地说，她从事南洋地区各国的旅行日记和论著，以及涉及境外旅行的叙事文学的研究，并就此出版了专著。其中，针对《儒林外史》和《镜花缘》两部小说所做的分析，对于思想史的研究做出了重要贡献。[16]

20 世纪 80 年代公布的档案，使得意大利针对清朝时期研究的视野发生了转变。受到意大利历史界流行的所谓"微观历史"的影响，巴德妮（Paola Paderni）是最早使用北京档案（第一历史档案馆）收藏的刑科题本的学者之一，而这里所涉及的不仅仅是意大利学者。这样做的目的，是为了完成清朝社会史和性别史方面的研究。事实上，诉讼方面的资料，不仅仅能够用于法律史的系统研究，而且还可以通过"显微镜"的方式解读一些社会事件，而其他资料对此则并未涉及。国际性的杂志上，刊登了主要涉及妇女历史（自杀、荣誉、机构）、情感研究（男性的嫉妒），以及法律史的文章。[17]

那不勒斯东方大学教授魏浊安（Giovanni Vitiello）所进行的研究，同样集中在性别关系史方面，尤其是帝国晚期性特征。此类研究的主要资料来源于文学，尤其是明清方言色情小说。他的作品[18]是对帝国晚期（大约 1550—1850 年，从《水浒传》到《品花宝鉴》）男性之间关系

的研究，包括有性和无性的关系。他的著作最根本的前提是，对男同性
恋概念的研究不可能摆脱男性的特点。换句话说，在帝国晚期，涉及男
性之间关系（社会和性别）的不同思想观点，影响并改变了对于男同性
恋关系的态度。

　　曾佩琳（Paola Zamperini）在性别和性特征史方面的研究，非常具
有革新性。她目前是美国芝加哥西北大学的教授，专攻晚清时期的服饰
特点与时尚。[19]

　　那不勒斯东方大学白蒂（Patrizia Carioti）教授的研究，探讨的是
从16世纪到18世纪中国、日本和欧洲人的关系，尤其关注海上贸易活
动。她所发表的多篇文章，明确阐述了远东海军，尤其是中国海军，在
运输与贸易方面做出的贡献。在这个时期，欧洲、亚洲、美洲之间在运
输和贸易方面的相互作用，具有深远的意义。此外，白蒂的研究还涉足
了明清之间朝代的更迭，以及郑氏家族。[20]

　　最后，众多的意大利学者，无论年轻或年老，都从各种角度对晚清
进行了研究。比如，米塔（Maria Rita Masci）的研究就涉及了19世纪
末中国旅人记录的西方的形象。[21]

　　罗马大学的费琳（Federica Casalin）所做的研究，着眼于西方经济
思想对现代中国语言形成的贡献。[22]她是前面所提到的马西尼教授的弟
子。作为语言学家，马西尼教授对现代汉语的形成，以及它在1840—
1898年向民族语言的演变进行了探讨。[23]

　　那不勒斯东方大学的记察（Filippo Coccia，1933—1997）[24]和威尼
斯大学的劳拉·德·乔尔吉（Laura De Giorgi）[25]，关注的是现代意义
的新闻的诞生；德·乔尔吉（De Giorgi）则与威尼斯大学的圭德·萨马
拉尼（Guido Samarani）先生合作，同样涉足了19世纪下半叶开始的
中意关系。[26]

　　玛西（Edoarda Masi，1927—2011）对维新派康有为和谭嗣同的某
些文章进行了研究。[27]而都灵大学的莫秀兰（Monica De Togni）则借
助一些档案资料，尤其是涉及外省的部分，再现了1905年以后，四川
省自治政府形式的开端。[28]

注释

　　[1]弗兰科·德玛奇，里卡多·思卡尔德奇尼，主编.卫匡国，17世纪中国的

人文学家与科学家（Martino Martini，*umanista e scienziato nella Cina del secolo 17. Atti del Simposio internazionale su Martino Martini e gli scambi culturali tra Cina e Occidente*. Accademia cinese delle scienze sociali，Pechino，5 - 6 - 7 aprile 1994/a cura di Franco Demarchi e Riccardo Scartezzini，Trento：Università degli Studi，1995）（可参见中译本，卫匡国研讨与中西文化交流国际研讨会论文集. 北京：中国社会科学院，1994）。

[2]白佐良. 胡适关于一位意大利汉学家的看法［G. Bertuccioli. "An Opinion of Hu Shi on an Italian Sinologist." *East and West*，4（1953 - 1954）：182 - 183］。

[3]樊米凯，主编. 马国贤与那不勒斯中国学院（1682—1869）：资料与图片展览图册［Michele Fatica. *Matteo Ripa e il Collegio dei Cinesi di Napoli（1682 - 1869）*. Percorso documentario e iconografico. Catalogo della mostra. Napoli：Università di Napoli "L'Orientale，" 2006］. 自 1711 年至 1723 年，马国贤在康熙皇帝的宫廷里生活与工作。

[4]卢奇亚诺·贝特克. 18 世纪早期的中国及西藏（L. Peteck. *China and Tibet in the Early XVIIIth Century*. Leiden：Brill，1950，Seconda edizione rivista，Leiden：Brill，1972）；卢奇亚诺·贝特克. 西藏的贵族与政府，1728—1959（L. Peteck. *Aristocracy and Government in Tibet 1728 - 1959*. Roma：Istituto Italiano per il Medio ed Estremo Oriente，1973）。

[5]皮耶罗·克拉蒂尼. 满人王朝初期的民政［P. Corradini. "Civil Administration at the beginning of the Manchu Dynasty." *Oriens Extremus*，9（1962）：133 - 138］；皮耶罗·克拉蒂尼. 关于中国中央行政尚书的注解（P. Corradini. "Notes on the *Shangshu* Departments in the Chinese Central Administration." *Monumenta Serica*，1987，37：13 - 34）；皮耶罗·克拉蒂尼. 论清帝国的多民族（P. Corradini. "On the Multinationality of the Qing Empire." *Ming Qing Yanjiu*，1995：51 - 65）。

[6]玛丽娜·米兰达. 清朝行政的官员与权力（1644—1911）：两位满族官员的典型职业生涯［M. Miranda. "Funzionari e potere nell'amministrazione Qing（1644 - 1911）：le carriere esemplari di due funzionari mancesi." *Supplemento n.2 alla Rivista degli Studi Orientali*，Vol. LXXIII，fasc. 1 - 4，Pisa-Roma，2000］；玛丽娜·米兰达. 论东夷努尔哈赤考//乔瓦尼·斯达里，主编. 清朝历史资料（M. Miranda. "Das *Dongyi Nurhaci kao*." Giovanni Stary. *Materialen zur Vorgeschichte der Qing-Dynastie*，Wiesbaden：O. Harrassowitz Verlag，1996：57 - 63）。

[7]朱塞比娜·梅尔吉奥纳. 中国清代地产：买卖、租赁、抵押（G. Merchionne. *La proprietà fondiaria in Cina in epoca Qing：compra-vendita，affitto，ipoteca*. Milano：Le fonti，2012）。

[8]达仁利. 中国在意大利，1899 年至 1999 年的参考书目（F. D'Arelli. *La*

Cina in Italia.Una bibliografia dal 1899 al 1999，Roma：Istituto Italiano per l'Africa e l'Oriente，2007）。

［9］达仁利. 16—17 世纪到中国传教的意大利耶稣会士［F. D'Arelli. "Gesuiti italiani missionari in Cina durante i secoli XVI—XVIII." *Asia Orientale*，10‐11，(1992)：55‐67］；樊米凯，达仁利，主编. 18—19 世纪天主教在中国的使命，马国贤与中国学院［M. Fatica e F. D'Arelli (a cura di)，*La missione cattolica in Cina tra i secoli XVIII e XIX*. Matteo Ripa e il Collegio dei Cinesi，Napoli：Istituto Universitario Orientale，1999］；迪·菲奥莱. 17—18 世纪天主教教廷与帝制中国 (G. Di Fiore. *Chiesa cattolica e Impero cinese tra Sei e Settecento*. Napoli：La citta del sole，2003)。

［10］梅欧金. 祖先、处女和天主教方济会：作为帝制中国晚期地方性宗教的基督教 (E. Menegon. *Ancestors，Virgins，and Friars. Christianity as a Local Religion in Late Imperial China*. Cambridge Mass：Harvard University Press，2009)。

［11］奥古斯丁·乔瓦诺里，艾丽莎·朱尼贝洛，主编. 中国世界的天主教教堂：殖民与福音，1840—1911 (*The Catholic Church and the Chinese World：Between Colonialism and Evangelisation，1840‐1911*，edited by Agostino Giovagnoli and Elisa Giunipero，Città del Vaticano：Urbaniana University Press，2005)。

［12］白佐良，马西尼. 意大利与中国 (G. Bertuccioli e F. Masini. *Italia e Cina*. I edizione，Bari：Laterza 1996，II edizione riveduta e aggiornata，Roma：L'Asino d'Oro，2014) (可参见萧晓玲等的中译本，北京：商务印书馆，2002)。

［13］乔瓦尼·斯达里. 满族研究：一个国际参考书目 (G. Stary. *Manchu Studies. An International Bibliography*. Wiesbaden：Harrassowitz，3 vols. 1990，XI)；乔瓦尼·斯达里. 踏着满族文化的足迹，1644—1994：征服北京后 350 年 (G. Stary. *On the Tracks of Manchu Culture，1644‐1994：350 Years after the Conquest of Peking*. Wiesbaden：Harrassowitz，1995)。

［14］狄宇宙. 清朝统治前夕满族与蒙古的关系 (N. Di Cosmo. *Manchu-Mongol Relations on the Eve of the Qing Conquest*. Leiden：Brill，2003)；狄宇宙，主编. 帝制中国的军事文化 (N. Di Cosmo ed. *Military Culture in Imperial China*. MA and London：Harvard University Press，2009)。

［15］史华罗. 论新儒家理论所涉及的人类天性中善与恶之根源的几个方面 (P. Santangelo. "The Origin of Good and Evil in Human Nature According to Neo-Confucianism. Some Aspects of the Question," *East and West*，1990，40：231‐259)；史华罗. 中国明清的人类良知与责任感 (P. Santangelo. "Human Conscience and Responsibility in Ming-Qing China." *East Asian History*，transl. by Mark Elvin，1993：31‐80)；史华罗. 中国之爱情——对中华帝国数百年来文学作品中爱情问题

的研究（P. Santangelo. *L'amore in Cina*，*attraverso alcune opere letterarie negli ultimi secoli dell'impero*. Napoli：Liguori，1999）（可参见王军等的中译本，北京：中国社会科学出版社，2012）；史华罗. 中国历史中的情感文化——对明清文献的跨学科文本研究（P. Santangelo. *Sentimental Education in Chinese History. An Interdisciplinary Textual Research in Ming and Qing Sources*. Leiden：Brill，2003）（可参见林舒俐等的中译本，北京：商务印书馆，2009）；史华罗. 什么是明清时代日常生活中的"清"与"浊"：上，下［P. Santangelo. "Shenme shi Ming Qing shidai richang shenghuo zhong de 'qing' yu 'zhuo'." (part 1 - 2) *World Sinology*，2011，8：54 - 83；2012，9：13 - 25］；史华罗. 部分中国文学经典的翻译与分析——兼论其作为中国文明源文献的重要性（P. Santangelo. "Bufen Zhongguo wenxue jingdian de fanyi yu fenxi—jian lun qi zuowei Zhongguo wenming yuanwenxian de zhongyaoxing." *Shijie Hanxue*，2014，12：141 - 150）。

［16］多纳代拉·圭达. 南部的海，在东南亚的现实与想象中旅行：中国明清的史学与文学（D. Guida. *Nei Mari del Sud. Il viaggio nel Sud-Est Asiatico tra realtà ed immaginazione*：*storiografia e letteratura nella Cina Ming e Qing*. Roma：Nuova Cultura，2007）；多纳代拉·圭达. 识别情绪：《镜花缘》中的两章：文本分析（D. Guida. "To Identify Emotions. Two Chapters of *Jinghua yuan*：a Textual Analysis." *Ming Qing yanjiu*，1999：29 - 74）；多纳代拉·圭达. 孝与爱的相对：小说《镜花缘》中情爱表达初探（D. Guida. "*Ai* versus *xiao*. The Expression of Love in the Novel *Jinghua yuan*. A Preliminary Approach." In *Love*，*Hatred and Other Passions*：*Questions and Themes on Emotions in Chinese Civilization*，ed. by Paolo Santangelo with Donatella Guida，Leiden：Brill，2006：301 - 313）。

［17］巴德妮. 我想我渴望一些幸福的时光：18 世纪中国妇女的私奔［Paola Paderni. " 'I Thought I Would Have Some Happy Days'：Women Eloping in Eighteenth Century China." *Late Imperial China*，1995，16（1）：1 - 32］；巴德妮. 官方与非官方的正义：18 世纪中国售妻案一例（P. Paderni. "Between Formal and Informal Justice：A Case of Wife Selling in Eighteenth-Century China." *Ming Qing yanjiu*，Napoli-Roma：IUO-IsIAO，1996：139 - 156）；巴德妮. 约束与机遇：18 世纪中国的寡妇、女巫和泼妇（P. Paderni. "Between Constrains and Opportunities：Widows，Witches，Shrews in Eighteenth Century China." In *Women in Imperial China* a cura di Harriet Zurndorfer，Leiden：Brill，1999）；巴德妮. 为爱而战：18 世纪中国的男性嫉妒［P. Paderni. "Fighting for Love：Male Jealousy in Eighteenth Century China." *Nannü*，2002，4（1）：1 - 35］。

［18］魏浊安. 风流浪子的朋友：帝制晚期的男性同性恋与男性气概（G. Vitiello. *The Libertine's Friend*：*Homosexuality and Masculinity in Late Imperial*

China. Chicago：The University of Chicago Press，2011）。

[19]曾佩琳. 衣装之事：晚清小说中对现代的塑造［P. Zamperini. "Clothes That Matter：Fashioning Modernity in Late Qing Novels." *Fashion Theory*，2001，5（2）：195－214］；曾佩琳. 她们用服饰点缀身体：晚清上海的时尚与身份［P. Zamperini. "On their dress they wore a body：Fashion and Identity in Late Qing Shanghai." *Positions：east asia culture critique*，2003，11（2）：301－330］。

[20]白蒂. 17世纪东部海洋上国际背景下的郑氏的海上声威：统一海盗组织的兴起并逐步发展成为非正式"国家"（P. Carioti. "The Zheng's Maritime Power in the International Context of the 17th Century Far Eastern Seas：The Rise of a Centralized Piratical Organization and its Gradual Development into an Informal 'State'." *Ming Qing yanjiu*，1997：15－20）；白蒂. 16—17世纪中日海上关系（P. Carioti. *Cina e Giappone sui mari nei secoli 16 e 17*，Napoli：Edizioni Scientifiche Italiane，2006）。

[21]米塔. 百闻不如一见：刘锡鸿旅行日记（M. R. Masci. "'Vedere una volta è meglio che sentir dire mille volte'：il diario di viaggio di Liu Xihong." *Annali Istituto Universitario Orientale di Napoli*，1989，49：53－73）；米塔. 牡蛎壳中的大洋，中国旅人对欧洲的发现［M. R. Masci. *L'oceano in un guscio d'ostrica. Viaggiatori cinesi alla scoperta dell'Europa*（trad. dal cinese）. Roma：Theoria，1989］。

[22]费琳. 西方经济思想传入中国及其对于中国现代词汇形成的影响，1818—1898（F. Casalin. *L'introduzione del pensiero economico occidentale in Cina e il suo impatto sulla formazione del lessico cinese moderno*，*1818－1898*. Roma：Nuova Cultura，2006）。

[23]马西尼. 现代汉语的形成及其向民族语言的演变：1840—1898时期（F. Masini. *The Formation of Modern Chinese Lexicon and Its Evolution Toward a National Language：The Period from 1840 to 1898*. Berkeley：University of California，1993）（可参见黄河清的中译本，上海：汉语词典出版社，1997）。

[24]记察. 苏州白话报：1901年维新法令在外省的回响［F. Coccia. "Il *Giornale di Suzhou in lingua parlata*（*Suzhou baihua bao*）：un'eco provinciale agli editti di riforma del 1901." *Catai*，1981，1：101－115］；记察. 论中国新闻业之起源：词汇与史学方面的误解（F. Coccia. "Sulle origini del giornalismo cinese：equivoci lessicali e storiografici." *Ming Qing yanjiu*，1992：125－150）。

[25]劳拉·德·乔尔吉. 从《邸报》到《北京公报》：帝制中国的公报与定期报告（L. De Giorgi. "Dal *dibao* alla *Gazzetta di Pechino*：gazzette e rapporti periodici nella Cina imperiale." *Rivista degli Studi Orientali*，1993，67：321－337）；劳拉·德·乔尔吉. 油墨革命：中国新闻业历史脉络，1815—1937（L. De

Giorgi. *La rivoluzione d'inchiostro. Lineamenti di storia del giornalismo cinese 1815 - 1937*. Venezia：Cafoscarina，2001)。

[26]圭德·萨马拉尼，劳拉·德·乔尔吉. 遥远与临近——20 世纪的中意关系 (G. Samarani G，L. De Giorgi. *Lontane，vicine. Le relazioni fra Cina e Italia nel Novecento*. Roma：Carocci editore，2011)。

[27]玛西. 论 1898—1978 年中国改革中康有为的《大同书》和谭嗣同的《仁学》两部作品 (E. Masi. "A proposito delle due opere Da Tong shu di Kang Youwei e Ren Xue di Tan Sitong." in *Le riforme del 1898 e del 1978 in Cina*. Roma：Associ-azione Italia-Cina，1999)。

[28]莫秀兰. 中国的地方政府与社会化：帝国末期至民国初年四川地方自治 (M. Di Togni. *Governo locale e socializzazione in Cina. L'autogoverno locale nel Si-chuan tra fine Impero e inizio Repubblica*. Alessandria：Edizioni dell'Orso，2007)。

第七章 苏联和俄罗斯联邦时期的清史研究[*]

H. A. 萨莫伊洛夫 著 荆宇航 译

在 1917 年俄罗斯发生二月革命和十月革命前，俄罗斯汉学界已经积累了相当多的中国研究的经验。罗索欣（И. К. Россохин）、列昂季耶夫（А. Л. Леонтьев）、俾丘林（原名为 Н. Я. Бичурин，教名为Иакинф，即雅金甫神父）、卡法罗夫（原名为 П. И. Кафаров，教名为Палладий，即帕拉季修士大司祭）、扎哈罗夫（И. И. Захаров）、瓦西里耶娃（В. П. Васильев）、格奥尔吉耶夫斯基（С. М. Георгиевский），以及其他 18—19 世纪俄罗斯优秀汉学家的作品经常被用来介绍他们所处时代的中国，即清朝时期。这样，他们的著作为俄罗斯的清史研究奠定了科学的基础。

第一节 十月革命后的清史研究

1917 年十月革命后，苏联的世界史研究由马克思列宁主义理论这唯一的思想立场引导。这完全适用于当时的中国历史研究，因为中国史学科已成为苏联世界历史学科中不可分割的一部分。为了紧密结合马克思主义基本理论，使年轻学者逐渐取代在沙俄时期接受教育训练的东方学家，苏联需要建立新的学术中心。这个学术中心就是隶属于人民委员

---

* Н. А. 萨莫伊洛夫（Н. А. Самойлов，1955—），男，俄罗斯圣彼得堡国立大学东方系教授；荆宇航（1990—），男，中国人民大学清史研究所博士研究生。

会的全俄（后称全苏）东方学协会，它根据 РСФСР（俄罗斯苏维埃联邦社会主义共和国）ВЦИК（全俄中央执行委员会）1921 年 12 月 13 日的命令组建，肩负着联合所有马克思主义东方学家的任务。在 1922 年至 1930 年，协会出版了《新东方》杂志，甚至还出版了专著《为独立而斗争的东方》。协会的第一任领导者为魏利特曼（原名巴夫洛维奇，М. П. Павлович），历史学家，作家，职业革命家。他在 1910 年代初还发表了几篇有关清末中国革命运动和辛亥革命事件的文章。[1]

从此时起，苏联的汉学家首先开始将自己的注意力转向了革命运动、人民起义、劳动群众在不同历史时期的地位的研究。这些研究在当时只能在马克思主义理论和方法论基础上进行。东方学协会主席巴夫洛维奇对此得出如下结论："所有旧东方的过去，它的数百年形式不变的经济、政治和精神生活——这一切只能从历史唯物主义的理论角度来解释。"[2]

在 1920 年代前半期，苏联开始出版以新的方法论角度写成的有关中国历史的书籍和文章，其内容集中关注民族解放运动史。在这些具有主流框架书写特征的作品中，清史被置于无足轻重的位置上。在这种情况下，较为突出的是霍多罗夫（А. Е. Ходоров）和巴夫洛维奇的合著《为独立而斗争中的中国》[3]，作者将注意力集中于中国革命运动的主要阶段上。

在 1923—1929 年发表于《新东方》杂志上的文章中，霍多罗夫研究了从 1644 年清朝建立到辛亥革命、中华民国宣告成立期间的中国历史的重要时间点。他把自己的注意力主要集中在这一时期的三个关键事件上：太平天国农民战争、义和团运动和辛亥革命。[4]在此应当指出的是，霍多罗夫并不懂汉语，他主要使用以西方语言写成的史料。苏联汉学家已指出，"霍多罗夫的优点，就像他的一些同代人一样，并不在于新史料的发掘运用，而在于一些问题的新提法"[5]。在此时就职于符拉迪沃斯托克远东大学的屈纳（Н. В. Кюнер）[6]和哈尔恩斯基（К. А. Харнский）[7]的中国史著作中，清史的每个阶段也都有所体现。

1920 年代末，苏联的历史学家、汉学家对太平天国运动的性质和特点展开了讨论。在这场讨论中出现了直接对立的观点。例如，休卡尔（М. И. Щукарь）认为，太平天国运动具有为中国资本主义发展开辟道路的资产阶级民主革命性质。与之相反，波利亚科夫（А. С. Поляков）则声称，它只是一场暴乱。载入当时报告中最为主流的是斯科罗比廖夫（А. И. Скорпилев）的观点，他表示，"太平天国革命"最主要的打击对象是封建主义，"因而它在相当大的程度上执行了资产阶级革命的固有任务"，同时它也是民族运动，因为"它反对的是外族建立的腐败王朝（清王朝）"[8]。

在同一时期出现了库丘莫夫（В. Н. Кучумов）所写的有关康有为的文章[9]，它是苏联时期首批中国史研究成果之一，专门讨论中国清末的改革运动。但值得注意的是，作者所依靠的资料来源有限，故这篇文章不可能对此问题进行深入而细致的探讨。

如果说在 1920 年代除了几个关键事件外，苏联历史学家对中国国内历史的研究兴趣寥寥，那么外交政策问题则相对获得了更大关注。这里，首先应该注意的是罗曼诺夫（Б. А. Романов）利用大量档案史料写成的重要专著《俄国在满洲（1892—1906）：专制政体在帝国主义时代的对外政策史纲》。[10]他成功地通过大量真实的档案史料展示了 19 世纪与 20 世纪之交沙俄政府远东政策的帝国主义性质，揭示了日本统治集团对中国的侵略政策，还探讨了 1904—1905 年日俄战争的性质。1929 年，库尔茨（Б. Г. Курц）所撰有关 16—18 世纪早期中俄关系史的书出版，此书也是基于大量有关这一主题的档案文件和文献的成果。[11]五年后又出版了阿瓦林（В. Я. Аварин）的大型专著《帝国主义在满洲（1—2 卷）》[12]，此书的意义可与罗曼诺夫的作品相比。然而，如果说罗曼诺夫主要集中于沙俄政府的政策分析，且只涵盖相对较短的时间段，那么阿瓦林则试图探讨相对较长的时间段中所有帝国主义列强的政策。

1934 年苏联历史学界出现了重大变化。1934 年 5 月 16 日，联共（布）中央委员会和苏联人民委员会通过了一项法令："在苏联的学校中教授国内史"。这一决议恢复了中学和高等院校中的国内史教学，成立了新历史教科书的编纂小组，在小组中"国内史的相关表述"不能用抽象的社会学方法替代。对个别国家的历史研究也制定了新方法。这一切不可能不对苏联的中国史研究带来积极影响。学界开始出现一些著作专门致力于研究之前所没有注意到的那些时期的历史。

1935 年 4 月，年轻的列宁格勒学者杜曼（Л. И. Думан）在苏联科学院东方研究所进行了题为《十八世纪晚期清政府在新疆的土地政策》的论文答辩并获得了历史学副博士学位，第二年他的论文就出版了。[13]这项以当时完全没被探讨过的题目为对象的研究，以大量源自中国的原始档案材料为基础。同时，西马诺夫斯卡娅（Л. В. Симоновская）研究了一些涉及清王朝入主中原原因的问题，并在自己的博士论文《李自成的崛起（来自中国 17 世纪的农民战争史)》中突出了这些问题，在此基础上她在 1950 年代筹备并出版了专著。[14]

战前几年，著名的中国史研究专家卡拉-穆尔扎（Г. С. Кара-Мурза）教授在莫斯科工作，任教于莫斯科国立大学和莫斯科东方学研究所。1941 年他撰写的关于太平天国的书籍出版，该书成为当时苏联汉学界的显著成果。[15]作者收集了这段农民起义历史的大量材料，详细描述了土地纲领，探讨太平天国领导人在运动的不同阶段中所扮演的角色。卡拉-穆尔扎是最先表示反对夸大太平天国起义中的种族（民族）因素的学者之一。他建议将更多的注意力集中在研究这个运动的阶级性上，并如是写道："不能单纯地过高估计汉人与满洲人关系中的民族因素。'反满'情绪在很大程度上取决于满洲人成了汉人的剥削者、农民的阶级敌人这个事实。"[16]

第二节　中华人民共和国成立后苏联中国史研究的深入

第二次世界大战后，特别是 1949 年中华人民共和国成立并且苏联和中华人民共和国之间建立友好关系之后，苏联对中国的兴趣开始迅速增长。其结果是苏联的中国学研究成果大幅度增加。

苏联学者最感兴趣的是有关中国革命和中国当代社会政治发展的问题，同时中国史研究也成为优先方向之一。列宁格勒国立大学叶菲莫夫（Г. В. Ефимов）教授所著《中国近现代史纲要》一书的出版具有重要意义。如果说在此书的第一版中，中国史的叙述截止到 1945 年[17]，那么在第二版就已延伸到了 1950 年并且包括了中华人民共和国的成立。[18]此书引起了苏联国内外的极大兴趣，被翻译成了波兰语、罗马尼亚语、日语，并部分节译为汉语。此书的书写精神在于探讨中国近现代史中的关键性问题，其中甚至包括一小段清朝时期的重要问题。

1950 年代与 1960 年代之交，苏联汉学出现了从中国史研究的"概论"时期向撰写基础性专题研究著作的转变。这方面的一个重要里程碑是齐赫文斯基（С. Л. Тихвинский）所著《十九世纪末中国的改革运动和康有为》的出版。[19]作者以包括此运动参与者的作品在内的中国史料为基础，研究了自由主义改革运动的起源、改革者的观点、在 1898 年试图实施的改革方案和运动失败的原因。齐赫文斯基还有机会得以使用康有为的女儿康同璧提供的一些康有为尚未发表的著作。作者能够指出改革运动的进步性和爱国性，并同时指出运动领导人的矛盾性。他把注意力转向该运动内部不同集团和派别的存在。在齐赫文斯基的书中多处出现对康有为乌托邦式的社会理论"伟大的团结社会"（大同）的探讨。1962 年此书被译成中文。[20]

与此同时，苏联的中国史学家们从研究帝国主义列强在中国的政策转向更深入的对大清帝国外交政策的研究。这里特别值得强调的是在通过答辩之后以专著的形式出版的叶菲莫夫的博士学位论文。[21]作者根据对已出版的清代外交文件和俄罗斯档案材料的研究，详细考察这一时期中国的外交活动。有关 1894—1895 年中日甲午战争的章节占据了书中相当大的篇幅。这场战争成为断定清政府软弱无能的明确标志，且在此之后，帝国主义列强对中国的压力剧增。通过分析战前和战时清政府的外交手段，以及清廷在下关和谈时期的表现，作者揭露了清政府的弱点。

当时，苏联学者开始研究清代的中俄关系史。那时候出版了一些有关两国关系如何建立的有趣著作。这一系列的书中首推雅科夫列娃（П. Т. Яковлева）的《1689 年中俄第一个条约》。[22]这本专门研究《尼布楚条约》签署情况的书，是基于大量苏联国立中央古代文书档案馆（ЦГАДА）藏的档案材料写成的。这本著作探讨了中俄关系产生和发展的最早时期，包括 17 世纪派往中国的第一个俄罗斯使节的活动。作者的注意力集中于尼布楚谈判期间和《尼布楚条约》本身。该书首次公布了一系列重要文件。几年之后，杰米多娃（Н. Ф. Демидова）和米亚斯尼科夫（В. С. Мясников）的有关使节伊万·佩特林（Иван Петлин）和费奥多尔·巴伊科夫（Фёдор Байков）的书问世了。[23]此书旁征博引，除了已出版的佩特林《详细笔记》和巴伊科夫的《出使报告》（各两个版本）的文本外，还包括一些内容丰富的介绍性文章和科学评论。这本书对中国史史料学的发展而言是一个重大贡献。此外，斯拉德科夫斯基（М. И. Сладковский）从事中俄经济贸易关系史的研究，他的著作之一研究的是清朝时期的经贸关系。[24]

在 1950 年代末到 1960 年代初苏联学者对清末中国的革命运动史特别感兴趣，如辛亥革命事件和孙中山的活动。这种情况的出现在一定程度上是因为恰好那几年举行了辛亥革命 50 周年和孙中山诞辰 100 周年的庆祝活动。在 1950 年代末，别洛夫（Е. А. Белов）[25]、达尼洛夫（В. И. Данилов)[26]、叶菲莫夫[27]等人出版了几本有关这一主题的著作。在这些作者之间有一场对辛亥革命性质的讨论：它到底是上层社会的还是人民大众的革命？是资产阶级的还是资产阶级民主主义革命？还有对革命史年表框架问题的讨论：一些作者认为，辛亥革命完成于君主制被推翻、清王朝灭亡的 1912 年；另一些作者则认为，革命结束于1913 年尝试推翻袁世凯独裁统治行动的失败和中国各地区群众运动被镇压之后。可以把齐赫文斯基致力于研究孙中山外交政策的书列入有关这一主题的一系列著作中。[28]这本苏联著名汉学家的书，是作者基于中文、英文、俄文和日文的多种材料，经过多年研究而获得的成果。

1964 年出版了翻译成俄文的《孙中山作品选集》，其中许多是首次出版。[29]选集以孙中山诞辰 90 周年出版的中文文本为底本进行编排。这些都发生在齐赫文斯基的介绍性文章发表之前，在该文中他详细介绍了孙中山观点和想法的发展变化。在孙中山 100 周年纪念日的时候，苏联还出版了有关这位中国杰出的革命家和政治活动家的文章、回忆录以及资料汇编。[30]

那时，在 1960 年代初，《中国近代进步思想家作品选集（1840—1898）》被翻译成俄文并得以出版。[31]这部书包括 1840 年至 1898 年一系列中国思想家作品的译作，如龚自珍、魏源、林则徐、康有为、梁启超、谭嗣同，甚至还包括太平天国运动领导人的作品。这本选集的出版使得苏联读者首次有机会接触到一大批中国 19 世纪作家的作品。

与此同时，苏联汉学家继续积极研究中国的人民运动史。1967 年伊柳舍奇金（В. П. Илюшечкин）的专著《太平天国农民战争》出版[32]，此书详细且系统地描述了太平天国运动的全部历史。作者使用了大量中国的史料，甚至还包括了当时中国、苏联和西方学界有关这一主题的研究成果。因此，伊柳舍奇金才能阐明太平天国运动的主要问题并对一些有争议的问题发表自己的想法。这些有争议的问题包括太平天国领导层内部的斗争问题，这个问题导致1856年发生严重冲突并使得许多起义参加者丧生。早在1940年代卡拉-穆尔扎在自己有关太平天国的书中就对此冲突如是写道："这不是为了权力而进行的个人斗争，这场斗争反映了不同阶级在自我形成过程中的阶级矛盾。韦昌辉背后是商人和贵族的势力。"[33]同时，如杨秀清，在卡拉-穆尔扎看来，他代表广大农民群体、手工业者和城市贫困者的利益。许多其他苏联历史学家都持有类似的观点。但伊柳舍奇金在自己的书中提出了他的推测：1856年的冲突并不具备阶级性，也不是个人野心的产物，而是不同家族利益冲突的结果，还是区域集团之间矛盾的表现。

除了研究太平天国农民战争外，苏联汉学家在1960年代开始积极探讨清代的其他民众运动。切卡诺夫（Н. К. Чеканов）发表了一系列最终以专著形式出版的有关1853—1868年捻军起义的论文。[34]在基于包括起义文件和起义领导者赖文光的《自传》在内的中文史料写成的作品中，切卡诺夫描绘了一个相当完整的起义画面，阐释起义的过程和军事行动的特点，并试图解释起义失败的原因。在切卡诺夫看来，捻军起义在组织、军事和意识形态等方面的表现明显弱于太平天国运动。他对此的推论是，捻军虚弱的原因是"土匪流寇"式的流氓因素对他们的影响。在分析为什么太平军和捻军之间没有统一行动的问题上，切卡诺夫写道："太平军接近捻军只为军事援助，而忽视了对捻军政治和意识形态领导的必要性。"[35]捻军运动的性质主要是反政府而不是反封建，切卡诺夫解释说，绅士在这场运动的领导层中扮演了重要角色。

1960年代波尔什涅娃（Е. Б. Поршнева）开始研究18—19世纪在"白莲教"领导下进行的重大民众起义。[36]她在自己的专著中总结了她先前的研究并着重研究此次运动的意识形态。[37]波尔什涅娃以中文史料为基础，设法说明"白莲教"教义在1796—1804年民众起义的意识形态形成中所起的作用。在作者看来，此次民众起义具有反封建并多少带有民族独立的性质。在研究中，波尔什涅娃将"白莲教"的历史和教义的特点置于重要位置。在 1950—1960 年代，苏联历史学家们也从事清朝时期中国少数民族起义的研究。1959 年，苏山罗（М. Сушанло）有关 19 世纪下半叶东干族（回族）起义的专著在吉尔吉斯斯坦出版。[38] 在此稍前，易卜拉欣莫娃（Г. М. Ибрагимова）[39] 和谢洛夫（С. И. Шихов）[40] 所写的有关 1860—1870 年发生在新疆的起义的论文通过了答辩。

1966 年，苏联出版了一个包括 18 篇文章的汇编《满洲在中国的统治》。[41] 该书涵盖了清朝时期中国历史最重要的各方面：从土地关系的特点、清朝时期中国社会的社会特征到这一时期中国的外交政策。齐赫文斯基的长篇介绍性文章对清王朝政权体制的特点和实质进行了详细描述，展示了苏联学者对此时期中国历史研究的成就，还突出了一些有争议的问题。汇编中的一些作者集中探讨了满族在征战和建立清朝统治的过程中受到来自汉族人民阻力的实际情况。汇编用主要篇幅描述反清起义（如，1787—1788 年台湾起义，在"反清复明"口号下 18—19 世纪早期中国秘密社会的反抗，1906—1907 年在秘密社会红江会领导下的萍浏醴起义等）。

1960 年苏联历史编纂学所侧重的清朝统治的一般特征，在齐赫文斯基发表在权威历史杂志《历史问题》上的重要文章《清王朝在中国的统治》中得到确切表达："267 年——从 1644 年 10 月 30 日至 1912 年 2 月 12 日——满族的清王朝统治着中国。清王朝的统治时间包括了几乎整个近代历史时期。在英国进行了资产阶级革命、同荷兰人一起为人类社会的发展开辟新的时代格局——资本主义时代的同时，满族人确立了在中国的统治，并通过镇压汉族和其他民族将其并为他们帝国的一部分，这一切只是在世界现代史的开端——伟大的十月社会主义革命爆发的五年前才告终结。在这两个半世纪以来，中国同世界上绝大多数国家一样，发生了翻天覆地的变化。虽然面临国内各种矛盾和风起云涌的农民起义，但当时的中国是高度发展的封建主义主权国家。在这之后却沦为世界帝国主义的附庸，成为落后的半殖民地半封建国家，也沦为帝国主义列强的农业和原材料附属国。只是因为帝国主义之间急剧增长的矛盾和大国之间的竞争才使中国保持了独立国家的表象。中国只有通过激烈斗争突破封建主义的障碍和限制才能开辟出自身发展道路的资本主义成分，在清朝统治时期的中国经济中并未取得主导地位。"[42]

在谈及中国清朝的历史分期时，当时的苏联汉学家将清史分成了以下四个基本时间段：（1）从满族入关占据北京到清王朝的机关、制度在前明朝时期所确立的中国疆域内建立（1644—1683）；（2）中国清朝政权内部相对稳定并对喀尔喀蒙古、俄罗斯在黑龙江流域的居民点、准噶尔汗国、西藏、新疆、越南、缅甸和尼泊尔等地进行远征的征服时期（17 世纪 80 年代到 18 世纪 70 年代）；（3）清朝内部腐化并在由中国秘密社团领导的农民战争和帝国非汉族民众起义（苗族、回族、壮族、侗族、彝族、傣族等）的打击下持续衰弱的时期，甚至还伴随资本主义列强的侵略（18 世纪 70 年代到 19 世纪末）；（4）最后的阶段，当清王朝在表面上保持着统治地位却在实质上成了封建买办反动势力和帝国主义列强顺从的工具的时候，清帝国沦为半殖民地，其君主制最终被辛亥革命推翻（从 1894—1895 年中日战争到 1912 年 2 月清帝退位）。[43]

第三节　1970—1980 年代的清史研究

1960—1970 年代之交苏联历史学家转而探讨"自强"政策（洋务运动）在 19 世纪下半叶中国历史中的作用。齐赫文斯基成为苏联中国史学家中最先发表有关 1860—1895 年改革运动的文章的人之一。[44]在文中他给中国的"自强"政策以如下评价："在此期间，中国的统治阶层宣布的'自强'政策，试图通过按照西方现代化模式对国家机器和军队装备进行细微改革以巩固自己对帝国民众的统治。"[45]1970 年代齐赫文斯基的这篇文章被收入他的《中国的历史和当代》一书中。[46]他认为，该时期中国最突出的特点就是资本主义经济结构的建立和新意识形态的出现。齐赫文斯基还在发表的文章中同中国历史学家牟安世展开争论，在他看来，牟安世将"自强"政策的评价仅仅限定在了工业发展领域；同时他还同西方历史学家玛丽·莱特（Мэри Райт）和艾伯特（Альберт Фейерверкер）争论，认为他们美化了 1860—1890 年代中国的政治家和军事家。

在"自强"政策和改革计划期间产生的中国思想意识领域的斗争问题被当时列宁格勒汉学家萨莫伊洛夫（Н. А. Самойлов）在其硕士论文和其他文章中提出，而中国进步思想家和政治家如冯桂芬、马建章、郑观应和郭嵩焘等人的观点在其中也有所反映。[47]这是苏联汉学界第一次讨论这个题目。

1970 年代，苏联汉学家对中国经济史的研究兴趣大为增长。在这方面涅波姆宁（О. Е. Непомнин）做出的贡献最大，出版了两本有关这个问题的重要专著。[48]其著作的特点不仅仅在于使用了包括大量相关统计数据在内的丰富的客观史料，还在于它有内涵丰富的结论和概括——有趣的是，虽然著作在许多方面是矛盾的且引起了其他国家汉学家的质疑和反对。在第一本书中，涅波姆宁就评定 19 世纪中叶中国社会经济制度的性质为"落后农业国的封建儒家官僚土地租赁制度"[49]。在他看来，1860—1890 年代中国开始发生重大变化：传统的农业生产方式和城市中前资本主义的中世纪手工业生产方式走向毁灭，商品流通刺激了自然经济的剧烈变化，民族工业兴起。有关"自强"政策本身，在涅波姆宁看来，这一政策"主观上并非基于对资本主义的接受，而是对它的畏惧"[50]。在第二本书中，涅波姆宁断言，清朝在中国的统治最终将在质上催生出一个新的社会——"过渡的"社会。[51]其中，一方面传统结构逐渐出现衰败和腐化，而另一方面受制于新社会阶层和群体的发展，社会的现代化进程缓慢。

1970 年代初，苏联汉学家作品中有关辛亥革命背景的研究占据主要位置，这是非常自然的，因为辛亥革命结束了中国具有数千年历史的君主制度，成为一个标志着中国开始向历史发展新时代迈进的重要历史事件。这促进了大量有关中国革命运动史的文献在中国和其他国家出版。

在此期间，莫斯科汉学家非常仔细地研究了辛亥革命发生前夕的历史和中国革命前夕思想政治领域的斗争。博罗赫（Л. Н. Борох）在《中国的兴中会》一书中对其最早的时期进行了阐述。[52]他在书中探讨了中国第一个革命团体从成立到 1900 年（也就是和改革派决裂的那一年）的早期活动。这本书关注的焦点是兴中会建立的历史、它的革命纲领和 1895 年发动的广州起义。不可否认，西方的思想和学说，尤其是基督教对孙中山进步思想的形成产生了影响。同时作者还仔细探讨了中式教育甚至太平天国农民战争对孙中山世界观的影响。此书出版之后，学界对兴中会建立历史的书写变得更为突出和多样。此外，作者对首批中国革命者和改革者的关系问题也予以高度重视。

同时，格里高里耶夫（А. М. Григорьев）在对 1895—1905 年的中国革命报刊、文件和中国革命领袖的著作等文献的研究基础上写成的著作中[53]，试图分析革命派领袖的外交主张。在一定程度上，这个主题研究的发展是由齐赫文斯基开始的。与西方一些汉学家坚信晚清时期中国革命运动的主要目标为"反满"不同，格里高里耶夫认为，其实它在一定程度上已经有针对帝国主义列强的政策了。非常重要的是，在对这个问题的分析中他不仅引用了孙中山的文章，还仔细分析了陈天华、邹容、章太炎和杨毓麟（杨守仁）等人的所有著作。

科斯佳耶娃（А. С. Костяева）在《1901—1911 年中国的民众运动》[54]一书中探讨了人民大众的暴动，这些暴动是"自发地并在很大程度上孤立于自觉的民主运动之外"进行的（人民起义，排外的、反政府和抗税的暴动）。作者特意没有把由革命团体和自由组织领导的起义、其他群众运动，以及"保路运动"和对外抵制纳入研究中。作者以这种方式得出的结论，与她书中所阐释的许多材料相矛盾。例如，科斯佳耶娃断言："人民大众并没有直接参与辛亥革命……革命者利用他们抽象的口号和肤浅的土地纲领无法动员群众参加革命。"[55]与此同时，作者在此书的其他地方写道，以推翻清朝在中国的统治为目标的那些自发的武装起义，"客观上同资产阶级革命派具有建设性的民主运动结合在一起，最终推翻了中国的帝制并建立了共和国"[56]。可以说，除去所有对作者所做结论的争议，科斯佳耶娃这本书在收集大量的客观史料方面还是很有价值的。

丘多杰耶夫（Ю. В. Чудодеев）致力于对辛亥革命前夕中国晚清自由宪政运动的研究。[57]作者分析了 19 世纪末改革运动的演变及其领导人，并得出了如下结论：以江浙为中心的君主立宪运动（张謇集团等）在 20 世纪初成为清政权的反对派。丘多杰耶夫利用大量真实史料研究这些问题，包括中文史料、当时的报刊、俄罗斯档案史料和西方的出版物等。他在书中研究了一系列由该运动成员组成的请愿团体，他们意图通过请愿创造"宪政社会"。作者并不认同那些认为这场宪政运动只具有反动性的观点，他强调运动参与者在清政府地位衰弱过程中的贡献。在此情况下，作者所下结论为：自由主义立宪派在辛亥革命开始的时候就已经有了自己的组织形式和政治机构（省谘议局），并能够利用这些发生在 1911—1913 年的事件从革命者手中夺取主动权。

1971 年，别洛夫出版了有关武昌起义的准备情况及进程的书。武昌起义给清王朝带来了决定性打击，并标志着辛亥革命的开始。[58]作者在撰写此书时利用了大量的特别是中文的史料。中国出版的八卷本《辛亥革命史文献汇编》给了作者最大的帮助。此书对革命前夕湖北省革命运动的全貌进行了详细描绘，仔细探讨了武昌起义的进程，描述了湖北省随后发生的事件。然而，书中的概念部分引来一些苏联历史学家的批评。他们认为作者高估了起义准备时期湖北革命者的作用和全中国范围内湖北革命中心的意义，而低估了当时孙中山和他所领导的联盟（同盟会）在这方面所起的作用。尼基福罗夫（В. Н. Никифоров）写道："就像不能对湖北革命者在武昌起义前期准备工作中的贡献保持沉默一样，同样不能淡化孙中山及其所领导的政党在为全中国范围的大革命做全面准备时所起的作用，而在这个大范围内武昌只是诸多地点之一。"[59]

1974 年列宁格勒国立大学远东国家历史教研室主任叶菲莫夫教授的著作《孙中山和中国资产阶级革命（1911—1913）》出版。[60]在书中作者试图综合所搜集到的材料，对苏联汉学家提出的诸多问题予以解答。除了辛亥革命事件本身，作者还细致描述和分析了之前清王朝深处反抗运动纷起的危机时期。书中详细探讨了以下几个涉及清末事件的问题：联盟（同盟会）的建立、1906—1908 年的革命运动及其对之后历史事件的意义、1908—1910 年革命和反对派团体的活动、武昌起义前夕革命者的活动。叶菲莫夫利用了大量中文、俄文和西文的史料，还有大量的苏联档案处和英国国家档案局档案库所存档案文件。

在此时的苏联汉学家中，研究晚清中国社会思想成了一个重要趋势。此领域中最先出版的是郭肇堂（А. Г. Крымов）依据原始中文史料写成的书《中国的社会思潮和意识形态斗争（1900—1917）》。[61]这些中文史料即是当时中国社会思潮最突出代表人物的著作，如康有为、梁启超、严复、孙中山、黄兴、陈天华、宋教仁、章炳麟、蔡元培、朱执信、李大钊等。郭肇堂成功地在自己的研究中展现了 20 世纪早期社会思想的不同流派在中国的存在，并揭示了此时展开的意识形态斗争的性质。他将注意力集中于孙中山的纲领与章炳麟（章太炎）的观点之间的深刻矛盾上，称章炳麟的思想为"反动哲学"。[62]

沃洛霍娃（А. А. Волохова）研究在华外国传教士的活动，并出版了相关专著。[63] 此书最重要的部分是注重晚清时期中国境内传教士的活动。此作品以大量史料为基础——利用了各个教会组织的出版物，有长期在华西方传教士的回忆录，有与外国政府交涉的中国官方公告文件和中国反洋教团体的宣传材料（如有关 1906 年南昌起义的材料），以及来自俄罗斯对外政策档案馆的档案文件。按照当时苏联历史编纂学所采用的观点，沃洛霍娃得出的结论是："外国传教士已成为帝国主义垄断组织在中国境内活动的重要工具，利用他们完成对中国人民最后的奴役，教育中国的年轻一代在心理上对压迫表现顺从和不抵抗。"[64] 她还写道，中国反对传教士的暴动具有自发性，是人民大众既对传教士的行为不满，也对清政府的政策不满的结果。

扎林娜（Л. Л. Зарина）和利夫施茨（С. Г. Лифшиц）的专著关注西方列强在晚清时期的殖民扩张问题。[65] 此书利用了大量俄文和英文档案，以及中华人民共和国出版的《义和团运动》档案汇编中的材料。

可以说，在 1960—1970 年代之交，苏联史学界对中国清朝时期的历史研究兴趣陡增，出现了大量的论文、书籍。这一趋势直到 1980 年代都是显而易见的。然而，这些研究大多集中在清朝统治将要结束的时期（19 世纪下半叶—20 世纪初），并且基本上都在研究人民起义、革命运动、西方列强的扩张，以及在某种程度上还包括在此期间中国的社会经济发展。其余的主题仍然在苏联汉学家的视野之外。这种趋势在当时苏联的中国史作品中都清晰可见。

苏联中国史研究史上的一个重要事件是齐赫文斯基主编的《中国近代史》的出版。[66] 实际上，这本集体撰写的专著所研究的历史时间框架，同清朝历史是相吻合的。对此，齐赫文斯基在开篇写道："苏联中国史学家的集体作品《中国近代史》把读者的注意力吸引到世界历史的重要时期上。众所周知，近代史的时间框架是：一端是 17 世纪中期的英国资产阶级革命，它标志着欧洲资本主义成功的开始；而另一端——

1917 年俄罗斯伟大的社会主义十月革命，在人类历史上开启了新时代——社会主义时代。"[67] 在这种情况下，如齐赫文斯基所说，与近代史时期的开端（17 世纪 40 年代）同一时期，清朝在中国确立了统治，其统治时期直到 1917 年前不久才宣告结束。因此，《中国近代史》一书实质上是清朝的历史。这本书引起了苏联历史学家的极大兴趣，许多汉学大家，如梅利克谢托夫（А. В. Меликсетов）[68]、别列兹内伊（Л. А. Березный）、叶菲莫夫[69]、杰柳辛（Л. П. Делюсин）[70]、米亚斯尼科夫[71]，对此书发表了自己的评论。

然而，由于前文提及的原因，这套集体著作的作者们的注意力都基本集中于清朝统治的后期：全书中只有约 100 页分配给了 1640—1840 年这 200 年时间，而 1840—1911 年这段时间则占据了 400 多页。在霍赫洛夫（А. Н. Хохлов）撰写的第一部分，主要的注意力都集中在 17—18 世纪中国社会经济的发展问题、土地关系和反抗清王朝的人民起义上。第二部分〔作者为：伊帕托娃（А. С. Ипатова）、伊柳舍奇金、齐赫文斯基〕致力于对西方列强向中国渗透的历史、由"鸦片"战争引起的太平天国农民战争和"自强"运动的研究。第三部分〔作者为：齐赫文斯基、博罗赫、卡柳日娜娅（Н. М. Калюжная）、格里高里耶夫、丘多杰耶夫、别洛夫、科斯佳耶娃、涅波姆宁〕为改革运动、孙中山领导的革命—民主运动的兴起和发展、义和团运动以及清廷的"新政"。第四部分（作者为：别洛夫、涅波姆宁、郭肇堂）包括推翻清朝帝制时期。所列作者的名单再一次说明，《中国近代史》是部经典著作，其中包括当时苏联优秀汉学家数年耕耘所获得的科学研究成果。霍赫洛夫和涅波姆宁所写的章节，极大地丰富了学界对中国清代社会经济制度的性质及其在晚清时期演变的特殊性的认识。此书很详细地介绍了清朝 19 世纪的最后十年和 20 世纪初期的情况。

应当承认，清史中的前两百年在当时的苏联历史学科中并未引起足够的重视。上述时期中国社会生活的许多方面都处在苏联中国史学家的视野之外。但是，平心而论，应该注意到，在《中国近代史》一书中有一个谢马诺夫（В. И. Семанов）所写的附录，题为《近代史时期的中国文学》。此文探讨了清代文学艺术的发展状况，提到了一些主要作家和当时存在的文学体裁。

很明显，当扩大了研究问题的范围且学者开始关注之前处在他们关注范围之外的课题时，《中国近代史》一书的出版本身就标志着苏联中国史学界中国史研究新阶段的开始。苏联汉学家所写有关中国清朝的科普体裁的出版物引起了苏联读者的极大兴趣。这就是谢马诺夫的书《慈禧太后的生活》[72]和西季赫苗诺夫（В. Я. Сидихменов）的作品《中国的满族统治者》[73]。这些书详细描述了清帝国宫廷生活的许多方面：皇帝和皇后的性格、他们的日常生活以及清朝时期行政管理方式的特点。

第四节　20 世纪 70 年代至 21 世纪初专题研究的进展

一、清帝国外交政策的研究

许多苏联汉学家的研究专门讨论清朝时期的外交政策。1977 年专门探讨清代最早期外交政策的集体著作出版。[74]编写小组由著名汉学家杜曼主持，成员包括博克夏宁（А. А. Бокщанин）、梅利霍夫（Г. В. Мелихов）和叶尔马琴科（И. С. Ермаченко）。此书探讨的内容包括：清朝对朝鲜和蒙古关系中的政策、漠南蒙古和喀尔喀蒙古的并入，以及清朝在对准噶尔（卫拉特）关系中的政策。有独立章节描述了 17 世纪下半叶清政府同越南的关系，以及对俄罗斯关系的政策和 1689年《尼布楚条约》的签订。杜曼在"十七世纪清帝国外交政策的原则"一章中指出：这个政策的思想基础是古代天子（皇帝）的统治理念，此政策不仅适用于"中国"，还适用于天子按照上天的旨意所统治的全天下。新王朝清朝心甘情愿地采用了这一理念。此书的作者们以在实践中执行该理念的视角，研究 17 世纪清朝的所有政策。杜曼如是写道："清代的中文史料，包括外交文件，都在不断强调，与满族国家有官方关系的各民族统治者，都要向满族可汗即后来的清朝皇帝进献贡品，这被视为宗藩关系主要原则中最重要的一个。"[75]杜曼认为，满族还未在中国疆域内建立自己的统治之前，就已经在同朝鲜、蒙古等国的关系中使用了这一理念。

这个问题的发展也反映在其他团队的作品中——齐赫文斯基主编的《近现代时期的中国和邻居》[76]。虽然依照时间顺序，这部作品涵盖了整个 20 世纪，但分给清朝足够多的篇幅。书中探讨了中国和蒙古、朝鲜、日本、俄罗斯及东南亚国家的关系，以及中国对准噶尔关系的政策。紧随此书之后出版的是莫伊谢耶娃（B. A. Моисеева）的书。[77]

二、中俄关系史研究与米亚斯尼科夫的著作

自 1970 年代末以来，学界发展最为积极的领域之一就是中俄关系史研究。对这一领域的发展做出最显著贡献的是米亚斯尼科夫院士。从他开始从事科研工作起，中俄关系就是他研究的主要对象，而多年科学研究的成果是中俄关系史和中俄边界形成史方面基本学科概念的创造、定义。他在这方面最有名的著作，就是通过分析大量来自俄罗斯和中国的客观材料，最终写成专门讨论清代中俄关系史的书：《十七世纪的清帝国与俄国》[78]和《条约业已证明：17—19 世纪中俄边界外交史》[79]。

米亚斯尼科夫在对档案史料长年研究的基础上锤炼得来并在其硕士论文中首次述及的基本论点，可以归结为中国和俄罗斯相互间在民族和国家利益方面并无冲突，两国之间近 400 年的全部相互交往的历史可以佐证这一点。作者强调："中俄关系史中最重要的特点之一就是，尽管有时会出现严峻的形势，但两国之间从未发生过战争。"[80]他的诸多著作都有力地证明，俄罗斯和中国相互关系发展的积极历史经验远远多于两国之间偶尔发生的断绝往来的事件所造成的消极影响。这样的纠纷和分歧很容易通过谈判订立双边条约和协定来解决，即通过协商方式解决。

米亚斯尼科夫从这个角度探讨了这两个邻国之间关系史上的所有重要时刻。在这方面非常突出的文章是《〈尼布楚条约〉的历史意义》[81]。在很长的一段时间里俄罗斯历史学家把 1689 年的中俄《尼布楚条约》解释为对俄罗斯是不牢靠的、不完善的和不利的，因为它导致了阿穆尔河流域的丧失。米亚斯尼科夫在分析了条约的性质和后果后，得出了更深刻的结论，他指出，这个条约毫无疑问应该考虑迫不得已的因素，即有被满族军队包围的危险。米亚斯尼科夫进一步说，《尼布楚条约》"排

除武力方式解决了整整一百年的中俄关系问题"。该条约签署之后，两国都转向睦邻友好政策，相互之间从未发生过战争，而这种周边国家间的关系——在历史上都是罕见的。因此，《尼布楚条约》是清帝国和俄国之间一个独特的折中协商的例子，构成了这两个邻国间的第一次契约法行为。在前面述及的方法论原则基础上，他科学地构建了中俄国界形成的有根据的理论："历史上形成的中国和俄罗斯之间的边界——与欧洲、亚洲、非洲和美洲大多数国家间强行划定国界不同——这不是靠战争而是双方外交努力的结果"。

在自己的书中，米亚斯尼科夫还提出了一系列新的理论方法来理解中俄关系史，将它们引入到比较文化的研究方式和分析方法中，并将此种关系视为文明之间相互关系的一个体现实例。这套研究俄罗斯和中国历史以及当今相互关系问题的综合方法，不仅要求使用大量历史人物的相关资料，而且需要在文化、社会意识、民族心理领域对复杂的过程和结果有深刻的理解。米亚斯尼科夫院士的科研贡献应该包括大量中俄关系史档案的出版。在他的研究中，史料学理所当然地占据了关键地位。对中国史料的彻底研究，以及来自俄罗斯档案馆的独家材料使米亚斯尼科夫得以深刻而全面地分析中国传统外交的基本特点和独特特征。在他的主要著作《十七世纪的清帝国与俄国》和《条约业已证明：17—19世纪中俄边界外交史》中，米亚斯尼科夫令人信服地表明，清代外交在相当长的时间里都是基于来自久远过去的哲学和政治体系，而战略和战术的理论及具体方法都源自中国古代的军事艺术。

在米亚斯尼科夫看来中国外交的另一个主要特点是，细致到最微小细节的刻板的仪式，这种仪式有助于贯彻"中国"优越的概念，它的君主依据古代公认的理念统治所有国家和天下万民——"天下四方的蛮夷"。中世纪的中国理所当然地将所有曾经接触过的和曾派使者赴中国皇宫的人都视为"附庸"。在著作中，米亚斯尼科夫试图证明，清代涉及帝国对外关系的文件，包含的不仅是这些或那些外交事件的客观描述，还包括意识形态的诠释和解释，这些为中国皇帝作为全世界统治者的观点做了一个强有力的例证。

米亚斯尼科夫的贡献还体现在他分析清朝外交的基本战略动向和方法时，能够找出其中突出的特点，如"兵法"一样，它同中国人的哲学和文化传统的特性相关联。有关"兵法"的结论是在对清帝国与俄国相互间关系史的研究基础上得出的，并对中国外交政策史研究方法的创立有着重要意义。

米亚斯尼科夫有关中国外交策略的结论赢得了世界汉学界的好评，他有一大批追随者。中国现代战略研究者之一瑞士学者哈罗·冯·桑格尔（Харро фон Зенгер）——一本有关这一主题重要著作的作者——强调了米亚斯尼科夫在世界汉学界对此问题的研究方法和有关这一问题具体史料的发展方面的巨大贡献。[82]米亚斯尼科夫院士是哈罗·冯·桑格尔著作俄文版前言的作者[83]，这个前言以档案文献的研究为基础还原了一个事实：第一个提及中国谋略的西方代表是签订了 1727 年中俄《恰克图条约》的俄罗斯外交官——萨瓦·卢基奇·弗拉迪斯拉维奇-拉古津斯基（Савва Лукич Владиславич-Рагузинский），他对清朝的高官有如下描写："与其骗我，不如完善他们的第二个战略。"[84]米亚斯尼科夫把"谋略"称为"精确的科学"，并写道："在极大程度上谋略的概念类似于数学算法的概念。"[85]借助于米亚斯尼科夫的著作，汉学家开始明了，在中国发挥重大作用的不仅有兵法，还有用于解决大型的和复杂的外交政策任务的外交谋略。在此基础上，传统中国于战略外交所采取的手段，并不依据国际法的规范和原则，甚至不是依据习惯法，而是依据总体性的军事艺术理论。[86]应当注意，这种传统手段从中世纪中国的外交中顺利传承至清代的外交中。

但是米亚斯尼科夫院士在中国外交政策和中俄关系研究理论发展上的贡献远非局限于战略方针的研究。正是他第一次注意到中俄间相互关系历史类型学的关键问题，他注意到"尽管两国关系建立在自然形成的独特坐标系统中，其中的横向线是由欧洲的传统和理论构成的，但纵向线是中国的。其结果是，双方相互关系的形成像矢量发展一样，可得到结合了两种因素的第三条线"[87]。应当承认他认为"中俄相互关系按照结构特点属于单一类型，但按照文明特征——属于混合型国际关系"[88]的理论在方法论意义上非常重要。因此，米亚斯尼科夫在研究中俄关系的史料时，为研究不同国家和人民之间社会文化交往的历史奠定了方法论的基础，将必要的具体史实加入到社会学和文化学家的理论观点之中。后来，这些想法在其他俄罗斯汉学家的研究中得到发展。[89]

1999 年华可胜（А. Д. Воскресенский）出版了专著《俄罗斯与中国：国际关系的历史与理论》。[90] 此书的出版成为包括清朝时期在内的中俄关系史研究现代理论发展中的重要事件。作者开篇就明确地指出，"俄罗斯—中国关系中的一些时期曾发生过反复，并很可能在未来再发生反复"。同时在作者看来，"迄今为止，实际上还没有出现一部著作……包含对全部中俄关系史的整体分析"[91]。与此相关，华可胜发表了重要看法。他认为今天摆在研究人员面前的迫切任务是扩展中俄关系史的研究方法，并采用新的路径和方法研究相关问题。在专著中，华可胜创立了多因素均衡的理论观点，这个理论位于他设计的范式的核心。作者认为，这个观点可以对历史情境中双边关系的动态性和延续性进行分析。华可胜指出，"（我）提出的概念方法为仔细观察历史情境中各种互动因素提供了可能性，因此，把过去和现在结合起来，做纯粹的历史研究非常困难"[92]。华可胜重新思考了中俄关系史各个时期最突出的问题，并在使用新的科学方法的基础上通过分析现有的史实解释了两国关系史。在我们看来，该书和该作者后来的作品成了标志着中俄关系研究中政治学理论方法论基础建立的重要里程碑。其理论的主要内容，华可胜在其后的专著《欧亚大陆上的中国与俄罗斯：政治互动的历史动态》[93]中有所发展。

在另一本专著中，华可胜详细研究了 1881 年圣彼得堡条约签订的外交史。[94] 在此书中，他研究了众多与俄罗斯帝国同清朝在中亚地区划界的历史相关的问题。其著作基本上涵盖了整个 19 世纪下半期。华可胜指出，圣彼得堡条约奠定了未来几年中国与俄罗斯之间划分国界的法律基础。专著还详细研究了两国谈判时俄罗斯和清朝双方的策略。此书是在对俄罗斯、中国、美国、法国和英国的图书馆、研究机构及档案馆所藏档案展开仔细分析的基础之上写成的。

在苏联和俄罗斯的史学界还有一些历史学家的作品专门研究清朝时期中俄关系史中的个别时段或者特定问题。别斯普罗兹万内赫（Е. Л. Беспрозванных）的书就致力于研究俄罗斯和清帝国在阿穆尔地区的相互关系问题。[95] 罗曼诺娃（Г. Н. Романова）则研究了 19 世纪到 20 世纪初俄罗斯与中国在远东地区的经济往来。[96]

有关 17 世纪到 19 世纪中俄关系史的大型多卷本档案文献汇编的不

断出版，在俄罗斯与清帝国关系史研究史料基础的建立中发挥了重要作用。[97]《俄中关系》档案文件集的编纂者有共同的关于挑选、编写和出版方面的标准。作为中俄关系史中最重要的文献汇编，从第一卷出版开始，它就吸引了国内外学者的密切关注，一致称赞这套著作的优点就是将俄国、中国、蒙古以及西欧各国（英国、法国、荷兰）文献的发掘和出版相结合。从这个意义上看，这个多卷本的出版物可以算作是独特的了。齐赫文斯基院士指出，"这部文献汇编在世界汉学界都是独一无二的"[98]。

三、在华俄罗斯传教团史的研究

存在了两百多年的北京传教团在中俄关系史中扮演了重要角色。在苏联时期，客观研究它在中俄政治和文化交流史中的作用是不可能的。在当时，传教使团仅仅被视为殖民扩张和思想侵略的工具。苏联史学界所流行的看法是，传教活动为西方列强对东方国家（包括中国在内）进行经济贸易渗透开辟了道路。

只是从 1990 年代初起才出现全面而客观地研究北京传教团历史的机会。这一领域全新研究阶段的主要发起者是圣彼得堡国立大学东方系。在博戈柳博夫（М. Н. Боголюбов）院士的倡议下，第一次科研会议"东正教在远东"，由圣彼得堡国立大学（当时的列宁格勒国立大学）东方系和圣彼得堡东正教神学院共同组织，于 1991 年 2 月 26—27 日召开。会议组织者的出发点是，从以修士伊拉里昂〔Илларион，即列扎伊斯基（Лежайский）〕为首的第一个俄罗斯传教团抵达北京之日算起，1991 年正好是第 275 周年，在这之后，开始了东正教传教团在远东持续活动的历史。会议在列宁格勒国立大学（圣彼得堡国立大学）的彼得罗夫大厅召开，大学校长梅尔库里耶夫（С. П. Меркурьев）和圣彼得堡东正教神学院院长大祭司弗拉基米尔·索罗金（Владимир Сорокин）出席会议。第二天，会议在神学院的学院大礼堂召开。这是在很长一段时期后俄罗斯第一次举行由神职人员和世俗学者共同参与的、专门研究俄罗斯东正教会的传教活动和东正教在远东国家尤其是中国的传播情况的学术会议。75 年来，这些历史在学术出版物中被压制或歪曲。最杰出的东正教传教士往往只能被顺带提及。当谈及他们的学术著作（他们对俄罗斯汉学发展的显著贡献是难以贬低的）时，作者们被迫不能使用他们的教职，只能使用他们的姓。

平心而论，应该看到，大多数苏联东方学者的著作，对在东亚国家活动的和对在与俄罗斯接壤国家及俄罗斯远东地区的研究中发挥突出作用的俄罗斯东正教传教士的学术贡献，给予了足够高的评价。然而，在当时所有无神论体裁的文学作品中，俄罗斯东正教传教士被称为"俄罗斯商业资本手中的武器"和"沙皇政府的军事—政治工具"，被认为支持俄国沙皇的思想侵略和殖民扩张。

第一次纪念俄罗斯传教团赴华 275 周年的"东正教在远东"会议，标志着这一学术研究领域的突破。报告人提出的众多问题立即就成为一系列有前途的学术课题：东正教在中国的传播、阿尔巴津人的东正教社区史、俄罗斯传教士的教育活动、传教团成员的学术著作以及他们的外交活动。在过去的这些年里，"东正教在远东"共召开了五次会议，来自圣彼得堡、莫斯科、布拉戈维申斯克、沃罗涅日、雅罗斯拉夫尔的神职人员、大学教授、研究人员都在会上做了发言和报告。在第四次学术会议上（2000 年）还吸纳中国香港地区和东南亚尼基塔斯（Лулиас）主教参与其中。

五次学术会议的材料构成了《东正教在远东》[99]四本论文集的基础（1993、1997、2001、2004 年），其中包括约 100 篇学术论文。北京传教团的活动成了他们积极研究的课题。文章中大部分的注意力都集中在传教活动本身，以及传教团成员对俄罗斯—中国的关系发展和中国的学术研究做出的贡献上。作者们透彻地研究了传教团成员关于中国清朝的历史、经济、国家制度、汉语和满语等方面的介绍性著作。尤其要强调的是，北京传教团已经成为俄罗斯最重要的人员培训中心，并在清代中国教授俄语方面发挥了重要作用，促进了相互关系的进程和中俄文化的相互影响。

1997 年在莫斯科出版了论文集《俄罗斯驻华传教团史》[100]，其中收录了 19 世纪修士司祭尼古拉［Николай，即阿多拉茨基（Адоратский）］出版的作品《北京传教团第一阶段活动史（1685—1745）》，以及莫斯科汉学家的文章。

俄罗斯汉学界对清代在华西方传教士（天主教和新教）活动的研究

兴趣，比对东正教传教团的研究要少。在这方面大概只能关注一下杜布罗夫斯卡娅（Д. В. Дубровская）[101]和洛曼诺夫（А. В. Ломанов）[102]的专著。牧师、汉学家、历史学博士彼得·伊万诺夫（Пётр Иванов）在《中国基督教史》[103]中阐释了基督教在中国传播的各种途径和形式，特别关注了俄罗斯传教士的活动。菲什曼（О. Л. Фишман）[104]的遗作致力于探讨清朝时期中西文化互动的问题，以及中国对欧洲艺术的影响。这个课题在俄罗斯学者中逐渐变得流行起来。

卡柳日娜娅的专著《义和团起义》[105]致力于研究中国清朝统治末期在秘密社团"义和团"领导下开展的排外运动。作者研究了秘密组织"义和团"兴起的历史，包括它的意识形态、组织模式、起义者的纲领和口号及其社会成分。她特别注意研究清中央政府与地方政府对起义者的政策以及帝国主义列强对中国的武装介入。卡柳日娜娅得出结论：义和团运动，客观上明确反对帝国主义的压迫，尽管它具有中国人民大众正义斗争的所有缺点，但起义者的爱国主义和英雄主义精神值得获取深深的尊重。义和团的斗争阻止了外国列强完全征服清代中国。

四、对清代中国社会结构的研究

1980 年代苏联历史学家转而深入研究清代中国的社会结构。佳普金娜（Н. И. Тяпкина）撰写了一本分析 19 世纪下半期至 20 世纪初中国乡村社会生活的书。[106]然而这本书所探讨的问题远远超出了标题的范围，因为书的前半部分专门探讨了整个清王朝统治历史时期（1644—1911）中国的社会政治组织。书中探讨了清帝国的行政—政治机构、社会阶层体系及其在清代中国社会体制中的作用、土地所有权和土地使用权的制度特点、乡村居民的行政机构、县级管理结构、宗族及其在中国乡村生活中的作用、士绅在中国乡村地区社会组织中的地位和作用。

对中国社会结构的研究还体现在合著作品《中国的社会结构：十九世纪至二十世纪上半期》[107]中。作者团队包括苏联著名汉学家和历史学家涅波姆宁、福米娜（Н. И. Фомина）、阿卡托娃（Т. Н. Акатова）、伊柳舍奇金、库泽斯（В. С. Кузес）、拉音戈尔（С. Р. Лайнгер）、穆格鲁津（А. С. Мугрузин）、苏哈切娃（Г. А. Сухачева）和霍赫洛夫。这部著作的理论基础就是苏联东方学家西蒙尼亚（Н. А. Симония）[108]、赖斯纳（Л. И. Рейснер）和他们的同事[109]提出的社会融合概念：社会融合是开始进入到过渡时期——殖民和后殖民时期——的东方社会中传统与现代相互作用的结果。在这部著作中，创作团队采用这个概念研究19世纪下半期至20世纪上半期的中国社会。作者的"传统"特指中世纪封建主义的中国模式，而"现代"是指移植到清代中国的西方资本主义。而作者这两个部分的"融合"则理解为"和平共处于同一个现象中，即一个能保持这两个要素间的固有平衡的结构或过程；并通过一个部分的逐渐位移取代另一部分以求在冲突中共生"[110]。在这两种情况下，依照他们的观点，融合就是上述两个元素的相互渗透或混合。专著的作者团队对晚清时期中国社会结构的跨形态演变进行了研究，分析了其初始水平的封建式传统结构。他们的主要注意力集中到了过渡社会的形成上，即如何从旧阶层中产生出新阶层，首先是民族资产阶级和无产阶级。还有人研究中间阶层、无阶级属性的阶层的成分和性质。按照此书作者的观点，传统中国社会，特别是清朝，是建立在底层民间小团体（家庭、宗族）和高层"共同的"大集体（国家）的有机结合的基础上的。这种系统的特点是在纵向联系的支配下横向联系比较弱，确立了权力分布的主要原则——以国家为所有纵向联系都要向其聚集的中心，按照这些作者的观点，可以用术语"等级国家"[111]来形容。

类似的想法可以在涅波姆宁和梅尼施科夫（В. Б. Меньшиков）的《在过渡社会中合成》[112]中找到更多种理论形态的呼应，此书的作者试图追寻过渡时期中国社会中封建主义形态的解体和"融合"的生成。

对中国社会发展的社会文化特征的严肃研究，开始在国内汉学家有关中国民族史的集体作品中出现。这套书的作者有刘克甫（М. В. Крюков）、马利亚温（В. В. Малявин）、嵇辽拉（Л. С. Переломов）、苏敏（М. В. Софронов）和切巴克萨洛夫（Н. Н. Чебоксаров）。这些作者所写的六本书，是有关在整个五千年历史中，中国的社会生活和文化发展的独特百科全书。这一系列中的第五本书专门讨论明清时期中国人的民族史（至19世纪）[113]，而第六本则是探讨19世纪至20世纪初的民族史[114]（因此，清代民族史的最后时期在此卷中）。这些作者探究和转述史料的方法与研究这个时代的其他史学家的作品非常不同。他们首先是研究物质和精神文化领域的历史变迁；在中国人的自我意识方面，则专注于研究汉民族民族性的文化特点。他们感兴趣的是人口的变化、居民的民族构成、生产工具与交通工具的发展、服饰的特点、食物和许多其他东西。

五、对 19 世纪末至 20 世纪初中国社会思想史的研究

1990 年代至 2000 年代，俄罗斯汉学界又重新燃起了对 19 世纪末至 20 世纪初的中国社会思想史的研究兴趣。在这一系列著作中最有趣的当属卡柳日娜娅和博罗赫的作品。卡柳日娜娅在其专著[115]中以晚清时期中国杰出的革命运动理论家之一——章炳麟（章太炎）的社会—政治观点为例，研究中国传统思想的哲学概念与西方社会科学成就的融合问题。卡柳日娜娅写道："章创立的革命理论综合了革命进程的国家概念，即朝代更替（'权力更迭'）是如何随着本土的政治、社会—经济和文化的转型而发生的。"[116]博罗赫在其专著[117]中探讨了在 19 世纪与 20 世纪之交，儒家学者如何开始重新审视中国古代哲学的遗产并发展这些她在前一本书中所描述的思想问题。[118]儒学改革事业的关键人物之一就是梁启超。此书作者力图表明，梁启超是如何在利用欧洲知识的基础上，创建自己的道德—政治学说，并提出了"新民"理论的现代诠释。这一理论原本作为中国哲学解释观点的成果之一被记载在儒家经典《大学》的注文中，这种现代化诠释反映出儒学改革者梁启超是如何对传统政治理论和旧礼教最重要的宗旨加以重新审视的。

博罗赫的这部著作受到了俄罗斯汉学界的高度赞扬。齐赫文斯基院士对它做出如下评价："这部广受好评的专著的作者成功地应对了极为复杂的、从前从未有人做过的展示社会思潮对中国儒学改革者的影响的课题，这对 19 世纪至 20 世纪之交的人类文明交流史和中国革命与改革史等领域的复杂问题的研究做出了重要贡献。"[119]

这类致力于中国社会思想史研究的作品中，还应该包括克鲁申斯基（А. А. Крушинский）所著有关中国杰出思想家、教育家严复的作品的书。[120]作者力图说明严复的翻译活动在中西文化交流发展中的重要价值。他详细考察了严复的哲学观点及其与张之洞的论战。

符拉迪沃斯托克的中国史学家弗拉吉（С. Ю. Врадий）研究清朝时期中国著名的政治活动家、思想家林则徐的历史作用和思想观念。弗拉

吉在书中详细记述了这位主张抵制外国势力扩张并加强爱国主义思想的反鸦片贸易斗士的生平。[121] 弗拉吉指出，林则徐对中国社会—政治思想发展的贡献是显著的（新观念体系的形成、对学习西方知识必要性的判断、爱国主义思想的发展）。弗拉吉提到，林则徐不仅主张加强中国的陆军和水师，而且还提出了改变现有的财政—经济、税收制度和改善农业生产各要素的具体措施。弗拉吉还指出，林则徐对被公认为"仿效海外事务"（洋务运动）思想创始人的魏源有巨大影响。

1996 年，由俄罗斯科学院东方学研究所（现在的俄罗斯科学院东方文献研究所）圣彼得堡分所图书馆储存的独家木刻本林则徐的著作《俄罗斯国纪要》和载有弗拉吉评论的译本出版。[122] 弗拉吉提到，林则徐的作品在中国是首批全面关注俄罗斯的作品之一，并指出林则徐的这部作品是研究清代中国对俄罗斯国家认知形成史的重要史料。

第五节　2000 年代的清史研究

1990 年代至 2000 年代，俄罗斯的中国史出版物数量同之前时期相比出现下降。这与老一代中国史学家的自然离去和掌握中文的新一代更愿意从事实践活动而非学术活动有关。俄罗斯的汉学学者数量同苏联时期相比大为减少。然而，在这个时候还是出现了不少有关清朝时期历史的令人感兴趣的研究。

正是在 2000 年代俄罗斯汉学家们编写了一系列有关中国史的总括性作品，在这些作品中对清朝时期给予了足够的重视。在进入 21 世纪之际，由莫斯科国立大学的专家们编写的《中国史》一书出版了（涵盖了漫长的历史时期——从远古时代直至今天）[123]，皮萨列夫（А. А. Писарев）所写的三章涵盖了清朝时期。在评估了满族征服中国并建立清王朝统治的影响之后，作者断言，满族的入侵使中国付出了巨大牺牲，人口减少了几千万，而且清朝的统治伴有严酷的民族压迫。同时，在皮萨列夫看来，在清朝统治下的 17 世纪末至 18 世纪，中国社会达到了鼎盛时期。他指出，"从基本的社会制度的角度看，中国社会呈现出稳定的状态"[124]。在皮萨列夫看来，帝制时期，在中国社会发展中确定起主要作用的是官僚："换句话说，帝制中国的发展——这是绅士阶层的发展史……从这个角度看，清代的中国在一定程度上还是儒家社会观念的完美体现，在这里进入社会高层的资本不是出身名门望族和财富，而是依靠知识和教育。这个历史经验与中世纪欧洲历史的形成过程在本质上完全不同……"[125]19世纪中期，在皮萨列夫看来是中国历史上的转变时期，当时国家被强行并入由在全世界发展的欧洲流派创造的文明模式中。

清史在著名俄罗斯汉学家尼基福罗夫的概论性著作《中国史概要》[126]中也占有一席之地。清朝时期在此书的448页中占据了135页。尼基福罗夫将注意力集中于满族对中国的征服和统治精英的逐渐汉化等方面。在此情况下他指出，正是在18世纪至19世纪上半叶，在中国与西方先进国家之间出现了尤为明显的、有全球史意义的决裂，这种情况长期决定着中国历史的发展。

2005年涅波姆宁的巨著《中国历史：清王朝——十七至二十世纪早期》出版[127]，整本书都致力于研究清代的中国历史。此书考察了清朝的全部历史：从满族国家的建立经过社会—政治危机到王朝灭亡。涅波姆宁从朝代和社会—政治循环的角度探讨中国的全部历史。就作者的角度而言，从外部看，清帝国是相当繁荣的国家：富有的城市、高度发达的手工业和贸易、百花齐放的科学。同时，在他看来，不同于历史上呈现出线性运动的西欧模式，中国从汉朝开始直到今天，都在按照另外的剧本发展。涅波姆宁将清代的历史分为两个周期：独立自主的清朝持续了206年，还有太平天国时期（80年）。鸦片战争之后，新旧两种社会类型的演变在中国并存（周期性的和线性的）。涅波姆宁认为，正是这种清朝统治末期在中国出现的过渡系统形态中的特殊性，导致了君主制的灭亡和共和国的建立，这个特性在他之前的著作中也有所说明。

涅波姆宁的这种方法招致部分俄罗斯汉学家的反对甚至批评。齐赫文斯基院士如是写道："涅波姆宁在其书中主张坚定拥护历史进程中的人口发展周期论……这个理论没有考虑到统治中国的这个或者其他王朝时期影响死亡的各种因素。"[128]

出版于2015年的《从古代至二十一世纪初的中国史》[129]中的第六

卷也涵盖了清朝统治时期。和这十卷本著作中的其他卷一样，它致力于中国社会和国家的多样性的综合研究。第一部分的各章〔作者为：涅波姆宁、庞晓梅（Т. А. Пан）、佐托夫（О. В. Зотов）、齐赫文斯基、丘多杰耶夫〕主要研究同经济史紧密相连的政治史问题，与军事史事件有关的政治、法律和行政体系，与社会史有关的外交和外交政策史，与国内和国际范围内知名人士的活动有关的文化史事件。第二部分作者们〔他们是涅波姆宁、科布泽夫（А. И. Кобзев）、华可胜、杜布罗夫斯卡娅、涅格林斯卡娅（М. А. Неглинская）等。他们使用了彼得罗夫（В. В. Петров）、李福清（Б. Л. Рифтин）和菲什曼的材料〕的注意力集中在清代的精神生活问题上，如文学、哲学、建筑和绘画。书中探讨了中俄关系问题，包括俄罗斯传教团在中国的活动及其在俄罗斯汉学形成中的作用（作者是米亚斯尼科夫）。这一卷是对过去十年俄罗斯清史研究的总结。

　　对中国清史的研究还出现了全新的方向。2009 年在米亚斯尼科夫院士的倡议下开始编纂一套新书，名为《中国清代历史的非传统史料（1644—1911）》。该系列的第一版——图集《清代的北京：人民生活的图画（民俗画）》包括一些保存在圣彼得堡东方文献研究所的中国专辑的插图。[130]出版在专辑——《人民生活的图画》——中的民俗画是反映普通人日常生活和风俗习惯的、中国民间艺术的一种特殊类型。这些图画描绘了街景、工匠、商人、风俗和礼仪、娱乐，等等。这种绘画形式在清朝统治时期得以广泛传播，并引起了当时来自欧洲国家的人对中国的兴趣。遥远神秘的国度激起了他们的兴趣，而当时又缺乏可以记录中国人生活的摄影器材，这种情形致使描绘从事日常活动的普通人的绘画专辑的出现。每张图都用中文做了注释性题词。这些民俗画在制作技术和创作风格上都与年画相同。

　　俄罗斯科学院东方文献研究所的库藏中有一些早年带来俄罗斯的民俗画专辑。其中的两个被选入这套书，即保存在东方文献研究所的出版图画的原件——波波夫（А. Ф. Попов，1828—1870）藏品中的两个专辑。波波夫是第 14 届驻北京俄罗斯传教团的留学生，随后做了俄罗斯驻天津领事馆的秘书。第一个专辑包含 108 幅图，第二个专辑包含 110 幅图。图画用彩色水溶性颜料在薄的白纸上绘成并依照主题分类。这些画上绘有从事自己专业活动的工匠、各种商品的经销商、学者和军人等。从中文翻译成俄文的工作是由波波娃（И. Ф. Попова）完成的，她还写了介绍性的文章。文章详细讨论了风俗画在中国存在的历史，介绍这些保存在俄罗斯科学院东方文献研究所东方学档案馆和手稿征集处的专辑，概述了波波夫的生平。这是俄罗斯学术界首次研究民俗画。同时，专辑也是丰富的史料，反映当时的风俗文化。这套专辑的出版，将有助于学者重建清代北京的真实生活，这对现代研究非常重要。

此书出版之后，还有圣彼得堡俄罗斯国家图书馆所藏的雅金甫神父（1777—1853）专辑的复制品出版——雅金甫是优秀的俄罗斯汉学家，第 9 届驻北京传教团的领导。《雅金甫的第一专辑》出版于 2010 年，标题是《有关居住在从乌苏里江到入海口的阿穆尔河岸边的、从朝鲜边界到俄罗斯边界的所有东海岸边和定居在围绕海岸的所有岛屿上的人们》[131]，包括了 57 个彩绘及雅金甫神父为其做的注释，包含一份独一无二的民俗文化材料。专辑还附带有一个附录，是关于雅金甫神父的生平、著作以及有关此专辑的学术文章的合集。

稍晚，在 2012 年，出现了一个包括雅金甫神父第二和第三专辑绘画出版合集在内的、设计类型相同而又彼此互补的出版物。[132] 在这些专辑中可以看到中国传统服饰，从高官到音乐家到乞丐等中国居民的不同阶层代表，以及蒙古人、朝鲜人、西藏和中亚地区居民的形象。在第二专辑中雅金甫神父对所有图画都做了注释，包括最后创作的两幅作品。如同"第二部"剩余的作品一样，第三专辑收录从外观上看是中国艺术家一些作品的复制品。根据相关文献判断，第三专辑是雅金甫神父从中国返回后于 1822 年进献给俄罗斯沙皇亚历山大一世的。这些专辑的出版使这些材料得以提供给广大清史研究者使用。

类似的出版物还应该包括圣彼得堡汉学家出版的《北京民间画艺术家周培春集》。书中收录了艺术家周培春——清代中国民俗画流派最杰出的代表人物之一的 117 幅画，这些画保存在圣彼得堡国立大学东方系图书馆①中。[133] 在这个双语出版物（中文和俄文）中，编译者们按照图画的主题把这些画分为四个部分并为其定了标题：第一部，《北京日常

---

① 圣彼得堡国立大学东方系图书馆，即圣彼得堡国立大学高尔基科学图书馆东方部。——译者注

生活场景》；第二部，《北京店铺招幌》；第三部，《北京市民画像》；第四部，《中国古代美女画像》。所有四个专题作为教授—汉学家斯梅卡罗夫（Г. Ф. Смыкалов，1877—1955）的私人文库的一部分，由大学于1955 年购得。

这些专辑的出版是清代中国史研究领域的突出成就，特别是在当时中国城市居民日常生活史方面，丰富了现代历史研究的主题并添加新的内容，得以把研究引入微观日常生活史的轨道。此外，有学者对国立埃尔米塔什博物馆库藏乾隆朝将军们肖像的研究也很有趣。[134]

圣彼得堡国立大学的多罗宁（Б. Г. Доронин）教授在清代历史编纂研究领域从事了多年相关重要工作。在其长期学术研究、体现独特结果的专著中[135]，多罗宁详细描述了清代国家修史的形成和组织的历史，包括地方政府的历史文献编纂活动。在大量资料的基础上，他得出结论：17 世纪至 18 世纪清代历史编纂学异常活跃且产出惊人。大量学者—史学家的活动正与这个时期相一致——涌现出大批拥有大部头著作的作者。多罗宁断言，帝制中国时期的历史编纂是中国文明的一种独特现象，世界上没有与此类似的现象；他还指出，中国"连续几个世纪以来，按照自己极其完美的史学传统把历史转变为一个非常有效的影响社会的、培养历史意识的工具"[136]。

随着一种全新的理论方法和研究视角的提出，近日在俄罗斯历史学界又兴起了对中俄关系史的研究兴趣。率先以社会文化角度研究清代中国和俄罗斯关系史的是彼得堡汉学家萨莫伊洛夫。[137]他在专著的第一章提出了其研究的理论基础，引入了自己定义的社会文化互动理论并介绍了必要的概念和定义。在随后的章节中作者介绍了 17 世纪至 20 世纪初俄罗斯与中国的地缘文化特征和在两国经常出现的、对此时期而言较为典型的地理文化形象，按时间顺序从两个社会相互认同的过程的角度出发，概述了 17 世纪至 20 世纪初中俄关系史中的主要事件。俄罗斯与中国的经济贸易联系在此书中也被视为社会文化互动中的一个因素。除此之外，书中还探讨了北京传教团在两国文化交往发展过程中所起的作用、清朝时期中国艺术在俄罗斯的传播、清朝外交官的对俄访问和出现在俄罗斯的第一批中国学生。萨莫伊洛夫详细研究了俄罗斯与中国之间社会文化互动的交流渠道和接触地带，其最关注的地方是作为中俄地缘文化互动的空间和特殊接触地带的恰克图、买卖城。此书的注意力大都集中于探讨在俄罗斯的中国形象和俄罗斯在中国形象的形成、俄罗斯人在中国的社会文化适应和俄罗斯文化成分向中国的渗透。

萨莫伊洛夫所得出的研究结果，赢得了许多俄罗斯和国外学者的积极评价。米亚斯尼科夫院士写道："萨莫伊洛夫的专著解决了一个学术意义上的重要问题——在国内外史学界第一次用社会文化互动理论分析17 至 20 世纪初中国与俄罗斯之间的相互关系。"[138] 诺维科夫（Б. М. Новиков）和梅利尼科娃（Ю. С. Мыльникова）指出："总而言之，评论家们觉得有必要再次强调，萨莫伊洛夫的专著《十七至二十世纪初的俄罗斯与中国：社会文化互动的趋势、形式和阶段》代表了以作者开创的采用多角度的、宏观的、跨学科的方法论——社会文化互动理论为基础进行中俄关系史研究的新时代。这无疑是我们汉学界一个有意义的事例。同时，这部在多方面都有创新的著作维护和保持了诸多俄罗斯汉学界的优秀传统。"[139] 萨莫伊洛夫在其书中所做的主要结论，还获得了其他评论员的称赞。[140]

2003 年，符拉迪沃斯托克历史学家彼得罗夫（А. И. Петров）出版专著《1856—1917 年旅俄华侨史》。[141] 作者在这本基于大量档案材料写成的书中，试图呈现出一幅清朝末期俄罗斯土地上的中国移民的生活和经济活动的广阔画卷。书中探讨在俄罗斯不同地区，主要是在俄罗斯远东地区的中国人口数量的动态变化，他们在 19 世纪末至 20 世纪初俄罗斯帝国不同地区和省份中的定居点、中国人的法律地位及他们与当地政府的关系。在俄罗斯的经济生活中，中国人群体的作用集中于特殊部门，在农业生产领域、远东地区的金矿以及乌苏里、阿穆尔和其他地区的铁路工程建设中使用华人劳工。书中有单独的一章专门讨论旅俄中国人的文化问题。此章在俄罗斯档案馆藏文件的基础上分析旅俄华人的生活、住房、食品、衣着和外观，中国人同俄罗斯远东地区土著居民和旅俄朝鲜人之间的关系。这本书是一个有充分根据的长期研究，并且迈出了在旅俄华人群体的产生和存在的专门史研究领域中有实质意义的一步。书中包含引用自俄罗斯档案馆馆藏文件的大量史实，引用来自档案文献的冗长引文，许多文件被全文复制。可以说，这一专著的问世不仅是旅俄华侨史研究的重要里程碑，还有助于扩大进一步研究这个问题的史料基础。

从事研究俄罗斯中国移民史的还有拉林（А. Г. Ларин）。但是其作品的主要关注点在 20 世纪，而对清朝末期的研究不够细致。[142] 2000 年代还有一些有关中俄关系史的著作问世，这些著作涵盖清朝各个时期〔作者包括达齐申（В. Г. Дацышен）[143]、瓦列耶夫（Р. М. Валеев）和戈尔舒诺夫（В. С. Горшунов）[144]、布拉戈杰尔（Ю. Г. Благодер）[145]等〕，讨论了这个问题的各个方面。

第六节　结　语

综上所述，俄罗斯汉学家们在清代中国史研究方面做了许多工作，并为将这段历史展现给俄罗斯读者付出了许多艰辛的劳动。最大的成就是在 19 世纪至 20 世纪初中国史研究和中俄关系史研究领域。至于 17 世纪至 18 世纪的清代中国史研究，尽管在最近一段时间也出现了一些涉及这个时期的作品，但显然还是不够的。

注释

[1]巴夫洛维奇. 革命运动和当代中国的政党. 复兴，1910，6：17 - 34（Павлович М. Революционное движение и политические партии в современном Китае// *Возрождение*. 1910，№ 6. С. 17 - 34）；巴夫洛维奇. 伟大的中国革命. 同代人，1911，11：315 - 344（Павлович М. Великая Китайская революция//*Современник*. 1911，№ 11. С. 315 - 344）。

[2]巴夫洛维奇. 十月革命和东方的问题. 新东方，1926，15：15 - 16（Павлович М. Октябрьская революция и восточный вопрос//*Новый Восток*. 1926，№ 15. С. 15 - 16）。

[3]霍多罗夫，巴夫洛维奇. 为独立而斗争中的中国（Ходоров А. Е. Павлович М. П. *Китай в борьбе за независимость*. М.：Научная ассоциация востоковедения при ЦИК СССР，1925）。

[4]霍多罗夫. 满族统治中国的阶级根源. 新东方，1929，26 - 27：19 - 42（Ходоров А. Е. Классовые корни господства маньчжур в Китае//*Новый Восток*. 1929，№ 26 - 27. С. 19 - 42）；霍多罗夫. 中国的人民起义（十九世纪下半叶）. 新

东方, 1925, 7：164 - 176 ［Ходоров А. Е. Народные восстания в Китае（Вторая половина XIX столетия）// Новый Восток. 1925，№ 7. С. 164 - 176］；霍多罗夫. 中国革命的第一阶段. 新东方, 1927, 18：64 - 90（Ходоров А. Е. Первые этапы китайской революции// Новый Восток. 1927，№ 18. С. 64 - 90）。

［5］尼基福罗夫. 研究中国问题的苏联史学专家（Никифоров В. Н. Советские историки о проблемах Китая. М.：Наука，1970. С. 94）。

［6］屈纳. 中国近代政治史纲要（Кюнер Н. В. Очерки новейшей политической истории Китая. Хабаровск-Владивосток：Издательство《Книжное дело》，1927）。

［7］哈尔恩斯基. 从古到今的中国（Харнский К. А. Китай с древнейших времен до наших дней. Хабаровск-Владивосток：Издательство《Книжное дело》，1927）。

［8］斯科罗比廖夫. 斯科罗比廖夫同志关于太平天国革命的报告. 中国问题：1929, 1：407（Доклад товарища Скорпилева о тайпинской революции// Проблемы Китая. 1929，№ 1. С. 407）。

［9］库丘莫夫. 十九世纪末的中国自由主义（康有为和百日时代）. 革命的东方, 1927, 1：83 - 111 ［Кучумов В. Н. Китайский либерализм конца XIX века（Кан Ювэй и эпоха ста дней）// Революционный Восток. 1927，№ 1. С. 83 - 111］。

［10］罗曼诺夫. 俄国在满洲（1892—1906）：专制政体在帝国主义时代的对外政策史纲 ［Романов Б. А. Россия в Маньчжурии（1892 - 1906）. Очерки по истории внешней политики самодержавия в эпоху империализма. Л.：Издательство Ленинградского Восточного института，1928］。

［11］库尔茨. 16、17 和 18 世纪的中俄关系（Курц Б. Г. Русско-китайские сношения в XVI，XVII и XVIII столетиях. Харьков: Госиздат Украины，1929）。

［12］阿瓦林. 帝国主义在满洲（1—2 卷）（Аварин В. Я. Империализм в Маньчжурии. Т. 1 - 2. М. -Л.：Соцэкгиз，1934）。

［13］杜曼. 十八世纪晚期清政府在新疆的土地政策 ［Думан Л. И. Аграрная политика цинского（маньчжурского）правительства в Синьцзяне в конце XVIII века. М. -Л.：Издательство АН СССР，1936］。

［14］西马诺夫斯卡娅. 1628—1645 年中国伟大的农民战争（Симоновская Л. В. Великая крестьянская война в Китае 1628 - 1645 гг. М.：Учпедгиз，1958）。

［15］卡拉-穆尔扎. 太平，1850—1856 年伟大的农民战争和太平天国（Кара-Мурза Г. С. Тайпины. Великая крестьянская война и тайпинское государство в 1850 - 1856 гг. М.：Учпедгиз，1941）。

［16］同上：34。

［17］叶菲莫夫. 中国近现代史纲要（Ефимов Г. В. Очерки по новой и новейшей истории Китая. М.：Госполитиздат，1949）。

[18]叶菲莫夫. 中国近现代史纲要（第二版）（Ефимов Г. В. *Очерки по новой и новейшей истории Китая. Изд. 2-е.* М.：Госполитиздат，1951）。

[19]齐赫文斯基. 十九世纪末中国的改革运动和康有为（Тихвинский С. Л. *Движение за реформы в Китае в конце XIX века и Кан Ю-вэй.* М.：Издательство восточной литературы，1959）。

[20]齐赫文斯基. 张时裕，等译. 中国变法维新运动和康有为. 北京：生活·读书·新知三联书店，1962。

[21]叶菲莫夫. 中国的外交政策（1894—1899）（Ефимов Г. В. *Внешняя политика Китая. 1894‒1899 гг.* М.：Госполитиздат，1958）。

[22]雅科夫列娃. 1689年中俄第一个条约（Яковлева П. Т. *Первый русско-китайский договор 1689 года.* М.：Издательство АН СССР，1958）。

[23]杰米多娃，米亚斯尼科夫. 在中国的第一个俄罗斯外交官（佩特林的《详细笔记》和巴伊科夫的《出使报告》）[Демидова Н. Ф. Мясников В. С. *Первые русские дипломаты в Китае（«Роспись» И. Петлина и статейный список Ф. И. Байкова）.* М.：Наука，1966]。

[24]斯拉德科夫斯基. 俄中贸易经济关系史（至1917年）[Сладковский М. И. *История торгово-экономических отношений народов России с Китаем（до 1917 г.）.* М.：Наука，1974]。

[25]别洛夫. 1911—1913年的中国革命（Белов Е. А. *Революция 1911‒1913 гг. в Китае.* М.：Издательство восточной литературы，1958）。

[26]达尼洛夫. 中国革命同盟会和它在1911—1913年革命筹备中的作用（Данилов В. И. *«Объединённая революционная лига Китая» и ее роль в подготовке революции 1911‒1913 гг.* М.：Издательство восточной литературы，1959）。

[27]叶菲莫夫. 1911年的中国革命（Ефимов Г. В. *Революция 1911 года в Китае.* М.：Учпедгиз，1959）。

[28]齐赫文斯基. 孙中山：外交政策观和实践（1885—1925年中国人民的民族解放斗争史）[Тихвинский С. Л. *Сунь Ятсен：Внешнеполитические воззрения и практика（Из истории национально-освободительной борьбы китайского народа 1885‒1925 гг.）.* М.：Международные отношения，1964]。

[29]孙中山. 孙中山作品选集（译自中文）（Сунь Ятсен. *Избранные произведения/Перевод с китайского.* М.：Наука，1964）。

[30]齐赫文斯基，主编. 孙中山百年诞辰——文章、回忆录和资料汇编（1866—1966）（*Сунь Ятсен，1866‒1966. К столетию со дня рождения. Сборник статей，материалов и воспоминаний/Отв.* редактор С. Л. Тихвинский. М.：Наука，1966）。

[31]谢宁，译介. 中国近代进步思想家作品选集（1840—1898）（*Избранные*

произведения прогрессивных китайских мыслителей нового времени，*1840 – 1898 /*
Перевод с китайского. Вступительная статья Н. Г. Сенина. М.：Издательство Академии
Наук СССР，1961）。

［32］伊柳舍奇金. 太平天国农民战争（Илюшечкин В. П. *Крестьянская война*
тайпинов. М. 1967）。

［33］卡拉-穆尔扎. 1850—1856 年伟大的农民战争和太平天国（Кара-Мурза
Г. С. *Тайпины. Великая крестьянская война и тайпинское государство в 1850 – 1856*
гг. М.：Учпедгиз，1941. С. 105）。

［34］切卡诺夫. 1853—1868 年中国的捻军起义（Чеканов Н. К. *Восстание*
няньцзюней в Китае. 1853 – 1868 гг. М.：Издательство восточной литературы，
1963）。

［35］同上：160。

［36］波尔什涅娃. 1796—1804 年的民众起义// 亚洲人民研究所简讯：第 53 辑.
莫斯科，1962：78 – 94（Поршнева Е. Б. *Народное восстание 1796 – 1804 гг*. //
Краткие сообщения института народов Азии. Выпуск 53. М. 1962. С. 78 – 94）。

［37］波尔什涅娃."白莲教"教义：1796—1804 年民众起义的意识形态
（Поршнева Е. Б. *Учение «Белого лотоса» идеология народного восстания 1796 – 1804*
гг. М.：Наука，1972）。

［38］苏山罗. 十九世纪下半叶东干族起义和白彦虎在其中的作用（Сушанло
М. *Дунганское восстание второй половины XIX века и роль в нем Бай Янь-*
ху. Фрунзе：Киргосиздат，1959）。

［39］易卜拉欣莫娃. 满洲国家在新疆和 1864—1878 年的民众起义（利用维吾
尔族史料）［Ибрагимова Г. М. *Маньчжурское господство в Синьцзяне и народное*
восстание в 1864 – 1878 гг.（По уйгурским источникам）. Л.：ЛГУ，1954］。

［40］谢洛夫. 伊宁起义（1864—1871）［Шихов С. И. *Кульджинское восстание*
（*1864 – 1871 гг.*）. М. 1954］。

［41］齐赫文斯基，主编. 满洲在中国的统治（*Маньчжурское владычество в*
Китае. Отв. Редактор С. Л. Тихвинский. М.：Наука，1966）。

［42］齐赫文斯基. 清王朝在中国的统治. 历史问题，1966，9：71（Тихвинский
С. Л. Правление в Китае маньчжурской династии Цин// *Вопросы истории*. 1966，No
9. С. 71）。

［43］齐赫文斯基. 齐赫文斯基作品选集（五卷本）：第 1 卷（Тихвинский С. Л.
Избранные произведения в 5 книгах. Т. 1. М.：Наука，2006. С. 477 – 478）。

［44］齐赫文斯基. 中国统治阶层的"自强"政策（1860—1895）. 历史问题，
1969，4：78 – 98［Тихвинский С. Л. Политика «самоусиления» правящих кругов

Китая（1860－1895 *гг.*）//*Вопросы истории.* 1969. № 4. С. 78－98]。

［45］同上：78。

［46］齐赫文斯基. 中国的历史和当代（Тихвинский С. Л. *История Китая и современность.* М. : Наука，1976）。

［47］萨莫伊洛夫. 19 世纪 60—80 年代中国经济发展问题方面的中国进步思想家（国家观念的形成问题）//现代东方国家的政治、思想、文化问题. 莫斯科，1983：36－46［Самойлов Н. А. Прогрессивные китайские мыслители 60－80－х *гг.* XIX в. о проблемах экономического развития Китая（К вопросу о становлении национального самосознания）//*Проблемы политики，идеологии，культуры стран современного Востока.* М. 1983. С. 36－46］；萨莫伊洛夫. 中国"自强"政策期间的社会政治思想冲突//世界历史和东方. 莫斯科，1989：115－124（Самойлов Н. А. Борьба тенденций в общественно-политической мысли Китая периода политики «самоусиления»//*Всемирная история и Восток.* М. 1989. С. 115－124）。

［48］涅波姆宁. 中国经济史（1864—1894）［Непомнин О. Е. *Экономическая история Китая.（1864－1894）.* М. : Наука，1974］；涅波姆宁. 中国社会经济史（1894—1914）（Непомнин О. Е. *Социально-экономическая история Китая. 1894－1914.* М. : Наука，1980）。

［49］涅波姆宁. 中国经济史（1864—1894）［Непомнин О. Е. *Экономическая история Китая.（1864－1894）.* М. : Наука，1974. С. 230］。

［50］同上：177。

［51］涅波姆宁. 中国社会经济史（1894—1914）（Непомнин О. Е. *Социально-экономическая история Китая. 1894－1914.* М. : Наука，1980. С. 264－265）。

［52］博罗赫. 中国的兴中会（Борох Л. Н. *Союз возрождения Китая.* М. : Наука，1971）。

［53］格里高里耶夫. 中国资产阶级革命派的反帝纲领（Григорьев А. М. *Антиимпериалистическая программа китайских буржуазных революционеров.* М. : Наука，1966）。

［54］科斯佳耶娃. 1901—1911 年中国的民众运动（Костяева А. С. *Народные движения в Китае в 1901－1911 гг.* М. : Наука，1970）。

［55］同上：109。

［56］同上：46。

［57］丘多杰耶夫. 1911 年中国革命的前夕：自由主义地主—资产阶级反对派的宪政运动（Чудодеев Ю. В. *Накануне революции 1911 г. в Китае. Конституционное движение либеральной буржуазно-помещичьей оппозиции.* М. : Наука，1966）。

［58］别洛夫. 中国的武昌起义（1911 年）［Белов Е. А. *Учанское восстание в*

Китае (1911 г.). М.：Наука，1971].

[59]尼基福罗夫. 有关武昌起义. 远东问题，1972，3：195（Никифоров В. Н. Об учанском восстании//*Проблемы Дальнего Востока*. 1972，№3. С. 195）。

[60]叶菲莫夫. 孙中山和中国资产阶级革命（1911—1913）［Ефимов Г. В. *Буржуазная революция в Китае и Сунь Ятсен（1911 - 1913 гг.）*. М.：Наука，1974]。

[61]郭肇堂. 中国的社会思潮和意识形态斗争（1900—1917）［Крымов А. Г. *Общественная мысль и идеологическая борьба в Китае（1900 - 1917 гг.）*. М.：Наука，1972]。

[62]同上：261。

[63]沃洛霍娃. 在华外国传教士（1901—1920）［Волохова А. А. *Иностранные миссионеры в Китае（1901 - 1920 гг.）*. М.：Наука. 1969]。

[64]同上：130。

[65]扎林娜，利夫施茨. 英帝国主义在中国（1896—1901）［Зарина Л. Л. Лифшиц С. Г. *Британский империализм в Китае（1896 - 1901 гг.）*. М.：Наука，1970]。

[66]齐赫文斯基，主编. 中国近代史（*Новая история Китая/Под ред. С. Л. Тихвинского*. М.：Наука，1972）（可参见中译本，北京：生活·读书·新知三联书店，1974）。

[67]同上：5。

[68]梅利克谢托夫. 有关中国史的新著作. 真理报，1973 - 10 - 10（Меликсетов А. В. Новая книга по истории Китая//*Правда*. 1973，10 октября）。

[69]别列兹内伊，叶菲莫夫. 一本关于中国近代史重要阶段的书. 历史问题，1973，10：144 - 158（Березный Л. А. Ефимов Г. В. Книга о важном этапе новой истории Китая//*Вопросы истории*. 1973. №10. С. 144 - 158）。

[70]杰柳辛. 十七世纪—二十世纪初中国历史的若干研究结果——致《中国近代史》的出版. 亚非各民族，1973，5：67 - 80（Делюсин Л. П. Некоторые итоги изучения истории Китая XVII-начала XX в. К изданию «Новой истории Китая»//*Народы Азии и Африки*. 1973. №5. С. 67 - 80）。

[71]米亚斯尼科夫. 清帝国的兴衰. 远东问题，1973，3：203 - 207（Мясников В. С. Подъем и падение Цинской империи//*Проблемы Дальнего Востока*. 1973. №3. С. 203 - 207）。

[72]谢马诺夫. 慈禧太后的生活（Семанов В. И. *Из жизни императрицы Цыси*. М.：Наука，1976）。

[73]西季赫苗诺夫. 中国的满族统治者（Сидихменов В. Я. *Маньчжурские*

правители Китая. М.：Наука，1985）。

［74］博克夏宁，梅利霍夫，等. 十七世纪清帝国的外交政策（А. А. Бокщанин，Г. В. Мелихов. *Внешняя политика государства Цин в XVII веке.* М.：Наука，1977）。

［75］同上：52。

［76］齐赫文斯基，主编. 近现代时期的中国和邻居（Тихвинский С. Л. *Китай и соседи в новое и новейшее время.* М.：Наука，1982）。

［77］莫伊谢耶娃. 十八世纪的清帝国和萨彦-阿尔泰部落（Моисеева В. А. *Цинская империя и народы Саяно-Алтая в XVIII в.* М.：Наука，1983）。

［78］米亚斯尼科夫. 十七世纪的清帝国与俄国（Мясников В. С. *Цин и Русское государство в XVII веке.* М.：Наука，1980）。

［79］米亚斯尼科夫. 条约业已证明：17—19 世纪中俄边界外交史（Мясников В. С. *Договорными статьями утвердили：Дипломатическая история русско-китайской границы XVII-XIX вв.* М.：Мособлупрполиграфиздат，1996）。

［80］米亚斯尼科夫. 一个汉学家的卡斯塔利亚圣泉：第 1 卷. 七卷本（Мясников В. С. *Кастальский ключ китаеведа：Соч. В 7 томах.* М.：Наука，2014. Том 1. С. 484）。

［81］同上，第 5 卷：147 - 151。

［82］哈罗·冯·桑格尔. 谋略 1 - 36：有关中国生活和生存的艺术：三千年智慧的真正体现（Харро фон. Зенгер，*Стратагемы 1 - 36：о китайском искусстве жить и выживать：истинное воплощение трехтысячелетней мудрости.* М.：Эксмо，2014. С. 40）。

［83］米亚斯尼科夫. 谋略：精确的科学//哈罗·冯·桑格尔. 谋略 1 - 36：有关中国生活和生存的艺术：三千年智慧的真正体现（Мясников В. С. *Стратагематика-наука точная//*Харро фон. Зенгер，Стратагемы *1 - 36：о китайском искусстве жить и выживать：истинное воплощение трехтысячелетней мудрости.* М.：Эксмо，2014. С. 5 - 38）。

［84］俄罗斯帝国外交政策档案馆，藏. 俄罗斯与中国关系档（Архив внешней политики Российской империи，ф. *Сношения России с Китаем*，1727，д. № 9，л. 10）。

［85］米亚斯尼科夫. 一个汉学家的卡斯塔利亚圣泉：第 4 卷. 七卷本（Мясников В. С. *Кастальский ключ китаеведа：Соч. В 7 томах.* М.：Наука，2014. Том 4. С. 47）。

［86］米亚斯尼科夫. 一个汉学家的卡斯塔利亚圣泉：第 4 卷. 七卷本（Мясников В. С. *Кастальский ключ китаеведа：Соч. В 7 томах.* М.：Наука，2014. Том

4. C. 55)。

[87]米亚斯尼科夫. 一个汉学家的卡斯塔利亚圣泉：第 2 卷. 七卷本 （Мясников В. С. *Кастальский ключ китаеведа*：*Соч. В 7 томах*. М.：Наука，2014. Том 2. С. 342)。

[88]米亚斯尼科夫. 一个汉学家的卡斯塔利亚圣泉：第 2 卷. 七卷本 （Мясников В. С. *Кастальский ключ китаеведа*：*Соч. В 7 томах*. М.：Наука，2014. Том 2. С. 352)。

[89]萨莫伊洛夫. 十七世纪—二十世纪初的俄罗斯与中国：社会文化关系的趋势、形式和阶段（Самойлов Н. А. *Россия и Китай в XVII-начале XX века*：*тенденции，формы и стадии социокультурного взаимодействия*. СПб.：Издательство Санкт-Петербургского университета，2014)。

[90]华可胜. 俄罗斯与中国：国际关系的历史与理论（Воскресенский А. Д. *Россия и Китай*：*теория и история межгосударственных отношений*. М.：ООО «Издательский центр научных и учебных программ»，1999)。

[91]同上：11。

[92]同上：14。

[93]华可胜. 欧亚大陆上的中国与俄罗斯：政治互动的历史动态（Воскресенский А. Д. *Китай и Россия в Евразии*：*Историческая динамика политических взаимовлияний*. М.：Муравей，2004)。

[94]华可胜. 1881 年中俄圣彼得堡条约的外交史（Воскресенский А. Д. *Дипломатическая история русско-китайского Санкт-Петербургского договора* 1881 *года*. М.：Памятники исторической мысли，1995)。

[95]别斯普罗兹万内赫. 十七世纪到十九世纪中期中俄关系体系下的阿穆尔河沿岸地区（Беспрозванных Е. П. *Приамурье в системе русско-китайских отношений*. *XVII-середина XIX в*. М.：Наука，1983)。

[96]罗曼诺娃. 十九世纪至二十世纪初俄罗斯与中国在远东地区的经济关系（Романова Г. Н. *Экономические отношения России и Китая на Дальнем Востоке XIX-начало XX в*. М.：Издат. фирма «Вост. лит-ра» РАН，1987)。

[97]《十七世纪俄中关系：档案与文件》第 1 卷：1608—1683 （*Русско-китайские отношения в XVII веке. Материалы и документы*. Т. I：1608 - 1683/ Отв. ред. С. Л. Тихвинский. М.：Наука，1969)；《十七世纪俄中关系：档案与文件》第 2 卷：1686—1691 （*Русско-китайские отношения в XVII веке. Материалы и документы*. Т. 2：1686 - 1691/Отв. ред. С. Л. Тихвинский. М.：Наука，1972)；《十八世纪俄中关系：档案与文件》第 1 卷：1700—1725 （*Русско-китайские отношения в XVIII веке. Материалы и документы*. Т. 1：1700 - 1725/Отв. ред. С. Л. Тихвинский.

М.：Наука，1978）；《十八世纪俄中关系：档案与文件》第 2 卷：1725—1727
（*Русско-китайские отношения в XVIII веке. Материалы и документы. Т. 2：1725 -
1727/Отв. ред. С. Л. Тихвинский.* М.：Наука，1990）；《十八世纪俄中关系：档案
与文件》第 3 卷：1727—1729 （*Русско-китайские отношения в XVIII веке：
документы и материалы. Т. 3：1727 - 1729/Отв. ред. С. Л. Тихвинский.* М.：
Памятники исторической мысли，2006）；《十八世纪俄中关系：档案与文件》第 6
卷：1752—1765 （*Русско-китайские отношения в XVIII веке：документы и материалы.
Т. 6：1752 - 1765/Отв. ред. С. Л. Тихвинский.* М.：Памятники исторической мысли，
2011）；《十八世纪俄中关系：档案与文件》第 5 卷：1729—1733 （*Русско-китайские
отношения в XVIII веке：документы и материалы. Том 5：1729 - 1733.* М.：
Памятники исторической мысли，2016）；《十九世纪俄中关系：档案与文件》第 1 卷：
1803—1807 （*Русско-китайские отношения в XIX веке. Том 1：1803 - 1807.*
Материалы и документы. /Отв. ред. акад. С. Л. Тихвинский.* М.：Памятники исторической
мысли. 1995）。这套多卷本档案文献汇编由齐赫文斯基主编。

［98］齐赫文斯基. 齐赫文斯基论文集：第 1 卷. 五卷本 （Тихвинский С. Л.
Избранные произведения：в 5 книгах. М.：Наука，2006. Том 1. С. 598）。

［99］博戈柳博夫，主编. 东正教在远东：俄罗斯传教士团访华 275 周年
（*Православие на Дальнем Востоке. 275-летие Российской Духовной Миссии в Китае/Под
ред. М. Н. Боголюбова.* СПб.：Андреев и сыновья，1993）；博戈柳博夫，主编. 东正教
在远东：第 2 卷：纪念日本圣徒圣尼古拉 （1836—1912） ［*Православие на Дальнем
Востоке. Выпуск 2. Памяти святителя Николая，апостола Японии*（*1836 -1912*）/Под
ред. М. Н. Боголюбова.* СПб.：Издательство СПбГУ，1996①］；博戈柳博夫，主编.
东正教在远东：第 3 卷 （*Православие на Дальнем Востоке. Выпуск 3/*Под
ред. М. Н. Боголюбова.* СПб.：Издательство СПбГУ，2001）；博戈柳博夫，主编.
东正教在远东：第 4 卷 （*Православие на Дальнем Востоке. Выпуск 4/*Под ред.
М. Н. Боголюбова.* СПб.：Издательство СПбГУ，2004）。

［100］俄罗斯驻华传教团史 （*История Российской Духовной Миссии в
Китае. Сб. статей.* М.：Свято-Владимирское братство，1997）。

［101］杜布罗夫斯卡娅. 耶稣会在中国的使命——利玛窦等人 （1552—1775）
［Дубровская Д. В. *Миссия иезуитов в Китае. Маттео Риччи и другие*（*1552 -1775
гг.*）. М.：«Крафт+»，2001］。

［102］洛曼诺夫. 基督教与中国文化 （Ломанов А. В. *Христианство и китайская*

---

① 据文中论述，"1996" 应为 "1997"。——译者注

культура. М. : Восточная литература, 2002).

[103]彼得·伊万诺夫. 中国基督教史（Иванов, Пётр. Из истории христианства в Китае. М. : «Крафт＋», 2005).

[104]菲什曼. 中国在欧洲的神话与现实（13—18 世纪）［Фишман О. П. Китай в Европе миф и реальность（XIII - XVIII вв.). СПб. : Петербургское Востоковедение, 2003].

[105]卡柳日娜娅. 义和团起义（Калюжная Н. М. Восстание ихэтуаней. М. : Наука, 1978).

[106]佳普金娜. 中国社会政治制度中的村庄和农民（19 世纪下半期—20 世纪初）［Тяпкина Н. И. Деревня и крестьянство в социальнополитической системе Китая（вторая половина XIX-начала XX в.). М. : Наука, 1984].

[107]福米娜, 阿卡托娃, 等. 中国的社会结构：十九世纪至二十世纪上半期（Н. И. Фомина, Т. Н. Акатова. Социальная структура Китая：XIX-первая половина XX в. М. : Наука, 1990).

[108]西蒙尼亚. 东方国家：发展道路（Симония Н. А. Страны Востока：пути развития. М. : Наука, 1975).

[109]赖斯纳, 等. 东方社会的演变：传统与现代的综合体（Л. И. Рейснер. Эволюция восточных обществ：синтез традиционного и современного. М. : Наука, 1984).

[110]福米娜, 阿卡托娃, 等. 中国的社会结构：十九世纪至二十世纪上半期（Н. И. Фомина, Т. Н. Акатова. Социальная структура Китая：XIX-первая половина XX в. М. : Наука, 1990. С. 4 - 5).

[111]同上：28。

[112]涅波姆宁, 梅尼施科夫. 在过渡社会中合成（Непомнин О. Е. Меньшиков В. Б. Синтез в переходном обществе. М. : Восточная литература, 1999).

[113]刘克甫, 马利亚温, 苏敏. 中世纪与近代之交的中国民族史（Крюков М. В. Малявин В. В. Софронов М. В. Этническая история китайцев на рубеже средневековья и нового времени. М : Наука, 1987).

[114]刘克甫, 马利亚温, 苏敏, 切巴克萨洛夫. 十九世纪至二十世纪初的中国民族史（Крюков М. В. Малявин В. В. Софронов М. В. Чебоксаров Н. Н. Этническая история китайцев в XIX-начале XX века. М. : Наука, 1993).

[115]卡柳日娜娅. 传统与变革：章炳麟（1869—1936）——中国近代思想家和政治活动家［Калюжная Н. М. Традиция и революция. Чжан Бинлинь（1869 - 1936)-китайский мыслитель и политический деятель нового времени. М. : РАН, 1995].

[116]同上：280。

[117]博罗赫. 十九世纪和二十世纪之交的儒家思想和欧洲思想，梁启超：新民理论（Борох Л. Н. *Конфуцианство и европейская мысль на рубеже XIX и XX веков. Лян Цичао: теория обновления народа*. М.：Восточная литература，2001）。

[118]博罗赫. 中国的社会思想和社会主义（二十世纪初）[Борох Л. Н. *Общественная мысль Китая и социализм（начало XX в.）*. М.：Наука，1984]。

[119]齐赫文斯基. 十九至二十世纪之交文明融合的经验. 近现代史，2003，1：192 - 199（Тихвинский С. Л. Опыт межцивилизационного синтеза на рубеже XIX-XX веков//*Новая и новейшая история*. 2003. № 1. С. 192 - 199）。

[120]克鲁申斯基. 严复作品和翻译问题（Крушинский А. А. *Творчество Янь Фу и проблема перевода*. М.：Наука，1989）。

[121]弗拉吉. 清代中国的爱国者、思想家、政治活动家林则徐（Врадий С. Ю. *Линь Цзэсюй. Патриот，мыслитель，государственный деятель цинского Китая*. Владивосток：Издательство Дальневосточного ун-та，1993）。

[122]弗拉吉·引言及注释//林则徐. 俄罗斯国纪要（译自中文）（Линь Цзэсюй. *Основные сведения о Российском государстве*. Перевод с китайского，вступительная статья и комментарии С. Ю. Врадия. Владивосток：Изд-во Дальневосточного университета，1996）。

[123]梅利克谢托夫，主编. 中国史：第 3 册（*История Китая*/Под редакцией А. В. Меликсетова. 3-е издание. М.：Издательский дом «ОНИКС 21 век»，2004）。

[124]同上：295。

[125]同上。

[126]尼基福罗夫. 中国史概要：公元前两千年至二十世纪初（Никифоров В. Н. *Очерк истории Китая：II тысячелетие до н. э. —начало XX столетия*. М.：Институт Дальнего Востока РАН，2002）。

[127]涅波姆宁. 中国历史：清王朝——十七至二十世纪早期（Непомнин О. Е. *История Китая：Эпоха Цин-XVII-начало XX в.* М.：Восточная литература，2005）。

[128]齐赫文斯基. 对清朝统治中国论述的几点思考（与涅波姆宁的书相关）//齐赫文斯基论文集：第 6 卷 [Тихвинский С. Л. Некоторые соображения по освещению маньчжурского правления в Китае（в связи с книгой О. Е. Непомнина）//*Тихвинский С. Л. Избранные произведения*. Т. 6. Доп. М.：Наука，2012. С. 253]。

[129]涅波姆宁，主编. 从古代至二十一世纪初的中国史（十卷本）：第六卷清朝（1644—1911）[*История Китая с древнейших времен до начала XXI века：в 10 томах. Т. 6：Династия Цин（1644 - 1911）*/Ответственный редактор О. Е. Непомнин.

М.：Наука，2015］。

[130]波波娃. 清代的北京：人民生活的图画（民俗画）［*Цинский Пекин：Картины народной жизни （миньсухуа）*/Вступительная статья，перевод с китайского и комментарии И. Ф. Поповой. СПб：Славия，2009］。

[131]瓦西里耶娃，编译. 雅金甫的第一专辑：研究与评论［*«Первый альбом»* о. Иакинфа（Н. Я. Бичурина）：исследования и комментарии/Составитель О. В. Васильева. СПб.：Рос. нац. б-ка，2010］。

[132]瓦西里耶娃，编译. 雅金甫的第二和第三专辑［*«Второй» и «третий» альбомы о. Иакинфа（Н. Я. Бичурина）*/Вступ. статьи В. С. Мясникова и О. В. Васильевой，подготовка к изданию О. В. Васильевой. СПб.：Рос. нац. б-ка，2012］。书中有米亚斯尼科夫和瓦西里耶娃写的前言。

[133]马雅茨基，主编并编译. 卢奇，梅利尼科娃，编译. 北京民间画艺人周培春集（十九世纪末至二十世纪初）. 圣彼得堡国立大学高尔基科学图书馆东方部库（即圣彼得堡国立大学东方系图书馆）藏［*Собрание пекинских народных картин художника Чжоу Пэй-чуня（конец XIX-начало XX века）в фонде Восточного отдела Научной библиотеки им. М. Горького Санкт-Петербургского государственного университета*/Ответственный редактор и составитель Д. И. Маяцкий. Составители П. В. Рудь，Ю. С. Мыльникова. СПб.：Издательство Студия «НП-Принт»，2016］。

[134]庞晓梅，普秋林. 国立埃尔米塔什博物馆所藏乾隆皇帝统治时期著名将军的肖像. 东方书画纪念文献，2011，2：262 - 278（Пан Т. А. Пчелин Н. Г. Портреты выдающихся военачальников периода правления императора Цянь-Луна из коллекции Государственного Эрмитажа//*Письменные памятники Востока*. 2011. No 2. С. 262 - 278）。

[135]多罗宁. 十七至十八世纪中华帝国的历史文献（Доронин Б. Г. *Историография императорского Китая XVII-XVIII вв.* СПб.：Филологич ф-т СПбГУ，2002）。

[136]同上：235。

[137]萨莫伊洛夫. 十七至二十世纪初的俄罗斯与中国：社会文化互动的趋势、形式和阶段（Самойлов Н. А. *Россия и Китай в XVII-начале XX века：тенденции，формы и стадии социокультурного взаимодействия*. СПб.：Издательство С.-Петербургского университета，2014）。

[138]米亚斯尼科夫. 可靠的历史文化对话. 远东问题，2005，3：163（Мяс-ников В. С. Проверенный историей диалог культур//*Проблемы Дальнего Востока*. No 3. 2015. С. 163）。

[139]诺维科夫，梅利尼科娃. 俄罗斯和中国：人民相互了解的历史//圣彼得

堡国立大学通讯，第 13 集. 东方学—非洲学，2016，1：135（Новиков Б. М.
Мыльникова Ю. С. Россия и Китай：История взаимного познания народов//*Вестник*
СПбГУ. Серия 13. *Востоковедение. Африканистика. 2016.* Выпуск 1. С. 135）。

[140]高恩柴林科. 书评：萨莫伊洛夫《十七至二十世纪初的俄罗斯与中国：
社会文化互动的趋势、形式和阶段》. 近现代史，2016，2：200 - 203（Гончаренко
С. Н. *Рецензия на книгу*：*Н. А. Самойлов Россия и Китай в XVII-начале XX века*：
тенденции，формы и стадии социокультурного взаимодействия. СПб.： Издательство
Санкт-Петербургск-ого университета，2014，368 с. //Новая и новейшая история. №
2. 2016. С. 200 - 203）；凯敦. 书评：萨莫伊洛夫《十七至二十世纪初的俄罗斯与中
国：社会文化互动的趋势、形式和阶段》. 东方，2015，5：174 - 178（Кейдун
И. Б. *Рецензия на книгу*：*Н. А. Самойлов Россия и Китай в XVII-начале XX века*：
тенденции，формы и стадии социокультурного взаимодействия. СПб.： Издательство
Санкт-Петербургского университета，2014，368 с. //Восток. 2015. № 5. С. 174 -
178）；迪·托罗·А.《十七至二十世纪初的俄罗斯与中国：社会文化互动的趋势、
形式和阶段》，几点由尼古拉·萨莫伊洛夫的专著启发的观察. 明清史研究，2016：
290 - 330（Di Toro A. The Socio-Cultural Interaction between Russia and China in the
17th-Early 20th Centuries. Some Observations Inspired by a Monograph by Nikolay
Samoylov//*Ming Qing Studies* 2016. 290 - 330）。

[141]彼得罗夫. 1856—1917 年旅俄华侨史（Петров А. И. История китайцев в
России. 1856 - 1917 годы. *СПб.*：*ООО «Береста»*，2003）。

[142]拉林. 旅俄华人的昨天和今天：历史概况（Ларин А. Г. Китайцы в России
вчера и сегодня：исторический очерк. М.： *Муравей*，2003）. 拉林. 中国移民在俄
罗斯（Ларин А. Г. *Китайские мигранты в России*. М.： Восточная книга，2009）。

[143]达齐申. 十九世纪末至二十世纪初中俄关系史概要（Дацышен В. Г.
Очерки истории российско-китайских отношений в конце XIX-начале XX вв.
Красноярск： РИО КГПУ，2000）。

[144]瓦列耶夫，戈尔舒诺夫. 国内史学界（20 世纪 40—80 年代）的 17 世纪
至 19 世纪上半叶的中俄关系研究［Валеев Р. М. Горшунов В. С. *Российско-
китайские отношения в XVII-первой половине XIX в. в отечественной историографии*
（*40 -80е гг. XX в.*）. Казань： Казанский университет，2011］。

[145]布拉戈杰尔. 俄罗斯游客和外交官眼中的十八世纪的中国（Благодер
Ю. Г. *Российские путешественники и дипломаты о Китае XVIII века*. Краснодар：
КубГТУ，2008）。

第八章　在美国书写清史 *

罗威廉[1]　著　林展①　译

　　1984 年，柯文的著作《在中国发现历史——中国中心观在美国的兴起》出版[2]，这在清史研究领域产生了广泛和深远的影响。该书标题正好反映了自该书出版前约十年以来美国的清史研究所发生的巨变，即从主要强调中国—西方的互动到强调中国社会内部自身的变迁。这一标题甚至很好地反映了美国清史研究从 19 世纪末到 21 世纪初这一长时期内的转变。整个转变过程具有如下特征：从西方中心观到中国中心观（也许最好概括这一转变的是，逐渐倾向于使用更为中性的地区名称"东亚"，而不是用很明显具有西方中心观念的"远东"）；从认为中国社会和文化令人费解、充满异域情调甚至稀奇古怪到对中国人的生活经历产生移情，认为他们在生活本质上与美国人是相似的；从基于福音派、经济或者政治改革的目的工具性地看待清史，或是把其当作一个"停滞"的负面典型来评估以反映西方的"进步"，到认知并理解中国社会自身具有的价值。

第一节　发　轫

　　从 1780 年代开始，美国商船开始周期性地停靠广州港。但是美国

　　* 罗威廉（Wiliam T. Rowe，1947—），男，美国约翰·霍普金斯大学历史系教授；林展（1984—），男，中国人民大学清史研究所讲师。

　　① 译者林展感谢池翔、朱礼军、董建中、胡祥雨提供的帮助，但本人对翻译中的不当之处负责。本章曾发表在《清史研究》2015 年第 2 期，收入本书时，译者对之前翻译不当的地方进行了修订。

人对大清帝国和中国总体的认识，仍然建立在根深蒂固的种族中心观上，并持续了一个多世纪。比如到了1939年，一项针对美国学校"世界历史"教材的调查发现，只有3％的内容是关于中国或日本的。到1942年，在珍珠港偷袭事件发生之后，一项民意调查发现，在被调查的美国人中，60％的人不能够在简化的世界地图上指出中国的地理位置。直到那个时候，美国人对中国的认识仍然是高度碎片化、自相矛盾的，甚至一无所知的。[3]

到了1880年代，美国与清朝的交往还是很少。对"中国"的普遍认识，既脱离中华帝国的现实，也看不出普通美国人有了解的意愿。这些认识，更倾向于反映"美国社会对自己身份的追寻"[4]。19世纪早期美国人对中国的印象是：中国比欧洲古老，比美国则更要古老得多。换句话说，这也意味着中国的"停滞不前"，即在过去的两千年中几乎没有发生什么变化。技术一直停留在原始水平，商业被抑制。相对于美国的"自由"，中国的政治系统是"专制的"，意味着臣民必须服从于独裁者的独断专行。作为充满朝气、无比自由和先进的美国人，帮助中国人"启蒙"和"赋予他们现代文明的恩惠"，是自己的道德使命。[5]

非常受欢迎的《中国总论》一书，在一定程度上反映了这些认识，它的作者是卫三畏（1812—1884）。该书在1848年初版，随后在1857、1883、1901年分别再版，是19世纪中期和后期的美国人理解大清帝国的基准。[6]卫三畏出身在纽约州尤蒂卡一个笃信新教的家庭，在伦斯勒理工学院受到训练成为一名科学家。正如一位学者指出的，卫三畏对中国的研究，和他对自然史的研究一样，是由揭示上帝在世界的存在方式这一目标所引导。1833年，卫三畏作为一个传教士来到中国。自此，中国就成为他的"一个巨大的战场，在这个战场上，敌对的超自然力量（上帝和撒旦）随时发生碰撞"[7]。但是，卫三畏在中国的经历使他很快转向他的第二项使命。他发现在他的同胞中普遍存在着这样一种观念，即认为中国人是异类，拯救他们毫无作用。这一观念在他所处时代的福音派文学作品中尤其普遍存在。在《中国总论》以及他主编了数十年的传教士杂志《中国丛报》中，他坚持认为中国人是有尊严的，认为他们与西方人没有根本性的差别，也是人类共同体的一部分。他在《中国总论》中声称他的目标是："为中国人民及其文明洗刷掉如此通常地予以他们的那些奇怪和几乎无可名状的可笑印象。"[8]卫三畏非常精通汉语，尊重中国文化、知识和政治传统。他渴望传教，认为在宗教信仰上的堕落并非为中国人独有，"稍微了解一下他们的道德，即可发现他们与其他人群在本性堕落这一特征上的相似性。正如其他人一样，美德之光明与邪恶之黑暗交织在他们的性格当中"[9]。

尽管他在19世纪中期就到访中国，以及他所取得的历史学成就与后来成为清史学家的那些美国人差不多，但是他并不是一个真正的历史学家。他的著作不如说是按照启蒙科学分类法整理有关中国事务的一种百科全书。"清朝"在他关注的子主题中并不重要。卫三畏注意到，"现在的王朝"自称为"大清国"，其人民拒绝使用相应的自我称呼"清人"，他们对国家最常用的称呼是"中国"。[10]在《中国总论》一书的标题和内容中，卫三畏避免使用"清朝"，而是一直使用"中华帝国"。

不过，在他厚达1200页著作的历史考察部分中，卫三畏安排了五页的篇幅对清史做了简要介绍。这一部分往往是贬抑的——他取的标题是"满洲征服中国"。他认为清朝的建立者努尔哈赤是一个"凶狠的游牧者"，在占领中国之前，在辽东"犯下了不可饶恕的暴行"。不过，卫三畏也积极评价清朝。卫三畏注意到清朝极大地扩大了疆域的边界，超过了清朝之前各个朝代的版图。他对康熙皇帝的印象总体是积极的，需要注意的是，同时期的其他"忠于天主教的传教士"，均倾向于给予康熙"甚高的赞誉"。卫三畏认为当时的执政者道光皇帝，是一个"正派"和"有想法"的人，但存在明显的局限——他适合做承平年代的皇帝，却难以应对异常紧急的情形，比如当时清朝所面临的国际和国内的威胁。[11]卫三畏很慷慨地总结清朝的成就："毫无疑问，在管理规模庞大的中国人方面，清朝比明朝做得更好，政府管理更加有效，更少地热衷于大兴土木，官员任命更为透明、清廉，人们人身更加安全，地方政府、强盗或法治对产权的侵犯更少——总而言之，满洲人的统治使得中国的产业和资源得到了更好的发展。"[12]中国人最终所缺少的是，没有意识到"其他权力"（比如基督教中的上帝）也可以用来"惩恶"，从而改善人们的道德和行为。[13]

在清王朝存续的最后的半个世纪中，美国社会中出现的两种重要新观念影响了美国人对清朝及其历史的解释。第一种观念是社会达尔文主义，该主义是生物进化的自然选择原理在"种族"和"国家"层面的误用。对 1880 年代的许多美国人来说，社会达尔文主义成了他们基本的世界观，正如 19、20 世纪之交时期东亚人对自己的认识。这种新的"科学"，一方面为进步和年轻的美国对停滞和衰老的中国拥有傲慢的优越感提供了新的合理性，另一方面也引发了对中国这一古老帝国如果"觉醒"将带来巨大威胁这一设想的担心，"黄祸"成为美国人心里一个巨大的阴影。[14]

这一时期第二种新观念是越来越多的美国人认同美国与中国之间有"特别关系"，这一观念建立在"美国例外论"这一更普遍信念的基础之上。"特别关系"论调的出现起因于 19 世纪末在清帝国生活的美国人不断增长的事实，随后在门户开放政策中进一步得以体现。美国高调地"退还"了庚子赔款。"特别关系"最后演进为威尔逊的理想主义，认为美国根本不同于其他"帝国主义"国家，是唯一对中国友好和仁慈的西方国家，从而也应得到中国的感激。对"黄祸"的不安情绪和与中国保持特殊关系的想法并存，后者在一系列不利因素下存活了下来（可以肯定，美国人比中国人更坚信这一点），这些不利因素包括《排华法案》所造成的麻烦，美国西部和夏威夷对中国移民的攻击，美国传教士在晚清遇到的挫折，中国人在全国范围内对美货的抵制，也许最具破坏性的是美国对菲律宾的吞并。关于"特别关系"神话般的信念逐步演变成美国"大众和官方论调共同的主题"。这一信念一直持续到 20 世纪，影响了直到 1950、1960 年代费正清时期美国的中国史学者（也包括费正清）的研究。[15]

在清朝末期对美国人认识清朝影响最大的历史学者是马士（1855—1934）。尽管马士出生在加拿大（新斯科舍），他职业生涯的大部分时间是在中国度过的（从大清海关官僚体系中，一直升至税务司），直到退休返回英格兰乡下，他是 17 世纪新英格兰清教徒家庭的后代，在美国读完中学和大学（哈佛大学），主要——尽管不是完全——被看作一个美国人。他里程碑式的作品包括：《中朝制度考》（1913）、《中国之行会》（1909）、《中华帝国对外关系史》（3 卷，1910—1918）、《东印度公司在华贸易编年史 1635—1834 年》（5 卷，1926—1929），这些作品成为他所在时代的美国人了解清朝历史的基准，正如在他之前卫三畏的工作所起的作用一样。与卫三畏一样，宗教信念对马士而言也同样重要，他的名字来自新汉普顿的一个牧师和神学家何希尔·巴卢（Hosea Ballou，1771—1852），但他是一个上帝一位论者，与卫三畏的长老会相比，他与福音传道者保持距离，离普世教会主义更近。上帝一位论教派强调社会进步（曾经主张完全的废奴）以及能轻松适应达尔文的进化论。马士对清朝历史的研究更多出于对商业而不是对传教的关心。不过，尽管马士说汉语，写汉文，但他"似乎从来没有与任何一个中国人建立起一种熟络的关系"，也从未质疑过他对"西方文明的道德优越性"的信念。[16]

马士从来没有明确地将"清朝"（相对于中国）作为他历史研究的主题，实际上，在他所编纂的从 1516 年到 1860 年几百年间重大事件的年表中，1644 年根本没有出现。[17]正如他所处时代的普遍认识，马士谴责满洲人是"粗鲁、没有教化的部落战士，他们被赋予管理一个富裕和开化民族政府的责任，但这一工作他们难以胜任"。他完全不重视王权对大众普通生活的影响。他将清帝国描述为强加于中国良性运转的村庄和行会民主之上的"独裁政府"，这一论断非常著名。[18]实际上，费正清认为自己是马士的"门徒"，理解他导师的"核心主题"，即"清朝权力长期以来的衰落以及无力自救"[19]，马士在《中朝制度考》的开篇简述了清朝每个皇帝的概况，与费正清所描述的清朝的失败如出一辙。我们有"伟大的康熙"，接下来是"全能"的乾隆。但是"进入嘉庆朝，清帝国即开始衰落和退化。法庭变得腐败，行政机构不再有效率，官僚体系中的腐败不再被追查，普通人的公正和安全得不到保证，秘密社会从休眠状况中复苏，不满从帝国的各个地方显示出来"。尽管道光皇帝不懈努力，希望扭转这一进程，但是这是"一个无法完成的任务"。到马士自己成为清朝官员系统中的一员时，这一切都无以挽回了。[20]可以这样说，正是马士牢牢奠定了英文学界关于清朝失败的叙事基调。

第二节　中华民国时期的美国清史研究

从 1912 年清朝结束到 1949 年中华人民共和国成立，尽管美国出版的关于"中国"的著作越来越多，但关于"清朝"本身的著作却很少，而关于清史的学术著作就更少。大部分美国人通过通史中呈现的相应内容来了解"清朝"，通史是对中国整个长期历史进行概括的、半通俗的历史读物。这个时期的清史研究主要包括四本学术专著，它们各自都与美国一个主要的研究型大学相联系，这些专著显示出这一时期美国清史研究的特点。

赖德烈（1884—1968）是在世界各地传教的浸礼会牧师和历史学家，特别关注中国。他毕业于耶鲁大学，1910—1912 年在长沙的"雅礼协会"项目（Yale-in-China program）中教授英语，但好像没有学习汉语。返回纽黑文之后，他于 1921—1953 年在耶鲁神学院教授中国历史和其他科目。在他 1917 年的著作《中国的发展》一书中，有一章叙述从汉朝到鸦片战争这一时期的历史，该章只在最后几页提到了清朝。也就是说，该书没有将清朝视作一个连贯的历史时期——这一时期跨越了通商口岸开埠之前与之后的不同时代。这主要是因为，他是一位热衷于传播基督教的历史学家，西方对中国的冲击是有幸的时间标志。但是，赖德烈的描述包含了之后很多美国研究清史的历史学者所认可的特征，比如清朝在巅峰时期的"繁荣"与"强盛"得到肯定，以及它实现了疆域的大扩张，并意识到清朝的衰败早在与西方的第一次战争之前就已经开始。[21]

与赖德烈同时期但更年轻的傅路德（1894—1986，又译作富路德）也是由于美国传教活动来到中国，但是他的兴趣完全不同。他出生在北京郊区，在儿童时代经历了义和团围攻外国公使馆的事件。赖德烈对中国文言文和文学传统知之甚少，而傅路德对这些认识很深。自 1934 年开始直到去世，他一直是哥伦比亚大学的教员和荣休教员，他出版了美国最早的关于清史的专著，即很有论证性的《乾隆朝文字狱》（1935）。在 1943 年出版的《中华民族简史》中，清朝作为该书独立的一章出现，而且内容充实。[22]

傅路德的著作有很多出众之处。首先，早期美国人书写清史时，所潜在的那种传教口吻，在他的著作中已经完全不见。其次，他推动了将对中国历史的研究当作"我们自己的陪衬"[23]这一研究倾向。中国人虽然与西方人不同，但是，不像日本人和印度人，中国人与西方人有相当

多的相似性，这使得中国人成为一个可以更好衬托出西方人的优越性的
参照物。他们主要的相似性在于他们的"伟大的历史传统"和他们在技
术创新上所创造的纪录。傅路德曾出版了一位已故同事的未刊稿：《中
国印刷术的发明和它的西传》。[24] 傅氏很明显地倾向于从中国人的技术
成就来评估中国的历史。他对清朝历史的描述着重强调清朝农业和手工
业的发达。

20 世纪中期美国汉学家中观点最独特的一位是拉铁摩尔（1900—
1989），他于 1937 年至 1963 年在约翰·霍普金斯大学任教。拉铁摩尔
对政治事件和名人没有兴趣，所以对朝代史不关心，在他的中国通史
中，只花了三页半的极少篇幅介绍"满洲王朝"，他真正的兴趣在于研
究生态环境对历史进程、一些宏伟构思的历史"类型"或历史"模式"
以及对跨文化历史比较的影响。拉铁摩尔直言不讳地批判西方优越或中
国优越这一种族中心的历史叙述，但令人惊讶的是，他并不认为清朝与
明朝有根本性的差别，而是认为满洲王朝是"受中国文化深刻影响的征
服王朝"。[25] 但作为亚洲内陆历史和边疆比较历史研究的先行者，他对
半个世纪之后的"新清史"有深远的影响。总而言之，拉铁摩尔对美国
清史研究的影响可能没有那么正面：作为一个公共知识分子以及有时作
为具有左派倾向的外交官（当然他绝不是一个马克思主义者），由于被
认为在美国"失去中国"过程中存在串谋，他被迫害并最终被驱逐出美
国学术圈，在这个过程中，他研究比较全球史的大胆风格在至少一代的
美国的汉学家中不被重视。[26]

这一时期在美国出版的第四部关于中国通史的历史书做出了最具野
心的论断，其把西方历史分期强加于清帝国。这本书就是历史社会学家
艾伯华（1909—1989）出版的引人注目的《中国通史》，最初是用土耳
其语出版，1950 年出英文第一版。[27] 艾伯华出生在德国，由于纳粹的兴
起，他离开了德国，在土耳其生活了 11 年，最后在加州大学伯克利分
校安顿下来，在那里他从 1948 年执教至 1976 年。作为一个极为博学和
兴趣广泛的学者，艾伯华的工作主要集中在民俗学研究，以及对最终形
成"中国文化"的混合的民族起源的研究。

艾伯华的《中国通史》一书与傅路德的著作相似，但与之前几乎所
有其他学者的著作都不同，该著作没有将鸦片战争作为划分历史时期的

分水岭，他将整个"满洲王朝"当作一个整体。但是，他坚持认为他以王朝为单位进行的组织并不意味着他认可这些分析单位有实质的一致性。在其著作中的"绝对主义时期"这一章中，有三十页专门讨论清朝。这一章的讨论从元朝开始，把清朝置于更大的时代背景下，该部分以五代和宋开篇，代表"近世"。他写道："一个朝代的开始和结束并不意味着中国社会和文化发展展示出一个明确的分期。"他补充道，他借用了产生于西方历史的比如"专制主义"和"近世"的分类，这些分类并不意味着中国和西方历史是平行发展的，"尽管我们可以轻易地发现中国历史与西方社会和文化发展方面的一些相似性"[28]。

什么因素促使艾伯华将宋之后的中国称为"近世"？他很明显受到他读到的日本汉学家著作的影响（第一代美国的清史学者都受到了这样的影响），特别是马克思主义东京学派的历史学家，像周藤吉之、加腾繁和仁井田陞等，艾伯华经常引用这些学者的研究。艾伯华声称中华帝国晚期的近代性体现在以下方面，即相对于贵族政治不断增长的君主权威，"个人自由"的兴起，大规模商业和经济货币化的扩张，以及最重要的"中产阶层的出现"。[29]这些发展趋势基本没有中断，一直延续到清亡，这使得清朝能够通过与汉族精英的战略合作（艾伯华没有提到满族的"汉化"）以及通过展示出一个受欢迎的"负责任的政府"来建立自己的统治。艾伯华声称，清朝开始走下坡路，与法国大革命的情况相似，根本的原因是人口增长压力没有被工业化发展所缓解。这一下降趋势不是由于外国"帝国主义"在道光时期出现所造成的，尽管"帝国主义"在某种程度上加剧了这一趋势。[30]

二战后美国汉学研究由哈佛大学主导，在论述此之前，我们必须要考察战时一个里程碑式的项目的诞生，这一项目以前所未有的程度将"清朝"置于美国学者的研究范围。它就是1100页的人物传记词典《清代名人传略》的编纂，该书由前传教士和美国国会图书馆东方部主任恒慕义（1884—1975）任主编，由50位来自美国、欧洲和东亚的学者组成的研究团队在国会图书馆花费超过10年时间撰写完成。《清代名人传略》于1943年首次出版，由洛克菲勒基金会提供经费支持，包含整个清朝大概800位名人（提供了近4000位人物的信息）。[31]在缺乏档案材料的情况下，该书的编纂者主要依靠大范围的出版物（大部分由恒慕义收集，成为东方部的馆藏），包括了最重要的年谱以及文集。《清代名人传略》自出版至今，对英文世界的学者来说，一直是极重要和权威的资料。

就本文的目的而言，关于这一里程碑式的著作，也许最令人感兴趣的是它的"前言"部分，由著名的新文化运动学者胡适（1891—1962）在1943年写于纽约。胡适赞扬了该书具有"历史的客观性和公平性"，但是接着他通过该书展示的大量资料得出自己的结论。他坚持将该书的历史跨度表述为"过去三百年的中国"，而不是"清朝"。满族统治中国是一个自身不断被汉化的过程。他写道，虽然"军事征服，长期高压政治，对通婚和采纳汉族习俗的明令禁止"，满族"仍然阻止不了自愿吸收汉族文化的不可抗拒的趋势，当1911年辛亥革命成功推翻清王朝时，满人只需要轻易地取一个汉人的姓名，一夜之间就无法辨认，这绝不是偶然的"[32]。前言写作的时候正好是日本人在国际上推广"伪满洲国"的时期，没有迹象显示胡适高调宣扬的汉族必胜主义在多大程度上被该书的主编和编者认可（如果拉铁摩尔读到，他当然会拒绝，不知出于什么原因，他没有参加这一项目），但是它提供了一个视角，正如我们将要看到的，这种视角受到更近期的美国清史学者的强烈反对。

第三节　费正清和哈佛称雄的时代

在1930年代至1980年代，哈佛大学是美国清史研究的绝对中心。其他的大学比如哥伦比亚大学、华盛顿大学（也仅有这两个）也有中国史学者以及零星的研究生，但从研究成效和中心地位上，都无法与哈佛相提并论。原因很简单，因为哈佛有费正清（1907—1991），他从1936年到1977年在哈佛执教，一直到1991年去世之前，一直是那里的领军人物。

对费正清凭一己之力在美国（在一定程度上，也是在世界范围内）建立了"中国近代史"这一学科无须阐述太多，需要强调的是他使这一学科贴上他个人的鲜明特征。也就是说，他使得这一新兴的研究领域带有他自己的品位和偏好的同时，也附上了他重大的盲点，而到 20 世纪 80 年代之后才开始有学者对这些盲点提出挑战。费正清有超乎常人的精力。他为哈佛数以千计的本科生设计了中国史的课程大纲，同时撰写了大量教材，这些教材多次再版和加印。他还介绍许多美国其他大学的学生访问中国。他教授研究生如何阅读清代档案，在哈佛大学出版的《中国文丛》期刊上发表研究成果（即他们的研讨班论文），同时推荐他们到美国一百多所高校担任中国历史教职。他建立了东亚研究中心（后改名为"费正清中心"）。这一中心成为战后其他大学建立各种地区研究中心模仿的对象。他擅长募集基金，并用这些资金中的大部分资助出版《哈佛东亚研究丛刊》，从 1958 年开始直到他退休，该文集累计出版超过 100 卷，几乎垄断了新出版的关于近代中国研究的英文著述。除了哈佛之外，他于 1948 年牵头组织成立了美国学术团体协会。该协会逐步成长为亚洲研究协会。在 1958 年，他成功游说美国政府建立了国防外语奖学金项目，该项目资助研究生和无数积极上进的美国中国专家进行语言培训。他也是一位公共知识分子，经常为《生活》杂志撰写专栏，在美国政府对中国的决策方面非常有影响力（尽管远非决定性的——他主张美国与中华人民共和国实现邦交正常化，而在这一观点产生影响之前，他一直都在积极推动）。[33]

费正清出生在美国南达科他州，该州位于人烟稀少的北方草原，但是从中学起，他即先后就读于埃克塞特学校、哈佛大学、牛津大学，成为英美白人新教徒中的精英。他也许在青年时期受到中西部政治改革家罗伯特·拉的某些自由进步主义的影响，那时罗伯特·拉和费正清家关系密切。他没有（至少是有意识地）接受深深扎根在他家乡文化中的福音派基督教的使命，他在以后的文章里写道，"非理性的信念吓到了我"，"哈佛是我的信仰"（也就是说，是世俗的、探索的人文精神）。但是，对"现代美国知识"种族优越感的信念在他认识中国的过程中处于中心地位，这影响了他对清史人物和事件所做出的判断。[34]

与在美国中西部受到的影响相比，在牛津大学读研究生的经历对他学术兴趣的培养更有决定性作用。在哈佛写完他的关于俄罗斯革命的本科论文之后，他带着转向中国历史研究的模糊概念出发去英国，并被安排与已经退休的马士见面，费正清花了很长时间陪伴马士。马士英美人式的帮助中国改革的使命感吸引了费正清的注意。费正清称马士是"我的精神之父"。然而更重要的是，他认识到，经由通过牛津大学接触中国历史是一种"恩赐"："这使得我脱离汉学的羁绊，通过英国人的眼光接近近代中国，正如西方世界在 19 世纪所做的那样，而这主要是通过英国人的眼光。"[35]换句话说，在其职业生涯中，他对中国和中国历史的认识，如果不是完全异国情调的，至少从根本上并不基于他自己的经历。

费正清 1932 年首次到中国，开始只能说很少的汉语，但是具备入门的知识，他与一个群体具有十分紧密的联系，该群体是"具有英美人一样的自由主义背景，且具有爱国情怀和现代中国心态的中国人，他们和我们一样"[36]，在这一群体之中，对他影响最大的是清华大学蒋廷黻（时任历史系主任），他指导费正清阅读清朝的档案。蒋廷黻（1895—1965）出生在湖南邵阳（也许不是巧合，这里也是魏源的出生地），11 岁时接受基督教信仰，1911 年去美国读中学。他在欧柏林学院（Oberlin College）获得学士学位，并于 1923 年在哥伦比亚大学获得博士学位。随后他返回中国任教，他在 1938 年为中国和西方学生写的《中国近代史》成为这一领域的通行教科书（可能多少有些争议）。蒋廷黻在 1940 年代后期成为中国驻美国的代表，在 1960 年代早期是国民党政权驻联合国的大使。

对美国清史研究者来说，第一个真正的史料汇集是多卷本的史料汇编《筹办夷务始末》，这套书是 1880 年奉朝廷命令编纂的，1930 年在蒋廷黻的努力下由故宫博物院出版。为了对这一资料进行补充，蒋廷黻又编纂了《近代中国外交史资料辑要》。像费正清一样，蒋廷黻也推崇马士的著作，并将他自己的资料集当作马士《中华帝国对外关系史》一书的补充，即补充了马士所遗漏的一些资料。《筹办夷务始末》以及蒋廷黻其他的文献汇编，成为费正清鸿篇巨制《中国沿海的贸易与外交》的主要史料来源。[37]它们也是费正清所培养的一代学生使用的主要文献。

蒋廷黻不仅为费正清提供了语言训练、文献基础，也深深地影响了他对中国历史的观念。蒋廷黻是同时代历史学者中"近代化"概念的主要倡导者。他的史学基本上是对中国为实现这一目标所经历的艰难历程的叙述。它是一种深刻的精英主义，关注"自强运动"以来进步主义和世界主义的知识分子将"现代性"强加于中国的成败，对文盲平民的生活经历既不关心，也明确表示不屑一顾。对蒋廷黻来说，"近代化"意味着采用西方的科学技术、科学研究方法，尽管他强调这些是历史的终点，但他反对新文化运动这一代学者所提出的文化全盘西化的主张。[38]

费正清研究的核心框架是"中国对西方的回应"和以朝贡贸易为基础的"中国的世界秩序"，很明显都是对蒋廷黻思路的回应，但也有明显的不同之处。如前所述，费正清明确将"近代化"当作是对英美模式的模仿而不是空洞的理论概念（他既是种族优越论者，又怀疑任何的宏大理论）。费正清崇信自由民主和自由市场等西方价值观，令他不认可蒋廷黻对于中国的主张，比如国民党的"开明专制"和统制经济，或者社会主义和准法西斯主义等。

除了来自蒋廷黻的影响，费正清也不可避免地受到了1950、1960年代在美国社会科学中占主导地位的"现代化理论"的影响。比如他总是受到他哈佛的同事、社会学家帕森斯（Talcott Parsons）的影响。帕森斯发明了一系列的"模式变量"，用来描述传统中国之前和之后的社会，即传统中国的特征是极为"排他主义的"，而现代世界则是"普适主义的"。[39]在笔者看来，幸运的是，费正清依据基本的经验主义相信中国在根本上是独特的，这使得他免于受到现在已基本被否定的理论过多的约束和误导。

1950年代早期所发生的麦卡锡政治迫害，来自美国"失去中国"的假设。这一政治行为对美国的清史研究有深远的直接影响。费正清是国会针对这一问题发起听证会的当然目标，实际上，由于他对国民党不冷不热的支持、对共产党谨慎的接受而受到攻击和调查。但不是费正清而是拉铁摩尔成为美国右翼分子的重点攻击目标。在这一过程中，拉铁摩尔等的学术主张，以分析生产方式和社会力量为主，因与马克思主义相关联而被污名化，并日益式微。费正清自己的历史研究兴趣在于外交史和制度史，在于英国和美国在中国的经历以及中国自己非革命的"近代化"，这令他看起来在政治攻击面前是安全的，也许甚至比他们所希望的更加主导了这一领域的研究。[40]

费正清的历史著作建立在几个核心假设之上。首先，中国根本不同于西方，几乎不可知。比如，他写道，中国与美国之间经济发展史的差别主要是由于"两者之间文化的差别"[41]。其次，他对自己英美人的文化偏见视而不见，他认为中国历史进程比世界上其他社会更加受到文化和观念因素的约束。[42]再次，这一占主导地位的文化传统几乎没有变化并且陷入了一个"均衡"。尽管作为一个杰出的历史学者，费正清对中国文化和社会持续的演进知之甚多，但坚持强调停滞，将中国看作"被她自己的历史所羁绊的国家"（注意这里使用了女性的代词），特别可惜的是，将共产主义中国看作"人民的中央王国"。换句话说，中国缺乏"现代欧洲的活力"。最后，他认为中国人对外面世界的看法极具种族优越感，陷入一种对其他文化和社会终究是脆弱的"居高临下的优越感"。[43]基于这些观念，费正清自己对历史上中国人屈尊俯就的看法令人吃惊地切中要害：例如，他写道，必须有耐心地将19世纪世界的现实情况介绍给中国人，"正如在学校的孩子"。[44]

　　具有讽刺意味的是，尽管费正清是第一位无可争议的伟大的研究清史的美国历史学家，但"清朝"作为一个历史时期在他的历史学研究中只有很少的比重甚至没有什么比重。相反，他倾向于用1840年的鸦片战争和南京条约来划分传统和现代。在他两本权威的教材《东亚：伟大的传统》和《东亚：近代的变革》中，将这一分期奉为圭臬。[45]在这一方面，费正清并不孤单，台湾的"中央"研究院和北京的中国社会科学院，将历史研究的机构分为历史研究所和近代史研究所。两者用来划分的时间大致相同。但费正清通常坚持两点：一是"近代化"与西方对中国的影响完全是同义的，这一"近代化"过程是对19世纪清王朝几乎唯一重要的事情。他的研究集中在中国的沿海，而很少考虑广大的内陆，为了对这一倾向进行辩护，他说："海洋中国，是中国和西方交汇的地方，是近代化开始的地方。"[46]后费正清时代的学者主要的工作之一就是超越这一被他之后的学者越来越多地认为是武断和扭曲的分期。

　　与费正清极度强调"中国对西方的回应"的重要性相伴随的是另外一个分析框架，即被费正清以及哈佛学派成员引入清史研究之中的"中国之世界秩序"概念。这是一个非理性的以自我为中心的世界观，这一世界观建立在皇帝是"天下"的主宰这一信念之上，认为自己的国家是"中央王国"（中国），根据"朝贡制度"来建立跨文化关系。在费正清

之前的几代西方观察家当然也注意到，而且经常嘲笑清朝认为自己是
"天朝上国"，但是费正清，受到马士和蒋廷黻的一些影响，异常准确地
分析了这一话语建构，不断强调中国需要抛弃这一严重的幻想才能够进
入"现代"世界和西方各国的行列之中。在他对朝贡体系的开创性研究
之中，费正清仔细考察了清朝与明朝关于朝贡体系运行的差别，但是，
他后来逐渐采用了一种与历史无关的论述来概括整个"传统"中国的对
外关系。[47]

　　费正清之后的数代中国史学者，在分析清朝晚期的对外关系时，都
试图努力回避这一夸张的概念。他的学生，包括外交史学家卫思韩
（John Wills）和法律学者爱德华（Randle Edwards），发现清朝的外交
政策更多是建立在现实政治之上而不是基于统治迷思（governing
myth）。研究较早时期的历史学者指出，比如在南宋，统治者放弃了
"普天之下"的众多修辞以应对他的邻邦。其他的学者已经阐述过，在
清朝，据称包罗万象的"朝贡贸易"的经济内容，逐渐减少到几乎空白
的程度，只留下朝贡的礼服作为外交展示品，而对外贸易则通过其他很
少受到礼仪限制的渠道快速发展。文化史学者比如何伟亚已经指出，
18、19世纪西方的外交惯例与清朝基于自我中心的假定和强调仪式正
确性的外交惯例在多大程度上相似而不是形成对照。研究甲午战争的柯
克·拉森（Kirk Larsen）声称，清朝的表现并不完全像是"中央王
国"，而是像其他帝国主义列强一样。认为清朝目光短浅地寻求将朝鲜
置于其不合时宜的"朝贡"霸权之下的这一观点，并不能反映清朝对朝
鲜政策的现实状态，而现实更多是通过它对反清的日本人宣战反映出
来。总之，留给我们的问题是，由于费正清一味强调中国中心主义和朝
贡体系的作用，我们一方面需要剥离对这些框架所起决定性作用的过度
强调，另一方面我们也需要能够从清朝统治者和官员杂乱无章的表述中
识别出它们。[48]

　　在度过1950年代初"政治正确"的攻击之后，费正清在1960年代
中期和1970年代早期的整个越南战争期间，受到来自左翼，即组建
"关心亚洲学者委员会"的年轻一代的反战学者的持续批评。最尖锐的
批判来自加州大学伯克利分校的博士周锡瑞，他指责费正清个人和哈佛
学派的"帝国主义护教学"（apologetics of imperialism），为美国在越

南的军事行动建立了智力和文化的基础。除了批判两本《哈佛东亚研究丛刊》中的著作〔作者分别是侯继明和石约翰（John Schrecker），他们明确地支持西方入侵对中国经济和社会的积极作用〕，周锡瑞进一步指出这只是由费正清所概括的"哈佛范式"的一部分而已。不过这一观念可以回溯到约翰·昆西·亚当斯，他是鸦片战争时期美国的总统，也是哈佛的校友，他设立的那些表面上与政治无关的奖学金背后其实有"隐含的目的"。[49]

正如冷战持续了数十年[50]，越南战争进一步使得美国对帝国晚期和近代中国的学术研究分化为"左"和"右"，要么是中华人民共和国的"朋友"，要么是在中国台湾的国民党政权的"朋友"。这一新分类部分反映了学者之间的代际变化，部分反映了美国的清史学者在地理空间上的扩张，即不仅仅局限在美国马萨诸塞州的剑桥，其扩张远至美国西海岸的加州大学伯克利分校、斯坦福大学和加州大学洛杉矶分校，它反映了清史研究新范式——"社会史"的成功兴起。

在美国清史研究中，费正清时期的终结，或许最能体现在他完成了自己事业中里程碑式的项目，即多卷本《剑桥中国史》。费正清在1966年开始计划这一项目，与他合作的是英国出生的唐史学者崔瑞德。第一卷于1978年出版，不出意料由费正清担任主编，讨论的是他最熟悉的19世纪。他在针对整个项目撰写的前言中说道，主编"不得不放弃"许多西方读者希望在该卷中读到的内容，包括"关于地方史的丰富的内容"[51]。实际上，仍然有两个明显的例外，一是哈佛的内陆亚洲历史学家傅礼初，二是对18世纪末19世纪初危机进行多角度研究的先驱者曼素恩和孔飞力。1978年的这一卷致力于建立一个权威但主要是复述"中国对西方的回应"和王朝的衰落这些人们所熟悉的论述。晚清的第二卷于两年之后的1980年出版，大部分内容与以往论述类似，但却包括费维恺撰写的关于经济的章节和巴斯蒂（Marianne Bastid-Bruguierre）撰写的社会变迁的章节。再一次，并非巧合，巴斯蒂是法国人，不是那时候在这一领域具有相似能力的以英语为母语的历史学家。

《剑桥中国史》关于清朝早期和中期的第一卷最终在2002年出版，它已经有了很大的不同（已规划的清朝早中期的第二卷仍然没有出版）。费正清在十年之前即已去世，这一卷由普林斯顿大学的裴德生

（Willard Peterson）任主编。该丛书设定的时间框架显示了其摆脱西方中心框架的姿态，当然，另外一种变化影响更为深远，即在晚清卷出版数年之后，美国学者已经将注意力转而集中在社会史和经济史，而不再是政治史和外交史，这一历史研究倾向在 2002 年这一卷中得到大量呈现，甚至表面看起来聚焦于各朝一些事件的章节，尤其值得注意的是这一卷包括了曼素恩撰写的"女性、家庭和性别关系"这一章。就这样，清史研究的视野明显地得到了扩展。

第四节　社会史革命

从 1970 年代开始，美国清史研究开始出现一种转变，这种转变被柯文精炼概括为"在中国发现历史"。这在一定程度上表明，这一时期研究者开始反思并欲从"中国对西方的回应"这一思路中解放出来，1970 年代之前的研究议题假定对帝国晚期和近代中国历史进行研究的意义在于其有利于西方人理解自身，但从 1970 年代开始，清史研究者开始否定这样的假定。对中国历史的研究，不再被当作一种工具，而是承认它自身具有的重要性。研究的兴趣现在开始集中到清朝的社会组织、社会力量、社会动态等变化。在这一过程中，美国的清史学者坚定地拒绝了在西方冲击之前的中国社会是停滞的这一观点。停滞论的重要性虽然并没有被完全否定，但是不再是清史研究中唯一重要的叙述方式。对一些研究者来说，西方的影响只是表象的。

在英文学术界中，清代社会史的研究先驱是 1950、1960 年代一些在美国接受研究生教育并移居海外的中国学者。他们的著作包括张仲礼（1920—，华盛顿大学博士）[①] 1955 年出版的《中国绅士》，以及 1962 年出版的《中国绅士的收入》，这些书解释了绅士阶层作为一个社会群体所拥有的内在复杂性。萧公权（1897—1981，康奈尔大学博士）在 1960 年发表了《中国乡村》，详细讨论了清朝的保甲和乡约等社会控制制度的功能及其失调。何炳棣（1917—2012，哥伦比亚大学博士）除了

---

① 张仲礼于 2015 年去世。——译者注

对盐商（他称之为"商业资本主义"）和会馆的开创性研究外，还出版了《明初以降的人口及相关问题，1368—1953》和《明清社会史论》。后者不只是研究了清朝科举制度，还从科举出发分析了社会流动的模式。[52] 有一个很显著的特征是，这些社会史研究先驱没有一个是从哈佛获得博士学位的，这些著作中，也只有何炳棣的人口研究被收入《哈佛东亚研究丛刊》出版。[53]

尽管美国年轻一代的清史研究者阅读并推崇这些著作，但公平地说，他们没有意识到这些著作代表了清史研究的革命。直到两位学者的著作宣告了这一革命的开始。一位是加州大学伯克利分校的魏斐德，他于1966年出版了《大门口的陌生人》，通过讨论鸦片战争对珠三角当地居民的影响，发现新力量的出现直接导致了太平天国运动。与该书的内容同样重要，甚至更为重要的是他为该书所设计的新颖选题，这产生了巨大的影响。接下来的一代美国学生，都被该书前言中的宣言"让我们进入地方史"所鼓舞。与魏斐德的著作相似，孔飞力1970年的《中华帝国晚期的叛乱及其敌人》同样引人注目，该书以19世纪的团练为研究对象，但却超越了轻轻松松的制度分析，并对那时候占主导地位的认为哪些重要、哪些不重要的思考方式提出了挑战。孔飞力直接质疑到底是什么构成了"中国近代历史"的疆界，并提出一个新问题来判断这一边界，即中央政权的代理人与新出现的"地方精英"在地方社会中所发生的权力平衡的转换。[54]

很多因素影响美国的清史学者在20世纪70、80年代转向社会史研究。第一个因素是战后历史学关心的话题更加广泛。战后的哈佛时代与美国亚洲研究组织向地区性研究机构转变这一形势相一致，这拓宽了研究中国（以及其他非西方的社会）历史的学者的研究领域，但却减弱了他们与其他地域历史学者的联系。与此同时，西方历史学者——大部分是那些研究法国和早期现代欧洲的杰出学者——开始引领一种新的历史研究，即不太重视英雄人物和大事件的作用，而是关注潜在的"长期"演变的"结构"和"心态"，研究中国史的学者在阅读到这些研究后，他们中有些人甚至在法国新社会史旗帜性刊物《经济、社会与文化年鉴》（*Annales：economies，sociétés，civilizations*）上发文。一些著作，比如勒华·拉杜里（Emmanuel LeRoy Ladurie）的

《朗格多克的农民》、E. P. 汤普森的《英国工人阶级的形成》、金兹伯格（Carlo Ginzburg）的名著《奶酪与蛆虫》等，深刻地影响了一代或几代的美国清史学者。

　　第二个因素是美国学者与东亚其他中国史研究者对话的增加，费正清总是督促他的学生学习日本的中国史学者所撰写的著作，但是他们往往是与费正清在政治史、制度史和更小范围的思想文化史上拥有共同研究兴趣的学者。1970 年代的美国学者注意到日本汉学家的研究，特别是（但也不完全是）提倡马克思主义历史学的东京学派的研究成果（这些学者包括仁井田陞、正敏田中、重田德以及更为折中的斯波义信），这些数十年来从事社会史研究的学者在麦卡锡时代没有得到重视，因此美国学者需要花费很多精力去迎头赶上。1980 年代中国对美国学者的开放带来了另外一种认识上的冲击，这种冲击来自以资料为驱动力的、具有高质量的由中国学者所做出的在社会史研究方面的贡献，这些中国学者包括李文治、傅衣凌、彭泽益、韦庆远等，他们长期被美国学者所忽视，因为这些美国学者很难读懂这些著作中的马克思主义修辞。而现在年轻一代的美国和中国的清史学者则更能够积极地分享各自的研究计划。

　　除了与日本和中国的学者接触之外，第三个促使美国汉学界向社会史转变的因素是新的档案资料的开放。费正清和他的学生在使用清朝档案方面走在前列，但是这些档案几乎都是已经汇编好或已经出版的，或者是被编者自己结为文集，或者是由中国的历史学者收集成册。美国学者直接使用中国的档案资料可以分为三个阶段：第一阶段是台湾"国立"故宫博物院开放清朝档案。当国民党政府在 1940 年代晚期退守台湾时，它尽可能多地带走了清朝的档案，相对于存放于北京的整个档案，这只是很少的一部分，但在某种意义上，这一部分档案都是精华。尽管这些档案来源多样，但其中最有意义的是涵盖了 18—19 世纪大部分时期的"朱批奏折"。美国学者中与这批珍贵史料的关键对话者是耶鲁大学的白彬菊，她与台湾"国立"故宫博物院的工作人员紧密合作，组织和出版了这些奏折汇编，并且在 1970 年代教授了数批美国研究者怎么使用它们。这些奏折的内容主要是地方督抚与皇帝对他们认为最重要的事情进行沟通所书写的通信，上述材料对叙述政治和行政史尤为有用（包含了新的细节）。基于这些奏折的代表性研究包括白彬菊对军机处的研究，曾小萍对耗羡归公财政改革的研究，盖博坚对乾隆编纂《四库全书》的研究。[55]但是，通过仔细地阅读这些档案，会发现它们同样有利于社会史的研究，因为它们提供了之前的史料在很大程度上不能提供的关于认识普通民众生活经历的材料。最有名的两部专著是韩书瑞的《千年末世之乱：1813 年八卦教起义》和《山东叛乱：1774 年王伦起义》。[56]这两本书均基于大量被抓捕者的口供，这些口供是经地方管理者整理后汇报给皇帝的，很难说没有经过处理，但是相对于我们之前对于清朝底层群体的声音的了解，这显然更近了一步。

第二阶段是随着 1980 年代中美关系逐步正常化，位于故宫的"一史馆"①向西方研究者的公开。如果说台湾的档案是冰山一角的话，"一史馆"的档案就是冰山本身。在"一史馆"所馆藏的众多档案中，最重要的是成千上万的题本，报告给清朝中央机构的都被认为是重要的事情，比如当地的天气、收成、城墙维修的费用，等等。题本根据六部进行组织，每一个部的题本处理一类事务。对社会史学者来说，最有用的是刑科题本，因为它们包含来自地方的数之不尽的关于命案的详细报告。尽管主题都是命案，但正如中国学者刘永成已经显示出的创造性一样，这些题本可以用来获取社会史学者所感兴趣的大量数据，比如关于农村的租佃合约、雇佣关系。美国的清史学者热切地跟进这一研究形势。[57]

第三阶段是县级档案的发现和利用。大部分外国学者一直认为经过战争和 20 世纪早期各种破坏性事件后，没有系统的地方档案被保留下来，直到 1980 年代四川重庆巴县档案被发现，才意识到部分地方档案近乎奇迹般地被完整保存了下来。这批档案包括数以千计的刑事案件的完整文件、土地清丈以及其他的文件。这些地方档案使得美国学者在租佃合约、地方的诉讼实践、胥吏的心态和活动、地方的性别规范和对它们的侵犯等方面进行了开创性的研究。（最著名的是加州大学洛杉矶分校的黄宗智和他的学生们。）[58]与此同时，对其他高度地方化的非政府性质的档案收集，再结合地方田野调查的研究方式，也为理解商业组织、亲属关系以及清朝社会的其他组成部分提供了新途径。[59]

---

① 指中国第一历史档案馆。——译者注

　　展示美国清史研究进步过程的一个极好的例子是对终结清朝及其帝国制度的辛亥革命的研究。美国学者写的第一篇关于辛亥革命的专题论文出现在 1925 年，该论文是关于中国"国父"孙中山的圣人传。[60]当美国的学者后知后觉注意到不是某一个英雄人物（正如美国式的个人英雄）促成了革命后，我们的视野扩大但仍局限于孙中山周围的职业革命家圈子，比如黄兴、宋教仁等。[61]随后，学者的注意力转向更年轻的与孙中山联系不那么紧密的革命家，比如邹容和秋瑾等，以及对革命有可能起到帮助的改革者，如梁启超，他并不公然地支持革命。[62]但是直到美国学者开始研究地方社会之后，才开始对革命过程的复杂性和多变性有了一个较为清晰的理解。历史不是伟大人物的故事（或者说不仅仅是伟大人物的故事），而是关于一群有着相互利益冲突的联系松散的地方势力的故事。关于这些研究中最有理论建构的研究是周锡瑞对湖南和湖北的研究，该研究认为革命的引擎是他称为"城市改革精英"的群体，他们是支持现代化和善待商业等一系列事件中的主要力量，他们使得由于混乱而产生的民粹主义势力难以生存。周锡瑞认为，城市改革精英并不是马克思认为的"资产阶级"，而是小规模的工业资本家、新兴的白领专业人士、传统商人和知识分子群体中的某些进步势力的混合体。[63]

　　从这一意义上，周锡瑞的著作与同时期的其他论著一起共同推动了清史研究中新社会史的主要问题，即研究"地方精英"。相对于"绅士"，这一概念更受青睐，它强调了这一地方群体的权力建立在资产和科举功名的基础上——后者是第二位重要的。从孔飞力对 19 世纪中期精英主导的地方军事化的研究开始（在 1980 年出版的《中华帝国晚期的叛乱及其敌人》的前言中，孔飞力认为这一过程也许实际上在半个世纪之前即已出现，即为镇压白莲教起义而发起的动员）[64]，一代的美国青年学者致力于研究某些特定地区的精英行为。[65]这些研究中最为关键的是冉玫烁对长江中下游地区"精英能动主义"的研究。作为对孔飞力之问"现代历史的边界"的回应，冉玫烁仔细地描绘政府之外的精英针对世纪中期的大叛乱，首先是组织起来重建地方的基础设施，然后随着《申报》和其他报纸的出现，他们开始与其他地区的能动主义者互动（特别是在 1870 年代华北大饥荒的时候）去扩展他们的组织活动以救济他们家乡之外地区的困难，最终他们确信他们可以比衰弱的清政府更好地制定和执行国家的政策，即清政府逐渐被认为是多余和无效的。这就是辛亥革命真正的长期起源。[66]

再玫烁在这一著作中也做了一个尝试，这一尝试证明对美国的中国研究——包括但也不仅仅是清史研究——非常重要：她将这些地方精英的竞技场命名为"公共领域"。"公"在 19 世纪晚期和 20 世纪早期无处不在，再玫烁描述了相对于"私"和"官"，"公"是集体行动范围的扩张。包括笔者在内的其他学者，研究了这一有力概念所具有的更为广泛的重要性，以及它与法兰克福学派社会理论家尤尔根·哈贝马斯对早期近代欧洲的"公共领域"和"市民社会"等概念的关系。[67]公共领域和市民社会的研究在 1990 年代成为世界范围内西方和非西方社会科学家以及历史学家、学生的学术时尚。由于苏联的解体，它们似乎具有强大的当代意义。但是，在清史学者中，这些概念不仅引发了广泛的兴趣，也引发了激烈的批评。一些批评，比如魏斐德发现这些概念是刚愎自用的产物，因为在他看来，中国政府总是足够强大，以致任何类似于西方"公民社会"的组织难以出现；其他人，比如黄宗智声称，在清朝，在国家和私人之间，存在着"第三领域"（third realm），但是他用了一个从欧洲历史引申出的概念来命名它，这一概念比它揭示的内容更为模糊。[68]

社会史革命引发了美国学者对中国历史中的空间和时间概念认识的巨大改变。人类学家施坚雅在他 1964、1965 年的系列论文和 1977 年主编的书中，基于区位理论、中心地理论和地区分析理论[69]，直接挑战了我们对空间组织的理解。在对大部分历史问题进行研究之后，他指出，研究中国最合适的分析单位不是将中国当作一个整体，也不是省，而是"地形学上的大区"（physiographic macroregion），基于他对商品、人口和信息实际流动的分析，他发现近代晚期中国分为九或十个大区，大区内有排水系统，以自然的河岸作为边界，包括离散地嵌套于中心的层级结构。每个层级结构大致可以分为七级，处于中心的往往是一个地区的大都市，逐渐延伸到最外缘的周期性集市。

施坚雅说明了他所提出的研究框架的若干应用。这些应用中的一个是，每一个大区的社会经济发展和衰落周期都是独立的，并不必然是同步的，有时经常是相邻的大区呈现相反的发展方向，因此，如果长江下游相对于华北在衰落，即声称整个帝国都在衰落就没有什么道理。他也认为，在空间层级的较底端，村庄组织不是"一盘散沙"，它们实际上与处于"标准"市场和"中级"市场中心的更大的地方交流中心联系在一起，它的买家来源区域其实与另外一个相互重叠，这扩大了农村居民的文化视野，使得超越小的居住区，基于更大目标的动员（比如军事化）成为可能。

施坚雅的理论有一段时间内遭到激烈批判，一个事实是，他过于强调模型的解释力。[70]但是自他的文章之后，对大部分研究中华帝国晚期的美国历史学者来说，接受他所推广的概念和词汇显得容易。首先，通过将他的整个模型建立在"交易"是中国人生活的基本活动这一假定之上后，研究者们激发出对鸦片战争之前非常重要的商业和城市这一领域的研究。大部分美国学者现在会同意，与之前认为西方"引入"或"引领"了中国19世纪商业活动这一陈旧观点相反，涉外贸易在清朝从来没有在贸易量和贸易价值上超过已经存在的长距离国内贸易，更不用说更大规模的跨地区贸易，进一步说，清朝到18世纪已经深度卷入了东亚的跨地区海洋贸易。一系列基于施坚雅工作的对主要以商业为基础的城市的研究，直到今天依旧势头不减。[71]

随着社会史成为新的中心，它也为美国学者对中国过去几个世纪历史分期的争论带来了变化。最基本的一点是，新的学者几乎放弃以鸦片战争为界的"传统"和"现代"的二分法。至此，站在左边强调西方"帝国主义"毒害作用的学者和站在右边（或者说中间）强调"近代化"或"中国对西方的回应"的学者已经在一个观点上达成共识，即西方的影响，不管好与坏，是中国近期历史时期（也许是所有历史时期）唯一的压倒一切的分界点。美国的中国史学者并没有忽视西方带来的强制变化（当然一些学者可能对此强调过多[72]），他们现在将这些变化仅仅当作许多因素中的一种，也许对于界定我们用于分析历史变迁的时间单位来说，这些强制的变化没有那么大的决定性意义。

一项直接的行动是重新思考将"清代"作为一个独立历史时期的重要性。尽管美国此前的一些历史研究被以"清史"的名称组织在一起。[73]总的来说，西方对中国式断代史的反感使得大多数美国中国史研究并没有这么做。一个突破性的时刻是芮玛丽和她的学生史景迁于1965年在耶鲁建立"清史研究协会"，并创办通讯类杂志《清史问题》。

两年之后，何炳棣在亚洲协会发表了他的主席就职演讲，题目是《清代在中国历史上的重要性》，在演讲中，他将清朝看作一个有凝聚力的历史实体，即使是面对汉族的爱国感情时，仍能有效应对，他认为清朝这一征服者所建立的王朝是中国历史上最成功的王朝，而清朝的统治能力是造成这一结果的主要原因。[74]

但是在这一时期，清朝被当作一个独立时期，其他划分时期的方式在美国也有信徒，最广为接受的概念是"帝国晚期"[75]。1985年，当《清史问题》决定更改刊名以使它显得不那么外国化（foreign-sounding），它不是选择了《清史研究》，而是选择了《中华晚期帝国》（Late Imperial China）。[76]对很多人来说，这一词汇有效地反映了"蒙元之后的历史"，它包括了明朝和清朝在内的所有时期。但是，对大部分人来说，这一名称只反映了明朝的后半段和整个清朝。标志这一时期开放现象的是不再只叙述朝代政治状况的变化或外族入侵，而是与西方历史中"哥伦布大交换"，即欧洲对新世界的殖民相关联的社会经济因素联系在一起。在中国和欧洲，新大陆饥荒作物的引进引发了人口增长"现代"模式的加速，16世纪美洲白银的进口有助于国内贸易的加速扩张，这被称为中国的"第二次商业革命"，这改变了政府与社会的关系，这一关系建立在"一条鞭法"改革中农产品流通税增长的基础上，对中国的作用甚至超过欧洲。1977年，魏斐德总结了部分"社会史学者"向"帝国晚期"研究框架转变的状况，识别出1550年代以来的下列特征："长江下游地区的城市化，互助劳动的货币化支付，某些地区贸易的发展，居民识字率的增长和乡绅规模的扩大，地方管理活动的商业化，以及由此引发的行政和政治变迁。"[77]

但是，一些社会史学者，包括笔者，倾向于使用"近代早期"（Early Modern）这一概念来对应晚明和清朝，这个概念在西欧的历史学中已经发展得很成熟。早期现代性（modernity）的社会特征在帝国晚期中国的应用也许包括史无前例的人口大流动（包括移民和寄寓），更加复杂的阶级结构，联络的新方式（宗族，同乡会，行会，各种拜把结盟，以及随着这些广泛兴起的各类慈善组织）。从文化上看，这一时期不仅带来更高的识字率，具有"中产阶级趣味"的公众阅读（特别是在市民当中），人际关系变得更加市场化（比如，书面合约更为广泛的使用），对个人主义更加赏识（个人和审美），以及从更严格的思考看，一种适度"异议"的文化。尽管"近代早期"的名称获得了十分广泛的使用，但对这一概念在数之不尽的领域的应用都有直言不讳的批评。一些学者觉得这一名称在描述明清经济、社会和文化以及"公共领域"的真实变迁方面是失败的，认为将这一引自西方的概念应用于中国后所造成的模糊叙述比它所能揭示的内容更要多，另外一些人则担心这一概念的应用看起来是十足的"现代化"（modernization）目的论。但是，这一概念直到现在仍被美国的清史学者频繁使用。[78]

第五节　"文化史革命"对美国清史研究的影响

尽管"文化研究"的新范式对西方和世界其他地区历史学的影响至少要早十年，但正是在1990年代早期，"文化研究"才开始在美国的清史及中国近代史著作中产生巨大的影响。构成这一"清史文化史革命"的，至少有三个方面独立且又相关的思想上的取向。

第一个方面是认识论上的质疑，这被称为"后现代主义"。我对这一名称的理解是，它试图超越自鸣得意的"现代主义者"建立在对档案和历史文献细致与价值中立认识基础之上的自信，这种自信会逐步导致对历史上真实发生事件所采取的"实证主义"态度。温和的后现代主义瞧不起"社会史"这一称谓，即将社会科学方法应用于对历史过程的理解这一做法，而更为激进的后现代主义者则对使用经验档案进行研究的行为表示绝望，认为过去的历史要么是无法被认识，要么是只能依靠主观来解释。[79]

第二个方面与之紧密相关的观点是认为历史学家能够成功从历史资料中发现的不是"事实"，而是某种"表述"方式，这一观点受到法国历史学家和批评家福柯的深刻影响。所有历史上被认为是存在的实际上只是文化建构和妥协的产物，再进一步以不断演进的"语言"习惯来进行调和。尽管上述观点也对历史真实是否存在持怀疑态度，但它比后现代主义所认为的历史研究是死胡同这一观念要好一些，实际上，它也被证明引发出了一个全新的历史研究领域，即对历史语言使用和仪式的研究。在美国支持这一观点的大批历史学者中，代表性的学者包括：何伟亚对1793年马戛尔尼出使清朝时礼仪与仪式（比如"叩头"）体系的冲突和迷信的分析；刘禾对在理解清朝与西方的文化和政治过程中翻译和命名["跨语际实践"（translingual practice）]这一矛盾角色的考察。[80]

第三个方面来自欧洲的"文化马克思主义"，这可以追溯到意大利理论家安东尼奥·葛兰西（Antonio Gramsci）"文化霸权"的观点。文化马克思主义者坚持认为除了众所周知的经济和强制力的武器，还存在文化武器，利用这一武器，社会中的一个阶级，或一个民族社会（也就是西方），也许会维持和复制它对其他阶级和社会的主导性地位。在从事文学研究的爱德华·萨义德里程碑式的著作《东方学》中，他声称由于西方对"东方"占主导地位，这些文化武器包括将东方社会描述成是"另类"的，是风景如画、异国情调、孩子气或阴柔的，因此是不够理性的，需要西方（成熟、理性）的指导。萨义德的论点主要是针对中东的伊斯兰人民，但很快他的观点也被用于中国以及东亚的其他国家、地区。[81]

文化马克思主义，正如被所谓的"属下研究学派"（"Subaltern Studies" School）的南亚理论家所使用的，也产生了新的历史研究方法，这一方法被美国的清史学者迅速采用，即"后殖民时代研究"。例如帕忒·察特杰（Partha Chatterjee）就认为，即使在获得政治独立之后，前殖民地仍然认为采用西方的文化和政治形式——著名的民族国家——是其加入"现代"或"文明"世界所必需的。这一自我霸权主义被某些西方化的精英用于验证前殖民地到国内的政治统治者所具备的文明状态。[82]当将这些观点被富有成效地运用于中国的一项研究中时，杜赞奇称之为"从民族国家中拯救历史"。杜赞奇指出，没有什么特别的理由去接受民族国家这一基于西方历史过程的产物，比如，就中华帝国历史目的论的结果（teleological outcome）而言，为什么不是太平天国？[83]

正如更早时期，反战的美国中国史青年研究者团结在新创杂志《关心亚洲学者通讯》周围一样，文化史研究的学者团结在杜克大学出版社的新期刊《立场》周围。《立场》的第二卷在1993年出版，包括一篇由人类学者冯珠娣和历史学者何伟亚撰写的文章，该文扮演了中国新文化史研究宣言的角色。[84] 与他们的前辈相似，冯珠娣和何伟亚重复了对哈佛学派"中国对西方的回应"的批判，但是接着对研究帝国晚期和近代中国的社会史学者进行了指责，指责他们犯了与实证主义和东方主义同样的错误，这两种思路都不公平地将从西方推演出来的类别分析——不再是原始的"现代化理论"，而是更为广泛的美国的社会科学"工具箱"——强加于中国的历史进程。他们直言不讳地将经典马克思列宁主义理论放入了这一西方工具箱，特意与先辈的批评者保持距离。

文化史对美国清史研究的影响表现在很多方面，其中两个最重要的，一是女性和性别，二是民族和种族。女权主义理论已经是西方文化史研究的中心组成部分，这逐渐影响到对清史的研究。第一个任务就是从清朝的大量文献——政府档案、男性文集、族谱、方志中发现女性。最容易找到两类女性：叛乱分子和革命者，诗人。冉玫烁 1971 年对民国革命者秋瑾的研究要早于这一运动，其起到了激发后来女性主义学者开展研究的作用，晚明和清初的女性诗人引发了一系列学者对她们跨越不同身份的现象产生兴趣。[85]

理论上说，引入清代女性史研究最关键的步骤是对"女性"类型的去本质化，《立场》杂志的主编白露甚至声称，于西方引进之前，具有涵括性的"女性"这一类别在中国文化的词汇中并不存在。通过更为仔细的研究，比如费侠莉（Charlotte Furth）对"妇科学"的演变的研究和曼素恩对"烈女"的研究，使研究者探寻到女性角色的实质一面，即性别不是自然的或与生俱来的，而是基于文化构建的，有具体历史情境，并在日常生活的实践中被积极协调。借用欧洲历史中的"妇女问题论战"（querelle des femmes）的概念，曼素恩和其他历史学者开始探究中国 18 世纪的"妇女问题论战"。在这一论战中，清代文人在其作品中激烈讨论了由社会和经济变迁所导致的性别角色的变化：清朝文化将如何应对这些事实，即识字的女性越来越多，并频繁出现在工作场所、妓院、宗教朝圣活动等中？[86]

在世纪之交，美国对清朝妇女史研究的另外一个特征是对女性能动性的强调。清末民初的女性主义者（主要是男性）着重强调中国女性在儒家文化和社会中是受害者，是腐朽旧中国的遗留，他们意在通过现代化或西化予以纠正。美国学者撰写清史时，过去将女性作为一个整体对待，倾向于同意将女性描述为受害者。但是最近的历史学家，比如曼素恩，受到女权主义理论和西方性别史的转变的启发，开始强调清代社会许可的女性个体能动性的限度——尽管是有限的，以及女性对这一能动性的坚决运用（determined exercise of this agency）。这些历史学者中，最引起争议的是高彦颐，她尖锐地指出要克服这种所谓的传统与现代对立的"五四史学"。尽管高彦颐并没有引用，但看起来似乎受到"属下学派"（Subaltern School）学者拉塔·曼尼（Lata Mani）的影响，后者声称，南亚寡妇殉葬的行为即使受到西方和印度国家主义改革者的奋力谴责，也无可厚非。[87]类似地，高彦颐声称清代的妇女缠足不能简单地被认为是女性受害者的证据，至少在妇女团结和身份认同上它存在积极的一面。[88]

在所有有关清朝女性的著作中存在这样一个问题，它所关注的所有对象——诗人、女才、当家人，甚至革命者，几乎全是读书的精英。怎样从这一小批上层女性往下看，即在没有留下多少书面证据的情况下如何还原占最主要部分的清朝普通女性的生活？在各种各样试图实现这一目标的研究中，在方法论上最为自觉的是贺萧对晚清和民国早期上海妓女的研究。类似高彦颐对缠足的研究，贺萧选择保留对妓女制度本身的道德判读，而不是努力恢复这一多样"属下"（subaltern）（半殖民的、女性的、经常极贫和没有自由的）群体——诚然具有混合的成分——生活经验的痕迹。[89]

除了对性别史的关注，文化研究运动也推动了美国清史学者对种族的重新思考。这首先是由柯娇燕对"满洲"的一项研究所引发，过去很少有美国的清史学者费力学习满文，完全只依靠汉文的官文书。当然，大家知道存在用满文记载的与汉文并行的档案，但是大部分学者满足于认为满文只是简单地，几乎完全地复制了汉文。柯娇燕和其他个别的历史学家努力学习满文，发现两种档案间存在着细微但系统性的差别，当考虑这种系统性的差别时，满文档案为清史研究提供了具有重大意义的不同视角。[90]

柯娇燕对满文档案的使用使得她能够对满洲的性质和清朝本身进行根本性的再评估。中国的民族主义学者开始倾向于将清朝的统治者描述为独特的种族，他们的故乡在东北，他们占领了中国以及在这一过程之中不可避免地"汉化"或者被汉族人同化。朝廷进行了艰苦的努力，特别是在乾隆时期，即以阻止入关之前的满洲文化被汉文化侵蚀，但是这一目标失败了，到 1911 年，满人作为一个民族几乎消失，被更大规模的汉族人所同化。虽然早期的美国学者比如拉铁摩尔和梅谷早在 50 年前就已表达了这些看法[91]，但柯娇燕在一系列论文和专著中，系统地展现了与此完全相反的叙事，这受益于西方更广泛的"身份认同研究"。根据柯娇燕的研究，在第一次准备对明朝进行征服时，并没有"满洲"这一种族群体，和其他的族群身份一样，它们也是一个历史的文化建构，乃有意为之，尤其在皇太极统治时期。征服明朝的军队在种族上是折中的，在这一系统中，种族身份是一种重要的结构单位（八旗制度），但在实践上是可以变化的。因此将新朝代的创建者视作"清征服组织"比称为满"族"更有道理。乾隆皇帝增强"满洲之道"的努力，被早期的学者视作最后挣扎，在柯娇燕看来，这更像是建构文化的新努力，而在 1911 年，满族自我身份认同超过了 1644 年。[92]接下来的研究对柯娇燕的修正模型又提供了一些修正。[93]但是大部分美国的清史学者至少以一种较弱的形式接受柯娇燕的解释。

正如对满族研究一样，美国清史学者在研究清代少数族群时反对强调本质或生物学上的身份，而是关注文化建构的流动和协商过程。比如说客家人，是汉族人中经济比较弱势的一个群体，他们通过对陆地生产系统的熟练开垦创造优势，逐渐成为一个普通的"族群"。像疍民这样在福建和广东的少数群体，显示出他们能够通过经济成功和亲属政治的复杂过程，以及对新身份和家庭历史的协商而完全被接受为汉族的成员。[94]

类似的研究视角也被用于对明朝统治下边疆地区族群的研究。在 21 世纪转折时期，美国历史学界非常关注清朝将帝国的疆域扩大了一倍这一事实，它留给继任者经过极大扩张的、正如我们今天所知的"中国"。这些新的研究多是关于西南、西北和台湾等地区的，都坦然承认清朝是一个可辨认的帝国主义政治的实践者（正如它也是西方和日本类似政策的受害者一样），也是对边疆民族身份简单目的论的"汉化"模式的拒绝。[95]通过文化研究，学者认为民族形成的过程并非无迹可寻，它由博弈而来。疆域，进一步说，像地图、游记、绘画以及"其他"类似的表达，在这一扩张过程中均起到了关键作用。[96]

美国的学者从"文化史革命"中所接受的一个根本性的方法转变

是，清朝与明朝存在根本的不同，它并不是简单地是中华帝国历史悠久赓续朝代的殿军（它当然是最后一个）。1996 年，罗友枝在亚洲研究协会发表主席就职演讲的时候，重新评价了何炳棣 30 年前就任该协会主席时的演讲。她赞成何炳棣认为清朝是中国历史上最成功的王朝这一大胆的论点，但她不同意何炳棣关于满族汉化的假说以及他认为清朝之所以能如此成功是因为满族汉化得彻底。对罗友枝来说，恰恰相反，清朝的成功正是由于统治者维持了满族与汉族文化的差异，以及他们对他们内陆亚洲自我身份的认同。这被认为是西方清史学界向"内陆亚洲"转向的决定性的转折点。[97] 在《美国历史评论》一篇影响广泛的文章中，柯娇燕总结了对清朝的新认识，清朝是一个多民族的帝国，统治者采用了多样化的统治方式〔天子，可汗的可汗（Khan of Khans），转轮圣王菩萨（Chakravartin bodhisattva）〕，以适应不同的统治区域，在这些统治区域中，汉族也许是最重要的也是数量最多的，但是他们并不是唯一的。[98] 当然，根据历史分期，对清朝独特性的重新强调使我们稍微远离了"帝国晚期"这一建立在对明末社会和经济变迁因素之上的分期，而返回到朝代历史模式，内陆亚洲秩序的建立现在被视为近代早期转型的决定时刻。

第六节　清史研究的全球化

从 20 世纪末期到 21 世纪初，美国清史研究中一个主导性、普遍性的趋势是清史研究的全球化。这一全球化趋势包括两个影响广泛的方面：一个是比较政治经济研究的复兴，一个被称为"欧亚转向"。

比较政治经济方法已经产生出两种富有创见的模式，分别由加州大学洛杉矶分校的黄宗智和加州大学尔湾分校的彭慕兰建立[99]（由于他们的支持者在地域上的相似性，这一研究视角也被称为清史研究的加州学派）。尽管黄宗智和彭慕兰发生了激烈的争论，但实际上双方在很多基本点上还是一致的。两者都注意到缺乏持续的人均收入的增长、向资本主义的过渡、帝制晚期的工业化等现象。两者都通过与西欧的经验特别是英国的经验进行比较来衡量这些现象。两者都发现中国本土的因素是决定性的，不存在"中国对西方的回应"的问题，争论的双方都没有发现来自欧洲的替代影响，即没有推动因素，也没有限制因素。双方都逐步承认存在于近代早期中国引人注目的跨地区的商业化。

他们的主要分歧在于彭慕兰所说的"大分流"的原因和时点。黄宗智认为中国未能过渡到资本主义的失败，从根本上说是路径驱动的，是人口、生态和文化因素的作用结果，这些因素至少和晚明商业革命一样重要。在传统的文化体系中，只有土地所有者（不管规模多大，或者是否有永佃权）才被赋予完整的人格（进而可以结婚和传宗接代），再加上生态环境的制约，快速的人口增长使清帝国的农业朝着内卷化发展，劳动力的边际效益逐步下降。由于剩余劳动力未能转移，或走出家庭农场成为报酬更高的无产工人、效率极度低下的小家庭生产者仍然是中国农业经济的基础。

尽管没有完全放弃中国失败的叙事——黄宗智保持并复兴了这一观点，彭慕兰则明确反对将中国当作一个与西方经济进步相反的例子。他通过展示详细的证据表明，直到 18 世纪后期，清朝的平均生活水平至少与西欧是一样的，进一步说，在中国经济思想和实践中，很少有阻止中国走向资本主义或工业化的因素。因此，决定性的因素不是路径驱动的，而是"多因素汇聚的"，换句话说，是历史的偶然。具体而言，清朝被证明没有足够的化石燃料的供给（或者是位置不好），以及没有获得欧洲在新大陆殖民获得的好财运（主要是非洲的奴隶劳动），结果是欧洲解除了"土地约束"，而土地在当时的西方和东方对生产率的突破都是阻碍。

第二个全球化的趋势是努力超越二元史学，即避免将东方和西方分开处理，而是将两者视作单一的世界历史过程中有相似变化的两个对象。[100] 濮德培、狄宇宙和罗友枝等学者基于对"内陆亚洲转向"的修正认识，呼吁这一新的"欧亚转向"，他们认为清史与明史的共性很少，但与同时期欧亚大陆的罗曼诺夫王朝与奥斯曼王朝有很多相似性。这些帝国都很相似，都是多民族的帝国，都有扩张的冲动，这一冲动由近代早期与众不同的新军事和行政技术所支持。在一项里程碑式的研究中，濮德培描述了清朝和罗曼诺夫王朝给中亚近代早期同样具有野心的准噶尔蒙古人所带去的压力，并最终将其消灭，因为准噶尔蒙古人没有向其他两个王朝一样有富裕的农业经济基础。这一新的美国的历史研究不仅建立了一个在世界历史范围内对清帝国的合理叙述，也进一步强调了它在中国长期朝代历史中的独特性，以及对清朝作为一个历史分期单位的谨慎考量。[101]

第七节　结　语

从 19 世纪末期到 21 世纪初期，美国的清史研究，基本是一个对传统认识不断进行质疑的过程。对清史的认识，从一开始仅仅被当作理解西方社会历史的工具，逐渐发展到被认为有自己独立发展轨迹的历史。基于西方经验基础上的关于历史时期的一般化模式，从认为清朝历史也应该按照这一模式发展的观念，逐渐转变为西方的历史仅仅是西方自己的地方史这一认知上。关于大清帝国晚期和近代中国历史"失败的故事"虽然没有被全部推翻，但已经被前文提到的众多著作所质疑。最令人印象深刻的是，清朝的历史不再被认为在西方入侵之前是"静止"或"停滞"的，而是有自身的动能，这种动能超过了被当作决定性分水岭的鸦片战争的力量。

进入 21 世纪，美国学者的研究重点很明显地转向了民国时期，特别是转向对大城市历史的研究，当代中国在改革开放时期经历了社会、经济、文化等翻天覆地的变化，这些变化的历史前身很可能会从上述大城市的研究中被发现。大量研究关注的最重要的问题是，如何处理从多个视角构建、理解难以厘清的"现代性"。但是，如果 20 世纪早期的中国史研究已经处于主导地位，那么其问题和主题也会推衍到正在进行中的清史研究中。

一般地说，在历史学学科中，主要的进展是将之前认为不发生变化或者至少是非历史学的因素导入到历史学的研究之中。在这些要素中，最主要的是人体和环境。在美国，对中国历史中人体史的研究从不同的角度展开。我们已经研究了性行为、性身份，这些对象出人意料地充满了变化。[102]其中，也有针对生殖的研究，它既被当作生物学和医学的事件，也被当作理解文化变迁的工具。[103]比如对健康与疾病等文化概念变迁的研究被视作很重要的工作[104]，研究关注身体创伤对行为和文化的影响，如缠足、文身、残疾和死亡等。[105]我们已经关注到清前期的历史对民国时期健身和体育造成的影响[106]，也开始认识到时尚和身体装饰所蕴藏的文化和政治含义。[107]

美国清史研究中另外一个重要的工作是对环境、物质和视觉性的强调。越来越多的论著研究历史上人类与生态环境、自然资源环境、建筑环境之间的互动。[108]我们对物质和视觉文化的兴趣越来越大。[109]食物和吃饭的方式也已经被当作历史事实来阐述。[110]在迅速成长的关于中国出版史的子领域中，很多充满洞见的研究表明，在帝制中国晚期，出版文化的出现没有代替口传文化，而是与之形成互动。[111]通过这些研究以及其他研究，世俗的日常生活也成为清史研究的主题。

总之，我们也许会问，美国社会是怎样实现这种转变的？即从一开始对中国的事情知之甚少或主要是漠不关心到产生了一大批关于清史的研究著作，而且，我们得承认，这些著作在历史学领域具有全球化的影响。对这一问题的简单回答之一是因为越来越多的经费被用于这样的研究。20世纪见证了美国经济的腾飞，这一腾飞使得美国人均生活水平达到了世界第一。特别是在20世纪的第三个25年中，社会投入了空前比例的经济剩余到高等教育上，包括基础研究和人文学科。由于我不打算解释的原因，这也许与美国例外论相关，美国社会大量的研究经费被用于对其他国家的社会文化和历史的研究。自1941年开始的美国在东亚的三次战争则使得大量的研究经费投入到对中国的研究中，作为对之前研究不足的补偿。

如前所述，美国的清史学界在与中国的历史学者接触时周期性地受到激发，比如蒋廷黻对费正清的影响，傅衣凌和其他社会史学者对后费正清一代的影响。我们也已经注意到一个很久的传统，中国历史学者在美国接受研究生教育，这些学者中的一些人（比如张仲礼）随后回到中国并担任主要的学术职位。但是没有人会料到，在改革开放之后的中国，大量年轻的中国学者来到美国和世界其他地方的学校学习中国历史。实际上，他们中的很大一部分人（也许是绝大多数？）在美国研究清史并发表了英文的文章和著作，这些学者都是出生在中国并且在中国接受了启蒙教育。进一步说，美国研究清史的学者现在到中国进行研究，会发现与他们接洽的是与自己在同一个体系中训练出来的学者。在研究者培养和研究主题方面，清史已经极大地全球化了。

注释

［1］感谢马钊（Zhao Ma）和梅尔清（Tobie Meyer-Fong）对本文早期版本的评论。读者会注意到，本文的目的是讨论反映美国清史研究趋势的著作，而不是考察清史研究领域哪些著作是我认为"最好的"，实际上，后者中的很多著作，这里并没有提到。

［2］柯文. 在中国发现历史——中国中心观在美国的兴起（Paul A. Cohen. *Discovering History in China*：*American Historical Writing on the Recent Chinese Past*. New York：Columbia University Press，1984）（可参见林同奇的中译本，北京：中华书局，2002）。

［3］哈罗德·伊罗生. 美国的中国和印度形象（Harold R. Isaacs. *Scratches on Our Minds*：*American Images of China and India*. New York：John Day，1958：37，48）（该书中有关中国的部分，可参见于殿利、陆日宇的中译本，北京：中华书局，2006）。

［4］入江昭. 跨越太平洋：美国和东亚的历史内幕（Akira Iriye. *Across the Pacific*：*An Inner History of American-East Asian Relations*. New York：Harcourt Brace，1967：32）。

［5］入江昭. 跨越太平洋：美国和东亚的历史内幕（Akira Iriye. *Across the Pacific*：*An Inner History of American-East Asian Relations*. New York：Harcourt Brace，1967：5－7，17）。

［6］卫三畏. 中国总论（S. Wells Williams. *The Middle Kingdom*：*A Survey of the Geography*，*Government*，*Education*，*Social Life*，*Religion*，*etc. of the Chinese Empire and its Inhabitants*. 2 volumes，New York：Wiley and Putnam，1848）（可参见陈俱的中译本，上海：上海古籍出版社，2014）。

［7］哈达德. 中国的罗曼史（John Rogers Haddad，*The Romance of China*：*Excursions to China in U. S. Culture 1776 to 1876*. New York：Columbia University Press，2007，在线版本，chap. 6）（可参见何道宽的中译本，广州：花城出版社，2015）。

［8］卫三畏. 中国总论（S. Wells Williams. *The Middle Kingdom*：*A Survey of the Geography*，*Government*，*Education*，*Social Life*，*Religion*，*etc. of the Chinese*

Empire and its Inhabitants. xiv）。

[9]卫三畏. 中国总论（S. Wells Williams. *The Middle Kingdom：A Survey of the Geography，Government，Education，Social Life，Religion，etc.of the Chinese Empire and its Inhabitants*. 2. 95，cited in Haddad）。

[10]卫三畏. 中国总论（S. Wells Williams. *The Middle Kingdom：A Survey of the Geography，Government，Education，Social Life，Religion，etc.of the Chinese Empire and its Inhabitants*. 1. 3 - 4）。

[11]卫三畏. 中国总论（S. Wells Williams. *The Middle Kingdom：A Survey of the Geography，Government，Education，Social Life，Religion，etc.of the Chinese Empire and its Inhabitants*. 1. 310）。

[12]卫三畏. 中国总论（S. Wells Williams. *The Middle Kingdom：A Survey of the Geography，Government，Education，Social Life，Religion，etc.of the Chinese Empire and its Inhabitants*. 2. 228）。

[13]卫三畏. 中国总论（S. Wells Williams. *The Middle Kingdom：A Survey of the Geography，Government，Education，Social Life，Religion，etc.of the Chinese Empire and its Inhabitants*. 1. 297）。

[14]入江昭. 跨越太平洋：美国和东亚的历史内幕. 59 - 60. 对社会达尔文主义在美国社会生根的经典分析，参见理查德·霍夫施塔特. 美国思想中的社会达尔文主义（Richard Hofstadter. *Social Darwinism in American Thought*. New York：G. Braziller，1965）（可参见郭正昭的中译本，台北：联经出版事业公司，1986）。

[15]韩德. 一种特殊关系的形成：1914 年前的美国与中国（Michael H. Hunt. *The Making of a Special Relationship：The United States and China to 1914*. New York：Columbia University Press，1983：299）（可参见项立岭、林勇军的中译本，上海：复旦大学出版社，1993）。

[16]费正清，玛莎·亨德森·柯立芝，理查德·J. 史密斯. 马士：中国海关税务司和历史学家（John King Fairbank and Martha Henderson Coolidge et al. eds. *H. B. Morse：Customs Commissioner and Historian of China*. Lexington：University Press of Kentucky，1995）。

[17]马士. 中华帝国对外关系史（Hosea Ballou Morse. *The International Relations of the Chinese Empire，1910 - 1918. Reprinted Taibei：Ch'eng-wen*，1978，1. xxxi.）（可参见张汇文的中译本，上海：上海世纪出版社，2006）。

[18]马士. 中华帝国对外关系史（Hosea Ballou Morse. *The International Relations of the Chinese Empire，1910 - 1918*. 1. 1 - 2）；也参见马士. 中国之行会（*Hosea Ballou Morse. The Gilds of China*. London：Longmans Green，1909：27）（可参见彭泽益主编的《中国工商行会史料集》里面的中译文，北京：中华书局，

1995：57－90）。

[19]费正清. 历史学家马士//费正清等，主编. 马士：中国海关税务司和历史学家（Fairbank. "Morse as Historian." In John King Fairbank and Martha Henderson Coolidge et al. eds. *H. B. Morse*：*Customs Commissioner and Historian of China*. Lexington：University Press of Kentucky，1995：224）。

[20]马士. 中朝制度考（Hosea Ballou Morse. *The Trade and Administration of Chinese Empire*. revised edition. London：Longmans，Green & Co. 1913：12－31）。

[21]赖德烈. 中国的发展（Kenneth Scott Latourette. *The Development of China*. Boston：Houghton Mifflin，1917：66－85）。

[22]博路德. 中华民族简史［L. Carrington Goodrich. *A Short History of the Chinese People*. New York：Harper and Row，third edition，1959（first edition 1943）］（可参见吴原元的中译本，西安：西北大学出版社，2017）。

[23]博路德. 中华民族简史（L. Carrington Goodrich. *A Short History of the Chinese People*. ix）。

[24]卡特. 中国印刷术的发明和它的西传（Thomas Francis Carter. *The Invention of Printing in China and its Spread Westward*. New York：Columbia University Press，1931）（可参见吴泽炎的中译本，北京：商务印书馆，1957）。

[25]欧文·拉铁摩尔，埃莉诺·拉铁摩尔. 现代中国形成简史［Owen and Eleanor Lattimore. *China*：*A Short History*. New York：Norton，1947（first edition 1944）：106－109］；也参见罗威廉. 拉铁摩尔，亚洲和比较历史［William T. Rowe. "Owen Lattimore，Asia，and Comparative History." *Journal of Asian Studies*，2007，66（3）］（前者参见陈芳芝、林幼琪的中译本，北京：商务印书馆，1962；后者参见唐晓峰、姚大力，等. 黄达远，袁剑，主编. 拉铁摩尔与边疆中国. 北京：生活·读书·新知三联书店，2017：20－76）。

[26]罗伯特·纽曼. 欧文·拉铁摩尔和"失去"中国（Robert Newman. *Owen Lattimore and the "Loss" of China*. Berkeley：University of California Press，1992）。

[27]艾伯华. 中国通史（Wolfram Eberhard. *A History of China*. Berkeley：University of California Press，third edition，1969）（可参见王志超、武婵的中译本，北京：金城出版社，2012）。

[28]艾伯华. 中国通史（Wolfram Eberhard. *A History of China*，3）。

[29]艾伯华. 中国通史（Wolfram Eberhard. *A History of China*，195－199）。

[30]艾伯华. 中国通史（Wolfram Eberhard. *A History of China*，270－302）。

[31]恒慕义，主编. 清代名人传略（Arthur W. Hummel，ed. *Eminent Chinese*

of the Ch'ing Period. Washington：U. S. Government Printing Office，1943）（可参见中国人民大学清史所《清代名人传略》翻译组的中译本，西宁：青海人民出版社，1990）。

［32］胡适. 清代名人传略·前言（Hu Shih. "Preface." In Arthur W. Hummel，ed. *Eminent Chinese of the Ch'ing Period*. Washington：U. S. Government Printing Office，1943：6）。

［33］这一观点有着明显的表露，我觉得是作者有意无意为之，见费正清. 费正清中国回忆录（*Fairbank's Autobiography*，Chinabound：A Fifty-Year Memoir. New York：Harper and Row，1982）；也参见保罗·M. 埃文斯. 费正清与美国对现代中国的认识（Paul M. Evans. *John Fairbank and American Understanding of Modern China*. New York and Oxford：Basil Blackwell，1988）（前者可参见熊文霞的中译本，北京：中信出版社，2013；后者可参见陈同、罗苏文等的中译本，上海：上海人民出版社，1995）。

［34］费正清. 费正清中国回忆录（*Fairbank's Autobiography*，Chinabound：A Fifty-Year Memoir）. 5，11，126；保罗·M. 埃文斯. 费正清与美国对现代中国的认识（Paul M. Evans. *John Fairbank and American Understanding of Modern China*. 7，11）。

［35］费正清. 费正清中国回忆录（*Fairbank's Autobiography*，Chinabound：A Fifty-Year Memoir*. 19-22）。

［36］费正清. 费正清中国回忆录（*Fairbank's Autobiography*，Chinabound：A Fifty-Year Memoir*. 128）。

［37］费正清. 中国沿海的贸易与外交：1842—1854 年通商口岸的开埠［Fairbank. *Trade and Diplomacy on the China Coast：The Opening of the Treaty Ports，1842 - 1854*. Stanford：Stanford University Press，1969（original two-volume edition，Cambridge MA：Harvard University Press，1953）］. 费正清在此书中强调蒋廷黻和他所收集的档案在自己研究中的中心地位，见 xiii、526-537 页。

［38］李怀印. 重构近代中国：中国历史写作中的想象与真实（Huaiyin Li. *Reinventing Modern China：Imagination and Authenticity in Chinese Historical Writing*. Honolulu：University of Hawaii Press，2013，chap. 2）（可参见岁有生、王传奇的中译本，北京：中华书局，2013）；费正清. 费正清中国回忆录（*Fairbank's Autobiography*，Chinabound：A Fifty-Year Memoir*，chap. 7）。

［39］比如，帕森斯社会学理论的条条框框就给费正清最优秀学生之一费维恺的精彩研究带来负面影响。费维恺. 中国早期工业化［Albert Feuerwerker. *China's Early Industrialization：Sheng Hsuan-huai（1844 - 1916）and Mandarin Enterprise*. Cambridge MA：Harvard University Press，1958］（可参见虞和平的中译本，

北京：中国社会科学出版社，2002）。

[40]关于费正清在麦卡锡主义盛行时期的经历，参见保罗·M. 埃文斯. 费正清与美国对现代中国的认识（Paul M. Evans. *John Fairbank and American Understanding of Modern China*）：第6章；费正清. 费正清中国回忆录（*Fairbank's Autobiography*，*Chinabound：A Fifty-Year Memoir*）：第25章。自1958年开始出版到1977年费正清退休这一期间，《哈佛东亚研究丛刊》共出版关于中国的专著81本，其中大部分是关于制度史或外交史的。

[41]费正清，等. 近代早期中国的经济变迁：一个分析框架 [Fairbank, et. al. "Economic Change in Early Modern China：An Analytic Framework." *Economic Development and Cultural Change*，1960，9（1）：15]。

[42]对这一观点的详细阐述，参见费正清，主编. 中国的世界秩序：传统中国的外交关系（Fairbank, ed. *The Chinese World Order：Traditional China's Foreign Relations*. Cambridge MA：Harvard University Press 1958：5，273）（可参见杜继东的中译本，北京：中国社会科学出版社，2010）。

[43]费正清. 中国：人民的中央王国与美利坚合众国（Fairbank. *China：The People's Middle Kingdom and the USA*. Cambridge MA：Harvard University Press，1967：3，9，13）。

[44]邓嗣禹，费正清，主编. 中国对西方的回应：文献汇编（Ssu-yu Teng and Fairbank，eds. *China's Response to the West：A Documentary Survey*，*1839 - 1923*. New York：Atheneum，1971），初版由哈佛大学出版社1954年出版。

[45]值得注意的是，这些教材一方面强调将中国历史分为传统和现代，另一方面也强调将中国、日本、韩国和东亚其他地区的历史合并讨论。

[46]费正清. 费正清中国回忆录（*Fairbank's Autobiography*，*Chinabound：A Fifty-Year Memoir*），第124页。

[47]可比较下面两篇论文，费正清和邓嗣禹合著《关于清代朝贡体系》（载《哈佛亚洲研究》）和费正清著《一个初步的框架》（见《中国的世界秩序》）[Fairbank and S. Y. Teng. "On the Ch'ing Tributary System." *Harvard Journal of Asiatic Studies*，1941，6（2）：135 - 246；Fairbank. "A Preliminary Framework." In *The Chinese World Order*，1958：1 - 19]（可参见杜继东的中译本，北京：中国社会科学出版社，2010：1 - 12）。

[48]卫思韩. 使团与幻想：1666—1687年康熙朝的荷兰与葡萄牙使团（John E. Wills, Jr. *Embassies and Illusions：Dutch and Portuguese Embassies to K'ang-hsi*，*1666 - 1687*. Cambridge MA：Council on East Asian Studies，1984）；爱德华. 中华帝国的边疆法律 [R. Randle Edwards. "Imperial China's Border Control Law." *Journal of Chinese Law*，1987，1（1）：33 - 62]；罗茂锐. 中国及其邻邦（Morris

Rossabi，ed. *China Among Equals*：*The Middle Kingdom and Its Neighbors*，*10th-14th Centuries*. Berkeley：University of California Press，1983）；赵刚. 清朝面向大海：中国的海洋政策（1684—1757）（Gang Zhao，*The Qing Opening to the Ocean*：*Chinese Maritime Policies*，*1684–1757*. Honolulu：University of Hawaii Press，2013）；何伟亚. 怀柔远人（James L. Hevia. *Cherishing Men from Afar*：*Qing Guest Ritual and the Macartney Embassy of 1793*. Durham：Duke University Press，1995）（参见邓常春的中译本，北京：社会科学文献出版社，2002）；柯克·拉森. 传统、条约和贸易：清帝国主义和朝鲜，1850—1910（Kirk W. Larsen. *Tradition*，*Treaties*，*and Trade*：*Qing Imperialism in Chosŏn Korea*，*1850–1910*. Cambridge MA：Harvard University Asia Center，2008）。

[49]周锡瑞. 哈佛之于中国：帝国主义的护教学（Joseph Esherick. "Harvard on China：The Apologetics of Imperialism." *Bulletin of Concerned Asian Scholars*，1973），不知出于何种原因（策略的，政治同情的，或仅仅是礼貌地回应），费正清没有不理会或谴责这些指控，而是在《关心亚洲学者通讯》上以谦恭的、合乎逻辑的方式进行了反驳（可参见朱政惠主编的《海外中国学评论》第四辑，上海：上海辞书出版社，2012：354–371）。

[50]冷战对美国清史研究产生影响的一个例子是梅谷的著作《太平叛乱：历史和文献》（Franz Michael. *The Taiping Rebellion*：*History and Documents*，three volumes. Seattle：University of Washington Press，1966–1971）。该书由坚定反对共产主义的学者撰写，由作为反对共产主义中国研究堡垒的一个大学和出版社出版，是到那时为止关于太平天国最有说服力的著作，同时也是对国民党在评价太平天国历史价值时所持（完全是负面的）立场的系统性验证。

[51]费正清，主编. 剑桥中国史，第10卷，晚清，1800—1911，第一部分（John King Fairbank，ed. *The Cambridge History of China*，Volume 10. *Late Ch'ing 1800–1911*，Part One. Cambridge and New York：Cambridge University Press，1978，vi）（可参见杨品全等的中译本，北京：中国社会科学出版社，2012）。

[52]张仲礼. 中国绅士：关于其在19世纪中国社会中作用的研究（Chung-li Chang. *The Chinese Gentry*：*Studies in Their Role in Nineteenth-Century China*. Seattle：University of Washington Press，1955）（可参见李荣昌的中译本，上海：上海社会科学院出版社，1991）；张仲礼. 中国绅士的收入（Chung-li Chang. *The Income of the Chinese Gentry*. Seattle：University of Washington Press，1962）（可参见费成康、王寅通的中译本，上海：上海社会科学院出版社，2001）；萧公权. 中国乡村：论19世纪的帝国控制（Kung-chuan Hsiao. *Rural China*：*Imperial Control in the Nineteenth Century*. Seattle：University of Washington Press，1960）

（可参见张皓、张升等的中译本，台北：联经出版事业股份有限公司，2014）；何炳棣. 明初以降的人口及相关问题，1368—1953（Ping-ti Ho. *Studies in the Population of China*, *1368 - 1953*. Cambridge MA：Harvard East Asia Series，1959）（可参见葛剑雄的中译本，北京：生活·读书·新知三联书店，2000）；何炳棣. 明清社会史论（Ping-ti Ho. *The Ladder of Success in Imperial China*：*Aspects of Social Mobility*, *1368 - 1911*. New York：Columbia University Press，1962）（可参见徐泓的中译本，台北：联经出版事业股份有限公司，2013）。

[53]这不是说哈佛没有出版在美国受教育的中国学者的著作，实际上，它出版了很多。但是，这些著作都是研究"中国对西方的回应"以及制度史的问题，比如蒙思明. 总理衙门：组织与功能（S. M. Meng. *The Tsungi Yamen*：*Its Organization and Functions*. Cambridge：Harvard University Press，1962）；郑英还. 晚清邮驿之演变：*1860—1896*（Ying-wan Cheng, *Postal Communication in China and its Modernization*, *1860 - 1896*. Cambridge：Harvard University Asia Center，1970）。

[54]魏斐德. 大门口的陌生人：1839—1861年间华南的社会动乱（Frederic Wakeman, Jr. St*rangers at the Gate*：*Social Disorder in South China 1839 - 1861*. Berkeley：University of California Press，1966：7）（可参见王小荷的中译本，北京：新星出版社，2017）；孔飞力. 中华帝国晚期的叛乱及其敌人（Philip A. Kuhn. *Rebellion and its Enemies in Late Imperial China*：*Militarization and Structure*, *1796 - 1864*. Cambridge MA：Harvard University Press，1970）（可参见谢亮生等的中译本，北京：中国社会科学出版社，1990）。

[55]白彬菊. 君主与大臣——清中期的军机处（1723—1820）（Beatrice S. Bartlett. *Monarchs and Ministers*：*The Grand Council in Mid-Ch'ing China*, *1723 - 1820*. Berkeley：University of California Press，1991）（可参见董建中的中译本，北京：中国人民大学出版社，2017）；曾小萍. 州县官的银两：18世纪中国的合理化财政改革（Madeleine Zelin. *The Magistrate's Tael*：*Rationalizing Fiscal Reform in Eighteenth-Century Ch'ing China*. Berkeley：University of California Press，1984）（可参见董建中的中译本，北京：中国人民大学出版社，2005）；盖博坚. 四库全书：乾隆晚期的学者与国家（R. Kent Guy. *The Emperor's Four Treasuries*：*Scholars and the State in the Late Ch'ien-lung Era*. Cambridge MA：Council on East Asian Studies，1987）。

[56]韩书瑞. 千年末世之乱：1813年八卦教起义（Susan Naquin. *Millenarian Rebellion in China*：*The Eight Trigrams Uprising of 1813*. New Haven：Yale University Press，1976）（可参见陈仲丹的中译本，南京：江苏人民出版社，2010）；韩书瑞. 山东叛乱：1774年王伦起义（Susan Naquin. *Shantung Rebellion*：*The Wang Lun Uprising of 1774*. New Haven：Yale University Press，1981）（可参见唐雁超

的中译本，南京：江苏人民出版社，2008）。

[57]美国社会史学者基于刑科题本所做研究的最好例证，见步德茂. 过失杀人、市场与道德经济：18 世纪中国财产权的暴力纠纷（Thomas M. Buoye. *Manslaughter*，*Markets*，*and Moral Economy*：*Violent Disputes over Property Rights in Eighteenth-Century China*. Cambridge：Cambridge University Press，2000）（可参见张世明等的中译本，北京：社会科学文献出版社，2008）。

[58]黄宗智. 清代的法律、社会与文化：民法的表达与实践（Philip C. C. Huang. *Civil Justice in China*：*Representation and Practice in the Qing*. Stanford：Stanford University Press，1996）（可参见中译本，上海：上海书店出版社，2007）；白德瑞. 爪牙：清代县衙的书史与差役（Bradly Reed. *Talons and Teeth*：*County Clerks and Runners in the Qing Dynasty*. Stanford：Stanford University Press，2000）；苏成捷. 中华帝国晚期的性、法律和社会（Matthew H. Sommer. *Sex*，*Law*，*and Society in Late Imperial China*. Stanford：Stanford University Press，2000）；曾小萍. 明清四川佃农的权利：基于与土地相关的巴县诉讼档案的研究//亚洲研究［Madeleine Zelin. "The Rights of Tenants in Mid-Qing Sichuan：A Study of Land-Related Lawsuits in the Baxian Archives." *Journal of Asian Studies*，1986，45（3）］。

[59]曾小萍. 自贡商人：近代早期中国的企业家（Madeleine Zelin. *The Merchants of Zigong*：*Industrial Entrepreneurship in Early Modern China*. New York：Columbia University Press，2005）（可参见董建中的中译本，南京：江苏人民出版社，2014）；宋怡明. 中华帝国晚期的血缘、家族及继承（Michael Szonyi. *Practicing Kinship*：*Lineage and Descent in Late Imperial China*. Stanford：Stanford University Press，2002）。

[60]林百克. 孙逸仙与中华民国（Paul Myron Wentworth Linebarger. *Sun Yat Sen and the Chinese Republic*. New York and London：Century，1925）（可参见高敬、范红霞的中译本，北京：东方出版社，2013）。

[61]薛君度. 黄兴与中国革命［Chun-tu Hsueh（Xue Jundu）. *Huang Hsing and the Chinese Revolution*. Stanford：Stanford University Press，1961］（可参见杨慎之的中译本，长沙：湖南人民出版社，1980）；刘吉祥. 宋教仁与辛亥革命（K. S. Liew. *Struggle for Democracy*：*Sung Chiao-jen and the 1911 Chinese Revolution*. Berkeley：University of California Press，1971）。

[62]参见芮玛丽主编的里程碑式的一本书《革命中的中国：第一阶段，1900—1913 年》（Mary Clabaugh Wright. *China in Revolution*：*The First Phase*，*1900 - 1913*. New Haven：Yale University Press，1968），其中特别是冉玫烁（Mary Backus Rankin）和张朋园（P'eng-yüan Chang）的文章。

[63]周锡瑞. 中国的改良与革命：辛亥革命在两湖（Joseph W. Eshe-rick. *Reform and Revolution in China：The 1911 Revolution in Hunan and Hubei*. Berkeley：University of California Press，1976）（可参见杨慎之的中译本，北京：中华书局，1982）；关于 1911 年本地社会史的其他研究，参见路康乐. 中国的共和革命：广东个案，1895—1913（Edward Rhoads. *China's Republican Revolution：The Case of Kwangtung，1895-1913*. Cambridge MA：Harvard University Press，1975）；谢文孙. 珠三角的农户起义与市场层级，1911//伊懋可，施坚雅，主编. 两个世界之间的中国城市（Winston Hsieh. "Peasant Insurrection and the Marketing Hierarchy in the Canton Delta，1911." In Mark Elvin and G. William Skinner，eds. *The Chinese City between Two Worlds*. Stanford：Stanford University Press，1974）。

[64]参见孔飞力. 中华帝国晚期的叛乱及其敌人（Kuhn. *Rebellion and its Enemies*. Preface to the 1980 paperback edition）。在一篇影响广泛的文章中，孔飞力将"地方精英自治"这一概念的文化来源追溯到顾炎武对封建制度的构想。孔飞力. 民国地方自治下的控制、自治和动员问题//魏斐德，卡罗林·格兰特，主编. 中华帝国晚期的冲突与控制（Kuhn. "Local Self-Government under the Republic：Problems of Control，Autonomy，and Mobilization." In Frederic Wakeman Jr. and Carolyn Grant，eds. *Conflict and Control in Late Imperial China*. Berkeley：University of California Press，1975：257-98）。

[65]对这一代学者作品的汇总，代表性的著作是周锡瑞、冉玫烁主编的《中国的地方精英与统治模式》（Esherick and Rankin，*Chinese Local Elites and Patterns of Dominance*. Berkeley：University of California Press，1990）。值得注意的是，所有这些研究都同时接受和认可美国宋史学者韩明士（Robert Hyme）的命题，即在中华帝国中期出现了"地域转向"（localist turn），精英阶层远离国家范围的网络，转而将其利益集中到所在的地域。参见韩明士. 官宦与绅士：两宋江西抚州的精英（Hymes. *Statesmen and Gentlemen：The Elite of Fu-chou，Chiang-hsi，in Northern and Southern Sung*. Cambridge：Cambridge University Press，1986）。

[66]冉玫烁. 中国的精英活动与政治变迁：浙江省，1865—1911 年（Mary Backus Rankin. *Elite Activism and Political Transformation in China：Zhejiang Province，1865-1911*. Stanford：Stanford University Press，1986）。

[67]罗威廉. 近代中国的公共领域 [William T. Rowe. "The Public Sphere in Modern China." *Modern China*，1990，16（3）] [可参见邓正来，亚历山大，主编. 国家与市民社会：一种社会理论的研究路径（增订版）. 上海：上海人民出版社，2005：389-405]。

[68]魏斐德. 市民社会与公共领域之争：西方学者对中国政治文化研究的反思

［Frederic Wakeman, Jr. "The Civil Society and Public Sphere Debate: Western Reflections on Chinese Political Culture." *Modern China*，1993，19（2）］；黄宗智. "公共领域"和"市民社会"：国家与社会之间的第三领域［Philip C. C. Huang. "'Public Sphere'/'Civil Society' in China? The Third Realm between State and Society." *Modern China*，1993，19（2）］［两者可参见邓正来，亚历山大，主编. 国家与市民社会：一种社会理论的研究路径（增订版）. 上海：上海人民出版社，2005：363 - 387，406 - 426］。

　　［69］施坚雅. 中国农村的市场和社会结构［G. William Skinner. "Marketing and Social Structure in Rural China." three parts，*Journal of Asian Studies*，1964 - 65，24（1 - 3）］；施坚雅. 中华帝国晚期的城市（Skinner, ed. *The City in Late Imperial China*. Stanford：Stanford University Press，1977）（前者可参见史建云等的中译本，北京：中国社会科学出版社，1998；后者可参见叶光庭等的中译本，北京：中华书局，2000）。

　　［70］芭芭拉·桑兹，马若孟. 中国历史的空间分析方法：一个检验［Barbara Sands and Ramon H. Myers. "The Spatial Approach to Chinese History: A Test." *Journal of Asian Studies*，1986（45）］；卡罗琳·卡地亚. 地理观念的起源和演化：中国的大区（Carolyn Cartier. "Origins and Evolution of a Geographical Idea: The Macroregion in China." *Modern China*，2002，28）。在孔飞力 1970 年出版的《中华帝国晚期的叛乱及其敌人》（82 - 87 页）中，他已经阐述了施坚雅的市场模式在研究地方社会历史方面的用处和局限。

　　［71］一个早期的例子，参见罗威廉. 汉口：一个中国城市的商业和社会（William T. Rowe. *Hankow: Commerce and Society in a Chinese City, 1796 - 1889*. Stanford：Stanford University Press，1984）（可参见江溶、鲁西奇的中译本，北京：中国人民大学出版社，2016）。

　　［72］这一趋势使得孔飞力在 1990 年代呼吁，既然我们对近代中国西方化转变引入之前的原有环境有了更加丰富和动态的认识，我们应努力"将西方重新引入"到理解近代中国的历史中去。

　　［73］瞿同祖. 清代地方政府（T'ung-tsu Ch'u. *Local Government in China under the Ch'ing*. Cambridge MA：Harvard University Press，1962）（可参见范忠信等的中译本，北京：法律出版社，2003）。

　　［74］何炳棣. 清代在中国历史上的重要性［Ping-ti Ho. "The Significance of the Ch'ing Period in Chinese History." *Journal of Asian Studies*，1967，26（2）］（可参见杨昂的中译文，https://www. guancha. cn/HeBingDi/2019_01_24_488009_4. shtml. ）。

　　［75］最早在清史研究专著中使用这一术语的是孔飞力的《中华帝国晚期的叛乱

及其敌人》。

[76]改名后的杂志仍然是发表研究成果的主要阵地，通常是年轻的学者对清史研究新方向的探索（也有将期刊名译作《帝制晚期中国》等）。

[77]魏斐德. 绪论：中华帝国晚期地方控制的变化//魏斐德，卡罗林·格兰特. 冲突与控制（Frederic Wakeman, Jr. "Introduction: The Evolution of Local Control in Late Imperial China." In Wakeman and Grant, eds. *Conflict and Control*, 2）（可参见杨品泉的中译文，中国史研究动态，1982，4：11-20）。

[78]在美国，首次在学术著作中使用"近代早期"这一名称的可能是罗溥洛所著《近代早期中国的异议》（Paul Ropp. *Dissent in Early Modern China: The "Julinwai-shih" and Ch'ing Social Criticism*. Ann Arbor: University of Michigan Press，1981）。我自己对这一术语的使用，见《汉口：一个中国城市的冲突和社区（1796—1895）》（William T. Rowe. *Hankow: Conflict and Community in a Chinese City, 1796-1895*. Stanford: Stanford University Press，1989）（可参见鲁西奇、罗杜芳的中译本，北京：中国人民大学出版社，2008）。对使用"近代早期"这一术语的优缺点的广泛讨论，参见司徒琳，编. 清帝国在世界历史时间中的形成（Lynn A. Struve, ed. *The Qing Formation in World Historical Time*. Cambridge MA: Harvard University Asia Center，2004）（可参见赵世瑜等的中译本，北京：生活·读书·新知三联书店，2009）。对近代晚期中国思想史使用这一术语的一个高深的讨论，可参见伍安祖. "近代早期"：划时代的概念和帝制晚期中国思想史［On-cho Ng. "The Epochal Concept of 'Early Modernity' and the Intellectual History of Late Imperial China." *Journal of World History*，2003，14（1）］（可参见伊沛霞，姚平，等主编. 当代西方汉学研究集萃 中古史卷. 上海：上海古籍出版社，2016：91-116）。

[79]也许最著名的论述是海登·怀特的《元史学：十九世纪欧洲的历史现象》（Hayden White. *Metahistory: The Historical Imagination in Nineteenth-Century Europe*. Baltimore: The Johns Hopkins University Press，1993）（可参见陈新的中译本，南京：译林出版社，2004）。

[80]何伟亚. 怀柔远人（James L. Hevia. *Cherishing Men from Afar: Qing Guest Ritual and the Macartney Embassy of 1793*. Durham: Duke University Press，1995）；刘禾. 帝国的碰撞：从近代中西冲突看现代世界秩序的形成（Lydia H. Liu. *The Clash of Empires: The Invention of China in Modern World Making*. Cambridge MA: Harvard University Press，2004）（可参见杨立华的中译本，北京：生活·读书·新知三联书店，2009）。

[81]爱德华·萨义德. 东方学（Edward W. Said. *Orientalism*. New York: Random House，1978）（可参见王宇根的中译本，北京：生活·读书·新知三联书店，

1999)。对萨义德模式在中国的适用性的一个早期讨论，参见迈克尔·多尔比. 公开的夜间劳作者［Michael Dalby. "Nocturnal Labors in the Light of Day." *Journal of Asian Studies*，1980，39（3）］。

　　［82］帕莎·察特杰. 民族主义思想与殖民地世界（Partha Chatterjee. *Nationalist Thought and the Colonial World：A Derivative Discourse*. Minneapolis：University of Minnesota Press，1986）（可参见范慕尤、杨曦的中译本，南京：译林出版社，2007）。

　　［83］杜赞奇. 从民族国家拯救历史：民族主义话语与中国现代史研究（Prasenjit Duara. *Rescuing History from the Nation：Questioning Narratives of Modern China*. Chicago：University of Chicago Press，1995）（可参见王宪明的中译本，北京：社会科学文献出版社，2003）。杜赞奇并不是要放弃整个"历史"逻辑，他只是简单地将历史逻辑从某种特别的目的论中解放出来。

　　［84］冯珠娣，何伟亚. 文化与战后美国的中国历史学//立场：东亚文化评论［Judith Farquhar and James M. Hevia. "The Concept of Culture in Post-war American Historiography of China." *Positions：East Asian Cultures Critique*，1993，1（2）］［可参见中译文，《文史哲》，1996（6）］。

　　［85］冉玫烁. 早期的中国革命家：1902—1911 年沪浙的激进知识分子（Rankin. *Early Chinese Revolutionaries：Radical Intellectuals in Shanghai and Chekiang，1902-1911*. Cambridge MA：Harvard University Press，1971）。柯临清的《从社会性别角度看中国革命：1920 年代的激进妇女、共产党政治与群众运动》（Christina Gilmartin. *Engendering the Chinese Revolution：Radical Women，Communist Politics，and Mass Movements in the 1920s*. Berkeley：University of California Press，1995）一书尽管研究的是稍晚的时期，却是这种研究的代表作，也影响了清史研究。《中华晚期帝国》（*Late Imperial China*）（1991 年第 1 期）将丰富的特别是 1990 年代的对女性诗人的研究以特刊形式出版。

　　［86］白露. 女性的理论化：妇女、家庭、国家//司徒安，白露，主编. 中国文化中的身体、主体与力量（Tani Barlow. "Theorizing Women：*Funü，Guojia，Jiating*." Angela Zito and Barlow, eds. *Body，Subject，and Power in China*，Oxford：Oxford University Press，1994）；费侠莉. 繁盛之阴：中国医学史中的性（960—1665）（Charlotte Furth. *A Flourishing Yin：Gender in China's Medical History，960-1665*. Berkeley：University of California Press，1999）（可参见甄橙的中译本，南京：江苏人民出版社，2006）；曼素恩. 清朝家庭、阶级和社会结构中的寡妇［Susan Mann. "Widows in the Kinship, Class, and Community Structures of Qing Dynasty China." *Journal of Asian Studies*，1987，46（1）］（可参见邓小南，等主编. 中国妇女史读本. 北京：北京大学出版社，2011：200-242）；罗溥洛. 变

化的种子：对清朝早期和中期妇女的反思［Paul S. Ropp．"The Seeds of Change：Reflections on the Condition of Women in the Early and Mid Ch'ing." *Signs*，1976，2（1）］；最全面的著作是曼素恩的《缀珍录：十八世纪及其前后的中国妇女》（Susan Mann. *Precious Records：Women in China's Long Eighteenth Century*. Stanford：Stanford University Press，1997）（可参见定宜庄等的中译本，南京：江苏人民出版社，2004）。

［87］拉塔・曼尼．有争议的传统：殖民地时期印度的殉葬（Lata Mani．"Contentious Traditions：The Debate on SATI in Colonial India." *Cultural Critique*，1987，7）。

［88］高彦颐．闺塾师：明末清初江南的才女文化（Dorothy Ko. *Teachers of the Inner Chambers：Women and Culture in Seventeenth-Century China*. Stanford：Stanford University Press，1994）（可参见李志生的中译本，南京：江苏人民出版社，2004）；高彦颐．缠足："金莲崇拜"盛极而衰的演变（Dorothy Ko. *Cinderella's Sisters：A Revisionist History of Footbinding*. Berkeley：University of California Press，2005）（可参见苗延威的中译本，南京：江苏人民出版社，2009）。

［89］贺萧．危险的愉悦：20世纪上海的娼妓问题与现代性（Gail Hershatter. *Dangerous Pleasures：Prostitution and Modernity in Twentieth-Century Shanghai*. Berkeley：University of California Press，1997）（可参见韩敏中、盛宁的中译本，南京：江苏人民出版社，2003）。

［90］柯娇燕，罗友枝．满语概要［Pamela Kyle Crossley and Evelyn Sakakida Rawski．"A Profile of the Manchu Language." *Harvard Journal of Asiatic Studies*，1993，53（1）］。

［91］梅谷．满族统治中国的起源［Franz Michael. *The Origins of Manchu Rule in China：Frontier and Bureaucracy as Intersecting Forces in the Chinese Empire*. Baltimore：The Johns Hopkins University Press，1942（dedicated to Owen Lattimore）］。在梅谷开创性的研究《满族统治中国的起源》中，他指出，"同化理论"错误地认为满洲人采用汉族的技术是因为他们迁移到了长城以南，而没有看到满洲人在征服汉族之前对这些技术有选择地和刻意地采纳。他指出："在满洲人进入中原的时候，他们中的大部分人是中国血统，满族人从未完全吸收汉族文化。"

［92］柯娇燕．半透明之镜：清帝国意识形态中的历史与认同（Pamela Kyle Crossley. *A Translucent Mirror：History and Identity in Qing Imperial Ideology*. Berkeley：University of California Press，1999）。关于满人在清朝结束时仍然存续下来的一个有力的论证来自路康乐的《满与汉：清末民初的族群关系与政治权力（1861—1928）》（Edward J. M. Rhoads. *Manchus and Han：Ethnic Relations and Political Power in Late Qing and Republican China，1861‑1928*. Seattle：University of Washington Press，2000）（可参见王琴、刘润堂的中译本，北京：中国人民大学出版社，2010）。

[93]例如，欧立德（Mark C. Elliott）提醒我们在整个清代，汉族和清八旗兵之间的日常交锋看起来非常像种族冲突，参见欧立德. 满洲之道：八旗制度与清代的族群认同（Mark C. Elliott. *The Manchu Way*：*The Eight Banners and Ethnic Identity in Late Imperial China*. Stanford：Stanford University Press，2001）。

[94]梁肇庭. 中国历史上的移民和族群性：客家人、棚民及其邻居（Sow-Theng Leong. *Migration and Ethnicity in Chinese History*：*Hakkas*，*Pengmin*，*and their Neighbors*. Stanford：Stanford University Press，1997）（可参见冷剑波、周云水的中译本，北京：社会科学文献出版社，2013）；萧凤霞，刘志伟. 宗族、市场、盗寇与疍民：中国南方珠江三角洲的族群性//柯娇燕，苏堂栋，主编. 帝国之于边缘：近代中国文化、族群性与边界（Helen F. Siu and Liu Zhiwei. "Lineage，Market，Pirate，and Dan：Ethnicity in the Pearl River Delta of South China." In Crossley，Siu，and Donal，eds. *Empire at the Margins*：*Culture*，*Ethnicity*，*and Frontier in Early Modern China*. Berkeley：University of California Press，2006）[可参见中译文，《中国经济史研究》，2004（3）]；宋怡明. 中华帝国晚期的血缘、家族及继承（Michael Szonyi. *Practicing Kinship*：*Lineage and Descent in Late Imperial China*. Stanford：Stanford University Press，2002）。

[95]这一领域著述数量丰富，《帝国之于边缘：近代中国文化、族群性与边界》中的文章是当中代表性的作品。纪若诚的著作没有收录在该论文集里面。其著作特别强调不赞成简单的汉化模式，见纪若诚. 亚洲边陲：清代中国云南边疆的变迁（C. Patterson Giersch. *Asian Borderlands*：*The Transformation of Qing China's Yunnan Frontier*. Cambridge MA：Harvard University Press，2006）。

[96]河罗娜. 清朝殖民地事业：近代早期中国的人种志与地图（Laura Hostetler. *Qing Colonial Enterprise*：*Ethnography and Cartography in Early Modern China*. Chicago：University of Chicago Press，2001）；邓津华. 台湾的想象地理：中国殖民写作及图片，1683—1895（Emma Jinhua Teng. *Taiwan's Imagined Geography*：*Chinese Colonial Travel Writing and Pictures*，*1683 - 1895*. Cambridge MA：Harvard University Asia Center，2005）（可参见杨雅婷的中译本，台北："国立"台湾大学出版中心，2018）。

[97]罗友枝. 再观清代：清代在中国历史上的重要性 [Evelyn S. Rawski. "Presidential Address：Reinvisioning the Qing：The Significance of the Qing Period in Chinese History." *Journal of Asian Studies*，1996，55（4）]（可参见刘凤云，刘文鹏，主编. 清朝的国家认同——"新清史"研究与争鸣. 北京：中国人民大学出版社，2010）。

[98]柯娇燕. 中国皇权的多维性［Pamela Kyle Crossley. "Review Article: The Rulerships of China." *American Historical Review*，1992，97（5）］（可参见牛贯杰的中译文，收入刘凤云，刘文鹏，主编. 清朝的国家认同——"新清史"研究与争鸣. 北京：中国人民大学出版社，2010）。

[99]黄宗智. 华北小农经济和社会变迁（Philip C. C. Huang. *The Peasant Economy and Social Change in North China*. Stanford：Stanford University Press，1985）（可参见中译本，北京：中华书局，2000）；黄宗智. 长江三角洲小农家庭与乡村发展（Philip C. C. Huang. *The Peasant Family and Rural Development in the Yangzi Delta，1350‐1988*. Stanford：Stanford University Press，1990）（可参见中译本，北京：中华书局，2000）；彭慕兰. 大分流（Kenneth Pomeranz. *The Great Divergence：China，Europe，and the Making of the Modern World Economy*. Princeton：Princeton University Press，2000）（可参见史建云的中译本，南京：江苏人民出版社，2004）；王国斌. 转变的中国：历史变迁与欧洲经验的局限（R. Bin Wong. *China Transformed：Historical Change and the Limits of European Experience*. Ithaca：Cornell University Press，1997）（可参见李玲玲、李伯重等的中译本，南京：江苏人民出版社，2010）。

[100]对于这种立场的概述，关注的是南亚和东南亚，见维克多·利伯曼. 超越二元历史：欧亚大陆再造（Victor Lieberman，ed. *Beyond Binary Histories：Reimagining Eurasia to c. 1830*. Ann Arbor：University of Michigan Press，1999）。对以这一方式看待清朝的开创性建议来自傅礼初. 整体史：近代早期的平行现象与相互联系（1500—1800）（Joseph Fletcher. "Integrative History：Parallels and Interconnections in the Early Modern Period，1500‐1800." *Journal of Turkish Studies*，1985，9）［可参见董建中的中译文，《清史译丛（第13辑）》，北京：商务印书馆，2013：4‐36］。

[101]濮德培. 中国西进：大清对中亚的征服（Peter C. Perdue. *China Marches West：The Qing Conquest of Central Eurasia*. Cambridge，MA：The Belknap Press of Harvard University Press，2005）；罗友枝. 清的形成与近代早期//司徒琳，主编. 清帝国在世界历史时间中的形成（Evelyn S. Rawski. "The Qing Formation and the Early Modern Period." In Lynn A. Struve，ed. *The Qing Formation in World-Historical Time*. Cambridge MA：Harvard University Asia Center，2004. and also articles by Perdue and di Cosmo in the same volume）（参见罗丹妮的中译文，赵世瑜等译《世界时间与东亚时间中的明清变迁》下卷，北京：生活·读书·新知三联书店，2009）。

[102]开创性的工作来自费侠莉（Charlotte Furth）的文章《雌雄同体的男性与有缺陷的女性：中国16—17世纪的生物学和社会性别界限》［Charlotte Furth.

"Androgynous Males and Deficient Females：Biology and Gender Boundaries in Six-teenth-and Seventeenth-Century China." *Late Imperial China*，1988，9（2）］。

［103］吴一立. 育龄妇女：晚清中国的医学、隐喻和分娩（Yi-li Wu. *Reproducing Women：Medicine，Metaphor，and Childbirth in Late Imperial China*. Berkeley：University of California Press，2010）；邓津华. 欧亚：美国、中国以及中国香港的种族混合家庭，1842—1943（Emma Jinhua Teng. *Eurasian：Mixed Identities in the United States，China，and Hong Kong，1842‐1943*. Berkeley：University of California Press，2013）。

［104］韩嵩. 传染病与中医（Marta E. Hanson. *Speaking of Epidemics in Chinese Medicine：Disease and the Geographical Imagination in Late Imperial China*. London and New York：Routledge，2011）；罗芙芸. 卫生的现代性：中国通商口岸卫生与疾病的含义（Ruth Rogaski. *Hygienic Modernity：Meanings of Health and Disease in Treaty-Port China*. Berkeley：University of California Press，2004）（可参见向磊的中译本，南京：江苏人民出版社，2007）。

［105］高彦颐. 缠足："金莲崇拜"盛极而衰的演变（Dorothy Ko. *Cinderella's Sisters：A Revisionist History of Footbinding*. Berkeley：University of California Press，2005）（可参见苗延威的中译本，南京：江苏人民出版社，2009）；梅尔清. 浩劫之后：太平天国战争与 19 世纪中国（Tobie Meyer-Fong. *What Remains：Coming to Terms with Civil War in Nineteenth-Century China*. Stanford：Stanford University Press，2013）；米歇尔·金. 生死之间：19 世纪中国的杀女婴现象（Michelle King. *Between Birth and Death：Female Infanticide in Nineteenth-Century China*. Stanford：Stanford University Press，2014）。

［106］莫里斯. 4 亿人的运动：近代中国体育运动及文化的晚清起源［Andrew Morris. "To Make the 400 Million Move：The Late Qing Dynasty Origins of Modern Chinese Sport and Physical Culture." *Comparative Studies of Society and History*，2000，42（4）］。

［107］开创者为安东篱，见安东篱. 中国服饰的变迁：时尚、历史与民族国家（Antonia Finnane. *Changing Clothes in China：Fashion，History，Nation*. New York：Columbia University Press，2008）。安东篱不是美国人（她是澳大利亚人），但是与柯律格和薛凤一样（见下面的注释），她的研究完全属于美国汉学研究圈的范围。

［108］马立博. 虎、米、丝、泥：帝制晚期华南的环境与经济（Robert B. Marks. *Tigers，Rice，Silk，and Silt：Environment and Economy in Late Imperial South China*. New York and Cambridge：Cambridge University Press，1998）（可参见王玉茹、关永强的中译本，南京：江苏人民出版社，2012）；穆盛博. 近代中国的渔业

战争与环境变化（Micah S. Muscolino. *Fishing Wars and Environmental Change in Late Imperial and Modern China*. Cambridge MA：Harvard University Asia Center，2009）（可参见胡文亮的中译本，南京：江苏人民出版社，2015）；梅尔清. 清初扬州文化（Tobie Mayer-Fong. *Building Culture in Early Qing Yangzhou*. Stanford：Stanford University Press，2003）（可参见朱修春的中译本，上海：复旦大学出版社，2004）。

[109]柯律格. 长物：早期现代中国的物质文化与社会状况（Craig Clunas. *Superfluous Things：Material Culture and Social Status in Early Modern China*. Cambridge：Polity Press，1991）（可参见高昕丹、陈恒的中译本，北京：生活·读书·新知三联书店，2015）；薛凤. 工开万物：17 世纪中国的知识与技术（Dagmar Schäfer. *The Crafting of the 10,000 Things：Knowledge and Technology in Seventeenth-Century China*. Chicago：University of Chicago Press，2011）（可参见吴秀杰、白岚玲的中译本，南京：江苏人民出版社，2015）；郭继生，主编. 上海的视觉文化，1850 年代—1930 年代（Jason Guo, ed. *Visual Culture in Shanghai，1850s-1930s*. Washington：New Academia Publishing，2007）。

[110]郭忠豪. 饮食怀旧：地区食品文化与上海的城市经验（Mark Swislocki. *Culinary Nostalgia：Regional Food Culture and the Urban Experience in Shanghai*. Stanford：Stanford University Press，2009）。

[111]两个不同的例子，参见姜士彬. 景观与祭祀：华北乡村生活的仪式基础（David Johnson. *Spectacle and Sacrifice：The Ritual Foundations of Village Life in North China*. Cambridge MA：Harvard University Asia Center，2009）；郭安瑞. 文化中的政治：戏曲表演与清都社会（Andrea Goldman. *Opera and the City*. Stanford：Stanford University Press，2012）（可参见朱星威等的中译本，北京：社会科学文献出版社，2018）。关于这一主题的代表性研究（主要不是美国学者撰写但反映了美国学术界的兴趣所在）是包捷和易德波主编的《扬州的生活和娱乐》（Lucie Olivová and VibekeBordahl，eds. *Life Style and Entertainment in Yangzhou*. Copenhagen：NIIS Press，2012）。

参考文献

一、书籍

俄罗斯驻华传教团史（*История Российской Духовной Миссии в Китае*. Сб. статей. М.：Свято-Владимирское братство，1997）.

方言集释. 奎章阁韩国研究院奎章阁书库所藏本.

汉学文集（*Variétés sinologiques*. Shanghai，1911－1938）.

清语老乞大. 首尔：博文社，2012.

三译总解. 首尔：弘文阁，1995.

同文汇考. 首尔：国史编纂委员会，1978.

同文类解. 首尔：弘文阁，1995.

镶红旗档：雍正朝 1 册，乾隆朝 2 册，英文 1 册. 东京：财团法人东洋文库，1972—2001.

A. 莫雷利. 正定府教区史录（1858—1933）（A. Morelli. *Notes d'histoire sur le vicariat de Tcheng-Ting-Fou 1858-1933*. P'ei-P'ing，1934）.

A. 托马斯. 北京传教史：从遣使会到来至义和团起义（A. Thomas. *Histoire de la Mission de Pékin depuis l'arrivée des Lazaristes jusqu'à la révolte des Boxeurs*. Paris，1925）.

A. 托马斯. 北京传教史：从最初到遣使会的到来（A. Thomas. *Histoire de la Mission de Pékin depuis les origines jusqu'à l'arrivée des Lazaristes*. Paris，1923）.

J. 西居雷. 云南边境版图及居民（J. Siguret, *Territoires et popu-*

lations des confins du Yunnan. Pékin，1937 – 1940，2 volumes).

Wang S. T. . 清代中国轶闻史（Wang S. T. *L'histoire anecdotique chinoise sous les Tsing*. Pékin，1924).

阿尔贝·迈邦. 中国的政治：中国政党学说研究，1888—1908（Albert Maybon. *La politique chinoise：étude sur les doctrines des partis en Chine，1888 – 1908*. Paris，1908).

阿尔贝·迈邦. 中国宫廷秘史（Albert Maybon，*La Vie secrète de la cour de Chine*. Paris，1910).

阿尔贝·迈邦. 中华民国（Albert Maybon，*La République chinoise*. Paris，1914).

阿尔芒·奥利琼. 中国教士的缘起：四川传教士李安德神父（1692—1775）[Armand Olichon. *Aux origines du clergé chinois：Le Prêtre André Ly missionnaire au Se-Tchoan（1692 – 1775）*. Paris，1933].

阿南惟敬. 俄清对立的源流. 东京：甲阳书房，1979.

阿南惟敬. 清初军事史论考. 东京：甲阳书房，1980.

阿瓦林. 帝国主义在满洲（1—2 卷）. 莫斯科-列宁格勒：国立出版社，1934（Аварин В. Я. *Империализм в Маньчжурии*. Т. 1-2. М. -Л.：Соцэкгиз，1934).

埃德蒙·罗达什. 革命中的中国（Edmond Rottach. *La Chine en révolution*. Paris，1914).

埃德蒙·罗达什. 近代中国（Edmond Rottach. *La Chine moderne*. Paris，1911).

埃德温·范·克雷，唐纳德·拉赫. 欧洲形成中的亚洲：第 3 卷：发展的世纪（Donald F. Lach & Edwin J. Van Kley. *Asia in the Making of Europe：Volume III：A Century of Advance*. Chicago：Univ. of Chicago Press，1993).

埃德温·范·克雷. 在 17 世纪荷兰文献中的清代中国，1644—1700//范德望，高华士，编. 低地国家和清代中国的关系史，1644—1911 [Edwin J. Van Kley. "Qing Dynasty China in Seventeenth-Century Dutch Literature，1644 – 1700." In *The History of the Relations*

between the Low Countries and China in the Qing Era（1644－1911），
ed. by Willy F. Vande Walle & Noël Golvers. Leuven：Leuven Univer-
sity Press，2003］.

埃利·朱利安. 中国远征回忆录，1900—1902（Élie Jullian. *Souve-
nirs de l'expédition de Chine*，*1900－1902*. Paris，1928）.

埃米尔·奥弗拉克. 远东民族：中国（Émile Hovelaque. *Les
peuples d'Extrême-Orient：la Chine*. Paris，1920）.

埃米尔·罗舍. 中国云南省志（Émile Rocher. *La province chinoise
du Yunnan*. Paris，1879）.

艾伯华. 中国通史（Wolfram Eberhard. *A History of China*.
Berkeley：University of California Press，third edition，1969）（可参
见王志超、武婵的中译本，北京：金城出版社，2012）.

爱德华·萨义德. 东方学（Edward W. Said，*Orientalism*. New
York：Random House，1978）（可参见王宇根的中译本，北京：生
活·读书·新知三联书店，1999）.

爱德华·毕瓯. 论中国公共教育及绅士群体史（Édouard Biot.
*Essai sur l'histoire de l'instruction publique en Chine et de la corpora-
tion des lettrés*. Paris，1845－1847，2 volumes）.

爱德华·沙畹，佩初兹. 塞努奇博物馆的中国绘画（Édouard Cha-
vannes. Raphaël Petrucci，*La Peinture chinoise au musée Cernuschi*，
Bruxelles，1914）.

安必诺. 1869—1870 年的三位本土辅导教师：李洪芳、李少白和丁
敦龄（A. Pino. «Trois répétiteurs indigènes：Ly Hong-fang, Ly Chao-
pée et Ting Tun-ling 1869－1870»，in *Un siècle d'enseignement du chi-
nois à l'École des langues orientales*，*1840－1945*. Paris：Asiathèque，
1995）.

安部健夫. 清代史研究. 东京：创文社，1971.

安德烈·迪博斯克. 在北京的天空下（André Duboscq. *Sous le ciel
de Pékin*. Paris，1919）.

安德烈·迪博斯克. 中国精英：起源及其在帝国之后的转变
（André Duboscq. *L'élite chinoise*，*ses origines*，*sa transformation*

après l'empire. Paris，1945).

安东篱. 中国服饰的变迁：时尚、历史与民族国家（Antonia Finnane. *Changing Clothes in China*：*Fashion*，*History*，*Nation*. *New York*：Columbia University Press，2008).

安托万·巴赞. 论中国学校教育的内部组织（Antoine Bazin. «Mémoire sur l'organisation intérieure des écoles chinoises»，*Journal asiatique*，janvier 1839：32 - 80).

安托万·巴赞. 中国城镇行政体制研究（Antoine Bazin. «Recherches sur les institutions administratives et municipales de la Chine». *Journal asiatique*，5ᵉ série，t. 3，1854，pp. 1 - 66；t. 4，1854，pp. 249 - 348，445 - 481).

安野省三. 明清史散论. 东京：汲古书院，2013.

安野省三. 岩波讲座世界历史 12：中世 6：清代的农民叛乱. 东京：岩波书店，1971.

岸本美绪. 明末清初的市场构造//古田和子，编. 中国的市场秩序——以 17 世纪到 20 世纪前半为中心. 东京：庆应义塾大学出版会，2013.

岸本美绪. 清代中国的物价与经济变动. 东京：研文出版，1997.

岸本美绪，编. 岩波讲座"帝国"日本的学知：第 3 卷 东洋学的磁场. 东京：岩波书店，2006.

奥迪朗·罗奇. 中国家具（Odilon Roche. *Les meubles de la Chine*. *Paris*，1921).

奥古斯丁·乔瓦诺里，艾丽莎·朱尼贝洛，编. 中国世界的天主教教堂：殖民与福音，1840—1911. 梵蒂冈：城市大学出版社，2005 (*The Catholic Church and the Chinese world*：*Between Colonialism and Evangelisation*，*1840 - 1911*. Edited by Agostino Giovagnoli and Elisa Giunipero，Città del Vaticano：Urbaniana University Press，2005).

奥古斯特·卜尼法西. 论收藏在法国远东学院反映 1884—1885 年中法战争各场景的中国绘画作品（Auguste Bonifacy. *A propos d'une collection de peintures chinoises représentant divers épisodes de la guerre franco-chinoise de 1884 - 1885 conservées à l'Ecole française d'Extrême-*

Orient. Hanoi，1931).

奥古斯特·弗拉谢尔. 传教士光若翰主教传（Auguste Flachère. *Monseigneur de Guébriant：le missionnaire*. Paris，1946).

奥古斯特·萨瓦涅. 中国史概论，以最杰出的文献为基础（Auguste Savagner. *Abrégé de l'histoire de la Chine d'après les meilleurs documents*. Paris，1844，2 volumes).

八木奘三郎. 满洲旧迹志. 东京：座右宝刊行会，1944.

巴德妮. 官方与非官方的正义：18 世纪中国售妻案一例（"Between Formal and Informal Justice：A Case of Wife Selling in Eighteenth-Century China" in *Ming Qing yanjiu*，Napoli-Roma，IUO-IsIAO，1996).

巴德妮. 我想我渴望一些幸福的时光：18 世纪中国妇女的私奔［P. Paderni. " 'I Thought I Would Have Some Happy Days'：Women Eloping in Eighteenth Century China." *Late Imperial China*，1995，16 (1)］.

巴德妮. 约束与机遇：18 世纪中国的寡妇、女巫和泼妇（P. Paderni. "Between Constrains and Opportunities：Widows，Witches，Shrews in Eighteenth Century China." In *Women in Imperial China a cura di Harriet Zurndorfer*. Leiden，Brill，1999).

巴克斯（又译作巴恪思或白克好司). 太后与我（Edmund Backhouse. *Decadence Mandchoue：The China Memoirs of Sir Edmund Trelawny Backhouse*. Ed. Derek Sandhaus，Hong Kong：Earnshaw Books，2011)（可参见王笑歌的中译本，昆明：云南人民出版社，2012).

巴克斯和布兰德. 清室外纪（Edmund Backhouse and J. O. P. Bland. *Annals & Memoirs of the Court of Peking*，*from the* 16*th to the* 20*th Century*. London：W Heinemann 1914)（可参见陈冷汰等的中译本，北京：中华书局，1915).

白彬菊. 君主与大臣——清中期的军机处（1723—1820)（Beatrice S. Bartlett. *Monarchs and Ministers：the Grand Council in Mid-Ch'ing China*，*1723 - 1820*. Berkeley：University of California Press，1991)（可参见董建中的中译本，北京：中国人民大学出版社，2017).

白德瑞. 爪牙：清代县衙的书吏与差役（Bradly Reed，*Talons and Teeth：County Clerks and Runners in the Qing Dynasty*. Stanford：Stanford University Press，2000）.

白蒂. 16—17 世纪中日海上关系. 那不勒斯：意大利科学出版社，2006（*Cina e Giappone sui mari nei secoli 16 e 17*，Napoli：Edizioni Scientifiche Italiane，2006）.

白晋. 康熙帝传. 后藤末雄，译注. 东京：生活社，1941（其后校注重刊：矢泽利彦，校注. 东京：平凡社，1970）（可参见马绪祥的中译本，《清史资料》第 1 辑，北京：中华书局，1980）.

白露. 女性的理论化：妇女、家庭、国家（Tani Barlow. "Theorizing Women：*Funü，Guojia，Jiating*."）//司徒安，白露，主编. 中国文化中的身体、主体与力量（Angela Zito and Barlow，eds. *Body，Subject，and Power in China*. Oxford：Oxford University Press，1994）.

白鸟库吉. 白鸟库吉全集：10 卷. 东京：岩波书店，1969—1971.

白永瑞. 东亚之归还. 首尔：创作与批评社，2000.

白佐良，马西尼. 意大利与中国（G. Bertuccioli e F. Masini. *Italia e Cina*，I edizione，Bari，Laterza 1996，II edizione riveduta e aggiornata，Roma，L'Asino d'Oro，2014）（可参见萧晓玲的中译本，北京：商务印书馆，2002）.

百濑弘. 清代西班牙币的流通. 1936（后收录氏著《明清社会经济史研究》，东京：研文出版，1982）.

柏应理. 历史上的中国女基督徒（Philippe Couplet. *Histoire d'une Dame chrétienne de la Chine*. Paris：Michallet，1688）.

柏应理. 历史上来自中国的伟大女性基督徒许甘第（Philippe Couplet. *Historie van eene groote，christene mevrouwe van China met naeme mevrouw Candida Hiu*. Antwerpen：Knobbaert，1694）.

柏应理. 伟大女性基督徒许甘第的故事（Philippe Couplet. *Historia di una gran señora，Christiana de la China，llamada Doña Candida Hiu*. Madrid：Antonio Roman，1691）.

邦瓦洛. 从巴黎到东京：穿越陌生的西藏（Gabriel Bonvalot. *De*

Paris au Tonkin à travers le Tibet inconnu. Paris，1892）.

包捷，易德波，主编. 扬州的生活和娱乐（Lucie Olivová and VibekeBordahl，eds. *Life style and Entertainment in Yangzhou*. Copenhagen：NIIS Press，2012）.

包乐史，法肯堡. 约翰·纽霍夫的中国图像（Leonard Blussé & Reindert L. Falkenburg. *Johan Nieuhofs beelden van een Chinareis 1655 -1657*. Middelburg：Stichting VOC publicaties，1987）.

包乐史，卢恩. 中荷交往史，1600—2007（Leonard Blussé & Floris-Jan van Luyn. *China en de Nederlanders：Geschiedenis van de Nederlands-Chinese betrekkingen 1600 - 2007*. Zutphen：Walburg pers，2008）.

包乐史. 砍柴工与汲水人：莱顿大学的早期汉学家（1854—1911）[Leonard Blussé，"Of Hewers of Wood and Drawers of Water：Leiden University's Early Sinologists (1854 - 1911)." In *Chinese Studies in the Netherlands：Past，Present and Future*，ed. Wilt L. Idema，Leiden：Brill，2014，27 - 68].

包世杰. 庚子北京殉难录（Jean Marie Planchet. *Documents sur les martyrs de Pékin pendant la persécution des Boxeurs*. Pékin，1922 - 1923，2 volumes）.

包世杰. 宣化府的遣使会传教士（1783—1927）（Jean-Marie Planchet. *Les Lazaristes à Suanhuafou，1783 - 1927*. Pékin，1927）.

包世杰. 栅栏天主教徒墓地及他们的功绩（1610—1927）（Jean-Marie Planchet. *Le cimetière et les œuvres catholiques de Chala，1610 - 1927*. Pékin，1928）.

保罗·M. 埃文斯. 费正清与美国对现代中国的认识（Paul M. Evans. *John Fairbank and American Understanding of Modern China*. New York and Oxford：Basil Blackwell，1988）（可参见陈同、罗苏文等的中译本，上海：上海人民出版社，1995.）.

保罗·拜恩，等编. 1540—1773 年低地国家的耶稣书简：来自莫里茨萨布图书馆的选集（Paul Begheyn，Bernard Deprez，Rob Faesen，& Leo Kenis，eds. *Jesuit Books in the Low Countries 1540 - 1773：A*

Selection from the Maurits Sabbe Library. Leuven：Peeters，2009).

保罗·鲁尔（又译作鲁保禄）. 卫方济和中国礼仪之争 ［Paul Rule. "François Noël，SJ，and the Chinese Rites Controversy." In *The History of the Relations between the Low Countries and China in the Qing Era* (*1644 - 1911*)，ed. by Willy F. Vande Walle & Noël Golvers. Leuven：Leuven University Press，2003］.

保罗-路易·古舒. 亚洲神话图示（Paul-Louis Couchoud. *Mythologie asiatique illustrée*. Paris，1928).

彼得·伊万诺夫. 中国基督教史（Иванов，Пётр. *Из истории христианства в Китае*. М.：«Крафт＋»，2005).

彼得罗夫. 1856—1917 年旅俄华侨史（Петров А. И. История китайцев в России. 1856 - 1917 годы. *СПб.：ООО «Береста»*，2003).

毕保郊. 中国近 50 年哲学思潮（1898—1950）［Octave Brière. S. J. *Les courants philosophiques en Chine depuis 50 ans* (*1898 - 1950*). Shanghai，1949］.

毕可思. 英国人在中国：社区、文化和殖民主义，1900—1949（Robert Bickers，*Britain in China：Community，Culture and Colonialism，1900 - 1949*. Manchester：Manchester University Press，1999).

毕诺. 中国对法国哲学思想形成的影响，1640—1740（Virgile Pinot. *La Chine et la formation de l'esprit philosophique en France，1640 - 1740*. Paris，1932)（可参见中文本，耿昇，译. 北京：商务印书馆，2000).

毕诺. 1685—1740 年法国对中国认识的未刊文献（Virgile Pinot. *Documents inédits relatifs à la connaissance de la Chine en France de 1685 à 1740*. Paris，1932).

别洛夫. 1911—1913 年的中国革命（Белов Е. А. *Революция 1911 - 1913 гг. в Китае*. М.：Издательство восточной литературы，1958).

别洛夫. 中国的武昌起义（1911 年）［Белов Е. А. *Учанское восстание в Китае* (1911 г.). М.：Наука，1971］.

别斯普罗兹万内赫. 十七世纪到十九世纪中期中俄关系体系下的阿穆尔河沿岸地区（Беспрозванных Е. П. *Приамурье в системе русско-*

китайских отношений. XVII-середина XIX в. М.：Наука，1983).

滨下武志. 朝贡体系与近代亚洲. 东京：岩波书店，1997.

滨下武志，等编. 亚洲交易圈和日本工业化 1500—1900（新版）. 东京：藤原书店，2001.

波波娃. 清代的北京：人民生活的图画（民俗画）[*Цинский Пекин：Картины народной жизни（мин-ъсухуа）*/Вступительная статья, перевод с китайского и комментарии И. Ф. Поповой. СПб：Славия，2009].

波多野善大. 中国近代工业史研究. 京都：东洋史研究会，1961.

波尔什涅娃. "白莲教"教义：1796—1804 年民众起义的意识形态（Поршнева Е. Б. *Учение «Белого лотоса»-идеология народного восстания 1796－1804 гг.* М.：Наука，1972).

伯诺瓦·法夫尔. 中国秘密社团的缘起、历史作用和现状（Benoît Favre, *Les sociétés secrètes en Chine：origine-rôle historique-situation actuelle*，Paris 1933).

伯希和. 法国对华交流的开端：安菲特里忒号第一次出航中国（Paul Pelliot. *L'origine des relations de la France avec la Chine：le premier voyage de «l'Amphitrite» en Chine.* Paris，1930).

伯希和. 欧洲对 17、18 世纪中国艺术的影响（Paul Pelliot. *Les influences européennes sur l'art chinois au XVIIe et au XVIIIe siècle.* Paris，1948).

博戈柳博夫，主编. 东正教在远东.（*Православие на Дальнем Востоке.* М. Н. Боголюбова. СПб.：Андреев и сыновья/Издательство СПбГУ，1993－2004).

博克夏宁，梅利霍夫，等. 十七世纪清帝国的外交政策（А. А. Бокщанин，Г. В. Мелихов. *Внешняя политика государства Цин в XVII веке.* М.：Наука，1977).

博罗赫. 十九世纪和二十世纪之交的儒家思想和欧洲思想，梁启超：新民理论（Борох Л. Н. *Конфуцианство и европейская мысль на рубеже XIX и XX веков. Лян Цичао：теория обновления народа.* М.：Восточная литература，2001).

博罗赫. 中国的复兴联盟（Борох Л. Н. *Союз возрождения Китая.*

М.：Наука，1971).

博罗赫. 中国的社会思想和社会主义（二十世纪初）[Борох Л. Н. *Общественная мысль Китая и социализм（начало XX в.）*. М.： Наука，1984].

布鲁诺. 英帝国在华利益之基石：近代中国海关（1854—1949） (Donna Brunero. *Britain's Imperial Cornerstone in China：the Chinese Imperial Maritime Customs Service，1854 - 1949*. London：Routledge，2006)（可参见黄胜强等的中译本，北京：中国海关出版社，2012).

布拉戈杰尔. 俄罗斯游客和外交官眼中的十八世纪的中国 (Благодер Ю. Г. *Российские путешественники и дипломаты о Китае XVIII века*. Краснодар：КубГТУ，2008).

布莱斯. 大清律例便览 [Guy Boulais, S. J. *Manuel du code chinois*. Shanghai，1924 (Variétés sinologiques n°55)].

步德茂. 过失杀人、市场与道德经济：18 世纪中国财产权的暴力纠纷（Thomas M. Buoye. *Manslaughter，Markets，and Moral Economy：Violent Disputes over Property Rights in Eighteenth-Century China*. Cambridge：Cambridge University Press，2000)（可参见张世明等的中译本，北京：社会科学文献出版社，2008).

曹圭益，等. 燕行录研究丛书：10 册. 首尔：学古房，2006.

曹雪芹，高鹗. 戴维·霍克思，约翰·闵福德，译. 红楼梦 (Xueqin Cao and E. Gao. *The Story of the Stone：A Chinese Novel*，trans. David Hawkes，John Minford，Harmondsworth：Penguin Classics，1973).

曹永禄. 中国近世知识分子的理念与社会运动. 首尔：知识产业社，2002.

曹永宪. 大运河与中国商人：淮扬地区徽州商人成长史 1415—1784. 首尔：民音社，2011.

查理·迈邦，让·弗雷代. 上海法租界的历史（Ch. B. Maybon et Jean Fredet. *Histoire de la concession française de Changhai*. Paris，1929).

查理·萨缪尔·德·贡斯当. 中国三次游历记闻（1779—1793）〔Charles Samuel de Constant. *Récit de trois voyages à la Chine（1779 - 1793）：passages choisis et annotés par Philippe de Vargas*. Pékin, 1939〕.

陈和铣. 1871 年至今的中日外交关系（Hoshien Tchen. *Les relations diplomatiques entre la Chine et le Japon de 1871 à nos jours*. Paris, 1921）.

陈继善. 中国门户开放政策（Tchen Ki Chan. *La politique de la porte ouverte en Chine*. Paris, 1912）.

陈绵. 近代中国戏剧（Tcheng Mien. *Le théâtre chinois moderne*. Paris, 1929）.

陈绵. 中国近代戏目注解（Tcheng Mien. *Répertoire analytique du théâtre chinois moderne*. Paris, 1929）.

陈翔冰. 法国新闻出版与中国问题（1894—1901）：关于外国势力在华竞争对抗的研究〔Chen Changbin. *La presse française et les questions chinoises（1894 -1901）. Étude sur la rivalité des puissances étrangères en Chine*. Paris, 1941〕.

陈宗鍌. 清朝新疆开垦史（Chen Tsu Yuen. *Histoire du défrichement de la province du Sin-Kiang sous la dynastie Ts'ing*. Paris, 1932）.

承志. 大清国与其时代——帝国的形成与八旗社会. 名古屋：名古屋大学出版会，2009.

池尻阳子. 清朝前期的西藏佛教政策——扎萨克喇嘛制度之形成与发展. 东京：汲古书院，2013.

崔溥. 漂海录. 徐仁范，等译. 首尔：Han-Gil-Sa：한길사, 2004.

崔韶子，郑惠仲，宋美玲. 18 世纪燕行录与中国社会. 首尔：慧眼，2007.

崔韶子. 东西文化交流史：明清时代西学在中国的影响. 首尔：三英社，1987.

崔韶子. 明清时代中韩关系史. 首尔：梨花女子大学出版部，1997.

崔韶子. 清朝与朝鲜：近世东亚世界的互相认识. 首尔：慧

眼，2005.

崔韶子. 燕行录的史料意义：研究现状. 林基中，主编. 燕行录的世界. 首尔：景仁文化社，2015.

崔韶子. 燕行录的世界. 首尔：景仁文化社，2015.

村井章介. 中世日本在亚洲. 东京：校仓书房，1988.

村井章介. 中世倭人传. 东京：岩波书店，1993.

村上信明. 清朝的蒙古旗人——其实际状况与在帝国统治中的作用. 东京：风响社，2007.

村上直次郎，译注. 巴达维亚城日志. 东京：日兰交通史料研究会，1937.

村田治郎. 满洲的史迹. 东京：座右宝刊行会，1944.

达尼洛夫. 中国革命同盟会和它在 1911—1913 年革命筹备中的作用（Данилов В. И. «Объединённая революционная лига Китая» и ее роль в подготовке революции 1911 - 1913 гг. М.：Издательство восточной литературы，1959）.

达齐申. 十九世纪末至二十世纪初中俄关系史概要（Дацышен В. Г. Очерки истории российско-китайских отношений в конце XIX-начале XX вв. Красноярск：РИО КГПУ，2000）.

达仁利. 中国在意大利，1899 年至 1999 年的参考书目（F. D'Arelli. La Cina in Italia. Una bibliografia dal 1899 al 1999，Roma，Istituto Italiano per l'Africa e l'Oriente，2007）.

大岛立子，编. 前近代中国的法与社会：成果和课题. 东京：财团法人东洋文库，2009.

大间知笃三，户田茂喜，译. 满洲族的社会组织. 东京：刀江书院，1967（S. M. Shirokogoroff. Social Organization of the Manchus：a Study of the Manchu Clan Organization. Shanghai，1924）.

大庭修. 汉籍进口的文化史——从圣德太子到吉宗. 东京：研文出版，1997.

大庭修. 江户时代对中国文化的接受情况之研究. 京都：同朋舍，1984.

大庭修. 江户时代唐船持渡书研究. 吹田：关西大学东西学术研究

所，1967.

戴遂良（又译作戴遂量）. 中国宗教信仰与哲学观念通史［Léon Wieger，S. J. *Histoire des croyances religieuses et des opinions philosophiques en Chine depuis l'origine jusqu'à nos jours*. Xianxian，1917 (2ᵉ édition augmentée 1922)］.

戴西·利翁-戈德施密特. 中国瓷器（Daisy Lion-Goldschmidt，*Céramique chinoise*. Paris，1950）.

戴西·利翁-戈德施密特. 中国的艺术：青铜器、玉器、雕刻与瓷器［Daisy Lion-Goldschmidt. *Les arts de la Chine*：*bronze*，*jade*，*sculpture*，*céramique*. Paris，1937 (5ᵉᵐᵉ édition refondue. Paris，1980)］.

戴西·利翁-戈德施密特. 中国艺术（Daisy Lion-Goldschmidt. *L'Art chinois*. Paris，1931）.

丹尼斯. 父亲金尼阁的一生（Chrétien Dehaisnes. *Vie du Père Nicolas Trigault*. Tournai：Casterman，1864）.

岛田虔次. 中国近代思维的挫折. 东京：筑摩书房，1949（可参见甘万萍的中译本，南京：江苏人民出版社，2008）.

岛田正郎. 明末清初蒙古法的研究. 东京：创文社，1985.

岛田正郎. 清朝蒙古例的研究. 东京：创文社，1982.

稻叶岩吉. 钞本百二老人语录及其作者//服部先生古稀祝贺纪念论文集. 东京：富山房，1936.

稻叶岩吉. 光海君时代的满鲜关系. 大阪：大阪屋号书店，1933.

稻叶岩吉. 清朝全史. 东京：早稻田大学出版部，1914.

稻叶岩吉. 兴京二道河子旧老城（建国大学研究院历史报告1）. 新京（长春）：建国大学，1939.

稻叶岩吉. 增订满洲发达史. 东京：日本评论社，1935（初版，1915）.

德告丹. 1855—1870年西藏传教，包含西藏的各种文献及宗教事务的报告，并附西藏地图（Auguste Desgodins. *La Mission du Thibet de 1855 à 1870*，*comprenant l'exposé des affaires religieuses et divers documents sur ce pays*，*accompagnés d'une carte du Tibet*. Verdun，1872）.

德玛奇，白佐良，主编. 卫匡国全集（Franco Demarchi & Giuliano Bertuccioli. *Opera Omnia*. Trento：Università degli Studi di Trento，1998－2013).

德伟里亚. 中国皇室婚礼（Gabriel Devéria. *Un mariage impérial chinois*. Paris，1887).

邓津华. 台湾的想象地理：中国殖民写作及图片，1683—1895（Emma JinhuaTeng. *Taiwan's Imagined Geography：Chinese Colonial Travel Writing and Pictures，1683－1895*. Cambridge MA：Harvard University Asia Center，2005)（可参见杨雅婷的中译本，台北："国立"台湾大学出版中心，2018).

邓津华. 欧亚：美国、中国以及中国香港的种族混合家庭，1842—1943（Emma Jinhua Teng. *Eurasian：Mixed Identities in the United States，China，and Hong Kong，1842－1943*. Berkeley：University of California Press，2013).

邓明德. 倮倮的历史、宗教、语言、风俗和文字（Paul Vial. *Les Lolos，histoire，religion，langue，mœurs，écriture*. Shanghai，1898).

邓嗣禹，费正清，主编. 中国对西方的反应：文献汇编（SsuyuTeng and Fairbank，eds. *China's Response to the West：A Documentary Survey，1839－1923*. New York：Atheneum，1971)（初版由哈佛大学出版社 1954 年出版).

狄宇宙. 清朝统治前夕满族与蒙古的关系（N. Di Cosmo. *Manchu-Mongol Relations on the Eve of the Qing Conquest*，2003).

狄宇宙，主编. 帝制中国的军事文化（N. Di Cosmo ed. *Military Culture in Imperial China*. Cambridge，MA and London：Harvard University Press，2009).

迪·菲奥莱. 17—18 世纪天主教教廷与帝制中国. 那不勒斯：太阳城出版社，2003（G. Di Fiore. *Chiesa cattolica e Impero cinese tra Sei e Settecento*. Napoli，La citta del sole，2003).

蒂姆·巴雷特. 不思进取，不可思议：汉学书籍和英国学者往事综述（Timothy Hugh Barrett. *Singular Listlessness：A Short History of Chinese Books and British Scholars*. London：Wellsweep，1989)（部分

内容可参见熊文华. 英国汉学史. 学苑出版社，2007）.

丁易. 明代特务政治. 香港：波文书局，1950.

丁肇青. 法国人对中国的描述（1650—1750）［Ting Tchao-tsing. *Les descriptions de la Chine par les Français*（*1650－1750*）. Paris，1928］.

东京大学文学部. 明代满蒙史料：李朝实录抄：15 册. 东京：东京大学文学部，1954—1959.

东亚研究所，编. 清朝的边疆统治政策. 东京：至文堂，1944.

东亚研究所，编. 异民族的支那统治史. 东京：大日本雄辩会讲谈社，1944.

东洋史研究会，编. 雍正时代史研究. 京都：同朋舍，1986.

东洋文库东北亚研究班，编. 内国史院档：天聪五年，天聪七年，天聪八年. 全 2 册. 东京：财团法人东洋文库，2003，2009，2011.

东洋文库清代史研究室，译注. 旧满洲档：天聪九年. 共 2 册. 东京：财团法人东洋文库，1972—1975.

杜布罗夫斯卡娅. 耶稣会在中国的使命——利玛窦等人（1552—1775）［Дубровская Д. В. *Миссия иезуитов в Китае. Маттео Риччи и другие*（*1552－1775 гг.*）. М.：«Крафт＋»，2001］.

杜达尔・德・拉格雷，安邺. 1866、1867 年与 1868 年印度支那探险记（Doudart de Lagrée，Francis Garnier，*Voyage d'exploration en Indo-Chine effectué pendant les années* 1866，1867 *et* 1868. Paris，1873，2 volumes et un atlas）.

杜曼. 十八世纪晚期清（满）政府在新疆的土地政策［Думан Л. И. *Аграрная политика цинского*（*маньчжурского*）*правительства в Синьцзяне в конце XVIII века*. М. -Л.：Издательство АН СССР，1936］.

杜赞奇. 从民族国家拯救历史：民族主义话语与中国现代史研究（Prasenjit Duara. *Rescuing History from the Nation*：*Questioning Narratives of Modern China*. Chicago：University of Chicago Press，1995）（可参见王宪明的中译本，北京：社会科学文献出版社，2003）.

多纳代拉・圭达. 南部的海，在东南亚的现实与想象中旅行：中国明清的史学与文学（D. Guida. *Nei Mari del Sud. Il viaggio nel Sud-Est Asiatico tra realtà ed immaginazione：storiografia e letteratura nella Cina Ming e Qing*. Roma：Nuova Cultura，2007）.

多纳代拉·圭达. 孝与爱的相对：小说《镜花缘》中爱情的表达初探（"*Ai* versus *xiao*. The Expression of Love in the Novel *Jinghua yuan*. A Preliminary Approach." In *Love，Hatred and Other Passions：Questions and Themes on Emotions in Chinese Civilization*，ed. by Paolo Santangelo with Donatella Guida，Leiden：Brill，2006）.

樊国梁. 北京：历史和记述（Alphonse Favier. *Peking：Histoire et description*. Pékin，1897）。

樊米凯，达仁利，主编. 18—19 世纪天主教在中国的使命，马国贤与中国学院［M. Fatica e F. D'Arelli (a cura di). *La missione cattolica in Cina tra i secoli XVIII e XIX. Matteo Ripa e il Collegio dei Cinesi*. Napoli，Istituto Universitario Orientale，1999］.

樊米凯，主编. 马国贤与那不勒斯中国学院（1682—1869）：资料与图片展览图册［*Matteo Ripa e il Collegio dei Cinesi di Napoli（1682 - 1869）. Percorso documentario e iconografico. Catalogo della mostra*. A cura di Michele Fatica，Napoli，Università di Napoli "L'Orientale"，2006］.

范德望. 保罗·塞瓦，编. 东方学：在鲁汶的东方研究与图书馆（Willy Vande Walle & Paul Servais eds. *Orientalia：Oosterse studies en bibliotheken te Leuven en Louvain-la-Neuve*. Leuven：Universitaire Pers Leuven，2001）.

方立中. 1697—1935 年在华遣使会士列传（Joseph van den Brandt. *Les Lazaristes en Chine，1697 - 1935，notes biographiques recueillies et mises à jour*. Peiping，1936）.

方立中. 1864—1930 年北京遣使会印书馆主要刊印书籍目录（Joseph van den Brandt. *Catalogue des principaux ouvrages sortis des presses des Lazaristes à Pékin de 1864 à 1930*. Pékin，1933）.

方立中. 1900 年之前北京和北直隶教区中国教士传略（Joseph van den Brandt，*Le clergé chinois du diocèse de Pékin et du Tche-li Nord jusqu'à 1900：essai de notices biographiques*，Pékin，1942).

菲什曼. 中国在欧洲的神话与现实（13—18 世纪）〔Фишман О. П. *Китай в Европе миф и реальность*（*XIII-XVIII вв.*). СПб.：Петербургское Востоковедение，2003〕.

费尔南·法尔热内尔. 亲历中国革命（Fernand Farjenel. *À travers la Révolution chinoise*. Paris，1914).

费尔南·法尔热内尔. 中国的伦理道德：远东社会的基石（Fernand Farjenel. *La morale chinoise：fondement des sociétés d'Extrême-Orient*. Paris，1906).

费尔南德·卡巴内尔. 最后一位女帝：中国慈禧太后的一生（1835—1908）〔Fernande Cabanel. *La dernière impératrice：vie de l'impératrice de Chine Tseu-hi*（*1835 - 1908*). Paris，1936〕.

费赖之. 早期来华耶稣会士传略及书目提要（1552—1773）〔Aloys Pfister，S. J. *Notices biographiques et bibliographiques sur les Jésuites de l'ancienne mission de Chine，1552 - 1773*. Shanghai，1932 - 1934，2 volumes（Variétés sinologiques，59 - 60）〕.

费利西安·沙莱耶. 中国与日本政治现状（Félicien Challaye. *La Chine et le Japon politiques*. Paris，1925).

费琳. 西方经济思想传入中国及其对于中国现代词汇形成的影响，1818—1898（F. Casalin. *L'introduzione del pensiero economico occidentale in Cina e il suo impatto sulla formazione del lessico cinese moderno，1818 - 1898*. Roma：Nuova Cultura，2006).

费维恺. 中国早期工业化〔Albert Feuerwerker. *China's Early Industrialization：Sheng Hsuan-huai*（*1844 - 1916*）*and Mandarin Enterprise*. Cambridge MA：Harvard University Press，1958〕（可参见虞和平的中译本，北京：中国社会科学出版社，2002).

费侠莉. 繁盛之阴：中国医学史中的性（960—1665）（Charlotte Furth. *A Flourishing Yin：Gender in China's Medical History，960 - 1665*. Berkeley：University of California Press，1999）（可参见甄橙的中译本，南京：江苏人民出版社，2006).

费正清，玛莎·亨德森·柯立芝，理查德·J. 史密斯. 马士：中国海关税务司和历史学家（John King Fairbank and Martha Henderson Coolidge et al. eds. *H. B. Morse：Customs Commissioner and Historian of China*. Lexington：University Press of Kentucky，1995）.

费正清. 费正清中国回忆录（Fairbank's autobiography，*Chinabound：A Fifty-Year Memoir*. New York：Harper and Row，1982）（可参见熊文霞的中译本，北京：中信出版社，2013）.

费正清. 历史学家马士//费正清，等主编. 马士：中国海关税务司和历史学家（Fairbank. "Morse as Historian." In John King Fairbank and Martha Henderson Coolidge et al. eds. *H. B. Morse：Customs Commissioner and Historian of China*. Lexington：University Press of Kentucky，1995）.

费正清. 中国：人民的中央王国与美利坚合众国（Fairbank. *China：The People's Middle Kingdom and the USA*. Cambridge MA：Harvard University Press，1967）.

费正清，杜希德. 剑桥中国史（John King Fairbank and Denis Crispin Twitchett. *The Cambridge History of China*. Cambridge：Cambridge University Press，1978）（可参见杨品泉等的中译本，北京：中国社会科学出版社，2012）.

费正清，主编. 中国的世界秩序：传统中国的外交关系（Fairbank，ed. *The Chinese World Order：Traditional China's Foreign Relations*. Cambridge MA：Harvard University Press 1958）（可参见杜继东的中译本，北京：中国社会科学出版社，2010）.

冯烈鸿. 传教生涯：回忆与记述（Cyprien Aroud. *La vie en mission：souvenirs-récits*. Vichy，1935）.

弗拉吉. 清代中国的爱国者、思想家、政治活动家林则徐（Врадий С. Ю. *Линь Цзэсюй. Патриот，мыслитель，государственный деятель цинского Китая*. Владивосток：Издательство Дальневосточного ун-та，1993）.

弗兰科·德玛奇，里卡多·思卡尔德奇尼，主编. 卫匡国：17世纪中国的人文学家与科学家（*Martino Martini，umanista e scienziato nella Cina del secolo 17. Atti del Simposio internazionale su Martino*

Martini e gli scambi culturali tra Cina e Occidente. Accademia cinese delle scienze sociali，Pechino，5-6-7 aprile 1994/a cura di Franco Demarchi e Riccardo Scartezzini，Trento，Università degli Studi，1995. Pubblicato anche in inglese e cinese）（可参见中译本《卫匡国研讨与中西文化交流国际研讨会论文集》.北京：中国社会科学院，1994）.

弗朗索瓦·玛丽·萨维纳.苗族史（François Marie Savina. *Histoire des Miao*. Hong Kong，1924）.

弗里德里克·乌尔利克斯.约翰·纽霍夫的中国见闻（1655—1657）：他书籍中的插画及对出版商雅各布的影响［Friederike Ulrichs. *Johan Nieuhofs Blick auf China（1655‐1657）：Die Kupferstiche in seinem Chinabuch und ihre Wirkung auf den Verleger Jacob van Meurs*. Wiesbaden：Harrassowitz，2003］.

服部宇之吉.清国通考：第1编，第2编.东京：三省堂，1905.

福狄亚·于尔班.论乾隆皇帝，附中华帝国出版资料节选六卷（Fortia d'Urban. *Discours sur l'empereur Kien-Long，suivi des extraits de six volumes publiés sur l'Empire de la Chine*. Paris，1841）.

福狄亚·于尔班.中国及其皇帝属国史志，附地图（Fortia d'Urban. *Description de la Chine et des états tributaires de l'empereur，avec une carte*. Paris，1839，2 volumes）.

福米娜，阿卡托娃，等.中国的社会结构：十九世纪至二十世纪上半期（Н. И. Фомина，Т. Н. Акатова. *Социал-ьная структура Китая：XIX-первая половина XX в*. М.：Наука，1990）.

福武直.中国农村社会的构造.京都：大雅堂，1946.

傅佛果.内藤湖南：政治与汉学（1866—1934）［Joshua Fogel. *Politics and Sinology：The Case of Naito Konan（1866‐1934）*. Cambridge，Mass. Council on East Asian Studies，Harvard University，1984］.

傅路德.中华民族简史［L. Carrington Goodrich. *A Short History of the Chinese People*. New York：Harper and Row，third edition，1959（first edition 1943）］（可参见吴原元的中译本，西安：西北大学出版社，2017）.

盖博坚. 四库全书：乾隆晚期的学者与国家（R. Kent Guy，*The Emperor's Four Treasuries：Scholars and the State in the Late Ch'ien-lung Era*. Cambridge MA：Council on East Asian Studies，1987）.

冈田. 从蒙古帝国到大清帝国. 东京：藤原书店，2010.

冈田英弘，神田信夫，松村润. 紫禁城的荣光. 东京：讲谈社学术文库，2006（初版，1968）.（可参见王师的中译本，北京：社会科学文献出版社，2017）.

冈田英弘. 康熙帝的书信. 东京：中公新书，1979（重版：东京：藤原书店，2013；其后改名为《大清帝国隆盛期的实像》，东京：藤原书店，2016）. 冈田的论文收入《冈田英弘著作集》全 8 卷. 东京：藤原书店，2013—2016.

冈田英弘，编. 清朝是什么?. 东京：藤原书店，2009.

冈洋树. 东北亚游牧民在地域论中的定位//冈洋树，高仓浩树，编. 东北亚地域论的可能性. 仙台：东北大学东北亚研究中心，2002.

高柏. 荷兰早期汉学家（1854—1900）：在中国与荷兰的训练，在荷属东印度的功用［Koos Kuiper. *The Early Dutch Sinologists（1854 - 1900）：Training in Holland and China，Functions in the Netherlands Indies*，2 vols. Leiden：Brill，2017］.

高柄翊. 儒学异端. 首尔：首尔大学出版部，1969.

高第. 1860 年对中国的远征（*L'Expédition de Chine de 1860*. Paris，1906）.

高第. 18 世纪法国在中国（*La France en Chine au XVIIIe siècle*. Paris，1883）.

高第. 18 世纪中国在法国（*La Chine en France au XVIIIe siècle*. Paris，1910）.

高第. 东方历史与地理杂论（Henri Cordier. *Mélanges d'histoire et de géographie orientales*，tome 1，Paris 1914；tome 2，Paris，1920）.

高第. 中国书目（Henri Cordier. *Bibliotheca sinica：Dictionnaire bibliographique des ouvrages relatifs à l'empire chinois*. Paris，1904 - 1924，5 volumes）.

高第. 中国与西方列强关系史：1860—1900［*Histoire des relations de*

la Chine avec les puissances occidentales（*1860 - 1900*）. Paris，1901 - 1902].

高嶋航. 吴县、太湖厅的经造//夫马进，编. 中国明清时代地方档案研究. 京都：京都大学大学院文学研究科东洋史研究室，2000.

高华士，尼古拉依迪斯. 南怀仁与耶稣会的科学在 17 世纪的中国：君士坦丁堡手稿（1676）的注释和翻译版 [Noël Golvers & Efthymios Nicolaidis, *Ferdinand Verbiest and Jesuit Science in 17th Century China：An Annotated Edition and Translation of the Constantinople Manuscript*（*1676*）. Leuven：F. Verbiest Institute/Athens：Institute for Neohellenic research，2009].

高华士. 南怀仁（1623—1688）与中国天文：天文学文集汇编，它在欧洲文化圈中的传播与接受 [Noël Golvers. *Ferdinand Verbiest*，S. J.（*1623 -1688*）*and the Chinese Heaven：The Composition of the Astronomical Corpus*，*its Diffusion and Reception in the European Republic of Letters*. Leuven：Leuven University Press，2003].

高华士. 南怀仁的《欧洲天文学》[Noël Golvers. *The Astronomia europaea of Ferdinand Verbiest*，S. J.（Dillingen，1687），Nettetal：Steyler Verlag，1993].

高华士. 清初耶稣会士鲁日满常熟账本及灵修笔记研究 [Noël Golvers. *François de Rougemont*，S. J. *Missionary in Ch'ang-shu*（*Chiang-nan*）：*A Study of the Account Book*（*1674 - 1676*）*and the Elogium*. Leuven：Leuven University Press，1999]（可参见赵殿红的中译本，郑州：大象出版社，2007）.

高华士，编. 北京耶稣会士的书简：南怀仁（1623—1688）通信辑 [Noël Golvers ed. *Letters of a Peking Jesuit：The Correspondence of Ferdinand Verbiest*，SJ（*1623 -1688*）. Leuven：F. Verbiest Institute，2017].

高铭玲. 有关清代台湾财政构造的一个考察//九州大学东洋史论集. 2002，30.

高田淳. 辛亥革命与章炳麟齐物哲学. 东京：研文出版，1984.

高彦颐. 缠足："金莲崇拜"盛极而衰的演变（Dorothy Ko. *Cinderella's Sisters：A Revisionist History of Footbinding*. Berkeley：University of California Press，2005）（可参见苗延威的中译本，南京：江苏人民出版社，2009）.

高彦颐. 闺塾师：明末清初江南的才女文化（Dorothy Ko. *Teachers of the Inner Chambers：Women and Culture in Seventeenth-Century China*. Stanford：Stanford University Press，1994）（可参见李志生的中译本，南京：江苏人民出版社，2004）.

格里高里耶夫. 中国资产阶级革命派的反帝纲领（Григорьев А. М. *Антиимпериалистическая программа китайских буржуазных революционеров*. М.：Наука，1966）.

格扎维埃·纪尧姆. 1884—1977 年在法答辩的关于亚洲的博士论文（Xavier Guillaume. *Thèses sur l'Asie soutenues en France，1884‑1977*. Paris，1978）.

葛夫平，魏丕信. 伯希和与汉学研究所［Ge Fuping et P. -E. Will. «Paul Pelliot et l'Institut des hautes études chinoises»，in Jean-Pierre Drège et Michel Zink（éds.)，*Paul Pelliot：de l'histoire à la légende*. Paris，2013］.

葛夫平. 中法教育合作事业研究 1912—1949. 上海：上海书店出版社，2011.

根岸佶. 上海的基尔特. 东京：日本评论社，1951.

根岸佶. 中国的基尔特. 东京：日本评论社，1953.

根岸佶. 中国社会的指导层——耆老绅士研究. 东京：平和书房，1954.

宫崎市定. 科举：中国の试验地狱. 朴根七，李勤明，译. 首尔：青年社，1993.

宫崎市定. 雍正帝. 东京：岩波书店，1950（后收入《宫崎市定全集》第 14 卷《雍正帝》. 东京：岩波书店，1991）（可参考孙晓莹的中译本，北京：中国社会科学出版社，2016）.

宫崎市定. 作为历史家的狩野博士//宫崎市定全集：第 24 卷. 东京：岩波书店，1994.

贡德·弗兰克. 白银资本：重视经济全球化中的东方（A. G. Frank. *ReOrient：The Silver Age in Asia and the World Economy*.

Berkeley：University of California Press，1998）（可参见刘北成的中译本，北京：中央编译出版社，2000）.

沟口雄三. 作为方法的中国. 东京大学出版会，1989（可参见孙军悦的中译本，北京：生活·读书·新知三联书店，2011）.

沟口雄三，等编. 在亚洲思考：3 从周边来看的历史. 东京：东京大学出版会，1994.

古恒. 北京王宫：宫廷的组成、生活及其运转纪略（Maurice Courant. *La cour de Péking. Notes sur la constitution，la vie et le fonctionnement de cette cour*. Paris，1891）.

古恒. 中日韩等国图书目录：第 1—2 卷（Maurice Courant. *Catalogue des livres chinois，Coréens，japonais etc*. Paris，1902；1910）.

古田和子，编. 中国的市场秩序——以 17 世纪到 20 世纪前半为中心. 东京：庆应义塾大学出版会，2013.

谷川道雄，森正夫. 中国民众反乱史. 宋正洙，译. 首尔：慧眼，1996.

谷井阳子. 八旗制度研究. 京都：京都大学学术出版会，2015（所收入的诸论文首次发表于 2005—2013）.

顾赛芬. 中国地理：古代与近代（Séraphin Couvreur S. J. *Géographie ancienne et moderne de la Chine*. Xianxian，Imprimerie de la mission catholique，1917）.

顾随. 中华帝国（Marie-René Roussel de Courcy. *L'Empire du milieu*. Paris，1867）.

关野贞，竹岛卓一. 热河. 东京：座右宝刊行会，1937.

管宜穆. 中国与外国宗教：教务纪略（Jérôme Tobar，S. J. *La Chine et les religions étrangères：Kiao-Ou Ki-lio，«Résumé des affaires religieuses»*，publié par ordre de S. Exc. Tcheou Fou，Traduction，commentaire et documents diplomatiques，Shanghai，Imprimerie de la mission catholique，1917）.

圭德·萨马拉尼，劳拉·德·乔尔吉. 遥远与临近——20 世纪的中意关系（G. Samarani G，L. De Giorgi. *Lontane，vicine. Le relazioni fra Cina e Italia nel Novecento*. Roma：Carocci editore，2011）.

郭安瑞. 文化中的政治：戏曲表演与清都社会（Andrea Goldman. *Opera and the City*. Stanford：Stanford University Press，2012）（可参见朱星威等的中译本，北京：社会科学文献出版社，2018）.

郭继生，主编. 上海的视觉文化，1850 年代—1930 年代（Jason Guo，ed. *Visual Culture in Shanghai，1850s - 1930s*. Washington：New Academia Publishing，2007）.

郭麟阁. 论 18 世纪中国知名小说《红楼梦》[L. K. Kou. *Essai sur le Hong Leou Mong（Le rêve dans le Pavillon rouge），célèbre roman chinois du XVIIIe siècle*. Lyon，1935].

郭廷以，李育澍，主编. 清季中日韩关系史料：1—3 卷. 金衡钟，等译. 首尔：东北亚历史财团，2012—2016.

郭肇堂. 中国的社会思潮和意识形态斗争（1900—1917）[Крымов А. Г. *Общественная мысль и идеологическая борьба в Китае（1900 - 1917 гг.）*. М.：Наука，1972].

郭忠豪. 饮食怀旧：地区食品文化与上海的城市经验（Mark Swislocki. *Culinary Nostalgia：Regional Food Culture and the Urban Experience in Shanghai*. Stanford：Stanford University Press，2009）.

哈尔恩斯基. 从古到今的中国（Харнский К. А. *Китай с древнейших времен до наших дней*. Хабаровск-Владивосток：Издательство «Книжное дело»，1927）.

哈罗・冯・桑格尔. 谋略 1—36：有关中国生活和生存的艺术：三千年智慧的真正体现（Харро фон. Зенгер，*Стратагемы 1 - 36：о китайском искусстве жить и выживать：истинное воплощение трехтысячелетней мудрости*. М.：Эксмо，2014. С. 40）.

哈罗德・伊罗生. 美国的中国和印度形象（Harold R. Isaacs. *Scratches on Our Minds：American Images of China and India*. New York：John Day，1958）（该书中有关中国的部分可参见于殿利、陆日宇的中译本，北京：中华书局，2006）.

海登・怀特. 元史学：十九世纪欧洲的历史现象（Hayden White. *Metahistory：The Historical Imagination in Nineteenth-Century Europe*. Baltimore：The Johns Hopkins University Press，1993）（可参见

陈新的中译本，南京：译林出版社，2004）.

韩德. 一种特殊关系的形成：1914 年前的美国与中国（Michael H. Hunt. *The Making of a Special Relationship*：*The United States and China to 1914*. New York：Columbia University Press，1983）（可参见项立岭、林勇军的中译本，上海：复旦大学出版社，1993）.

韩德力，编. 中国天主教史：19 世纪和 20 世纪（Jeroom Heyndrickx, ed. *Historiography of the Chinese Catholic Church*：*Nineteenth and Twentieth Centuries*. Leuven：F. Verbiest Foundation，1994）.

韩明士. 官宦与绅士：两宋江西抚州的精英（Hymes. *Statesmen and Gentlemen*：*The Elite of Fu-chou*，*Chiang-hsi*，*in Northern and Southern Sung*. Cambridge：Cambridge University Press，1986）.

韩书瑞. 千年末世之乱：1813 年八卦教起义（Susan Naquin. *Millenarian Rebellion in China*：*The Eight Trigrams Uprising of 1813*，New Haven：Yale University Press，1976）（可参见陈仲丹的中译本，南京：江苏人民出版社，2010）.

韩书瑞. 山东叛乱：1774 年王伦起义（Susan Naquin. *Shantung Rebellion*：*The Wang Lun Uprising of 1774*. New Haven：Yale University Press，1981）（可参见刘平、唐雁超的中译本，南京：江苏人民出版社，2008）.

韩书瑞. 十八世纪中国社会（Susan Naquin. *Chinese Society in the Eighteenth Century*）. 郑哲雄，译. 首尔：新书苑，1998.

韩嵩. 传染病与中医（Marta E. Hanson. *Speaking of Epidemics in Chinese Medicine*：*Disease and the Geographical Imagination in Late Imperial China*. London and New York：Routledge，2011）.

郝延平. 中国近代商业革命. 李和承，译. 首尔：播种人，2003（Yen-ping Hao. *The Commercial Revolution Nineteenth-Century China*）（可参见陈潮、陈任的中译本，上海：上海人民出版社，1991）.

何柄棣. 从社会史观点看中国科举制度之研究. 曹永禄，等译. 首尔：东国大学出版部，1987.

何炳棣. 明初以降的人口及相关问题，1368—1953（Ping-ti Ho. *Studies in the Population of China*，*1368－1953*. Cambridge MA：

Harvard East Asia Series，1959）（可参见葛剑雄的中译本，北京：生活·读书·新知三联书店，2000）.

何炳棣. 明清社会史论（Ping-ti Ho. *The Ladder of Success in Imperial China：Aspects of Social Mobility，1368–1911*. New York：Columbia University Press，1962）（可参见徐泓的中译本，台北：联经出版事业股份有限公司，2013）.

何昌炽. 中国在新疆的统治事业（D. Ho. *L'œuvre colonisatrice de la Chine dans le Turkestan chinois*. Paris，1941）.

何伟亚. 怀柔远人（James L. Hevia. *Cherishing Men from Afar：Qing Guest Ritual and the Macartney Embassy of 1793*. Durham：Duke University Press，1995）（参见邓常春的中译本，北京：社会科学文献出版社，2002）.

和田清. 东亚史研究（满洲篇）. 东京：财团法人东洋文库，1955.

和田清. 东亚史研究（蒙古篇）. 东京：财团法人东洋文库，1959.

和田清，编. 中国地方自治发达史. 东京：汲古书院，1975. 其先则为支那地方自治发达史，由中华民国法制研究会刊行于 1939.

和田清，解说. 盛京吉林黑龙江等处标注战迹舆图. 东京：满洲文化协会，1935.

河罗娜. 清朝殖民地事业：近代早期中国的人种志与地图（Laura Hostetler. *Qing Colonial Enterprise：Ethnography and Cartography in Early Modern China*. Chicago：University of Chicago Press，2001）.

河内良弘，清濑义三郎则府，编. 满洲语辞典. 京都：松香堂书店，2014.

河内良弘，清濑义三郎则府，编. 满洲语文语入门. 京都：京都大学学术出版会，1996、2002.

河内良弘，清濑义三郎则府，编. 满洲语文语文典. 京都：京都大学学术出版会，1996、2002.

河内良弘，译注，编著. 中国第一历史档案馆藏内国史院满文档案译注：崇德二、三年部分. 东京：松香堂书店，2010.

贺师俊. 文人小说《儒林外史》：中国讽刺小说研究（S. C. Ho. *Jou Lin wai che. Le Roman des Lettrés，étude sur un roman satirique chi-*

nois. Paris，1933）.

贺萧. 危险的愉悦：20 世纪上海的娼妓问题与现代性（Gail Hershatter. *Dangerous Pleasures*：*Prostitution and Modernity in Twentieth-Century Shanghai*. Berkeley：University of California Press，1997）（可参见韩敏中、盛宁的中译本，南京：江苏人民出版社，2003）.

赫曼，帕门蒂尔，编. 安多（1644—1709）的旅程，在中国的那慕尔科学家与传教士［Michel Hermans & Isabelle Parmentier eds. *Itinerary of Antoine Thomas S. J.（1644-1709），Scientist and Missionary from Namur in China/Itinéraire d'Antoine Thomas S. J.（1644-1709），scientifique et missionnaire namurois en Chine*，Leuven：Ferdinand Verbiest Institute，2017］.

鹤见尚弘. 关于国立国会图书馆所藏康熙十五年丈量的长洲县鱼鳞图册//山崎宏先生退官纪念东洋史论丛. 1967（后收入氏著《中国明清社会经济研究》）（可参见姜镇庆等的中译本，北京：学苑出版社，1989）.

鹤见尚弘. 康熙十五年丈量的苏州府长洲县鱼鳞图册的田土统计的再次考察//中嶋敏先生古稀纪念论集：下. 1982（后收入上列《中国明清社会经济研究》）.

鹤见尚弘. 康熙十五年丈量中苏州府鱼鳞图册的田土统计的考察//木村正雄博士退官纪念东洋史论丛. 1970（后收入上列《中国明清社会经济研究》）.

亨利·达登·德·提萨克. 塞努奇博物馆收藏中的中国装饰艺术（Henri d'Ardenne de Tizac. *L'art décoratif chinois d'après les collections du Musée Cernuschi*. Paris，1930）.

亨利·达登·德·提萨克. 中国艺术中的动物（Henri d'Ardenne de Tizac. *Les animaux dans l'art chinois*. Paris，1922）.

亨利·里维耶. 远东艺术中的瓷器（Henri Rivière. *La céramique dans l'art d'Extrême-Orient*. Paris，1923，2 volumes）.

恒慕义，主编. 清代名人传略（Arthur W. Hummel, ed. *Eminent Chinese of the Ch'ing Period*. Washington：U. S. Government Printing Office，1943）（可参见中国人民大学清史所《清代名人传略》翻译组的

中译本，西宁：青海人民出版社，1990).

横山英. 辛亥革命研究序说. 广岛：平和书房，1977.

洪大容. 湛轩书. 首尔：一潮阁，2001.

侯文平. 论中国的内债（Hou Wen Ping. *Essai sur les emprunts intérieurs de la Chine*. Shanghai，1920).

后藤末雄. 乾隆帝传. 东京：生活社，1942（其后校注重刊：新居洋子校注，东京：国书刊行会，2016).

胡世泽. 近代中俄关系的条约依据（Hoo Chi-tsai. *Les bases conventionnelles des relations modernes entre la Chine et la Russie*. Paris，1918).

胡适. 清代名人传略 · 前言（Hu Shih. "Preface." In Arthur W. Hummel，ed. *Eminent Chinese of the Ch'ing Period*，Washington：U. S. Government Printing Office，1943).

户田茂喜. 赫图阿拉城结构简述//山下博士还历纪念东洋史论文集. 东京：六盟馆，1938.

华贝妮，范德蒙特，钟鸣旦. 中国之路：在比利时寻找中国踪迹［Benedicte Vaerman，Sara Vantournhout & Nicolas Standaert. *Chinese route：Op zoek naar China in België*（*Europalia China*），Brussel：Mercatorfonds，2009］.

华可胜. 1881 年中俄圣彼得堡条约的外交史（Воскресенский А. Д. *Дипломатическая история русскокитайского Санкт-Петербургского договора 1881 года*. М.：Памятники исторической мысли，1995).

华可胜. 俄罗斯与中国：国际关系的历史与理论（Воскресенский А. Д. *Россия и Китай：теория и история межгосударственных отношений*. М.：ООО «Издательский центр научных и учебных программ»，1999).

华可胜. 欧亚大陆上的中国与俄罗斯：政治互动的历史动态（Воскресенский А. Д. *Китай и Россия в Евразии：Историческая динамика политических взаимовлияний*. М.：Муравей，2004).

荒野泰典. 日本式华夷秩序的形成//朝尾直弘，等编. 日本社会史 1：列岛内外的交通与国家. 东京：岩波书店，1987.

黄六鸿，山根幸夫，解题. 福惠全书. 东京：汲古书院，1973.

黄仁宇. 赫逊河畔谈中国历史. 权重达，译. 首尔：青史，2001.

黄仁宇. 近代中国的出路. 李永玉，译. 首尔：Chaek-Gwa-Ham-Kkae，2005.

黄元九. 韩国思想的传统. 首尔：博英社，1976.

黄元九. 实学私议：东亚实学之异同//东亚史研究. 首尔：一潮阁，1976.

黄元九. 燕行录选集解题. 首尔：民族文化推进会，1976.

黄元九. 正统与异端：中国思想的底流. 首尔：延世大学出版部，1976.

黄元九. 中国思想的源流. 首尔：延世大学出版部，1988.

黄元九. 中国文化史略. 首尔：延世大学出版部，1979.

黄智暎. 明清出版业的发展与对朝鲜的传播. 首尔：时间的纺车出版社，2012.

黄宗羲. 明夷待访录（三星文化文库第一卷）. 全海宗，译. 首尔：三星文化财团，1971.

黄宗智. 华北小农经济和社会变迁（Philip C. C. Huang. *The Peasant Economy and Social Change in North China*. Stanford：Stanford University Press，1985）（可参见中译本，北京：中华书局，2000）.

黄宗智. 清代的法律、社会与文化：民法的表达与实践（Philip C. C. Huang. *Civil Justice in China：Representation and Practice in the Qing*. Stanford：Stanford University Press，1996）（可参见中译本，上海：上海书店出版社，2007）.

黄宗智. 长江三角洲小农家庭与乡村发展（Philip C. C. Huang. *The Peasant Family and Rural Development in the Yangzi Delta*，1350 - 1988. Stanford：Stanford University Press，1990）（可参见中译本，北京：中华书局，2000）.

霍多罗夫，巴夫洛维奇. 为独立而斗争中的中国（Ходоров А. Е. Павлович М. П. *Китай в борьбе за независимость*. М.：Научная ассоциация востоковедения при ЦИК СССР，1925）.

吉瑞德. 朝觐东方：理雅各评传（N. J. Girardot，*The Victorian*

Translation of China：James Legge's Oriental Pilgrimage. Berkeley；London：University of California Press，2002）（可参见段怀清、周俐玲的中译本，桂林：广西师范大学出版社，2011）.

吉田金一. 近代俄清关系史. 东京：近藤出版社，1974.

纪若诚. 亚洲边陲：清代中国云南边疆的变迁（C. Patterson Giersch. Asian Borderlands：The Transformation of Qing China's Yunnan Frontier. Cambridge MA：Harvard University Press，2006）.

冀朝鼎. 支那基本经济与灌溉. 佐渡爱三，译. 东京：白杨社，1939（Ch'ao-Ting Chi. Key Economic Areas in Chinese History as Revealed in the Development of Public Works for Water-control. London：Allen and Unwin，1936）（可参见朱诗鳌的中译本《中国历史上的基本经济区与水利事业的发展》，北京：中国社会科学出版社，1981）.

加布里埃尔·德韦里亚. 16—19世纪中越关系史（Gabriel Devéria, Histoire des relations de la Chine avec l'Annam-Vietnam du XVIe au XIXe siècle d'après des documents chinois traduits pour la première fois et annotés. Paris，1880）.

加布里埃尔·德韦里亚. 中国与安南边境（Gabriel Devéria. La frontière sino-annamite. Paris，1886）.

加布里埃尔·诺德. 关于建立图书馆的建议（Gabriel Naudé, Advis pour dresser une bibliothèque，Paris：Targa，1627）.

加斯东·加恩. 1727—1728年俄国在京商队账簿（Le livre des comptes de la caravane russe à Pékin en 1727 - 1728. Paris，1912）.

加斯东·加恩. 18世纪西伯利亚图集（Les cartes de la Sibérie au XVIIIe siècle. Paris，1911）.

加斯东·加恩. 彼得大帝时期俄中交流史（1689—1730）［Gaston Cahen，Histoire des relations de la Russie avec la Chine sous Pierre le Grand（1689 - 1730）. Paris，1912］（可参见江载华、郑永泰的中译本，北京：商务印书馆，1980）.

加藤繁. 支那经济史考证：上，下. 东京：东洋文库，1952（可参见吴杰的中译本《中国经济史考证》，北京：商务印书馆，1959）.

佳普金娜. 中国社会政治制度的村庄和农民（19世纪下半期—20世

纪初）〔Тяпкина Н. И. *Деревня и крестьянство в социально-политической системе Китая（вторая половина XIX-начала XX в.）. М.：Наука，1984*〕.

间宫林藏. 东鞑纪行. 东京：平凡社，1988.

菅野裕臣，编. 满和蒙和对译满洲实录. 东京：刀水书房，1992.

江嶋寿雄. 明代清初女直史研究. 福冈：中国书店，1999.

姜判权. 清代蚕桑技术与农业变化. 大邱：启明大学出版部，2012.

姜判权. 清代江南农业经济. 首尔：慧眼，2004.

姜士彬. 景观与祭祀：华北乡村生活的仪式基础（David Johnson, *Spectacle and Sacrifice：The Ritual Foundations of Village Life in North China*. Cambridge MA：Harvard University Asia Center，2009）.

姜抮亚. 同顺泰号：东亚华侨资本与近代朝鲜. 大邱：庆北大学出版部，2011.

杰德·辛普森. 创始教授欧文·拉铁摩尔（Jade Simpson. "Founding Professor Owen Lattimore," accessed November 9，2015，http://www. leeds. ac. uk/arts/info/20052/east_asian_studies/2442/founding_professor_owen_lattimore）.

杰米多娃，米亚斯尼科夫. 在中国的第一个俄罗斯外交官（佩特林的《详细笔记》和巴伊科夫的《出使报告》）（Демидова Н. Ф. Мясников В. С. *Первые русские дипломаты в Китае（«Роспись» И. Петлина и статейный список Ф. И. Байкова*）. М.：Наука，1966）.

戒能通孝. 支那土地法惯行序说（1942）//戒能. 法律社会学的诸问题. 东京：日本评论社，1943.

今堀诚二. 中国封建社会的构成. 东京：劲草书房，1991.

今堀诚二. 中国封建社会的机构. 东京：日本学术振兴会，1955.

今西春秋，编. 对校清太祖实录. 东京：国书刊行会，1974.

今西春秋，编. 影印［满文］大清太祖武皇帝实录. 东方学纪要，1967，2.

今西春秋，译注. 满和对译满洲实录. 新京（长春）：日满文化协会，1938.

金得榥. 基础满韩辞典. 首尔：大地出版社，1997.

金贵达. 清朝保持女真传统与其政策//九谷黄钟东教授停年纪念史学论丛. 大邱：正完文艺社，1994.

金衡钟，郑惠仲，刘章根. 中国清史编撰与清史研究. 首尔：东北亚历史财团，2010.

金衡钟. 1880年代朝清国境会谈资料选译. 首尔：首尔大学出版文化院，2014.

金衡钟. 江苏教育总会小论. //全海宗博士八旬纪念论丛刊行委员会，编. 东亚历史的还流. 首尔：知识产业社，2000.

金衡钟. 清末新政期江苏绅士. 首尔：首尔大学出版部，2002.

京都大学文学部. 明代满蒙史料：明实录抄：18册. 京都：京都大学文学部，1943—1959.

经君健. 论清代社会的等级结构. 中国社会科学院经济研究所集刊，1981，2.

井上彻. 中国的宗族与国家的礼制. 东京：研文出版，2000.

井上陈政. 禹域通纂. 东京：大藏省，1888.

井上直树. 帝国日本与"满鲜史"大陆政策与对朝鲜、满洲的认识. 东京：塙书房，2013.

橘朴. 橘朴著作集：全3卷. 东京：劲草书房，1966.

卡拉-穆尔扎. 太平，1850—1856年伟大的农民战争和太平天国（Кара-Мурза Г. С. Тайпины. Великая крестьянская война и тайпинское государство в 1850 - 1856 гг. М.：Учпедгиз，1941）.

卡琳·杜雅尔丹. 使命与现代：比利时在华的男修士，1872—1940（Carine Dujardin，Missionering en moderniteit：de Belgische minderbroeders in China 1872 - 1940. Leuven：Universitaire Pers Leuven，1996）.

卡柳日娜娅. 传统与变革：章炳麟（1869—1936）——中国近代思想家和政治活动家［Калюжная Н. М. Традиция и революция. Чжан Бинлинь（1869 - 1936）-китайский мыс-литель и политический деятель нового времени. М.：РАН，1995］.

卡柳日娜娅. 义和团起义（Калюжная Н. М. Восстание ихэтуаней. М.：Наука，1978）.

卡特. 中国印刷术的发明和它的西传（Thomas Francis Carter, *The Invention of Printing in China and its Spread Westward*. New York：Columbia University Press，1931）（可参见吴泽炎的中译本，北京：商务印书馆，1957）.

卡特里恩·博尔格. 卫匡国的《鞑靼战纪》：拉丁文与其他翻译版本的比较研究（Katrien Berger. "Martino Martini's *De Bello Tartarico*：A Comparative Study of the Latin Text and its Translations." In Luisa M. Paternicò，Claudia von Collani，Riccardo Scartezzini，eds. *Martino Martini，Man of Dialogue*，Trento：Università degli studi di Trento 2016）.

柯娇燕. 半透明之镜：清帝国意识形态中的历史与认同（Pamela Kyle Crossley. *A Translucent Mirror：History and Identity in Qing Imperial Ideology*. Berkeley：University of California Press，1999）.

柯克·拉森. 传统、条约和贸易：清帝国主义和朝鲜，1850—1910（Kirk W. Larsen. *Tradition，Treaties，and Trade：Qing Imperialism in Chosŏn Korea，1850–1910*. Cambridge MA：Harvard University Asia Center，2008）.

柯临清. 从社会性别角度看中国革命：1920 年代的激进妇女、共产党政治与群众运动（Christina Gilmartin. *Engendering the Chinese Revolution：Radical Women，Communist Politics，and Mass Movements in the 1920s*. Berkeley：University of California Press，1995）.

柯律格. 长物：早期现代中国的物质文化与社会状况（Craig Clunas. *Superfluous Things：Material Culture and Social Status in Early Modern China*. Cambridge：Polity Press，1991）（可参见高昕丹、陈恒的中译本，北京：生活·读书·新知三联书店，2015）.

柯文. 在中国发现历史——中国中心观在美国的兴起（Paul A. Cohen. *Discovering History in China：American Historical Writing on the Recent Chinese Past*. New York：Columbia University Press，1984）（可参见林同奇的中译本，北京：中华书局，2002）.

科斯佳耶娃. 1901—1911 年中国的民众运动（Костяева А. С. *Народные движения в Китае в 1901–1911 гг*. М.：Наука，1970）.

克鲁申斯基. 严复作品和翻译问题（Крушинский А. А. *Творчество Янь Фу и проблема перевода*. М.：Наука，1989）.

克罗宁. 西方圣人（Vincent Cronin. *The Wise Man from the West*：*Matteo Ricci and His Mission to China*）. 李基班，译. 漆谷：芬道出版社，1994.

孔飞力. 中华帝国晚期的叛乱及其敌人（Philip A. Kuhn. *Rebellion and its Enemies in Late Imperial China*：*Militarization and Structure*，1796–1864. Cambridge MA：Harvard University Press，1970（可参见谢亮生等的中译本，北京：中国社会科学出版社，1990）.

库尔茨. 16、17 和 18 世纪的中俄关系（Курц Б. Г. *Русско-китайские сношения в XVI*，*XVII и XVIII столетиях*. Харьков：Госиздат Украины，1929）.

拉斐尔·佩图奇. 对中国画家的批判性研究（Raphaël Petrucci. *Les peintres chinois*，*étude critique*. Paris，1912）.

拉斐尔·佩图奇. 如芥子般大小花园的绘画技法：《芥子园画传》，中国绘画百科全书（Raphaël Petrucci. *«Kiai-tseu-yuan houa tchouan»*，*les enseignements de la peinture du jardin grand comme un grain de moutarde*. Encyclopédie de la peinture chinoise. Paris，1912）.

拉斐尔·佩图奇. 远东艺术中的自然哲学：以 8 世纪至 18 世纪风景名家的原作为例（Raphaël Petrucci. *La philosophie de la nature dans l'art d'Extrême-Orient*：*illustré d'après les originaux des maîtres du paysage des VIII au XVIIIe*. Paris，1910）.

拉林. 旅俄华人的昨天和今天：历史概况（Ларин А. Г. *Китайцы в России вчера и сегодня*：*исторический очерк*. М.：Муравей，2003）.

拉林. 中国移民在俄罗斯（Ларин А. Г. *Китайские мигранты в России*. М.：Восточная книга，2009）.

拉塔·曼尼. 有争议的传统：殖民地时期印度的殉葬［Lata Mani. "Contentious Traditions：The Debate on SATI in Colonial India." *Cultural Critique*，Vol. 7（Autumn 1987）］.

莱昂·亨利. 1900 年北京北堂被困记：保罗·亨利舰长和他的 30 个船员（Léon Henry. *Le siège du Pé-t'ang dans Pékin en 1900*，*le commandant Paul Henry et ses trente marins*. Pékin，1921）.

赖德烈. 中国的发展（Kenneth Scott Latourette. *The Development of China*. Boston：Houghton Mifflin，1917）.

赖斯纳. 东方社会的演变：传统与现代的综合体（Л. И. Рейснер. *Эволюция восточных обществ：синтез традиционного и современного*. М.：Наука，1984）.

蓝莉. 中国的证言：1735 年耶稣会士杜赫德的志书（Isabelle Landry-Deron. *La preuve par la Chine. La «Description» de J. -B. Du Halde，jésuite，1735*. Paris：Éditions de l'École des hautes études en sciences sociales，2002）.

蓝诗玲. 鸦片战争：毒品、梦想与中国的涅槃（Julia Lovell. *The Opium War：Drugs，Dreams and the Making of China*. London：Picador，2012）（可参见刘悦斌的中译本，北京：新星出版社，2015）.

劳拉·德·乔尔吉. 油墨革命：中国新闻业历史脉络，1815—1937（*La rivoluzione d'inchiostro. Lineamenti di storia del giornalismo cinese 1815-1937*. Venezia：Cafoscarina，2001）.

勒内·格鲁塞. 中国史（René Grousset. *Histoire de la Chine*. Paris，1947）.

李辰冬.《红楼梦》研究（C. T. Lee. *Étude sur le Songe du Pavillon rouge*. Paris，1934）（可参见作者的中文改写本，重庆：正中书局，1942）.

李和承，洪成和. 战争与交流：台湾与中国东南. 首尔：东北亚历史财团，2012.

李和承. 中国高利贷研究. 首尔：书世界，2000.

李华川. 晚清一个外交官的文化历程. 北京：北京大学出版社，2004.

李怀印. 重构近代中国：中国历史写作中的想象与真实（Huaiyin Li. *Reinventing Modern China：Imagination and Authenticity in Chinese Historical Writing*. Honolulu：University of Hawaii Press，2013，chap. 2）.（可参见岁有生、王传奇的中译本，北京：中华书局，2013）.

李俊甲. 中国四川社会研究 1644—1911. 首尔：首尔大学出版

部，2002.

李龙范. 古代满洲关系. 首尔：韩国日报社，1975.

李龙范. 韩满交流史研究. 首尔：同和出版公社，1989.

李龙范. 中世满洲、蒙古史研究. 首尔：同和出版公社，1988.

李默德. 亚洲高地科学考察报告（1890—1895）（Fernand Grenard. *Mission scientifique dans la Haute-Asie 1890‑1895*. Paris，1897‑1898）.

李雄飞. 满王朝的御史，1616—1911［Li Hsiung-fei. *Les censeurs sous la dynastie mandchoue*（*1616‑1911*）. Paris，1936］.

李阳子. 袁世凯在朝鲜. 釜山：新知书院，2002.

里昂商会. 里昂在华商业考察团报告：1895—1897（Chambre de commerce de Lyon. *La mission lyonnaise d'exploration commerciale en Chine*，*1895‑1897*. Lyon，1898）.

理查德·霍夫施塔特. 美国思想史上的社会达尔文主义（Richard Hofstadter. *Social Darwinism in American Thought*. New York：G. Braziller，1965）（可参见郭正昭的中译本，台北：联经出版事业公司，1986）.

理雅各（又译作理雅格），沃尔瑟姆. 书经：理雅各《尚书》译本的现代版（James Legge and Clae Waltham. *Shu Ching*：*the Book of History*：*A Modernized Edition of the Translations of James Legge*. London：Allen & Unwin，1972）.

理雅各. 孔子生平及其学说［James Legge. *The Life and Teachings of Confucius*（*containing the Confucian Analects*，*the Great Learning and the Doctrine of the Mean*）*with Explanatory Notes*，*by J. Legge*. Chinese. Classics：Translated into English. Vol. 1，London，N. Trübner & Co，1867］.

梁启超. 先秦政治思想史（Leang K'i-tch'ao. *La conception de la loi et les théories des légistes à la veille des Ts'in*. *Extrait de l'Histoire des théories politiques à la veille des Ts'in*. Traduction，introduction et notes par Jean Escarra et Robert Germain. Préface de Georges Padoux. Pékin，1926）.

梁锡英. 明末以来在华基督教传教士与中国人思想的相遇与冲突

(Liang Si-ing. *La rencontre et le conflit entre les idées des missionnaires chrétiens et les idées des Chinois en Chine depuis la fin de la dynastie des Ming*. Paris，1940).

梁肇庭. 中国历史上的移民和族群性：客家人、棚民及其邻居（Sow-Theng Leong. *Migration and Ethnicity in Chinese History：Hakkas，Pengmin，and their Neighbors*. Stanford：Stanford University Press，1997）（可参见冷剑波、周云水的中译本，北京：社会科学文献出版社，2013).

林百克. 孙逸仙与中华民国（Paul Myron Wentworth Linebarger. *Sun Yat Sen and the Chinese Republic*. New York and London：Century，1925）（可参见高敬、范红霞的中译本，北京：东方出版社，2013).

林鹅峰，林凤冈，编. 华夷变态. 全 3 册. 东京：财团法人东洋文库，1958—1959（再刊：东京：东方书店，1981).

林惠海. 中支江南农村社会制度研究. 东京：有斐阁，1953.

林基中. 燕行录研究. 首尔：一志社，2006.

林基中，主编. 燕行录的世界. 首尔：景仁文化社，2015.

林素珊. 中国报业史（Lin Shu-shen. *Histoire du journalisme en Chine*. Avesne-sur-Helpe，1937).

弗拉吉. 引言及注释//林则徐. 俄罗斯国纪要（译自中文）(Линь Цзэсюй. *Основные сведения о Российском государстве*. Перевод с китайского，вступительная статья и комментарии С. Ю. Врадия. Владивосток：Изд-во Дальневосточного университета，1996).

临时台湾旧惯调查会. 清国行政法. 台北：临时台湾旧惯调查会，1905—1913.

临时台湾旧惯调查会. 台湾私法. 台北：临时台湾旧惯调查会，1909—1911.

铃木修次. 汉语与日本人. 东京：美铃书房，1978.

铃木智夫. 近代中国的地主制. 东京：汲古书院，1977.

铃木中正. 清朝中期史研究. 东京：燎原书房，1971（初印于爱知大学国际问题研究所，1952).

铃木中正. 围绕西藏的中印关系史. 东京：一桥书房，1962.

铃木中正. 中国史上的革命与宗教. 东京：东京大学出版会，1974.

凌纯声. 中国南方瑶族民族志研究（Ling Zeng Seng. *Recherches ethnographiques sur les Yao dans la Chine du Sud*. Paris，1929).

刘禾. 帝国的碰撞：从近代中西冲突看现代世界秩序的形成（Lydia H. Liu. *The Clash of Empires*：*The Invention of China in Modern World Making*. Cambridge MA：Harvard University Press，2004)（可参见杨立华的中译本，北京：生活·读书·新知三联书店，2009).

刘吉祥. 宋教仁与辛亥革命（K. S. Liew. *Struggle for Democracy*：*Sung Chiao-jen and the* 1911 *Chinese Revolution*. Berkeley：University of California Press，1971).

刘克甫，马利亚温，苏敏，切巴克萨洛夫. 十九世纪至二十世纪初的中国民族史（Крюков М. В. Малявин В. В. Софронов М. В. Чебоксаров Н. Н. *Этническая история китайцев в XIX-начале XX века*. М.：Наука，1993).

刘克甫，马利亚温，苏敏. 中世纪与近代之交的中国民族史（Крюков М. В. Малявин В. В. Софронов М. В. *Этническая история китайцев на рубеже средневековья и нового времени*. М：Наука，1987).

刘序枫. 漂流、漂流记、海难//桃木至朗，编. 海域亚细亚史研究入门. 东京：岩波书店，2008.

刘昭民. 中国历史上气候之变迁. 朴基水，车琼爱，译. 首尔：成均馆大学出版部，2005.

泷野正二郎. 关于清代乾隆年间常关征税额的一个考察. 九州大学东洋史论集. 2001，29.

卢基植. 努尔哈赤时期武官制度与财物分配//宋甲镐教授停年退任纪念论文集. 龟尾：永昌书林，1993.

卢奇亚诺·贝特克. 18 世纪早期的中国及西藏〔L. Peteck. *China and Tibet in the Early XVIIIth Century*，Leiden，Brill（1950），Seconda edizione rivista，Leiden，Brill，1972〕.

卢奇亚诺·贝特克. 西藏的贵族与政府，1728—1959（*Aristocracy and Government in Tibet 1728 - 1959*. Roma，Istituto Italiano per il

Medio ed Estremo Oriente，1973).

陆南. 李安德日记：中国神父、传教士和教廷公证人（1746—1763）(Adrien Launay. *Journal d'André Ly，prêtre chinois，missionnaire et notaire apostolique，1746 - 1763*. Paris，1906).

陆南. 满洲传教事业（Adrien Launay. *La Mission de Mandchourie*. Paris，1905). 阿德里安·罗奈：中国传教史：贵州传教（Adrien Launay. *Histoire des missions de Chine. Mission du Kouy-Tcheou*. Paris，1907 - 1908，3 volumes).

陆南. 外方传教会回忆录（Adrien Launay. *Mémorial de la Société des Missions étrangères*. Paris，1912 - 1916，2 volumes).

陆南. 西藏传教史（Adrien Launay，*Histoire de la Mission du Thibet*. Paris，1902，2 volumes).

陆南. 中国传教史：广东传教团（Adrien Launay. *Histoire des Missions de Chine. Mission du Kouang-*tong. Paris，1917).

陆南. 中国传教史：四川传教团（Adrien Launay. *Histoire des missions de Chine. Mission du Se-tchoan*. Paris，1920，2 volumes).

陆战史研究普及会，编. 明与清的决战. 东京：原书房，1968.

路康乐. 满与汉：清末民初的族群关系与政治权力（1861—1928）(Edward J. M. Rhoads. *Manchus and Han：Ethnic Relations and Political Power in Late Qing and Republican China，1861 - 1928*. Seattle：University of Washington Press，2000)（可参见王琴、刘润堂的中译本，北京：中国人民大学出版社，2010).

路康乐. 中国的共和革命：广东个案，1895—1913 (Edward Rhoads. *China's Republican Revolution：The Case of Kwangtung，1895 - 1913*. Cambridge MA：Harvard University Press，1975).

路易·埃尔芒. 江南（1842—1922）与南京（1922—1932）传教进程（Louis Hermand. *Les étapes de la mission du Kiangnan 1842 -1922 et de la mission de Nanking 1922 - 1932*. Shanghai，1933).

路易·卡尔波. 远去的北京（Louis Carpeaux. *Pékin qui s'en va*. Paris，Maloine，1913).

路易·拉罗依. 蒲松龄中国古代文本中的神奇故事（Louis Laloy.

Contes magiques d'après l'ancien texte chinois de P'ou Soung-Lin，Paris，1925）．

路易·拉罗依. 中国音乐（Louis Laloy. *La musique chinoise*. Paris，1903）．

伦纳德·高登（又译作高理宁），弗兰克·舒尔曼（又译作苏文）. 关于中国的博士论文，1945—1970（Leonard Gordon & Frank Shulman. *Doctoral dissertations on China*，*1945 - 1970*. Seattle/Londres，1972）．

罗伯特·毕可思. 瓜分中国：外国列强在清朝，1832—1914（Robert A. Bickers. *The Scramble for China*：*Foreign Devils in the Qing Empire*，*1832 - 1914*. London：Allen Lane，2011）．

罗伯特·赫德. 费正清，等编. 总税务司在北京：中国海关总税务司赫德致金登干书简（1868—1907）（Robert Hart. *The I. G. in Peking*：*Letters of Robert Hart*，*Chinese Maritime Customs*，*1868 - 1907*，ed. John King Fairbank et al. Cambridge，Mass：Belknap Press of Harvard University Press，1975）．

罗伯特·赫德. 凯瑟琳·F. 布鲁纳，约翰·K. 费正清，理查德·J. 司马富，编. 赫德日记——赫德与中国早期现代化（Robert Hart. *Robert Hart and China's Early Modernization*：*His Journals*，*1863 - 1866*，ed. Katherine Frost Bruner，John King Fairbank，and Richard J. Smith，Harvard East Asian Monographs：155，Cambridge，Mass：Council on East Asian Studies，Harvard University；London，1991）（可参见陈绛的中译本，北京：中国海关出版社，2005）．

罗伯特·纽曼. 欧文·拉铁摩尔与"失去"中国（Robert P. Newman. *Owen Lattimore and the "Loss" of China*. Berkeley；Oxford：University of California Press，1992）．

罗芙芸. 卫生的现代性：中国通商口岸卫生与疾病的含义（Ruth Rogaski. *Hygienic Modernity*：*Meanings of Health and Disease in Treaty-Port China*. Berkeley：University of California Press，2004）（可参见向磊的中译本，南京：江苏人民出版社，2007）．

罗曼诺夫. 俄国在满洲（1892—1906）：专制政体在帝国主义时代的

对外政策史纲〔Рома-нов Б. А. Россия в Маньчжурии（1892 – 1906）. *Очерки по истории внешней политики самодержавия в эпоху империализма.* Л.：Издат-ельство Ленинградского Восточного института，1928〕.

罗曼诺娃. 十九世纪至二十世纪初俄罗斯与中国在远东地区的经济关系（Романова Г. Н. *Экономические отношения России и Китая на Дальнем Востоке XIX-начало XX в.* М.：Издат. фирма «Вост. лит-ра» РАН，1987）.

罗茂锐. 中国及其邻邦（Morris Rossabi，ed. *China Among Equals：The Middle Kingdom and its Neighbors*，10th-14th *Centuries.* Berkeley：University of California Press，1983）.

罗溥洛. 近代早期中国的异议（Paul Ropp. *Dissent in Early Modern China：The "Ju-linwai-shih" and Ch'ing Social Criticism*，Ann Arbor：University of Michigan Press，1981）.

罗威廉. 汉口：一个中国城市的冲突和社区（1796—1895）.（William T. Rowe. *Hankow：Conflict and Community in a Chinese City*，*1796 - 1895.* Stanford：Stanford University Press，1989）（可参见鲁西奇、罗杜芳的中译本，北京：中国人民大学出版社，2008）.

罗威廉. 汉口：一个中国城市的商业和社会（William T. Rowe. *Hankow：Commerce and Society in a Chinese City*，*1796 - 1889.* Stanford：Stanford University Press，1984）（可参见江溶、鲁西奇的中译本，北京：中国人民大学出版社，2016）.

洛曼诺夫. 基督教与中国文化（Ломанов А. В. *Христианство и китайская культура.* М.：Восточная литература，2002）.

马德赉. 1911 年中国各府天主教图（Joseph Tardif de Moidrey S. J. *Carte des préfectures de Chine et de leur population chrétienne en 1911.* Shanghai，Imprimerie Tou-sé-wé，1913）.

马古礼. 中国文学史：散文（Georges Margouliès. *Histoire de la littérature chinoise：prose.* Paris，1949）.

马古礼. 中国文学史：诗歌（Georges Margouliès. *Histoire de la littérature chinoise：poésie.* Paris，1951）.

马古礼. 中国文学选集（Georges Margouliès. *Anthologie raisonnée*

de la littérature chinoise. Paris，1948).

马古礼. 中国艺术散文的演变（Georges Margouliès. *Évolution de la prose artistique chinoise*. Vienne，1929).

马骥. 清末法国的中国外交官，1878—1911（Ma Ji. *Les diplomates chinoise en France à la fin des Qing，1878‑1911*，thèse de doctorat，Université de Paris 7，2012).

马克·曼考尔. 以中国为中心：三百年来的外交政策（Mark Mancall. *China at the Center：300 Years of Foreign Policy*. New York：The Free Press，1984).

马立博. 虎、米、丝、泥：帝制晚期华南的环境与经济（Robert B. Marks. *Tigers，Rice，Silk，and Silt：Environment and Economy in Late Imperial South China*. New York and Cambridge：Cambridge University Press，1998)（可参见王玉茹、关永强的中译本，南京：江苏人民出版社，2012).

马塞尔·博代. 外国人在华司法状况（Marcel Baudez. *La condition juridique des étrangers en Chine*. Paris，1913).

马塞尔·特鲁什. 北京使馆区历史与司法研究（Marcel Trouche. *Le quartier diplomatique de Pékin：étude historique et juridique*. Rodez，1935).

马士. 东印度公司对华贸易编年史 1635—1834 年（Hosea Ballou Morse. *The Chronicles of the East India Company，Trading to China 1635‑1834*. Oxford：Clarendon Press，1926—1929)（可参见区宗华的中译本，广州：广东人民出版社，2016).

马士. 中朝制度考（Hosea Ballou Morse. *The Trade and Administration of the Chinese Empire*. Revised edition. London：Longmans，Green & Co. 1913).

马士. 中国之行会（Hosea Ballou Morse. *The Gilds of China*. London：Longmans Green，1909)（可参见彭泽益主编的《中国工商行会史料集》，北京：中华书局，1995).

马士. 中华帝国的贸易与行政（Hosea Ballou Morse. *The Trade and Administration of China*. London and New York：Longmans，

Green，revised edition，1913).

马士. 中华帝国对外关系史（Hosea Ballou Morse. *The Interna-tional Relations of the Chinese Empire*，1910‑1918. Reprinted Taibei：Ch'eng-wen，1978)（可参见张汇文的中译本，上海：上海世纪出版社，2006).

马西尼. 现代汉语的形成及其向民族语言的演变：1840—1898 时期（F. Masini. *The Formation of Modern Chinese Lexicon and Its Evolu-tion toward a National Language*：*The Period from 1840 to 1898*. Berkeley：University of California，1993，tradotto in cinese e pubbli-cato da Hanyu dacidian chubanshe，Shanghai，1997)（可参见中文版，上海：汉语大辞典出版社，1997).

马雅茨基，主编并编译. 卢奇，梅利尼科娃，编译. 北京民间画艺人周培春集（十九世纪末至二十世纪初). 圣彼得堡国立大学高尔基科学图书馆东方部库藏. ［*Собрание пекинских народных картин художника Чжоу Пэй-чуня（конец XIX-начало XX века）в фонде Восточного отдела Научной библиотеки им. М. Горького Санкт-Петербургского государственного университета*/Ответственный редактор и составитель Д. И. Маяцкий. Составители П. В. Рудь，Ю. С. Мыльникова. СПб.：Издательство Студия «НП-Принт»，2016］.

马扎亚尔. 井上照丸，译. 支那农业经济论. 东京：学艺社，1935［原著是《中国农业经济（1928)》的 1931 年改订版］.

玛德琳·保罗-大卫. 中国艺术及其风格（Madeleine Paul-David. *Arts et styles de la Chine*. Paris，1953).

玛丽·蒂芬. 中国岁月——赫德爵士和他的红颜知己（Mary Tiffen. *Friends of Sir Robert Hart*：*Three Generations of Carrall Women in China*. Crewkerne：Tiffania，2012)（可参见戴宁、潘一宁的中译本，桂林：广西师范大学出版社，2017).

玛丽娜·米兰达. 论东夷努尔哈赤考//乔瓦尼·斯达里，主编. 清朝历史资料（M. Miranda. "Das *Dongyi Nurhaci kao*"，Giovanni Stary：*Materialen zur Vorgeschichte der Qing-Dynastie*，Wiesbaden：O. Harrassowitz Verlag，1996：57‑63).

玛丽娜·米兰达. 清朝行政的官员与权力（1644—1911）：两位满族官员的典型职业生涯//东方研究·杂志副刊：2　第 LXXIII 卷第 1—4 册. 比萨-罗马：2000 ［M. Miranda. *Funzionari e potere nell'amm-inistrazione Qing*（*1644 - 1911*）：*le carriere esemplari di due funzionari mancesi*，Supplemento n. 2 alla Rivista degli Studi Orientali，vol. LXXIII，fasc. 1 - 4，Pisa-Roma，2000］.

玛西. 论 1898—1978 年间中国改革中康有为的《大同书》和谭嗣同的《仁学》两部作品（E. Masi. "A proposito delle due opere *Da Tong shu* di Kang Youwei e *Ren Xue* di Tan Sitong." in *Le riforme del 1898 e del 1978 in Cina*，Roma，Associazione Italia-Cina，1999）.

麦大伟. 杜希德（David McMullen. "Denis Twitchett." In *Proceedings of the British Academy*，Volume 166，*Biographical Memoirs of Fellows*，*IX*，ed. Ron Johnston，OUP/British Academy：Proceedings of the British Academy 166，2011）.

满铁调查部. 中国农村惯行调查. 全 6 卷. 东京：岩波书店，1952—1958.

曼素恩. 缀珍录：十八世纪及其前后的中国妇女（Susan Mann. *Precious Records*：*Women in China's Long Eighteenth Century*. Stanford：Stanford University Press，1997）（可参见定宜庄等的中译本，南京：江苏人民出版社，2004）.

梅尔清. 浩劫之后：太平天国战争与 19 世纪中国（Tobie Meyer-Fong. *What Remains*：*Coming to Terms with Civil War in Nineteenth-Century China*. Stanford：Stanford University Press，2013）.

梅尔清. 清初扬州文化（Tobie Mayer-Fong. *Building Culture in Early Qing Yangzhou*. Stanford：Stanford University Press，2003）（可参见朱修春的中译本，上海：复旦大学出版社，2004）.

梅谷. 满族统治中国的起源［Franz Michael. *The Origins of Manchu Rule in China*：*Frontier and Bureaucracy as Intersecting Forces in the Chinese Empire*. Baltimore：The Johns Hopkins University Press，1942 (dedicated to Owen Lattimore)］.

梅谷. 太平叛乱：历史和文献（Franz Michael. *The Taiping Rebel-*

lion：*History and Documents*. Three volumes，Seattle：University of Washington Press，1966 – 1971).

梅利克谢托夫，主编. 中国史：第 3 册（*История Китая*/Под редакцией А. В. Меликсетова. 3-е издание. М.：Издательский дом 《ОНИКС 21 век》，2004).

梅欧金. 祖先、处女和天主教方济会：作为帝制中国晚期地方性宗教的基督教（E. Menegon. *Ancestors*，*Virgins*，*and Friars*. *Christianity as a Local Religion in Late Imperial China*. Cambridge Mass，Harvard University Press，2009).

门多萨. 斯当东，译. 中华大帝国史（Juan González de Mendoza，trans. George Thomas Staunton. *The History of the Great and Mighty Kingdom of China and the Situation Thereof*. London：Hakluyt Society，1853)（可参见孙家堃的中译本，北京：中央编译出版社，2009).

蒙思明. 总理衙门：组织与功能（S. M. Meng. *The Tsungi Yamen*：*Its Organization and Functions*. Cambridge：Harvard University Press，1962).

米塔. 牡蛎壳中的大洋，中国旅人对欧洲的发现（译自中文）. (*L'oceano in un guscio d'ostrica. Viaggiatori cinesi alla scoperta dell'Europa*（trad. dal cinese). Roma：Theoria，1989).

米歇尔·金. 生死之间：19 世纪中国的杀女婴现象（Michelle King. *Between Birth and Death*：*Female Infanticide in Nineteenth-Century China*. Stanford：Stanford University Press，2014).

米亚斯尼科夫. 谋略：精确的科学//哈罗·冯·桑格尔. 战略 1—36：有关中国生活和生存的艺术：三千年智慧的真正体现（Мясников В. С. *Стратагематика-наука точная*//Харро фон. Зенгер，Стратагемы 1 - 36：о китайском искусстве жить и выживать：истинное воплощение трехтысячелетней мудрости. М.：Эксмо，2014).

米亚斯尼科夫. 十七世纪的清帝国与俄国（Мясников В. С. *Цин и Русское государство в XVII веке*. М.：Наука，1980).

米亚斯尼科夫. 条约业已证明：17—19 世纪中俄边界外交史（Мясников В. С. *Договорными статьями утвердили*：*Дипломатическая история русско-*

китайской границы XVII-XIX вв. М.：Мособлупрполиграфиздат，1996).

米亚斯尼科夫. 一个汉学家的卡斯塔利亚圣泉（七卷本）：第 1 卷
（Мясников В. С. *Кастальский ключ китаеведа*：*Соч. В 7 томах.* М.：
Наука，2014).

闵斗基. 中国近代改革运动研究：以康有为为中心的 1898 年改革运
动. 首尔：一潮阁，1985.

闵斗基. 中国近代史研究：绅士阶层之思想与行为. 首尔：一潮
阁，1973.

摩伦. 古代迄今中国艺术史（Georges Soulié. *Histoire de l'art chinois de l'antiquité jusqu'à nos jours*. Paris，1928).

摩伦. 治外法权与外国在华利益（Georges Soulié. *Exterritorialité et intérêts étrangers en Chine*. Paris，1925).

摩伦. 中国近代戏剧与音乐，兼论中国音乐的技术研究与钢琴改编
（Georges Soulié. *Théâtre et musique modernes en Chine：avec une étude technique de la musique chinoise et transcription pour piano*. Paris，1926).

摩伦. 中国针灸术［Georges Soulié. *L'Acupuncture chinoise*. Paris，1939–1941，2 volumes (édition complétée en 5 volumes. Paris，1957)].

末广昭，编. 岩波讲座"帝国"日本的学知：第 6 卷 作为地域研究
对象的亚洲. 东京：岩波书店，2006.

莫里斯·弗里德曼. 中国东南宗族组织（Maurice Freedman. *Lineage Organization in Southeastern China*). 金光億，译. 首尔：大光文化社，1989.

莫里斯·杜邦. 中国家具［Maurice Dupont. *Les meubles de la Chine* (deuxième série). Paris，1926].

莫里斯·帕雷奥洛格. 中国艺术（Maurice Paléologue. *L'art chinois*. Paris，1887).

莫里斯·亚当. 从《日下旧闻考》看北京地区的风俗习惯（Maurice Adam. *Us et coutumes de la région de Pékin，d'après le Je sia kieou wen k'ao*. Pékin，1930).

莫斯特，坎贝恩. 丝绸·思路：从 1600 年开始的中国与荷兰

(Tristan Mostert & Jan van Campen，*Silk Thread：China and the Netherlands from 1600*，Amsterdam：Rijksmuseum/Nijmegen：Vantilt，2015).

莫秀兰. 中国的地方政府与社会化：帝国末期至民国初年四川地方自治（M. Di Togni. *Governo locale e socializzazione in Cina. L'autogoverno locale nel Sichuan tra fine Impero e inizio Repubblica.* Alessandria：Edizioni dell'Orso，2007).

莫伊谢耶娃. 十八世纪的清帝国和萨彦-阿尔泰部落（Моисеева В. А. *Цинская империя и народы СаяноАлтая в XVIII в.* М.：Наука，1983).

牧野巽. 牧野巽著作集：第6卷. 东京：御茶之水书房，1985.

穆盛博. 近代中国的渔业战争与环境变化（Micah S. Muscolino. *Fishing Wars and Environmental Change in Late Imperial and Modern China.* Cambridge MA：Harvard University Asia Center，2009)（可参见胡文亮的中译本，南京：江苏人民出版社，2015).

娜塔莉·莫奈. 从马扎然到贝尔坦：1668—1793年皇家图书馆中文藏书的飞速发展（Nathalie Monnet. «De Mazarin à Bertin，l'essor de la collection chinoise de la Bibliothèque royale entre 1668 et 1793»，in Marie-Laure de Rochebrune，comp. *La Chine à Versailles. Art et diplomatie au XVIIIe siècle.* Paris：Somogy，2014).

楠木贤道. 从江户时代到近代的清初史研究之潮流——以荻生北溪撰，荻生徂徕增补订正《建州始末记》为中心//神田信夫先生古稀纪念论集——清朝与东亚. 东京：山川出版社，1992.

楠木贤道. 江户时代知识人所理解的清朝//冈田英弘，编. 清朝是什么?. 东京：藤原书店，2009.

楠木贤道. 清初对蒙古政策史研究. 东京：汲古书院，2009.

内藤湖南. 内藤湖南全集. 全14卷. 东京：筑摩书房，1970—1976.

内藤湖南研究会，编. 内藤湖南的世界. 名古屋：河合文化教育研究所，2001.

内藤湖南，纂订. 满蒙丛书. 东京：满蒙丛书刊行会，1919—1922.

尼基福罗夫. 中国史概要：公元前两千年至二十世纪初

（Никифоров В. Н. *Очерк истории Китая：II тысячелетие до н. э. — начало XX столетия*. М.：Институт Дальнего Востока РАН，2002）.

聂仲迁. 鞑靼统治下的中国历史（Adrien Greslon，*Histoire de la Chine sous la domination des Tartares*，Paris：J. Henault，1671）.

涅波姆宁，梅尼施科夫. 在过渡社会中合成（Непомнин О. Е. Меньшиков В. Б. *Синтез в переходном обществе*. М.：Восточная литература，1999）.

涅波姆宁，主编. 从古代至二十一世纪初的中国史：十卷本：第六卷：清朝（1644—1911）［*История Китая с древнейших времен до начала XXI века：в 10 томах. Т. 6：Династия Цин（1644 - 1911）*/Ответственный редактор О. Е. Непо-мнин. М.：Наука，2015］.

涅波姆宁. 中国经济史（1864—1894）［Непомнин О. Е. *Экономическая история Китая*.（1864 - 1894）. М.：Наука，1974］.

涅波姆宁. 中国历史：清王朝——十七至二十世纪早期（Непомнин О. Е. *История Китая：Эпоха Цин-XVII-начало XX в*. М.：Восточная литература，2005）.

欧立德. 满洲之道：八旗制度与清代的族群认同（Mark C. Elliott，*The Manchu Way：The Eight Banners and Ethnic Identity in Late Imperial China*. Stanford：Stanford University Press，2001）.

欧内斯特·格朗迪迪耶. 中国制瓷术（Ernest Grandidier，*La céramique chinoise*. Paris，1894）.

欧仁·樊高. 20 世纪中国医学（Eugène Vincent，*La médecine en Chine au XXe siècle*. Paris，1915）.

欧仁·西蒙. 中国城邦（Eugène Simon，*La Cité chinoise*. Paris，1885）.

欧文·拉铁摩尔. 历史中的内亚边疆（Owen Lattimore，*Studies in Frontier History；Collected Papers，1928 -1958*. London；New York：Oxford University Press，1962）（该书中译本由袁剑翻译，即将在商务印书馆出版）.

欧文·拉铁摩尔. 中国的历史和革命（Owen Lattimore. *History and Revolution in China*. Lund：Student litteratur，1970）.

欧文·拉铁摩尔. 中国的亚洲内陆边疆（Owen Lattimore. *Inner Asian Frontiers of China*. New York：American Geographical Society，1940）（可参见唐晓峰的中译本，南京：江苏人民出版社，2017）.

欧文·拉铁摩尔，埃莉诺·拉铁摩尔. 现代中国形成简史〔Owen and Eleanor Lattimore. *China*：*A Short History*. New York：Norton，1947（first edition 1944）〕（参见陈芳芝、林幼琪的中译本，北京：商务印书馆，1962）.

帕莱福. 鞑靼征服中国史（Juan de Palafox y Mendoza. *Histoire de la conqueste de la Chine par les Tartares. Contenant plusieurs choses remarquables touchant la religion，les mœurs et les coutumes de ces deux nations，et principalement de la dernière. Écrite en espagnol et traduite en français par le Sieur Collé*，Paris：Antoine Bertier，1670）.

帕忒·察特杰. 民族主义思想与殖民地世界（Partha Chatterjee. *Nationalist Thought and the Colonial World*：*A Derivative Discourse*，Minneapolis：University of Minnesota Press，1986）（可参见范慕尤、杨曦的中译本，南京：译林出版社，2007）.

潘敬，辜鸿铭，译. 中国故事〔*Contes chinois*，traduits par Panking et Kou Hong-ming. Pékin，1924（collection «La Politique de Pékin»）〕.

裴化行. 洪若翰神父中国和暹罗游历记（1685—1687）（Henri Bernard. *Le voyage du Père de Fontaney au Siam et à la Chine*，*1685 - 1687，d'après des lettres inédites*. Tientsin，1942）.

裴化行. 利玛窦神父对中国科学的贡献（Henri Bernard，S. J. *L'apport scientifique du Père Mathieu Ricci à la Chine*. Tientsin，1935）.

裴化行. 利玛窦神父与当时的中国社会（Henri Bernard. *Le Père Mathieu Ricci et la Société chinoise de son temps*. Tientsin，1937，2 volumes）.

裴化行. 19 世纪前西方文化对满洲和朝鲜的影响（Henri Bernard. *En Mandchourie et en Corée*：*influence culturelle de l'Occident avant le XIX siècle. Tientsin*，1940）.

裴化行. 欧文著作的中文编译目录（以时间为序）：从葡萄牙人到广

州至法国传教团到北京（1514—1688）（Henri Bernard. *Les adaptations chinoises d'ouvrages européens. Bibliographie chronolog-ique depuis la venue des Portugais à Canton jusqu'à la mission française de Péking 1514 -1688*. Pékin，1945）.

裴化行. 中国智慧与基督教哲学：论两者之间的历史联系（Henri Bernard. *Sagesse chinoise et philosophie chrétienne，essai sur leurs relations historiques*. Tientsin，1935）.

裴永东. 明末清初思想. 首尔：民音社，1992.

裴祐晟，等. 国译承文院编《同文汇考》敕谕、犯禁、刷还史料. 首尔：东北亚历史财团，2013.

彭慕兰. 大分流（Kenneth Pomeranz. *The Great Divergence：China，Europe，and the Making of the Modern World Economy*. Princeton：Princeton University Press，2000）（可参见史建云的中译本，南京：江苏人民出版社，2004）.

片冈一忠. 从朝贺规定看清朝与外藩、朝贡国的关系（首次发表于1998 年，收入氏著《中国官印制度研究》，东京：东方书店，2008）.

皮埃尔·梅尔滕斯. 中国的金色传奇：东南直隶传教团生活场景（Pierre Mertens. S. J. *La Légende dorée en Chine：scènes de la vie de mission au Tche-li sud-est*，Lille，1920）.

平野义太郎. 会、会首、村长（首次发表于1941 年，后收入平野义太郎《大亚细亚主义的历史基础》，东京：河出书房，1945）.

颇节（又译作鲍吉耶）. 中国图识（Guillaume Pauthier. *Chine ou Description historique，géographique et littéraire de ce vaste empire，d'après des documents chinois. Première partie，comprenant un résumé de l'histoire et de la civilisation chinoises depuis les temps les plus anciens jusqu'à nos jours*. Paris，1837）.

颇节. 中国文明及其古代历史研究，以当地文字记录和遗迹为基础（G. Pauthier. *Mémoires sur l'antiquité de l'histoire et de la civilisation chinoises d'après les écrivains et les monuments indigènes*. Paris，1868）.

颇节. 中华帝国官方统计文献集（Guillaume Pauthier. *Documents*

statistiques officiels de l'empire de la Chine. Paris，1841).

濮德培. 中国西进：大清对中亚的征服（Peter C. Perdue. *China Marches West*：*The Qing Conquest of Central Eurasia*. Cambridge MA：The Belknap Press of Harvard University Press，2005).

濮兰德，贝克豪. 慈禧统治下的大清帝国（J. O. P. Bland and Edmund Backhouse. *China under the Empress Dowager*：*Being the History of the Life and Times of Tzŭ Hsi*. London：W Heinemann，1912)（可参见牛秋实、杨中领的中译本，天津：天津人民出版社，2008).

朴基水，李和承，等. 中国传统商业惯例与近现代商人意识的变迁. 坡州：韩国学术情报，2016.

朴基水，李和承，等. 中国传统商业惯例在东亚. 坡州：韩国学术情报，2012.

朴齐家. 北学议. 首尔：乙酉文化社，2011.

朴殷植. 韩国独立运动之血史. 南晚星，译. 首尔：瑞文堂，1999.

朴殷植. 韩国痛史. 李章熙，译. 首尔：博英社，1996.

朴元熇. 崔溥《漂海录》译注. 首尔：高丽大学出版部，2005.

朴元熇. 明清徽州宗族史研究. 首尔：知识产业社，2002.

朴元熇. 明清徽州宗族史研究. 首尔：知识产业社，2002.

朴趾源. 燕岩集. 首尔：民族文化推进会，2004.

浦廉一. 关于汉军（乌真超哈）//桑原博士还历纪念东洋史论丛. 东京：弘文堂，1931.

浦廉一. 关于清朝的木兰行围//山下博士还历纪念东洋史论文集.

普意雅. 北京及其周边（G. Bouillard. *Péking et ses environs*. Pékin，Albert Nachbaur éditeur，1921 - 1925，12 fascicules).

齐赫文斯基. 对清朝统治中国论述的几点思考（与涅波姆宁的书相关）//齐赫文斯基论文集：第 6 卷［Тихвинский С. Л. Некоторые соображения по освещению маньчжурского правления в Китае（в связи с книгой О. Е. Непомнина）//*Тихвинский С. Л. Избранные произведения*. Т. 6. Доп. М.：Наука，2012］.

齐赫文斯基，主编. 近现代时期的中国和邻居（Тихвинский С. Л.

Китай и соседи в новое и новейшее время. М.：Наука，1982).

齐赫文斯基. 齐赫文斯基作品选集（五卷本）：第 1 卷（Тихвинский *С. Л. Избранные произведения в 5 книгах*. Т. 1. М.：Наука，2006).

齐赫文斯基. 十八世纪俄中关系：档案与文件：第 1，2，3，5，6 卷（Тихвинский С. Л. *Русско-китайские отношения в XVIII веке. Материалы и документы*，М.：Наука/Памятники исторической мысли，1978 - 2016).

齐赫文斯基. 十九世纪俄中关系：档案与文件：第 1 卷：1803—1807（Тихвинский С. Л. *Русскокитайские отношения в XIX веке. Том 1：1803 - 1807. Материалы и документы*. /Отв. ред. акад. С. Л. Тихвинский. М.：Памятники исторической мысли. 1995).

齐赫文斯基. 十九世纪末中国的改革运动和康有为（Тихвинский С. Л. *Движение за реформы в Китае в конце XIX века и Кан Ю-вэй*. М.：Издательство восточной литературы，1959).

齐赫文斯基. 十七世纪俄中关系：档案与文件：第 1—2 卷（Тихвинский С. Л. *Русскокитайские отношения в XVII веке. Материалы и документы*，М.：Наука，1969，1972).

齐赫文斯基. 孙中山：外交政策观和实践（1885—1925 年中国人民的民族解放斗争史）［Тихвинский С. Л. *Сунь Ятсен：Внешнеполитические воззрения и практика（Из истории национально-освободительной борьбы китайского народа 1885 - 1925 гг.*）. М.：Международные отношения，1964］.

齐赫文斯基. 中国变法维新运动和康有为. 北京：生活·读书·新知三联书店，1962.

齐赫文斯基. 中国的历史和当代（Тихвинский С. Л. *История Китая и современность*. М.：Наука，1976).

齐赫文斯基，主编. 满洲在中国的统治（*Маньчжурское владычество в Китае. Отв*. Редактор С. Л. Тихвинский. М.：Наука，1966).

齐赫文斯基，主编. 孙中山百年诞辰——文章、回忆录和资料汇编（1866—1966）（*Сунь Ятсен，1866 - 1966. К столетию со дня рождения. Сборник статей，материалов и воспоминаний/Отв*. редактор С. Л.

Тихвинский. М.：Наука，1966).

齐赫文斯基，主编. 中国近代史（*Новая история Китая*/Под ред. С. Л. Тихвинского. М.：Наука，1972)（可参见中译本，北京：生活·读书·新知三联书店，1974).

旗田巍. 中国村落与共同体理论. 东京：岩波书店，1973.

钱泰. 中国的立法权（Tsien T'ai. *Le pouvoir législatif en Chine.* Paris，1914).

钱婉约. 内藤湖南研究. 北京：中华书局，2004.

乔纳森·斯科. 佛教在中国：许理和文集（Jonathan A. Silk. *Buddhism in China：Collected Papers of Erik Zürcher.* Leiden：Brill，2013).

乔瓦尼·斯达里. 踏着满族文化的足迹（1644—1994)：征服北京后350年（Giovanni Stary. *On the Tracks of Manchu Culture，1644 - 1994：350 Years after the Conquest of Peking.* Wiesbaden).

乔瓦尼·斯达里. 满族研究：一个国际参考书目（G. Stary. *Manchu Studies. An International Bibliography*，Wiesbaden，Harrassowitz，3 vols. 1990，XI).

乔治·布里索-德斯玛耶. 1910 年 3 月 1 日中国军队的状况（Georges Brissaud-Desmaillet. *Situation de l'armée chinoise au 1ᵉʳ mars 1910.* Paris，1910).

乔治·迪巴比耶. 近代中国史（Georges Dubarbier. *Histoire de la Chine moderne.* Paris，1926).

乔治·科尔迪埃. 云南的穆斯林（Georges Cordier. *Les Musulmans au Yunnan*，Hanoi，1927).

乔治·马斯佩罗. 中国（Georges Maspero. *La Chine.* Paris，1918).

乔治·苏利埃. 法国在华耶稣会功绩史［Georges Soulié. *L'épopée des jésuites français en Chine（1534 - 1928).* Paris，1928］.

切卡诺夫. 1853—1868 年中国的捻军起义（Чеканов Н. К. *Восстание няньцзюней в Китае. 1853 - 1868 гг.* М.：Издательство восточной литературы，1963).

清水盛光. 支那社会的研究. 东京：岩波书店，1939.

丘多杰耶夫. 1911 年中国革命的前夕：自由主义地主—资产阶级反对派的宪政运动（Чудодеев Ю. В. *Накануне революции 1911 г. в Китае. Конституционное движение либеральной буржуазно-помещичьей оппозиции*. М.：Наука，1966）.

丘凡真，裴祐晟. 国译承文院编《同文汇考》疆界史料. 首尔：东北亚历史财团，2008.

丘凡真，裴祐晟. 国译承文院编《同文汇考》犯越史料（1—4 卷）. 首尔：东北亚历史财团，2008—2012.

丘凡真. 朝鲜时期外交文书研究：分析朝鲜与明清两朝之间交换过的文书形式. 首尔：韩国古典翻译院，2013.

丘凡真. 吏文译注：上中下. 首尔：世昌出版社，2012.

丘凡真. 清国：喀迈拉的帝国. 首尔：民音社，2012.

屈纳. 中国近代政治史纲要（Кюнер Н. В. *Очерки новейшей политической истории Китая*. Хабаровск-Владивосток：Издательство «Книжное дело»，1927）.

瞿同祖. 清代地方政府（Ch'u T'ung-Tsu, *Local Government in China under the Ch'ing*. Cambridge：Harvard University Press 1962）.

全海宗. 韩国与东洋. 首尔：一潮阁，1973.

全海宗. 韩中关系史研究. 首尔：一潮阁，1970.

冉玫烁. 早期的中国革命家：1902—1911 年沪浙的激进知识分子（Rankin. *Early Chinese Revolutionaries：Radical Intellectuals in Shanghai and Chekiang，1902 - 1911*. Cambridge MA：Harvard University Press，1971）.

冉玫烁. 中国的精英活动与政治变迁：浙江省，1865—1911（Mary Backus Rankin. *Elite Activism and Political Transformation in China：Zhejiang Province，1865 - 1911*. Stanford：Stanford Univer-sity Press，1986）.

让·米寿. "偶然的"民族志学者：云南与东京边境的法国天主教传教团（1880—1930）（Jean Michaud. '*Incidental*' *Ethnographers：French Catholic Missions on the Tonkin-Yunnan Frontier，1880 -*

1930，Leiden，2007）.

让·R. 贝兰. 北京庙宇游记，附麟庆出游札记选段［Jean R. Baylin. *Visite aux temples de Pékin*；*extraits du carnet de voyage de Lin K'ing*. Pékin，1921（réédition augmentée，1929）］.

让·埃斯卡拉（又译作让·爱斯嘉拉）. 外国人在华租界制度（Jean Escarra. *Le régime des concessions étrangères en Chine*. Paris，1929）.

让·埃斯卡拉. 中国法：观念与演变，立法与司法机构，科学与教育（Jean Escarra. *Le droit chinois，conception et évolution，institutions législatives et judiciaires，science et enseignement*. Pékin/Paris，1936）.

让·埃斯卡拉. 中国与国际法（Jean Escarra. *La Chine et le droit international*. Paris，1931）.

让·爱斯嘉拉. 中国：过去与现在（Jean Escarra，*La Chine：passé et présent*. Paris，1937）.

让·弗雷代. 开启中国：法国领事查理·德·蒙蒂尼（Jean Fredet. *Quand la Chine s'ouvrait：Charles de Montigny，consul de France*. Shanghai，1943）.

让·罗德. 中国革命生活的场景，1911—1914［Jean Rodes. *Scènes de la vie révolutionnaire en Chine（1911 - 1914］*. Paris，1917］.

让·罗德. 中国与1910—1911年立宪运动［Jean Rodes. *La Chine et le mouvement constitutionnel（1910 - 1911）*. Paris，1913］.

让·罗德. 中国政治十年：革命前的天朝（Jean Rodes. *Dix ans de politique chinoise - le Céleste Empire avant la Révolution*. Paris，1914）.

让·罗德. 中国政治十年：满族的终结（Jean Rodes. *Dix ans de politique chinoise - La fin des Mandchous*. Paris，1919）.

让-玛丽·塞德斯. 一个司铎的灵魂：中国神父李安德（1672—1775）［Jean-Marie Sédès. *Une âme sacerdotale：le prêtre chinois André Ly（1672 - 1775）*. Paris，1943］.

让-约瑟夫·马尔凯·德·瓦瑟洛. 中国瓷器（Jean-Joseph Marquet de Vasselot. *La céramique chinoise*. Paris，1922，2 volumes）.

任桂淳. 白头山定界碑与朝鲜、清朝之间乙酉、乙亥过境会谈. 首尔：白山资料院，1998.

任桂淳. 韩国北方领土. 首尔：白山资料院，1998.

入江昭. 跨越太平洋：美国和东亚的历史内幕（Akira Iriye. *Across the Pacific：An Inner History of American-East Asian Relations*. New York：Harcourt Brace，1967）.

芮玛丽，主编. 革命中的中国：第一阶段，1900—1913 年（Mary Clabaugh Wright. *China in Revolution：The First Phase，1900 - 1913*，New Haven：Yale University Press，1968）.

萨莫伊洛夫. 十七至二十世纪初的俄罗斯与中国：社会文化互动的趋势、形式和阶段（Самойлов Н. А. *Россия и Китай в XVII-начале XX века：тенденции，формы и стадии социокультурного взаимодействия*. СПб.：Издательство С. -Петербургского университета，2014）.

桑原骘藏. 中等东洋史//桑原骘藏全集：第 4 卷. 东京：岩波书店，1968.

涩谷裕子. 清代徽州休宁县的棚民像. 山本英史，编. 传统中国的地域像. 东京：庆应义塾大学出版会，2000.

森谷克己. 亚细亚生产方式论. 东京：育生社，1937.

森纪子. 清代四川的盐业资本//小野和子，编. 明清时代的政治与社会. 京都：京都大学人文科学研究所，1983.

森正夫. 论 1645 年太仓州沙溪镇乌龙会之乱//中山八郎教授花甲纪念明清史论丛. 东京：燎原书店，1977（后收入氏著《森正夫明清史论集》，东京：汲古书院，2006）.

森正夫. 明末社会关系中的秩序变动//名古屋大学文学部三十周年纪念论集. 名古屋：名古屋大学文学部，1979（后收入氏著《森正夫明清史论集》，东京：汲古书院，2006）.

森正夫：奴变、抗租//谷川道雄，森正夫，编. 中国民众叛乱史：4—明末～清Ⅱ. 东京：平凡社，1983（后收入《森正夫明清史论集》）.

森正夫. 中国前近代史研究中的地域社会的视点//名古屋大学文学部研究论集. 1982，1983（后收入《森正夫明清史论集》）.

沙畹. 中国民俗艺术中愿望的表达（Édouard Chavannes. *De l'expr-*

ession des vœux dans l'art populaire chinois. Paris，1922).

山本进. 明清时代的商人与国家. 东京：研文出版，2002.

山本进. 清代财政史研究. 东京：汲古书院，2002.

山本英史. 清代中国的地域支配. 东京：庆应义塾大学出版会，2007.

山田智，等编. 内藤湖南和对亚细亚的认识. 东京：勉诚出版，2013.

杉山清彦. 大清帝国的形成与八旗制. 名古屋：名古屋大学出版会，2015.

杉山清彦. 汉军旗人李成梁一族//岩井茂树，编. 中国近世社会的秩序形成. 京都：京都大学人文科学研究所，2004.

杉山正明. 中央欧亚的历史构图//岩波讲座世界历史 11. 东京：岩波书店，1997.

上村希美雄. 宫崎兄弟传：全 6 册（日本篇 2 册，福冈：苇书房，1974；亚洲篇 3 册，福冈：苇书房，1987—1999；完结篇 1 册，熊本：宫崎兄弟传完结篇刊行会，2004).

申采浩. 朝鲜上古史. 首尔：萤雪出版社，1983.

神田信夫. 关于传至日本的"清三朝实录"之来历//日本所藏清代档案史料的面貌. 东京：财团法人东洋文库清代史研究室，1993（后收入《清朝史论考》).

神田信夫荻生徂徕的《满文考》与《清书千字文》//清朝史论考. 东京：山川出版社，2005（首次发表于《第六届中国域外汉籍国际学术会议论文集》，台北：联合报文化基金会国学文献馆，1993).

盛成. 经历了中国革命的我与我的母亲（Cheng Tcheng，*Ma mère et moi à travers la révolution chinoise*. Paris，1929).

盛成. 我的母亲（Cheng Tcheng. *Ma mère*. Préface de Paul Valéry. Paris，1928).

师克勤. 中国的父权（F. Scherzer. *La puissance paternelle en Chine*. Paris，1878).

施阿兰. 1893—1897 年：我在中国的使命（A. Gérard. *Ma mission en Chine，1893 - 1897*. Paris，1918).

施坚雅. 中国农村的市场和社会结构（William G. Skinner. *Market-ing and social structure in Rural China*），梁必承，译. 首尔：新书苑，2000.

施坚雅. 中华帝国晚期的城市（Skinner，ed. *The City in Late Imperial China*. Stanford：Stanford University Press，1977）（可参见叶光庭等的中译本，北京：中华书局，2000）.

石滨裕美子. 清朝与西藏佛教——成为菩萨王的乾隆帝. 东京：早稻田大学出版部，2011.

石滨裕美子. 西藏佛教世界的历史性研究. 东京：东方书店，2001.

石达开. 石达开日记：太平天国战争的一些片段（Shih Ta-k'ai. *Le journal de Che Ta-k'ai» épisodes de la guerre des Tai-ping*：*traduit par Li Choen*. Pékin，1927）.

石桥崇雄. 关于顺治初纂《大清太宗文皇帝实录》满文本//松村润先生古稀纪念清代史论丛. 东京：汲古书院，1994.

石桥崇雄. 满洲（Manju）王朝论——清朝国家论序说//森正夫，等编. 明清时代史的基本问题. 东京：汲古书院，1997.

石桥崇雄. 清朝国家论//岩波讲座世界历史 13：东亚、东南亚传统社会的形成. 东京：岩波书店，1998.

石桥秀雄. 清代史研究. 东京：绿荫书房，1989.

史华罗. 中国历史中的情感文化——对明清文献的跨学科文本研究（P. Santangelo. *Sentimental Education in Chinese History. An Interdisciplinary Textual Research in Ming and Qing Sources*，Leiden：Brill，2003 trad. Cinese，Beijing：Shangwu，2009）.

史华罗. 中国明清的人类良知与责任感（P. Santangelo. "Human Conscience and Responsibility in Ming-Qing China"，in *East Asian History*，transl. by Mark Elvin，1993）.

史华罗. 中国之爱情——对中华帝国数百年来文学作品中爱情问题的研究（P. Santangelo. *L'amore in Cina，attraverso alcune opere letterarie negli ultimi secoli dell'impero*，Napoli，Liguori，1999 trad. Cinese.）（可参见王军、王苏娜的中译本，北京：中国社会科学出版社，2012）.

史景迁. 改变中国：在中国的西方顾问（Jonathan D. Spence. *The China Helpers：Western Advisers in China，1620－1960*. London：Bodley Head，1969）（可参见温洽溢的中译本，桂林：广西师范大学出版社，2014）.

史景迁. 王氏之死：大历史背后的小人物命运（Jonathan D. Spence. *The Death of Woman Wang*. Harmondsworth：Penguin，1978）（可参见李孝恺的中译本，桂林：广西师范大学出版社，2011）.

史景迁. 中国皇帝：康熙自画像（Jonathan D. Spence. *Emperor of China：Self-portrait of K'ang-hsi*. London：Jonathan Cape，1974）（可参见吴根友的中译本，上海：上海远东出版社，2005）.

史景迁. 追寻现代中国（Jonathan D. Spence. *The Search for Modern China*. London：Hutchinson，1990）（可参见黄纯艳的中译本，上海：上海远东出版社，2005）.

史式徽. 江南传教史（Joseph de La Servière，S. J. *Histoire de la mission du Kiang-Nan*，Zika-wei，Imprimerie de l'Orphelinat，1914，2 volumes）.

史式徽. 江南新传教团（1840—1922）［Joseph de La Servière，S. J. *La nouvelle mission du Kiang-nan（1840－1922）*. Shanghai，1925］.

史式徽. 耶稣会在华早期传教团，1552—1914（Joseph de La Servière，S. J. *Les anciennes missions de la compagnie de Jésus en Chine，1552－1914*. Shanghai，1924）.

市古宙三. 近代中国的政治与社会. 东京：东京大学出版会，1971.

首尔大学东洋史学研究室，编. 讲座中国史：1—7 卷. 首尔：知识产业社，1989.

司徒琳，主编. 清帝国在世界历史时间中的形成（Lynn A. Struve，ed. *The Qing Formation in World Historical Time*. Cambridge MA：Harvard University Asia Center，2004）（可参见赵世瑜等的中译本，北京：生活・读书・新知三联书店，2009）.

斯当东. 对华商务观察报告（George Thomas Staunton. *Observations on Our Chinese Commerce；Including Remarks on the Proposed Reduction of the Tea Duties，Our New Settlement at Hong Kong， and the Opium Trade*, Lond, 1850).

斯当东. 关于乔治·斯当东于 1843 年 4 月 4 日在下议院就阿什利勋爵对鸦片贸易的态度所作演讲的更正报告（George Thomas Staunton, 'Corrected report of the speech of Sir George Staunton, on Lord Ashley's motion on the opium trade, in the House of Commons, April 4, 1843: with introductory remarks and an appendix', *Hume Tracts*, 1843, http://www. jstor. org/stable/60212203).

斯当东. 小斯当东回忆录（George Thomas Staunton. *Memoirs of the Chief Incidents of the Public Life of Sir George Thomas Staunton, Bart*. London: L. Booth, 1856）（可参见屈文生的中译本，上海：上海人民出版社，2015）.

斯当东，译. 大清律例（George Thomas Staunton. *Ta Tsing Leu Lee: Being the Fundamental Laws, and a Selection from the Supplementary Statutes, of the Penal Code of China; Originally Printed and Published in Pekin, in Various Successive Editions, under the Sanction, and by the Authority, of the Several Emperors of the Ta Tsing, or Present Dynasty*. London: Cadell and Davies, 1810）.

斯蒂芬妮·施拉德，编. 向东看：鲁本斯与东方的相遇（Stephanie Schrader, ed. *Looking East: Rubens's Encounter with Asia*, Los Angeles: The J. Paul Getty Museum, 2013）.

斯拉德科夫斯基. 俄中贸易经济关系史（至 1917）［Сладковский М. И. *История торгово-экономических отношений народов России с Китаем (до 1917 г.)*. М.: Наука, 1974］.

斯塔尼斯拉斯·米约. 1901 年 4 月的北京和皇宫，附有十六幅古迹和风光图（*Pékin et ses palais en avril 1901, avec 16 vues de sites et momuments*. Paris, Leroux, 1916）.

斯特凡·田中（Stefan Tanaka）. *Japan's Orient: Rendering Pasts into History*. Berkeley: University of California Press, 1993.

寺内威太郎. "满鲜史"研究与稻叶岩吉//寺内威太郎，等. 殖民地主义与历史学——其视野中留下了什么?. 东京：刀水书房，2004.

松村润. 明清史论考. 东京：山川出版社，2008.

松村润. 清太祖实录研究. 东京：东北亚文献研究会，2001.

松浦茂. 间宫林藏在特林遇到的中国人//日本所藏清代档案史料的面貌. 东京：财团法人东洋文库清代史研究室，1993（后收入氏著《清朝的阿穆尔政策与少数民族》,京都：京都大学学术出版会，2006）.

松浦茂. 清朝的阿穆尔政策与少数民族. 京都：京都大学学术出版会，2006.

松浦章. 清代海外贸易史研究. 京都：朋友书店，2002.

宋美玲. 清代中央政府决策机构与政治势力. 首尔：慧眼，2005.

宋怡明. 中华帝国晚期的血缘、家族及继承（Michael Szonyi. *Practicing Kinship*：*Lineage and Descent in Late Imperial China*. Stanford：Stanford University Press，2002）.

宋正洙. 康熙年间乡村社会与乡村支配：以乡约、保甲制度确立过程为中心. 首尔：慧眼，1996.

宋正洙. 中国近世乡村社会史研究：明清乡约、保甲制的形成与发展. 首尔：慧眼，1997.

苏成捷. 中华帝国晚期的性、法律和社会（Matthew H. Sommer. *Sex，Law，and Society in Late Imperial China*. Stanford：Stanford University Press，2000）.

苏慧廉. 中国三大宗教：牛津讲座合辑（William Edward Soothill. *The Three Religions of China*：*Lectures Delivered at Oxford*，3rd ed. London：Oxford University Press，1929）.

苏山罗. 十九世纪下半叶东干族起义和白彦虎在其中的作用（Сушанло М. *Дунганское восстание второй половины XIX века и роль в нем Бай Янь-ху*. Фрунзе：Киргосиздат，1959）.

孙晶. 逼真的幻象：约翰·纽霍夫的中国图像（Jing Sun. "The Illusion of Verisimilitude：Johan Nieuhof's Images of China." Ph. D. diss. Leiden Univ. 2013）.

孙中山. 孙中山作品选集（译自中文）（Сунь Ятсен. *Избранные произведения*/*Перевод с китайского*. М.：Наука，1964）.

谭永亮. 汉蒙相遇与传教努力：圣母圣心会鄂尔多斯（河套）传教史（1874—1911）[Patrick Taveirne，*Han-Mongol Encounters and Mi-*

ssionary Endeavors：A History of Scheut in Ordos（Hetao），1874 - 1911 Leuven：Leuven Univ. Press，2004］（可参见古伟瀛、蔡耀伟等的中译本，台北：光启文化事业，2012）.

汤若望. 裴化行，编. 中国历法修订时期大事纪略（Johann Adam Schall von Bell. *Relation historique des événements qui se produisirent à l'occasion de la correction du calendrier chinois. Lettres et mémoires，édités par Henri Bernard. Texte latin avec traduction française.* Tientsin，1942）.

藤冈胜二，译. 满文老档：全3卷. 东京：岩波书店，1939.（另外，鸳渊一、户田茂喜、今西春秋、三田村泰助等学者发表了节译、与满文实录的对校本等。）

田村实造，编. 明代满蒙史研究. 京都：京都大学文学部，1963.

田海. 讲故事：中国历史上的巫术与替罪（Barend ter Haar. *Telling Stories：Witchcraft and Scapegoating in Chinese History.* Leiden：Brill，2006）（可参见赵凌云等的中译本，上海：中西书局，2017）.

田海. 仪式与中国三合会：创建身份（Barend ter Haar. *Ritual and mythology of the Chinese Triads：Creating an Identity.* Leiden：Brill，1998）.

田海. 中国历史上的白莲教（*The White Lotus Teachings in Chinese Religious History.* Leiden：Brill，1992）（可参见刘平、王蕊等的中译本，北京：商务印书馆，2017）.

田炯权. 中国近代社会经济史研究. 北京：中国社会科学出版社，1997.

田炯权. 中国近现代湖南社会：中国近现代社会经济史研究. 首尔：慧眼，2009.

田山茂. 蒙古法典研究. 东京：日本学术振兴会，1967.

田山茂. 清代蒙古的社会制度. 东京：文京书院，1954.

田中正俊. 民变、抗租奴变//筑摩世界的历史11：摇荡的中华帝国. 东京：筑摩书房，1961（后收入《田中正俊历史论集》，东京：汲古书院，2004）.

田中正俊. 起来的农民们——十五世纪中国的农民暴动//民主主义科学者协会历史部会, 编. 世界史讲座: 2. 东京: 三一书房, 1954 (后收入《田中正俊历史论集》).

田中正俊. 西欧资本主义与旧中国社会的解体//仁井田陞博士追悼论文集编辑委员会. 前近代亚洲的法与社会. 东京: 劲草书房, 1967 (后收入氏著《中国近代经济史研究序说》, 东京: 东京大学出版会, 1973).

图里琛. 斯当东, 译. 异域录 [George Thomas Staunton and Tulišen. *Narrative of the Chinese Embassy to the Khan of the Tourgouth Tartars, in the Years 1712, 13, 14, & 15.* Arlington, VA: University Publications of America, 1976 (1821)].

外务省调查部, 译. 蒙古社会制度史 (Б. Я. Владимирцов, *Общественный Строй Монголовэ: Монгольский Кочевой Феодализм*, Ленинград, 1934) (东京: 日本国际协会, 1937; 东京: 生活社, 1941).

王岹瑛. 纳兰性德: 1655—1685 (Wang Soo-Ying, *Na-lan Singtö, 1655 - 1685.* Paris, 1937).

王国斌. 转变的中国: 历史变迁与欧洲经验的局限 (R. Bin Wong. *China Transformed: Historical Change and the Limits of European Experience.* Ithaca: Cornell University Press, 1997) (可参见李玲玲、李伯重等的中译本, 南京: 江苏人民出版社, 2010).

王亚新, 等编. 明清时期的民事审判与民间契约. 北京: 法律出版社, 1998.

韦尔博洛斯基, 瓦尔拉芬斯, 编. 科学的轨迹: 高延的生平与著述 (R. J. Zwi Werblowsky, ed. by Harmut Walravens, *The Beaten Track of Science: The Life and Work of J. J. M. de Groot*, Wiesbaden: Harrassowitz, 2002).

维克多·利伯曼. 超越二元历史: 欧亚大陆再造 (Victor Lieberman, ed. *Beyond Binary Histories: Re-imagining Eurasia to c. 1830*, Ann Arbor: University of Michigan Press, 1999).

卫匡国. 鞑靼对华战史 (鞑靼战纪) (Martino Martini. *Histoire de la guerre des Tartares contre la Chine. Contenant les révolutions étranges qui sont arrivées dans ce grand royaume depuis quarante ans. Traduite du latin du P. Martini*，*de la Compagnie de Jésus*，Paris：J. Henault，1654）［可参见戴寅的中译本，见《清史译文》（内部资料），中国人民大学清史研究所资料室编，1980 年第 1 期］.

卫三畏. 中国总论（S. Wells Williams. *The Middle Kingdom*：*A Survey of the Geography*，*Government*，*Education*，*Social Life*，*Religion*，*etc. of the Chinese Empire and its Inhabitants*，2 volumes，New York：Wiley and Putnam，1848）（可参见陈俱的中译本，上海：上海古籍出版社，2014）.

卫思韩. 使团与幻想：1666 年至 1687 年出访康熙帝的荷兰与葡萄牙使臣（John E. Wills Jr. *Embassies and Illusions*：*Dutch and Portuguese Envoys to K'ang-hsi*，*1666–1687*. Cambridge：Council on East Asian Studies，1984）.

魏斐德. 大门口的陌生人：1839—1861 年间华南的社会动乱（Frederic Wakeman，Jr. *Strangers at the Gate*：*Social Disorder in South China 1839–1861*. Berkeley：University of California Press，1966）（可参见王小荷的中译本，北京：新星出版社，2017）.

魏斐德. 中华帝制的衰落（Frederic E. Wakeman. *Fall of Imperial China*）. 金义卿，译. 首尔：艺典社，1987（可参见邓军的中译本，合肥：黄山书社，2010）.

魏丕信. 十八世纪中国的官僚制度与荒政（Pierre-Etienne Will，*Bureaucratie et Famine en Chine au 18e siècle*）. 郑哲雄，译. 首尔：民音社，1995.

魏若望，编. 南怀仁（1623—1688）：耶稣会士、科学家、工程师和外交家［John W. Witek，ed. *Ferdinand Verbiest*（*1623–1688*），*Jesuit Missionary*，*Scientist*，*Engineer and Diplomat*（Monumenta Serica Monograph Series XXX），Nettetal（Steyler Verlag），1994］［可参见中译文《传教士·科学家·工程师·外交家南怀仁（1623—1688）》，收入《鲁汶国际学术研讨会论文集》，北京：社会科学文献出版社，2001］.

魏斯金，门诺·琼克. 野蛮人与哲学家：荷兰黄金时期的中国形象

（Thijs Weststeijn & Menno Jonker. *Barbaren & wijsgeren*：*Het beeld van China in de Gouden Eeuw*. Nijmegen：Vantilt，2017）.

魏英邦. 1871—1922 年中国的蒙古和西藏政策（Wei Ying Pang. *La politique chinoise en Mongolie et au Tibet de 1871 à 1922*. Paris，1948）.

魏浊安. 风流浪子的朋友：帝制晚期的男性同性恋与男性气概（G. Vitiello. "The Libertine's Friend：Homosexuality and Masculinity in Late Imperial China." Chicago：The University of Chicago Press，2011）.

翁毅阁. 江南教会现状录（直译为《中国传教会：江南传教团 1842—1855 年关于当时状况的记录，随附有关 1851—1855 年起义的信件》）（Nicolas Broullion. *Missions de Chine*. *Mémoire sur l'état actuel de la mission du Kiangnan*，*1842‑1855*，*suivi de lettres relatives à l'insurrection* 1851‑1855. Paris，1855）.

沃洛霍娃. 在华外国传教士（1901—1920）［Волохова А. А. *Иностранные миссионеры в Китае*（*1901‑1920 гг.*），М.：Наука，1969］.

吴金成. 国法与社会习惯：明清时代社会经济史研究. 首尔：知识产业社，2007.

吴金成. 矛盾之共存：明清江西社会研究. 首尔：知识产业社，2007.

吴金成. 明末清初江南的都市发达和无赖//陈怀仁，编. 明史论文集. 合肥：黄山书社，1997.

吴金成. 王朝交替期间区域社会的统治阶级：以明末清初福建社会为例. 首尔大学东洋史学研究室，编. 近世东亚国家与社会. 首尔：知识产业社，1998.

吴金成. 中国近世社会经济史研究：绅士阶层之形成与其历史作用. 首尔：一潮阁，1986.

吴金成，等著. 明末清初社会研究. 首尔：한울아카데미（Han-Ul Academy），1990.

吴劳丽. 帝国与汗国：清朝与浩罕汗国的政治关系史，约 1760—

1860 年（Laura Newby. *The Empire and the Khanate：A Political History of Qing Relations with Khoqand*，C. 1760‐1860. Leiden：Brill，2005）.

吴一立. 育龄妇女：晚清中国的医学、隐喻和分娩（Yi-li Wu. *Reproducing Women：Medicine，Metaphor，and Childbirth in Late Imperial China*. Berkeley：University of California Press，2010）.

五井直弘. 近代日本与东洋史学. 东京：青木书店，1976.

西村和代. 论明末清初的奴仆//小野和子，编. 明清时代的政治和社会. 京都：京都大学人文科学研究所，1983.

西嶋定生. 古代东亚细亚世界与日本. 东京：岩波书店，2000.

西季赫苗诺夫. 中国的满族统治者（Сидихменов В. Я. *Маньчжурские правители Китая*. М.：Наука，1985）.

西里喜行. 册封体制崩溃时期的诸问题//探索冲绳文化的源流. 复归 20 周年纪念冲绳研究国际研讨会执行委员会，1994）（后收入氏著《清末中琉日关系史研究》，京都：京都大学学术出版会，2005）.

西马诺夫斯卡娅. 1628—1645 年中国伟大的农民战争（Симоновская Л. В. *Великая крестьянская война в Китае 1628‐1645 гг*. М.：Учпедгиз，1958）.

西蒙尼亚. 东方国家：发展道路（Симония Н. А. *Страны Востока：пути развития*. М.：Наука，1975）.

细谷良夫. 清朝中期八旗汉军的重组//石桥秀雄，编. 清代中国的诸问题. 东京：山川出版社，1995.

细谷良夫，编. 中国东北地区的清朝史迹——1986—1990 年：科研费成果报告书第 3 册. 仙台：梅村坦，1991（非卖品）.

细谷良夫，编. 清朝史研究的新天地——田野调查与文书资料. 东京：山川出版社，2008.

下中邦彦. 东洋史料集成. 全一卷. 第 4 篇：中国. 东京：平凡社，1956.

夏尔·库赞·德·蒙托邦. 库赞·德·蒙托邦将军回忆录：1860 年对华远征（Charles Cousin de Montauban. *L'Expédition de Chine de 1860；souvenirs du général Cousin de Montauban，comte de Palikao*， *publiés par son petit-fils*. Paris，1932）（可参见王大智、陈娟的中译本，《蒙托邦征战中国回忆录》，上海：中西书局，2011).

相田洋. 白莲教的成立及其发展——中国民众的变革思想的形成//青年中国研究者会议，编. 中国民众叛乱的世界. 东京：汲古书院，1976.

香坂昌纪. 清朝中期的国家财政与关税收入//明清时代的法与社会和田博德教授古稀纪念. 东京：汲古书院，1993.

萧公权：中国乡村：论 19 世纪的帝国控制（Kung-chuan Hsiao，*Rural China：Imperial Control in the Nineteenth Century*. Seattle：University of Washington Press，1960）（可参见张皓、张升等的中译本，台北：联经出版事业股份有限公司，2014).

萧金芳. 启发开明专制思潮的中国（Siao King-fang. *La Chine inspiratrice du despotisme éclairé*. Paris，1939).

小岛晋治：太平天国//筑摩世界的历史：11 摇荡的中华帝国. 东京：筑摩书房，1961.

小岛晋治. 太平天国革命//岩波讲座世界历史：21 近代. 东京：岩波书店，1971.

小岛晋治. 太平天国革命的历史和思想. 东京：研文出版，1978.

小岛淑男. 清末民国初期浙江省嘉兴府周边的农村社会//山崎先生退官纪念东洋史学论集. 东京：大安，1967（后收入氏著《近代中国的农村经济和地主制》，东京：汲古书院，2005).

小岛毅. 从地域出发的思想史//沟口雄三，等编. 在亚洲思考：1 交错的亚洲. 东京：东京大学出版会，1993.

小林一美. 太平天国前夕长江三角洲的农民斗争//东京教育大学亚洲史研究会，编. 东洋史学论集：8 近代中国农村社会史研究. 东京：大安，1967.

小林一美. 义和团战争与明治国家. 东京：汲古书院，1986.

小山正明. 赋役制度的改革//岩波讲座世界历史：12 中世 6. 东京：岩波书店，1971（后收入氏著《明清社会经济史研究》，东京：东京大学出版会，1982).

小山正明. 明代的十段法：（一），（二）//前近代亚洲的法与社会——仁井田陞博士追悼论文集：第一卷. 东京：岩波书店，1967（后收入氏著《明清社会经济史研究》，东京：东京大学出版会，1982）.

小沼孝博. 朝与中亚草原——从游牧民世界到帝国边境. 东京：东京大学出版会，2014.

小竹文夫. 近世支那经济史研究. 东京：弘文堂书房，1942.

谢马诺夫. 慈禧太后的生活（Семанов В. И. *Из жизни императрицы Цыси*. М.：Наука，1976）.

谢宁，译介. 中国近代进步思想家作品选集（1840—1898）（*Избранные произведения прогрессивных китайских мыслителей нового времени，1840‐1898/Перевод с китайского*. Вступительная статья Н. Г. Сенина. М.：Издательство Академии Наук СССР，1961）.

谢文孙. 珠三角的农户起义与市场层级，1911//伊懋可，施坚雅，主编. 两个世界之间的中国城市（Winston Hsieh. "Peasant Insurrection and the Marketing Hierarchy in the Canton Delta，1911." Mark Elvin and G. William Skinner，eds. *The Chinese City between Two Worlds*. Stanford：Stanford University Press，1974）.

熊远报. 清代徽州地域社会史研究. 东京：汲古书院，2003.

休·特雷费·罗珀. 北京的隐士：巴克斯爵士的隐蔽生活（Hugh Trevor-Roper. *Hermit of Peking*：*The Hidden Life of Sir Edmund Backhouse*. London：Papermac，1986）（可参见胡滨、吴乃华的中译本，济南：齐鲁书社，1986）.

徐家汇汉学部. 大清江南的中国教士（Zi-Ka-Wei. Bureau sinologique，*Clergé chinois au Kiang-nan sous les Ta-tsing*. Shanghai，1933）.

许涤新，吴承明，主编. 中国资本主义发展史：第一卷. 北京：人民出版社，1985.

许理和. 佛教和基督教：佛教、基督教和中国社会（会议，法兰西学院文集）〔Erik Zürcher. *Bouddhisme，christianisme et société chinoise*（Conférences，essais et leçons du Collège de France），Paris：Julliard，1990〕.

许理和. 佛教与基督教在中国的传播：自发扩散与引导性传播

(Erik Zürcher. "The Spread of Buddhism and Christianity in Imperial China: Spontaneous Diffusion Versus Guided Propagation." In *China and the West: Proceedings of the International Colloquium*, Brussels: Paleis der Academiën, 1993).

许理和. 李九功与《慎思录》相遇与对话——明末清初中西文化交流国际学术研讨会文集 [Erik Zürcher. "Li Jiugong and His Meditations (*Shensi lu*)." In *Encounters and Dialogues: Changing Perspectives on Chinese-Western Exchanges from the Sixteenth to Eighteenth Centuries* (Monumenta Serica Monograph Series 51), edited by Wu Xiaoxin, Nettetal: Steyler Verlag, 2005, 71-92] (可参见王绍祥、林金水的中译本, 北京: 文化出版社, 2003: 72-95).

许理和. 耶稣会的融合与中国文化强制性//孟德卫, 编. 中国礼仪之争 [Erik Zürcher. "Jesuit Accommodation and the Chinese Cultural Imperative." In *The Chinese Rites Controversy* (Monumenta Serica Monograph Series 33), edited by D. E. Mungello. Nettetal: Steyler Verlag, 1994].

薛凤. 工开万物: 17 世纪中国的知识与技术 (Dagmar Schäfer. *The Crafting of the 10,000 Things: Knowledge and Technology in Seven-teenth-Century China*. Chicago: University of Chicago Press, 2011) (可参见吴秀杰、白岚玲的中译本, 南京: 江苏人民出版社, 2015).

薛君度. 黄兴与中国革命 [Chun-tu Hsueh (Xue Jundu). *Huang Hsing and the Chinese Revolution*. Stanford: Stanford University Press, 1961] (可参见杨慎之的中译本, 长沙: 湖南人民出版社, 1980).

雅金甫. 雅金甫的"第二"和"第三"专辑. 米亚斯尼科夫和瓦西里耶娃前言, 瓦西里耶娃制作出版 [*«Второй» и «третий» альбомы о. Иакинфа (Н. Я. Бичурина)* /Вступ. статьи В. С. Мясникова и О. В. Васильевой, подготовка к изданию О. В. Васильевой. СПб.: Рос. нац. б-ка, 2012].

雅金甫. 研究与评论 [*«Первый альбом» о. Иакинфа (Н. Я. Бичурина)*: исследования и комментарии/Составитель О. В. Васильева. СПб.: Рос.

нац. б-ка，2010].

雅科夫列娃. 1689 年中俄第一个条约（Яковлева П. Т. *Первый русско-китайский договор 1689 года*. М.：Издательство АН СССР，1958）.

雅克・巴科. 摩梭人：摩梭人种、信仰、语言和文字研究（Jacques Bacot. *Les Mo-So：ethnographie des Mo-so，leurs religions，leur langue et leur écriture*，Leiden，1913）.

雅克・巴科. 反抗的西藏：走向西藏人的应许之地乃白玛科，附一位在法藏人的感想（Jacques Bacot. *Le Tibet révolté. Vers Népémakö，la Terre promise des Tibétains，suivi des impressions d'un Tibétain en France*. Paris，1912）.

亚历山大・布鲁. 百年传教史（1815—1934）：19、20 世纪的耶稣会传教士（Alexandre Brou，S. J. *Cent ans de missions. 1815‐1934. Les jésuites missionnaires au XIXe et au XXe siècle*. Paris/Besançon，1935）.

亚纳・索尔代. 惹人垂涎的书籍：马扎然图书馆的希伯来语和犹太文化文献收藏（Yann Sordet. «Des livre fort convoités：les hebraica et judaica de la bibliothèque de Mazarin». Paris，2017）.

岩井茂树. 清代的互市与"沉默外交"//夫马进，编. 中国东亚外交交流史研究. 京都：京都大学学术出版会，2007.

岩井茂树. 十六、十七世纪的中国边境社会//小野和子，编. 明末清初的社会与文化. 京都：京都大学人文科学研究所，1996.

岩井茂树. 十六世纪中国对交易秩序的摸索——互市的现实与其认识//岩井茂树，编. 中国近世社会的秩序形成. 京都：京都大学人文科学研究所，2004.

岩井茂树. 武进县"实征堂簿"与田赋征收机构//夫马进，编. 中国明清时代地方档案研究. 京都：京都大学大学院文学研究科东洋史研究室，2000.

岩井茂树. 武进县的田赋推收与城乡关系//森时彦，编. 中国近代的城市与农村. 京都：京都大学人文科学研究所，2001.

岩井茂树. 中国近世财政史研究. 京都：京都大学学术出版会，

2004.

岩生成一. 南洋日本町的研究. 东京：南亚文化研究所，1940.

叶菲莫夫. 1911 年的中国革命（Ефимов Г. В. *Революция 1911 года в Китае*. М.：Учпедгиз，1959）.

叶菲莫夫. 孙中山和中国资产阶级革命［Ефимов Г. В. *Буржуазная революция в Китае и Сунь Ятсен*（1911 - 1913 гг.）. М.：Наука，1974］.

叶菲莫夫. 中国的外交政策（1894—1899）（Ефимов Г. В. *Внешняя политика Китая. 1894 - 1899 гг.* М.：Госполитиздат，1958）.

叶菲莫夫. 中国近现代史纲要（Ефимов Г. В. *Очерки по новой и новейшей истории Китая*. М.：Госполитиздат，1949）.

一桥大学新闻部. 经济学研究之指南//东洋经济史编六：中国近代经济史（村松祐次执笔）. 东京：春秋社，1953.

伊柳舍奇金. 太平天国农民战争（Илюшечкин В. П. *Крестьянская война тайпинов*. М. 1967）.

伊懋可. 大象的退却：一部中国环境史（Mark Elvin. *Retreat of the Elephants：An Environmental History of China*，New Haven；London：Yale University Press，2004）（可参见梅雪芹、毛利霞等的中译本，南京：江苏人民出版社，2014）.

伊懋可. 中国官吏与千禧年信徒：关于 1899—1900 年义和团运动的思考［Mark Elvin. "Mandarins and Millenarians：Reflections on the Boxer Uprising of 1899 - 1900." *Journal of the Anthropological Society of Oxford*，1979，10（3）］.

伊懋可. 中国历史之范式（Mark Elvin. *The Pattern of the Chinese Past*）. 李春植，金贞姬，任仲爀，译. 首尔：新书苑，1989.

伊懋可，施坚雅. 两个世界间的中国城市（Mark Elvin and G. William Skinner，eds. *The Chinese City between Two Worlds*. Stanford：Stanford University Press，1974）.

易劳逸. 家族、土地与祖先：近世中国四百年社会经济的常与变. 李升辉，译. 首尔：Dol-Bae-Gae，1999（Lloyd E. Eastman. *Family，Fields，and Ancestors：Constancy and Change in China's Social and*

Economic History，*1550－1949*）（可参见苑杰的中译本，重庆：重庆出版社，2019）.

尹海东，张信，等编. 帝国日本的历史学与"朝鲜". 首尔：昭明出版，2018.

尹南汉. 朝鲜时代阳明学研究. 首尔：集文堂，1982.

尹贞粉. 中国近世经世思想研究——以丘濬之经世书为中心. 首尔：慧眼，2002.

英国汉学协会. 英国汉学研究指南（British Association for Chinese Studies. *A Guide to Chinese Studies in Britain*. London：British Association for Chinese Studies，1991）.

英国伦敦东方学研究中心财政委员会，雷伊勋爵. 雷伊报告（由英国财政部任命的委员会审议伦敦东方研究组织的报告：附任命此委员会的会议记录和信件的副本，以及附录：它在国王的命令下提交议会两院）（Great Britain，Treasury Committee on the Organisation of Oriental Studies in London，and Donald James Mackay Reay. *Report of the Committee Appointed by the Lords Commissioners of His Majesty's Treasury to Consider the Organisation of Oriental Studies in London：With Copy of Minute and Letter Appointing the Committee*，*and Appendices：Presented to Both Houses of Parliament by Command of His Majesty*. London：Eyre and Spottiswoode，1909，143）.

楢木野. 清代重要职官研究. 东京：风间书房，1975.

于纯璧. 北京：王权的威严（Alph-onse Hubrecht，*Grandeur et suprématie de Péking*. Pékin，Imprimerie des Lazaristes，1928）.

于纯璧. 惊人大屠杀中的天津殉难者（1870 年 6 月 21 日）[Alphonse Hubrecht. *Une effroyable hécatombe：les martyrs de Tientsin（21 juin 1870）*，*d'après des documents contemporains*. Pékin，1928].

于纯璧. 遣使会士与北京传教（Alphonse Hubrecht. *La Mission de Péking et les Lazaristes*. Pékin，1939）.

俞长根. 近代中国的区域社会与国家权力. 首尔：新书苑，2004.

俞长根. 近代中国秘密结社：以广东天地会为例. 首尔：高丽苑，1996.

羽田亨，编著. 满和辞典. 京都：京都帝国大学满蒙调查会，1937.

羽田明. 中央亚史研究. 京都：临川书店，1982.

鸳渊一. 关于清初的八固山额真——清初八旗研究之一幕//山下博士还历纪念东洋史论文集. 东京：六盟馆，1938.

鸳渊一. 清初摆牙喇考//稻叶博士还历纪念满鲜史论丛. 京城（首尔）：稻叶博士还历纪念会，1938.

元廷植. 明清闽南社会与宗族的发展：以永春县桃源刘氏为例//首尔大学东洋史学研究室，编. 近世东亚国家与社会. 首尔：知识产业社，1998.

元廷植. 宗族形成的空间与文化：以 15—16 世纪福建新县为中心. 首尔：与德是出版社，2012.

园田一龟. 鞑靼漂流记研究. 奉天（沈阳）：南满洲铁道株式会社，1939（再刊：东京：原书房，1980；改题再刊：鞑靼漂流记. 东京：平凡社，1991）.

园田一龟. 清朝皇帝东巡研究. 大阪：大和书院，1944.

约瑟夫·屈埃诺. 在黑旗军的故乡：广西传教团（Joseph Cuenot, *Au pays des Pavillons-noirs：la mission du Kouangsi*，Hong Kong，1925）.

约瑟夫·许恩斯. 说部甄评（Joseph Schyns, *Romans à lire et romans à proscrire*. Tientsin，1946）.

约索，维拉特，编. 北京的钦天监监正南怀仁（1623—1688）〔Henri Josson & Léopold Willaert eds. *Correspondance de Ferdinand Verbiest de la Compagnie de Jésus*（*1623 - 1688*），*directeur de l'Observatoire de Pékin*. Bruxelles：Palais des Académies，1938〕.

曾小萍. 州县官的银两：18 世纪中国的合理化财政改革（Madeleine Zelin. *The Magistrate's Tael：Rationalizing Fiscal Reform in Eighteenth-Century Ch'ing China*. Berkeley：University of California Press，1984）（可参见董建中的中译本，北京：中国人民大学出版社，2005）.

曾小萍. 自贡商人：近代早期中国的企业家（Madeleine Zelin. *The Merchants of Zigong：Industrial Entrepreneurship in Early Modern*

China. New York：Columbia University Press，2005）（可参见董建中的中译本，南京：江苏人民出版社，2014）.

增渊龙夫. 关于历史家对同时代史的考察. 东京：岩波书店，1983.

扎林娜，利夫施茨. 英帝国主义在中国（1896—1901）［Зарина Л. Л. Лифшиц С. Г. *Британский империализм в Китае*（*1896 - 1901 гг.*). М.：Наука，1970］.

翟理斯（又译作翟理思）. 中国和满人（Herbert Allen Giles. *China and the Manchus*. Cambridge. Manuals of Science and Literature. Vol. 49，Cambridge：Cambridge University Press，1912）.

张仲礼. 中国绅士：关于其在 19 世纪中国社会中作用的研究（Chung-li Chang. *The Chinese Gentry*：*Studies in Their Role in Nineteenth-Century China*. Seattle：University of Washington Press，1955）（可参见李荣昌的中译本，上海：上海社会科学院出版社，1991）.

张仲礼. 中国绅士. 金汉植，郑诚一，金钟健，译. 首尔：新书苑，1993.

张仲礼. 中国绅士的收入（Chung-li Chang. *The Income of the Chinese Gentry*. Seattle：University of Washington Press，1962）（可参见费成康、王寅通的中译本，上海：上海社会科学院出版社，2001）.

张仲礼. 中国绅士——关于其在 19 世纪中国社会中作用的研究（Chung-Li Chang. *The Chinese Gentry*：*Studies and Their Role Nineteenth Century Chinese Society*. Washington：University of Washington Press，1955）.

赵尔巽，等. 清史稿：第 10 册. 北京：中华书局，1977.

赵刚. 清朝面向大海：中国的海洋政策（1684—1757）（Gang Zhao. *The Qing Opening to the Ocean*：*Chinese Maritime Policies*，*1684 - 1757*. Honolulu：University of Hawaii Press，2013）.

郑炳喆. 天崩地裂的时代：明末清初华北社会. 首尔：全南大学校出版部，2008.

郑恩主. 朝鲜时代使行记录画. 首尔：社会评论出版社，2012.

郑天挺，主编. 明清史资料. 天津：天津人民出版社，1980.

郑寅普. 朝鲜史研究. 首尔：延世大学出版部，1983.

郑寅普. 阳明学演论. 首尔：三星文化财团，1972.

郑英还. 晚清邮驿之演变：1860—1896（Ying-wan Cheng. *Postal Communication in China and its Modernization*，*1860－1896*. Cambridge：Harvard University Asia Center，1970）.

郑毓秀. 童年与革命回忆录（Tcheng Soumay. *Souvenirs d'enfance et de révolution*. Paris，1921）.

郑哲雄. 历史与环境：以明清时代为例. 首尔：书世界，2002.

郑哲雄. 自然的诅咒：明清长江中游地区开发与环境. 首尔：书世界，2012.

中川忠英. 清俗纪闻：全 2 册. 东京：平凡社，1966（可参见方克、孙玄龄的中译本，北京：中华书局，2006）.

中法汉学研究中心. 民俗肖像绘画展览：新年仪式画像（Centre franco-chinois d'études sinologiques. *Exposition d'iconographie populaire*：*images rituelles du nouvel an*. Pékin，1942）.

中国第一历史档案馆. 清代中琉关系档案：全 8 册. 北京：中华书局，黄山书社，中国档案出版社，1993—2009.

中国社会文化学会. 从周边来看的中国世界//中国——社会和文化. 1994，9.

中见立夫. 地域概念的政治性//沟口雄三，等编. 在亚洲思考 1：交错的亚洲. 东京：东京大学出版会，1993（后收入氏著《"满蒙问题"的历史构图》，东京：东京大学出版会，2013）.

中见立夫. 日本"东洋学"的形成与构图//岸本美绪，编."帝国"日本的学知 3：东洋学的磁场. 东京：岩波书店，2006.

中见立夫. 日本人与"实录"//中国第一历史档案馆，编. 明清档案与历史研究论文集——庆祝中国第一历史档案馆成立 70 周年：上册. 北京：中国友谊出版公司，2000.

中井英基. 张謇与中国近代企业. 札幌：北海道大学图书刊行会，1996.

中井英基. 中国近代企业者史研究. 东京：亚细亚政经学会，1976.

钟鸣旦，杜鼎克，黄一农，祝平一，编. 徐家汇藏书楼明清天主教文献. 台北：辅仁大学，1996.

钟鸣旦，杜鼎克，蒙曦（Nathalie Monnet），编. 法国国家图书馆明清天主教文献. 台北：利氏学社，2009.

钟鸣旦，杜鼎克，编. 耶稣会罗马档案馆明清天主教文献. 台北：利氏学社，2012.

钟鸣旦，杜鼎克，王仁芳，编. 徐家汇藏书楼明清天主教文献续编.（续编档案来自徐家汇图书馆）. 台北：利氏学社，2013.

钟鸣旦. 宽容敕令（1692）：文本历史与阅读［Nicolas Standaert. "The 'Edict of Tolerance' (1692)：A Textual History and Reading." In Artur K. Wardega，SJ，and António Vasconcelos de Saldanha eds. *In the Light and Shadow of an Emperor：Tomás Pereira，SJ（1645 - 1708），the Kangxi Emperor and the Jesuit Mission in China*，Newcastle upon Tyne (UK)：Cambridge Scholars Publishing，2012］.

重田德. 清朝农民支配的历史特征——地丁银制度成立的意义//仁井田陞博士追悼论文集编集委员会，编. 前近代亚洲法与社会. 东京：劲草书房，1967.

周藤吉之. 清代东亚史研究. 东京：日本学术振兴会，1972.

周藤吉之. 清代满洲土地政策研究. 东京：河出书房，1944.

周锡瑞，冉玫烁，主编. 中国的地方精英与统治模式（Esherick and Rankin. *Chinese Local Elites and Patterns of Dominance*. Berkeley：University of California Press，1990）.

周锡瑞. 中国的改良与革命：辛亥革命在两湖（Joseph W. Esherick. *Reform and Revolution in China：The 1911 Revolution in Hunan and Hubei*. Berkeley：University of California Press，1976）（可参见杨慎之的中译本，北京：中华书局，1982）.

朱鹤翔. 领事裁判权制度与中国的立宪改革（Louis Ngaosiang Tchou. *Le régime des capitulations et la réforme constitutionnelle en Chine*. Cambridge，1915）.

朱塞比娜·梅尔吉奥纳. 中国清代地产：买卖、租赁、抵押（G. Merchionne. *La proprietà fondiaria in Cina in epoca Qing：compravendita，affitto，ipoteca* Milano，Le fonti，2012）.

竹内弘行. 康有为与近代大同思想之研究. 东京：汲古书院，2008.

庄严龄（又译作庄延龄）. 关于鸦片战争的汉文记载：魏源《圣武记》卷十《道光洋艘征抚记》译文（Edward Harper Parker. *Chinese Account of the Opium War*，Pagoda Library. 1，Shanghai，1888）.

庄严龄. 满洲先祖简述（Edward Harper Parker. *A Simplified Account of the Progenitors of the Manchus*. 1893. http://www. jstor. org/stable/60236104）.

庄严龄. 中国的历史、外交和商业（Edward Harper Parker. *China，Her History，Diplomacy and Commerce*. London：J Murray，1901）.

滋贺秀三. 续清代中国的法与审判. 东京：创文社，2009.

子安宣邦. 日本人是如何谈论中国的. 东京：青土社，2012.

足立启二. 明清中国的经济结构：第三部. 东京：汲古书院，2012.

足立启二. 清代苏州府下地主土地所有的发展//熊本大学文学部论丛 9：史学篇. 1982（后收入氏著《明清中国的经济构造》，东京：汲古书院，2012）.

佐伯富. 清代盐政研究. 京都：东洋史研究会，1956.

佐伯富. 中国盐政史研究. 京都：法律文化社，1987.

佐伯有一. 明末织工暴动史料类辑//清水博士追悼纪念明代史论丛. 东京：大安，1962.

佐伯有一，编. 仁井田陞博士辑北京工商基尔特资料集（全 6 册）. 东京：东京大学东洋文化研究所附属东洋学文献中心，1975—1983.

佐口透. 十八—十九世纪新疆社会史研究. 东京：吉川弘文馆，1963（可参见凌颂纯的中译本，乌鲁木齐：新疆人民出版社，1984）.

佐口透. 新疆民族史研究. 东京：吉川弘文馆，1986.

佐口透. 新疆穆斯林研究. 东京：吉川弘文馆，1995.

佐藤慎一. 文明与万国公法//祖川武夫. 国际政治思想与对外认识. 东京：创文社，1977（后收入氏著《近代中国的知识分子与文明》，东京：东京大学出版会，1996）.

佐藤文俊. 光山县、麻城县奴变考//中山八郎教授花甲纪念明清史论丛. 东京：燎原书店，1977.

佐野学. 清朝社会史. 东京：文求堂，1947.

二、期刊

Di Toro A.《十七至二十世纪初的俄罗斯与中国：社会文化互动的趋势、形式和阶段》，几点由尼古拉·萨莫伊洛夫的专著启发的观察. 明清史研究，2016：290 - 330（Di Toro A. The Socio-Cultural Interaction between Russia and China in the 17th-Early 20th Centuries. Some Observations Inspired by a Monograph by Nikolay Samoylov//*Ming Qing Studies*，2016：290 - 330）.

T. 朱茨（即德伟里亚）. 北京和中国北方〔T. Choutzé (Gabriel Devéria). «Pékin et le Nord de la Chine»，*Le Tour du monde*，1876，tome 31，305 - 368，et tome 32，193 - 256〕.

埃德芒德·拉马勒. 神父金尼阁在中国传教的神圣使命（1616）〔Edmond Lamalle. "La propagande du P. N. Trigault en faveur des missions de Chine (1616)"，*Archivum Historicum Societatis*，1940，Iesu 9：49 - 120〕.

埃德温·范·克雷. 来自中国的新闻：17 世纪欧洲对满洲人征服的关注〔Edwin J. Van Kley. "News from China：Seventeenth-Century European Notices of the Manchu Conquest." *The Journal of Modern History*，1973，45（4）：561 - 582〕.

爱德华. 中华帝国的边疆法律〔R. Randle Edwards，"Imperial China's Border Control Law." *Journal of Chinese Law*，1987，1（1）〕.

安秉驲. 清后期商人组织的地方行政参与：以巴县八省客长经营团练保家总局为中心. 明清史研究，2001，14.

安藤润一郎. 清代嘉庆、道光年间云南省西部的汉回对立. 史学杂志，2002，111（8）.

安托万·巴赞. 论中国学校的内部组织（Antoine Bazin. «Mémoire sur l'organisation intérieure des écoles chinoises»，*Journal asiatique*，janvier 1839：32 - 80）.

安野省三. 地主的实际状态与地主制研究之间. 东洋史研究，1974，33（3）.

安野省三. 关于明末清初长江中流大土地所有的一种考察——以湖

北汉川县萧尧采一例为中心. 东洋学报，1961，44（3）.

安允儿. 乾隆时期译《大藏经》的满文翻译与三世章嘉呼图克图. 明清史研究，2014，42.

岸本美绪.《租覈》之土地所有论. 中国——社会与文化，1986，1，后收入氏著《清代中国的物价与经济波动》（东京：研文出版，1997）.

巴德妮. 为爱而战：18 世纪中国的男性嫉妒［P. Paderni. "Fighting for love：Male Jealousy in Eighteenth Century China" *Nannü*，2002，4（1）：1－35］.

巴夫洛维奇. 革命运动和当代中国的政党. 复兴，1910，6：17－34（Павлович М. Революционное движение и политические партии в современном Китае//*Возрождение*. 1910，№ 6. С. 17－34）.

巴夫洛维奇. 十月革命和东方的问题. 新东方，1926，15：15－16（Павлович М. октябрьская революция и восточный вопрос//*Новый Восток*. 1926，№ 15. С. 15－16）.

巴夫洛维奇. 伟大的中国革命. 同代人，1911，11：315－344（Павлович М. Великая Китайская революция //*Современник*. 1911，№ 11. С. 315－344）.

巴斯蒂. 出国留学与中国近代世界观的形成——略探清末中国留法学生//李喜所，周棉，主编. 留学生与中外文化. 天津：南开大学出版社，2005.

巴斯蒂. 民国在对外文化政策上的早期尝试//刘东，主编. "中国学术"十年精选：融合与突破. 北京：商务印书馆，2014.

白蒂. 17 世纪东部海洋上国际背景下的郑氏的海上声威：统一海盗组织的兴起并逐步发展成为非正式"国家". 明清研究，1997：15－20（P. Carioti. "The Zheng's Maritime Power in the International Context of the 17th Century Far Eastern Seas：The Rise of a Centralized Piratical Organization and its Gradual Development into an Informal 'State'." *Ming Qing yanjiu*，1997：15－20）.

白雅诗. 康熙帝的"病人"安多：对于清宫配用底野迦的个案研究［Beatriz Puente-Ballesteros. "Antoine Thomas，SJ as a 'Patient' of the Kangxi Emperor（r. 1662－1722）：A Case Study on The Appropriation of Theriac at the Imperial Court." *Asclepio*：*Revista de Historia de la Medicina y de la Ciencia*（Journal for History of Medicine and Science），2012，64（1）：213－250］（可参见董少新的中译本，新史学，2014，12：231－255）.

白永瑞. 梁启超之近代认识与东亚. 亚洲文化，1998，14.

白玉敬. 朝鲜前期译官研究. 梨大大学院研究论集，1992，22.

白玉敬. 朝鲜仁祖时期清译郑命寿. 梨大大学院研究论集，1992，22.

白佐良. 胡适关于一位意大利汉学家的看法［G. Bertuccioli. "An Opinion of Hu Shi on an Italian Sinologist." *East and West*，4（1953－1954）］［选自《东与西》，IV（1953—1954），182－183］.

坂野正高. 鸦片战争后的最惠国待遇问题. 东洋文化研究，1947，6（后收入氏著《近代中国外交史研究》，东京：岩波书店，1970）.

坂元弘子. 中国近代思想的一个断面——谭嗣同的以太论. 思想，1983，706（后收入氏著《近代中国的"知识"链》，东京：研文出版，2009）.

北村敬直. 论明末清初地主. 历史学研究，1949，140［后收入氏著《清代社会经济史研究》（增补版），京都：朋友书店，1978］.

北村敬直. 宁都魏氏——清初地主的一例. 大阪市立大学经济学年报，大阪市立大学经济学年报，1957，7；1958，8（后收入氏著《清代社会经济史研究》）.

北村敬直. 清代的历史地位——对于中国近代史的展望. 思想，292（后收入氏著《清代社会经济史研究》，京都：朋友书店，1978）.

北村敬直. 清代租税改革——地丁并征. 社会经济史学，1949，15（3）（4）［后收入氏著《清代社会经济史研究》（增补版），京都：朋友书店，1978］.

毕瓯. 公元前 2400 年至今中国人口及其变动研究（Édouard Biot. «Mémoire sur la population de la Chine et ses variations depuis l'an 2400 avant J. -C.»，*Journal asiatique*，1836，série 3，tome 1，369－394，448－474，tome 2，74－78）.

毕瓯. 中国货币体系研究（«Mémoire sur le système monétaire des

Chinois»，*Journal asiatique*，1837，série 3，tome 3，422 – 464；tome 4，97 – 141，209 – 252，441 – 467).

毕瓯. 中国历史上的土地清查及其被用于估算中国总人口的做法研究（«Mémoire sur les recensements des terres consignés dans l'histoire chinoise et l'usage qu'on en peut faire pour évaluer la population totale de la Chine»，*Journal asiatique*，1838，série 3，tome 5，305 – 331).

表教烈. 嘉道年间漕运改革论：以魏源海运论为中心. 东洋史学研究，1996，54.

表教烈. 清代漕运与列强. 中国近现代史研究，2012，53.

表教烈. 清代前期漕运的弊端. 省谷论丛，1995，25.

表教烈. 清代前期漕运改革论. 东洋史学研究，1995，50.

表教烈. 清中期漕运改革论：以包世臣与林则徐的畿辅开垦论为中心. 人文学研究，1996，2—3（合集）.

鼋宫谷英夫. 近世中国的赋役改革. 历史评论，1946，1 – 3.

别列兹内伊，叶菲莫夫. 一本关于中国近代史重要阶段的书. 历史问题. 1973，10：144 – 158（Березный Л. А. Ефимов Г. В. Книга о важном этапе новой истории Китая//*Вопросы истории*. 1973. №10. С. 144 – 158).

滨岛敦俊. 明末江南的叶朗生之乱. 海南史学，1975，12、13 合并号.

滨岛敦俊. 明末浙江嘉湖两府的均田均役法. 东洋文化研究所纪要，1970，52（后收入氏著《明代江南农村社会的研究》，东京：东京大学出版会，1982).

波尔什涅娃. 1796—1804 年的民众起义. 亚洲人民研究所简讯，1962，53：78 – 94（Поршнева Е. Б. Народное восстание 1796 – 1804 гг. // *Краткие сообщения института народов Азии*. *Выпуск* 53. М. 1962. С. 78 – 94).

博思源. 破坏国民党政权：抗战时期财政崩溃下的行政改革［Felix Boecking. "Unmaking the Chinese Nationalist State：Administrative Reform among Fiscal Collapse，1937 – 1945." *Modern Asian Studies*，2011，45（2）：277 – 301].

布村一夫. 明末清初的满洲族社会——关于通说"崩溃过程中的氏族社会说". 书香，1941，134.

布雷德. 赫德和中国统计改革〔Andrea Eberhard-Bréard. "Robert Hart and China's Statistical Revolution." *Modern Asian Studies*，2006，40（3）：605–629〕.

曹秉汉. 19 世纪中国改革运动中"中体西用". 东亚历史研究，1997，2.

曹秉汉. 变法与改革在亚洲：清末法治观念的普及与改革. 法哲学研究，2004，7（2）.

曹秉汉. 曾国藩之经世礼学与其历史作用. 东亚文化，1978，15.

曹秉汉. 戴震的考证义理学和清代国家理念. 明清史研究，2004，20.

曹秉汉. 海防体制与 1870 年代李鸿章的洋务运动. 东阳史学研究，2004，88.

曹秉汉. 近代中国民族主义的形成与中华帝国的传统：从大同到大民族主义. 东北亚历史论丛，2009，23.

曹秉汉. 康有为变法思想与近代法治官僚制. 东亚研究，1999，37.

曹秉汉. 康有为初期理想国观念与中西文化认识：探索近代改革思想. 东洋史学研究，1999，65.

曹秉汉. 梁启超的启蒙主义历史观与国学. 韩国史学史学报，2007，16.

曹秉汉. 明末清初经世学派对专制帝国体制的批判：以黄宗羲、顾炎武为中心. 明清史研究，2011，36.

曹秉汉. 明末以来书院教育和近代教育的摸索. 东洋史学会冬季学术研讨会论文集. 2003.

曹秉汉. 乾嘉考证学派的国家团结理念与汉宋折衷思潮：阮元、焦循、凌廷堪之古学与实学. 明清史研究，1994，3.

曹秉汉. 清后期常州考证学界的经世思潮. 东义史学，1993，7—8（合集）.

曹秉汉. 清末海防体制与中越朝贡关系的变化. 历史学报，2010，205.

曹秉汉. 清乾嘉以来经世思潮的复兴：考证学发展期桐城古文派和常州公羊学. 明清史研究，1997，6.

曹秉汉. 鸦片战争时期清代中国"大一统"中华思想与对外认识的变动. 亚洲文化，1994，10.

曹秉汉. 鸦片战争中林则徐之改革思想与清议. 东亚历史研究，1996，1.

曹秉汉. 早期洋务论的形成与上海. 中国近现代史研究，2002，16.

曹秉汉. 章学诚儒教史学的基本概念以及其政治意义：分析"专家"与"史". 历史学报，1984，103.

曹永禄. 16、17 世纪中国讲学运动与师友论. 明清史研究会报，1993，2.

曹永禄. 入关前满洲女真史. 白山学报，1977，22.

曹永禄. 阳明学与明末佛教. 东洋史学研究，1993，44.

曹永宪. 从十七世纪小说看徽商的对外交涉与困境. 明清史研究，2，2006，26.

曹永宪. 康熙帝与徽商的遭遇：以歙县岑山渡程氏为中心. 东洋史学研究，2006，97.

曹永宪. 明清时期新县设置与市镇：以江南为例. 明清史研究，2002，17.

查理·于贝尔. 1908 年的北京（Charles Hubert. «Pékin en 1908»，*Bulletin de la société de géographie de l'Est*，1912，107‒136，1913，119‒147，219‒239，1914，5‒27）.

查理·于贝尔. 西陵（Charles Hubert. «Les Si-ling ou tombeaux de l'Ouest»，*Bulletin de la société de géographie de l'Est*，1912：16‒37）.

车惠媛. 18 世纪清政府地方官的当地任用与候补制. 东洋史学研究，2005，90.

车惠媛. 清初言官的政治角色的变化：分析六科归属于督察院的过程. 东洋史学研究，1989，30.

车惠媛. 清代行政改革与清官论：以康熙年间为中心. 历史学报，2001，172.

车惠媛. 清代考课制度的变化：废止巡按御史前后. 东洋史学研究，1999，66.

车惠媛. 热河使团体验的18世纪末的国际秩序：朝贡册封关系的变动. 历史评论，2010，93.

成百仁.《满文档案》：康熙、雍正朝奏折与皇旨. 东方学志，1973，14.

成百仁.《三田渡碑》满洲文. 东亚文化，1970，9.

成百仁. 现存司译院清学书研究. 阿勒泰学报，1994，4.

成百仁，等. 御制清文鉴版本研究. 阿勒泰学报，2008，18.

川胜守. 张居正丈量策的开展：（一）（二）. 史学杂志，1971，80（3）（4）（后收入氏著《中国封建国家的统治构造》，东京：东京大学出版会，1980）.

崔秉洙. 章学诚之良史论. 人文学志，1994，11.

崔德卿. 清代冶铁技术与江南社会. 庆尚史学，1987，3.

崔德卿. 中国环境史研究的情况与课题. 农业史研究，2009，8（3）.

崔鹤根. 清太宗朝领行满文金史研究. 首尔大学教养课程部论文集，1971，3.

崔鹤根. 所谓《三田渡碑》满文碑文注译. 国语国文学，1970，49（50）.

崔甲洵. 还源与收元：明清民间信仰中救济观. 东洋史学研究，1987，26.

崔甲洵. 清朝前期对农民政策的一面：以地主—佃户关系对策为主. 东洋史学研究，1976，10.

崔晶妍. 理藩院考（上）（下）. 东亚文化，1982，20；1983，21.

崔韶子. 17、18世纪中国的西洋认识. 东洋史学研究，1974，7.

崔韶子. 18世纪东西方知识分子对中国认识的比较：以朴趾源《热河日记》与乔治·马戛尔尼《中国访问使节日记》为中心. 东洋史学研究，1997，59.

崔韶子. 18世纪金昌业、洪大容、朴趾源的中国认识. 明清史研究，2009，32.

崔韶子. 行省设置以前清朝对新疆的政策. 梨大史苑，1995，28.

崔韶子. 明清天主教与白莲教. 梨大史苑，1988，22—23（合集）.

崔韶子. 清朝对朝鲜政策：以康熙年间为中心. 明清史研究，1996，5.

崔韶子. 燕行录研究试论. 明清史研究，2008，30.

崔震奎. 从宗教角度看清中期五省白莲教叛乱之口号与仪式. 东洋史学研究，1988，27.

崔震奎. 上帝教与太平天国的外交关系. 明清史研究，1999，11.

崔震奎. 太平天国的科举制度. 明清史研究，1997，7.

崔震奎. 太平天国与上帝教：建国过程与其理念. 东洋史学研究，1996，55.

村松祐次. 清代的所谓"苏松重赋". 一桥论丛，1961，45（6）.

大谷敏夫. 清代的军制（首次发表于 1974 年；收入《清代的政治与文化》，京都：朋友书店，2002）.

戴闻达. 最后的荷兰访华使团（1794—1795）［Jan Julius Lodewijk Duyvendak. "The Last Dutch Embassy to the Chinese Court (1794 - 1795)." *T'oung Pao*，1938，34：1 - 137］.

岛田虔次. 关于中国近世的主观唯心论. 东方学报（京都），1958，28（后收入氏著《中国思想史研究》，京都：京都大学学术出版会，2001）.

岛田虔次. 黄宗羲·横井小楠·孙文. 孙文研究，1997，22（后收入氏著《中国思想史研究》，京都：京都大学学术出版会，2001）.

狄克斯特拉，韦斯特斯恩. 建构低地国家的孔子形象［Trude Dijkstra & Thijs Weststeijn. "Constructing Confucius in the Low Countries." *De Zeventiende Eeuw*，2016，32（2）：137 - 164］.

狄克斯特拉. 17 世纪荷兰报纸和期刊上的中国礼仪之争（Trude Dijkstra. "It is said that... The Chinese Rites Controversy in Dutch Newspapers and Periodicals in the Seventeenth Century." *Jaarboek voor Nederlandse Boekgeschiedenis*，2016，23：172 - 191）.

丁仙伊. 京城帝国大学创立 50 周年纪念《遥远清空》殖民地朝鲜帝国大学日本人教授、学生的观点. 韩国教育史学，2008，30（1）：151 - 159.

杜鼎克. 1900 年以前比利时皇家图书馆的中文书籍与档案［Ad

Dudink. *Chinese Books and Documents*（*pre-1900*）*in the Royal Library of Belgium at Brussels*，Brussel：Archief-en bibliotheekwezen in België，2006].

杜鼎克. 辅仁大学（台湾）图书馆内所藏徐家汇耶稣会士文集：背景与目录 [Ad Dudink. "The Zikawei Collection in the Jesuit Theologate Library at Fujen University（Taiwan）：Background and Draft Catalogue." *Sino-Western Cultural Relations Journal*，1996，18：1-40].

杜鼎克. 上海徐家汇所藏的中文基督教文献：初级目录与列表（Ad Dudink. "The Chinese Christian Texts in the Zikawei 徐家汇 Collection in Shanghai：A Preliminary and Partial List." *Sino-Western Cultural Relations Journal*，2011，33：1-41）.

杜鼎克. 原北堂图书馆的中文基督教书籍（Ad Dudink. "The Chinese Christian Books of the Former Beitang Library." *Sino-Western Cultural Relations Journal*，2004，26：46-59）.

杜鼎克. 在耶稣会罗马档案中的"第一章至第四章"：概述（Ad Dudink. "The Japonica-Sinica Collections I-IV in the Roman Archives of the Society of Jesus：An Overview." *Monumenta Serica*，2002，50：481-536）.

杜希德. 为汉学孤独地喝彩 [Denis Twitchett. "A Lone Cheer for Sinology." *The Journal of Asian Studies*，1964，24（1）：109-112].

多罗宁. 十七至十八世纪中华帝国的历史文献（Доронин Б. Г. *Историография императорского Китая XVII-XVIII вв.* СПб.：Филологич ф-т СПбГУ，2002）.

多纳代拉·圭达. 识别情绪：镜花缘中两章之文本分析（D. Guida. "To Identify Emotions. Two Chapters of Jinghuayuan：a Textual Analysis." *Ming Qing yanjiu*，1999：29-74）.

俄罗斯帝国外交政策档案馆，藏. 俄罗斯与中国关系档（Архив внешней политики Российской империи，*ф. Сношения России с Китаем*，1727，д. № 9，л. 10）.

厄米拉·塞斯格里. 现代性的（黄色）危险：傅满洲博士与英国人的种族偏见 [Urmila Seshagiri. "Modernity's（Yellow）Perils：Dr. Fu-

Manchu and English Race Paranoia." *Cultural Critique*，2006，62：162-194].

恩斯特·马丁.《洗冤录》主要章节简介（Dr Ernest Martin. «Exposé des principaux passages du *Si-yuen-lu*»，*Revue de l'Extrême-Orient*，1882，3：333-380；4：596-625）.

方德万. 罗伯特·赫德与中国海关税务司［Hans Van de Ven. "Robert Hart and the Chinese Maritime Customs Service." *Modern Asian Studies*，2006，40（3）].

费侠莉. 雌雄同体的男性与有缺陷的女性：中国 16—17 世纪的生物学和社会性别界限［Charlotte Furth. "Androgynous Males and Deficient Females：Biology and Gender Boundaries in Sixteenth-and Seventeenth-Century China." *Late Imperial China*，1988，9（2）].

费正清，邓嗣禹. 关于清代朝贡体系. 哈佛亚洲研究［Fairbank and S. Y. Teng. "On the Ch'ing Tributary System." *Harvard Journal of Asiatic Studies*，1941，6（2）：135-246].

冯珠娣，何伟亚. 文化与战后美国的中国历史学//立场：东亚文化评论［Judith Farquhar and James M. Hevia. "The Concept of Culture in Post-war American Historiography of China." *Positions*：*East Asian Cultures Critique*，1993，1（2）]（可参见中译文，文史哲，1996，6）.

夫马进. 燕行录与日本学研究. 韩国文学研究，2001，24：123-136.

傅礼初. 整体史：早近代的平行现象与相互联系（1500—1800）（Joseph Fletcher. "Integrative History：Parallels and Interconnections in the Early Modern Period，1500-1800." *Journal of Turkish Studies*，1985，9）（可参见董建中的中译本，载《清史译丛》第 11 辑，北京：商务印书馆，2013：4-36）.

冈本隆司. 马建忠的朝鲜纪行. 史林，1999，82（6）（后收入氏著《在属国与自主之间》，名古屋：名古屋大学出版会，2004）.

冈本隆司. 清末票法的成立——再论道光时期两淮盐政改革. 史学杂志，2001，110（12）.

冈洋树. 蒙古与清朝：清朝对蒙古统治的北亚特色［"The Mongols

and the Qing Dynasty：The North Asian Feature of Qing Rule over the Mongolia." In T. Yoshida and H. Oka eds. *Facets of Transformation of the Northeast Asian Countries*（*Northeast Asian Study Series* 1）. Sendai：Tohoku University，1998：129 - 151].

冈洋树. 清朝国家的特征与蒙古王公. 史滴，1994，16.

高柄翊. 黄宗羲之新时代待望论. 东洋史学研究，1970，4.

高柄翊. 清国海关制度对朝鲜海关的影响. 东亚文化，1965，4.

高嶋航. 清代的赋役全书. 东方学报（京都），2000，72.

高恩柴林科. 书评：萨莫伊洛夫《十七至二十世纪初的俄罗斯与中国：社会文化互动的趋势、形式和阶段》（Гончаренко С. Н. *Рецензия на книгу：Н. А. Самойлов Россия и Китай в XVII-начале XX века：тенденции，формы и стадии социокультурного взаимодействия*. СПб.：Издательство Санкт-Петербургского университета，2014，368 с.// Новая и новейшая история. № 2. 2016. С. 200 - 203）.

高华士. 最早在南低地国家出版有汉字的例子（鲁汶，1672；安特卫普，1683）[Noël Golvers. "The Earliest Examples of Chinese Characters Printed in the Southern Low Countries（Leuven，1672；Antwerp，1683)." *De Gulden Passer*（*Tijdschrift voor boekwet-enschap/Journal of Book History*），2016，94：319 - 333].

高华士. 17 世纪中国的耶稣会士与安特卫普的联系（I）：莫瑞图思家族（1660—1700）[Noël Golvers. "The XVIIth-Century Jesuit Mission in China and its 'Antwerp Connections'：（I）：The Moretus family（1660 - 1700)." *De Gulden Passer：Jaarboek van de vereniging van Antwerpse bibliofielen*，1996，74：157 - 188].

高华士. 17 世纪中国的耶稣会士与安特卫普的联系（II）：普兰丁·莫瑞图思档案馆藏 25 封中国的来信 [Noël Golvers. "The XVIIth Century Jesuit Mission in China and its 'Antwerp Connections'：（II）：The Twenty-Five China letters from the Original Plantin-Moretus Archives（MPM），1669 - 1690." *Lias*，2007，34（2）：205 - 248].

高桥芳郎. 论宋元时代的奴仆、雇佣人、佃仆——法律身份的形成和特质. 北海道大学文学部纪要，1978，26（2）.

宫村治雄. 梁启超的西洋思想家论. 中国——社会与文化，1990，5（后收入氏著《开国经验的思想史》，东京：东京大学出版会，1996）.

宫崎市定. 关于太平天国的性质. 史林，1965，48（2）（后收入《宫崎市定全集》第 16 卷，东京：岩波书店，1993）.

宫崎市定. 明代苏松地方的士大夫和民众. 史林，37（2）（后收入《宫崎市定全集》第 13 卷《明清》）（可参见栾成显的中译本，《明代苏松地方的士大夫和民众》，收入刘俊文主编：《日本学者研究中国史论著选译·明清卷》，北京：中华书局，1993）.

宫崎市定. 明清时代的苏州与轻工业的发达. 东方学，1951，2（后收入《宫崎市定全集》第 13 卷《明清》，东京：岩波书店，1992）.

宫崎市定. 清朝国语问题的一个侧面（首次发表于 1947 年；收入《宫崎市定全集》第 14 卷《雍正帝》，东京：岩波书店，1991）.

宫崎市定. 中国近世的农民暴动. 东洋史研究，1947，10（1）（后收入《宫崎市定全集》第 13 卷《明清》，东京：岩波书店，1992）.

沟口雄三. 近代中国像没走形吗?. 历史与社会，1983，2（后收入氏著《作为方法的中国》，东京：东京大学出版会，1989）.

古岛和雄. 明末长江三角洲的地主经营——沈氏农书的一种考察. 历史学研究，1950，148（后收入氏著《中国近代社会史研究》，东京：研文出版，1982）.

谷井俊仁. 一心一德考——清朝政治正当性的逻辑. 东洋史研究，2005，63（4）.

谷井阳子. 道光、咸丰时外省的财务基调之变化——以张集馨的生涯为中心. 东洋史研究，1989，47（4）.

韩承贤. 18 世纪清朝对地方志、地方文献的控制以及章学诚之方志论. 历史学报，2006，192.

韩承贤. 19 世纪初"乐善好施"奖励制度的变化与其意义. 东洋史学研究，2006，95.

韩承贤. 乾隆—嘉庆年间未决诉讼积滞现象与其对策. 精神文化研究，2014，38（1）.

韩承贤. 清朝南北人士的官僚任命政策（1644—1795）. 历史学报，2014，221.

韩承贤. 清代"乐善好施"旌表、议叙制度的成立：以乾隆年间为中心. 明清史研究，2006，26.

何炳棣. 清史在中国历史上的重要性 [Ping-ti Ho. "The Significance of the Ch'ing Period in Chinese History." *Journal of Asian Studies*，1967，26 (2)] [可参见李嘉友的中译文，收入中国人民大学清史研究所资料室编《清史译文》(内部资料) 1980，1].

何大伟. 博德利图书馆所藏两类 19 世纪新教传教士出版物 [David Helliwell. "Two Collections of Nineteenth-Century Protestant Missionary Publications in the Bodleian Library." *Chinese Culture*，1990，31 (4)：21-38].

何大伟. 为中国国家图书馆准备的博德利图书馆汉籍典藏调查报告 (David Helliwell. "Survey of the Chinese Special Collections in the Bodleian Library，prepared for the National Library of China，14th July 2015." http://www. bodley. ox. ac. uk/users/djh/serica/forNLC/SericaSurvey. pdf).

和田清. 我国满蒙史研究的发展 (首次发表于 1932 年；收入《东亚史论薮》，东京：生活社，1942).

河罗娜. 荷兰旅行者的图绘与中国翻译：荷兰东印度公司的第一任使臣 (1655—1657) 的约翰·纽霍夫 [Laura Hostetler. "Mapping Dutch Travels to and Translations of China：Jan Nieuhof's Account of the First East India Company Embassy，1655-1657." *Horizons：Seoul Journal of Humanities*，2010，1 (2)：147-173].

河世凤. 清代白莲教叛乱期间组织乡勇的过程. 庆大史论，1986，2.

河世凤. 清中期三省交界地区手工业与商人资本. 庆星大学中国问题研究，1990，2.

河政植. 19 世纪中叶中国兵乱情报与朝鲜. 崇实史学，1998，12.

河政植. 欧美列强中国侵略与朝鲜的反应. 东洋学，1998，28.

鹤见尚弘. 关于明代的畸零户. 东洋学报，1964，47 (3) (后收入《中国明清社会经济史研究》，姜镇庆，等译，北京：学苑出版社，1989：第一章"里甲制与对农民的统治"第一节).

鹤见尚弘. 清初苏州府鱼鳞图册的一种考察——以长洲县下二十五

都正扇十九图鱼鳞图册为中心. 社会经济史学，1967，34（5）.

黑岩高. 械斗与谣言. 史学杂志，2002，111（9）.

横山英. 中国农民运动的一种形态——太平天国前的"抗粮"运动. 广岛大学文学部纪要，1955，7.

横山英. 中国商工业劳动者的发展与角色——以明末苏州为中心. 历史学研究，1952，160.

洪成和. 关于清代前期江南区域农村棉纺织业的先贷制生产. 明清史研究，1998，9.

洪成和. 清后期巴县地区度量衡使用情况与解决纠纷. 明清史研究，2009，31.

洪珹太. 清末支配体制与军制改革：以武卫军形成的背景与其成立过程为中心. 首尔大学历史系博士学位论文，1965.

洪性鸠. 关于国立中央图书馆所藏《清太宗诏谕》. 大邱史学，2016，123.

洪性鸠. 国内所藏的满文文书概况. 古文书研究，2015，47.

洪性鸠. 韩国明清史学界的回顾与展望：燕行学与清史研究探索. 历史学报，2010，207.

洪性鸠. 清代徽州宗族与保甲制. 中国史研究，2003，27.

户田茂喜. 清太祖的迁都问题. 史学研究，1937—1938，8（3），9（2），10（1），10（2）.

黄元九.《与犹堂全书》所引清学关系记事考. 东方学志，1968，9.

黄元九. 18、19 世纪韩中学缘考略. 亚细亚文化研究，1999，3.

黄元九. 清代七种书所载朝鲜记事辨正. 东方学志，1982，30.

黄元九. 儒家思想中"复古". 东方学志，1967，8.

黄宗智. "公共领域"和"市民社会"：国家与社会之间的第三领域 [Philip C. C. Huang. "'Public Sphere' / 'Civil Society' in China? The Third Realm between State and Society." *Modern China*，1993，19（2）]［可参见中译文，邓正来、亚历山大主编《国家与市民社会：一种社会理论的研究路径（增订版）》，上海：上海人民出版社，2005］.

霍多罗夫. 满族统治中国的阶级根源. 新东方. 1929，26 - 27（Хо- доров А. Е. Классовые корни господства маньчжур в Китае//*Новый*

Восток. 1929，№ 26 - 27. С. 19 - 42).

霍多罗夫. 中国的人民起义（十九世纪下半叶）［Ходоров А. Е. Народные восстания в Китае（Вторая половина XIX столетия）//*Новый Восток*. 1925，№ 7. С. 164 - 176］.

霍多罗夫. 中国革命的第一阶段（Ходоров А. Е. Первые этапы китайской революции//*Новый Восток*. 1927，№ 18. С. 64 - 90).

霍洛维茨. 政治、权力和中国海关：同治中兴和赫德的冒升［Richard S. Horowitz. "Politics，Power and the Chinese Maritime Customs：The Qing Restoration and the Ascent of Robert Hart." *Modern Asian Studies*，2006，40（3）：549 - 581］.

吉田穗积. 清代农民叛乱史研究的总括及课题——变革主体的形成. 东洋史研究，1973，32（2）.

记察. 论中国新闻业之起源：词汇与史学方面的误解（F. Coccia. "Sulle origini del giornalismo cinese：equivoci lessicali e storiografici." *Ming Qing yanjiu*，1992：125 - 50).

记察. 苏州白话报：1901 年维新法令在外省的回响［F. Coccia. "Il *Giornale di Suzhou in lingua parlata*（*Suzhou baihua bao*）：un'eco provinciale agli editti di riforma del 1901." *Catai*，1981，1：101 - 115］.

姜判权. 乾隆——道光时期江苏省的自然灾害与清朝的荒政. 中国史研究，1997，2.

姜判权. 清顺治、雍正年间（1644—1735）江苏省自然灾害与国家措施. 明清史研究，1997，7.

姜抮亚. 甲午战争时期在韩华商同顺泰号的营业活动. 中国近现代史研究，2014，64.

姜抮亚. 近代转换时期东亚洲砂糖之流通结构和其变动：以朝鲜华商同顺泰号为中心. 中国近现代史研究，2011，52.

杰柳辛. 十七世纪——二十世纪初中国历史的若干研究结果——致《中国近代史》的出版. 亚非各民族. 1973，5：67 - 80（Делюсин Л. П. Некоторые итоги изучения истории Китая XVII-начала XX в. К изданию «Новой истории Китая»//*Народы Азии и Африки*. 1973. №5. С. 67 - 80).

今西春秋. 女真国域考. 东方学纪要，1967，2.

今西春秋. 清太宗的立太子问题. 史学研究，1935，7（1）.

金成修. 清朝藩部体制与藏传佛教. 明清史研究，2004，22.

金成修. 十七世纪满蒙关系与内陆亚洲：以满洲与科尔沁关系为中心. 中国史研究，2013，82.

金成修. 五世达赖喇嘛之北京行的背景与十七世纪内陆亚洲网络. 明清史研究，2008，29.

金斗铉.《满文原档》与入关前清史研究. 明清史研究，2008，30.

金斗铉. 八旗制度初探. 蔚山史学，1992，5.

金斗铉. 辽东控制间努尔哈赤对汉人政策. 东洋史学研究，1987，25.

金芳汉. 关于蒙文三田渡碑. 东亚文化，1965，4.

金贵达. 清朝保持女真传统与其政策//九谷黄钟东教授停年纪念史学论丛. 大邱：正完文艺社，1994.

金汉雄.《清史录》中有关颇罗鼐的记载与史料批评. 明清史研究，2006，25.

金浩东. 1864 年新疆穆斯林叛乱始末. 东洋史学研究，1986，24.

金衡钟. 从财政史的角度看清代国家权力的性质. 东亚文化，2007，45.

金衡钟. 近代中国的传统与近代：清末民初西学收容试论. 人文论丛，2003，50.

金衡钟. 近期明清韩中关系史研究与"新清史"：分析研究趋向与展望. 东北亚历史论丛，2016，53：121.

金衡钟. 清代后期江北社会：张謇与江淮行省的设置问题. 东亚文化，2009，47.

金衡钟. 清末地方自治的成立与地方绅士：江苏省自治准备过程. 东洋史学研究，1998，63.

金衡钟. 清末革命派之"反满"革命论与"五族共和"论. 中国近现代史研究，2001，12.

金衡钟. 清末江苏省教育改革与绅士：教育会成立与其活动. 东洋史学研究，1997，60.

金衡钟. 清末厘金问题和商人：以江苏省"裁厘认损"与"统损"为中心. 历史学报，1998，158.

金衡钟. 清末新政期江苏省财政与绅士：以"征银解银"问题为中心. 东亚文化，1997，35.

金弘吉. 明代北京买办与短价. 明清史研究，1996，5.

金弘吉. 清初直隶三河县的谷物采买与短价. 历史教育，1997，62.

金弘吉. 清代撤县考. 江陵大学人文学报，1993，15.

金弘吉. 清代前期罢市试论：以乾隆二十九年湖南新宁县为中心. 历史教育，1991，49.

金弘吉. 清代西南地区木材交易与少数民族商人：以贵州锦屏县为中心. 明清史研究，2009，32.

金暻绿. 17世纪朝鲜—清朝关系与"倭情". 军史，2015，94.

金暻绿. 朝鲜的使行与使行记录. 韩国文化，2006，38.

金暻绿. 利用《同文汇考》研究朝鲜后期外交案件：以原编"封典"案件为中心. 明清史研究，2009，32.

金培喆. 清末民国初王夫之思想在湖南. 历史学报，1987，114.

金培喆. 太平天国期间湖南湘军势力的兴起与湖南社会的军事化. 东洋史学研究，1996，54.

金声均. 朝鲜中期满洲——朝鲜关系. 白山学报，1978，24.

金圣七. 燕行小考：朝中交涉史之一折. 历史学报，1960，12.

金文基. 17世纪江南的灾害与救荒论. 历史与境界，2009，73.

金文基. 17世纪江南地区的气候与农业：分析《历年记》. 东洋史学研究，2007，99.

金文基. 明清江南气候变动与洞庭柑橘. 明清史研究，2001，14.

金希信. 近代韩中关系之变化与外交档案的出现：以《清季驻韩使馆保存档》为中心. 中国近现代史研究，2011，50.

金希信. 清末驻汉城商务公署与华商组织. 东北亚历史论丛，2012，35.

金希信. 清末（1882—1894）汉城华商组织与其地位. 中国近现代史研究，2010，46.

金宣旻. 朝鲜通事古儿马红（Gūlmahūn），清译郑命寿. 明清史研究，2014，41.

金宣旻. 从《旧满洲档》到《满洲实录》：清太祖实录的编纂与修改. 史丛，2012，77.

金宣旻. 从国境地带到国境线：19 世纪末朝清关系. 中国史研究，2013，82.

金宣旻. 栏头：从边境的视角看朝清朝贡关系. 大邱史学，2009，96.

金宣旻. 满鲜史、满学与满洲学. 明清史研究，2012，38.

金宣旻. 满洲帝国还是清帝国：谈最近美国清史学界的研究方向. 史丛，2011，74.

金宣旻. 乾隆年间朝鲜使行的失银事件. 明清史研究，2010，33.

金宣旻. 清初八旗与朝鲜贸易. 史丛，2014，82.

金宣旻. 新清史与满学. 满洲研究，2013，16.

金宣旻. 雍正帝的盛京统治. 明清史研究，2010，34.

金宣旻. 雍正—乾隆年间莽牛哨事件与朝清国境地带. 中国史研究，2011，71.

金裕利. 清末书院改编为学堂的过程：近代学制设立研究. 东洋史学研究，2001，75.

金裕利. 清日战争之后中国近代学制的形成过程. 历史教育，2001，78.

金忠烈. 清初实学精神和理论. 亚细亚研究，1973，16 (2).

金钟圆. 八旗制度成立过程. 东亚研究，1985，6.

金钟圆. 朝清通商章程考. 首尔大学历史系博士学位论文，1966.

金钟圆. 朝鲜后期对清贸易中潜商的活动. 震檀学报，1977，43.

金钟圆. 朝中商民水陆贸易章程考. 历史学报，1966，32.

金钟圆. 从后金社会经济发展的角度来分析丁卯胡乱间后金出兵的原因. 东洋史学研究，1978，13.

金钟圆. 早期朝清关系研究——以丙子胡乱间被掳人问题为中心. 历史学报，1976，71.

近藤邦康. 章炳麟革命思想的形成——从戊戌变法到辛亥革命. 东洋文化研究所纪要，1968，28（后收入氏著《中国近代思想史研究》，东京：劲草书房，1981).

井上彻. 明末清初广东珠江右岸三角洲的社贼、土贼的蜂起. 史林，1982，65 (5).

酒井忠夫. 论乡绅. 史潮，1952，47 (后收入氏著《中国善书研究》，东京：弘文堂，1960；《增补中国善书研究》，见《酒井忠夫著作集》，第1卷，东京：国书刊行会，2012).

臼井佐知子. 太平天国前苏州府松江府的赋税问题. 社会经济史学，1981，47 (2).

臼井佐知子. 同治四年 (1865年) 江苏的赋税改革. 东洋史研究，1986，45 (2).

凯敦. 书评：萨莫伊洛夫《十七至二十世纪初的俄罗斯与中国：社会文化互动的趋势、形式和阶段》 (Кейдун И. Б. *Рецензия на книгу：Н. А. Самойлов Россия и Китай в XVII-начале XX века：тенденции，формы и стадии социокультурного взаимодействия*. СПб.：Издательство Санкт-Петербургского университета，2014，368 с. //Восток. 2015. № 5. C. 174 – 178).

柯娇燕、罗友枝. 满语概要 [Pamela Kyle Crossley and Evelyn Sakakida Rawski. "A Profile of the Manchu Language." *Harvard Journal of Asiatic Studies*，1993，53 (1)].

柯娇燕. 中国的统治权 [Pamela Kyle Crossley. "Review Article：The Rulerships of China." *American Historical Review*，1992，97 (5)] (可参见牛贯杰的中译文，收入刘凤云、刘文鹏主编《清朝的国家认同——"新清史"研究与争鸣》，北京：中国人民大学出版社，2010：53 – 70).

孔飞力. 民国地方自治下的控制、自治和动员问题//魏斐德，卡罗林·格兰特，主编. 中华帝国晚期的冲突与控制 (Kuhn. "Local Self-Government under the Republic：Problems of Control，Autonomy，and Mobilization." In Frederic Wakeman Jr. and Carolyn Grant，eds. *Conflict and Control in Late Imperial China*. Berkeley：University of California Press，1975).

库丘莫夫. 十九世纪末的中国自由主义 (康有为和百日时代)

［Кучумов В. Н. Китайский либерализм конца XIX века（Кан Ювэй и эпоха ста дней）//*Революционный Восток*. 1927，№ 1. С. 83 - 111］.

莱昂・德・罗斯尼. 花笺 "情书"，广东近代第八才子诗：法文选段 （Léon de Rosny. "*Fa-tsien* «les Billets doux»，poème cantonais du VII-Iedes *Tsaï-tsze* modernes. Fragments traduits en français". *Annuaire de la Société des études japonaises*，1877：173 - 182）.

劳拉・德・乔尔吉. 从《邸报》到《北京公报》：帝制中国的公报与定期报告（L. De Giorgi，"Dal *dibao* alla *Gazzetta di Pechino*：gazzette e rapporti periodici nella Cina imperiale." *Rivista degli Studi Orientali*，1993，67：321 - 37）.

雷强. "亨利・魏智及其北京法文图书馆". 图书资讯月刊，2013，11（2）：149 - 194.

李恩子. 从 "诉讼" 案件看清日战争以后（1895—1899）韩中关系. 中国近现代史研究，2008，38.

李恩子. 韩清通商条约时期（1900—1905）中国在韩治外法权研究. 明清史研究，2006，26.

李和承. 明清中国传统商人的区域化现象. 中国史研究，2000，8.

李和承. 清代东北区域商店组织研究. 明清史研究，2000，12.

李俊甲. 近代中国之国祖认识与民族问题. 东北亚历史论丛，2008，20.

李俊甲. 明清四川社会的连续性：从屠蜀到清中期土著的活动与存在. 东洋史学研究，1998，62.

李俊甲. 迁移、定居、同化：17—20 世纪四川客家的轨迹 东洋史学研究，2007，101.

李俊甲. 乾隆年间清朝对外战争与帝国体制：以第一次攻打准噶尔事例（1755）为中心. 韩国学研究，2009，19.

李俊甲. 清代四川省成都府一带的商业与 "客民商人". 明清史研究，1995，4.

李俊甲. 清中期四川省巴县的都市化与 "八省客长公议". 首尔大学东洋史学系论文集，1994，18.

李俊甲. 顺治年间清朝湖广剿抚与兵饷补给. 东洋史学研究，1994，

48.

李俊甲. 太平天国时期四川食盐在湖南、湖北市场的进出与银流通. 明清史研究，2004，20.

李俊甲. 雍正年间四川土地丈量与其意义. 东洋文化，1998，36.

李能和. 朝鲜儒学界之阳明学派. 青丘学丛，1936，25.

李善爱. 从外国（tulergi gurun）到外藩（tulergi golo）：17 世纪清—喀尔喀关系研究. 明清史研究，2015，43.

李善爱. 清初理藩院的定位与其人选. 明清史研究，2015，43.

李廷宰. 从外国使臣记载看清代宫廷戏剧. 中国文化研究，2015，27：363 - 390.

李勋. 清初长白山考察与巩固皇帝权. 东洋史学研究，2014，126.

李勋. 清乾隆年间构造满洲根本之地：以京师旗人的迁移与满洲封禁为中心. 史丛，2011，72.

李阳子. 清朝的对朝鲜政策与袁世凯. 历史与世界，1981，5.

李允硕. 会馆、公所的出现与寺庙：以江南城市为例. 明清史研究，2004，21.

李允硕. 明末清初集会与寺庙：以江南城市为例. 中国史研究，2005，37.

李允硕. 明清江南都市寺观之结构变化与区域社会：以玄妙观、云翔寺的殿阁与碑刻为中心. 明清史研究，2003，18.

李允硕. 明清江南商品流通与牙行. 首尔大学东洋史学系论文集，1995，19.

李允硕. 明清江南文庙与城隍庙：作为都市祭祀、信仰中心的结构与变迁. 明清史研究，2002，17.

李允硕. 雍正帝与清代国家祭祀：从礼制的角度分析雍正统治. 明清史研究，2006，25.

里井彦七郎. 十九世纪中国仇教运动的一个侧面：上、中. 东洋史研究，1954，13（1/2），13（4）（后收入氏著《近代中国的民众运动与其思想》，东京：东京大学出版会，1972）.

理查德. 赫德在中国——他的爱尔兰血统的意义 [Richard O'Leary. "Robert Hart in China: The Significance of His Irish Roots." *Modern*

Asian Studies，2006，40（3）：583 – 604].

林德威. 庄严龄的语言观 [David Prager Branner. "The Linguistic Ideas of Edward Harper Parker." *Journal of the American Oriental Society*，1999，119（1）：12 – 34].

林基中. 韩中外交文学研究. 东岳语文学，1996，31，：171 – 213.

林基中. 水路燕行录与水路燕行图. 韩国语文学研究，2004，43：255 – 293.

林基中. 燕行歌词研究. 韩国文学研究，1987，10：45 – 95.

林孝庭. 中国历史想象中的朝贡体制：中国与罕萨，约 1760—1960 年 [Hsiao-Ting Lin. "The Tributary System in China's Historical Imagination：China and Hunza，Ca. 1760 – 1960." *Journal of the Royal Asiatic Society*，Third Series，2009，19（4）：489 – 507].

铃木真. 清朝入关后旗王统治牛录的结构. 历史学研究，2007，830.

刘仁善. 1720 年代围绕云南边境清朝与越南黎朝之间发生的纠纷. 东洋史学研究，2013，124.

柳镛泰. 近代中国民族帝国主义与单一民族论. 东北亚历史论丛，2009，23.

柳泽明. 清代黑龙江的八旗制之发展与民族重组. 历史学研究，1997，698.

泷野正二郎. 关于清代常关的包揽. 山口大学文学会志，1988，39.

罗溥洛. 变化的种子：对清朝早期和中期妇女的反思 [Paul S. Ropp. "The Seeds of Change：Reflections on the Condition of Women in the Early and Mid Ch'ing." *Signs*，1976，2（1）].

罗类思. 一本 1843 年缙绅全书中呈现的关于中国的统计数据 (Louis de Besy. «Statistiques de la Chine，d'après l'un des Livres rouges de 1843»，*Annales de la Propagande*，1845，tome 16，n°2，437 – 442).

罗威廉. 近代中国的公共领域 [William T. Rowe. "The Public Sphere in Modern China." *Modern China* ，1990，16（3）][可参见中译文，邓正来、亚历山大主编《国家与市民社会：一种社会理论的研

究路径（增订版）》，上海：上海人民出版社，2005：389-405].

罗威廉. 拉铁摩尔，亚洲和比较历史 [William T. Rowe. "Owen Lattimore, Asia, and Comparative History." *Journal of Asian Studies*, 2007, 66 (3)]（可参见中译文，黄达远、袁剑主编《拉铁摩尔与边疆中国》，北京：生活·读书·新知三联书店，2017：20-76).

罗友枝. 清的形成与近代早期 (Evelyn S. Rawski. "The Qing Formation and the Early Modern Period.") // 司徒琳，主编. 清帝国在世界历史时间中的形成 (Lynn A. Struve, ed. *The Qing Formation in World-Historical Time*. Cambridge MA: Harvard University Asia Center, 2004)（可参见罗丹妮的中译文，见《世界时间与东亚时间中的明清变迁》，下卷，北京：生活·读书·新知三联书店，2009).

罗友枝. 再观清代：清代在中国历史上的重要性 [Evelyn S. Rawski. "Presidential Address: Reinvisioning the Qing: The Significance of the Qing Period in Chinese History." *Journal of Asian Studies*, 1996, 55 (4)]（可参见张勉励的中译文，收入刘凤云、刘文鹏主编《清朝的国家认同——"新清史"研究与争鸣》，北京：中国人民大学出版社，2010).

洛根，布里克. 金尼阁：一幅鲁本斯绘制的肖像 (Anne-Marie Logan & Liam M. Brockey. "Nicolas Trigault, SJ: A Portrait by Peter Paul Rubens." *Metropolitan Museum Journal*, 2003, 38: 157-167).

骆惠敏. 景善日记：关于其伪造的线索 (Lo Huimin. "The Ching-Shan Diary: A Clue to Its Forgery." *East Asian History*, 1991, 1).

马里厄斯·B. 詹森. 讣告：费正清（1907—1991）[Marius B. Jansen. "Obituary: John King Fairbank (1907-1991)." *The Journal of Asian Studies*, 1992, 51 (1): 237-242].

迈克尔·多尔比. 公开的夜间劳作者 [Michael Dalby, "Nocturnal Labors in the Light of Day." *Journal of Asian Studies*, 1980, 39 (3)].

曼素恩. 清朝家庭、阶级和社会结构中的寡妇 [Susan Mann. "Widows in the Kinship, Class, and Community Structures of Qing Dynasty China." *Journal of Asian Studies*, 1987, 46 (1)]（可参见中

译文，收入邓小南等主编《中国妇女史读本》，北京：北京大学出版社，2011：200-242）.

梅利克谢托夫. 有关中国史的新著作（Меликсетов А. В. Новая книга по истории Китая//Правда. 1973，10 октября）.

米塔. 百闻不如一见：刘锡鸿旅行日记（M. R. Masci. "'Vedere una volta è meglio che sentir dire mille volte'：il diario di viaggio di Liu Xihong." *Annali Istituto Universitario Orientale di Napoli*，1989，49：53-73）.

米亚斯尼科夫. 可靠的历史文化对话（Мясников В. С. Проверенный историей диалог культур//*Проблемы Дальнего Востока*. № 3. 2015. С. 163）.

米亚斯尼科夫. 清帝国的兴衰（Мясников В. С. Подъем и падение Цинской империи//*Проблемы Дальнего Востока*. 1973. №3. С. 203-207）.

绵贯哲郎. 关于所谓《八旗世袭谱档》. 满族史研究通信，2000，9.

闵成基. 明清商品农业考. 震檀学报，1994，78.

闵斗基. 从封建与郡县论的角度看中国传统政治模式. 震檀学报，1966，29—30（合辑）.

闵斗基. 关于《大义觉迷录》. 震檀学报. 1964，25—26（合辑）.

闵斗基. 清代幕友研究：以乾隆年间为中心. 历史学报，1962，17-18（合辑）.

闵斗基. 清代生监研究：以其阶级特征为中心. 亚细亚研究，1965，20.

闵斗基. 十九世纪末中国改革运动与上海商人. 东洋史学研究，1977，11.

闵耕俊. 明清江南棉布业市镇的客商与商路. 历史与世界，1999，23.

闵耕俊. 清代江南蚕丝业的专业化：以嘉兴、湖州为例. 釜大史学，1994，18.

闵泳珪. 老乞大辩疑. 人文科学，1964，12.

莫里斯. 4亿人的运动：近代中国体育运动及文化的晚清起源［Andrew Morris. "To Make the 400 Million Move：The Late Qing Dynasty Origins of Modern Chinese Sport and Physical Culture." *Comparative Studies of Society and History*，2000，42（4）].

楠木贤道. 从《二国会盟录》看志筑忠雄、安部龙平对清朝、北亚的理解——江户时代知识人的 New Qing History?. 社会文化史学，2009，52.

楠木贤道. 大田南亩抄录的《平定准噶尔方略》——江户时代知识人获取海外信息的一个侧面. 历史人类，2005，33.

楠木贤道. 关于《清代谱牒档案内阁》. 清史研究（清史研究会），1987，3.

内藤湖南. 东北亚细亚诸国的感生帝说（首次发表于1919年；收入《内藤湖南全集》第8卷）.

内藤湖南. 都尔鼻考（首次发表于1920年；收入《内藤湖南全集》第7卷）.

内藤湖南. 明东北疆域辨误（首次发表于1900年；收入《内藤湖南全集》第7卷）.

内藤湖南. 清朝初期的继嗣问题（首次发表于1922年；收入《内藤湖南全集》第7卷）.

内藤湖南. 清朝开国期的史料（首次发表于1912年；收入《内藤湖南全集》第7卷）.

内藤湖南. 清朝姓氏考（首次发表于1912年；收入《内藤湖南全集》第7卷）.

内藤湖南. 日本满洲交通略说（首次发表于1907年；收入《内藤湖南全集》第8卷）.

内藤湖南. 以往的满洲研究（首次发表于1936年；收入《内藤湖南全集》第8卷）.

尼基福罗夫. 研究中国问题的苏联史学专家（Никифоров В. Н. *Советские историки о проблемах Китая*. М.：Наука，1970. С. 94）.

尼基福罗夫. 有关武昌起义（Никифоров В. Н. Об учанском восстании//*Проблемы Дальнего Востока*. 1972，№3. С. 195）.

诺维科夫，梅利尼科娃. 俄罗斯和中国：人民相互了解的历史（Новиков Б. М. Мыльникова Ю. С. Россия и Китай: История взаимного познания народов//*Вестник СПбГУ. Серия* 13. *Востоковедение. Африканистика.* 2016. Выпуск 1. С. 135).

庞晓梅，普秋林. 国立埃尔米塔什博物馆所藏乾隆皇帝统治时期著名将军的肖像（Пан Т. А. Пчелин Н. Г. Портреты выдающихся военачальников периода правления императора Цянь-Луна из коллекции Государственного Эрмитажа//*Письменные памятники Востока.* 2011. № 2. С. 262 - 278).

裴祐晟. 18 世纪清地理志、地图与白头山水系. 历史与境界，2007，65.

皮耶罗·克拉蒂尼. 关于中国中央行政尚书的注解（P. Corradini. "Notes on the *Shangshu* Departments in the Chinese Central Administration." *Monumenta Serica*，1987，37：13 - 34).

皮耶罗·克拉蒂尼. 论清帝国的多民族（P. Corradini. "On the Multinationality of the Qing Empire." *Ming Qing yanjiu*，1995：51 - 65).

皮耶罗·克拉蒂尼. 满人王朝初期的民政（P. Corradini. "Civil Administration at the Beginning of the Manchu Dynasty." *Oriens Extremus*，1962，9：133 - 38).

颜节. 杜伊勒里宫展出的中国奇珍（G. Pauthier. «Des curiosités chinoises exposées aux Tuileries»，*Gazette des beaux-arts*，15 mars 1861：363 - 369).

朴光贤. 东洋史学在京城帝国大学. 韩国思想与文化，2005，30，1：283 - 313.

朴桂花. 关于明清代徽商对文艺出版的赞助活动. 中国语文论译丛刊，2007，21.

朴基水. 19 世纪前半中国广西地主制与抗租. 成大史林，1991，7.

朴基水. 明清生产力的发展与商品流通：评论《中国资本主义的萌芽》. 成大史林，1994，10.

朴基水. 清代广东对外贸易与广东商人. 明清史研究，1998，9.

朴基水. 清代行商的绅商化过程：以潘氏家族为例. 大东文化研究，

2012，80.

朴基水. 清中叶广西商业与广东商人. 京畿大学论文集，1993，33.

朴基水. 清中叶牛痘法的传播与广东行商. 明清史研究，2013，40.

朴敬石. 从中国东北地区传统行会到近代商会：以"公议会"的组织与活动为中心. 中国近现代史研究，2013，60.

朴敬石. 清末"义赈活动家"与救灾的近代性：以李金与经元善为例. 中国近现代史研究，2006，32.

朴敬石. 清末民国时期奉天商人团体的概况与"复合构造". 中国近现代史研究，2013，58.

朴元熇. 明清徽州商人与宗族组织：以歙县柳山方氏为例. 明清史研究，1998，9.

朴元熇. 明清徽州市镇与宗族：歙县岩镇与柳山方氏环岩派. 明清史研究，2000，12.

朴元熇. 明清绅士研究的成果与课题. 历史学报，2008，198：292.

朴元熇. 仙翁庙考：以淳安县方储庙转为宗祠为例. 历史学报，1998，157.

朴钟玄. 关于变法派与革命派之间的交流：孙文、杨伟云、康有为各派的合作运动之背景与其展开. 庆尚史学，1987，3.

朴钟玄. 章炳麟，在改革与革命之间. 历史教育，1989，45.

普理查德. 马戛尔尼访华记［Earl H. Pritchard. "The Kotow in the Macartney Embassy to China in 1793." *The Far Eastern Quarterly*，1943，2 (2)］.

齐赫文斯基. 清王朝在中国的统治（Тихвинский С. Л. Правление в Китае маньчжурской династии Цин// *Вопросы истории*. 1966，№ 9. С. 71).

齐赫文斯基. 十九至二十世纪之交文明融合的经验（Тихвинский С. Л. Опыт межцивилизационного синтеза на рубеже XIX-XX веков// *Новая и новейшая история*. 2003. № 1. С. 192 - 199).

齐赫文斯基. 中国统治阶层的"自强"政策（1860—1895）［Тихвинский С. Л. Политика «самоусиления» правящих кругов Китая (1860 - 1895 гг.)//*Вопросы истории*. 1969. № 4. С. 78 - 98］.

旗田巍."满鲜史"的虚像——日本的东洋史家的朝鲜观（首次发表于 1964 年；收入氏著《日本人的朝鲜观》，东京：劲草书房，1969).

旗田巍. 日本东洋史学的传统. 历史学研究，1962，270.

旗田巍. 试论满洲八旗的形成过程——特别关于牛录之形成. 东亚论丛，1940，2.

千圣林. 明清时代新安商人的活动与其资本的性质. 梨大学院研究论集，1990，18.

千圣林. 乾隆时期山东清水教叛乱的背景. 梨大史苑，1988，22—23（合集）.

丘凡真. 1780 年热河七旬万寿节与乾隆的帝国. 明清史研究，2013，40.

丘凡真. 1904 年精琪之币制改革案与清末币制问题. 东洋史学研究，1998，64.

丘凡真. 朝鲜对清皇帝的祝寿活动与乾隆七旬"进贺外交". 奎章阁韩国学研究院. 韩国文化，2014，68.

丘凡真. 从统计看《东洋史学研究》. 东洋史学研究，2007，100：217‐247.

丘凡真. 嘉道期盐政的危机与清朝对策：以长芦盐区为中心. 明清史研究，2006，26.

丘凡真. 嘉庆、道光初期两淮盐商衰落的原因. 东洋史学研究，2009，107.

丘凡真. 清末盐税的结构与规模：以长芦盐区为中心. 东洋史学研究，2004，88.

丘凡真. 清末直隶永平府盐务改革与其意义. 明清史研究，2004，21.

丘凡真. 天津行盐制度与清末新政改革. 中国近现代史研究，2003，20.

全海宗. 清代韩中朝贡关系综考. 震檀学报，1966，29.

全海宗. 清代学术与阮堂：阮堂的经学试论. 大东文化研究，1964，1.

全海宗. 实学概念的历史演变——比较清代实学与朝鲜后期实学. 学术院论文集（人文社会科学编），1978，17.

任桂淳. 18 世纪承德避暑山庄考. 明清史研究，2004，21.

任桂淳. 清末满汉关系考察：1899 年荆州驻防满洲八旗兵殴打汉人官员事件. 明清史研究，1999，10.

萨莫伊洛夫. 十九世纪 60—80 年代中国经济发展问题方面的中国进步思想家（国家观念的形成问题）［Самойлов Н. А. Прогрессивные китайские мыслители 60 - 80-x гг. XIX в. о проблемах экономического развития Китая（К вопросу о становлении национального самосознания）//Проб-лемы политики，идеологии，культуры стран современного Востока. М. 1983. С. 36 - 46].

萨莫伊洛夫. 中国"自强"政策期间的社会政治思想冲突（Самойлов Н. А. Борьба тенденций в общественно-политической мысли Китая периода политики «самоусиления»//Всемирная история и Восток. М. 1989. С. 115 - 124).

三田村泰助. 关于天命建元的年份——太祖满文老档的考察. 东洋史研究，1935—1936，1（2），1（3）.

三田村泰助. 满珠国成立过程考察. 东洋史研究，1936，2（2）（后收入氏著《清朝前史研究》，京都：东洋史研究会，1965）.

三田村泰助. 清太宗即位背景及其君主权之确立. 东洋史研究，1941，6（4）.

三田村泰助. 再论清太宗即位背景. 东洋史研究，1942，7（1）.

涩谷浩一. 关于中国第一历史档案馆所藏《蒙古堂档》及《满文奏敕》. 满族史研究通信，1997，6.

森时彦. 五四时期的民族纺织业//五四运动研究. 第 2 函 4，京都：同朋舍，1983（后收入氏著《中国近代棉业史研究》，京都：京都大学学术出版会，2001）.

森正夫. 论明初江南的官田——苏州、松江二府的具体情况：（上）（下）. 东洋史研究，1960，19（3）；1961，19（4）（并参见其他八篇论文，都收入氏著《明代江南土地制度研究》，京都：同朋舍，1988）.

森正夫. 有价值的"异端". 周刊朝日百科：世界的文学，2001，103.

沙畹. 卢浮宫的中国绘画［Édouard Chavannes. «La peinture chin-oise au Musée du Louvre»，T'oung-pao，1904，5（3）：310 - 331].

山根幸夫. 十五六世纪中国的赋役劳动制的改革. 史学杂志，1951，

60 (11)（后收入氏著《明代徭役制度的开展》，东京：东京女子大学学会，1966）.

山口瑞凤. 至顾实汗统治西藏的经过//岩井博士古稀纪念事业会出版委员会. 岩井博士古稀纪念典籍论集. 东京：岩井博士古稀纪念事业会，1963）.

杉山清彦. 寻访《鞑靼漂流记》的故乡——越前三国凑访问记. 满族史研究，2004，3.

杉山清彦. 中国第一历史档案馆藏《历朝八旗杂档》简介. 满族史研究通信，1999，8.

上田信. 明末清初江南都市的"无赖"之社会关系：打行与脚夫. 史学杂志，1981，90（1）.

神田信夫. 从"满文老档"到"旧满洲档"（首次发表于 1979 年；收入氏著《满学五十年》，东京：刀水书房，1992）.

神田信夫. 关于"旧满洲档"与"天聪九年档". 东洋文库书报，1972，3.

神田信夫. 寻访满语文献——对"旧满洲档"的探求（首次发表于 1992—1994 年；收入《东大毕业五十年　我们的足迹——东洋史同期生的记录》，东京：山川出版社，1996）.

石桥崇雄. 无圈点满洲文档案《先英明汗贤行典例，全十七条》. 国士馆史学，2000，8.

史华罗. 部分中国文学经典的翻译与分析——兼论其作为中国文明源文献的重要性. 世界汉学，2014，12：141－150.

史华罗. 论新儒家理论所涉及的人类天性中善与恶之根源的几个方面（P. Santangelo. "The Origin of Good and Evil in Human Nature According to Neo-Confucianism. Some Aspects of the Question." *East and West*，1990，40：231－259）.

史华罗. 什么是明清时代日常生活中的"清"与"浊"：上，下［P. Santangelo. " Shenme shi Ming Qing shidai richang shenghuo zhong de 'qing' yu 'zhuo' "（part 1－2）. *World Sinology*，2011，8：54－83；2012，9：13－25］.

市村瓒次郎. 清朝国号考（首次发表于 1909 年；收入《支那史研

究》，东京：春秋社松柏馆，1939).

斯科罗比廖夫. 斯科罗比廖夫同志关于太平天国革命的报告（А. И. Скорпилев. Доклад товарища Скорпилева о тайпинской революции// *Проблемы Китая*. 1929，№ 1. C. 407).

松本善海. 对旧中国社会特质论的反省. 东洋文化研究，1948，9 - 10.

松浦茂. 围绕女真社会史研究的诸问题. 东洋史研究，1977，35 - 4.

宋美玲. 18 世纪朝鲜学人眼中的清朝统治. 明清史研究，2005，23.

宋美玲. 18 世纪后期朝鲜学人朴趾源对清帝国的看法. 中国史学会，2015，99.

宋美玲. 康熙帝决定皇太子的背景与其教育. 明清史研究，2010，33.

宋美玲. 康熙帝之清帝国构思与满洲认同：以耶稣会传教士记录为中心. 历史学报，2007，196.

宋美玲. 清初中央决策机构中的满洲人. 满洲研究，2012，4.

宋美玲. 清代军机处成立过程研究（1726—1737）. 东洋史学研究，1998，62.

宋美玲. 清康熙帝东巡的目的与其意义. 明清史研究，2005，24.

宋美玲. 清乾隆帝如何经营中央行政机构：以军机处的事例为中心. 中国史研究，2005，34.

宋美玲. 清乾隆后期皇权与军机处. 东洋史学研究，2003，84.

宋美玲. 清中期总理事务王大臣体制考. 东洋史学研究，2013，124.

宋美玲. 耶稣会传教士对明清交替的认识变化与寻找传教途径. 明清史研究，2011，35.

宋正洙. 明末清初乡村支配制度的变迁：以保甲制度的成立为中心. 学林，1983，5.

宋正洙. 清乾隆年间社会与乡约、保甲制的发展. 明清史研究，2003，18.

宋正洙. 清入关初乡村社会与乡约、保甲制的形成. 东洋史学研究，1994，49.

宋正洙. 清雍正年间保甲制的出现与其特点. 中国史研究，2002，19.

苏珊·里德·斯蒂夫勒. 英国东印度公司广州商馆的汉语学生（Susan Reed Stifler. "The Language Students of the East India Company's Canton Factory." *Journal of the North China Branch of the Royal Asiatic Society*，1938，69：46－82）[可参见刘美华和杨慧玲的中译文，载《国际汉学》，2016（1）：105－126].

孙准植. 清朝对台湾的认识与政策. 近代中国研究，2000，1.

孙准植. 清代台湾义学研究. 明清史研究，1997，7.

孙准植. 清末教育改革与国民教育. 中央史论，1999，12—13（合辑）.

唐立. 16—17 世纪福建的竹纸制造技术. 亚非言语文化研究，1995，48/49.

藤谷浩悦. 1910 年长沙抢米风潮与乡绅. 社会文化史学，1993，31（后收入氏著《湖南省近代政治史研究》，东京：汲古书院，2013）.

藤井宏. 新安商人研究. 东洋学报，1953—1954，36（1）-（4）.

田川孝三. 毛文龙与朝鲜的关系. 青丘学丛，1932，3.

田炯权. 清后期湖北义田与租佃关系. 釜大史学，1994，18.

田炯权. 清末民国期间湖南汝城县的商品流通与物价变动. 明清史研究，1998，9.

田炯权. 屈氏有关义田、租田契约文书与苏州地主、佃户关系. 昌原史学，1993，1.

田口宏二朗. 前近代中国史研究与流通. 中国史学，1999，9.

田寅甲. 从"帝国"到"帝国性国民国家"：帝国之结构与理念. 中国学报，2012，65.

田寅甲. 近代都市上海的发展与同乡、同业组织. 外大史学，1999，9.

田中正俊，佐伯有一. 十五世纪福建的农民叛乱（一）. 历史学研究，1954，167.

田中正俊. 战时的福建乡土史的研究. 历史学研究，1952—1953，158-161，后收入《田中正俊历史论集》（东京：汲古书院，2004）.

瓦列耶夫，戈尔舒诺夫. 国内史学界（20 世纪 40—80 年代）的 17

世纪至 19 世纪上半叶的中俄关系研究 ［Валеев Р. М. Горшунов В. С. *Российско-китайские отношения в XVII-первой половине XIX в. в отечественной историографии*（40 - 80е гг. XX в.）. Казань：Казанский университет，2011］.

卫藤沈吉. 关于米歇尔报告书. 东洋文化，1956，20（后收入《卫藤沈吉著作集》1，东京：东方书店，2004）.

魏尔特. 赫德与中国海关（上）（下）（Stanley Fowler Wright，*Hart and the Chinese Customs*. Belfast：Published for the Queen's University by W Mullan，1950），可参见陆琢成等人的中译本，厦门：厦门大学出版社，1993.

魏斐德. 市民社会与公共领域之争：西方学者对中国政治文化研究的反思 ［Frederic Wakeman，Jr. "The Civil Society and Public Sphere Debate：Western Reflections on Chinese Political Culture." *Modern China*，1993，19（2）］［可参见邓正来、亚历山大主编《国家与市民社会：一种社会理论的研究路径（增订版）》，上海：上海人民出版社，2005］.

魏斐德. 绪论：中华帝国晚期地方控制的变化//魏斐德，卡罗林·格兰特. 冲突与控制（Frederic Wakeman，Jr. "Introduction：The Evolution of Local Control in Late Imperial China." In Wakeman and Grant，eds. *Conflict and Control*，2）（可参见杨品泉的中译文，载《中国史研究动态》1982，4：11 - 20）.

魏斯金，葛思康. 鲁本斯"朝鲜人"的新身份：中国商人恩浦的肖像 ［Thijs Weststeijn & Lennert Gesterkamp. "A New Identity for Rubens's 'Korean Man'：Portrait of the Chinese Merchant Yppong." *Netherlands Yearbook for History of Art*，2016，66（1）：142 - 169］.

吴金成. 1607 年南昌教案与绅士. 东洋史学研究，2002，80.

吴金成. 关于明代绅士之社会移动. 省谷论丛，1982，13.

吴金成. 广东贸易体制下江西社会的变化. 历史教育，2003，86.

吴金成. 国内所藏中国地方志目录. 东亚文化，1987，25.

吴金成. 明代绅士阶层之形成过程. 震檀学报，1979，48.

吴金成. 明代扬子江中流三省地区之社会变化与绅士. 大丘史学，

1986，30.

吴金成. 明末洞庭湖周边水利开发与农村社会. 历史学报，1978，77.

吴金成. 明末洞庭湖周边垸堤的发展. 历史教育，1977，21.

吴金成. 明末清初社会变化与都市：以景德镇与其周边为中心. 东亚文化，1999，37.

吴金成. 明清社会变动与江西商人. 明清史研究，1998，9.

吴金成. 明清时代河口镇居民的形成过程与其生活状态. 东洋史学研究，2001，74.

吴金成. 明清时代社会变动与山区城市的命运：以江西江口镇为中心. 明清史研究，2000，12.

吴金成. 明清时代社会经济史的成果与课题. 明清史研究，2003，19.

吴金成. 明清无赖研究：其现状与课题. 东洋史学研究，1995，50.

吴金成. 在日本学界对明清绅士研究情况. 东亚文化，1978，15 卷.

吴金成. 中国近世农业与社会变化. 东洋史学研究，1992，41.

吴一焕. 中国社会史研究概况. 中国史研究，2003，22.

伍安祖. "近代早期"：划时代的概念和帝制晚期中国思想史 ［Oncho Ng. "The Epochal Concept of 'Early Modernity' and the Intellectual History of Late Imperial China." *Journal of World History*，2003，14（1）］（可参见中译文，收入伊沛霞、姚平等主编《当代西方汉学研究集萃 中古史卷》，上海：上海古籍出版社，2016：91-116）.

西村和代. 明代的奴仆. 东洋史研究，1979，38（1）.

西村和代. 明清时代的奴仆. 东洋史研究，1978，26（4）.

西村元照. 论明后期的丈量. 史林，1971，5（5）.

西村元照. 论清初的土地丈量——以国家和乡绅围绕土地台账及隐田之对抗关系为中心. 东洋史研究，1971，33（3）.

西村元照. 清代的包揽——私征体制的确立、解禁到担保征税制（东洋史研究，1976，35（3）.

西嶋定生. 关于明代木棉的普及. 史学杂志，1948，57（4）-（5）（后收入《中国经济史研究》，东京：东京大学出版会，1966）.

西嶋定生. 关于松江府棉业形成的过程. 社会经济史学，1944，13

(11)-(12).

西嶋定生. 以十六、十七世纪为中心的中国农村工业考察. 历史学研究，1949，137（后收入《中国经济史研究》，东京：东京大学出版会，1966).

西嶋定生. 中国初期棉业的成立与结构. オリエンタリカ，1949，2（后收入《中国经济史研究》，东京：东京大学出版会，1966).

西嶋定生. 中国初期棉业市场的考察. 东洋学报，1947，31（2）（后收入《中国经济史研究》，东京：东京大学出版会，1966).

西顺藏. 讲座 近代亚洲思想史 1：中国近代思想中的人民概念. 东京：弘文堂，1960（后收入《西顺藏著作集》2，东京：内山书店，1995).

细谷良夫. 归顺金国、清朝的汉人之状况. 中国——社会与文化，1986，2.

细谷良夫. 清朝八旗制度的演变. 东洋学报，1968，51（1）.

细野浩二. 明末清初江南的地主奴仆关系——以家训所见的新发现为中心. 东洋学报，1967，50（3）.

夏井春喜."大户""小户"问题与均赋、减赋政策. 中国近代史研究会通信，1982，8.

夏洛特-德伟里亚-托马斯. 中国音乐新论（Charlotte-Devéria-Thomas. «Essai nouveau sur la musique chez les Chinois»，*Le Magasin Pittoresque*，2ème série，tome 3，Août-Décembre 1885).

萧凤霞，刘志伟. 宗族、市场、盗寇与疍民：中国南方珠江三角洲的族群性（Helen F. Siu and Liu Zhiwei. "Lineage，Market，Pirate，and Dan：Ethnicity in the Pearl River Delta of South China."）//柯娇燕，苏堂栋，主编. 帝国之于边缘：近代中国文化、族群性与边界（Crossley，Siu，and Donal，eds. *Empire at the Margins：Culture，Ethnicity，and Frontier in Early Modern China*. Berkeley：University of California Press，2006）（可参见中译文，载《中国经济史研究》，2004，3).

小林幸夫. 清初浙江的赋役改革与折钱纳税. 东洋学报，1976，58（1)-(2).

小林一美. 抗租抗粮斗争的彼方——下层人民的想法和政治、宗教自立之路. 思想，1973，574.

小山正明. 明末清初的大土地所有——以江南三角洲为中心：（一），（二）. 史学杂志，1957，66（12）；1958，67（1）（后收入氏著《明清社会经济史研究》，东京：东京大学出版会，1992）.

小野信尔. 策电舰袭击事件. 花园大学文学部研究纪要，2002，34（后收入氏著《青春群像》，东京：汲古书院，2012）.

谢洛夫. 伊宁起义（1864—1871）［Шихов С. И. *Кульджинское восстание*（*1864-1871 гг.*）. М. 1954］.

辛胜夏. 旧韩末爱国启蒙运动时期梁启超文章的流传与朝鲜的反应. 亚细亚研究，1998，41（2）.

辛胜夏. 清季中国朝野之朝鲜经济问题的认识. 史丛，1973，17.

辛胜夏. 清季中国朝野之朝鲜认识：以对外开放问题为中心. 史学志，1973，7.

辛胜夏. 清季中国朝野之朝鲜问题的认识：以门户开放为中心. 史学志，1973，7.

辛胜夏. 清咸丰年间英法联军的侵略与对外认识的变化. 东洋学，1984，14.

新村出. 高桥景保的满洲语学（首次发表于1914年；收入《新村出全集》第1卷，东京：筑摩书房，1971）.

徐茂明. 明清以来乡绅、绅士与士绅诸概念辨析. 苏州大学学报（哲学社会科学版）2003（1）：100.

徐仁范. 朝鲜官人看到的中国江南：以崔溥《漂海录》为中心. 东国史学，2002，37.

徐仁范. 崔溥《漂海录》研究：崔溥描述的中国江北与辽东. 国史馆论丛，2003，102.

徐正钦. 明末建州女真与八旗制度的起源. 历史教育论集，1981，2.

徐正钦. 明末清初建州女真社会的奴隶经济. 安东大学论文集，1993，15.

徐正钦. 明末清初努尔哈赤对明政策. 历史教育论集，1993，18.

徐正钦. 清初国号问题. 大邱史学，1985，28.

许惠润. 嘉庆年间八卦教一考. 学林，1991，12—13（合集）.

许理和. 康熙与礼仪之争：中国档案（Erik Zürcher. "Keizer Kangxi en de ritenstrijd：Het Chinese dossier." *De Gids*，1996：509 - 522）.

许理和. 在黄虎穴中——利类思和安文思在张献忠朝廷（1644—1647）（Erik Zürcher. "In the Yellow Tiger't Den：Buglio and Magalhães at the Court of Zhang Xianzhong，1644 - 1647." *Monumenta Serica*，2002，50：355 - 374）.

亚纳·索尔代. 1650 年马扎然图书馆"向公众捐赠"的第一份文书（Yann Sordet. «Le premier acte de "donation au public" de la bibliothèque de Mazarin（1650）»，Histoire et civilisation du livre-Revue internationale，Genève：Droz，2014，10：93 - 111）.

岩见宏. 关于养廉银制度的创设. 东洋史研究，1963，22（3）.

岩见宏. 关于雍正时期的公费之一个考察. 东洋史研究，1957，15（4）.

岩见宏. 明嘉靖前后的赋役改革. 东洋史研究，1949，10（5）（后收入氏著《明代徭役制度的研究》，京都：同朋舍，1986）.

岩井茂树. 清代的版图顺庄法与其周边. 东方学报（京都），2000，72.

伊维德. 儒学的发展：送给中国人的第一首荷兰诗［Wilt L. Idema. "Confucius Batavus：Het eerste Nederlandse dichtstuk naar het Chinees." *Literatuur*，1999，16（2）：85 - 89］.

易卜拉欣莫娃. 满洲国家在新疆和 1864—1878 年的民众起义（利用维吾尔族史料）［Ибрагимова Г. М. *Маньчжурское господство в Синьцзяне и народное восстание в 1864 - 1878 гг.（По уйгурским источникам）*. Л.：ЛГУ，1954］.

尹南汉. 李朝阳明学的传来与受用. 中央史论，1972，1.

尹煜. 从买卖奴婢到家生奴婢：珲春驻防奴婢阶层的构成与变化，1736—1849. 东洋史学研究，2014，129.

尹煜. 满文月折包中朝清关系史资料的史料价值. 历史学报，2013，218.

尹煜. 年轻满洲贵族的政治趋向与其挫折，1900—1911. 东洋史学研究，2012，118.

尹煜. 清末民初珲春地区旗人知识分子在地方政治上角色的变迁. 历史学报，2012，214.

尹煜. 清末奏折传递方式的变迁. 历史学报，2011，209.

尹煜. 新清史与未来清史研究. 历史与世界，2015，47.

俞长根. 19 世纪初中国东南天地会的动向——以 1802 年惠州叛乱为例. 庆大史论，1986，2.

于雅安. 14 至 19 世纪中国诗歌（Camille Imbault-Huart. *La poésie chinoise du XIVe au XIXe siècle*. Paris，1886）.

于雅安. 18 世纪中国诗人袁子才，他的生平及作品（Camille Imbault-Huart. «Un poète chinois du XVIIIe siècle，Yuan Tseu-ts'aï，sa vie et ses œuvres»，*Journal of the China Branch of the Royal Asiatic Society for the year 1884*，New Series，vol. XIX，Part II. Shanghai，1886：1-42）.

鸳渊一. 关于贝勒尚善写给吴三桂的书信. 史学研究，1933，4（3）.

鸳渊一. 关于褚英之死——满文老档研究之一幕. 史林，1933，18（2）.

鸳渊一. 舒尔哈赤之死——清初内讧之一幕. 史林，1932，17（3）.

元廷植. 明清福建人口移动与其影响. 首尔大学东洋史学课论集，1993，17.

元廷植. 乾嘉年间北京石炭需求、供给与政策. 东洋史学研究，1990，32.

元廷植. 清中期闽南械斗的盛行及其背景. 东洋史学研究，1996，56.

园田一龟. 清太祖勃兴初期的行迹. 满洲学报，1936，4.

园田一龟. 清太祖努尔哈赤崩殂考. 满洲学报，1933，2.

增井宽也. 古出 gucu 考——以努尔哈赤时代为中心. 立命馆文学，2001，572.

增井宽也. 建州统一时期的努尔哈赤政权与包衣人. 立命馆文学，2004，587.

增井宽也. "满洲国""四旗制"初建年代考. 立命馆东洋史学，

2009，32.

曾佩琳. 她们用服饰点缀身体：晚清上海的时尚与身份［P. Zamperini. "On Their Dress They Wore a Body：Fashion and Identity in Late Qing Shanghai." *Positions*：*East Asia Culture Critique*，2003，11 (2)：301 – 330］.

曾佩琳. 衣装之事：晚清小说中对现代的塑造［P. Zamperini. "Cl-othes that matter：Fashioning Modernity in Late Qing Novels." *Fashion Theory*，2001，5 (2)：195 – 214］.

曾小萍. 明清四川佃农的权利：基于与土地相关的巴县诉讼档案的研究［Madeleine Zelin. "The Rights of Tenants in Mid-Qing Sichuan：A Study of Land-Related Lawsuits in the Baxian Archives." *Journal of Asian Studies*，1986，45 (3)］.

张义植. 清末对学堂出身者的奖励制度与学生社会. 东洋史学研究，1993，45.

张义植. 清末京师大学堂进士馆第 2 期进士们接触的新教育. 中国史研究，2016，101.

张义植. 清末科举废止过程研究：新学校制度与科举的结合. 历史学报，1984，103.

张义植. 清末陆军学堂教育：新军教育的基础研究. 历史教育，2000，74.

张义植. 清末水师学堂的近代海军教育. 历史教育，1997，61.

张义植. 清末中国近代陆军军事学堂及其教育. 明清史研究，1997，7.

张义植. 戊戌政变之后京师大学堂. 中国史研究，2011，70.

赵炳学. 18 世纪初清朝与准噶尔蒙古关系研究：以《清内阁蒙古堂档》中策旺拉布坦记事为中心. 明清史研究，2011，36.

赵炳学. 清代满蒙档案与蒙古史研究. 蒙古学，2011，31.

赵载德. 清初满洲佐领考. 庆熙史学，1996，20.

郑炳喆. 明末清初华北地区自卫活动与绅士. 东洋史学研究，1993，43.

郑炳喆. 明末清初舆论与公议. 全南史学，2002，19.

郑炳喆. 明清华北森林问题与永定河治水. 历史学研究，2007，29.

郑炳喆. 明清山东商业考：以流通与市场圈为中心. 明清史研究，2000，13.

郑恩主.《皇清职贡图》编纂过程与流入朝鲜. 明清史研究，2015，43.

郑恩主. 18 世纪燕行录的多面性：18 世纪燕行使臣接触的清朝文化. 大同文化研究，2014，85.

郑恩主. 19 世纪初对清使行与燕行图：以《李信园写生贴》为中心. 明清史研究，2015，43.

郑恩主. 燕行使节对西洋画的认识与写真术的传播：以北京天主堂为中心. 明清史研究，2008，30.

郑惠仲. 从山西票号的账簿中发现的其经营特点：以 1906 年日升昌分店账簿分析为中心. 东洋史学研究，2002，77.

郑惠仲. 清末民初金融机构的出现与信用结算的发展：以山西票号和宁波钱庄的比较为中心. 史丛，2012，75.

郑惠仲. 清末山西商人的变化. 梨花史学研究，2002，29.

郑台燮. 清初礼学考. 东洋史学研究，1995，52.

郑台燮. 清初土地公有制论. 明清史研究会报，1993，2.

郑哲雄，李俊甲. 清代川、湖、陕交界山区经济开发与其意义. 中国史研究，2006，41.

郑哲雄，张建民，李俊甲. 清代川、湖、陕交界经济开发与民间风俗（Ⅰ）. 清史研究，2004，3.

郑哲雄，张建民，李俊甲. 清代川、湖、陕交界经济开发与民间风俗（Ⅱ）. 东洋史学研究，2004，87.

郑哲雄. 1995—2015 年明清史研究成果与展望. 东洋史学研究（东洋史学会 50 周年纪念特号），2015，133：245.

郑哲雄. 从环境变化的角度看中国明清时期长江中游区域社会. 大邱史学，2007，89.

郑哲雄. 明清经济发展与资本主义萌芽论；中国研究（季刊），1995，4（3）.

郑哲雄. 清初人口变化与洪亮吉之人口论. 明知史论，1994，6.

郑哲雄. 清初扬子江三省交界的米粮流通与米价结构. 历史学报，

1994，143.

郑哲雄. 清代湖北省西部与陕西省南部环境变化比较研究. 东洋史学研究，2001，75.

郑哲雄. 清代湖北西南山区开发与社会变化. 明清史研究，2003，18.

郑哲雄. 清代三省交界森林与森林资源保护措施. 明清史研究，2002，16.

郑哲雄. 清代扬子江中游地区的人口变化. 崇实史学，1992，7.

郑哲雄. 清末扬子江中游地区的商业活动. 东洋史学研究，1992，39.

郑址镐. 梁启超的帝国论与大清帝国的国体. 东洋史学研究，2015，132.

郑址镐. 清末梁启超的经济改革方案与国民国家. 明清史研究，2011，36.

中村义. 立宪派的经济基础. 史潮，1959，67（后收入氏著《辛亥革命史研究》，东京：未来社，1979）.

中见立夫.《百二老人语录》中的诸问题——以稻叶岩吉博士旧藏本的再出现与乌兰巴托国立图书馆本为中心. 满族史研究通信，2000，9.

中见立夫. 日本的东洋史学黎明期对史料的探求//神田信夫先生古稀纪念论集. 东京：山川出版社，1992.

中山八郎. 对清初兵制的若干考察（首次发表于1951年；收入《中山八郎明清史论集》，东京：汲古书院，1995）；田中克己. 对国姓爷合战中汉军的作用//和田博士古稀纪念东洋史论丛. 东京：讲谈社，1961；北山康夫. 关于驻防八旗//羽田博士颂寿纪念东洋史论丛. 京都：东洋史研究会，1950.

中山八郎. 明末女真与八旗统制简述. 历史学研究，1935，5（2）.

钟鸣旦. 许理和对17世纪中国基督教的研究：学者肖像［Nicolas Standaert. "Erik Zürcher's Study of Christianity in Seventeenth-Century China：An Intellectual Portrait"，*China Review International*，2008 (published in 2010)，15（4）：476-502］（可参见宋刚译、樊桦校的中译本，收入《世界汉学》第7卷，北京：中国人民大学出版社，2011：

63－85）．

钟鸣旦．中国礼仪之争中的"中国声音"：旅行的文本、社区网络与文化间论证（Nicolas Standaert，Chinese Voices in the Rites Controversy：Travelling Books，Community Networks，Intercultural Arguments，Rome：Institutum Historicum S. I. 2011）［可参见王丹丹译、陈妍蓉校的中译文，载《复旦学报（社会科学版）》，2016（1）：95－103］．

重田德．论乡绅的历史性格——乡绅观的系谱．人文研究［大阪市立大学文学部］，1971，22（4）．

重田德．乡绅支配的成立和构造//岩波讲座世界历史12：中世6. 1971（后收入《清代社会经济史研究》，东京：岩波书店，1975）．

周锡瑞．哈佛之于中国：帝国主义的护教学（Joseph Esherick. "Harvard on China：The Apologetics of Imperialism." *Bulletin of Concerned Asian Scholars*，1973）（可参见中译文，收入朱政惠主编《海外中国学评论》第四辑，上海：上海辞书出版社，2012：354－371）．

佐伯富．清代雍正朝的养廉银之研究——关于地方财政的成立．东洋史研究，1970—1972，29（1），29（2/3），30（4）．

佐伯有一．关于1601年"织佣之变"的诸问题——其一．东洋文化研究所纪要，1968，45．

佐伯有一．明末的董氏之变——关于所谓"奴变"的性格．东洋史研究，1957，16（1）．

佐伯有一．织佣之变．历史学研究，1954，171．

佐藤公彦．1895年福建古田教案．亚非言语文化研究，2006，72（后收入氏著《清末的基督教和国际关系》，东京：汲古书院，2010）．

佐藤长．近世青海诸部落的起源（首次发表于1973年；收入氏著《中世西藏史研究》，京都：同朋舍，1986）．

后　记

　　据我所知，由海外学者撰写各自国家（地区）百年来的清史研究史并结集出版，在学界尚属首次。从 2014 年以来，森正夫、狭间直树、岩井茂树、杉山清彦、岸本美绪、金成修、巴斯蒂、钟鸣旦、何娜、巴德妮、萨莫伊洛夫、罗威廉等学者在百忙之中抽出时间，努力完成各国清史学术史的研究与写作。他们当中，既有享誉学界的大家，也有博士毕业不久的青年才俊。各位学者无不以极端负责的态度，完成各自章节的写作，并在编辑过程中认真校对。各位作者的成果，为我们了解百年来海外清史研究的状况提供了难得的窗口。没有各位作者的辛勤努力，本书不可能问世。借此机会，对各位作者的辛勤付出表示衷心的感谢！

　　感谢王文婧、王学深、魏怡、荆宇航、林展等译者！我自己很少从事翻译工作，此次翻译了《清史研究在英国》（第五章），深知翻译的难处和苦衷。在当今高校的学术评价体系下，翻译学术作品属于"性价比"很低的工作。尽管如此，各位译者毅然承担此任，并不厌其烦地修改译文。为确保翻译质量，他们多次和原作者沟通。感谢第一章的诸位作者，森正夫先生、狭间直树先生、岩井茂树先生、杉山清彦先生、岸本美绪先生，和第二章的作者金成修先生！他们直接为本书提供了中文稿，免去了繁琐的翻译工作。

　　本书的大部分章节，都曾在《清史研究》发表过。在统稿和编辑过程中，各位作者和译者再次核对了原文和中文译文，改正了一些错误。同事丁超和董建中两位老师以他们异常丰富的历史知识，纠正了书中数处疏误，避免了一些常识性的错误。他们为本书的改进与完善提供了许多宝贵帮助，特此致谢！在统稿过程中，数次遇到疑难，多次请教原作者、译者和学界朋友。感谢陈利兄、孔令伟兄等学界朋友慷慨答疑！感谢张玉蕾、白雪和陶志鑫同学的文字校对！

回想 2015 年，受清史所委托主编此书，至今日已有五个年头。在此之前，清史所杨念群、黄兴涛、夏明方、朱浒、曹新宇、叶柏川、李静等老师已经联系诸位国外作者，邀请他们撰写各自国家或地区的清史研究史。此后，本书的编辑工作也一直得到清史所的鼎力支持。没有清史所诸位老师前期奠定的基础和所里持续的支持，本书不可能如期呈现在读者面前。

读者可能会感到疑惑，为何第三章只有 1949 年以前法国的清史研究史。这里需要解释一下，巴斯蒂先生接受我们的邀请同意撰写法国的清史研究史这一任务时，已年过古稀。在本职工作繁重且身体状况恶化的情况下，她依然出色地完成了 1949 年之前法国的清史研究史，并在出版过程中，多次和译者沟通，以保证中文版本的质量。她多次表示，一定要完成这一章的后半部分（1949 年以后）。无比遗憾的是，由于突如其来的疫情和巴斯蒂先生本人的身体状况欠佳，本书未能包括 1949 年之后法国的清史研究史。我想读者也和我一样，希望巴斯蒂先生在身体允许的情况下，能够完成 1949 年之后的法国清史研究史。待巴斯蒂先生完成之后，我们一定及时翻译并呈现给读者。

本书虽然经过本人多次校对，但限于学识和水平，讹误之处在所难免。由于涉及不同国家的人名和论著题名繁多，也难免存在表述不规范、不统一之处。读者若能指正，则幸甚！

胡祥雨
2020 年 7 月于中国人民大学

图书在版编目（CIP）数据

百年清史研究史. 海外研究卷/胡祥雨主编. --北
京：中国人民大学出版社，2021.2
ISBN 978-7-300-28953-3

Ⅰ. ①百… Ⅱ. ①胡… Ⅲ. ①中国历史-研究-清代
Ⅳ.①K249.07

中国版本图书馆 CIP 数据核字（2021）第 022452 号

国家出版基金项目

黄兴涛　夏明方　杨念群　主编
百年清史研究史·海外研究卷
胡祥雨　主编
Bai Nian Qingshi Yanjiu Shi · Haiwai Yanjiu Juan

出版发行	中国人民大学出版社			
社　　址	北京中关村大街 31 号		**邮政编码**	100080
电　　话	010 - 62511242（总编室）		010 - 62511770（质管部）	
	010 - 82501766（邮购部）		010 - 62514148（门市部）	
	010 - 62515195（发行公司）		010 - 62515275（盗版举报）	
网　　址	http://www.crup.com.cn			
经　　销	新华书店			
印　　刷	北京联兴盛业印刷股份有限公司			
规　　格	160 mm×230 mm　16 开本		**版　　次**	2021 年 2 月第 1 版
印　　张	31　插页 3		**印　　次**	2021 年 2 月第 1 次印刷
字　　数	473 000		**定　　价**	169.00 元